세계 경제 발전의 정치적인 논리

자본과 공모

주한미국대사관 공보과
http://seoul.usembassy.gov

Capital and Collusion
The Political Logic of Global Economic Development

Original copyright ⓒ 2006 Hilton L. Root
Korean translation copyright ⓒ 2008 U. S. Embassy, Seoul
This Korean edition was arranged with Princeton University Press Ltd.
through Best Literary & Rights Agency
All rights reserved.

이 책의 한국어 판 저작권은 베스트 에이전시를 통해
원저작권사와의 독점 계약으로 주한미국대사관이 소유합니다.
신저작권법에 의해 국내에서 보호를 받는 저작물이므로
무단 전재와 무단 복제를 금합니다.

자본과 공모
세계 경제 발전의 정치적인 논리

힐턴 L. 루트 지음
이경식 옮김
박정수 감수

1판 1쇄 발행 | 2008. 6. 20

한국어 판 발행처 | 주한미국대사관 공보과
서울특별시 용산구 남영동 10번지 140-160
전화 | 02-397-4662
팩스 | 02-795-3606
웹사이트 | http://seoul.usembassy.gov
이메일 | ircseoul@state.gov

출판대행 | Human & Books
출판등록 | 2002년 6월 5일 제2002-113호
서울특별시 종로구 경운동 88 수운회관 1009호
기획 홍보부 | 02-6327-3535, 편집부 | 02-6327-3537, 팩시밀리 | 02-6327-5353
이메일 | hbooks@empal.com

값은 뒤표지에 있습니다.
ISBN 978-89-6078-039-2 03320

세계 경제 발전의 정치적인 논리

힐턴 L. 루트 지음 | 이경식 옮김 | 박정수 감수

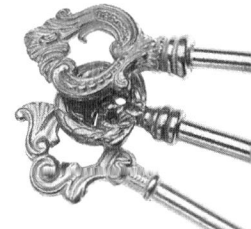

자본과 공모
CAPITAL AND COLLUSION

표준적인 경제 모델은 리스크를 시장에서 사고팔 수 있는 세상이다. 이런 세상에서는 사회 복지의 모든 형태가 시장 거래로 최적화될 수 있고, 리스크에 대한 다양한 평가들이 거래 기회를 창출하며, 가장 효율적인 경영자가 리스크를 떠안는다. 현재의 금융 이론은 리스크와 리스크라고 인식하는 것에 대한 각기 다른 생각들을 관리할 수 있는 다양한 역량들이 거래 및 투자에 관한 기회를 창출한다는 견해를 강력하게 지지한다. 선진국에 사는 사람들은 실험과 투자를 장려하는 시장 기반의 폭넓은 리스크 완화 장치에 의존한다. 금융 서비스의 특화가 잘 마련되어 있다. 담즙실학와 여러 자본 증권은 사람들이 자기가 가진 돈을 재능과 새로운 생각에 결부시킬 수 있도록 해주며, 기업들이 시장 구조에 가장 적절한 자본 조달 방식을 선택할 수 있도록 한다. 일련의 전문화된 기업들은 시장 거래를 감시하고자 전체 경제를 관통해서 존재하며 정보의 연관 관계들을 제공한다. 충분히 발전한 시장 경제는 이처럼 리스크를 관리하기 위해 사람들이 가진 다양한 견해와 상이한 역량을 조화롭게 조정한다. 여러 가지 제도와 기관은 리스크와 불확실성 사이의 경계를 꼼꼼히 파악하고 사람들로 하여금 이런 리스크를 끌어안을 능력 있는 다른 사람들과 거래를 하게 함으로써 리스크를 줄여준다. 선진국에서의 불확실성은 혁신을 위한 긍정적 요소가 될 수 있다. 그러나 핵심적인 제도와 기구가 없을 때 불확실성은 혁신을 가로막는다. 개발도상국에서는 사회적인 관계와 생산 수단에서 전통이 우선된다. 전통이 아닌 혁신은 물수나 비난을 비롯 차별에 이르는 불확실한 '보상'을 낳기 때문이다. 이런 국가들에서 기업은 흔히 공표된 정보를 믿지 못하고 정부 당국을 의심한다. 당국의 신중한 통제와 여기에 대한 순종을 찾아볼 수 없다. 동아시아에서 금융 제도가 가장 잘 발전했다고 말할 수 있는 일본이나 대만, 한국에서조차 기업들은 국제적인 회계 기준을 거의 따르지 않는다. 이런 기업들은 투자자들에게 일부러 스스로를 매력적이지 않게 보임으로써 합리성을 완전히 내팽개친 것일까? 그렇지 않다. 정반대다. 보유 자산을 정확하게 드러낼 때 맞닥뜨릴 수 있는 불확실한 결과들을 고려한다면, 국제적인 표준을 무시하는 게 개발도상국에서는 오히려 합리적인 행동이다. 깊고 넓게 자리를 잡고 있는 불확실성은 개발도상국이 자기 잠재력을 발휘하지 못하는 가장 큰 이유이다. 어떤 결과에 대한 평가가 중첩될 수 없을 정도로 다양하기 때문에 직접적으로 관련 없는 주체들로서는 합의에 도달하는 게 매우 어렵다. 공동의 노력이 불확실하게 보이면 보일수록 공동 행동에 대한 합의가 이루어질 가능성은 더욱 낮아진다.

Human & Books

CONTENTS

1부 분석과 전망

01 리스크, 불확실성, 사회의 발전 11
리스크가 기회일 때 17 | 경제 개발 속 불확실성의 삼위일체 19 | 독재와 저개발 25 | 탈공업화의 생산성 격차 27 | 빈곤과 불확실성 32

02 정책 신뢰성의 사회적인 토대 34
정책 개혁의 신뢰성 35 | 개혁을 위한 사회적 토대의 구축 39 | 사회적 불평등에서 성장으로 나아가는 길 41 | 영향력의 불평등 42 | 중산층이 실종될 때 46 | 좋은 정책이 나쁜 정치로 이어질 때 47 | 불평등의 재정적인 결과 48 | 사회적인 갈등과 정책의 개혁 53 | 정부를 지지하는 평등 56 | 불평등한 사회에서는 무엇을 기대해야 할까? 60

03 정치와 경제 구조 : 독재의 경제 논리 63
정치적인 생존자 65 | 좋은 통치의 정치적 논리 풀어보기 66 | 독재의 경제적 결과 69 | 독재와 금융 체제 71 | 공공 부문 행정 관리의 태만 73 | 경제 정책 개혁으로 향하는 통일된 접근법 81 | 경제 개혁을 원하는 동기는 어디에서 비롯되는가? 82

04 놀라운 정보의 경제학 : 금융 체계 85
금융 부문과 경제 개발 90 | 그렇다면 금융 구조가 문제일까? 93 | 자본의 미래 95

2부 지역별 및 국가별 사례 분석

05 동아시아에서의 사회적 생산성 격차 줄이기 99
동아시아의 오래된 나쁜 관행 102 | 미성숙한 금융 체계 106 | 동북아시아와 동남아시아 비교 116 | 인도네시아의 경제 개혁을 위한 연대 구축 122 | 미래 예측 : 변화에 대한 저항 124 | 태국에서의 선거 기계 125 | 변화의 담지자들 128 | 노동자의 특권적 지위의 종식 131 | 동아시아에서의 공적 리스크에 대한 관리 133 | 새로운 정치적 리스크 139

CONTENTS

06 배제의 가격 : 라틴 아메리카의 폭발성 부채 146
위기에서 다시 위기로 153 | 미쳐서 날뛰는 정부 부채 162 | 파멸의 길로 향하는 아르헨티나 166 | 여우에게는 불투명한 게 유리하다 168 | 사회적 양극화의 금융적인 결과들 169 | 라틴 아메리카 대 동아시아 171

---

07 왜 인도는 아닐까? : 새로운 세기, 새로운 국가 183
건국자들의 유산 187 | 인도의 '태머니홀' 방식 : 승자에게 전리품을 193 | 정치인이 인종적 분열에서 이득을 얻는 방법 196 | 인도에서 지원 체계는 어떻게 작동하는가? 199 | 관료들을 통제하려고 투쟁하는 정치인 206 | 규칙 준수와 무책임 : 이 상반되는 개념이 어떻게 한 뿌리에서 나왔을까? 208 | 회전목마처럼 바쁘게 놀아가는 보직 변경 209 | 상품이 풍부하고 유동성이 좋은 시장 213 | 지위와 장애물 216 | '통치권 재량'의 긴 그림자 219 | 불확실성에 순응하는 인도의 민간 부문 222 | 기업의 명성과 자유주의 226 | 부패의 활성화 228 | 정치적인 부패와 자본 축적 231 | 숙주를 살려라 : 부패와 민주주의의 공존법 232 | 민주주의가 없는 인도 235 | 인도와 중국 : 헌법적인 토대의 비교 237 | 어떻게 시장 경제를 건설할 것인가? : 중국에게서 배우는 교훈 241 | 빛나는 인도, 그러나 모두가 빛나는 것은 아닌 244

---

08 벼랑 끝에 선 파키스탄 251
자유 재량권으로 나아가는 길에 오르다 255 | 1947년부터 1958년까지 : 의회 기간 : 헌법과 법률의 급격한 변동과 정치적 공백 256 | 1958년에서 1969년까지 : 아유브 칸 : 파키스탄의 첫 번째 독재자 257 | 1972년에서 1977년까지 : 줄피카르 부토 : 일반 대중을 위한 지원 261 | 1977년에서 1988년까지 : 지아 울 하크 : 하루하루 살아가기 265 | 1988년에서 2000년까지 : 민주주의적인 선거와 독재 체제 269 | 제도적 실패, 다분히 고의적인 271 | 명목상의 연방주의자 275 | 민주주의의 실패 277 | 관리상의 딜레마 279 | 정보 공유의 장애 279 | 기업과 정부 : 비밀의 장막 282 | 파키스탄의 여러 기구들이 빈약한 이유 285 | 무기력 289

---

09 중국의 자본주의적인 꿈 : 위계질서와 시장 사이에서 300
중국의 정치적 시장 경제 303 | 난해한 중국의 민간 부문 310 | 복합 기업 314 | 경계선이 없는 공공 부문과 민간 부문 315 | 사산(死産)한 금융 혁명 322 | 중국 정부의 딜레마 329 | 중국의 내재적인 취약성 333 | 민주주의로 가는 길 위에 있는 절박한 금융 문제 : 국가 재정에서 민주주의로? 336 | 중국의 미래 : 중국은 아시아의 미국 341 | 결론 : 경제 개발 모순에서 벗어나 나아가는 혁명의 길 343

CONTENTS

3부 자본과 은밀한 공모

10 공공 리스크 관리자로서의 국가 349

보편적인 리스크 완화 장치로서의 국가 352 | 공적인 리스크 관리와 자본주의의 생존 355 | 공익으로서의 리스크 관리 359 | 밀레니엄 개발 목표 360 | 공공 부문 관리의 블랙박스 363 | 미국 역사에서 살펴본 공공 부문 관리 365 | 세금 : 모든 리스크 완화 장치의 어머니 369 | 시민이 채권자-투자자일 때 : 정치적인 선택으로서의 부채와 부채 감당 능력의 신화 370 | 공채의 정치적인 의미 : 시민—채권자의 소멸 372 | 체제에 미치는 충격 : 혼돈, 합의 혹은 변화 375 | 제도적인 변화의 정치학 380 | 경제 정책 개혁의 순서 384

맺음말 초기 자본 축적 단계의 불확실성, 경쟁 그리고 은밀한 공모 **388**
감사의 말 391
부록-1 주제별 자료 출처 **394**
부록-2 국가 분류 용어 규정 및 해당 국가 **395**
저자 주 396
참고문헌 466
심화 경제 용어 488

표 목차

〈표 5-1〉 투명한 시장 체계 대 불투명한 시장 체계 **109**

〈표 6-1〉 라틴 아메리카 여러 국가의 경제 개혁 점수 **150**

〈표 6-2〉 라틴 아메리카 여러 국가의 경제 개혁 점수(계속) **150**

〈표 6-3〉 라틴 아메리카 금융 체계의 상대적 위상(1999) **159**

〈표 7-1〉 중국이냐 인도냐? **245**

〈표 8-1〉 남아시아, 아시아 개발도상국, 중국의 식자율(1980년, 1990년, 2000년) **254**

〈표 8-2〉 근친혼 비율 순위(1990년대 전반 50년) **298**

〈표 9-1〉 세계 총 금융 자산에 대한 지역별 금융 자산 비율 **335**

도표 목차

〈도표 5-1〉 중국의 대 동아시아 무역 성장 추이 **101**

〈도표 5-2〉 소유권 집중의 국가별 비교—상위 15개 족벌 **111**

〈도표 5-3〉 사법 체계 효율성의 국가별 비교 **111**

〈도표 5-4〉 법치의 국가별 비교 **112**

〈도표 5-5〉 부패의 국가별 비교 **112**

〈도표 5-6〉 1,000명당 개인용 컴퓨터 수와 인터넷 사용자 수 **134**

〈도표 5-7〉 인터넷 사용자 수 **134**

〈도표 5-8〉 지니 계수와 1인당 GDP(국내총생산) 성장률(1971~1980년) **136**

〈도표 5-9〉 지니 계수와 1인당 GDP(국내총생산) 성장률(1980~1991년) **136**

〈도표 5-10〉 정부의 효율성 대 소득 수준 **138**

〈도표 5-11〉 감소하는 통치력 : 인도네시아와 태국 **140**

〈도표 5-12〉 감소하는 통치력, 감소하는 언론 자유 : 말레이시아 **142**

〈도표 5-13〉 통치력 마비 : 한국 **142**

〈도표 6-1〉 소득 분포의 지역적 차이 **147**

〈도표 6-2〉 소득 분포 대 소득 수준 **148**

CONTENTS

〈도표 6-3〉 소비 점유 백분율 : 가장 부유한 10퍼센트 **148**

〈도표 6-4〉 정부의 효율성 **151**

〈도표 6-5〉 인간 개발 지표―총체적인 순위 **151**

〈도표 6-6〉 부패에 대한 통제 **152**

〈도표 6-7〉 국가별 수출품 구성 비율 **172**

〈도표 6-8〉 과거 20년에 걸친 불평등의 변화 **177**

〈도표 6-9〉 부패에 대한 통제 대 소득 수준 **178**

〈도표 6-10〉 국가별 리스크도 - 복합 리스크 **181**

〈도표 6-11〉 지역별 경제 · 금융 · 정치 및 복합적 리스크도 **182**

〈도표 7-1〉 하루에 1달러 미만으로 생활하는 사람들의 인구 구성 백분율 **185**

〈도표 7-2〉 인간 개발 지수―국가별 순위 **186**

〈도표 7-3〉 지역별 경제 자유(1995~2003년) **192**

〈도표 7-4〉 통치력 : 인도와 파키스탄 **236**

〈도표 9-1〉 1인당 GDP(국내총생산) 성장률 추이(1980~2002년) **302**

〈도표 9-2〉 금융 체계의 규모와 구성 비율 : 중국 대 인도 **325**

〈도표 9-3〉 중국 은행의 유형과 구성 비율 및 각 유형별 보유 자산 구성 비율(2002년) **334**

〈도표 9-4〉 중국 : GDP의 백분율로 나타낸 정부 소득 **337**

〈도표 9-5〉 중국 : GDP의 백분율로 나타낸 정부 지출 **338**

〈도표 9-6〉 중국 : GDP의 백분율로 나타낸 정부 예산 **339**

PART 1

미래는 그 특성상 불확실하다. 하지만 선진국들은 불확실성uncertainty을 양적으로 계산하고 이것을 특정한 수치의 리스크risk로 나타낼 수 있는 여러 도구들을 가지고 있다. 즉, 여러 유형의 사건들이 일어날 가능성을 어느 정도로 확실하게 계산할 수 있다는 말이다. 사실 전체 산업은 이런 가능성을 계산하고 또 사람들이 이 가능성에 대비를 하는 데 도움을 주면서 존재해 왔다. 리스크에 관한 믿을 만한 정보는 너무도 널리 퍼져 있어서, 각 개인들은 가정 경제에 관한 모든 결정들을 경솔하게도 전혀 알지

분석과 전망

못하는 낯선 사람들(전문가 그룹을 말한다―옮긴이)과 상의를 하고 그들에게 의존할 수밖에 없다. 선진국에서는 또한 한 개인이나 한 가족이 감당할 수 있는 영역을 넘어서는 리스크를 관리하기 위해서, 개인들은 민간 금융 회사 및 보험 회사에서부터 정부의 여러 복지 사업에 이르는 다양한 제도들에 기댈 수도 있다. 그래서 선진국의 국민들은 새로운 기업과 제품을 위해 자금을 조달하고 개발하고 시장에 진출시키는 것으로 리스크에 적극적으로 대응한다. 하지만 이와 비슷한 시도들은 개발도상국에서는 실패로 끝난다. 전문가들은 이런 차이를 흔히 자본 부족shortage of capital이라는 개념으로 설명한다. 개발도상국들은 빈곤의 악순환의 고리를 끊을 수 있는 자금을 마련할 수 없기 때문이라는 말이다. 자본이 없으면 국가 경제를 개발하고 국민 복지를 개선할 수 있는 여러 사업들을 애초에 시작도 하지 못한다. 이미 빈틈이 없이 정리된 경제 이론에 따르자면, 경제 발전은 자본의 축적과 동일한 개념이다. 국가가 투자를 하는 데 필요한 자본과 이 국가가 조달할 수 있는 자본의 차이가 바로 금융 격차financing gap이다. 이런 자본 부족 현상을 타개하기 위해서 국제금융기구(IMF), 세계은행, 미국국제개발처(USAID), 국제연합개발계획(UNDP) 등의 여러 다자간 혹은 쌍무 국제기구들이 세계에서 가장 많은 문제를 안고 있거나 낙후된 곳에 지원을 한다. 그럼에도 불구하고 이런 기구들이 도움을 주려고 하는 바로 그 대상이 되는 사람들은 흔히 이들의 의도를 믿지 못하고 희망을 품는 대신 냉소만 흘린다. 또한 지난 50년 동안 수조 달러에 이르는 기금이 이 기금을 필요로 하는 곳에 뿌려졌지만, 한 나라 안의 부유한 층과 가난한 층 혹은 좀 더 부유한 국가와 좀 더 가난한 국가 사이의 불균형은 성공적이라고 할 만큼 해소되지 않았다. 오히려 부국과 빈국 사이에 존재하는 부의 격차는 유례가 없을 정도로 크게 벌어졌다. 하지만 자본 축적이 되어 있지 않다는 사실은 다른 여러 요인들에 의한 결과일 뿐이다. 이 책은 선진국과 개발도상국 사이에 존재하는 부의 격차는 불확실성과 리스크의 발산에 따른 것이라고 파악한다. 불확실성이라는 개념은 어떤 사건들에 관한 지식이 정확하지 않다는 의미이고, 리스크라는 개념은 그래도 어느 정도의 확실성은 존재한다는 의미이다. 불확실성을 리스크로 바꾸는 것이 바로 국가가 부유해지는 방법이다. 잠재적인 리스크를 관리하는 여러 제도와 기구의 부족은 선진국과 개발도상국이 각각 거두는 경제 성장이 서로 균형을 이루지 못하는 뿌리 깊은 원인이기도 하다. 불확실성은 주권 국가의 사회 · 정치적 체계에 뿌리를 두고 있다.

리스크, 불확실성, 사회의 발전

미래는 그 특성상 불확실하다. 선진국들은 불확실성uncertainty을 양적으로 계산하고 이것을 특정한 수치의 리스크risk로 나타낼 수 있는 여러 도구들을 갖추고 있다. 즉, 여러 유형의 사건들이 일어날 가능성을 어느 정도는 확실하게 계산할 수 있다는 말이다. 사실 전체 산업은 이런 가능성을 계산하고 또 사람들이 이 가능성에 대비를 하는 데 도움을 주면서 존재해 왔다. 리스크에 관한 믿을 만한 정보는 너무도 널리 퍼져 있어서, 각 개인들은 가정 경제에 관한 모든 결정들을 경솔하게도 전혀 알지 못하는 낯선 사람들(전문가 그룹을 말한다―옮긴이)과 상의를 하고 그들에게 의존할 수밖에 없다. 그러나 선진국의 국민들은 한 개인이나 가족이 감당할 수 있는 영역을 넘어서는 리스크를 관리하기 위해서 민간 금융 회사 및 보험 회사에서부터 정부의 여러 복지 사업에 이르는 다양한 제도들에 기댈 수도 있다. 그래서 선진국의 국민들은 새로운 기업과 제품을 위해 자금을 조달하고 개발하고 시장에 진출시키는 것으로 리스크에 적극적으로 대응한다.

하지만 이와 비슷한 시도들은 개발도상국에서는 실패로 끝났다. 전문가들은 이런 차이를 흔히 자본 부족shortage of capital이라는 개념으로 설명한다. 개발도상국들은 빈곤의 악순환의 고리를 끊을 만한 자금을 마련할 수 없기 때문이라는 말이다.[1] 자본이 없으면 국가 경제를 개발하고 국민 복지를 개선할 수 있는 여러 사업들을 애초에 시작도 하지 못한다. 이미 빈틈이 없이 정리된 경제 이론에 따르자면, 경제 발전은 자본의 축적과 동일한 개념이다. 국가가 투자를 하는 데 필요한 자본과 이 국가가 조달할 수 있는 자본의 차이가 바로 금융 격차financing gap이다.

이런 자본 부족 현상을 타개하기 위해서 국제금융기구IMF, 세계은행, 미국국제개발처USAID, 국제연합개발계획UNDP 등의 여러 다자간 혹은 쌍무 국제기구들은 세계에서 가장 많은 문제를 안고 있거나 낙후된 곳에 지원을 한다. 그럼에도 불구하고 이런 기구들이 도움을 주려고 하는 바로 그 대상이 되는 사람들은 흔히 이들의 의도를 믿지 못하고 희망을 품는 대신 냉소만 흘린다. 또한 지난 50년 동안 수조 달러에 이르는 기금이 이 기금을 필요로 하는 곳에 뿌려졌지만, 한 나라 안의 부유한 층과 가난한 층 혹은 좀 더 부유한 국가나 좀 더 가난한 국가 사이의 불균형은 성공적이라고 할 만큼 해소되지 않았다.[2] 오히려 부국과 빈국 사이에 존재하는 부의 격차는 유례가 없을 정도로 크게 벌어졌다.

하지만 자본 축적이 되어 있지 않다는 사실은 다른 여러 요인들에 의한 결과일 뿐이다. 이 책은 선진국과 개발도상국 사이에 존재하는 부의 격차는 불확실성과 리스크 발산에 따른 것이라고 파악한다. 불확실성이라는 개념은 어떤 사건들에 관한 지식이 정확하지 않다는 의미이고, 리스크라는 개념은 그래도 어느 정도의 확실성은 존재한다는 의미이다. 불확실성을 리스크로 바꾸는 것이 바로 국가가 부유해지는 방법이다. 잠재적인 리스크를 관리하는 여러 제도와 기구의 부족은 선진국과 개발도상국이 각각 거두는 경제 성장이 서로 균형을 이루지 못하는 뿌리 깊은 원인이기도 하다. 불확실성은 주권 국가의 사회ㆍ정치적 체계에 뿌리를 두고 있다. 예를 들면 (선진국에서는 이제 도저히 찾아볼 수 없는) 공공 부문의 잘못된 관리 및 행정 체계와 같은 것이 바로 그런 것이다. 이런 체계에 뿌리를 둔 불확실성 때문에 사람들은, 아무리 애를 써봐야 기술과 자본이 축적되지 않을 것이라 예단하며 미리 포기를 해버린다.

경제 성장은 기술 발전을 낳는 혁신과 함께 시작한다. 그리고 기술 발전은 미지의 세계로 기꺼이 모험을 떠나겠다는 혁신가의 의지에 따라서 좌우된다. 개발도상국의 국민들은 이런 모험 여행의 성공 가능성에 대해서는 의문의 여지없이 부정적이다. 모험 여행을 통해서 무엇인가를 발견하고 또 그것을 통해서 혜택을 누릴 가능성이 불확실하기 때문에, 이런 모험 여행이 시도될 가능성이 낮고 또 그만큼 혁신의 발걸음이 느릴 수밖에 없다. 개발도상국의 혁신가가 장차 제기될 수 있는 리스크를 평가해서 가격을 매기고 아울러 그 리스크에 대비를 할 수 있을 경우에만, 선진국에서와 마찬가지로 개발도상국에서도 이런 모험 여행이 일상적인 것으로 자리 잡을 수 있다. 그러나 거래를 할 상대방에 대한 신뢰 그리고 시장 리스크market risk(자산이나 부채의 가치가 시장 상황의 변화로 불리하게 바뀔 가능성 ─ 옮긴이)를 극복하는 사회적 제도를 마련할 수 있는 법률적인 구조의 신뢰도를 측정할 만한 도구들이 없는 상황에서 개혁이나 발명이 나타나기란 쉽지 않다.[3]

혁신을 가로막는 이런 장애물들의 사회적 비용이 얼마나 되는지 측정하기란 어렵고, 그래서 과소평가하기 쉽다. 이런 장애물과 마주쳤을 때 대부분의 사람들은 리스크를 측정하고 가능성을 계산하려 들지 않고 그냥 포기해버린다. 불확실성을 피할 수 있는 곳으로 몸을 피한다. 그러니 모험 기업이 적을 수밖에 없고, 기본적인 리스크를 과감하게 무릅쓰는 가계도 적을 수밖에 없다. 이런 보수적인 태도 때문에 기업이나 가계는 충분히 감당할 수 있다고 스스로 확신하는 리스크만 무릅쓸 뿐이다.

개발도상국의 가계는 자기들이 직면하는 리스크와 관련해서 보다 나은 정보와 이 리스크를 측정할 수 있는 보다 나은 도구를 필요로 한다. 시장 리스크를 제어할 수 있는 제도들은 경제 주체들이 조망할 수 있는 미래의 시간 범위를 넓혀준다. 개발도상국에서는 민간 차원이든 사회 차원이든 실업, 퇴직, 산업 재해, 고령 그리고 천재지변 등에 관한 보상이나 보험이 잘 마련되어 있지 않다. 그래서 사람들은 이런 일이 일어날 때 전적으로 가계 저축에 의존한다. 이에 비해서 선진국에서는 민간 보험이나 공공 보험이 모든 사람들에게 열려 있다. 기본적인 시장 리스크가 안전하기만 하다면, 모든 가계는 재산을 일구기 위한 사업을 자기 가정의 범위를 넘어서서 추진할 것이다. 즉, 이들은 투자수익률을 계산할 수 있기만 하면 얼마든지 다른 가계 혹은 기업의 사업에 투자를 하는 등의 방식으로 시장 리스크에 맞선다. 그런데 이렇게 할 수 없도록 만드는 상황이 바로 개발도상국의 국민들이 경제적인 성장의 길로 나아가지 못하는 근본적인 이유다. 각 가계가 보다 큰 리스크를 측정할 수 없으니 경제 성장의 길로 발걸음을 뗄 수가 없다는 말이다.

 대부분의 가계는 어떻게든 성공을 하려고 노력하기 때문에, 아무리 불확실하더라도 사회의 모든 구성원이 성공하지 못하도록 막지는 못한다. 많은 정권들은 불확실성을 일부러 조장하고 있다. 사람들은 이 불확실성으로 인해 지배자 및 소수의 추종 세력들만이 비밀과 편법과 폭력을 통해 선량한 투자자들에게 피해를 입히고 자기 배를 불릴 수 있는 구조와 결과를 받아들일 수밖에 없다. 사람들이 어떤 시도를 해서 이익을 실현한다 하더라도 독재자와 그의 일족이 그 이익을 가로채고 이용하려 들 게 뻔한 이상, 사람들의 태도는 보수적으로 꽁꽁 얼어붙을 수밖에 없다. 아는 사람만 믿자, 그렇다고 아는 사람을 무조건 다 믿어서는 안 된다는 심리가 강하게 작용한다. 그래서 예컨대 각 가계는 물리적인 자본이나 인적 자본에 투자하기보다는 아이를 낳는 일에 더 많은 투자를 한다. 그러나 빠른 인구 성장은 1인당 국민소득의 성장을 늦출 뿐이다.[4]

 선진국과 개발도상국 사이의 리스크 관리 불균형으로 국제 투자와 성장의 비용은 높아지고 개발도상국의 자산은 낮은 수준으로 평가된다. 경제 성장의 초기 단계에서 자본 형성에 관한 면밀한 세부 사항들을 제공함으로써 세계적인 격차를 줄이는 일은 IMF나 세계은행과 같은 국제기구들에게 맡겨진 과제이다. 이 기구들의 헌장에는, 자본을 빌려주는 것을 허용은 하되 회원국의 정치에 개입해 부적절한 자본으로 이용되지 못하도록 방조함으로써 이 과정에서 다른 이득을 취할 수 없게 규정하고 있다.[5]

그러나 실상 전 세계의 빈곤에 대처할 과제를 떠맡고 있는 기구들은 실제로는 빈곤의 성지 및 사회석 근원을 부시하고 있다. 오히려 불확실성을 넝속시키고 인권을 탄압하고 전체 국민의 복지를 무시하며 정권이 연장되는 데 기여한다. 예를 들면, 어떤 독재 정권이 개발 기금을 받으며 독재 정권의 추종자에게 이 기금이 흘러들어가서는 안 된다는 사항을 약속한다. 이 정권의 관료들은 기금을 제공하는 사람들이 원하는 대로 법령이나 제도를 얼마든지 만들어낸다. 그러나 나중에 이 법령이나 제도는 합의된 기능에서 얼마든지 벗어날 수 있다. 정부의 회계 장부가 외부의 독립적인 감사 기구에 개방되는 경우는 거의 없기 때문에, 기금을 제공한 쪽에서는 기금이 어느 쪽에 어떤 식으로 배분되었는지 정확하게 확인하기 쉽지 않다.[6] 또 강제적인 집행력이 약하기 때문에 기금을 지원한 측과 맺은 합의 사항은 이런 독재 정권이 보기에 만만할 수밖에 없다. 그리고 이미 지원을 하기로 발표를 한 국제기구는 뒷날 설령 정책 목적이 충족되지 않았다 하더라도 더 많은 기금을 동일한 정부에 빌려주게 된다. 그러고도 또 다음 해의 지원 예산을 다시 짜야만 한다.

바로 이 지점에 개발도상국의 성장과 관련된 어려운 문제가 놓여 있다. 불확실성을 리스크로 변환해야 할 위치에 있는 사람들이 바로 현재의 정권에서 혜택을 누리는 사람들이며, 개발도상국의 성장을 촉진할 책임이 있는 국제기구는 이 국가가 안고 있는 근본 문제를 제대로 파악하지 못하는 것이다.

개혁의 실패는 자본 축적이 부족하다거나 해당 국가 내부에 제도적인 역량이 부족하기 때문이라고 쉽게 말할 수 있다. 그러나 어째서, 어떤 나라에서는 가능성이 부족하고 또 어떤 나라에서는 이 가능성이 넘치는지 이해하려면 핵심적인 사회적 주체들이 가지고 있는 동기들을 면밀히 살펴보아야 한다. 어째서, 어떤 나라에서는 지도자 및 그를 중심으로 한 집단이 그 나라를 번영으로 이끄는데, 어떤 나라에서는 이들이 국민을 희생시켜 가면서 자기들만의 이득을 도모할까? 예를 들어 동아시아의 '호랑이 경제국'(빠른 경제 성장을 이룩한 국가에 대한 별칭—옮긴이)들은 성장의 열매를 국민이 모두 함께 나누자는 약속을 지탱하는 법령과 제도를 마련함으로써 정권의 정통성을 확보해 사회적인 유대감을 무기로 엄청난 성장을 일구어냈다. 경제 개발의 열매를 널리 함께 나누자는 식의 이런 통치 혁신 덕분에 동아시아는 지속 가능한 성장을 경험했다.[7] 이에 비해 라틴 아메리카는 민주주의는 발전했지만 빈곤이나 불평등은 해소되지 않았다. 지도자들과 특권층이 근시안적인 정책으로 자기들의 복지 수준만 튼튼하게 유지하면서 국내의 지속 가능한 경제 성장력을 약화시켰기 때문이다. 가난에 찌든 국민의 삶을 윤택하게 할 수 있는 도로, 학교, 병원, 발전 및 전기 시설, 재산권 등은 이들이 자신의 정치적인 기반을 안정적으로 유지하는 데 위협이 되는 요소이므로 받아들일 수 없었던 것이다.

국제기구들은 자본을 제공하는 것으로 임무를 마쳤다. 이들은 지점 즉 자신들이 자본을 제공한 국가의 지도자들에게 성장을 강화하도록 혹은 자기 나라의 국부를 도둑질하도록 등을 떠미는 여러 동기들을 만들어 정치적인 합의사항을 이끌어냈다. 이 책은 이러한 국제기구와 국가 간의 합의사항들을 탐구 대상으로 삼는다.

이 책은 '여러 국가들 간에 보이는 경제 성장 수준의 편차는 제도적인 실패 때문이다.'를 전제로 삼는다. 어느 정치 지도자들은 국민의 기본적인 요구를 무시한 채 제도를 추진했고 그 결과 제도는 실패했다는 것이다.

이 책은 잘못된 정치적 동기로 인해 발생한 빈곤의 악순환을 끊을 방법을 제시한다. 그리고 제각기 다른 지역 및 국가에서 겪었던 경험들을 대조하면서 경제 개발 과정의 여러 다양한 전략들에 내재된 협력의 토대는 무엇인지 확인한다. 또한 각 주권 국가의 정치 및 사회적 구조 속에서 저개발의 원인은 무엇인지 연구하고 그 대안을 찾는다. 아울러 리스크와 불확실성의 경계를 탐구하며, 세계에서 가장 빠르게 성장하는 몇몇 지역들의 성장 동력에 관해 독자들에게 새로운 전망을 제공한다. 이상이 이 책의 목적이다.

개발도상국에서 경제가 발전하려면 사회·정치적 구조 부분에 상당한 수준의 개혁이 필요하다. 경제 성장에 유리하게 작용될 정치 및 사회적인 틀을 만드는 일은 흔히 개발도상국이 해결해야 할 가장 큰 과제가 된다. 그러나 이때 문제는, 이미 적절한 사회 제도를 갖추고 있는 나라의 성공했던 제도들을 그대로 본떠 따른다는 것이다. 예를 들어 보자. 자유로운 재산권 행사는 경제 발전의 전제 조건이다. 재산권이 지속적으로 사회적 보장을 받으려면 사회적 일관성과 정치적 책임이 뒤따른다. 재산권은 무력 혹은 무소불위의 정치권력에 의해서 언제든 말소될 수 있기 때문이다. 또한 부유한 사람의 영향력은 가난한 사람의 재산권을 얼마든지 침해할 수 있다. 고도로 불평등한 사회에서 재산권은 법이 아닌 군사적인 힘에 의해 보장되는 경우가 흔하다. 한 사회의 사회·정치적 토대가 안정적일 때만 이 사회의 재산권 역시 안정적으로 보장된다.

리스크가 기회일 때

현대의 시장 경제는 리스크 특히 금융 리스크의 평가 및 측정과 관련해 많은 기회를 제공한다. 사회·정치적 제도에 관한 여러 가지 가설들이 존재하지 않는다면, 리스크를 관리하기 위한 여러 가지 선택권 또한 행사할 수 없을 것이다. 표준적인 경제 이론은, 시장은 리스크를 퍼뜨리고 리스크에 가격을 매기며 장기적으로는 리스크를 다스리고 리스크에 대해 보상을 해준다는 점을 가설적으로 전제한다.

하지만 이런 사실은 대부분의 개발도상국에서는 거의 기대할 수 없다. 설령 부적절한 정보 때문에 개인 자산의 경제적 가치를 정확하게 평가할 수 없다는 사실을 염두에 둔다 하더라도 이런 사실은 변하지 않는다.[8]

선진국은 리스크를 계량적으로 측정하고 가격을 매길 수 있는 여러 도구들을 갖추고 있어 리스크를 가장 잘 견딜 수 있다. 또 리스크에 기꺼이 대처할 만한 의지가 있는 경제 주체에게 리스크를 할당해 리스크의 규모를 줄일 수도 있다. 그러나 개발도상국의 계약 당사자들은 성숙한 시장 사회라면 일상적으로 접할 수 있는 도구들조차 사용할 기회가 주어지지 않는다. 정보의 불균형 때문이다.[9]

개발도상국의 각 개인은, 개인이나 법인의 신용 보고서를 확인해 시장의 불완전성을 극복하고 탐색 비용 search costs(거래할 상대방을 찾는 데 드는 비용—옮긴이)을 제거하거나 정보의 불균형 상태를 누그러뜨리는 등의 여러 가지 리스크 관리 선택권을 전혀 가지지 못한다. 그 결과, 이들은 많은 리스크를 거래도 하지 못하고 그냥 넘겨버릴 수밖에 없다. 이런 비효율적인 요소들이 적절치 않은 상식 그리고 가치에 대한 공통된 믿음이 부재하는 상황과 결합할 때, 시장 참가자들이 리스크 관리와 관련해 최적의 내용을 찾아 동의할 수 있는 가능성은 거의 없다. 결과적으로 각 개인은 보유 자산을 시장 가격에 맞추어 다양하게 분산하기보다는 스스로 모든 책임을 지고 떠안게 되니 결국 개발도상국에서 가계가 리스크를 관리하는 전략은 선진국과 매우 다를 수밖에 없다.[10]

개발도상국에서의 자본 시장 기초 구조는, 정치 및 사회적 질서 속에 구체화되어 있는 불확실성의 근원들을 밝히기 위한 금융 이론상의 시장 리스크 경고를 초월해야 한다. 리스크와 달리 불확실성은 가격을 매길 수가 없다. 불확실성은 거래 자체가 이루어지지 못하게 가로막으며 경제적 자산의 가치를 축소하거나 파괴한다.[11] 한 경제 체제 내의 불확실성은 시장을 파괴한다. 두 당사자가 어떤 결과의 가격에 대해 매기는 가격의 편차가 매우 클 때 거래는 이루어질 수 없기 때문이다. 개발도상국들은 흔히 불확실한 미래를 할인하는 저가치 단기 거래를 선호하며 매몰 비용 sunk costs(이미 투입되었지만 회수할 수 없는 비용. 따라서 차후 의사 결정에 고려하면 안 되는 비용—옮긴이)을 요구하는 투자를 회피한다.[12] 불확실성의 세 가지 근원인 시장적 요소, 사회적 요소, 정치적 요소는 리스크의 경제적 가치 계산을 가로막고 시장 활동의 협조적인 조정을 파괴한다.

경제 개발 속 불확실성의 삼위일체

사적인 상거래에서부터 세금에 이르는 다양한 거래까지 계약상의 의무를 이행하지 않는 것은 시장 체계에서 볼 수 있는 불확실성의 일상적 근원이다. 각 개인이 거래 계약 내용의 이행에 대해 확신하지 못할 때 투자수익률은 계산하기가 어려워진다. 이때 법과 제도는 개별 시장 참가자들의 신용을 관리하고 위반 행위에 사법적으로 비싼 대가를 치르게 함으로써 이러한 불확실성을 다소 누그러뜨릴 수 있다. 선진국의 법과 제도는 대출에 대한 특정 개인의 채무 불이행 가능성을 투명하게 관리함으로써 혁신가에게 개인적인 자본 동원 능력을 초과하는 수준의 자본을 제공하기도 한다. 제도는 대수의 법칙(표본의 수가 많아지면 모수와 표본의 값이 일치할 확률이 높아진다는 법칙—옮긴이)을 적용해 채무를 이행하지 않는 모든 대출의 추정 비율에 대한 정보를 제공함으로써, 리스크 관리를 용이하게 할 수 있다.[13] 건전한 시장 체제에서 당연한 이런 제도들은, 신용에 대한 접근을 강화하고 '리스크'를 '성장을 위한 촉매제'로 변환시킨다. 그러나 개발도상국에서는 이러한 제도가 부족하다.

불확실성과 부닥쳤을 때 살아남을 수 있는 방법인 회피와 혐오는 리스크와 기회의 또 다른 측면이다. 계약의 이행 강제력이 약할 때 사람들은, 다른 개인이나 가계가 추진하는 사업에 투자하는 리스크뿐 아니라 제3자를 신뢰해야 하는 상황도 회피하는 반응을 보인다. 그러나 불행하게도 이 두 가지 행동은 경제 성장의 핵심에 위치한다. 이 행동들을 회피하는 개인이나 가계는, 균형을 갖추고서 가격 변동폭이 적은 결과를 좇아 리스크를 분산하는 대신에 모든 달걀을 한 바구니에 담아두는 쪽을 선택한다. 투자의 황금률을 어기는 셈이다.[14] 사실 우리는 누구나 할 것 없이 자가 보험을 든다. 하지만 불확실성과 정도를 측정할 수 없는 리스크에 직면했을 때 개발도상국의 가계는 자기들이 가지고 있는 자원들을 과도할 정도로 혼자서 끌어안고 책임을 지려 한다.[15] 재난이나 불경기에 대한 대비책을 마련하기 위해 개발도상국의 개인은 자기 자신, 가족 구성원, 이웃과의 상호 관계에 전적으로 의존한다. 이런 선택은 기업의 성장을 억제하고, 사회에 보다 큰 이득을 안겨줄 수도 있는 사업 기회를 매장시키는 결과를 낳는다.

모든 가계는 각자 가진 자산을 다른 가계의 사업에 다양하게 투자할 때, 궁극적으로 자신의 자산을 가장 효율적인 혹은 적정한 관리자에게 배분하는 것이다.[16] 주식이나 채권 시장에 수많은 가계가 투자를 함으로써 마이크로소프트나 제너럴 일렉트릭과 같은 회사들이 성장할 수 있다. 그러나 계약 내용의 이행 강제력을 신뢰할 수 없다면 수많은 독립 투자자들이 출자한 자본에 의지하는 기업은 생겨나지 않는다. 또한 자기가 하는 사업에만 자신의 자산을 모두 투자한 사람들은 만일 그 사업에 실패할 경우 모든 것을 잃고 말기 때문에 경제에서의 리스크는 더 커진다. 분산 투자는 특정 산업 영역에서 불경기가 발생할 때 한꺼번에 모든 것을 잃어버리는 리스크를 막아준다. 보험 시장 없이는 재난을 관리할 수 없다. 가계는 리스크에 맞서는 행동을 회피함으로써 사회적으로 유리한 수많은 거래를 할 수 있는 기회마저 날려버린다. 보험 시장이나 리스크를 예방하는 장치가 없다는 사실은 개발도상국이 성장과 번영의 길로 나아가는 데 가장 큰 장애물 가운데 하나이다.

개발도상국의 불확실성 두 번째 근원은 소득 배분의 불균형 혹은 인종적 분열에서 비롯되는 정책의 비일관성과 사회적 무질서이다. 사회적인 불안정성에 대한 예측이 극단적으로 다르게 나타나기 때문에 불확실성이 제기된다. 전문가들은 흔히 사회적인 무질서에 대해서 극단적으로 다른 견해를 가진다. 이들은 동일한 사물이나 상황을 대하면서도 자기들의 성장 및 교육 배경에 따라 각자 근본부터 다른 렌즈를 끼고 이런 것들을 바라본다.[17] 그러므로 사회적 무질서의 빈도와 강도에 대한 추정치의 신뢰도는 매우 낮다. 사회적인 상황의 변동에 대한 추정 내용은 각 전문가에 따라 기후 변화를 예측하는 것만큼이나 엄청나게 달라진다. 그런 변동 가능성을 측정할 수 있는 동일한 잣대가 존재하지 않기 때문이다. 무질서와 관련된 정확한 시간대와 강도에 대한 불확실성은, 사회적 상황이 유동적이고 의심스러운 국가에 대한 투자 결정을 억제시킨다. 단기 수익 강조는 생산직인 기업과 조직의 성장을 가로막으며, 극단적으로 불안정한 환경에서 비롯되는 고수익을 좇는 마피아 또는 개인 군사 조직의 발호를 촉진시킨다.[18]

선진국의 경제 체제는 각 개인이 자기들의 사적인 자원을 대리인, 대의체가 관리하는 공동 사업에 유치함으로써 개인은 할 수 없는 경제 활동을 할 수 있게 돕는 체계와 조직이 마련되어 있다. 효과적인 사회 제도가 마련되지 않으면 대부분의 가계는 자기 자본을 혼자만 보유할 것이다. 공동 사업은 각 구성원들이 모두 개인적인 권리인 공동 법인의 청산권을 포기할 때 가장 잘 운영된다.[19]

고압적인 어떤 내부 인사의 이익 도모를 위해 좌지우지되는 기업에 투자할 사람은 아무도 없다. 투자를 한 모든 개인이 조직의 운영 주체에게 청산권을 양도할 때 비로소 스스로 결정내릴 수 있는 조직이 탄생한다.[20] 그리고 이 조직이 제3자와 맺는 거래의 법률적 정당성도 보장된다. 이렇게 됨으로써 조직의 집행력은 신뢰성을 확보한다. 예를 들어서 주주들의 다수결 결정에 의해서만 청산 절차를 밟을 수 있도록 법률적으로 규정된 기업은 이들의 이름을 걸고 다른 기업들과도 거래할 수 있는 것이다.

이에 비해 개발도상국은 공동으로 소유하는 자원을 비효율적으로 경영하는 것에 대한 소구권recourse(상환청구권—옮긴이)이 취약하다. 개인은 자기와 직접적으로 관련 없는 집단이 지배하는 기업에 투자하기를 꺼린다. 또 그 기업 조직의 청산을 위해 자기 권리를 포기하는 데 전혀 동의하지 않는다.[21] 만일 이런 동의를 강제할 수 없다면, 그 기업 조직의 지분을 다소 가지고 있는 측은 자신이 투자한 모든 것을 잃을지도 모른다는 의심을 할 수밖에 없다. 기업 경영에 대한 신뢰가 전제되지 않을 때, 기업은 오래 지속되기는커녕 아예 존재할 수도 없다.[22] 즉 불확실성은 수많은 사람들이 하나의 기업 조직으로 묶이는 것을 방해하고, 공동으로 달성할 수 있는 수많은 목표들을 불가능하게 만든다.

독립적인 여러 제도, 기구를 감당할 여력이 없는 국가는 흔히 강압적인 조직과 수단을 통해 독재를 펼친다. 이런 정치 체제에서는 소수의 권리가 허약해진다. 만일 국가가 협력을 이끌어낼 수 있는 틀을 마련하지 못한다면, 폭력을 행사하는 조직들만이 다수의 대중 집단으로부터 복종을 이끌어낼 수 있을 것이다.[23] 이런 점에서 불확실성은 독재 정치를 끌어들이는 유도관이라고 할 수 있다.

양극화된 사회는 도로, 학교, 치안, 방위, 법치 등과 같은 공공 부문에 적정한 수준의 투자를 하는 데 필요한 재정적인 부담에 대한 동의를 국민에게서 이끌어내지 못한다.[24] 반드시 필요하긴 하지만 시장을 통해서는 공급이 되지 않는 이런 비교역적인 공공재(정부만 공급할 수 있는 혹은 정부가 공급하는 것이 바람직한 재화 또는 서비스—옮긴이)에 대한 동의가 이루어지지 않는 국가에서는 사회 발전이 더딜 수밖에 없다. 만일 한 사회가 생산하는 사회적인 자원의 양이 충분하지 않다면, 이 사회가 생산하는 시장 교역재는 보다 적어질 것이고, 이런 현상은 다시 시민적인 소요와 불안의 가능성을 높인다. 현재의 재정적인 부담을 나눌 수 없는 사회는, 미래의 수요를 극복하는 데 필요한 사회적인 자원이 부족하게 마련이다. 이런 리스크는 특히 부유한 지배 집단들이 자기 의무를 다하지 않는 사회에서 높게 나타난다. 부유한 집단은 국가가 공공 부문 서비스를(비록 자기는 이 서비스의 혜택을 단 한 번도 누리지 않는다 하더라도) 제공할 수 있도록 자기들에게 부과되는 세금을 내야 하는데 그렇게 하지 않기 때문이다.

불평등이나 인종적인 분열에서 비롯되는 사회적인 양극화는 또한 경제 정책 개혁의 실패 원인이 되기도 한다. 불평등을 줄이려는 대중주의적인 노력은 흔히 정책의 연속성을 끊어놓고 또 거시경제학적macroeconomy인 안정성을 마련하기 위한 정책적인 원칙이 끝까지 지켜지지 못하도록 방해한다. 예를 들어서 1990년대에 시장 개혁을 약속했던 열두 명의 라틴 아메리카 민선 대통령들은 헌법이 보장한 자기 임기를 채우지 못했다. 갈팡질팡하는 정책의 방향성은 결국 시장 개혁의 신뢰성을 훼손했다. 라틴 아메리카 국가들은 사회 · 정치적 교착 상태에 빠져서 세금의 수준과 분배에 대한 다툼을 해결할 수 없었고, 이 바람에 애초에 시장 개혁을 지향하던 정책은 방향을 잃고 표류했던 것이다. 세금을 매기고 또 거두어들일 능력이 없는 정부는 국제 자본 시장에서 돈을 빌렸고 국가 재정은 결국 파탄의 길로 걸어갔다.[25] 이에 비해 중국의 전격적인 경제 개방은 커다란 혼란 없이 진행되었다. 중국의 경우 경제 개혁의 수혜자는 사회의 전 영역이었기 때문이다. 개방 절차는 안정적, 지속적으로 진행될 것이며 아직 시행되지 않은 시장 개혁 조치들도 궁극적으로 모두 시행될 것이라는 믿음이 사회 전반에 존재했던 것이다.

사회의 전체적인 여론 수렴 및 동의 절차가 마련되어 있을 때 정부는 국민의 든든한 뒷받침에 의지해 밝은 미래를 기약할 수 있다. 사회적인 분열 속에서 세입과 세출에 대한 동의가 잘 이루어지지 않는 국가의 세입 기반은 탄력적인 적응성이 부족하다. 어떤 국가가 새로 어떤 기금을 모으려고 할 때 사용할 수 있는 방법이라고는 오로지 위압이나 강제밖에 없을 때, 이 국가의 정부를 기다리고 있는 것은 불확실한 미래이다. 사회 전반에 깔린 사회 및 정치적 불확실성이 제거되기 전까지는, 시장에서의 리스크 분담을 위한 실행 가능한 계약과 효율적인 제도들은 나타나지 못할 것이다.

정부 예산에 관한 국민적인 동의 장치야말로 사회적인 위험성을 확실하게 보장해주는 최상의 장기 보험이다.[26] 세금 징수의 합법성은 효율적인 세금 징수의 중요한 전제 조건이라는 사실은 경제사를 통해 얼마든지 확인할 수 있다.[27] 납세자들이 재정의 우선순위에 대해 동의를 하는 수준에 따라, 정부가 세금을 거두면서 부담해야 하는 비용도 그만큼 줄어든다. 이게 틀린 말이 아니라면, 공적인 신뢰감과 제도적으로 뒷받침되는 국가사업의 우선순위 책정 사이에 확실한 연결고리를 구축하는 것으로 개발정책에 초점을 맞추는 게 옳다. 전체 국민이 부담하는 세입에 정부가 전적으로 의존하게 만드는 것은 또한 개발도상국의 리스크 시장을 촉진하는 가장 확실한 방법이기도 하다. 전체 국민의 폭넓은 기반을 가지고 있는 세입과 이것을 바탕으로 하는 정부는 독재의 경제 논리에 빠지려고 해도 빠질 수가 없다. 사회적인 불만, 사회적인 다툼, 그리고 사회적인 분열은 각 개별 가계 자본을 민간 및 공공 부문의 개발 자본으로 전환시키는 데 필요한 사회 총체적인 행위가 나타나지 못하게 만든다.

불확실성의 세 번째 원천은, 정치인들이 자기에게 주어진 재량권을 확대해 자기가 법률적으로 대표하는 사회적 총체성의 필요성과 일치하지 않는 (개인 혹은 집단 이기주의적인)목표를 추구하는 것이다. 개발도상국 경제에서 정치인의 재량권이 잠재적인 투자자에게 미치는 영향을 이해하려면, 아주 간단하게 동전 던지기를 생각하면 된다.[28] 동전을 던질 때 앞면이 나올 확률과 뒷면이 나올 확률은 반반이다. 하지만 정치인이 강력한 재량권을 발휘해서 동전 주조 과정에 개입할 때 즉, 둘 다 앞면이거나 둘 다 뒷면이도록 화폐 주조소에 압력을 넣을 때 이 반반의 확률은 달라진다. 즉 이 확률은 순전히 화폐 주조소를 통제하는 자에 따라 달라지는 것이다. 이런 식의 재량권 행사로 지배자는 소수의 핵심적인 지지자들(예를 들면 인종 및 종교적 지도자, 군부, 비밀경찰, 전문가 집단, 혹은 소수 족벌 집단)로부터 자기 지지 기반을 좁힌다. 지지 기반이 넓지 않을 때, 국가 지도자는 최대의 충성심을 살 수 있는 자원을 축적할 수 있다.[29] 이런 배제의 정치로 국가 지도자는 자원을 재량적으로 활용해서 자기를 지지하지 않는 사람들에게는 위험을 그리고 자기에게 충성을 바치길 원하는 사람들에게는 특권을 각각 제공한다. 국가 지도자의 자리에 오르기 위한 광범위한 지지와 연대를 획득하는 방법은 법과 제도를 마련하는 것이다. 이는 행정적인 재량권 남용을 제어할 수 있는 가장 확실한 방법이다.[30] 지도자가 이런 지지와 연대를 확보하려면 우선 경제 정책에 관한 역량을 갖추어야 한다. 지도자는 각 개인이 정부의 직접적인 지원을 받지 않고도 개별 가계의 위험성을 얼마든지 관리할 수 있는 건강한 경제 환경을 조성함으로써 자기 지도력이 더는 필요하지 않도록 그리고 자기 지도력에 다른 경쟁자가 보다 쉽게 도전할 수 있도록 만들어야 한다는 사실은 정치적인 발전과 관련된 역설이다. 그러니 협소한 지배 연대층을 기반으로 한 지도자로서는 이런 길을 선택할 까닭이 없다.

독재와 저개발

전 세계의 저개발 국가들에는 독재가 판을 친다. 이런 현상은 우연의 일치가 아니다. 공공재가 부족하기 때문에 독재는 자신이 가지고 있는 경제적인 잠재력을 획득하지 못한다.[31] 사실 경제 개발이 덜 된 국가일수록 독재 정권의 수명이 길다. 독재자는 정치적으로 충성을 다하는 기업들에게 특혜를 줌으로써 지지 기반을 구축한다. 설령 이렇게 하는 것이 경쟁력 떨어지는 기업의 비효율적인 사업에 자금이 투입되는 결과를 빚는다 하더라도 상관하지 않는다.

전체 시장 조건이 보다 나아지도록 정치와 제도를 개선하려는 노력은 지도자에 대한 충성심을 높이는 데 아무런 기여를 하지 않는다. 예를 들어, 통화를 안정시키면 어떤 특정한 내부자 집단만 혜택을 입는 게 아니라 국민 전체에게 혜택이 돌아간다. 또 정보가 효율적으로 유통되는 시장이 줄 수 있는 사회적인 혜택은, 지도자를 추종하는 집단들에게 정보·특권·사법권 등에 관한 우월적인 접근을 허용함으로써 이들의 충성심을 극대화하려는 독재자의 바람과 일치하지 않는다.[32] 독재 정권은 오로지 정권 내부자의 재산권만 보호할 뿐이다. 이 바람에 내부자와 외부자의 투자 위험성은 다양한 편차를 보이며 독재 정권의 우산 아래에 있는 사람들만 경제적 이득의 기회를 얻게 된다. 그리고 대부분의 일반 투자자들은 정치적인 접근을 필요로 하는 투자나 수지맞는 보조금 수혜 쪽으로는 눈길도 주지 않으려 한다.[33]

믿을 만한 계약 강제력에 대한 소구권을 가지고 있지 않은 채 운영되는 기업들은 정부로부터의 특혜(예를 들면 독점, 정부에 의한 가격 결정이나 업자들끼리의 가격 협정, 그리고 보조금 등)를 얻어 불확실성으로부터 보호받아야 한다. 기업이 정부에게 이런 요구를 할 때, 경제인이 아닌 정치인이 경제라는 자동차의 운전석에 앉는 정치적인 시장이 나타나고, 기업과 정부 사이의 경계선은 모호해진다. 시장 기회에 대한 접근성이 정치화될 때 투자의 적정 기준은 무너지고 저개발의 덫이 경제를 삼키고 만다.[34]

이상적인 사회라면 모든 사람은 다른 모든 사람을 보증한다. 일반 가계는 모든 재산을 자기 사업에만 투자하지 않는다. 전체 사회의 자원은 집단 전체의 공동 생존을 보증할 수 있다. 이에 비해 독재 사회는 사회를 위태롭게 만드는 다양한 위기들에 대한 대비를 하지 않는다. 독재 정권의 입장에서 볼 때 문제가 될 수 있는 유일한 위기는 정권의 협소한 정치적 기반을 위협하는 것뿐이다. 국가 지도자는 사회적 자원을 효율적으로 할당하는 데 필요한 적절한 정보에 접근할 가능성이 적기 때문에 결국 이 독재 지도자는 불확실한 미래에 맞닥뜨릴 수밖에 없다. 독재 정권의 핵심 집단은 사회 전체를 위협하는 재앙에 맞닥뜨리는 때만 자기 생존을 위협하는 정치적 위기에서 벗어나고자 사회 복지라는 전체적 문제에 관심을 가진다.

탈공업화의 생산성 격차

시장 경제 체제에서 채권 평가 기관, 부동산 평가 기관 그리고 보험사 등은 경제적인 위기에 가격을 매기기 위해 존재한다. 만일 전반적인 경제적 조건들이 모든 기업에 동일하다면, 이런 기관들이 적절하게 기능함에 따라 리스크는 가장 유능한 경영자에게로 이동할 것이다. 유능한 경영자만이 고위험에서 고수익을 실현할 수 있기 때문이다. 또한 각 개별 기업은 특정한 시장 성과에 따라 평가가 될 것이다. 한 기업의 건전성에 대한 특별한 지식을 확보하기 위해서 투자자는 그 기업이 거둔 성과의 어떤 부분이 훌륭한 경영에서 비롯된 것인지 또 어떤 부분이 전반적인 경제 조건에서 비롯된 것인지 구분할 수 있어야 한다.[35]

시장 기반의 보험은 개발도상국에서는 번성할 수 없다. 민간 및 공공 부문의 정보 불균형이 리스크 분담을 방해하기 때문이다.[36] 기업은 정부의 간섭을 피하려고 정보를 제한하고 수입을 허위로 보고한다. 그러므로 보험 제공자는 정확한 평가를 산정할 수 있는 도구를 박탈당한다. 비록 이런 불투명한 회계가 정부의 불법 행위로부터 기업을 보호하는 측면이 있긴 하지만, 궁극적으로 이런 회계는 기업의 잠재력을 정확하게 평가하는 길을 차단한다. 정보 불균형의 두 번째 근원은, 이해관계를 함께하는 특정 집단에만 정확한 정보를 제공하고 일반에게는 경제의 전체 상황에 대한 정보를 정확하게 제공하지 않는 부패한 정권이다. 개별 시장 참가자에 대한 정확한 정보가 제한될 때 전체 시장은 리스크에 대해 효과적으로 가격을 매길 수 없다. 따라서 그 리스크를 기꺼이 감수하고자 하며 또한 그럴 능력도 충분한 사람들에게 리스크를 떠안을 기회가 주어지지 않는다.[37]

개발도상국에서 리스크 분담을 어렵게 만드는 또 하나의 불리한 요소가 있다. 정부 기관의 행동에서 비롯되는 리스크를 보증하는 민간 기관이나 조직이 없는 것이다. 또한 정부의 불법 행위로 빚어지는 리스크를 다루는 시장도 없다. 곧 정부의 편파적인 정실에 대비한 보험이 존재하지 않는다는 것이다.[38] 오로지 정치적 영역에서만 정부와 피통치 집단 간의 보험 계약이 성립할 수 있다.[39] 헌법과 정치적 제도 및 기구만이 국가 지도자들로 하여금 이들의 정책이 낳은 결과에 대해 책임지게 할 수 있다.[40]

문화나 종교 혹은 민족과 상관없이 사람들은 통제 가능한 리스크면 얼마든지 기꺼이 떠안으려고 한다. 그러나 개인적, 사회적, 정치적인 불확실성의 근원을 완화하는 제도가 존재하지 않는 재화 및 서비스 시장은 깊이와 넓이와 유동성이 부족하다. 사람들은 각자 자기 자신을 독립적 약탈자로 바라본다. 이들은 협력을 통해 수많은, 가능한 이득을 강화하고자 한다. 이들은 일상적인 리스크를 관리할 수 없기 때문에 기회를 잡으려 하지 않으며, 자신들의 미래가 현재와 다르지 않을 거라 확신한다. 각 개인은 미래를 위해 혁신을 하고 협력을 하는 것이 아니라 각자 서로가 서로의 것을, 현재 가지고 있는 것을 약탈한다.[41]

이에 비해 효율적인 리스크 관리가 이루어지는 사회에서는 지식과 혁신으로부터 얻을 수 있는 가능한 모든 이익이 실현된다. 리스크를 얇고 넓게 분산시키는 장치가 작동하면 각 개인은 새로운 기업을 시작하도록, 혁신가들은 오랜 기간 숙성 과정을 필요로 하는 지식 집중적인 상품을 개발하도록 자극받는다. 효율적인 리스크 할당 없이는 기술적인 혁신도 없다. 기술적인 탐구가 진행되면 필연적으로, 기술적인 측면에서의 미개척 영역을 탐구하는 사회와 이런 시도에 뒤처지는 사회 사이의 생산성 격차가 발생한다. 탈공업화의 사회적 질서가(탈공업화 사회postindustrial society란 지식, 정보 산업 따위가 급속히 발전한 사회를 일컫는다. 1950년대 이후로 중화학 공업 중심의 공업화 사회에서 전환된 선진 공업국의 상황을 말한다—옮긴이), 정보에 대한 접근성이 시장 리스크를 줄이고 각 개인들로 하여금 과거 소수 특권층에게만 허용되었던 활동들을 할 수 있게 허용하는 개발도상국들에서 나타나고 있다. 마르크스와 엥겔스는 자본을 가지고 있는 자본가와 노동력을 가지고 있는 노동자 사이에 벌어지는 계급투쟁이 진행된 뒤에야 마침내 계급 없는 사회가 나타날 것이라 예측했다. 정보 기술의 발달이 빚어낸 정보의 접근성 덕에 초기 산업 혁명의 특징이던 노동과 자본의 분리 현상은 더 이상 존재하지 않게 되었다. 선진 산업 국가에서 정보 기술과 정보 접근성은 이미 상당한 수준에 도달해서 모든 노동자들은 자기 자신의 인적 자본에 따른 잉여 이익을 나누어달라고 요구한다.[42] 현재 선진국과 개발도상국 간의 탈공업화 생산성 격차는 점차 증가하는 추세다. 개발도상국은 사회적인 관계가 경제적 기회에 대한 정보의 평등한 접근성마저 제한하는 전통과 위계질서에 기초하고 있기 때문이다. 리스크를 계량화하고 관리할 계약적 사항을 지원하는 적절한 사회적 제도와 기구를 마련하지 못해 새로운 기술은 민간 투자 자본을 찾지 못하고, 이런 곳일수록 격차는 점점 벌어지는 것이다.

  어떤 사회의 경제 체계가 아무리 정교하게 잘 구축이 되어 있다 하더라도 다음에 나타날 자연 재해, 전쟁 혹은 석유나 물과 같은 기본적인 생활용품의 가격 급등으로부터 완벽하게 보호를 받을 수 있는 사회는 없다. 개발도상국이나 선진국을 가리지 않고 어떤 개별 가계들도 이와 같은 피할 수 없는 불확실성에 직면할 수 있겠지만, 선진국에 사는 사람들은 일상적인 리스크에서부터 가계 소득에 관련된 리스크에 이르는 모든 영역에서 어느 정도의 사회적인 보험 혜택으로 보호를 받을 수 있다. 예를 들어서 선진국의 가계는 퇴직, 실업, 신체장애 등과 같이 피할 수 없는 사태에 직면하더라도 일정한 수준의 도움을 국가로부터 받는다. 이런 보장이 시장 결과의 수용을 촉진한다. 금융 기술과 리스크 관리의 새로운 기술들이 개선됨에 따라 개발도상국 경제와 선진국 경제 사이의 리스크 완화 격차는 더욱 늘어날 것이다.[43]

개발도상국에서 변변찮은 금융 정보는, 자산을 평가하고 미래의 소득 흐름을 파악하기 어렵게 만드는 변동성과 불확실성을 강화한다. 그리고 뒤이어 나타날 수밖에 없는 주식에 대한 저평가는 투자와 기업의 성장을 방해한다. 정보와 자산을 외부에서 파악하지 못하게 숨김으로써 자본 조달이 원활하게 이루어지지 않는다. 금융 정보의 내부자 조작은 거래 당사자들 사이의 정보 불균형을 강화하고, 전체 거래량을 감소시키며 편의주의를 조장한다. 정보의 질이 형편없어서 리스크를 제대로 평가할 수 없는 일이 빚어지지만 않는다면 시장 참가자들은 자기 자신과 사회의 부를 높이기 위해서 기꺼이 리스크를 떠안을 것이다. 시장이 효율적인 기업과 비효율적인 기업을 구분하지 못할 때, 소위 '레몬 디스카운트 lemons discount'라는 현상이 나타나서 잘 관리되는 기업이 오히려 역풍을 맞으며 자본 비용 cost of capital(조달 자금에 대하여 투자자가 요구하는 최소한의 수익률—옮긴이)이 상승하는 결과가 나타난다.[44] 기업을 가지고 있는 사람들은 불리한 기업 환경으로부터 보호를 받기 위해서 피난처를 찾아 정부의 우산 안으로 들어간다.

레몬 디스카운트가 초래하는 결과 하나는, 성장을 촉발하는 갈등을 해소하는 데 필요한 법률 및 제도적 역량 부족에 시달리는 과부하의 국가 체계이다. 이런 국가는 투자자와 국민의 요구를 충족하는 데 필요한 제도적 변화를 자극할 능력을 가지고 있지 않다. 예를 들어, 민간 시장이 가계가 질 수 있는 리스크에 대해서 아무런 보험을 제공하지 않을 때 각 개인은 국영 기업 일자리에만 매달린다. 사람들은 정부가 제공하는 이 일자리를 잃어버릴 위험을 감수하지 않는다. 보험, 교육 혹은 의료 분야에 관해서 시장으로부터 아무런 보장을 받지 못하기 때문이다.

국제적인 차원에서 금융 자산의 불평등한 배분은 전 세계 발전 과정에서 나타나는 여러 중요한 불평등 가운데 하나이다. 인구 비율로는 전 세계의 5분의 1밖에 되지 않는 고소득 국가들이 전 세계 금융 자산의 90퍼센트 이상을 차지한다.[45] 전 세계 인구의 최소한 3분의 1을 차지하는 저소득 국가들은 전 세계 금융 자산의 1퍼센트 미만을 가지고 있다. 국내총생산GDP 대비 백분율로 비교한 금융 자산의 이런 국제적인 불평등은 세계적인 정치적 불안에 상당한 수준으로 기여한다. 인구를 모두 합하면 4억 명이 넘는 30개 국가들이 1970년 이후로 정부의 지급 보증이 없는 장기 민간 투자를 단 한 차례도 받은 적이 없다.[46] 그런데 놀랍게도, 심지어 이들 가운데 가장 가난하고 황폐한 국가들조차도 자본 부족에 시달리는 경우는 거의 없다. 다만, 민간 예금이 자본 심화와 연계되지 않기 때문에 자본이 성장에 기여하지 않을 뿐이다.[47] 금융 체계 안으로 들어오지 않는 돈은 침대 매트리스 밑이나 찬장 속에서 잠든다. 그래서 가난한 나라에서는 예금액과 투자액의 차이가 더욱 벌어지는 현상이 나타난다.[48] 심지어 인도나 중국처럼 화려하게 떠오르는 신흥 국가들에서조차 금융 체계는 너무나 허약해서 비록 덩치는 작지만 혁신적인 기업으로 자금을 원활하게 조달하지 못한다. 신흥 국가들은 선진국 경제의 금융 제도들보다 선진국 경제의 기술을 더 잘 베낀다.

많은 정책 입안자들은 부유한 국가만이 강력하고 건강한 금융 체계를 지배할 수 있는지 묻는다. 사람들이 근근이 생활을 해나가는 황량한 환경에서 자본시장의 발전을 말하는 것은 지나치게 이상적이지 않을까 하는 생각이 든다. 하지만 비효율적인 금융 체계도 역시 기회비용이 높고 미래의 희생이 크다. 효율적인 금융 시장이 없으면 경제는 낮은 기대치와 낮은 성과라는 순환 주기 안에 갇히고 만다. 이 순환 주기를 깰 수 있는 한 가지 길은 금융 시장 활동을 안정시키고 사람들이 이런 활동을 적극적으로 할 수 있도록 격려하는 개혁 조치들을 활발하게 단행하는 것이다. 이것은 신흥 국가들이 자기 국민이 가지고 있는 자원들을 효율적으로 이용하지 못하도록 가로막는 국내 통치 문제와 투명성 관련 문제를 적극적으로 해결하고자 모색하는 것을 의미한다.[49] 자본 시장이 없는 시장 경제는 희망적인 생각과 좌절된 약속들을 동시에 끌어안으면서 기회가 아니라 부당함에 대한 불평거리만을 생산한다.

빈곤과 불확실성

개발도상국에서의 시장이 어째서 자본 이론의 표준적인 기대에 부응하지 않는지를 예리하게 인식한다면 장기 경제 정책 분석과 세계적인 경제 안정을 보다 증진시킬 수 있다. 일반적으로 경제 모델은 규제와 전망 그리고 경쟁에 의해 촉발되는 강한 동기 등을 제공하는 제도가 이미 마련되어 있을 것을 전제로 한다. 하지만 이런 제도가 나타난다는 것 자체가 바로 경제 개발의 핵심적인 본질이다.

의료 보험, 공공 도로, 교육, 법의 집행 그리고 재산권 등과 같은 기본적인 서비스를 제공함으로써 불확실성을 넘어서는 것은 경제 개발에 필수적인 요건이다. 이런 것들이 마련될 때 사람들은 기회주의적이 아니라 제대로 적응을 한다.[50] 의료 보험은 사회의 평균 수명을 연장시키고 유아 사망률을 감소시킴으로써 사회적인 불확실성을 줄인다.[51] 계산 능력은 회계와 같은 활동을 튼튼하게 지탱하며, 이런 활동은 다시 미래를 관리할 수 있다는 자신감을 사람들에게 불어넣는다. 비록 사법의 독립성이 사법 체계에 대한 믿음을 쌓긴 하지만, 공명정대함과 불편부당함은 경제 개발의 요인일 뿐만 아니라 결과이기도 하다.[52] 재산권은 사람들에게 자기들이 오늘 만들어내는 부를 미래에 사용할 수 있다는 확신을 가져다준다. 이 재산권은 또한 리스크를 관리하는 데 필수적인 개념이다. 재산권을 행사할 수 없다면 어떤 투자도 도박이 될 수밖에 없기 때문이다.[53]

빈곤은 미래에 대한 깊은 불확실성을 반영한다. 가난한 사람은 보통 (이들이 기독교인이든 무슬림이든 혹은 힌두교도이든 상관없이)자기 운명은 신이 결정한 것이라고 믿는 경향이 있다. 하지만 잘사는 사람들은 미래에 대해서 이런 수동적인 태도를 가지고 있는 경우가 드물다. 이들은 자기들이 경제적으로 성공한 이유를 자기들의 의지와 능력 덕분이라고 본다.[54] 이에 비해서 가난한 사람들은 살면서 겪는 모든 일들이 팔자소관이라고 생각한다. 역사상 가장 화려한 절도광의 한 사람으로 꼽히는 필리핀의 이멜다 마르코스는 자기가 거둔 성공이 자기의 뛰어난 지성 덕분이라는 말을 자주 했다. 사실 이런 경향은 다른 나라의 권력의 핵심에 앉아 있는 사람들에게서도 찾아볼 수 있다.

개발도상국은 모두 동일한 취약점을 가지고 있다. 이런 나라에 사는 사람들은 깊이를 알 수 없을 정도로 심대한 불확실성 아래에 살기 때문에 미래가 어떻게 전개될 것인가 하는 문제와 관련해서 투자나 소비에 대한 가장 기본적인 결정들조차도 어떤 확신을 가지고 내릴 수가 없다. 자기들이 취할 행동의 결과를 합리적인 확률에 바탕을 두고서 어떤 결정을 내릴 수 없을 뿐 아니라, 보다 나은 미래를 계획하고 조직하는 데 필요한 실행 가능한 어떤 대안들을 마련할 수 없다. 다만, 함께 상호작용을 해야만 하는 사람들로부터 즉 자기들과 마찬가지로 장기적인 목표가 아니라 단기적인 목표에 매달리는 사람들로부터 근시안적인 반응을 기대할 수밖에 없다. 빈곤은 인생의 핵심적인 변수에 장기적인 영향을 미치는 행동을 취할 수 있는 능력을 앗아간다. 사람들은 미래에 대한 깊은 불확실성 아래 놓여 있기 때문에 자본을 축적하지 않는다. 2장부터는 세계에서 가장 유망한 국가들이 어떤 방법으로 불확실성을 리스크로 변환시켰으며 또 더 나아가 어떤 방법으로 국민들을 빈곤에서 벗어나게 하는 기회를 잡았는지 설명할 것이다.

정책 신뢰성의 사회적인 토대

$ 개발도상국의 사회적인 불평등과 경제적인 성과는 여러 가지 요소들과 연관되어 있다. 사회 양극화 그리고 국민과 분리된 정부는 공동 목표에 대한 폭넓은 사회적 동의를 가로막으며, 정책 개혁에 대한 정부 태도의 신뢰성과 지속성을 약화시키고, 잘못된 정부 통치에 대한 일치된 행동을 방해한다.

사회적인 불평등은 경제 정책 개혁에 대한 사회적 동의를 방해함으로써 경제 성장을 가로막고 또 정책 결정의 적법성 자체를 갉아먹는다. 부의 불균등한 분배는 부유한 소수가 공식적인 제도에 비공식적으로 쉽게 영향력을 행사하고 사법 체계의 공정함에 손상을 입힐 수 있는 여지를 만든다. 이런 조건 아래에서는 개인들 사이에서 이루어지는 거래와 계약이 공정할 수 없다. 이런 불평등 때문에, 정치인들이 재선을 노리면서 자기에게 충성을 다하는 소수 집단의 배를 불리려는 사악한 동기를 품을 수 있는 여지가 생긴다. 이렇게 해서 공적인 사업을 집행하는 과정에 클라이엔텔리즘clientelism(두목과 부하의 관계에 의존하는 사회 혹은 그런 정서—옮긴이)이 나타나고 음모와 분열이 횡행한다. 또한 사회적 불평등은 정부의 행정 업무가 공무원의 능력에 따라서 운영되는 걸 가로막는다. 이 과정에서 국가의 정책은 온갖 청탁과 영향력으로 제대로 수행되지 못한다. 공공의 이익을 추구할 수 없게 된 정부 기관들 안에서는 온갖 경로의 사적인 영향력이 판을 치고 모든 결정을 좌우한다. 그 결과 세입과 세출에 대한 국가 전반적인 동의의 부재로 인해서 재정 정책은 손상될 대로 손상되고, 결국 국가의 총괄적인 목표는 실종되고 만다.

정책 개혁의 신뢰성

동아시아 국가들은 시장 경제에 기반을 둔 성장 지향 정책을 도입해 이것을 성공적으로 이끌었다. 반면 남아시아나 라틴 아메리카의 국가들은 비슷한 시장 개혁을 했지만 사회적 불안을 야기했을 뿐이다. 왜일까? 남아시아와 라틴 아메리카의 정치 지도자들은 시장 친화적인 제도에 기반을 둔 성장에 대해 폭넓은 정치적 지지를 얻지 못했다. 또한 선거 때만 되면 현직에 있는 지도자가 자신의 재임 기간 동안 이행했던 정책들을 비난하는 일들이 흔하게 발생한다. 왜일까?

어째서 자유주의 경제 정책이 어떤 나라에서는 성공하고 어떤 나라에서는 실패하는지의 답은 '기대와 단결 및 포괄 사이의 관계'로 설명할 수 있다. 시장 중심의 성장 정책이 성공일지 실패일지 여부는 사회 전 계층이 과연 그 정책이 성공하면 혜택을 얻을 수 있을 거라고 믿느냐, 안 믿느냐에 따라 결정된다. 경제 개방 정책의 지지를 얻으려는 정부는 이 정책이 신뢰할 만하다는 믿음을 사회의 모든 계층에 심어줘야만 한다.(이것이 기대 요소이다) 하지만 정책이 신뢰를 얻으려면 다양한 사회 집단에 속한 다수로부터 지지를 받아야 한다.(이것이 단결 요소이다.) 이런 요소 없이는 시장 친화적인 정책이 자리를 잡고 살아남기 어렵다.

경제 정책 개혁의 성공 여부는 다양한 집단들이 가지고 있는 기대치들을(비록 이 기대치들이 복잡하긴 해도) 얼마나 잘 조정해서 협조할 수 있게 만드느냐에 달려 있다. 엘리트 집단은 자기가 투자한 것이 미래에 어떤 다른 집단으로부터 몰수당하는 일이 없도록 확실하게 보호를 받는 장치가 마련되어야 한다고 생각한다. 폭동의 위험을 줄이기 위해서 지도자는 가난한 사람들에게, 가난한 사람들도 미래에 일굴 성장의 열매를 함께 나눌 수 있다는 사실을 설득해야 한다. 정책 변화에 거부권을 행사할 수 있는 집단이 이 정책 변화에 함께 협조할 때, 보다 나은 미래를 보장받을 수 있다는 기대를 가질 때 정책의 신뢰성은 높아진다. 엘리트에서부터 평범한 사람에 이르는 사회의 모든 집단이 자기의 권리와 재산이 안전하게 보호받을 수 있을 거라는 확신을 가질 때 신뢰는 존재하는 것이다.

미래의 성장과 투자를 위한 믿을 만한 경제 전략을 만드는 일은 경제 개발에 있어서 가장 복잡하게 조정을 해야 할 문제이다. 시장에서 감자를 팔고 돈을 받는 거래와, 보상 내용이 구체적이지도 강제적이지도 않으며 타임래그time lag(시간 지체. 경제 활동에 어떤 자극이 주어졌을 때에, 이에 대한 반응이 나타나기까지의 시간적 지체—옮긴이)가 길어질 수 있는 장기청산거래(일정 기간이 지난 다음 현물로 넘기기로 계약을 하고, 그 기간 안에 다시 팔거나 사서 차액(差額)의 수수만으로도 결제가 되는 거래이다—옮긴이)와 어떻게 다른지 생각해보자. 경제적인 거래 행위는, 각 개인이 미래의 전망을 함께 나누는 법을 배움에 따라 점차 더욱 믿을 만해지는 약속을 포함한다. 폭넓은 경제적 협력에 대한 기대는 한 공동체가 이념이나 인종적인 원칙을 매개로 해서 하나로 통합할 때 더욱 커진다.

경제 정책은 오늘의 비용이 내일의 수익을 보장하는 경제적 거래에서 가장 기본적인 약속이나 마찬가지다. 이런 점에서 경제 정책은 사적인 투자와 같다. 그러나 한 가지 중요한 차이가 있다. 노력에 대한 미래의 대가는 단지 노력한 사람에게만 돌아가는 것이 아니라 사회 전체로 돌아간다는 것이다.[1] 개인이 자신의 미래 발전을 위해 수행하는 여러 계획에, 현재의 딜레마 상황에 대한 폭넓은 정책 반응들이 긍정적 영향력을 미치려면 어떻게 해야 할까. 지도자들은 경제 정책에 믿음을 더하고 또 되돌릴 때는 많은 비용 손실이 생기게끔 유발하여 이 정책에 대한 신뢰성을 이끌어내야 할 것이다. 정부의 주체들이 정책과 관련된 약속을 깰 것이라는 우려는 정책에 대한 참여를 좀먹는다. 각 개인은 다른 사람들도 자기와 마찬가지일 거라 기대하면서 정부의 조정 작업들을 무시할 것이다. 개혁을 추진하는 정부는 악순환 과정에 빠지고 변화를 이끌어낼 능력에 대한 믿음 부족은 이 악순환 속에서 자기 논리를 확보한다.[2] 외부의 지원이 한 국가 내의 권력 균형을 바꾸는 일은 거의 일어나지 않는다. 외부 지원이 있을 경우 정부는 국민 및 여러 정파와 폭넓은 협상을 해야 할 필요성을 면제받고 실제로 국민이 아닌 국가 주권 문제에 모든 힘을 집중할 수 있을 것이기 때문이다.

이 공동 목표를 함께 추구할 때 보다 큰 사회적 재화가 생산될 것이라는 기대를 창출하려면 공통된 가치 혹은 미래의 목표에 대한 공통된 전망이 수립되어야 한다. 목적에 대한 전반적인 동의 없이는 어떤 제도라도 응집력이 부족해서 국민으로부터 존경심과 적법성 혹은 순종을 이끌어낼 수 없다. 정책 개혁이 성공적으로 진행되려면 형식적인 제도나 상징에 대한 믿음 이상의 것이 필요하다.[3] 국가 지도자는 개혁을 수행하는 데 취할 여러 조치들 속에서 재임 기간 동안 자리를 지킬 수 있는 지지를 이끌어낼 수 있어야 한다.

맨커 올슨Mancur Olson이 설명한 것처럼 사회적인 역기능을 수행하는 제도들은 공동 행위 속에 내재된 딜레마 때문에 소멸하지 않고 여전히 살아남는다.[4] 각기 다른 집단들이 개혁의 영향을 각기 다르게 받을 때, 이들은 서로 힘을 합칠 근거를 찾지 못한다. 불평등은 공동 행위를 가로막으며 장기적인 사업을 믿을 만하게 만드는 사회의 능력을 간섭하고 방해한다. 그리고 이런 현상은 경제 정책 개혁의 걸림돌이 된다.[5] 만일 사회적인 합의를 이끌어내는 데 상당한 수준의 교환 조건이 필요하다면, 이해관계가 대립하는 당사자들은 협력을 하기보다는 자기들의 이익을 지키려 들 것이다.[6] 이해 당사자들이 서로 합의를 이끌어내기 어려울 때는 양자 사이의 차이를 강조하는 경향이 있다고 심리학자들은 공통적으로 지적한다.

올슨은 2차 대전 뒤의 독일과 일본의 변모를 지켜보면서 개혁과 변화는 잔존 이익 집단들의 동의를 말끔하게 청소하는 전쟁이나 혁명의 와중에 나타난다고 주장했다.[7] 하지만 소련 붕괴 이후에 나타난 개혁 과정은 올슨의 관점과 다르다. 그리고 일본과 독일의 전후 변화 과정을 자세하게 살펴보면, 전쟁 이전에 이 나라들이 가지고 있었던 역량 즉 관료체계와 핵심적인 사회적 조직망 등이 그대로 유지되었음을 알 수 있다. 올슨은 특수 목적의 조직들이 시장 거래를 어떻게 용이하게 하며 또한 한 국가가 재분배의 사적 주체들을 일소하면서 어떻게 정부 주체들의 복지를 극대화하려고 하는지는 간과했다. 게다가, 수많은 전통적인 사회들은 중앙 정부의 형성으로 이어지는 길이 마련되기 이전조차도 분열을 좇아서 클라이엔텔리즘을 실천한다. 과거의 클라이엔텔리즘은 미래를 추구하는 분열을 용이하게 만든다.

독자적인 동기와 전략 그리고 의제를 가지고 있지 않은 호의적인 국가를 전제로 해서 올슨은 특정한 이해관계를 가지고 있지 않은 집단과 국가는 사회 복지라는 이름으로 온화하게 행동할 것이라는 가설을 세웠다. 하지만 이익 집단이 국가가 최고 강자로 기능하지 못하도록 방해한 사례를 역사 속에서 많이 찾아볼 수 있다. 소련이 일당 독재 지배에서 벗어난 뒤에 빠르게 성장하지 못한 사실도 이익 집단의 해로운 역할에 대한 올슨의 가설을 반박한다. 소련 지도자들이 시민적인 사회를 말살하고 모든 이익 집단을 파괴했음에도 불구하고 소련 붕괴 이후의 체제는 너무도 허약해서 국가가 시장을 드높이는 최고 정책 기관으로서 독립적으로 행동할 수가 없다. 이런 허약한 국가는 분배를 둘러싼 연합체가 쉽게 사로잡을 수 있다. 만일 시민 사회의 모든 체계가 파괴된다면, 마피아와 같은 유사 국가 제도들이 막강한 권력을 부여받는 독재적이고 불안정한 정치 상황이 전개될 것이다.

개혁을 위한 사회적 토대의 구축

불평등은 경제 개혁이 정치적인 지지를 받지 못하도록 방해할 수 있다.[8] 소득의 심각한 불평등 상황을 겪는 국가들은 조정 기간 동안에 정치적인 양극화를 경험할 수 있다. 조정과 관련된 여러 장치들이 불평등을 강화하는 것처럼 비칠 때, 폭력적인 사회적 반응에 대한 두려움 때문에 투자자들은 투자를 꺼릴 수 있다.[9] 수입의 불균형이 심한 국가에서 장기 투자를 유치하기 어려운 것도 그 이유 때문이다. 불가피한 사회적 갈등으로 개혁이 성공할 가능성이 매우 낮을 때, 개발의 함정을 봉합하고 현상을 최소한이나마 유지하려는 이 개혁의 지지 집단인 정치적 연합은 유지되기 힘들다.

1980년대와 1990년대 초에 라틴 아메리카와 인도에서 마침내 시도된 유익한 거시경제학적 개혁의 시도가 아우성 속에 진행되면서 국내적인 절차를 통해 법제화되었다. 이 과정에서 자세한 평가나 집중적인 토론 과정은 거의 없었다. 하지만 환율, 통화위원회 제도currency boards(달러화의 유입과 유출에 맞춰 자국 통화량을 조절하고 환율을 일정하게 유지하는 일종의 변형된 고정 환율 제도—옮긴이), 태환법convertibility laws(자국 화폐와 달러와의 비율을 일정하게 고정시키는 법—옮긴이) 등을 포함한 기술적인 측면의 개혁을 통해서도 정부는 스스로를 국민에게 보다 책임감 있는 존재로 만들지 못했다. 이런 개혁 조치들은 외국 자본의 환심을 사기 위한 것이었다. 하지만 미래의 개혁 조치를 완수하기 위해서는, 다시 말해 고용을 적정 수준으로 낮추고 임금을 삭감하며 예산 집행을 단단히 죄고 공장 문을 닫으며 건전하지 못한 기업에게 퇴출할 길을 터주고 교육과 농업 및 기간산업 분야를 붙잡고 씨름을 하려면, 우선 국민들로부터 전반적인 동의를 얻어야 한다.[10]

라틴 아메리카에서 공공 부문 관리자와 정치인의 책임성은 동아시아의 보다 덜 민주적인 체제의 경우보다 한참 뒤처진다. 국가의 제도적인 역량을 쌓는 것보다 금융 개혁에 관심이 쏠려 있기 때문이다. 공익사업은 모든 국민에게 보편적으로 제공되는 것이 아니라 유권자에게 보상이나 처벌을 주는 식으로 진행된다. 또 이와 비슷한 상황은 법원의 절차를 개혁하는 데서도 나타난다. 법원 행정이 소송의 절차와 관리를 단순화하기 위한 방향으로 개혁되어야 함에도 불구하고 이런 일은 거의 일어나지 않는다. 이런 식의 개혁이 이루어지면 법원의 판결에 영향력을 행사하는 지도자의 능력이 손상되기 때문이다.

국민이 교육과 기업가적 실력으로 권력과 부의 엄청난 불균형을 극복할 능력을 갖추지 못할 때, 일련의 통일적인 경제 정책들은 형성되기 어렵다. 대부분은 소수의 특권층과 투쟁을 할 것이고, 제반 정책들은 부의 분배에 얼마나 크게 기여하느냐에 따라서 지지를 받을 것이다. 어떤 정책이 불평등을 강화할 것이라는 기대를 받을 때, 설령 이 정책이 경제적인 장점을 내재적으로 가지고 있다 하더라도, 이 정책의 실현을 놓고 정치적인 분열이 발생한다. 결국, 사회에 존재하는 커다란 불평등은 경제 정책이 다른 색깔을 띠게 만들고, 합리적인 경제 정책들이 사회적인 동의를 얻지 못하도록 조장한다. 여기에 대해서는 뒤에 이어지는 여러 장들을 통해 자세하게 설명할 것이다.

불평등이 만연할 때, 어떤 정책이 시작될 초기 단계의 사회적 조건들은 정책의 선택을 애초부터 구속하는 경향이 있다. 시장 친화적인 정책들은 인도보다 중국에서 더 비옥한 토양을 만났다. 중국의 사회적인 조건들은 인도의 경우보다 훨씬 더 평등하며, 따라서 자유주의적인 정책들을 수행하는 초기 단계에서 인기에 영합하기 위한 요구들은 존재하지 않았기 때문이다.[11] 베트남도 일단 폭넓은 영역에서 사회적인 토대를 구축하고 나자 인도보다 더 착실하게 국제 경제에 편입되는 능력을 확보해 왔다. 인도에서는 재분배를 둘러싼 싸움이 경제를 외부에 개방하는 쪽의 흐름을 방해한다. 사회적 불평등의 감소 역시, 시장 중심의 정책이 어째서 라틴 아메리카보다 동아시아에서 더 많은 지지를 받는지 설명을 하는 데 도움을 준다. 동아시아에서 여러 사회 집단들은 모두 경제가 성장하면 자기들의 이익도 커진다고 믿는다. 이에 비해, 대다수 국민과 이해관계가 전혀 다른 라틴 아메리카의 특권층 집단은 경쟁에 의해 위협을 받고 있다. 이들은 금융 체계가 원활하게 작동하도록 하는 데는 찬성을 할 수 있지만, 자원의 분배를 가능하게 해주는 여러 기회들을 창출하는 데는 찬성할 수 없다고 한다. 동아시아의 특권층 집단은 부가 확산되지 않을 때 사회적인 소요가 일어날지 모른다고 두려워하지만, 라틴 아메리카의 특권층 집단은 기회가 널리 확산될 때 이들이 사회를 제대로 통제하지 못하게 될까 봐 두려워한다. 물론 지정학적인 요인도 있다. 대만은 제대로 성공하지 못하면 중국에 먹힐지 모른다는 두려움을 가지고 있었으며, 남한 역시 북한에 먹힐까 봐 떨었다. 이런 두려움으로 단일한 국가적 목표가 강하게 형성되었는데, 이런 것이 필리핀이나 라틴 아메리카에는 부족했다. 이 지역에서 미국은 국가의 생존을 위협할 정도의 존재가 아니고 따라서 반미주의는 국가적 결속을 위한 충분한 동기가 되지 않았다.[12]

사회적 불평등에서 성장으로 나아가는 길

깊이 새겨진 불평등은 사람들이 자기 미래를 바라보고 또 형성하는 방식에 강한 영향을 미친다. 고도로 불평등한 사회에 사는 사람들은 변화를 거의 기대할 수 없다.[13] 실제로 라틴 아메리카, 인도 그리고 중동에서 실시된 연구 결과를 보면 가난한 사람은 자기 처지가 신의 뜻이라고 생각하는 경향이 있었다.[14] 자기 처지가 자기로서는 도저히 어떻게 할 수 없는 이유 때문이라고 생각하는 사람들은 정부에서 추진하는 변화를 지지해야 한다는 생각을 거의 하지 않는다. 이것은 이런 사회에 존재하는 사회적인 격차와 분열이 정치로 쉽게 전환되지 않는 하나의 이유이기도 하다.

불평등은 부정적인 피드백 고리feedback loops(초기의 아주 작은 차이가 점차 크게 증폭된다는 의미—옮긴이) 속에서 스스로를 복제하는 경향이 있다. 이런 부정적인 순환 주기는 오늘의 빈곤은 피할 수 없는 것이며 내일의 소비는 오늘의 불평등에서 비롯된다는 기대 심리를 창출한다.[15] 저축을 할 수 없고 대출 시장에 접근할 수도 없기 때문에 가난한 사람들은 자기들의 인적 자산을 개선할 만한 경로를 거의 가지고 있지 않다.[16] 그 결과, 부모가 아이들에게 물려줄 것이 거의 없어 가난은 대물림된다. 신중한 구제 행위가 일어나지 않는 한, 내일의 인적 자본은 오늘의 분배를 반영한다. 과거의 불의를 교정하기 위한 사회적인 행동은 미래의 부를 분배하는 것으로 향할 때가 최상이다. 학교 교육의 확산은 세대가 이어짐에 따라서 소득의 변동을 증가시킬 수 있는 정책의 한 예이다. 보다 나은 학교 교육은 개발의 필요조건이긴 하지만 충분조건은 아니다. 설령 재분배를 통해 소득 불평등을 제거하는 장치를 마련할 수 있다 하더라도 이것이 근본적인 제도 개혁을 대체할 수는 없다.[17]

영향력의 불평등

영향력의 불평등은 어떤 사회나 존재한다. 하지만 이런 현상은 특히, 흔히 불평등 때문에 여러 제도들이 설정한 애초의 목적이 왜곡되고 사법적인 권력이나 정치적인 권력에 대한 접근이 불평등한 가난한 나라에 만연해 있다. 영향력의 불평등은 개발도상국 정부 기관의 효율성에서도 찾아볼 수 있다. 통신부, 재무부 혹은 중앙은행과 같이 가난한 사람에게 직접적으로 영향을 미치지 않는 기관은 가난한 사람과 직접적으로 관련이 있는 기관보다 더 효율적이다. 이에 비해서 미국이나 스웨덴에서는 가난한 사람들의 사법적인 권리를 보호하는 제도와 기구들이 충분한 기금을 보조받으며 자율권을 가지고 운용된다.[18] 하지만 열악한 재정으로 사법 및 법률적 서비스를 하는 기구들은 너무도 많은 수요에 치여 부의 불평등을 영향력의 불평등으로 전환하는 데 일조한다. 이것은 박봉이 경찰관이 뇌물에 약할 수밖에 없는 현실과 비슷하나.[19] 가난한 사람은 시장이 제공하는 전체 혜택 가운데서 적은 몫밖에 얻지 못하는 것과 마찬가지로 국가가 제공하는 것에서도 적은 몫밖에 얻지 못한다.[20]

공공 부문의 상대적인 재정 부족은 부유한 사람들로 하여금 이들이 가지고 있는 부를 공익적인 제도의 활동에 대한 영향력으로 전환시킬 수 있게 해준다. 보통 선거 제도가 확립되어 있는 민주주의 국가에서도 부자는 뇌물을 써서 어떤 법률의 의결과 시행에 영향력을 행사할 수 있다. 이들은 특정 상황에서 자기의 재산권을 배타적으로 보장받을 수 있도록 하는 제도를 장악하고 규제 기구들을 조종하며 또 경쟁을 제한하는 조치가 도입되도록 로비를 할 수 있다. 또한 토지 구획, 각종 면허, 수입 허가, 정부 조달 물품에 대한 독점적 권한 등을 결정하는 과정에도 영향력을 행사할 수 있다. 부자는 공공의 기간 시설 건설과 관련된 계약을 독점할 수 있고 토지에 대한 권리 소유권이나 사용권 혹은 보조금 지급에서도 우월한 이점을 누린다. 또한 교육과 건강 분야에서도 개인적인 영향력을 행사할 수 있다.[21] 심지어 법원도 이들의 영향력에서 안전하지 못하다. 사적인 이익과 공적인 역할을 분리시킬 수 있는 판사들이 공정함을 잃지 않을 것이라는 기대에 따라 법원의 정의가 좌우되기 때문이다.

법원의 판결이 특권층의 지배를 받을 수 있도록 허용함으로써 계급 및 경제적인 측면에서의 커다란 격차는 절차상의 정의가 확립될 수 있는 가능성까지 훼손한다. 필리핀에서 지주가 그리고 뒤이어 역시 지주 계급인 판사 및 법 집행 관료들이 농민의 정당한 주장을 무시함으로써 토지 개혁은 심각하게 훼손되었다. 토지 개혁이 성공하려면 관련 법률을 집행할 수 있는 행정적인 능력이 그 사회에 갖추어져 있어야 한다. 토지와 농업 관련 장비 및 원료를 살 수 있는 경로를 개선하는 조치들이 뒤따르지 않는 한 토지 개혁은 토지 소유의 집중에 영속적으로 영향력을 미치지 못한다. 농업 소득에 대한 조세 정책도 토지 소유의 집중화 현상을 강화하는 숨은 무기로 작용할 수 있다. 관련 조세법과 보조금 정책이 농업에 유리할 때, 부유한 농부가 이 혜택을 독점하는 경향이 있다. 왜냐하면, 이들은 보조금을 받기 위해 정부에 로비를 벌이는 데 드는 비용을 자기들이 가지고 있는 재산으로 얼마든지 감당할 수 있기 때문이다.[22] 이런 상황에서라면 아무리 토지 개혁이 이루어졌다 하더라도 토지의 집중화 현상은 얼마든지 다시 나타날 수 있다.

사법 체계의 형평성에 대한 부정적인 인식은 법원을 이용하려는 동기나 제3자의 강제력을 필요로 하는 거래 관계를 맺으려는 동기를 억누른다. 사람들은 경제적인 많은 기회들을 그냥 보내버린다. 공정한 법 집행이 보장되지 않는 한 위험 수준이 너무 높기 때문이다. 공정한 사법 체계의 부재 상황은 기존의 기업가보다는 새로운 사업을 시작하려는(그래서 장차 기업가가 될 수 있는) 사람들에게 장애물로 작용한다. 소유권의 집중은 흔히 법의 집행력 약화에 대한 반응으로 나타난다. 법의 집행력이 약한 환경에서 기업들은 오로지 정치적인 요소에만 의지할 수밖에 없고 결국은 아주 소수 기업만 성장한다. 사법 제도가 허약한 국가에서는 선진국에서 보통 기업가들이 분산해서 소유하는 부문들에 집중화 현상이 나타난다. 이 집중화는 다시 독점 가격을 형성한다.

정의가 편파적으로 구현된다는 사실을 인식하는 기업가는, 불만을 시정하기 위해서 법원을 이용하는 상황을 가능한 한 회피하면서 기업을 운영하려 한다. 이들은 법률적인 규제가 확실하게 이루어질 것이라는 확신이 서지 않을 때는 재산권 보장 역시 불확실하다고 보고, 자기 재산을 기업 활동에 투자하는 대신 금고에 집어넣고 오히려 보안 시설에 상대적으로 많은 투자를 한다.[23] 보안에 투자를 하는 행위는 엄밀하게 볼 때 투자 부족 현상을 유발하는 게 아니라 투자의 왜곡 현상을 유발한다. 비록 GDP(국내총생산)의 성장에는 기여를 하지만 생산 설비 능력은 전혀 향상시키지 않기 때문이다.

납세자가 조세에 순응하는 정도는 어쩌면 국가가 정책을 집행하는 능력에 대한 신뢰를 가장 잘 드러내는 지표일 수 있다. 예를 들면, 볼리비아 사람들보다 칠레 사람들의 납세 순응 정도가 더 높다. 볼리비아 사람들은 국가가 국가 정책을 제대로 잘 집행하지 않을 것임을 알기 때문이다. 볼리비아에서는 공무원이 충분한 봉급을 받지 못하는데, 따라서 이 공무원들은 부의 영향력 즉 뇌물에 그만큼 많이 좌우될 수 있다는 뜻이다. 공공의 업무를 효과적으로 수행할 능력이 없는 정부가 국민에게 요구하는 납세 의무는 그만큼 진정성이 떨어질 수밖에 없다.

세금을 매기고 거두는 과정에서 정치적인 특권층이 혜택을 누린다는 사실을 기업가들이 깨달을 때, 이들은 기업 운영을 불투명하게 한다. 이 기업들은 수익을 낮게 신고하기 때문에 외부의 신용 시장에서 자본을 조달하는 데 어려움을 겪는다. 자본을 조달하기 위해서 이들이 할 수 있는 유일한 선택은 사적이고 은밀한 경로로 자본을 대줄 개인이나 기관에 자기들의 진짜 수익률을 밝히는 것이다. 이런 환경에서는 공개적인 자본 시장이 제대로 성립하지 못한다. 대신 돈을 빌려주는 측이 돈을 빌리는 측과 긴밀하게 결합한다. 이처럼 기업가들이 한정된 개인이나 기관을 통해서만 자본을 조달할 때, 유동성은 압박을 받고 리스크 분산은 어려워질 수밖에 없다.[24]

중산층이 실종될 때

　시장 실패market failure(불완전한 경쟁 등으로 인해 시장에 의한 자원 배분의 효율성이 확보되지 못한 상태—옮긴이) 리스크에 대한 대비를 강하게 원하는 계층이 바로 중산층이다. 이렇게 해서 확보한 시장 보호 기능은, 사적 효용을 얻기 위해서(로비를 하는 게 아니라) 리스크를 적극적으로 관리하기 위해 나서도록 유도하는 환경을 만들 것이다. 중산층은 정부의 강제적인 집행력을 강화하는 데, 학교 교육의 접근성을 보다 넓히는 데 그리고 궁극적으로 폭넓은 사회보장 제도를 구축하는 데 든든한 힘이 되어주는 기본적인 계층이다. 성장하는 중산층은 시민 단체와 기업을 지지하고, 정부가 하는 업무를 감시하며, 심지어 정부의 업무가 정치적인 선호가 아니라 전문적인 능력에 따라서 평가를 받고 그에 따라 상벌을 받도록 하는 데 기여할 수도 있다. 책임 있는 정치와 행정은 성장하는 중산층의 이런 요구에 비례해서 발전할 수 있다.[25] 하지만 강력한 중산층 없이는 효율적인 규제 장치가 나타나기는 어렵다. 그리고 필요한 법률 및 회계 업무와 관련된 기술을 갖춘 개인들이 부족하게 될 것이다.

　정부로부터 더 많은 책임성을 요구하기 위해서 중산층은 정부의 통제로부터 자유로운 어떤 것을 가지고 있어야 한다. 중산층은 또한 집단적으로 행동할 수 있는 태도와 장치를 마련해야 한다. 국가가 필요로 하는 여러 자원에 대해서 독립적으로 통제할 수 있는 중산층이라면, (기업이 노동조합을 기꺼이 허용하는 것과 같은 맥락에서)중산층이 가지고 있는 공동 관심사를 표현할 수 있는 장치도 국가로부터 허용받을 수 있다. 하지만 중산층이 국가와 협력을 하는 것에서 자기 지위를 찾으려 한다면, 국가의 정책이 마련되는 과정에서 중산층이 하는 역할의 독립성은 한층 낮아질 것이다.

좋은 정책이 나쁜 정치로 이어질 때

사회에 커다란 불평등이 존재할 때 국가 지도자는 기득권을 가지고 있는 사람들에게 계속해서 여러 가지 자원을 제공함으로써 충성 서약을 받을 수 있다. 지도자는 이 특권층에게 자기가 거둔 정치적인 승리의 전리품을 보장함으로써 정권 유지 가능성을 높인다.[26] 국가 지도자가 경쟁자들을 제거할 때 이 특권층은 자기 자신을 위해서 더 많은 것을 챙길 수 있다.

불평등이 엄청난 규모로 존재할 때, 좋은 정책은 실제로 나쁜 정치로 이어질 수 있다. 예를 들어, 공교육에 대한 투자는 빈곤의 부정적인 피드백 고리를 끊는 데 결정적인 역할을 할 수 있다. 기초 교육과 건강에 투자를 할 때 튼튼한 결과가 도출되었음은 수많은 연구 및 조사 내용이 증명한다.[27] 강력한 생산성 증가 기록을 보였음에도 불구하고 정치적인 장애물들이 흔히 적절한 교육 서비스의 수행을 방해한다.[28] 불평등은 공적인 예산 지출을 가난한 사람이 아닌 선택된 소수에게 향하도록 하려는 정치 지도자의 전략에 영향을 미친다.

비록 교육과 국민 건강 그리고 다수자의 경제적 기회 등에 대한 투자는 사회 전체의 번영에 좋지만, 지도자가 사적인 효용을 핵심적인 소수 지지자들에게 분배할 때 권좌에 오래 머물 수 있는 가능성은 더 높아진다.[29] 하지만 다음 장에서도 살펴보겠지만, 지도자들이 중산층에 복무를 할 때 이 복무 내용의 기본적인 특성은 투명성인데, 이 투명성은 지도자들의 여러 가지 흠을 드러내고 이들의 재임 가능성을 희박하게 만든다.

그런데 어째서 동아시아 국가들은 다를까? 어째서 1990년대 후반까지는 선거에서 민주주의조차 지켜지지 않았던 국가들에서 좋은 정책은 좋은 정치가 될 수 있었을까? 어째서 동아시아의 몇몇 국가들은 특히 경제 성장을 이룩하고 사회적인 통합을 일구어내는 분야에서 성공을 했던 것일까? 이 질문에 대한 하나의 대답은 이렇다. 선거가 아니라 마르크스주의적 봉기의 위협 때문에 동아시아의 정치 지도자들은 성장의 열매를 소득이 낮은 계층에까지 함께 나누어주는, 다시 말해서 부의 분배 과정에서 나타나는 첨예한 불평을 피하는 길을 택했기 때문이다. 마르크스-레닌주의 세력들이 풍부한 자원을 확보한 채 언제라도 권력을 획득할 태세를 갖추고 있었기 때문에 동아시아의 정치 지도자들은 국민 가운데 가난한 사람들이 무엇을 원하는지 굳이 투표를 해 보지 않더라도 잘 알고 있었다. 동아시아의 국가들과 달리 세계의 대부분 개발도상국들은 이런 리스크를 가까이서 직면하지 않았다. 이들 국가의 지도자들을 위협한 것은 경쟁 집단이었고, 이들이 정치적으로 살아남기 위해서 채택한 전략의 초점은 바로 그들과의 경쟁에서 어떻게 이기느냐 하는 것이었다. 만일 라이베리아나 콩고의 국가 지도자가 가난한 사람들의 봉기를 두려워해야 했다면, 이들이 취했던 행동은 아마도 동아시아 여러 국가들의 지도자들이 취했던 행동과 비슷했을 것이다. 공동 목표를 향해서 협력을 해야 하는 사회·정치적 메커니즘이 마련되어 있는 국가들은 미래에 발생할지도 모를 잠재적인 위기에 대응할 수 있는 능력을 더 많이 갖추고 있는 셈이다. 사회 전반에 확보된 폭넓은 협상 과정이야말로 한 사회가 불확실성에 대비할 수 있는 최상의 보험이다.

불평등의 재정적인 결과

선진국의 분석가들은 개발도상국의 정치를 분석할 때 흔히 공적 지출의 규모와 구성 모든 것이 투명하고 공정하게 이루어지는 선진국의 경우와 같을 것이라는 착각을 한다. 그래서 개발도상국에서는 정부의 행위에 대해 사회의 전반적인 동의가 이루어지지 않았다는 사실을 간과한다. 하지만 선진국의 이런 정상적인 정치가 가능하려면 법과 제도의 목표 그 기능에 대해 사회 전체가 기본적인 동의를 해야 한다. 법과 질서가 한 사회 속의 다양한 이해 집단들이 주장하는 요구를 조정하기 위해 존재하지 않을 때, 차별이 없는 공정한 정책을 추구하는 정치적인 연합체가 아니라 사적인 이익을 추구하는 집단이 정치적으로 득세를 한다.(이 양자의 차이에 대해서는 다음 장에서 보다 자세하게 살펴볼 것이다.) 게다가, 사회의 전반적인 동의가 모호할 때 각 정치 집단들은 자기의 위치를 강화하려 들며 조화보다는 차별성을 주장한다. 경제 성장에 영향을 미치는 사회적인 양극화의 가장 문제 현상은 다수의 국민과 분리된 정부라는 형태로 나타나는 정치 체계이다.

앞에서도 언급했듯이 인종 및 사회적 양극화는 고도로 집중화된 특권층이 국가의 법과 제도를 포획하기 쉽게 만들어준다. 그리고 이 과정에서 특권층의 엘리트 집단은 제한된 저항밖에 받지 않는다. 또 고도로 집중화된 이해관계 집단은 자기들이 누리는 특권에 드는 비용을 사회 전체로 확산시켜 희석시키는 정책을 추구하기 때문에 국가적으로는 재정적인 문제가 발생한다. 특권층이 장악하고 있는 국가의 발전 전망을 바꿀 수 있는 유일하게 의미 있는 길은 권력의 집중 현상을 조정해서 다양한 집단들이 총체적으로 이 집중화된 이해를 약화시킬 수 있도록 하는 것뿐이다. 집중화된 이해가 분쇄되지 않는 한, 이 특권층은 자기에게 특권적으로 유리하며 모든 납세자들이 그 특권에 드는 비용을 부담해야 하는 정책들을 지지할 것이다. 예를 들어, 라틴 아메리카 여러 국가에서 교육 부문에 대한 정부 예산의 확대는 소수 집단에게만 유리하지만 여기에 드는 재원은 가난한 다수가 내는 세금으로 충당된 것이었다.[30] 개발도상국에서 기초 교육에 투자했을 때의 사회적 이익은 고등학교 교육 이상의 전문성 교육에 투자했을 때의 사회적 이익보다 더 크다. 낮은 수준의 기술을 가진 사람의 수를 줄이는 것이 상대적으로 고급 기술을 가진 인재를 많이 양성할 때보다 사회적으로 얻을 수 있는 이득은 더 크다. 그래서 전문성 교육에 투자할 때 사회가 얻는 이득은 줄어들겠지만, 국가 지도자는 기득권 집단에게 이득을 안겨 주는 사회적으로 불평등한 지출을 집행하고자 하는 강한 동기를 가지고 있다. 하지만 어릴 때부터 청년기까지 이어지는 교육은 한 가계 단위로 볼 때는 상당한 위험 분산책이며, 사회적으로 볼 때도 평등을 확보할 수 있는 중요한 원천이 된다. 부모는 아이를 돌보는 데 드는 기본적인 비용을 감당하기 위해 많은 돈이 필요하다. 일반적으로, 의료 보험 실시나 법 집행 혹은 공공 도로 건설 등과 같은 모든 국민을 위한 기본적인 공익에 대한 정부 지출은 기회의 균등에 크게 이바지하며, 또한 사회의 모든 구성원들이 맞닥뜨릴 수 있는 위험을 완화시키는 장치이다.

불평등은 재정 정책과 관련해서 또 다른 해로운 결과를 낳는다. 정부가 변제 결과에 대해 아무런 책임을 지지 못하면서 보다 많은 채권을 조달해서 쓰기 때문이다. 불평등한 국가는, 국가의 세입 징수 구조의 변화와 관련해서 국민과 협상할 능력을 전혀 가지고 있지 않은 외부자로부터 자금을 끌어들이는 경향이 있다. 사회가 장차 나아갈 방향에 대한 동의가 없는 상태에서 정부는 외부에서 돈을 빌린다. 이런 부채의 무거운 짐은 이 부채를 바탕으로 집행되는 정부 지출의 혜택에서 완전히 소외된 사람들이 떠안는다. 일반적으로 해당 부채를 활용하는 사업에서 발생하는 이득의 수혜자는 소수이지만 이 부채의 변제 비용을 떠안아야 할 사람은 사회의 폭넓은 다수이다. 그렇기 때문에 다수의 지지를 받지 못하는 정부가 들어선 국가는 일반적으로 미래의 사회적 자산 형성에 기여하지 못하는 여러 사업들 때문에 많은 빚을 지고 있다.[31] 상층부의 소수 집단은 외국에서 부채를 들여와서 사업을 벌이는 데 관심을 가진다. 물론 이 사업에서 발생하는 이익은 자기들이 누리고, 이 부채를 갚는 책임은 국가 전체가 짊어진다. 이 과정에서 축적된 과도한 부채는 국내 정치가 소수의 이득을 도모하는 방향으로 이루어진다는 사실을 반증한다. 자금을 빌려주는 측에서는 전 세계의 가난한 국가에 경제 개발을 위한 자본으로 대출을 함으로써 빈곤 퇴치에 일조를 한다고 생각하지만, 이런 생각은 완전한 착각인 경우가 흔하다.[32] 개발도상국의 국가 지도자는 부채를 끌어다 씀으로써 이 부채와 관련된 리스크 부담은 힘이 없는 계층이 지고 이득은 자기 주변의 핵심적인 지지자들(이들은 보통 세금도 잘 내지 않는다)에게 나누어준다. 즉 이 지도자는 국가의 재정을 걸고 위험한 도박을 감행하는 셈이다.

경기가 좋아서 무역을 통해 국가가 흑자를 누릴 때, 파편화된 국가는 국내의 각 이익 집단들에게 미래의 지출을 보호하기 위해 잉여 부분을 저축하도록 설득을 해야 하는 문제가 발생한다.[33] 그런데 이 잉여 부분은 모두 흩어져버리고 하나도 남지 않는다. 각 집단들은 다른 집단이 그것을 차지할까 아까워 남김없이 써버리기 때문이다. 하지만 불경기가 찾아와서 조정이 필요할 때는 이야기가 달라진다. 양극화 현상은 사회적인 동의를 마련하는 데 걸림돌이 된다. 각 집단은 조정의 책임이 경쟁 관계인 상대 집단에게 넘어가기를 기다리면서 미적거리며 지켜보기만 하고, 마침내 조정에 필요한 비용이 감당할 수 없을 정도로 커지면 국가의 재정 상태는 파탄으로까지 치닫는다. 1997년 인도네시아가 맞이했던 재정 위기의 강도는, 수하르토가 자기가 원하는 체제를 그대로 유지하는 가운데 그 속에서 사적인 해결책을 찾고자 했던, 즉 근본적이고 체계적인 계획을 미루려고 애를 썼던 결과를 그대로 반영했다.

불평등의 드라마가 전개되면 정부의 개혁 의지에 대한 신뢰성은 잠식당하고, 정부가 어떤 약속을 했다가 나중에 그 약속을 번복하는 일이 반복된다. 그리고 정부는 어떤 약속을 하든 (혹은 어떤 부채를 끌어들이든) 나중에 들어설 정부가 관련 의무를 거부할 수도 있기 때문에 추가적인 리스크 비용을 따로 더 부담해야 한다. 투자자들은 신뢰할 수 없는 정부에 돈을 빌려줄 때는 채무 불이행 가능성을 들어서 프리미엄을 요구한다. 그러면 정부는 불경기 때 지출을 줄이고 세금을 올릴 수 있다. 하지만 이런 조치는 불경기로 인한 피해를 더욱 증폭시킨다. 정부의 지급 능력이 의심을 받을 때 이자율은 채무 불이행이 임박한 수준으로까지 오른다. 그러면 채무 불이행의 문제는 다시 더욱 강화된다. 악순환이다.

1918년에 조셉 슘페터 Joseph Schumpeter는 정치인이 투표를 의식해서 시행한 특정 선거구나 이익 집단만을 이롭게 하는 정부 사업 혹은 보조금 때문에 국가의 재정이 위기를 맞이할 수도 있음을 경고했다.[34] 부의 불평등한 분배는 슘페터가 예견했던 왜곡 현상을 강화하기 때문에, 부의 불평등한 분배가 이루어지는 개발도상국에서 이런 경향이 더욱 강하게 나타난다는 사실은 그다지 놀라운 일이 아니다. 양극화된 사회는 사회의 공동 목표에 동의하기 어렵기 때문에 정부 기능은 왜곡되고 정치가들은 정책을 추진해서 합의된 정치적 목적을 달성하려고 노력하기보다는 유권자의 표를 사는 데만 몰두한다. 어떤 사회에서든 정치가는 재정적인 제도들에 관한 영향력을 최대한 활용해서 다음 선거에도 선출될 가능성을 높이려고 애를 쓴다. 국민이 지배자를 통제할 방법에 대해 동의를 할 수 없는 양극화 사회에서 이런 경향과 기회는 더욱 강하고 노골적으로 나타난다. 성장을 위한 공동의 목표에 동의할 수 없기 때문에, 정치인들은 사적인 재화를 특히 고도로 조직된 공공 부문 노동자들에게 제공함으로써 지지를 얻으려고 한다. 개발도상국에서는 선거가 있기 한 해 전에 임금이 대폭 인상되는 경향이 뚜렷하게 나타난다. 이런 현상은 거의 전적으로, 유권자의 사적인 이득에 영합하는 공적 자금 투입이 낳은 결과이다. 2004년의 필리핀 대선에서 재선을 노렸던 글로리아 마카파갈 아로요도 이런 효과를 노렸다. 그녀는 2003년에 국세청에 감사 행위를 중단하라는 지시를 내렸다고 한다.

세계은행은 《2002년 세계 개발 보고서 World Development Report of 2002》에서 재정 정책에서의 선거 주기는 특히 개발도상국에서 만연한 현상이라고 보고했다. 123개국을 대상으로 선거가 재정에 미치는 영향을 연구한 보고서는, 선거가 치러지는 해에는 재정 적자가 평균적으로 GDP의 1퍼센트만큼씩 증가한다고 밝혔다. 이 보고서에 따르면, "선진국과 개발도상국에서 각각 나타나는 선거 주기의 규모는 뚜렷한 차이를 보인다. 개발도상국에서 선거가 있는 해의 재정 적자는 평균적으로 GDP의 2퍼센트 포인트만큼씩 더 높았다. 이런 현상이 나타나는 이유는, 개발도상국의 현직 정치가가 자기가 하는 행동에 대해서 견제와 균형이 제대로 작동하지 않는 이점을 활용해 선거 활동을 할 가능성이 그만큼 높기 때문이다."[35] 개발도상국의 유권자들은 정치가들이 내세우는 정책에 대한 정보를 충분히 제공받지 못한다. 때문에 뒷날 그 정책이 어떠한 경제적 결과를 초래하리라는 것도 판단할 수 없다. 이렇듯 개발도상국에서는 현직 정치가에게 이로운 메커니즘이 작동한다. 선진국과 개발도상국 사이에 존재하는 이 중요한 차이는 다음 장에서 확실한 증거를 놓고 보다 깊이 살펴볼 생각이다. 마지막으로 한 가지만 덧붙이자면, 개발도상국에서 나타나는 부채 축적과 거시경제학적 불안정성은 흔히 선진국과 개발도상국 사이에는 제도적인 차이가 있음을 반영하는 현상이다. 개발도상국의 정치가들은 정책이 이끌어내는 결과보다는 사적인 재화의 살포를 통해서 통치를 하고 있다.

사회적인 갈등과 정책의 개혁

단일한 정치 체제 안에서 다른 여러 민족 집단을 희생시키면서 한 민족 집단에게만 이익을 주는 성장 정책은 당연히 저항을 받을 수밖에 없다.[36] 소수 민족 집단의 복지에 부정적인 효과를 주는 정책을 펼치는 국가 지도자는 장기적으로 권력을 유지하는 데 필요한 제도의 사회 및 도덕적 적법성을 결과적으로 위태롭게 만든다.[37] 다민족 국가는 성장을 위해서 추가적인 부담을 치러야 한다. 고도성장을 이루려면 먼저 인종 분쟁부터 해결해야 한다는 사실은 말레이시아와 스리랑카의 사례가 증명한다. 천연 자원 보유 상황에서 영국 식민지 체제에서 빌려온 행정 체계에 이르기까지 거의 비슷한 조건을 갖춘 이 두 나라는 독립을 한 이후로 전혀 다른 경제 성장의 길을 걸어왔다. 스리랑카는 개발도상국의 선두 주자 자리를 지켰다. 그러나 국가 지도자들은 타밀Tamil 족이 정부에 참가하는 것을 억제하는 정책을 펴 경제 성장을 추진했다. 이는 소수 민족인 타밀 족에게 경제적인 기회가 거의 돌아가지 않는다는 뜻이었고, 여기에 대한 저항 운동으로 스리랑카는 폭력이 얼룩진 세월을 보내야 했다. 만일 스리랑카의 주요 민족인 신할리즈Sinhalese 족의 지도자들이 경제적인 파이economic pie를 키우는 정책을 채택했더라면, 상이한 언어와 문화가 대적하는 민족적 적대감은 진작 가라앉았을 것이다. 이에 비해 말레이시아의 지도자들은 민족적인 특권을 추구하면서도 화교Chinese 집단과 말레이Malays 인에게 경제적인 기회를 동일하게 제공함으로써 두 집단 사이의 적대감을 가라앉혔다. 특히 두드러진 사실은 화교 집단이 싱가포르에 안전한 둥지를 틀었다는 것이다. (싱가포르는 독립적인 도시 국가가 되었다) 이런 사실은 스리랑카가 자프나Jaffna의 독립 혹인 자치에 신할리즈 족이 격렬하게 반대했던 것과 극명하게 대조된다. 1970년에 말레이시아는 생산적인 완전 고용을 추진하며 말레이 인에게 대학교 입학의 차별적인 특혜를 주는 '신경제계획'을 도입했다.[38] 이것은 화교 집단의 경제적인 부에 전혀 위협을 주지 않고도 새로운 기회를 창출하는 것이었다. 즉 이런 제도를 통해 말레이 인은 성장의 열매를 화교 집단과 고루 나누면서도 이득을 얻었던 것이다. 즉, 타밀 족을 공무원으로 채용하지 않는 스리랑카는 민족적인 갈등이 해소되지 않아 여전히 고통을 받고 있는 반면에 말레이시아는 개발도상국 가운데서도 가장 역동적인 성장을 이룩하고 있다.

피노체트Pinochet 이후 즉 1989년 이후 칠레의 자유주의적인 정책 개혁의 연속성은 당파적인 분열, 사회적 양극화를 줄이는 내포적인 성장 공식의 개발과 관련이 있다. 칠레에서 시장 개혁의 첫 번째 시도는 피노체트 장군 치하의 독재 정권 아래에서 충격 요법 형태로 도입되었다. 피노체트의 급진적인 정책들은 고도로 보호주의적이던 산업 경제를 자유로운 시장 체제로 개방했다. 그에 따라 국가가 주도하던 산업화는 농산물 및 채취물의 수출로 엄중하게 대체되었다. 거시경제학적 성장은 지속적으로 이루어졌지만, 이것에 대한 대가로 빈곤과 불평등은 더욱 심화되었다. 앞뒤가 뒤바뀐 칠레의 이런 개혁은 라틴 아메리카에서 흔히 볼 수 있는 저항과 퇴보의 낯익은 양상들을 그대로 반영한다. 그런데 피노체트를 대신해서 지도자의 자리에 오른 파트리시오 아일윈Patricio Aylwin 정권은 시장 친화적인 공공 정책의 내용을 뒤집지 않고, 개혁의 이익을 사회화했다.

 1988년 그리고 다시 1989년에 피노체트 정권을 완전히 무너뜨린 뒤 아일윈은 노동자와 함께하는 것을 강조하면서 평등이 동반된 성장 전략을 추구했다. 아일윈의 개혁은 신자유주의적인 모델을 버리지 않았다. 그는 사회적 투자를 위해서 세금을 7퍼센트 올렸다. 그리고 진보적인 직접세와 부가가치세를 도입했으며, 부자들이 교묘하게 빠져나가던 납세의 허점을 완전히 보강했다. 법인세도 10퍼센트에서 15퍼센트로 올렸다. 인구 하위 40퍼센트가 새로 시행되는 사회적 지출 65퍼센트의 수혜자가 되었다. 이 '사회적 투자와 연대 기금'은 가난한 사람의 인적 자본에 투자되어 교육, 실업 청년을 위한 직업 훈련, 영세 기업을 위한 자금 등으로 활용되었다. 국민 건강 예산은 1990년에서 1994년 사이에 70퍼센트 올랐으며, 학교 급식 제도와 모자 보건 프로그램도 도입되었다. 경제 정책을 사회적인 차원에서 추진함으로써 아일윈의 개혁은 독재자 피노체트가 했던 신자유주의적인 개혁을 지지하는 토대를 강화했다. 칠레의 모든 정당들은 과거의 이념적인 지향으로 인한 정부의 전체주의적인 개입을 원하지 않는다. 정부의 효율적인 행정 업무는 조세 납부에 대한 저항을 한층 줄였으며, 정부로서는 약속했던 정책들을 일관성 있게 추진할 수 있게 되었고 아울러 평등을 동반한 성장을 보다 폭넓은 기반 위에서 추구할 수 있게 되었다. 아일윈은 평등의 수준을 개선하고 시장 체제를 전복시키지 않는 범위 안에서 경제적 성과를 사회적으로 고루 분배하며 궁극적으로 피노체트의 개혁을 지속하기 위한 정책을 펼쳤다. 아일윈은 개혁을 뒤집기보다는 가난한 사람들 편에 서는 길을 선택했다.

소득의 평등은 지도자가 경제적, 합리적, 분배적으로 중립적인 개발 정책을 추구할 기반을 마련해준다. 평등이 사라지고 없을 때, 라틴 아메리카와 아프리카에서 종종 그렇듯 성장은 정치적인 갈등의 심화를 부른다. 조금 가다 서고 다시 조금 가다 서는 성장 유형이 나타난다. 가난한 사람은 부자의 전략적인 행위에 반대를 하고, 인기에 영합하는 정책은 성장의 발목을 잡는다.[39] 한편 정치가에게 뇌물을 줄 수 있는 부자의 능력과 세금을 피할 수 없는 가난한 사람의 무능력은 투자에 대한 동기를 왜곡시킨다.[40]

칠레의 개혁이 거둔 성공은, 각 개인들이 개혁의 흐름 속에서 형식적인 정치 및 경제적 제도에 어떻게 참가할 것인지 잘 보여준다. 하지만 추가적인 소득의 경로가 보장되지 않은 소득의 평등은 각 개인이 공식적인 경제 경로를 회피하고 대신 정치적인 간판을 찾아 나서게 할 수도 있다.[41] 정치적인 제도와 시장 제도가 모두 제대로 개발되지 않고 신뢰할 수 없는 수준에 머물 때, 사람들은 두 제도 모두 회피한다. 선진국에 보다 많은 시장 거래가 있듯 개발도상국에는 보다 많은 정치적인 거래가 존재한다. 그러므로 시장의 자유화와 정치의 자유화는 서로 대체할 수 있는 게 아닌 서로 보완하는 관계이다.

정부를 지지하는 평등

사회적인 개혁 없이 공공 행정에 얼마나 많은 진보가 가능할 수 있을까? 제도를 만듦으로써 얼마나 많은 것이 이루어질 수 있을까? 제도를 만드는 것과 사회적인 발전은 어떤 관계가 있을까? 관료주의의 이론적 근거가 사회 전반에 자리 잡기 위해서는 어떤 전제 조건이 필요할까? 막스 베버는 이런 의문들을 오래전에 품었으며, 그는 사회적 조건의 평등과 관료제적 규범의 등장 사이에 어떤 관계가 있다고 생각했다. 특히, 그는 관료주의적인 합리성과 선험적인 사회적 지위의 수준 설정 사이에 밀접한 관계가 있다고 추정했다. 하지만 그는 어느 것이 먼저 나왔는지는 설명하지 못했다. 어떤 상황에서 관료주의적인 행위의 규칙들이 사회적인 격차를 따라잡고 이 격차를 없앨까? 어느 지점에서는, 형식적인 규칙과 절차를 강제적으로 집행하는 데 깊게 새겨져 있는 급진적인 불평등이 피할 수 없는 장애물로 기능한다.

개발도상국에서는 현대적인 관료주의적 관리 기법들이 사회적 지위와 온정주의라는 전통적인 관념들 때문에 방해를 받는 경우가 흔하다. 현대 관료주의적 원칙을 성공적으로 적용하려면 사회적인 지위가 아니라 경쟁이나 경섬에 입각한 위계질서가 필요하다. 사회적 조건의 평등은 관료주의적 효율성의 정립과, 개인에 관한 객관적인 평가를 바탕으로 하는 인사 제도의 정립을 쉽게 해준다. 관료제도가 기능할 수 있으려면, 정부에 속한 공무원은 자기에게 주어진 임무를 수행할 때 편견을 버리고 공평해야 한다. 하지만 사회경제적 불평등이 만연해 있을 때, 공무원의 승진을 포함한 인사이동은 필연적으로 사회적인 권력의 영향력과 연계될 수밖에 없다.

필리핀은 공무원의 인사와 관련된 행정 제도를 미국에서 그대로 베꼈다. 형식적으로 두 나라의 제도는 비슷하지만, 실제로는 완전히 다르다. 필리핀에 존재하는 사회적인 불평등은 관료주의의 표준화를 좀먹기 때문이다. 필리핀에서 클라이엔텔리즘은 비상 조직이나 은밀한 조직, 형식적인 업무 평가 혹은 정실 인사 등에서 일상적으로 나타난다. 정치가들은 임시직을 임명할 때는 공무원 기준을 적용하지 않는 것을 당연하게 여긴다. 그리고 이 임시직은 나중에 정규직으로 전환된다. 그래서 같은 부서 안에서 이중적인 체계가 존재하게 되고, 이 체계는 경우에 따라서 (편의적으로)각기 다른 행동 규칙에 의해 작동한다. 이런 식의 표준화 훼손은 패거리 문화를 낳고 업무는 파당이라는 패거리적인 조직에 의해서 처리된다. 국민은 민원 업무를 부탁할 때 '선착순 원칙'이 지켜지지 않는다는 사실을 깨닫는다. 일상적인 민원 업무에도 지름길과 새치기가 횡행한다. 공무원 시험을 치를 때도 전문 분야의 지식을 따지지 않고 일반적인 지식만 따진다. 이렇게 해야 최종 결정권자가 행사할 선택의 폭이 가능한 넓어지기 때문이다.

하지만 말레이시아는 상대적으로 인류 평등주의적인 사회적 조건들이 현대적인 관리 기법이 사회에 뿌리를 내리는 데 어떻게 일조할 수 있을지 증명함으로써 필리핀과 뚜렷하게 대조가 된다. 말레이시아의 지도자들은, 공무원은 민원을 처리하는 과정에서 모든 민원인에게 동일한 규칙을 적용해야 한다는 원칙을 세움으로써 사회적 조건에 따른 불평등이 공무원과 시민 사이의 관계에 개입하지 못하도록 해왔다.

말레이시아는 인류 평등주의적인 윤리를 드높이기 위해 1993년에 공무원 복무규정 제도인 '최고 고객 헌장'을 도입했다. 이것은 정부 기관이 공개적으로 기관의 목적을 설정하고 이 목적에 부합하게 얼마나 효율적으로 일을 하는지 평가하기 위한 것이다. 각 기관은 독자적으로 이런 헌장을 마련하고 있다. 이 헌장들은 한 기관이 민원인에게 얼마나 기꺼이 봉사하는가 하는 규칙에 따라서 이루어지는 것이지 개별 공무원의 결단력에 달려 있는 게 아님을 천명하는 것이기도 하다. 민원 봉사를 청하는 국민은 애원을 할 필요가 없다. 당연히 받아야 할 높은 수준의 서비스를 요구하는 고객이다. 그 결과 공무원이 민원인에 대해서 어떤 대가를 당연히 받아야 한다는 관념이 사라졌다. 각 헌장들이 규정하는 업무 기준과 업무 처리 절차로 인해서 공무원들은 온갖 인허가와 관련해 감히 뇌물을 받을 엄두를 내지 못하게 되었다. 비록, 이처럼 고객 지향의 일련의 규칙과 관련된 체계를 개발하려는 비슷한 노력이 많은 개발도상국에서 이루어지고 있지만, 실제로 이런 제도가 도입되는 사례는 드물다. 명쾌하게 정리되어 있는 규칙들이 모든 경우에 적용되도록 분명히 하려는 노력이 없이는, 민원 업무를 부탁하는 사람의 배경이나 담당 공무원의 노고에 보상을 할 수 있는 능력이 공무원의 태도와 열성을 좌우하게 마련이다.

이상에서 살펴본 내용으로 알 수 있듯이, 수직적인 관계는 성장에 폭넓은 악영향을 미칠 수 있다. 로버트 퍼트넘Robert Putnam은 사회가, 후원자와 피보호자의 피라미드 관계 즉 수직적으로 조직될 때 시민 사회의 약속은 축소된다고 관찰했다. '비시민적 사회'는 전형적으로 "상호주의와 협력의 수평적인 관계"가 존재하지 않는다는 특징을 가지고 있다. 퍼트넘은 수직적인 구조가 사회적인 분열을 강화하는 데 비해 수평적인 관계는 "정직, 신뢰, 그리고 법의 영속성"을 낳는다고 결론을 내렸다.[42] 표현은 다르지만 퍼트넘 역시 협력의 토대를 강화하는 것이 얼마나 중요한지를 놓고 동일한 주장을 했던 것이다.

공공 부문뿐 아니라 민간 영역에서의 현대 관료주의적 관리는 국민이나 종업원을, 후원자와 피보호자를 대하듯 혹은 총독이 탄원서를 내는 사람을 대하듯 하는 게 아니라 동등한 인간으로 대한다. 현재 관료주의적 국가는 권위와 종속의 수직적인 관계를 청산하고 미리 정해진 규칙에 따라 중립적인 관계를 설정한다. 소득, 건강, 교육뿐 아니라 지위와 직책에 대한 접근성을 포함하는 사회적 조건의 평등은 현대적인 관리 기법의 최고 원칙이다. 사회적인 조건의 근본적인 평등이 전제되지 않을 때, 고도로 개인화된 관계는 관료주의적인 표준적 규범은 무시되고, 법 앞에서는 만인이 평등한 대우를 받는다는 국민의 권리도 뒷전으로 밀리고 만다. 국민이 권리를 주장하는 사람이 아니라, 강력한 힘을 갖추고 서로 끈끈하게 연결되어 있는 어떤 손이 개입해주기를 애원하는 사람의 처지가 되고 만다. 사람들이 법과 규칙을 우습게 알고 이를 어길 때, 다른 사람들이 가지고 있던 시민성도 실종된다. 사회적인 신뢰는 땅에 떨어지고, 시민 사회의 상호주의는 흔적도 없이 사라진다. 국민은 더는 사적인 영역과 공적인 영역을 구분할 수 없어지고, 현대 국가를 떠받치는 기둥엔 금이 간다.

사회적 조건의 평등은 시민으로서 가지고 있는 권리와 의무에 대한 도덕적 전망을 공유하기 위한 토대를 닦는 데 기여한다. 각 개인이 사회적 조건의 평등이라는 공기를 마시며 함께 호흡할 때, 이들은 같은 견해를 가지거나 어떤 사건을 같은 방식으로 해석할 가능성이 더 높다. 이런 상태에서는 규범의 지배를 확립하고 또 실천하기가 한결 쉬워진다. 평등이라는 원칙은, 각기 다른 계층이 언제나 바뀔 수 있는 의견을 가지고 또 언제나 바뀔 수 있는 역할을 수행하도록 하는 것을 한결 쉽게 만듦으로써, 상호 동의할 수 있는 정책을 정부가 채택하고 추진하는 데 도움을 준다. 토크빌Tocqueville(프랑스의 역사가―옮긴이)이 미국의 민주주의에 대해 지적했듯이 "조건의 평등에서 도덕의 질서와 조화가 저절로 생기는 것이 아니라, 조건의 평등은 이런 것을 의심할 여지도 없이 쉽게 만들고 또 증가시킨다."[43]

도덕적 책임이라는 공통된 전망에 바탕을 두고서 스스로 강화되는 경제 관계들은 경제 발전의 중요한 요소이다. 다민족 사회에서 통일적인 문화를 강화함으로써 리콴유Lee Kuan Yew의 싱가포르는 경제 정책에 관한 한 사회적인 동의의 즐거움을 누리고 있다. 공동의 사회적 이해는 거래에 소요되는 비용을 줄이고, 가능한 경제적 상호작용의 범위를 넓힌다.[44]

불평등한 사회에서는 무엇을 기대해야 할까?

민족 간의 대립이나 부의 불균형으로 인해 양극화된 사회에서는 가난한 사람들이 빈곤의 덫에 걸려 영영 가난에서 헤어나지 못하기 십상이다. 이들은 성장을 위한 적절한 정책들 혹은 제도에 대한 동의에 쉽게 도달하지 못한다. 부실한 재정 정책, 무력한 제도, 높은 외채, 그리고 소수 집단의 이익만을 위한 사업 등이 공동의 미래로 나아가기 위한 여러 계획들을 종합적으로 조율하기 어렵게 만든다.

부의 불평등은 영향력의 불평등으로 이어지고 이것은 법과 제도의 공정함을 뒤집어버리며 사적인 재산권을 약화시키고 마침내 낮은 성장을 낳는다. 부의 불평등한 분배에서 비롯되는 악순환은 성장을 촉진하는 여러 정책이 지속적으로 유지될 수 없을지 모른다는 의구심을 부추기고, 결국 여러 법과 제도는 비효율적이고 부패했다는 판단을 낳는다. 단단하게 굳은 불평등 구조는, 정부에 영향력을 가장 크게 행사할 수 있는 사람이 가장 많은 이득을 얻을 것이라는 기대를 확산시켜 부당한 특혜를 얻으려는 쪽으로 투자가 이루어진다.[45] 국가가 자기 목표를 분명하고 확고하게 집행할 능력을 가지고 있다는 신뢰를 얻지 못할 때, 미래는 불확실할 수밖에 없다. 이럴 때 사람들은 내일을 위해 계획을 세우고 협력을 하기보다는 오늘만을 위해 흥청망청 탕진한다.

부정적인 기대의 이 악순환은 사람들이 자기 시간을 투자하고 미래에 대한 계획을 세우는 방식에도 영향을 미친다. 장차 협력 관계는 무너지고 말 것이라 기대할 때, 각 개인이 스스로를 위해 세우는 계획들은 사회적인 기준으로 보면 결코 적절하지 않을 것이다.[46]

정책 입안자에게 좋은 소식도 있다. 그것은 평등과 성장을 개선하기 위한 방식들이 많이 있다는 사실이다. 이 책에서 소개하는 사례들이 보여주듯, 국가는 독립적인 사회적 조건들에 의해 혹은 초기의 조건들에 의해 구속되지 않는다. 사회에 깊게 패여 있는 불평등이라 하더라도, 사회적 생산성의 격차를 메우기 위한 공적 지출의 양상들을 조정함으로써 얼마든지 개선할 수 있다. 교육의 개혁·노동 시장의 개혁·관계 부처의 개혁 그리고 사법 제도의 개혁은 가난한 사람이 누릴 수 있는 경제적 기회를, 기존의 부를 직간접적인 방식으로 전환하는 것보다 더 효율적으로 개선할 수 있다. 불평등으로 야기된 사회적 양극화는 개발도상국의 특징인 불확실성의 가장 핵심적인 근원이며, 또 경제 성장을 가늠하는 핵심적인 요소이다. 또한 불평등은 정책이 비슷할 경우에 가능한 폭넓은 정치적인 연대가 형성되지 못하도록 가로막음으로써 정책의 신뢰성을 약화시키고 투자를 감소시킨다. 5장과 6장에서는 동아시아의 국가들과 라틴 아메리카 국가들이 각각 이룩한 성장을 비교하는 방법을 통해서 사회적 양극화가 경제 성장에 영향을 미치는 여러 경로들을 살펴볼 것이다.

불평등, 연고주의 그리고 지도자의 부당한 국가 장악 등은 모두 분열과 성장 지체의 길로 이어진다. 하지만 어떻게 이런 일이 일어나는지 제대로 이해하는 것은 리스크-불확실성의 마지막 그림 퍼즐 조각을 어디에 어떻게 놓느냐에 따라 좌우된다. 불확실성이 저개발에 미치는 충격은, 정치적인 제도들이 국가 지도자가 채택한 생존 전략에 어떻게 영향을 미치는지 고려할 때 비로소 전모가 드러날 것이다.

경제 정책에 따라서 국가는 성장 속도를 높일 수도 또 지체할 수도 있는 기회를 가진다. 하지만 확실한 제도적인 조건이 갖추어져 있을 경우, 경제 정책은 한 국가의 지도자가 살아남기 위해 자기 지지층을 공고하게 다지려고 구사하는 도구가 아니다. 올바른 성장 정책이 제대로 수행되려면 현직 지도자가 계속 지위를 유지하는 데도 도움이 되는 정책이어야 한다. 다음 장에서도 살펴보겠지만 좋은 정책이 언제나 좋은 정치를 보장하지는 않는다. 마오쩌둥은 중국을 세상에서 가장 가난한 나라로 만듦으로써 자기 자신을 세계에서 정치적으로 가장 안전한 지위에 올려놓았다. 3천만 명의 목숨을 앗아간 그의 대약진운동(大躍進運動)은 중국 경제를 질식시켰지만, 이 운동으로 그는 중국 공산당 내의 권력 투쟁에서 확고부동한 일인자 자리를 확보했다. 그리고 또 나중에 전개된 문화대혁명(文化大革命, 이 운동으로 3백만 명이 사망했다)은 당을 공포의 도가니로 몰아넣었고 중국 경제에는 재앙이 되었다. 마오는 중국을 거대한 정치적 소용돌이 속으로 몰아넣었지만 20세기의 그 어떤 국가 지도자가 장악했던 것보다 많은 국민을 장악한 채 편히 마지막 숨을 거두었다. 그의 지도력이 초래한 끔찍한 결과들은 독재의 경제 논리와 일치한다. 세계에서 가장 위대한 경제 범죄를 저지른 사람들이 정치적으로는 누구보다 긴 생명을 누리는 일은 흔하게 일어나고 있다.

정치와 경제 구조 : 독재의 경제 논리

시장이 정보를 퍼트리는 효율성은 자본 시장의 폭과 깊이에 가장 핵심적인 변수이다.[1] 정보가 효율적으로 유통되는 시장은 사회의 모든 구성원이 누릴 수 있는 수많은 기회들을 무작위로 창출한다.[2] 잘 돌아가는 시장 경제에서 경제 주체들은 투명성을 높이는 새로운 성과 측정 및 보고 체계를 개발한다. 이런 과정에서 시장 참가자들은 자기 자신의 경제적인 전망을 개선하는 한편 전체 사회를 위한 장기적인 가치의 원천을 개발한다. 가격 체계는 설령 각 개인이 아무런 정보를 받지 못한다 하더라도 정보적인 기능을 지속적으로 유지한다. 정보가 풍부하게 유통되는 시장은 정보 불통과 단절의 리스크를 제거하면서, 그 누구도 내부자로 만들지 않음으로써 모든 사람을 내부자로 만든다.[3] 전체 시장 참가자들이 부담해야 하는 정보의 비용이 증가할 때, 정부 안에 존재한다는 것 즉 정부 내부자 지위의 가치도 역시 증가한다.[4] 국가 지도자는 정보에 대한 접근을 희소하게 만듦으로써 민간 제조업자들로부터 보다 많은 특혜를 뽑을 수 있다.

모든 사람이 자기가 하는 사업에서 무엇이 가치를 창조하는지 자유롭게 평가하고 보고할 때, 국가 지도자는 모든 국민이 이득을 볼 수 있는 경제적인 전략들을 세우는 데 필요한 정보를 얻을 수 있다. 독재자가 모든 경제적 자원들이 가지고 있는 가치를 측정하지 못할 때, 이 독재자는 건전한 금융 정책, 재정 정책, 그리고 사회 정책을 개발할 수 있는 토대를 잃는 손실을 입는다. 하지만 정보적인 기능이 있는 가격 체계는 독재자가 통제할 수 없는 경제적 기회들을 창출한다. 이런 기회들은 독재자가 정치적인 지지를 이끌어낼 수 있는 개인적이고 사적인 조직망을 초월해서 광범위하게 퍼진다. 민간 영역에서는 수많은 정보에 폭넓게 접근할 수 있음으로 해서 독재자의 지원 없이도 리스크를 관리할 수 있다. 이런 상황을 막으려고 독재자는 정보를 확보할 수 있는 사람의 수를 제한해서 자기가 통제하는 정보의 한계 가치를 높이려 한다. 무질서와 부패는 많은 독재자에게 유리한 조건으로 작용한다. 어떤 집단의 국민은 착취하고 어떤 집단의 국민은 착취를 하지 않을 수 있는 기회가 생기기 때문이다.[5] 경제적인 제재를 통해서 독재자를 몰아내려는 시도들이 흔히 실패하는 것도, 이런 시도 자체가 독재자가 통제하는 영역 안에서 부패의 기회들을 제공하기 때문이다.[6]

독재자는 대상에 따라 정보의 비용을 선택적으로 낮춤으로써, 예를 들어 부패를 허용함으로써 특정한 개인 혹은 집단만 보호를 하는 방식으로 충성을 유도할 수 있다. 이런 내부자는 독재자와 연고가 있다거나 가깝다는 사실만으로도 사업의 위험성을 줄인다. 그리고 또 이들은 부패가 사업에 미치는 충격을 줄일 수도 있다. 하지만 독재자의 우산 바깥에 있는 기업은 내부자의 부패에서 비롯되는 피해를 입는다. 독재는, 독재자가 특정 기업을 편애함으로써 효율성이 낮은 기업은 살아남고 효율성이 높은 기업은 벌을 받는 역전 현상을 낳는다. 이에 비해 정보가 폭넓게 확산될 때 국가 지도자는 국민의 재산에 대한 직접적인 통제력을 상실한다. 그리고 지도자의 개인적인 정체성보다는 그가 추구하는 정책이 초점의 대상이 된다. 유능한 경영자가 '위대한 지도자'를 대체한다. 궁정의 화려한 허식이 사라지고 그 자리를 관료주의의 효율성이 차지한다. 캘빈 쿨리지 Calvin Coolidge(1920년대에 재임했던 미국의 제30대 대통령 — 옮긴이)나 제너럴 포드 Gerald Ford가 나폴레옹 Napoleon을 대체한다는 말이다. 한때 장엄했던 것들 즉 저택, 화려한 의상, 제복, 화려한 볼거리, 정치적 권력자의 생활 방식 등은 이제 웃음거리가 되고 만다.

정치적인 생존자

독재의 경제 논리는 한편으로는 끔찍하면서도 또 한편으로는 경제의 건전성을 잠식하면서 자기 입지를 굳히는 탄력 있는 정권의 모습을 입체적으로 드러낸다. 최악의 사나운 정권은, 온화하고 다수의 지지를 받는 정권보다 흔히 훨씬 긴 생명을 유지한다. 브루스 부에노 드 메스퀴타 Bruce Bueno de Mesquita 및 그의 동료들이 수집한 자료는, 정보를 체계적으로 왜곡함으로써 빈곤과 불행을 낳은 독재자들이, 신뢰를 바탕에 두고 활발한 거래를 가능하게 한 여러 제도들을 통해 국민의 부를 증진시킨 국가 지도자들보다 더 오래 권좌에 머물렀음을 보여준다.[7] 실제로 세계에서 가장 부패한 여덟 개 국가(콩고, 이라크, 미얀마, 수단, 인도네시아, 시리아, 파키스탄, 부룬디)의 독재자들은 정치적으로 볼 때 재임 기간 동안 상대적으로 안정적인 지위를 누렸다. 사회 질서가 완전히 붕괴된 국가들만 극단적인 수준의 빈곤을 초래한다는 면에서 공고한 독재 정권의 국가들과 비교할 수 있다. 위에서 언급한 브루스의 자료는 또한 정책 입안자들이 일관되게 안정성의 가치를 과대평가한다는 사실도 드러낸다. 경제적인 리스크 부담의 가능성, 기회를 제한하는 법과 제도들은 독재 정권에 충성을 다하지 않는 기업가의 재산권을 보호하지 못함으로 공공의 복리에 해롭다. 이유는 바로 이런 법과 제도들이 안정적이기 때문이다. 전 세계의 정치 상황들을 둘러볼 때, 오랜 기간 빈틈없이 정치 생명을 유지한 국가 지도자는 자비롭고 동정심이 넘치는 지도자가 아니라 악의적이고 파렴치한 정치를 일삼은 독재자들이었다. 지도자에게 좋은 것이 반드시 국민에게도 좋은 것은 아니다.

동아시아 지역에서는 냉전 시대 동안 평등으로써 경제 성장을 증진시켰던 독재 정권들이 많이 등장했다. 한국, 대만, 태국, 인도네시아 등을 이런 부류의 국가들로 꼽을 수 있다. 이들 국가에 나타났던 독재 정권은, 국민을 마음대로 착취하는 것을 스스로 제약하는 장치를 마련했다. 이를테면 불만을 털어놓을 수 있는 통로를 만들고, 기업가 집단이나 정책에 대해 토론할 수 있는 공간을 보장하는 여러 제도와 기구를 허용했다. 게다가 중국의 지원을 받는 공산주의 폭동에 대한 위협은, 동아시아의 국가 지도자들이 경제 정책을 성공적으로 이끎으로써 자기들의 통치를 합법화하는 데 지정학적인 동기로 작용했다. 중국에서 비롯되는 이 동기의 힘은 경제 성장을 표방하는 독재 정권이 동아시아 지역에 밀집해 있다는 사실에 반영되어 있다. 이들 독재 정권의 독특한 특성에 대해서는 5장에서 자세하게 다룰 것이다.

좋은 통치의 정치적 논리 풀어보기

불행하게도 세계에서 가장 오래 지속되는 정권들 가운데 몇몇은 오로지 소규모의 패거리에 의해서만 유지가 되며 이들 핵심 집단은 자기들에게 여러 자원을 가장 잘 제공하는 정치가들을 지원한다.[8] 정치 지도자가 전체 인구 가운데 아주 소수 집단으로부터 충성심을 이끌어내기에 가장 손쉬운 방법은, 친족을 고위직에 등용하고 인맥 중심주의와 부패를 조장하며 또 다수를 궁핍으로 밀어 넣고 경제를 왜곡하지만 소수에게만 특권을 베풀어서 부유하게 만들어주는 특혜의 기회를 제공하는 것이다.

독재 정치 체계는 평균적으로 저성장, 교육 수준 하락, 국민 건강 악화, 자유 구속 등의 현상을 낳는다. 이런 현상이 나타나는 것은 지도자가 태생적 혹은 개인적으로 국민 전체를 위하는 좋은 공공 정책을 펼치는 데 관심이 없기 때문이 아니라, 통치를 나쁘게 할수록 지도자가 권좌에 계속 앉아 있을 수 있는 기간이 늘어나기 때문이다. 실제로, 이 독재자들은 권좌에 앉아 있는 모든 기간에 성장과 번영에 이르는 경제 정책을 펼치지 않고 암시장과 부패, 연고주의와 정실주의를 조장함으로써 비록 시장의 신뢰를 잠시허긴 해도 득새사도서 사기가 해야 할 일들을 잘 수행했다. 독재자는 대다수 국민을 경제적으로 황폐하게 만드는 정책을 추진하기만 하면 재임 기간을 평균적으로 25퍼센트 더 늘일 수 있었다.[9]

독재자는 경제계는 말할 것도 없고 군부, 행정부, 언론계, 정보기관 등을 모두 포함해 사회의 핵심 요직을 차지하는 상대적으로 소규모인 지지자들이 자기에게 충성을 다하게 함으로써 그리고 이 집단을 가능한 한 소규모로 유지함으로써 권력을 지속했다. 가난한 국가에서는 독재자가, 자기가 의존하는 소수 집단에게서 자원을 거두어들이는 정책을 지지하다가 정치적인 위기를 맞기도 한다. 국가 지도자가 모든 국민의 재산권, 법률에 의거하는 통치, 국민을 대상으로 하는 광범위한 교육, 세금 인하, 자유 거래 등을 보호하고 증진하기 위한 경제 정책을 이행할 때 그의 자리는 위태로워진다. 독재자가 통제할 수 없는 방식으로 국민이 부유하게 되는 것은 독재자로서는 결코 묵과할 수 없는 일이다.[10]

독재자는 국가와 국민의 번영에 관심을 가지는 따뜻한 마음씨를 가진 지도자와 어떻게 다를까? 시민 사회를 향해 마음을 열고 있느냐 아니면 닫고 있느냐가 핵심적인 차별점일까? 브루스 부에노 드 메스퀴타가 내리는 계량적인 평가들은 독재 체제를 변별하는 기준 요소로서 정치 제도의 중요성을 강조한다. 국민 전체의 이익을 아우르는 내포적인 통치는, 지도자의 장기 집권을 대다수 국민의 복지와 연결시킴으로써 사회적인 정책에 대한 정부 지출을 늘리는 방향으로 이루어진다. 다수 집단의 정치적인 연대를 기반으로 하는 지도자는 예외적일 정도로 높은 성장률을 이룩할 때 어렵지 않게 연임을 이어나간다. 하지만 성장 정책을 추진하지 않고 가족이나 친지 그리고 정권의 동맹자들에게 특혜나 암시장의 기회를 열어주는 데 집중한다면 사정은 달라진다. 성장 정책을 추진하는 내포적인 지도자는 경제 정책에 덜 효율적이고 성장률을 둔화시키는 내포적인 지도자보다 재임 기간이 평균 15퍼센트 더 길다. 국가 전체의 삶의 수준을 떨어뜨리는 소수 동맹 집단을 거느리는 지도자들은 자기 자신의 예상 재임 기간을 실질적으로 늘인다는 사실을 기억하기 바란다. 독재자의 재임 기간은 민주주의 국가 지도자의 재임 기간보다 평균적으로 두 배나 길다.

경제 성장, 정치적인 자유 그리고 사회적 상황의 개선도 좋지만, 우선 무엇보다도 정치적인 지도력을 강화하는 데 보탬이 되어야 한다는 게 국가 지도자로서는 가장 중요한 요건이다. 국가 최고 지도자라는 현직에 오래 머물기를 원하는 지도자는 자기 자신의 정치적인 생명에 위해가 될 게 뻔한 정책을 수행할 리 없다.

장기 집권을 추구하는 지도자들은 배타적으로 지배하길 원하며 또한 자원을 정권 유지에 필요한 사람들에게만 선택적으로 지출하길 원한다. 정치적 생존이 여러 집단의 대규모 연합에 달려 있을 때 지도자는 더 이상 개인적인 특권과 특혜를 부여함으로써 지지자들의 충성을 유지할 수 없다. 수많은 지지자들로부터 독립적일 수 없는 정부는 지도자로 하여금, 효과적인 사회 모든 구성원에게 혜택이 돌아가는 효과적인 공공 정책(예를 들면 고성장, 시민의 자유, 법률에 의한 통치, 투명성 등)을 추진함으로써 다른 잠재적인 후보자와 경쟁할 수밖에 없도록 유도한다. 그렇다고 수많은 지지자들에 의존하는 정치 지도자라고 해서 연고나 부패, 특혜 추구 혹은 심지어 개인적으로 행하는 도둑질 등에서 완전히 자유롭다는 말은 아니다. 소수 집단의 이익만을 추구하는 배타적인 정치 환경보다는 다수 국민의 이익을 추구하는 내포적인 정치 환경에서 경제를 왜곡하는 이런 행위들이 나타날 기회는 훨씬 더 제한을 받는다는 뜻이다. 국민의 투표로 선출된 대통령 혹은 수상이 퇴임을 하면서 공관에 비치되어 있던 국가 소유의 은수저를 허락 없이 가져갈 수도 있다. 비행정 체계의 감시를 받으며 구속을 받지 않는 한 이 지도자가 무엇인들 못하겠는가.

독재의 경제적 결과

효율적인 시장 경제에서 대부분의 사람들은 공적으로 접근 가능한 가격을 소극적으로 조회하는 방법을 통해 경제 거래를 한다. 시장을 뒤덮은 가격 체계는 사회적으로 적당한 상품에 대한 사람들의 욕구를 충족시키며 시장이라는 조직이 행하는 가장 위대한 기적을 창조한다. 하지만 이런 과정은, 가격과 관련된 정보의 부족으로 사람들이 적정한 구매 계획을 세우지 못하고, 결국 국가 지도자들의 권위만 높여주며 또 이 지도자들이 경제적인 기회를 놓고 차익 거래를 행함으로써 특혜를 달성하는 독재 사회에서는 나타나지 않는다.

사람들이 오늘의 자본을 이용해서 미래의 가치나 미래의 소득 원천을 포착할 수 있을 때 경제는 성장한다. 미래의 소득 원천을 기꺼이 사려고 하는 마음은 오늘 사람들이 접할 수 있는 정보가 얼마나 완전한가에 달려 있다. 국민은 미래의 소득원에 투자를 해서 이익을 창출할 수 있다 하더라도, 미래에 그 이익을 실현할 수 있을지 불확실할 때는 거기에 투자를 하지 않는다.[11]

만일 사람들이 소극적으로 얻은 정보를 가지고 미래에 대한 투자를 한다면 사회적으로는 보다 더 많은 투자 자금이 한자리에 모이게 될 것이며 경제의 전반적인 효율성은 높아질 것이다. 온전히 잘 기능하는 시장 경제 체제에서 투자자들의 자산 구성은 사적으로 얻을 수 있는 정보보다는 소극적으로 얻을 수 있는 정보에 의해 이루어진다. 만일 개인 투자자들이 개인적으로 얻은 정보를 바탕으로 모든 투자 행위를 할 경우 자산 구성은 보다 빈약해지고 위험에 대응하는 능력도 저하될 것이다.

만일 어떤 가계가 특정한 투자를 감행하기 전에 반드시 이 투자와 관련된 모든 정보를 직접 수집해야 한다면, 이 경제 주체가 개인적인 경로를 통해 관련 정보를 알고 있는 분야에만 투자를 할 수 있을 것이며, 다른 경제 주체가 벌이는 사업에 대해서는 투자하길 꺼릴 것이다. 이 경우, 확보하고 있는 자본을 다른 사람이 하는 사업에 투자하는 대신 지나치게 많이 집에 싸두고 있거나 자기가 하는 사업에 모두 투자함으로써 결국에는 시장 리스크에 보다 더 많이 노출되고 만다. 가지고 있는 모든 것을 자기가 하는 사업에만 투자하면 불경기 때 자칫 한꺼번에 몽땅 잃어버릴 수 있다. 믿을 만한 공공 정보가 존재하고 또 여기에 의존할 수 있을 때, 듀퐁Dupont, 보잉Boeing, 마이크로소프트Microsoft처럼 다른 사람들의 돈을 효과적으로 관리하는 기업이 활동을 넓히는 데 필요한 자본을 쉽게 조달할 수 있으며 또한 돈을 투자한 사람들의 부를 늘려주는 일이 가능하다. 분산과 대비 등 리스크에 대한 관리가 폭넓게 이루어지지 않을 때, 본질적으로 기업은 덜 경쟁적이며 경제는 더 많은 리스크에 노출될 수밖에 없다. 통치권 차원의 통제를 받지 않는 재량권이 일관성 없을 때의 불확실성은 특이한 기업 관계, 가족 관계, 마을 관계들을 초래할 것이다. 이런 경우 투자의 특수성은 자산의 이동을 방해하고, 가치가 추가된 거래 가능한 상품에 각기 적정한 가격이 매겨지는 걸 방해한다. 그래서 결국 적정한 양의 투자는 일어나지 않게 된다.

어떤 주체가 확보하는 정보가 사업의 전체 자산들을 충분하게 반영하지 못할 때, 여러 경제 관계들은 고통을 받는다. 이상적으로 말하면, 우리는 모두 국가 지도자의 성과가 모든 국가 자원의 시장 자본화를 반영하는 수치로 평가되는 나라에 살고 싶어 한다. 이런 점에서 보자면, 한 국가의 미래 가치를 완전하게 산정하는 것이야말로 경제 개발의 목적이라고 할 수 있다. 신뢰할 수 있는 공적인 정보가 있다면 모든 재산에 주식 가치가 설정될 수 있다. 여기에 따라서 모든 사람은 각자 사회적인 정체성과 상관없이 기호와 계획과 성향과 목적에 따라서 미래의 주식을 보유할 수 있게 된다. 궁극적으로, 정보의 질은 각 개인들로 하여금 자기들이 가지고 있는 모든 자산이 일상적인 시장 리스크에 대비해서 어느 정도의 미래 가치를 지니고 있는지 확인할 수 있게 해준다. 이런 방식으로 각 개인은 자신이 세운 적정한 계획을 추구하는 전략을 세울 수 있다. 이런 맥락에서, 만일 한 나라의 모든 자원들에 완전한 가치를 매길 수만 있다면 모든 상품에 대한 전 세계적인 완전한 시장이 존재할 수 있다는 결론을 내릴 수 있다. 이런 상황이라면 특정 국가의 투자자가 접할 수 있는 정보를 다른 국가의 투자자도 동일하게 접할 수 있다는 뜻인데, 이렇게 되면 자본은 최고의 투자처를 찾아 전 세계를 자유롭게 흘러 다닐 수 있다.[12]

독재와 금융 체제

정부가 경제에 대해 행사하는 가장 결정적인 통제 장치는 한 국가의 통화와 금융 시장에 대한 감독권이다. 화폐는 부를 표현할 수 있는 가장 유용한 수단이다. 화폐 발행 권한은 지지와 충성을 이끌어내는 데 사용할 수 있다. 국가적인 자원을 소유하는 존재만이 이 권한에 대적할 수 있을 만큼, 이 권한은 막강하다. 오늘날 전 세계를 통틀어 국가 지도자가 국가의 화폐 공급과 자본금 계좌에 대해 완벽한 통제권을 행사하는 경우는 거의 없다. 세계의 여러 국제 금융 기구의 지도자들은 개발도상국의 금융 체계가 이처럼 국제적인 수준에 가까워지도록 많은 기여를 해오고 있다는 점에 충분히 자부심을 가질 만하다. 만일 각 회원 국가들이 재정 억제 정책을 쓰기 어렵게 만들었던 회색 양복을 입은 IMF의 경제학자들이 없었다면, 아마도 이런 개선 상황은 훨씬 불완전했을 것이며 또한 시간도 더 많이 걸렸을 것이다.

1950년대와 1960년대에 개발도상국들은 흔히 재정 억제 정책을 구사함으로써 금융 정보 서비스 시장을 왜곡했다. 정상적인 예금 및 대출 이자의 상한선은 실제 혹은 예상되는 인플레이션율보다 낮아, 투자자들은 국내 금융 자산을 보유하려 들지 않았다. 오히려 은행에 빚을 내서 재정적인 지속 가능성이 낮은 비생산적인 목적에 투자를 했다. 개별 은행들은 신용 대출에도 한도를 정했다. 그리고 이 한도에 대한 재한도 설정도 다양한 대출 범주에서 확립되었다. 이것과 동시에, 유동성 신용이라는 개념에 입각해 각 은행들은 산업 정책의 목표에 따라 이자율 설정상의 혜택을 주었다. 이런 정책들은 저축을 감소시키고, 지원 자금을 동원하는 비효율적인 투자를 촉진시켰다. 신용 억제는 개발도상국과 우선 부문을 돕기 위해 설정된 것이었다. 하지만 이 정책은 신용 할당이 부도덕한 국가 지도자가 내리는 정치적 혹은 기타 비경제적인 고려 사항들의 영향을 받기 때문에, 이렇게 해서 투입된 자금은 소수 특권층의 손으로 들어가고 말았다. 그래서 이 소수 집단이 세계에서 가장 가난한 국가들의 자산을 주무르는 일이 벌어졌다.[13]

20세기가 열리고 금융 왜곡에 대해 빠르게 접근할 수 있는 정보 체계가 마련되면서, 인플레이션 금융 정책이 실행될 수 있는 가능성이 줄어들었고, 중앙은행이나 국가의 재정 부처가 화폐 가치를 조종하기 어렵게 되었다. 금융에 대한 규제가 불가능하다는 말은 일찌감치 나왔고, 현재 돈은 통화 거래를 통해 곧바로 한 국가에서 다른 국가로 이동한다. 이런 거래는 정부의 통제를 전혀 받지 않은 상태로 날마다 수천 건이 이루어지고 있다. 현재 전 세계 시장에서 발생하는 정보는 빛의 속도로 빠르게 전달되기 때문에 각 국가의 지도자들은 국내 통화를 조종하겠다는 정치적인 권한을 감히 주장할 엄두를 내지 못한다.

오늘날의 세계에서 전 세계적인 정보 기준은 자본이 어디로 흐를지를 결정한다. 그 결과, 신용 억제 정책은 거의 사용되지 않고 있으며 이자율 한도, 신용 한도, 우선 부문 대출 등은 대부분의 국가에서 완전히 사라졌다. 진입 장벽의 제거와 외국 통화 지불에 대한 제한 철폐로 많은 국가에서 재정 체계가 개방되어 경쟁 상태에 놓여 있다. 하지만 사정이 설령 이렇다 하더라도, 거시경제학적 왜곡에 대한 개혁이 반드시 지속적이고 일관된 경제 성장으로 이어지지는 않는 게 현재의 모습이다. 각 국가들은 리스크를 관리하기 위한 적절한 제도적인 인프라 구조를 마련해야 한다.

정책 개혁의 강조점은 재정 균형에서 벗어나 은행 규제, 기업 관리, 파산 절차, 계약 이행 등에 대한 의문으로 옮겨갔다. 정책 입안자들은 얼마나 많은 자본이 유통되느냐는 문제와 함께 자본이 조달되고 있는 사업들의 구조와 질을 따진다. 투자자들은 해당 지역 혹은 국가의 제도와 법률적 구조를 세밀하게 평가하는 방법 그리고 경제에는 실질적으로 아무런 보탬이 되지 않으면서 정치적으로 강력한 집단에게만 혜택이 돌아가는 낭비성 사업들을 피하는 방법을 연구하고 있다.[14]

공공 부문 행정 관리의 태만

개발도상국에서 흔히 나타나는 공공 부문의 관리 실책에 따른 혼란과는 반대로 통일적으로 잘 확립되어 있는 거시경제학 이론은 국가 재정 평가 시 재정부와 중앙은행을 평가하는 기준이 되는 일관된 일련의 원칙들을 제시한다. 금융 거래의 바탕이 되는 회계 관행은 고도로 표준화되어 있다. 대차대조표상의 수입과 지출에 대한 규정들은 통일되어 있다. 모든 국가에서 명목국내총생산(한 해 시장 가격으로 계산된 국내총생산을 명목국내총생산Nominal GDP이라 하고, 이 명목국내총생산을 특정 연도의 물가를 기준으로 환산한 것을 실질국내총생산Real GDP

라고 한다 — 옮긴이)은 사적인 소비에 사적인 투자, 순정부지출, 순수출(수출과 수입의 차이 — 옮긴이)을 합한 금액이다. 모든 국가 예산에서 전체 세입과 특정한 목적의 보조금, 전체 지출, 순지출 등은 언제나 경상 수지 계산에 포함된다. 그리고 국내의 은행 및 비은행 자금 조달은 언제나 특별 손익 항목에 놓인다. 전체 재정 적자도 모든 국가에서 같은 방식으로 규정하고 또 계산한다. 또 재무 회계는 GDP에 대한 몫으로써 가장 잘 드러날 수 있다는 데 동의하고 있다. 그렇기 때문에 국가 재정 분야에서는 자료를 놓고 정책을 판단하는 작업이 상대적으로 쉽다.

공공 부문을 관리하는 수준은 각 국가마다 다를 수밖에 없지만 세계를 통틀어 흔히 간과된다. 대민 업무를 하는 공무원 조직, 법원, 검찰청 그리고 감사부서와 예산 부서 등을 포함한 공식적인 조직 체계가 전 세계적으로 동일해서 그 차이가 쉽게 눈에 띄지 않기 때문이다. 그러나 공식적인 조직 체계는 동일해도 관리 내용은 국가마다 완전히 다르다. 증권 거래를 감독하는 기구를 예로 들어보자. 어떤 기구가 효율적으로 기능하려면 사법적인 권한을 가지고 있어야 함은 널리 인정된 사실이다. 어떤 기구든 중앙 정부로부터 재정적으로 독립하지 않는 한 어떠한 정치적 판단이 개입될 수 있는 여지를 안고 있는 셈이다. 재정 문제와 관련한 이런 미묘한 작용들을 포착하려면 굳이 우간다나 탄자니아의 사례를 들출 필요도 없다. 1990년대 말 미국 의회는 독립적인 법률 기관인 증권거래위원회SEC의 예산을 삭감함으로써 회계감사관들 사이의 이해 갈등을 예방할 수 있는 이 부처의 역량을 축소시켰다. 그러자 부풀려지고 왜곡된 수익보고서들이 공공에게 배포되었고, 그 결과 사람들은 투자 결정을 정확히 하지 못했다. 이런 부정적인 현상은 증권거래위원회가 의회에 종속되어 있어 예산에 관한 승인을 의회에서 받아야 했기 때문에 나타난 것이다. 그렇다면 이 지점에서 우리는, 개발도상국에서 규제 기구들이 재정적으로 독립해 있는 경우는 거의 없으며 따라서 이 기구들은 결국 사악한 소수 특권층의 이익에 휘둘리는 경우가 비일비재하다는 사실에 깜짝 놀라야 할까?

정부 재정에 대한 전문가들은 다른 사람으로 대체하기가 상대적으로 쉽고, 또 이들은 어떤 회원국을 대상으로 하든 자기가 사용하는 분석 도구들을 효율적으로 구사할 수 있다. 그렇기 때문에 IMF는 부동산, 금융, 재정, 국제 분야 등의 전문가들로 구성된 팀을 무작위로 꾸려 세계의 어느 나라건 파견할 수 있다. 네 명으로 구성된 팀은 몇 주 안에 어떤 국가가 IMF의 프로그램을 충실하게 이행하는지 확인하고 다시 다음 국가로 넘어갈 수 있다. 이에 비해 세계은행 공무원 사회에서 "개혁 목표들에 대한 초점은 종종 빗나가고 또 시로 상충되기도 한다. (중략) 각각의 목표에 접근하는, 인정할 수 있는 접근법은 무엇이냐는 문제는 거의 동의가 이루어지지 않아 왔다."고 보고한다.

경제적 측면의 관리에 대한 평가는 본질적으로 어려울 수밖에 없다. 이것은 국가 재정 원칙들을 얼마나 충실하게 지키느냐 하는 것을 따지는 것과는 전혀 별개의 문제이다. 각 국가의 공무원 조직 체계마다 제각기 다른 특성을 가지고 있기 때문이다. 한 국가의 행정과 이것의 형제 격인 재정 사이의 차이를 살펴보자. 행정은, 문제를 진단하고 정책 반응을 정확하게 배열할 수 있는 기반이 되는 폭넓은 원칙들을 제시하지 않는다. 행정은 재정과 달리 독립적으로 존재할 필요가 있는 입법, 사법, 행정이라는 세 개의 분리된 영역들을 뚜렷하게 구분할 수 없다. 서로 얽혀 있고 녹아들어가 있기 때문이다. 세 개 가운데 어느 한 조직만 교정한다고 해당 문제가 해결되는 경우는 거의 없다. 세계은행의 표현대로 "국가 행정에 대한 단 하나의 유일한 '모델'은 존재하지 않는다."[15]

국가 행정 분야를 조사하는 팀에게 필요한 일련의 기술들은 대상 국가마다 매우 다양하다. 한 국가의 공무원 체계에 대해 제대로 잘 알려면 그 나라의 상황에 특히 정통하며 따라서 다른 나라에서는 쉽게 복제할 수 없는 전문성에 대한 투자가 우선 필요하다. 각 국가마다 특수성이 있기 때문에, 특정 국가의 행정 분야에 대한 전문성은 재생하기가 어려우며 따라서 쉽게 다른 사람으로 대체될 수도 없다. 어떤 관료 체계 안에서 이루어지는 무수한 거래 행위들을 관리하려면 엄청난 비용이 든다. 이런 관리 내용 자체는 그 정부에 속한 내부자들만이 사실을 파악할 수 있는 블랙박스와 마찬가지이기 때문이다. 어떤 경우에라도 정부는 공식적인 구조를 교묘하게 우회하는 온갖 길들을 찾아낼 수 있다.

개발도상국의 공무원 조직 안에는 부패로 이어지는 수많은 길들이 잘 닦여져 있다. 왜냐하면, 공무원에게 배정된 혜택은 언제나 화폐 단위로 설정되어 있지 않으며 또한 봉급으로 직접 규정되지 않을 수 있기 때문이다. 봉급 이외의 현금 소득과 기타 혜택 수준이 봉급 수준보다 더 높을 수도 있다.(예를 들어 파키스탄에서 공무원이 봉급 이외에 누리는 이득은 봉급의 네 배나 된다.) 국가 지도자는 정책의 공공 목적을 훼손하면서 자기에게 충직한 관리들에게 보상을 돌림으로써 공무원의 복무 원칙을 어지럽히고, 진정한 보상 내용은 공적인 감사에 포착되지 않도록 확실하게 보장한다. 국민이 정책을 선택할 때 판단의 근거로 삼을 수 있는, 봉급 수준과 고용 수준의 영역별 차이 그리고 각 부서별 봉급의 차이에 관한 핵심적인 자료들은 투명하게 밝혀지는 경우가 거의 없다. 대부분 공공 부문 관리의 민감한 영역들과 연결된 공무원 보상 내용은 미사일 제조 기술보다 더 조심스럽게 다루어지는 기밀 사항이다.[16] 정부 각급 기관의 역할과 기능 그리고 조직은 합리적으로 마련되어 있지 않다. 이들의 책임과 권한도 정치적인 변덕에 따라 쉽게 바뀐다. 공명정대하고 독립적인 기관이나 의회가 예산 감독권을 실질적으로 행사하는 경우는 거의 없다. 행정부는 법령을 왜곡하고 정치적으로 특정 집단을 옹호하며 특정 정책과 이 정책으로 인한 자원의 편파적인 혜택 사이의 연관성을 교묘하게 숨기고 호도한다.

정책 입안자로서는 불완전한 제도나 기구 그리고 이것들에 대한 관리가 과연 비틀거리는 국가 경제의 원인이나 증상인지 판단하기가 어렵다. 과연 잘못된 관리 행태는 잘못된 정책의 근원일까, 아니면 결과일까? 부정 수단과 사기 행위는 언제나 경제 쇠퇴 과정의 끝에 찾아온다는 사실을 우리는 알고 있다. 하지만, 애초부터 그렇게 될 수밖에 없었던 것일까, 아니면 잘못된 정책 때문에 이런 잘못된 결과가 나온 것일까? 어려운 판단이 아닐 수 없다.

비록 한 국가의 재정 실패 원인이 잘못된 행정 관리에 있지 않다 하더라도, 한 국가가 잘못되는 경우에는 언제나 행정 관리 실패라는 요인이 존재한다. 재정 관리의 소홀, 더 나아가 이런 행태의 조장, 재정적인 규제에 대한 정치적 간섭 그리고 국가적인 감독이 잘못될 경우에 이를 보완할 시장 장치의 부재 등은 모두 같은 뿌리에서 비롯된 것이다. 국가 지도자는 자기 목적을 극대화하기 위해 계획하고 실시한 정책들이 낳는 경제적인 결과를 호도한다.[17] 공익이라는 관점에서 볼 때 원하지 않았던 경제적인 결과를 낳은 정부 정책은 흔히 '실수'로 치부된다. 하지만 사실 이것은 의도하지 않은 실수가 아니라, 정치적 지도력과 관련된 다른 목적을 얻기 위해 국가 지도자가 계획한 의도적인 것이다.

개발도상국에서 일상적 행정 업무들을 제대로 수행하지 못하는 원인을 흔히 예산이나 능력 부족에서 찾는다. 예를 들어 국가나 한 지역이 발전함에 따라 세금을 징수하는 일은 더 쉬워진다고 일반적으로 말한다. 그러나 11세기에 잉글랜드의 국왕들은 아무리 원시적인 상황에 놓였다 하더라도 자기 영토 안에 있는 모든 사람들의 경제 활동을 등록하고 또 감시했다. 1085년 정복자 윌리엄은 왕국의 경제 사정과 토지 소유를 조사할 것을 명령했고 이 결과를 《둠즈데이 북Domesday Book》이라는 토지 대장으로 엮었다. 그는 이 토지 대장으로, 재산을 등록하고 보호하는 임무를 제대로 해내지 못하는 오늘날의 수많은 개발도상국보다 더 성공적으로 경제 활동을 관리하며 관련된 문제들을 해결할 수 있었다.[18] 17세기 프랑스의 국왕들도 생산 농작물의 30퍼센트를 세금으로 거두어들이는 임무를 효율적으로 파악하고 또 집행할 수 있도록 세금 징수 관리들을 대상으로 인센티브 제도를 실시했다.[19] 오늘날의 정부는 과거의 이런 국왕들보다도 훨씬 많은 역량을 가지고 있음에도 전체 농업 생산량의 아주 적은 부분도 세금으로 거두어들이지 못하며 심지어 생산량이 어느 정도인지도 정확하게 파악하지 못한다. 정부는 관련 기관과 공무원의 이런 무능함을 개탄하지만, 사실은 잘못된 정보와 낮은 동기를 의도적으로 숨기는 경우가 많다. 수많은 국가 공무원들은 조직의 해체를 조장하며 부패 환경을 조성하기 위해 의도적으로 업무를 게을리 한다. "재정적인 불확실성, 빈약한 계획, 비현실적인 예산 편성, 부적절한 기록, 비정상적인 회계, 책임 중복, 기구 붕괴 등의 현상"을 일으키는 것은 기금이나 능력이 부족해서가 아니다.[20] 행정 부문의 잘못된 관행은 공무원의 소득을 발생시키는 원천으로 기능하며, 또한 공무원이 바람직하지 않게 행동할 수 있도록 등을 떠미는 동기가 된다.

  공공 부문에 이런 약점이 존재하는 이유는 공공 부문에 속한 사람들 즉 공무원들이 국가 지도자에게 의도적, 전략적으로 사적인 혜택을 제공하기 때문이다. 공적인 책임성에 대한 인식 부족, 국가 재정 및 정부 조달 물품 처리 과정, 공공 부문 회계 및 관리 정보, 기업 회계에 대한 규제, 정부 부처의 회계에 대한 외부 공공 기관의 감사, 행정 업무에 대한 정밀한 감사 부족, 정보에 대한 행정부의 부적절한 접근 등에 대한 허술한 관리 체계 문제는 고속도로나 댐을 건설하는 데 드는 자원보다 훨씬 적은 자원으로 금방 바로잡을 수 있다. 책임성의 이런 교묘한 회피는 국가 주권으로 보호를 받는 국내 정치 제도들 속에 안전하게 자리를 잡는다. 따라서 이런 문제는 경제 개발 기금을 제공하는 외부 존재가 어떻게 할 수 있는 경제 정책 개혁의 대상에 속하지 않는다.[21]

  공무원 및 공무원 사회를 개조하려는 국제적 노력이 성공하지 못하도록 방해하는 또 하나의 요인은, 여러 나라가 모여서 구성한 기구들이 보통 개발 지원금을 받는 국가의 재무부의 권한 범위 안에 놓인다는 사실, 그리고 이 기구들은 주로 이 피지원국의 중앙은행 및 재정 관련 부서들과 함께 작업을 한다는 사실이다. 심지어 재무부 장관이 법률적인 개혁에 찬성을 한다 하더라도 다른 부처의 장관들은 다른 목적을 가지고 있을 수도 있다. 정부는 흔히 대립하는 여러 목표들을 함께 설정할 수 있으며, 또 각 부처의 장관들도 각기 대립하는 정치적 토대를 가질 수 있다. 이렇게 삐걱거리며 잘못된 행정을 통해 통치권을 지속적으로 유지하고자 하는 정부는 법과 제도들을 폭넓게 동원해서, 단순한 개혁이 애초에 설정했던 목표를 달성하는 일이 생기지 않도록 한다.

공공 부문의 굵직한 프로젝트들을 정치적인 파당에게 챙겨줄 전리품으로 여기니 이 프로젝트들이 제대로 기능할 리가 없다. 심지어 이런 프로젝트들은 완결되지 않기도 한다. 예를 들어 1990년대에 스리랑카 정부는 상위 20개 우선 투자 대상을 최종적으로 결정하지 않고, 수백 건이나 되는 투자 대상 목록을 기금 제공 국가들에게 돌리기만 했다. 이것들 가운데 단 하나도 제대로 완수하지 못할 걸 알았기 때문이다. 공공 부문에 대한 투자는 정책 목표를 달성하거나 공적인 기능을 제공하기 위해서가 아니라 정치 지도자들에게 사적인 이득을 챙겨줄 목적으로 선택되었다. 그리고 이득을 챙겨주는 방식은 프로젝트를 수행하는 데 필요한 여러 거래들을 매개로 한 이권과 특혜 그리고 뇌물이었다. 공공 투자 종목들이 특정한 우두머리나 정치권력 브로커를 위해 선택됨으로써, 스리랑카의 이런 사업들이 국민의 요구에 부응한 것이 아님은 말할 것도 없음을 증명했고 결과적으로 경제 성장은 느릴 수밖에 없었다.[22] 공공 부문에 대한 투자는 정권을 지탱하는 소수 특권층에 특혜를 주기 위한 수단일 뿐이다. 외국에서 들여온 공공 투자 기금은 국가의 밝은 미래를 열어나가는 데 투자되어야 마땅하지만 투자는 이루어지지 않는다. 이런 사정은 수많은 개발도상국에서 동일하게 나타나며 스리랑카는 이들 국가 가운데 하나일 뿐이다. 경제적 혹은 상업적 측면의 지속성 및 실행 가능성을 전혀 고려하지 않는 프로젝트들 때문에 개발도상국의 외채는 엄청나게 불어났다. 아프리카에서 도로 건설에 할당된 1,500억 달러 규모의 기금 가운데 거의 3분의 1은 정권을 지탱하는 특권층의 금고로 흘러들어갔다.[23]

독재 정권의 아킬레스건은, 정부 인사들은 자기들이 정부를 위해서 거둔 세금을 상세하게 보고하지 않음으로써 자기들의 잘못된 행위를 숨길 수 있다는 점이다. 한번 부패가 뿌리를 내리면, 독재 정권이 허약한 통제력밖에 행사하지 못하는 관료 사회에서는 특권층에 베푸는 특혜의 관행을 좀처럼 제어하기가 어렵다. 상부의 선택받은 특권층이 가지고 있는 부패에 관한 권리는 다시 아래층으로 전매될 수 있으며, 그 결과 지배자의 장악력은 그만큼 약해진다. 관료들은 온갖 정교한 수단을 동원해서 여러 자원들이 중앙으로까지 전달되지 못하도록 할 수 있는데, 이런 경우에는 소련에서 그랬던 것처럼 체제의 붕괴를 초래할 수도 있다.

과연 어떻게 하면 주관적인 정치 경제가 규범적인 정치로 변환되며, 따라서 사적인 재화를 배분하려는 지도자의 편견이 공적인 재화의 창출로 변환될 수 있을까? 부패한 독재자의 손안에서 좌우되는 공공 부문의 잘못된 관행을 바로잡는다는 것은 소수 특권층이 누리는 특권을 박탈한다는 것이다. 그런데 국제 기구들로서는 이런 일을 할 수 있는 장치를 가지고 있지 못하다.[24] 공공 부문의 잘못된 운용을 제어할 수 있는 국내의 강력한 정치적 근거가 있다. 이런 근거를 이해하려면 우선 현재 집권하고 있는 정권의 정치적인 토대를 분석해야 한다. 세계은행이 결론을 내렸듯이 "개혁이 가능할 수 있는 정치적 환경과 조건을 끊임없이 분석하고 평가하는 것은 공직 사회 개혁을 효과적으로 수행하는 데 결정적인 요소이다."[25] 외부 지원이 효과를 발휘할 수 있는 핵심적인 요건은, 국내의 여러 이해 집단들이 경제 정책을 개선하는 데 지속적인 관심을 가지도록 하는 것이다. 국내 정치 구조가 비효율적일 때는 외부 기구가 개입해 건설적인 성과를 내기가 어렵다.

정책 입안자들은 실천적인 집행력이 정책 개혁의 핵심이라는 사실을 점차 더 선명하게 인식하고 있다. 경제 정책이 성공을 거두려면 훌륭한 지도자와 신중한 원칙만으로는 부족하다. 정책 입안자들은 어째서 정책의 온전한 수행이 하나의 정치적 맥락 속에서 일어나는지 왜 다른 맥락에서는 일어나지 않는지 마음 깊이 새겨야 한다.[26] 원칙으로서의 개발 정책은 1990년대에 제도와 기구의 역할을 인식하면서 중요한 한 걸음을 떼었다. 다음 단계는 제도와 기구의 의도가 정치적 지도력의 이해관계와 대립하지 않도록 만드는 것이다.[27]

경제 정책 개혁으로 향하는 통일된 접근법

나쁜 정책이 도처에 나타나는 현상은 정치 영역의 가장 중심적인 역설이다. 지지층이 전체 인구에서 차지하는 비율이 상대적으로 클 때(그리고 모든 국민이 원칙적으로 잠재적인 지지자일 때) 사적인 재화를 이 지지층에 나누어준다고 해봐야 충성심은 거의 이끌어내지 못한다. 즉, 혜택을 받는 사람의 수와 이런 혜택의 가치는 반비례한다. 독재자가 자기가 소비할 목적으로 부를 노리고 또 축적하는 경우는 드물다. 독재자들은 공무원들로부터 충성심을 이끌어내는 데 뿌릴 수 있는 충분한 자원이 바닥날 경우 정치적인 위기를 맞을 것임을 잘 안다. 그래서 이들은 경제적인 위기가 정치적인 위기로 전환되지 않도록 방지하기 위해서 부를 늘리고 또 축적한다.

지배 연대층의 규모가 작을 때 성장을 촉진하는 지도자는 무질서와 약탈을 통해서 지배하는 지도자보다 재임 기간이 짧은 경향이 있다. 충성심을 유도하는 데 여러 자원들을 자유롭게 투자할 수 있는 조건에서는 나쁜 정책이 좋은 정책보다 정치적으로 더 강력한 도구가 된다. 다양한 이해 집단들을 포괄하는 큰 규모의 연대가 이루어진 정부에서는 좋은 정책이 정치적으로 유리하다. 현직 국가 지도자의 정치 생명은 공공 정책이 얼마나 좋은 성과를 거두느냐에 따라서 좌우되기 때문이다. 이런 환경에 놓인 국가 지도자는 지지자들로부터 받는 상대적으로 약한 충성심을 보완하기 위해서 좋은 공공 정책들을 추진하는 데 보다 많은 걸 투자하며, 따라서 이들이 유사시에 대비해서 비밀 계좌에 따로 모아두는 자금도 그만큼 적어진다.

국민 대다수를 지지 기반으로 삼는 지도자는 지지자들이 모두 만족할 때까지 자기의 사적인 재화마저 아낌없이 쓰는 경향이 있다. 적절한 규모의 사적인 재화가 없다면 지도자는 현직을 고수하기 위해 반드시 필요한 지지자들을 계속 붙들어두고자 정책을 통해 이들에게 보상을 해줘야만 한다. 오로지 이럴 때만, 자기가 펼치는 정책이 훌륭함을 국민에게 드러내 보일 수 있는 법과 제도를 새롭게 만들려는 지도자가 나타난다. 다양한 이해 집단을 포괄하는 정부의 수반이 이런 노력을 할 때 높은 수준의 1인당 국민소득, 높은 수준의 성장률, 높은 수준의 인권과 자유, 높은 수준의 교육과 성 평등, 낮은 수준의 부패 지수, 낮은 수준의 영아 사망률, 평균 수명의 연장, 그리고 그 밖에 보다 높은 수준의 삶의 질을 보여주는 경제·사회 및 정치적 지표들이 나타난다.[28] 그런데 역설적인 사실은, 좋은 정치를 유인하는 제도와 기구는 불가피하게 국가 지도자의 권력을 끊임없이 불안하게 만든다는 점이다. 지도자가 사회의 모든 측면을 투명하게 하면 할수록 작은 실책이나 불평등이 그만큼 눈에 잘 띄게 되고, 이런 것이 국가 지도자의 자리를 위태롭게 만들어 재임 기간을 단축시킨다. 이런 문제는 정책적으로는 이들보다 무능하지만 정치적으로는 강력한 독재자인 경우 전혀 맞닥뜨릴 일이 없는 문제이지만, 민주적인 지도자라면 반드시 풀어야 할 과제이다.

경제 개혁을 원하는 동기는 어디에서 비롯되는가?

지구 상의 빈곤을 퇴치하기 위한 핵심 요소는 건전한 경제 정책의 정치적인 동기를 이해하는 것이다. 만일 정부가 경제 구조에 대해서 충분히 알기만 한다면 정부가 사회 복지 분야 개선을 충분한 수준으로 이행할 것이라는 가정을 경제학자가 받아들인다고 치자. 이 경우 경제학자는, 만일 관련된 모든 지식이 충분히 주어지고 또 발전된 경제 분석 기술이 제공되기만 하면 빈곤은 사라질 것이라는 결론을 내릴 것이다. 이런 전망은 경제학자들로 하여금 독재 정권을 효율성 및 성장과 결부시켜서 생각할 수 없도록 만든다. 다루기가 보다 어려운 문제는, 정부 정책을 설계하고 수행하는 사람들은 사회 복지 분야의 당연한 원칙과 모순되는 동기를 가지고 있다는 사실이다. 국제기구의 경제학자나 정책 입안자는 가난한 국가에게 성장에 적합한 환경(예를 들면 지나치게 높게 평가된 환율을 바로잡고, 수입 장벽을 줄이며, 국영 산업을 민영화하는 것 등)을 만들라고 간곡하게 권고할 때 흔히, 부적절하고 어리석기 짝이 없어 보이는 정책들을 실시할 수밖에 없었던 정치적 동기를 결과적으로 무시하는 오류를 저지른다.[29]

일반 국민 집단들을 보다 낫게 만드는 것이 정치가들도 보다 낫게 만든다는 발상은 고도로 제한적인 제도적 환경 아래에서는 틀린 말이 아니다. 자기들이 이룩한 성과가 정책의 능력에 따라서 좌우될 때만 지도자는 자기 정책의 성과와 결과가 투명하고 또 구체적인 수치로 측정할 수 있기를 바라고, 자기가 계약한 거래가 집행 가능하기를 바라며 또 자기가 한 약속들이 신뢰받을 수 있기를 바랄 것이다.

개혁의 첫 번째 과제는 지도자의 이해와 그가 통치하는 모든 국민의 이해를 일치시킬 수 있는 법과 제도들을 마련하는 것이다. 이런 관점에 설 때, 우리는 다시 정책 조언자의 역할과 관련된 어려운 문제에 봉착한다. 즉, 경제 개발 과제를 안고 있는 지도자가 경제학자들이 일관되게 추천하는 정책을 선택할 때 이 지도자의 권력 장악력은 그만큼 떨어질 수밖에 없다는 딜레마이다. 그렇기 때문에 경제 개발의 일차적 과제는 정치적인 것이 된다. 즉 모든 국민이 국가

지도자를 신뢰할 수 있도록 제도를 구축하는 일이 우선 처리해야 할 과제이다. 이런 점에서 보자면, 경제 정책의 가장 기본적인 업무는 정치 지도자를 계몽하는 일이다. 하지만 이런 가정은, 전 세계에서 가장 성공적이었던 국가 지도자들은 자기 국가의 미래를 망친 지도자들보다 재임 기간이 짧다는 단순한 관찰 내용 하나만으로도 금방 위태로워진다.

그렇다면 어째서 수많은 국가 지도자들이 경제 성장과 관련해서 얼마든지 좋은 정책을 펼칠 수 있음에도 그렇게 하지 않을까?[30] 이 질문에 대한 대답은 이렇다. 국민 전체를 번영의 길로 이끌 가능성이 높은 정책들은 국가 지도자의 권력을 보다 튼튼하게 해줄 가능성이 높은 정책들과 다르기 때문이다. 노골적으로 표현하면, 지도자들은 나쁜 정치를 펼침으로써 권좌에 더 오래 머물 수 있다는 말이다. 이런 긴장을 해소할 수 있는 유일한 해결책은, 정책이 성공을 거둘 경우 지도자에게 보상을 해줄 수 있는 정치적인 장치나 기구를 만드는 것이다. 개혁의 다음 작업은, 정치 지도자에게서 정책 능력을 요구하도록 설계된 제도들을 시험하는 것이다.

놀라운 정보의 경제학 : 금융 체계

금융 체계는 자산을 이동하고, 자본을 한데 모으며, 리스크를 줄이고, 유동성liquidity(현금으로 바꾸기 쉽다는 의미다―옮긴이)을 증가시키며 정보를 나른다.[1] 깊고 유동적이며 강건한 금융 체계는 시장 경제의 장기 효율성을 위해서는 불가결한 요소이다.[2] 위기의 시대에 금융 체계는 시장 조건의 변화에 빠르게 대응해야 하며 자원들을 가장 효율적인 방식으로 끊임없이 사용자에게 재분배해야 한다. 사회적인 가치를 극대화하기 위해서 금융 체계는 시장 참가자의 정치적인 정체성이 무엇인지에는 눈을 감아야 한다.[3]

효율적인 금융 체계는 자원들을 한데 모으고, 저축을 한 사람들이 각자 투자한 금액에 비례해서 더욱 많은 소득을 얻을 수 있도록 한다. 금융 체계는 사회적 및 사적 소득을 동시에 낳는 우선 사업들에 자본을 중점적으로 할당함으로써 리스크를 줄이고 유동성을 증가시킨다. 샌포드 그로스먼Sanford Grossman은 잘 운용되는 금융 체계를 '놀라운 정보의 경제학'이라고 표현했다. 이 '놀라운 경제학'의 도구들이 작동하는 것을 평가하려면 모든 자원들이 각자 가장 혁신적인 사업 및 사용자를 얼마나 효율적으로 찾아가는지를 측정해야 한다. 라잔Rajan과 징게일스Zingales는 이렇게 적고 있다.

"건전한 사업과 관련해서 어떤 기업가나 기업이 자금을 얼마나 손쉽게 조달할 수 있는가 그리고 투자자가 적절한 수익을 얻을 것이라고 얼마나 확신하는가를 포착할 때 올바른 측정이 이루어질 수 있다. 아마도, 잘 발전한 금융 부문은 갖가지 리스크들을 측정하고 그 리스크들을 다시 잘게 나누며 또 이 리스크들을 사람들이 접근할 수 있도록 펼쳐놓고, 이 리스크들이 가장 적합한 곳을 찾아가서 자리를 잡을 수 있게 할 것이다. 그것도 최소의 비용으로. (중략)
완벽한 금융 체계에서는 자본 조달이 곧 가능할지 여부를 결정하는 것은 기본 자산이나 사업적 발상의 질일 것이다. 그리고 자본을 소유하는 사람이 어떤 사람인가 하는 정체성의 문제는 아무런 상관도 없을 것이다. 우리의 초점은 기존에 가지고 있던 관계나 부의 크기와 상관없이 얼마나 쉽게 자본을 조달하느냐 하는 문제에 놓여 있기 때문에, 금융 발전에 대한 우리의 측정은 시장 금융에 닿을 수 있는 팔의 길이를 강조한다."[4]

잘 운용되는 금융 체계 안의 유동성은 기술 변화에 기여를 하며 고수익의 자본 집약적인 장기 프로젝트로 자본이 쉽게 흐르도록 만든다. 잘 운용되는 금융 체계가 없으면 여러 자원들은 시간이나 조건에 불확실성이 거의 존재하지 않는 프로젝트로만 몰릴 것이다. 하지만 고수익 고위험의 장기 프로젝트는 자본 조달에 애를 먹는다. 이런 이유로 많은 경제학자들은, 산업 혁명은 18세기 금융 혁명이 일어날 때까지 기다려야 했다고 주장한다. 자본을 가지고 있다는 것과 자본 시장을 갖추고 있다는 것은 동일한 의미가 아니다. 자본 시장은 투자자와 구별이 되는 기업가가 따로 존재할 때 필요하다.

전문 금융 중개업자는 투자자를 도와서 가장 유망한 프로젝트와 가장 유능한 경영자를 가려냄으로써 저축을 활성화하는데, 이에 따라서 혁신가들은 신제품 개발에 집중할 수 있다. 오늘날 발전된 금융 체계는, 사람들이 새로운 발상에 대한 기회를 포착하고 재능에 돈을 투자할 수 있도록 해주는 온갖 다양한 자본 도구들을 제공한다. 미래의 수익에 대해서 자금을 빌리려는 기업가를 위해서 존재하는 자본 시장에는 정크본드junk bonds(고수익 고위험 부채 도구),[5] 유가증권securities(기업에 대한 지분),[6] 엔젤angels(자기 자본으로 초기 단계 투자를 하는 전문 투자자), 벤처캐피털venture capital(자기 자본과 다른 사람의 자본을 투자하는 투자자. 이들이 가지고 있는 고리스크 고수익 포트폴리오는 일반적으로 기관투자가인 다른 사람들이 가지고 있는 보다 큰 규모의 포트폴리오의 작은 한 부분이다), 기업공개initial public offerings(외부 투자자를 대상으로 하는 첫 기업 주식 공매), 차입 매수leveraged buyouts(기존의 자산이나 현금 흐름을 담보로 어떤 기업의 경영권 일부 혹은 전체를 사는 것)[7] 등이 있다. 선진국은 금융 체계 내 자본 도구들의 광범위한 분산화 덕분에 리스크는 각각의 리스크를 가장 잘 수행할 수 있으며 또 기꺼이 그렇게 하겠다는 사람들과 가장 적절하게 연결이 된다. 따라서 기업들은 자기들의 시장 구조에 가장 적합한 자본을 선택할 수 있다. 금융 시장은 리스크를 재분배하는 것 이상의 기능을 한다. 이 시장은 기업가가 투자에 대한 정보를 얻을 수 있는 피드백 구조를 갖추고 있다. 기업가는 자기 목적을 달성하는 데 필요한 모든 자금을 가지고 있다 하더라도 정보 가치를, 자본 시장을 찾으려 할 것이다.[8]

폭이 깊고 또 유동적인 금융 체계라면 자금의 선택과 관리를 보다 편리하게 하기 위해서 온전한 정보 체계를 가지고 있어야 한다. 금융 발전과 경제의 관계는 대뇌 발전과 신체의 관계나 마찬가지다. 금융이나 대뇌 모두 가장 중요한 정보의 생산자이자 처리자이며 배포자이고 또 소비자이다. 이 정보의 질이 금융 체계가 자원들을 얼마나 효율적으로 배분할 수 있을지 좌우한다. 금융 시장은 본질적으로 정보 시장이다.

기업이 거둔 성과와 관련된 정확하고 시의적절한 정보는 시장의 유동성을 강화한다. 어떤 기업이 빌려다 쓴 자금에 관해서 지급해야 하는 요금 즉 자본 비용은 위험성에 관한 정보의 가용성과 질에 따라서 결정된다. 시장 참가자들은 기업이 기업 활동에 대해서 공표를 하고 운용 결과를 발표하며 또 기업 활동을 통해서 발생한 이익을 주주들에게 공평하게 분배하길 원한다. 또한 기업 자산 관리에 건전한 판단이 이루어진다는 사실을 알기 원하며, 이 자산들이 사회적으로 용인되는 방식으로 운용되기를(예컨대, 환경 문제나 노동 문제와 관련해서 설정된 기준을 초과하는 행위로 사회적인 비난을 받지 않기를) 원한다. 투자 확신은 믿을 만한 성과 보고서에 좌우된다. 계속해서 새로운 내용으로 수정되는 정보를 얻을 수 없으면, 자본 비용이 증가함에 따라서 제품과 서비스 시장이 위축된다. 시의적절하고도 믿을 만한 정보는 자본 시장을 살아 움직이게 하는 혈액이다.

민간 공개를 통해서 얻을 수 있는 정보의 질은 시장의 깊이를 깊게 하고 유동성을 높여주며 모든 국민에게 이득을 준다. 조셉 스티글리츠 Joseph Stiglitz는, 정부는 공개법을 통해 소비자를 보호하는 기능을 다해야 한다고 주장한다. "공개법 같은 보호 장치가 없으면 자본 시장은 효과적으로 작동하지 않을 것이다. 만일 투자자들이 주식 시장이 공정하지 않다고 믿는다면 주식 시장에 자기 돈을 투자하는 걸 꺼릴 것이다. 그러면 시장은 위축되고 기업은 자금을 조달하는 데 애를 먹는다. 그리고 정직한 기업은 불량배의 잠재적인 가능성으로 상처를 받는다."[9] 투자자를 보호하는 정부는 자본 시장이 더 잘 기능하게 만들고 시장이 고사하지 않도록 만든다고 스티글리츠는 주장했다. 또 각 개인과 시장은 둘 다 정부의 신중한 규제를 통해 이득을 본다고 강조했다. 하지만 그는 개발도상국의 각 지도자들이 금융 체계의 기능을 정부의 기능으로 대체했던 1950년대의 개발 여론 수준으로 돌아가자는 제안을 한 것은 아니었다.

궁극적으로 어떤 한 금융 시장 안에서 수집되고 배포되는 정보는 공익의 두 가지 특성을 충족한다. 하나는, 어떤 한 경제 주체가 정보를 소비 혹은 활용한다고 해서 이로 인해 다른 경제 주체가 이 정보를 소비 혹은 활용하는 데 문제가 생기지 않아야 한다는 특성이다.(즉, 정보는 경쟁적이지 않다) 또 하나는, 어떤 정보가 일단 만들어지고 나면 이 정보를 활용하고 즐기는 일을 누구나 할 수 있어야 한다는 특성이다.(즉, 정보는 사용자를 배제하지 않는다.) 기업의 경영과 책임성에 관한 개선은 외부 감시 및 관리를 통해서 이루어진다. 그러나 외부 감시 및 관리를 제공하는 측에서는 이런 이득을 누리지 못한다.[10] 이것이 딜레마다. 만일 경제 활동 주체들이 사회적으로 적절한 기여를 하겠다고 한다면, 경제 발전은 이 딜레마에 만족할 만한 해법을 필요로 한다.

  자본이 전 세계로 점점 더 자유롭게 이동하게 되면서 이런 공익의 딜레마는 세계적인 차원으로 확대된다. 오늘날에는 어떤 개발도상국의 금융 위기가 아무리 크다고 해도 전 세계의 자원들은 이에 효율적으로 대응한다. 1990년대에 IMF는 한국과 멕시코에 긴급 자금 지원을 했다. 이것이 비록 '대규모 긴급 구조 자금'이라고는 해도 두 나라는 각각 자국 GDP의 5퍼센트 미만에 해당하는 자금을 지원받았는데, 이 정도의 자금 규모는 전 세계 GDP 총합의 2만분의 1도 되지 않는 금액이었다.

  리스크 보험이 전 세계적인 규모로 확대될 때 총자원은 보다 효율적으로 배분될 것이다. 하지만 규준에서 벗어난, 지나치게 신중한 국내 기준은 전 세계적인 차원의 보호 장치 발전을 가로막는다. 국가마다 다르게 설정된 이런 기준의 차이를 놓고 때로는, 최상의 행위에 대한 지식이나 정보의 차이에서 비롯된 것이라는 식으로 설명을 하기도 한다. 그러나 수많은 국제기구들이 온갖 노력을 기울여서 도움을 필요로 하는 국가들에 가장 현대적인 즉 현재 시점에서 최상의 수준으로 업데이트가 된 내용으로 지원을 한다는 사실을 고려한다면, 단순히 무지만으로 그런 기준의 차이를 설명하기는 어렵다. 성과에서의 이런 차이를 극복하기 위해서는 국제적인 금융 네트워크를 통한 적절한 지식과 정보에 얼마든지 접근을 할 수 있으며, 그리고 또한 여기에 드는 정부의 직접적인 비용이 거의 없기도 하다.

금융 부문과 경제 개발

외부에서 자금을 조달할 수 있다면 기업을 소유하는 사람으로서는 이 자금을 조달하기 위해 투명한 경영 구조를 만들어내려는 동기를 가질 수 있다. 이런 과정을 통해 자본 시장은 건전한 기업 구조를 조장하게 된다. 예를 들어 기업에 자기가 가지고 있는 돈을 투자하려는 사람들이 있다고 치자. 이 경우에 기업의 소유주는 이들에게 투자를 받기 위해 경영과 소유를 분리할 수 있다. 외부 자금 조달에 실패한 기업은, 좋은 기업이라는 기준을 충족함으로써 보다 많은 자금을 조달하는 경쟁 기업에 뒤질 것이다. 효율적인 자본 시장의 세계에서 불투명한 기업 구조를 고집하는 기업은 경쟁에 뒤처지고 제대로 성장하지 못할 것이다.

하지만 개발도상국에서는 까다로운 문제들이 발생한다. 개발도상국의 기업은 잘 발달된 금융 체계의 이점을 누릴 수 없으므로 기업의 성과를 곧이곧대로 공개하지 않는 게 오히려 더 유리하게 작용하기 때문이다. 이런 불투명한 공개는 기업의 소유와 자본 구조에 대한 정확한 정보를 얻기 어렵게 만든다. 더 나아가 소유에 대한 정확한 개념, 여러 부문들 사이의 경계선 그리고 기업 조직 방법론의 투명성 등은 흔히 실종되고 없다. 회계 내용은 한 기업의 실질적인 금융 상태를 정확하게 드러내지 않을 수도 있다. 세전 수익, 고정 자산, 운용 자산 등에 대한 금융 자료를 제공하는 경우가 드물며 따라서 자본수익률을 정확하게 평가하기도 어렵다. 이중장부 관행은 비록 시장이 강력하게 발전하는 데 암적인 존재이긴 하지만 불확실성이 만연한 조건 아래에서는 오히려 실질적으로 유리하게 작용을 한다.

  기업은 정부의 기회주의나 적절하지 못한 기업 관련 법률이 두려워 금융 자료, 종업원의 수, 자산 등을 낮게 보고하거나 엉터리로 보고할 수 있다. 불투명한 세금 체계도 이런 현상을 부채질한다. 비록 기업 활동에 필요한 시장 정보의 부재로 기업은 자기들이 가지고 있는 시장 잠재력을 실현하지 못하긴 하지만, 이 기업들은 투명성 기준에 집착하지 않고 규제와 정책의 불확실성에 영리하게 반응한다. 물론 이런 행위에는 잠재적인 투자를 북돋울 신용을 희생하는 비용이 뒤따른다.

  누가 자산을 보유하고 누가 기업을 통제하고 또 경영 판단이 어떻게 이루어지는지 확인하기 어려운 민간 기업은 외부 자금을 조달하기 어렵다. 어떤 기업에 자금을 투자할 사람 입장에서는 미래의 투자 이익을 계산하려면 우선 이 기업의 금융 자산과 관련한 투명한 자료를 접할 수 있어야 하는데, 이런 기회는 주어지지 않는다. 그렇기 때문에 투자자로서는 투자를 망설일 수밖에 없다. 이 때문에 기업가 혹은 기업이 부담해야 할 자본 비용은 더욱 커진다. 적절한 운영 자금을 확보하지 못한 기업은 어려움을 겪고, 그럴수록 기업의 구조는 더욱 불투명해질 수밖에 없다. 브라질에서는 소규모 자영업이 매우 성행한다. 얼른 보기에는 기업 활동이 매우 자유롭고 활발하게 이루어지는 것 같지만 실상을 들여다보면 그게 아니다. 소규모 기업이 왕성하게 나타나는 진짜 이유는 사업을 보다 크게 확장할 자본이 부족하기 때문이다. 불확실성을 극복하기 위해 기업가는 지역의 관료들과 검은 관계를 맺어서 규제를 비공식적인 은밀한 방법으로 피하려고 한다. 하지만 민간 기업이 보다 큰 규모로 성장하지 못하는 현상은 정부에 대한 기업의 의존성을 강화하며 비효율성만 더욱 키울 뿐이다.

  좋은 기업이라는 국내 기준이 국제 기준으로 접근하기 위해서는 정치적인 지도력이 필요하다. 기업이 자산을 정확하게 밝히도록 동기를 부여하는 지도자는 자본 비용을 낮춤으로써 시장의 규모를 키울 것이다. 지도자가 기업의 투명한 공개를 장려하고 여기에 대한 유인책을 마련할 때, 지도자는 전체 국민을 위한 경제적 가치를 창조하는 것이다. 시장 정보의 규모를 키우고 여기에 대한 접근을 보다 쉽게 하는 것이 지도자가 제공할 수 있는 유일하고도 가장 큰 경제적 공익이 아닐까 싶다. 지도자, 한 경제 체제 안에서 희소성에 대한 효율적인 안내자가 가격을 확실하게 보장함으로써 이런 공익을 실현할 수 있다. 가격이 정보의 효율성을 잃고 시장 희소성이 아닌 정치적인 요소를 반영할 때 발생하는 효과는 경제 개발의 발목을 잡고 뒷걸음질 치게 만든다.

좋은 통치의 사회적인 혜택에도 불구하고 세계에서 가장 낙후된 많은 국가의 지도자들은 가격이 담고 있는 정보의 내용을 드높이려는 행동을 취하지 않는다. 이들은 이면 거래, 불법 보조금, 불법 인허가 등을 제공함으로써 시장 가격을 왜곡하고 그 결과 기업 활동을 하는 데 드는 비용이 모든 참가자들에게 동일하게 적용되지 못하는 환경을 조성한다. 일단 이런 현상이 일어나면 개인 투자자들은 어떤 기업에 투자를 하겠다는 결정을 하기 전에 기업의 사업 계획을 검토하는 따위의 노력을 들일 필요가 없다. 이들은 오로지 해당 기업의 소유주나 이사진이 국가의 지도자나 정부 인사들과 얼마나 친밀한 관계인지만 캐묻고 따진다. 사업을 하는 데 최고 권력층과의 연줄이 필수적인 요소가 되고 나면, 비록 이런 국가 지도자의 장기 집권이 국가 경제에는 독약처럼 해로움에도 불구하고 이 지도자의 장기 집권은 기업의 지속적인 성장과 동일시된다. 많은 경우에 독재의 정도가 심한 국가에서 기업은 독재자 개인의 신상에 너무도 많은 것을 의존하기 때문에 이 독재자의 신변이 조금이라도 불안해지면 그의 후광으로 승승장구하던 기업도 한순간에 무너진다. 예를 들어 필리핀의 성장률은 페르디난드 마르코스Ferdinand Marcos 대통령의 건강이 나빠졌다는 소문이 돌기 시작하자 붕괴했다. 많은 기업들이 이 독재자와 맺은 깊고 은밀한 공모 관계를 통해 번성을 누리고 있었기 때문이다. 사실 강력한 지도력에 대한 의존성은 독립적인 거래 행위의 부재 현상을 결코 대체하지도 보상하지도 못한다.

그렇다면 금융 구조가 문제일까?

레오 톨스토이Leo Tolstoy는 행복한 여러 가족을 비교해 보면 그 차이가 확연히 드러나지 않지만, 불행한 여러 가족을 비교해 보면 왜 불행한지에 대한 이유가 제각각이라고 말했다. 톨스토이가 언급한 행복한 가족들과 마찬가지로 영국이나 미국, 일본, 독일 등과 같은 선진국의 금융 체계는 동일한 원칙에 입각해서 돌아간다. 하지만 본질적인 기능들은 각각의 기구 혹은 기관마다 다를 것이다. 예를 들어서 영국과 독일의 은행은 유가증권, 보험, 부동산을 팔고 비금융 기업을 소유하며 또 비금융 기업은 은행을 소유한다. 이에 반해 미국과 일본에서는 은행이 이런 업무를 하지 못하도록 법으로 정하고 있다. 잘 규정이 되어 있는 금융 체계들 사이의 차이점들 역시 국민총생산GNP과 비교했을 시 금융 체계의 상대적인 규모에서, 상업 은행 자산의 상대적인 중요성에서 그리고 지분 시장 자본화와 비교했을 때의 상대적인 상업 은행 자산 규모에서 존재한다. 비록 한 국가의 은행이 다른 국가의 은행과 동일하지는 않겠지만, 선진국의 금융 체계에서는 잘 규정된 기구들이 있어서 이런 서비스들을 제공한다. 금융 부문이 겉으로 어떤 형태인가 하는 문제와 상관없이, 규제와 감독을 담당하는 기간 구조는 얼마든지 효율적일 수 있다. 그런데 비효율적인 금융 체계들에서는 기업이 제대로 된 성과를 내지 못하는 이유가 모두 제각각이다. 개인적, 사회적, 정치적 리스크 사이에 존재하는 관계들이 모두 다 다르기 때문이다. 전 세계의 투자 환경을 조사한 세계은행 보고서는 이렇게 적고 있다.

"전 세계의 국가와 지역을 대상으로 조사한 결과 온갖 다양한 유형의 제약들이 특성도 강도도 다르게 존재한다는 사실을 확인했다. 이런 사실은 특정한 제약의 가혹함과 관련해서 어떤 일반화를 하는 게 아무런 의미가 없다는 것이다. 이것이 의미하는 것은 이들을 하나의 총체적인 집단으로 묶을 수 있긴 해도 국가마다 따로 떼어 개별적으로 접근하는 게 중요하다는 사실이다. 예를 들어, 규제 사항들은 모든 경우마다 표현이 다르고 또 구성 요소들이 다르며, 이 규제 사항들의 엄격한 정도와 이것들이 미치는 영향 역시 국가마다 다르다. 심지어 총체적인 제한 내용을 통틀어 평균해 볼 때 비슷한 국가들 사이에서도 이런 차이는 엄연히 존재한다."[11]

실패의 원인이 다양할 수밖에 없는 하나의 이유는 금융 개발이 초기 조건들에 극단적으로 민감하며, 기상 관측 모델이 그런 것처럼 초기의 작은 차이가 나중에 엄청나게 큰 차이를 만든다는 사실이다. 초기 단계에서 이런 차이를 포착하기 위해 컴퓨터 자료의 부족분을 어떻게 보충하느냐 하는 문제는 경제 개발과 관련한 경제학적 분석의 기본적인 수수께끼이다. 언젠가 나중에 가서는 슈퍼컴퓨터의 도움으로, 불확실성을 보상하고 또 독립에 이르는 복잡한 경로를 그릴 수 있는 컴퓨터 프로그램 모델들이 나타날 것이다.[12] 그러나 이런 모델들이 나타나기 전까지는 우리의 인식 능력 안에 존재하는 이 차이를 말로써 메워야 한다.

한때 정책 입안자들은 금융 체계를 실물 경제의 부속물로 바라보았다. 실물 경제에 독립적인 영향력을 행사하지 않으며 다만 실질 부문으로 이어지는 창구 역할만 하는 장치로 보았던 것이다. 앞에서도 말했듯이 이런 견해는 국가 지도자로 하여금 금융 체계 대신 정부의 역할을 강화하는 방향으로 나아가게 했다. 그러다가 1980년대 초 이후로 정책 입안자들 사이에 정부를 단지 금융 시장 발전을 용이하게 해주는 기능만 하는 것으로 파악하는 쪽으로 강조점이 이동했다. 이런 새로운 견해는 정책 입안자들로 하여금 효율적인 금융 부문을 구축하기 위한 실질적인 조치들을 취하게 만들었다.[13] 이런 새로운 공감대는 법원을 포함하는 법률적인 구조의 역할, 건전한 회계 및 감사에 바탕을 둔 정보의 흐름 그리고 건전한 감독과 규제를 강조한다.

통치, 구제, 자본 시장의 투명성 등을 위한 인프라에 대한 투자 비용은 그다지 크지도 않다. 각 국가들이 단순히 국제적인 기준을 채용하기만 하면 되기 때문이다. 예를 들어 값싼 컴퓨터는 자본 시장을 운영하는 데 필요했던 값비싼 물리적 인프라를 대체했다. 하지만 수많은 유망 국가의 경제가 신중한 규제와 감독을 할 수 있는 적절한 금융 제도 및 기관을 갖추지 못한 것은 지식이나 자금 부족 때문이 아니다. 그로스먼의 '놀라운 정보의 경제학amazing economy of information'은 효율적인 금융 제도의 결과일 뿐만 아니라 사회 및 정치적 힘의 산물이기도 하다. 더 나아가 다양한 금융 체계들이 각각 보여주는 배부의 효율성에서 나타나는 본질적인 차이는 정치적인 행위의 결과물이다. 그러나 정보가 풍부한 금융 시장은 궁극적으로 기업이 정치권력에 의존하지 않고도 생존할 수 있게 해줄 것이다. 이것이 바로 금융 체계, 기업의 성장이 국민과 독재 정권의 나쁜 정치인 모두에게 유익한 이유이다.

자본의 미래

세계적 차원의 발전이라는 관점에서 볼 때 드러나는 가장 큰 격차 가운데 하나는 전 세계 모든 국가의 금융 능력의 편중 현상이다. 앞에서도 언급했듯이 세계 인구의 5분의 1밖에 되지 않는 고소득 국가들이 전 세계 금융 자산의 90퍼센트 이상을 가지고 있다.[14] 전 세계 인구의 3분의 1 이상을 차지하는 저소득 국가들은 전 세계 금융 자산의 1퍼센트 미만을 가지고 있다. 이런 격차는 전 세계적인 불평등과 불안정에 크게 기여한다.[15] 인구를 모두 합하면 4억 명이나 되는 30개 국가들이 1970년 이후로 장기 무담보 민간 투자를 외국으로부터 받지 못했다.

이 책에서 언급하는 지역의 금융 시장들은 은행이 지배하고 있다. 가격이 수요와 공급의 논리에 따라 결정된다는 믿음이 부족하며 시장이 내부자에 의해 내부자를 위해 운영된다는 믿음이 만연해 있기 때문에 자본 시장에 대한 투자 확신은 제대로 확립되지 않는다. 기업의 금융 상태 공개의 불투명성은 기업 경영이 극소수 대주주들의 이익을 위해 이루어진다는 인식을 강화한다. 신흥시장emerging markets(금융 시장 부문에서 급성장하는 국가 혹은 이 국가의 시장—옮긴이)에서의 투자자 기반은, 보다 폭넓은 고객을 바탕으로 고객을 위해 유가증권을 평가하고 사는 독립적이며 강력한 중개업자들을 떠받칠 만큼 충분할 정도로 넓지 않다. 그 결과, 자유로운 시장이 온갖 규제를 받는 시장보다 더 효율적으로 작동한다는 믿음은 지지를 받지 못하고, 정책 방향은 제도 구축을 강조하는 쪽으로 나아갔다. 많은 정책 입안자들은 사라지고 없는 제도가 수행할 기능을 정부가 대체할 수 있다는 결론을 내리고, 이런 장치를 마련하는 것은 선진국 경제에서 작동하는 것을 단지 흉내만 냄으로써 낮은 비용으로도 충분히 가능하다고 주장한다.[16] 그러나 이런 시도를 한 뒤조차도, 모든 투자자를 보호할 수 있는 적절한 규제에 대한 요구를 지탱하기에 투자자 기반은 여전히 너무 협소하다. 주식 시장에 대한 규제와 회계 상태를 개선하고자 하는 국내 개혁가들은 수탁인, 변호사, 공인회계사 등의 자율적인 거래 집단들과 같은 동맹자들을 거의 찾지 못한다. 효율적인 운용을 뒷받침하는 여러 집단의 연대라는 버팀목 없이는, 자본을 평가하고 모으며 분배하는 규제적인 틀을 아무리 정교하게 조직한다 하더라도 결코 성공하지 못할 것이다.

다음에 이어지는 여러 장(章)들을 통해서는 자본 시장 개혁을 지지하는 연대가 허약할 수밖에 없는 사회·정치적 이유들을 알아보고 여기에 대한 해결책을 제시하고자 한다. 또 개발도상국에서 국내 자본 시장의 장밋빛 미래는 성공을 거둔 선진국의 규제 장치들을 그대로 복제한다고 해서 보장되지 않는다는 사실을 확인할 것이다. 아무리 제도와 기구를 만들어도 독립적인 감시와 감독에 대한 국내의 폭넓은 지지 없이 이런 것들은 아무 소용이 없다.

PART 2

1997년에 일어난 아시아 금융 위기는 금융 부문을 초월해서 다른 여러 부문으로까지 파생 효과를 끼쳤던 매우 드문 역사적 전환점이었다. 금융 위기는 모든 국가 경제 단위에서 흔히 일어나는 일이다. 비록 대부분의 금융 위기는 사람들의 기억에서 빠르게 사라지긴 하지만 프랑스 혁명이나 뉴딜 정책이 채택된 것과 같은 몇몇 위기들은 지속적인 사회·정치적 결과를 초래한다. 아시아에서 일어난 위기가 바로 이런 사건이었다. 이 위기는 역사의 흐름을 빠르게 계속하고 이미 진행 중이던 정치 발전을 강화했

지역별 및 국가별 사례 분석

다. 이 위기는 또한 국가 기구와 사회적 기구 그리고 금융 기구의 상호연관성을 고려할 때 자본과 공모 사이에 경계를 규정하는 것이 어렵다는 사실을 예시한다. 이 위기의 결과, 위기가 초래한 타격을 맞은 정권은 말레이시아의 경우만 빼고 모두 붕괴했다. 어떤 나라는 선거를 통해 평화적인 정권 교체가 이루어진다. 태국과 한국이 그랬다. 이에 비해 어떤 나라에서는 혼란의 긴 터널을 지나야 했다. 인도네시아에서는 5년 동안 네 명의 국가 지도자가 새로 나타났고, 필리핀에서는 국민이 봉기를 일으켜 부패한 대통령을 재임 중에 하야시켰다. 필리핀은 예외이긴 하지만 새로 들어선 정부는 이전의 정부에 비해 민주적이었다. 민주주의의 과오는, 민주적인 제도와 실천이 아직 맹아 상태에 있으며 원대한 개혁을 추진하고 유지할 수 있는 역량이 아주 미약한 국가를 뒤덮었다. 그런데 유독 금융 위기의 충격이 다른 국가에 비해 가장 약했던 필리핀의 민주주의의 발전 단계는 위기를 겪고 난 뒤에도 여전히 위기 이전 수준에 머물렀다. 또 동아시아의 중력 중심이 일본에서 중국으로 이동하는 지정학적 결과를 초래했다. 중국은 위기를 겪는 다른 국가들과 경쟁적으로 통화의 평가 절하를 하지 않음으로써 다른 국가들로부터 신뢰를 얻은 반면, 일본은 위기를 맞은 국가에서 은행을 철수함으로써 재난을 당한 이웃을 조금도 돕지 않았다. 가장 부유한 국가이면서도 위기를 맞은 이웃에 투자를 해주지 않았던 일본에 섭섭함을 느꼈던 국가들은 이제 확장하는 중국의 경제를 바라보며 희망과 기회를 찾는다.(참조, 도표 5-1) 패권을 위해 실두력 없는 의문투성이의 노력을 기울인 10년 세월이 흐른 뒤, 일본은 이 지역 국가들이 안고 있는 계약불이행 외채 20억 달러 가운데 12억 달러를 안고 있다. 마지막으로 이 위기는 어떤 장에서 다룰 경제적인 조직화의 차이점들을 부각시키면서 지역과 서구 사이에 거대한 틈을 만들었다. 1997년의 경제 위기는 처음에 보다 민주적이고 합리적인 통치를 지지하는 집단들에게 힘을 실어 주었다. 하지만 경제 위기 이후의 시기는 초기의 이런 경향을 뒤바꾸는 것 같았다. 특히 태국에서는 더욱 그랬다. 금권이 정치에 미치는 영향이 더욱 커지면서 민주주의적 질서를 공고하게 하려는 노력을 훼손시켰다. 기업과 정치인 사이의 공생 관계는 1997년 이후로 구축된 당연히 필요한 수많은 절차적 개혁들이 후퇴하게 만들었다. 보다 확대된 민주주의를 약속했던 선거 공약도 모두 빈말이 되고 말았다. 후보자와 유권자의 매수, 정부 관리의 부패, 그리고 사기 행위 등은 선거의 뚜렷한 특성이다.

동아시아에서의 사회적 생산성 격차 줄이기

$ 1997년에 일어난 아시아 금융 위기는 금융 부문을 초월해서 다른 여러 부문으로까지 파생 효과를 끼쳤던 매우 드문 역사적 전환점이었다. 금융 위기는 모든 국가 경제 단위에서 흔히 일어나는 일이다. 비록 대부분의 금융 위기는 사람들의 기억에서 빠르게 사라지긴 하지만[1] 프랑스 혁명이나 뉴딜 정책을 재촉했던 것과 같은 몇몇 위기들은 지속적인 사회·정치적 결과를 초래한다. 아시아에서 일어난 위기가 바로 이런 사건이었다. 이 위기는 역사의 흐름을 빠르게 재촉하고 이미 진행 중이던 정치 발전을 강화했다. 또한 국가 기구와 사회적 기구 그리고 금융 기구의 상호연관성을 고려할 때 자본과 공모 사이에 경계를 규정하는 것이 어렵다는 사실을 드러냈다.

이 위기의 결과, 위기가 초래한 타격을 받은 정권은 말레이시아의 경우만 빼고 모두 붕괴했다.[2] 어떤 나라는 선거를 통해 평화적인 정권 교체가 이루어졌다. 태국과 한국이 그랬다. 이에 비해 어떤 나라에서는 혼란의 긴 터널을 지나야 했다.(인도네시아에서는 5년 동안 네 명의 국가 지도자가 새로 나타났고, 필리핀에서는 국민이 봉기를 일으켜 부패한 대통령을 재임 중에 하야시켰다.) 필리핀은 예외이긴 하지만 각 나라들의 새로 들어선 정부는 이전의 정부에 비해 민주적이었다. 민주주의의 파도는, 민주적인 제도와 실천이 아직 맹아 상태에 있으며 원대한 개혁을 촉진하고 유지할 수 있는 역량이 아주 미약한 국가를 뒤덮었다. 그런데 유독 금융 위기의 충격이 다른 국가에 비해 가장 약했던 필리핀의 민주주의의 발전 단계는 위기를 겪고 난 뒤에도 여전히 위기 이전 수준에 머물렀다. 또 동아시아의 중력 중심이 일본에서 중국으로 이동하는 지정학적 결과를 초래했다. 중국은 위기를 겪는 다른 국가들과 경쟁적으로 통화의 평가 절하를 하지 않음으로써 다른 국가들로부터 신뢰를 얻은 반면, 일본은 위기를 맞은 국가에서 은행을 철수함으로써 재난을 당한 이웃을 조금도 돕지 않았다. 가장 부유한 국가이면서도 위기를 맞은 이웃에 투자를 해주지 않았던 일본에 설움을 느꼈던 국가들은 이제 확장하는 중국의 경제를 바라보며 희망과 기회를 찾는다.(참조, 〈도표 5-1〉) 재건을 위해 설득력 없는 의문투성이의 노력을 기울인 10년 세월이 흐른 뒤, 일본은 이 지역 국가들이 안고 있는 계약불이행 외채 20억 달러 가운데 12억 달러를 안고 있다.[3] 마지막으로 이 위기는 이번 장에서 다룰 경제적인 조직화의 차이점들을 부각시키면서 지역과 서구 사이에 거대한 틈을 만들었다.

1997년의 경제 위기는 처음에 보다 민주적이고 합리적인 통치를 지지하는 집단들에게 힘을 실어주었다. 하지만 경제 위기 이후의 선거는 초기의 이런 경향을 뒤바꾸는 것 같았다. 특히 태국에서는 더욱 그랬다. 금전이 정치에 미치는 영향이 더욱 커지면서 민주주의적 질서를 공고하게 하려는 노력을 훼손시켰다. 기업과 정치인 사이의 공생 관계는 1997년 이후로 구축된 당연히 필요한 수많은 절차적 개혁들을 후퇴하게 만들었다. 보다 확대된 민주주의를 약속했던 선거 공약도 모두 빈말이 되고 말았다. 후보자와 유권자의 매수, 정부 관리의 부패, 그리고 사기 행위 등은 선거의 뚜렷한 특성이 되었다. 비록 행정 개

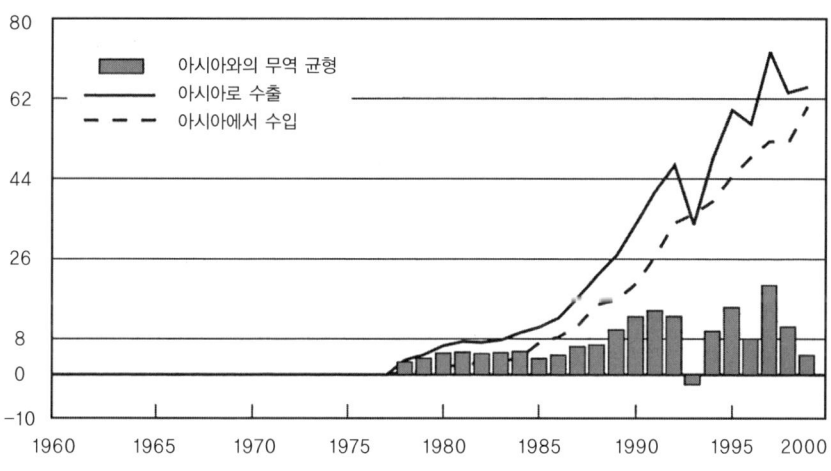

〈도표 5-1〉 중국의 대 동아시아 무역 성장 추이

자료 출처 : WEFA, IMF

혁이 중앙 정부와 지방 정부의 자율성을 높이긴 했지만, 지역 차원의 금융적인 관심은 정치 대표자들을 지역 특권층의 요구와 단단히 결합시켰다. 태국에서는 탁신 시나왓Thaksin Shinawatra이 부상했다. 정부의 인허가 관련 사업을 통해 신화적인 성공을 거둔 기업가이던 탁신은 이제 새로운 부패-공생의 상징적인 인물로 떠올랐다. 이런 부패-공생 관계 속에서는 꾸준하고 진중하게 노력을 하는 기술적 전문성보다는 음모와 술수가 좋은 자리를 차지하게 마련이다. 지역의 기업들은 정치권력 주변에 모여 권력과 끈끈한 관계를 맺는 희생을 치르고서 안정성을 획득했다. 경쟁 정치인들은 탁신이 선거에서 압도적인 승리를 거둔 것을, 그보다 4년 전에 채택된 가장 민주적인 헌법에 녹아 있는 정신이 패배를 당하고 짓밟히는 사건이라고 보았다. 이들은 탁신 총리가 세우고 그의 가족이 운영하고 통제하는 태국의 최대 언론 및 통신 회사가 여기에서 나오는 이유으로 탁신의 정치적 파당의 재산을 불리는 데 사용한다고 주장했다. 또 더 나아가 선거 이후 탁신 일가가 가지고 있던 엄청난 재산이 돈과 권력 사이의 친밀한 관계를 더욱 끈끈하게 만들었다고 주장했다. 정부는 탁신 총리 일가와 연결된 기업들에게 유리하도록 정책을 결정하고 이런 정부 결정은 투자자들에게 탁신과 관련된 기업의 주식을 매입하도록 자극하는데, 과연 어떤 국민이 개인적인 이득보다 공익을 우선해서 정치권에 줄을 대지 않은 기업에 투자를 하겠는가. 태국만 그런 게 아니었다. 아시아의 새로운 '연줄 자본주의'에서 관료가 하는 역할 가운데 안내자의 역할은 줄어들었다. 그리고 정책의 연속성과 법 집행의 예측 가능성도 줄어들었다. 국가 주도의 성장이 이루어지던 시기는 끝이 나고 이제 기업의 이해가 국가를 이끄는 시대가 된 것 같았다.

동아시아의 오래된 나쁜 관행

아시아에서 새롭게 부상하는 민주주의적 실천의 특징은 소위 '아시아의 기적'을 일군 독재적인 관습으로까지 거슬러 올라간다. 민주주의 이전 시기 즉 고성장을 이룩하던 수십 년 동안 정책의 일관된 핵심은 함께 성장해서 모두가 다 승리자가 되는 것이었다. 동아시아는 사회 각 계층 간에 존재하던 사회적 생산성의 격차를 줄임으로써 엄청난 도약을 이룩했다. 바로 코앞에 버티고 있는 비자본주의 체제의 적이 두려웠던 동아시아 전역의 지배층은 시골의 가난한 사람이나 노동자 계급의 삶의 수준을 개선하기 위해서(비록 단기적이긴 하지만) 자기들이 누리던 특권과 권위를 일정 부분 포기했다. 국가가 살아남아야 한다는 대의 앞에서, 각기 다른 여러 사회적 계층들이 차이를 넘어 협력해야 할 필요가 있었다. 보다 폭넓은 공동의 이익을 위해서는 희생과 협력의 총괄적인 정책이 필요했던 것이다. 그 결과, 개발도상국에서는 좀처럼 찾아보기 힘든 사회적인 결속이 이루어졌고, 이런 현상은 동아시아의 국민들로 하여금 배우고 혁신하고 또 새로운 사상을 받아들이도록 자극했다. 이런 점이 다른 지역과 어떻게 다른지는 다음에 이어지는 여러 장들을 통해 보다 구체적으로 살펴볼 것이다.

동아시아의 고성장 단계에서 제도의 특징을 한마디로 요약하면 '효율적인 중앙집권화'이다. 즉 정부 그것도 정부의 최고 수반에 가장 효율적인 권위를 부여하는 것이다. 경제 발전에 실패하면 국가 체제가 허물어지고 말 것이라 확신했기 때문에 동아시아의 국가 지도자들은 경제 분야에 대한 전문성을 갖춘 기술 관료들이 경제 정책에 강력한 영향력을 행사할 수 있도록 했다.⁴ 핵심 경제 계획 부처들은 국가 지도자에게 직접 보고를 하는 체계를 갖추었다. 희생해도 좋다고 생각하는 중앙집권적인 공산주의 정부와는 다르게 동아시아의 정부들은 각각의 사회적인 주체들이 전통적인 가족관을 바탕으로 사회의 공업 기술적 잠재성을 현실화시킬 도구가 될 수 있도록 했다. 그 결과, 기존에 존재하던 사회적인 제도들은 대부분의 복지 기능을 담당했고 가족관과 가족 단위의 사업 체계가 경제 및 사회적 응집성의 토대가 되었다. 한국의 강력한 지도자 박정희는 '조국 근대화'라는 구호 속에서 이런 동반자 의식의 핵심을 포착했다. 중국처럼 혁명적인 사회 변혁은 일어나지 않았다. 새로운 체계는 없었다. 기존 질서를 무너뜨리는 일도 없었다. 기존의 구조와 방식을 건강하게 새로 탈바꿈하는 것만 있었다.

동아시아의 지도자들은 중국의 문화혁명에서 그랬던 것처럼 유교적인 전통을 뿌리째 뽑으려 들지 않았다. 대신 근대화의 부드러운 경로를 선택했다. 유교 전통은 처음에 관료주의적인 권위 그리고 기업 활동에 대한 천시 때문에 자본주의의 장애물이라고 여겨졌지만, 충성스러운 관료를 협력적인 기업 부문과 매끄럽게 연결하는 정신적 기반으로 기능하게끔 근대화되었다. 그리고 기존의 엘리트 계층은 사회에서 기술적인 미개척지로 남아 있던 분야를 개척하는 데 핵심적인 역할을 했다.

불확실성을 이용해서 지배와 착취의 정권을 만들었던 독재자들과 다르게 동아시아의 지도자들은 협박을 하기보다는 효율적인 약속을 하는 데 자기가 가지고 있는 협상력을 이용했다. 이들은 자기가 내세우는 정책의 신뢰성을 높이기 위해서 자기가 가지고 있는 유연성을 최소화했다.[5] 장개석(1950~1975), 박정희(1961~1979), 리콴유(1959~1990) 그리고 한참 나중에 등장한 마하티르 모하마드Mahathir bin Mohamad(1981~2004) 등과 같은 동아시아의 지도자들은 역량이 있는 인재를 관료로 등용하기 위해 인재의 등용과 해임을 자기 임의로 하는 경향을 최소한으로 줄임으로써 함께 성장하고 또 성장의 열매를 함께 나누자는 자기주장의 신뢰성을 높였다. 관료들은 민간 부문과 비교를 해도 손색이 없을 정도로 좋은 대우를 받았다.[6] 이런 상황들은 부패의 동기를 축소시켰고, 공무원들로 하여금 업무 처리를 공정하게 하도록 만들었다. 한국에서는 수출경진 대회가 정부 주도로 진행되었다. 신용장을 많이 받고 수출을 많이 하는 기업에 우선적으로 투자 자본을 배분하기 위해서였다. 이 경쟁에서 관료가 심판을 제대로 보려면 무엇보다도 공정해야 했다.[7]

지도자들이 스스로 유연성을 축소한 또 하나의 방법은, 기업 친화적인 금융정책에 대한 협력을 개선하기 위해 기업과 정부 간의 효율적인 접촉 창구를 활용하는 것이었다. 기업 위원회는 이면에서 음성적으로 이루어지는 거래를 억제하고, 국가에 영향력을 행사하고자 하는 기업들을 위해 공개된 창구가 있음을 확인시켰다. 기업계 전반의 이해를 대변하는 제도와 기구들은 이런 기업위원회의 유산이다. 하지만 정부와 기업의 강한 유착과 공모는 소위 '연줄'을 쉽게 강화한다.[8] 국가가 경제 성장에 상당한 기여를 할 수 있다는 주장은 오랫동안 계속되어 왔다. 정부의 재량권을 제한하기 위해 동아시아 지도자들이 했던 결단은 국가가 경제 성장과 사회의 구조적인 변화를 얼마나 잘 자극할 수 있는지 보여준다.

동아시아에서는 기업계에 정부가 지원하는 신용 구조가 작용을 했지만, 이것은 일반 노동자와 시민이 직업과 주택, 의료 보험, 교육 등에 보다 쉽게 접근할 수 있음으로써 상쇄되었다. 하지만 불행하게도, 수십 년 동안 정치적인 배려와 신용 보증 등으로 보호를 받아온 많은 기업들은 온실 속의 화초처럼 허약하고 경쟁력이 없었다. 이런 기업들을 계속해서 지원하기에는 사회적인 비용이 너무 컸다. 그렇다고 해서 특혜를 누리고 있는 이 기업들의 형편이 나빠지는 것을 그냥 두고만 보기도 어려웠다. 투매된 자산이 외국 자본에 인수되도록 노출함으로써 금융의 원칙을 바로 세우려는 국제적인 노력은 국제기구에 대한 국내외적인 강한 반발을 불러일으켰다. 이 반발은 지역 차원의 협력과 통합을 보다 튼튼하게 할 방법을 모색하는 움직임으로 이어졌다.

아시아의 제도적인 여러 허약함의 뿌리는 장점의 뿌리이기도 하다. 정부는 경제에 시동을 걸기 위해 법률적인 측면을 포함한 사법적인 체계를 발전시키기보다는 관료제도와 집행 능력을 향상시키는 데 초점을 맞추었다. 정치인, 관료 혹은 대기업 등과 같은 핵심적인 주체들은 국가 발전 목표와 모순 관계를 형성할 수도 있는 권위에는 시간과 에너지를 들이지 않았다. 외국의 거래 상대자나 투자자는 독립적인 사법 체계가 없다는 사실을 아쉬워하지 않았다. 왜냐하면 기업 관계에 정통한 정부 고위 관리들에게 필요한 인허가를 받고 또 분쟁이 있을 경우 이들이 개입해서 조속하게 해결해주기 때문이었다. 보통 외국 대사관에서 정부의 해당 부처로 전화 한 통을 걸면 모든 문제는 다 해결되었다. 이런 방식들은 국가 지도자가 오로지 자기만 국가를 이끌어나갈 지도력을 가지고 있으며 다른 대안은 있을 수 없다고 합리화하기 위해 경제적인 성공에 목을 매는 한 늘 유효했다. 다른 대안이란 바로 공산당이었다. 사회 전체를 사회주의 체제로 뒤집겠다는 야망을 가진 공산당은 경제 개발 정책이 실패하면 언제든 자기 목을 칠 수 있다고 동아시아의 지도자들은 믿었다. 중국이 시장 경제를 받아들이기 시작하면서 공산주의 혁명 혹은 소요에 대한 두려움은 약해졌다. 중국의 이런 변화와 나란히, 동아시아에서 기존의 기득권 집단에 맞서던 정치 집단은 혁명이 아닌 선거를 통해 투쟁하는 방식을 택하는 쪽으로 변해갔다.

1960년대에 시작되었던 독재자의 시대는 끝났다. 필리핀에서 1985년 맨 처음 이런 일이 일어났고 한국과 대만이 뒤를 이었다. 거래 사항을 강제적으로 이행하도록 명령하는 독재자의 관료적인 방법론들이 제대로 힘을 쓰지 못하고 또 입법부가 경쟁자인 행정부의 우두머리가 힘을 강화하는 것에 저항을 하게 되자, 국내외의 많은 기업들은 경제 활동을 하기가 더 어려워졌다고 말했다. 입법부의 국회의원들이 비효율적인 관료 체제를 선호하는 것은 보편적인 특성이다. 이럴 때 자기 지지층의 이해를 대변해서 어떤 사건이나 사업에 개입할 기회가 그만큼 더 많아지기 때문이다.

미성숙한 금융 체계

미성숙한 금융 시장은 1970년대의 국가 주도형 고도성장 전략이 낳은 또 하나의 결과물이다. 상승기에 동북아시아에서 우편 예금 체계의 발전을 통해 많은 비전통적인 방식의 예금(전통적인 예금 방식은 예금이나 적금을 말한다―옮긴이)을 원하는 소규모 예금자들은 공식적인 은행 체계에 접근할 수 있었다. 특히 태국에서는 농협 예금이 발전했다. 그럼에도 불구하고 예금자들이 선택할 수 있는 예금 체계는 한정되어 있었다. 정부가 신용 할당credit allocation(금리가 자금의 수요와 공급을 일치시키는 균형 수준보다 낮게 결정되어 자금의 공급이 수요에 미치지 못하는 경우 금융 기관 또한 정책 당국이 마치 식량을 배급하듯 자금 수요자들에게 한정된 자금을 나누어주는 것―옮긴이)을 지배하고 있었기 때문이다. 금융 서비스, 주식 지분 그리고 채권 등에 허약한 시장[9]은 기업 활동에 대한 외부의 감독 기능을 약화시킨다.[10]

은행은 새로운 산업으로 자금을 유입시키는 기본적인 통로였다. 튼튼한 은행은 성장의 초기 단계에서 많은 이점을 가진다.[11] 이들은 기업이 정보를 공개하고 부채를 갚을 수 있도록 유도하는 잠재력을 가지고 있다. 단계별 지원(자본의 무분별한 투자를 막기 위해 벤처의 성장 단계별로 성공의 정도에 따라 자금을 지원하는 방식─옮긴이)을 필요로 하는 기업들은 흔히 사업의 전개 추이에 따라 추가로 필요한 자금을 조달하기 위해 흔히 은행에 의지한다. 발전의 초기 단계에서는 시장에 기반을 둔 자원(주식이나 채권 등)으로는 장기적인 자금 조달이 상대적으로 어렵다. 벤처캐피털이나 투자 은행과 같은 금융 중개업자는 보통 기업가와 예금자 사이이 빈 부분을 채우려고 존재하지 않는다. 그러므로 정교하게 짜인 금융 기구와 제도가 존재하지 않는 한 벤처 자금 조달은 발판을 마련할 수가 없다.

은행에 의지하는 것은 경기 하락과 연관성이 있다. 1997년과 1998년의 아시아 금융 위기의 결과는 금융 자산이 소수의 비효율적인 은행에 집중되어 있었기 때문에 충격이 더욱 컸다.[12] 은행은 정보 공개에 저항할 수 있으며 또 고객과 은밀히 결탁해 경쟁을 방해할 수 있다. 이들은 기업에서 정보를 빼내 이것으로 정보 지대(정보를 사용함으로써 발생하는 사용료─옮긴이)를 확보할 수 있고, 또 이에 따라 수익성이 있는 기업에 대해 지불 보증을 하려는 은행의 동기는 그만큼 약화된다. 은행이 아닌 자본 시장을 통해 자금이 조달되었더라면 동아시아 기업들이 금융 위기로 받은 충격은 훨씬 약했을 것이다. 시장 기반 금융 체계는 경쟁을 강화할 수 있고 기업들이 조사를 통해 투자를 하려는 동기들을 창출할 수 있다.[13] 하지만 동아시아에서 나타난 정부의 금융 개입 체계는 자본 시장의 가장 중요한 특성 가운데 하나인 정보의 투명성 부족이라는 현상을 낳았다.

국가 주도형 투자 전략을 지탱한 금융 체계는 금융 발전에 또 하나의 장애물을 안겼다. 정부가 신용 리스크를 떠안을 때 은행은 자기 자산의 포트폴리오

구성에 대해서 걱정을 할 필요가 없고 또 자기가 보유하는 자산에 대해 따로 노력을 들여 평가할 필요가 없다.¹⁴ 기업은 비용과 효율성이라는 잣대가 아닌 규모와 영향력이라는 잣대만으로 얼마든지 신용을 확보할 수 있다.

고도 성장기가 남긴 또 다른 유산인 폐쇄적인 생산 체계는 기업의 결정이 부실하도록 만드는 데 기여했다. 미국에서 사람들은 전화번호부를 뒤져서 자기가 거래할 기업을 선택한다. 하지만 동아시아의 기업들은 연고가 있는 상대만을 선택해서 거래한다. 기업들은 기회주의에 대항하기 위해서 동일한 네트워크(일본에서는 '계열'이라 하고 한국에서는 '재벌'이라 한다)에 속한 기업들을 상대로 물건을 사고판다. 이 기업들은 순환 출자로 얽혀 있는 경우가 많다. 이 책 앞부분에서 폐쇄적인 네트워크는 외부의 착취로부터 스스로를 보호하기 위해 나타났다고 했다. 동아시아의 성장이 다른 지역과 다른 점은 관료의 지도가 이런 폐쇄적인 네트워크를, 경제 성장의 과정으로 이끈 국가 근대화의 대리인으로 만들었다는 사실이다.

정교하고 독립적인 거래가 가능한 사회에서는 계층적으로 정교하게 짜인 기업군의 존재 역시 가능하다. 하지만 시장 경제가 발전함에 따라 이들은 허약한 독립 시장을 보완하기 위해 흔히 어떤 매개체에 의존한다. 일본의 계열과 한국의 재벌 그리고 근대화 초기에 나타났던 유럽의 기업들은 모두 충분히 발전했고 또 독립적인 사법 체계가 없는 환경에서 교환을 조정하는 역할을 수행했던 그런 매개체의 사례들이다. 하나의 네트워크로 묶인 기업군은 미처 성숙하지 못한 시장을 보완하기 위한 자본과 정보에 대한 접근을 가능하게 해준다.¹⁵ 이들은 불완전한 상품 시장에서 발생하는 여러 문제들을 해결하는 데 도움이 될 수 있다. 그리고 기업군이 아무런 관련이 없는 부문으로까지 확장하는 다각화는 자산 구성 다각화에 대한 하나의 대안이 될 수도 있다. 비록 기업군은 충분하지 못한 제도를 보완하지만, 기업과 기업 사이의 경계선 그리고 기업과 국가 사이의 경계선이 불명확하다는 점에서 그 뒤에 계속 이어질 발전을 저해하는 딜레마로 작용한다.

1997년 금융 위기가 터졌을 때 동아시아의 국가들은 당시 동아시아에 자금을 쏟고 있던 서구 국가들이 공유하던 기준과 뚜렷이 구별되는 특성들을 가지고 있었다. 동아시아에서는 독립적 계약보다 관계적 계약, 경쟁보다는 독점이 우세하다. 재료나 부품을 공급하는 기업은 한번 정해지면 잘 바뀌지 않는다. 한번 거래를 하면 이 관계는 그 뒤로도 지속된다. 문제가 발생할 경우 소송보다는 사적인 해결책이 더 효과적이다. 라이센싱Licensing(상표 등록된 재산권을 가지고 있는 개인 또는 단체가 타인에게 대가를 받고 그 재산권을 사용할 수 있도록 법입적 권리를 부여하는 계약―옮긴이)도 일반적이기보다는 특수한 경향을 띤다. 회계는 표준화되어 있지 않고 기업마다 특이하다. 노동의 유연성도 없다. 노동자가 한번 어떤 기업에 들어가면, 이 사람은 그 뒤로도 계속 그 기업에 헌신한다. 사실 동아시아의 환율제도는 불투명하다. 그리고 경제적인 여러 자원에 대한 소유권을 현금화할 수 있는 지표인 유동성도 매우 낮다.

〈표 5-1〉 투명한 시장 체계 대 불투명한 시장 체계

투명한 체계	불투명한 체계
독립적인 거래	관련자 거래
공급자 변경	전용 공급 업체
원료와 부품 조달의 경쟁	원료와 부품 조달의 독과점
사법적 해결	사적인 해결
권리의 현금화 쉬움	권리의 현금화 어려움
계층적인 기업	안주하는 기업(내부 거래)
명확한 기업 경계선	기업군(계열, 재벌)
조건부 계약	일괄 계약
일반적인 라이센싱	특수한 라이센싱
표준화된 회계	기업마다 특이한 회계
노동의 유연성이 높다	노동의 유연성이 낮다

허약한 금융 인프라financial infrastructure로 인해 동아시아에서 금융 관련 판단을 하려면 정보의 질이 낮아 애를 먹는다. 이런 까닭은 이 지역에서 법치보다 행정적인 통치가 우세하기 때문이다. 그 결과 동아시아의 금융 시장은, 독립적인 거래를 할 때에 비해 관련 자산 평가 작업에 소홀할 수밖에 없는 관련자 거래에 의지한다. 기업의 대차대조표를 무시한 채 자금 조달이 이루어지는 일이 빈번하게 일어난다. 부채 비율이 과도하게 큰 대기업이 이 기업보다 규모는 작아도 더 혁신적인 기업을 희생시키면서 살아남는 일도 흔하게 일어난다.[16] 기업에 대한 소유권의 공적 수준이 높아지려면 보다 강력한 사법적인 토대가 필요하다. 투명한 시장 체계와 불투명한 시장 체계 사이의 이런 차이는 〈표 5-1〉로 정리할 수 있다.

표에 나타난 두 특성 유형은 거의 뚜렷하게 대비되며 특성들이 서로 바뀔 수 있는 여지는 거의 없다.[17]

고도성장 공식은 날카로운 서구 비평가들의 표적이 되었다. 동아시아의 경제는 국제 투자 주체들의 구애 대상에서 멸시 대상으로 전락했다. '기적'이 재앙으로 바뀌는 데는 채 10년도 걸리지 않았다. 이런 상황은 많은 아시아 국가들로서는 갑작스럽고 고통스러웠다. 이런 급박한 반전은 서구 사람들이 자기들이 투자한 국가들에 대해 오로지 희미한 수준으로밖에 알지 못했다는 사실을 암시한다. 경쟁자들에게 뒤처질지도 모른다는 두려움에 내몰린 세계적인 기업들은 동아시아에서 수익을 희생해가면서까지 오로지 성장을 위해서 기업을 가동했다. 많은 세계적인 기업들은 다른 경쟁 기업들에 뒤처지지 않으려고 서둘러서 이 지역에 지사를 설립하고 기업들과 제휴하고 또 공장을 세웠다. 금융 부문에서도 마찬가지였다. 이 지역에서 거래를 해본 경험이 별로 없는 기업들이 자산 구성의 많은 부분을 이 지역에 관한 자산으로 채웠는데, 나중에야 밝혀지는 사실이지만 그것은 재앙에 가까운 과잉 투자였다.

세계에서 가장 주목을 받던 선도적 신흥시장이던 동아시아에는 하룻밤 사이

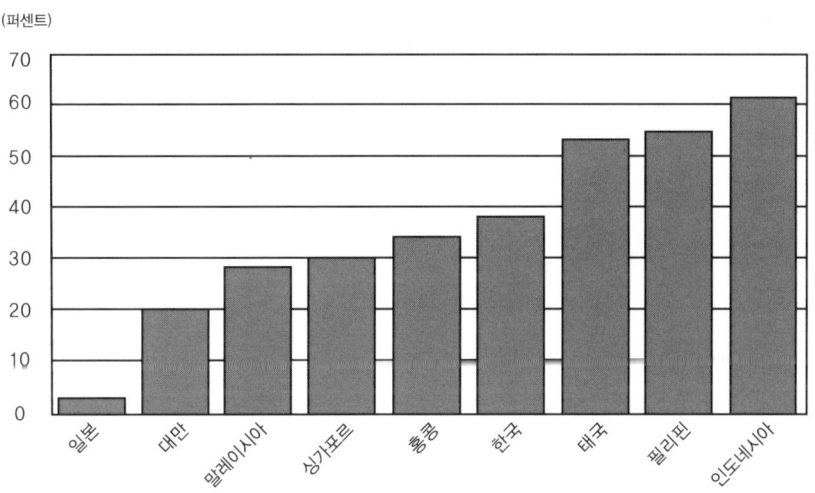

〈도표 5-2〉 소유권 집중의 국가별 비교 - 상위 15개 족벌

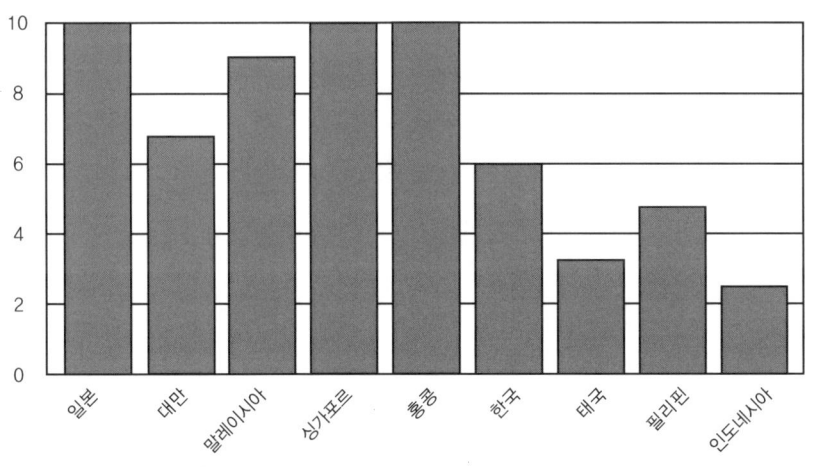

〈도표 5-3〉 사법 체계 효율성의 국가별 비교

05 _ 동아시아에서의 사회적 생산성 격차 줄이기 111

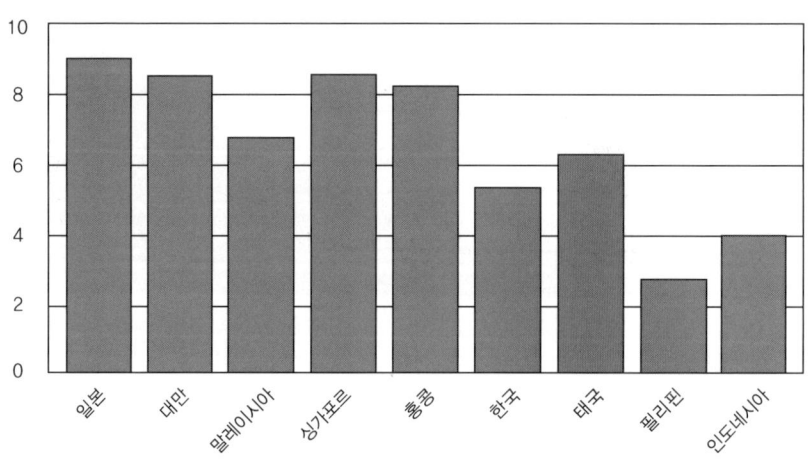

〈도표 5-4〉 법치의 국가별 비교

(1은 최악, 10은 최상)

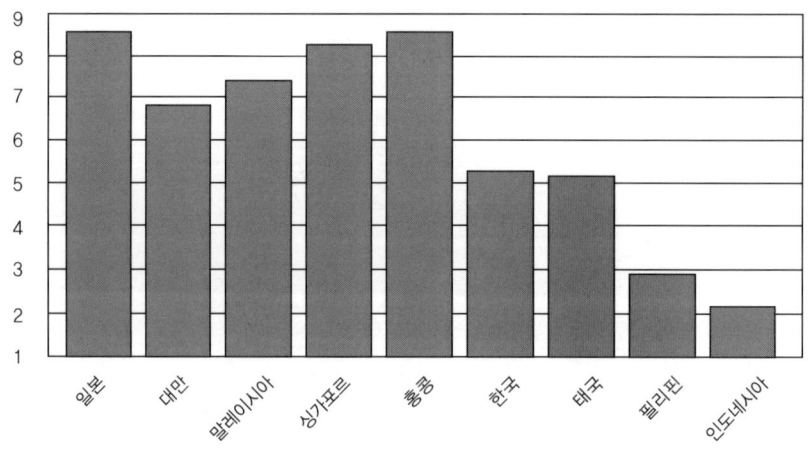

〈도표 5-5〉 부패의 국가별 비교

(1은 최악, 10은 최상)

고위험 투자 환경이 조성되었다. 외국 투자자들은 폐쇄적인 생산 체계의 관습과 현실에서 보이지 않는 진입 장벽을 발견했다. 이들은 갑자기 등장한 몰수, 터무니없이 비싼 세금 폭탄, 사법적인 차별 등에 저항하기 시작했다. 사실 예전에 이들은 그저 이 시장에 접근할 수 있는 것만으로도 만족하던 사람들이었다. 이들이 본 무한한 기회는 삽시간에 황당하기 그지없는 부패로 변질되었던 것이다. 그러나 정부의 행정, 기업 운영에서의 투명성과 책임성 부족은 이 지역에서 그다지 새로운 게 아니었다. 바로 이 점에 다음과 같은 역설이 존재했다. 만일 그 오래된 방식들이 그처럼 나쁜 것이라면, 어째서 이런 방식들이 그토록 오랫동안 아무 문제없이 잘 작동했을까?[18]

〈도표 5-2〉~〈도표 5-5〉는 동아시아의 기업 구조가 이들이 처한 환경에 얼마나 잘 적응해 있는지 선명하게 보여준다. 족벌 소유 수준이 높은 것은 공공 부문의 서비스 질이 낮은 것과 연관이 있으며, 소유권 집중은 낮은 법치 수준 및 높은 부패 수준과 연관이 있다. 이런 강한 연관성은 태국, 인도네시아, 필리핀 등에서 부의 집중이 높은 수준의 정보 불완전성이라는 결과를 낳았다. 이런 결과는 다시 비공식적이며 개인적인 네트워크를 조장했고 이것은 다시 연고나 정실과 상관없는 독립적인 거래 관행이 확립되는 것을 가로막는다.[19]

미국 기업의 역사는 이것과 좋은 비교가 된다. 가족 경영은 19세기 후반까지도 미국의 기업 발전에서 일반적인 현상이었다. 그러나 오늘날 미국에서 대기업은 거의 대부분 공개되어 공적인 소유로 바뀌었다. 베를Berle과 민스Means는 다음과 같이 적고 있다.

"1929년에는 200대 기업 가운데 88개 기업만이 경영 통제를 받았지만, 1963년에 이르면 이처럼 경영이 통제를 받는 기업은 169개 기업 즉 84.5퍼센트 늘어났다. 그리고 1929년에는 개인이 다수 지분 확보를 통해 소유하고 지배하는 기업이 22개였지만, 1963년에는 이런 기업이 5개 기업으로 줄어들었다."[20]

자본 시장의 발전으로 가능하게 된 지분의 분산 및 소유와 경영의 분리는 가족 기업이 공적 소유의 기업으로 변환하는 데 근본적인 요소였다.[21] 이런 점과 관련해 베를과 민스는 이렇게 결론을 내렸다.

"포드Fords나 멜런Mellons과 같은 거대 기업은 개인적인 재산으로 거대한 기업에 필요한 자금을 충분히 조달할 수 있지만, 이런 사례는 매우 드물다. 그래서 이런 자금을 조달하기 위해서는, 기업을 통제하는 위치에 있는 개인 혹은 개인들의 집단을 초월하는 존재에게 기댈 수밖에 없다. 이 존재가 바로 흔히 '투자 대중investing public'이라고 일컬어지는 투자자 집단이다. 외적으로 보기에 공개된 기업은 이 투자자 집단으로부터 자본 공급을 요구한다. 이런 자본을 확보하려면 기업은 무엇보다 우선 공개 시장을 이용해야 한다. 그러기 위해서는 주식 시장에 상장을 해야 한다. 이것이 일반적인 방법이지만 이보다 덜 중요한 방법도 있다. 비공개적인 시장 즉 '비상장' 시장을 이용하는 것이다. 공개 기업으로서는 공개 시장이 너무도 중요하기 때문에 소유와 경영의 분리는 필수적인 사항이라고 볼 수 있다."[22]

민간 자본 시장은 주주가 소유하는 공적 소유 기업이 가족 소유 기업보다 더 빠르게 성장할 수 있게 한다. 그러나 기본적인 자본 시장이 덜 발달되어 있을 때, 가족이 운영하는 기업은 더 크게 성장하며 더 오래 지속되고 보다 발전한 자본 시장을 갖춘 국가에서의 기업들보다 더 적은 자본을 끌어들인다.

산업화로 이어지는 여행이 시작되던 시점을 놓고 볼 때, 선진국과 동아시아의 사회·경제적인 제도 사이에는 상당한 차이가 있었다. 아시아 국가들의 정부는 경제 개발의 시동을 걸기 위해 국가 권력을 이용해서 가족 기업을 지지하고 후원했다. 가족 기업은 정부의 도움을 받아서 상당한 수준으로 성장했다. 일본과 독일의 은행 기반 사례의 전범을 따라서 경제 개발을 막 시작한 국가들은 대기업들을 성장시켰다. 그러나 이 기업들은 핵심적이라고 할 수 있는, 전문적으로 경영되는 기업이 가족이라는 범위 바깥에 존재하는 독립적이며 비개인적인 거래를 통해서 자본을 조달하는 발전 단계를 놓치고 말았다.[23] 정치권으로부터 특혜를 받음으로써 나타난 또 하나의 결과는 기업 소유권이 고도로 집중되는 현상이었다. 이런 현상으로 인해서 기업이 정부에 압력을 행사하기가 더욱 쉬워졌다.

미국 경제에서 소유와 경영의 분리라는 결과를 낳은 기업의 혁명은 동아시아에서의 기업 발전에서는 동일하게 나타나지 않았다. 기업의 원래 소유주에 대항할 수 있는 법률적 토대와 법류적인 수구권이 약하기 때문이다. 동아시아에서는 기업의 소유권 집중으로 인해 빚어지는 권리 남용의 여러 문제들을 제어할 수 있을 만큼 법률적인 제도와 장치가 충분하게 발전하지 않았기 때문이다. 그 결과 미국의 초기 기업 역사에서 찾아볼 수 있었던 여러 가지 부정한 관행들을 동아시아에서 찾아볼 수 있다. 기업 소유주의 소규모 집단들은 기업의 소유권을 널리 나누어 가진 주주들에게 이익을 발생시키지 않고 기업을 희생시키면서 개인적인 이득을 취한다. 미국에서 이와 비슷한 경향이 있었지만 이런 경향은 뉴딜 시기에 제거되었다. 오늘날 미국 경제에서 각 개인이 가지고 있는 재산은 그 어떤 개인도 지배적인 통제력을 행사하지 못하는 여러 기업들에 대한 지분 소유 즉 주식으로 구성된다. 미국에서는 기업의 규모가 커지면 커질수록 이 기업에 대한 소유권은 분산되는 경향이 있다. 미국 경제에서 나타났던 이런 소유권의 분산이 어째서 동아시아에서는 나타나지 않았던 것일까?

동아시아 사람들은 경제에서 국가가 보다 포괄적인 역할을 해야 한다고 생각한다. 기업이 사회적인 문제에 보다 폭넓은 관심을 기울이도록 압력을 행사하는 역할을 국가가 해야 한다고 생각하는 것이다. 사회에 존재하는 다양한 이해관계들을 보호하고 또 기업 소유주가 각각의 부문에서 중심적으로 행사하는 영향력을 적절하게 제어하기 위해서 동아시아의 국민들은 국가가 기업 경영을 감독하고 기업이 나아갈 방향을 지시하길 바란다. 하지만 1997년에서 1998년으로 이어진 금융 위기는 민간 시장을 감독할 수 있는 국가의 능력을 훼손시켰다. 금융 위기 이전의 정부는 기업이 우월한 지위를 이용해서 불법을 저지를 때 이를 제어할 수 있었지만, 이제 정부는 국가의 생산 자산 대부분을 차지하고 있는 소수 족벌 집단의 포로가 되고 말았다.

금융 위기 이후에 이런 아시아적인 접근 방식의 부작용이 얼마나 치명적인지 드러났다. 소수 족벌 기업 집단으로의 소유권 집중은 위기 이후의 반등에 장애가 되었다. 기업들은 경상 지출에 필요한 자금을 확보하기 위해서 단기 현금 흐름으로 뒷받침되는 회사채를 발행하는 방식으로 버티었다. 하지만 장기 자본 지출에 필요한 자금을 사적인 방식으로 조달하기는 어려웠다. 허약한 자본 시장과 은행에 대한 과도한 의존성은 재건을 가로막는다. 자산들을 투매해도 사겠다는 사람을 찾기 어려워, 이 자산들은 현금화하기 어렵다. 잠재적인 구매자는 자산 가치를 저평가한다. 이 자산의 가치 가운데 많은 부분이 족벌이나 국가 은행과의 정치적인 연관성 속에서 비롯된 것이어서 제3자에게는 이전될 수 없기 때문이다.

인도네시아는 금융 위기에서 회복하는 데 가장 큰 어려움을 겪었다. 반면 한국은 제도로 뒷받침되는 역량이 훨씬 컸기 때문에 상대적으로 쉽게 위기에서 벗어날 수 있었다.

동북아시아와 동남아시아 비교

상대적으로 뚜렷한 재산권을 갖추고 있으며 수직적으로 통합된 거대 복합 기업이 동북아시아에서의 기업 소유권 구조를 지배한다. 예를 들어 한국과 일본에서는 주주나 은행권 혹은 비은행권이 한 회사의 경영을 통제할 수 있다.[24]

A 기업이 B 기업의 지배 주주가 되고 B 기업이 다시 A 기업의 지배 주주가 되는 일이 일상적이다. 그래서 기업 평가에 미치는 두 개의 상반되는 충격이 나타난다. 이런 체계는 경영 감독을 강화해, 다른 기업이라도 같은 집단에 속한다면 각 기업의 경영 주체를 함께 고려하도록 만든다. 기업들 사이의 상호 관리는 기업들 사이의 은밀한 공모를 가능케 하고 또 시장이 기업을 통제하는 상황으로부터 기업을 보호하기도 한다.

동북아시아에서는 정부가 은행을 통제하기 때문에 예금자가 보호를 받을 수 있는 완충 장치가 마련되어 있다. 그러나 동남아시아에는 이런 장치가 존재하지 않으며 민간 은행이 중앙은행을 통제하는 경향이 있다. 동남아시아에서는 소수의 독보적인 족벌 집단들이 재산권과 소유권 구조를 불명확하게 만드는 사회적인 네트워크를 통해 기업들을 지배한다.[25] 필리핀의 정보통신 부문에 속한 기업들은 기업 사이에 혹은 기업 내부에서 발생하는 일들을 밝혀내기 위해 유능한 회계감사관 대신 족보학자를 고용한다.

동북아시아와 동남아시아는 원료나 부품의 공급 및 완성 제품의 공급을 둘러싼 관계에서도 큰 차이를 보인다. 동북아시아에서는 보통 이런 관계가 거대 복합 기업 안에 편입되어 있지만, 동남아시아에서는 이런 관계가 법률적으로 모호하며 비공식적이고 가족적인 느슨한 체계로 이루어져 있다.

금융 위기를 극복하는 과정에서 동북아시아와 동남아시아가 보여준 차이 가운데 많은 부분은 자본 조달 방식의 차이를 반영한다. 동북아시아에서 은행들은 (일본의 경우처럼) 거대 복합 기업 체계 안에 편입되어 있거나 (한국의 경우처럼) 정부가 은행들의 뒷배를 댄다. 그러나 동남아시아에서 금융 기관들은 보통 그 기업들을 소유하는 족벌과 관련이 있다.[26] 민간 소유 은행들은 그 은행의 소유주가 사적으로 이득을 취할 수 있는 벤처 사업에 투자를 해서는 안 된다는 제한을 받아야 한다. 은행과 기업의 밀착은 합리적이지 않은 나쁜 기업적 판단을 강화한다. 은행가들이 자기가 지분을 소유하는 사업이나 기업에 투자를 하지 일반 주주들이 이득을 얻을 수 있는 사업이나 기업에 투자를 하지 않기 때문이다. 더 나아가서 기업의 소유주이기도 한 은행의 소유주는 가장 많은 이윤을 안겨 줄 기업에 투자를 하지 않고 자기가 소유하는 기업에 투자를 한다. 예금자들 역시 적절한 지불을 받지 못하는데, 족벌 체계로 운영되는 은행은 자본 투자에 대한 최고의 수익률 자체에는 관심이 없기 때문이다. 대출을 매개로 한 관계는 독립적인 거래에 비해 보상률이 낮다. 왜냐하면 금융 기구들이 성과를 제대로 내지 못하는 관련 기업들에 대한 제재에 소극적이기 때문이다.

은행 부문은 적절한 보상 체계만 갖추어져 있다면 경영을 감시함으로써 성장에 기여할 수 있다. 하지만 금융 위기 이전 한국에서 이런 감시에 대한 보상 체계는 매우 허약했다. 금융 중개업자들은 신용 분석에 필요한 여러 기술들을 개발하지 않았다. 정부가 복합 기업에 대한 금융 요건들을 보증했으며 해당 리스크까지도 암묵적으로 보증했기 때문이다. 은행들이 주체적으로 투자 사업을 선택하지 않았고 또한 어떤 기업들이 성장할 것이라는 판단을 내리지 않았기 때문에 해당 사업이나 기업에 대한 관리나 감시는 거의 이루어지지 않았다. 자금을 투자하는 사업을 독립적으로 평가할 동기가 부족했던 은행들은 효율적인 대출 관련 분석 및 평가에 필요한 기술들을 갖추지 못했다.[27]

소유권 구조에서의 또 하나 고약한 측면이 금융 위기 결과 노출되었다. 한국, 일본, 인도네시아, 태국에서 거대 복합 기업에 대한 지배는 본질적으로 소수의 주식 지분만으로도 확보할 수 있다는 점이다.[28] 심지어 극히 적은 지분 비율만 가지고 있는 소규모 소유주 집단들이 한 기업의 현금 흐름을 지배할 수 있는 권리를 가질 수 있으며 또한 그 기업의 가치를 떨어뜨려 다른 주주들을 희생시킴으로써 이득을 취할 수 있다. 족벌은 가족 소유의 기업군으로서, 가족 집단이 누리는 권리와 동일한 권리를 결코 누릴 수 없는 일반 주주들과 계약상의 관계를 가진다. 흔히 일반 주주들은 자기들이 기여하는 자산에 대한 실질적인 지배력을 전혀 행사하지 못한다. 한국 금융 위기를 초래한 원인 가운데 많은 부분은 바로 기업과 일반 주주를 희생시키면서 족벌 기업이 이득을 취했던 왜곡된 의사 결정 구조가 제공했다.[29] 정교한 순환 출자 메커니즘을 이용해 족벌 체제 전체를 지배하는 소수 족벌은 다른 일반 주주들의 이익을 잠식할 수 있으며 또 더 나아가 공공의 이익에 해를 끼칠 수 있다.[30]

1997년의 금융 위기는 복합 기업 조직이 사업 단위별 생산성의 측정을 어떻게 저해하는지 여실히 보여주었다. 복합 기업은 비효율적인 사업 단위를 주주들의 눈에 띄지 않게 숨길 수 있다. 전체 수익에 대한 사업 단위별 비용은 때로 불명확하며, 전체 복합 기업 내의 자원들은 각 단위별 생산성과 상관없이 얼마든지 배분될 수 있기 때문이다. 족벌은 외부 평가 기관의 평가로부터 스스로를 보호하려고 이런 방식으로 행동했지만, 경영 주체는 기업 내의 자원 할당과 관련해 최상의 판단을 내릴 수 없었다. 수익을 활발하게 창출하는 기업을 내세워 자본을 끌어들이고, 이 기업에서 창출한 수익을 손실이 발생한 기업으로 돌림으로써 당연히 올라가야 할 기업의 주가를 떨어뜨렸다.[31] 미국에서 수직적으로 통합된 많은 기업들이 이것과 동일한 성과 측정의 문제에 봉착했는데, 이때 이 기업들은 스핀오프 spinning off(주식회사 조직의 재편성 방법으로 모기업에서 분리 독립한 자기업의 주식을 모기업의 주주에게 배분하는 것―옮긴이)를 실행하거나 기업 내부에 존재하던 해당 사업 단위를 조직 바깥으로 분리시키는 것으로 대응했다.

거대 복합 기업은 협력업체들이 자기보다 더 큰 경쟁기업과 거래하는 등의 보다 수익성 있는 사업 기회를 모색하지 못하도록 금지함으로써 이들을 착취할 수 있는 구조를 갖추고 있다.[32] 그렇기 때문에 이런 거대 복합 기업의 협력업체들은 거대 기업에게 유리하지 않은 새로운 사업을 시도하려고 해도 자본을 조달할 수 없다는 사실을 알고 있다. 때문에 이 기업 집단의 네트워크 내에서 지지받지 않는 기회들에 대해서는 투자를 꺼릴 수밖에 없다. 협력업체의 작은 기업들은 이 거대 집단 바깥에 존재하는 기업들과 새로운 관계를 맺음으로써 미래를 보다 낫게 개척할 기회를 원천적으로 박탈당하는 것이다. 예를 들어

제너럴 모터스General Motors가 태국에 자동차 공장을 세우기로 결정했을 때, 이미 진출해 있던 일본 경쟁사들이 현지 협력업체들을 모두 장악하고 있던 탓에 공급업체들을 모으는 데 애를 먹을 수밖에 없었다.[33] 작은 규모의 기업들은 호경기 때의 이런 기회 상실로 인한 대가를 불경기 때 도산으로 치를 수 있다.[34]

동북아시아(일본, 한국, 대만)와 동남아시아(태국, 인도네시아, 필리핀)는 정부와 기업의 관계 또한 다르다. 말레이시아는 이 두 집단의 중간 지대에 위치시킬 수 있으며 싱가포르는 동북아시아 모델에 편입시킬 수 있을 것이다. 동북아시아에서 정부는, 기업과 기업 사이나 각 산업 부문 전반에 걸쳐 흐르는 정보를 조정하는 거래 비용transaction costs(어떤 재화나 서비스 등의 가치를 거래하는 경제적 교환에 들어가는 모든 비용—옮긴이)을 축소하고자 계획하고 감독하는 역할을 한다. 동남아시아에서는 연고와 정실이 가장 우선적으로 작용하며 이것으로 관료는 자기들이 감독하는 민간 부문 활동에서 이득을 취한다. 관료의 사적 및 공적 이해관계는 결코 뚜렷이 구분되지 않는다. 민간 기업에 대한 좋은 통치는 좀체 형성되기 어렵다. 공사를 뚜렷하게 구분하지 않는 관료의 이런 태도는 시장을 왜곡하고 일상적으로 존재하는 사업적인 리스크에 정치적인 리스크까지 짐을 지운다. 동남아시아가 금융 위기를 극복하는 데 더 많은 시간이 걸리고 힘이 들었던 것은 이 지역의 제도와 기구는 공익을 보호하는 게 아닌 권력 내부자와 시장 지배력을 가지고 있는 사람들의 사적인 이익을 보호하려고 존재하기 때문이다.

인도네시아, 필리핀, 태국에서의 경제 개혁과 기업 구조 조정은 광범위한 사회적인 변화를 필요로 한다. 사업을 하는 데는 개인적인 관계들이 매우 중요하고 또 이 지역에서는 사업하는 데 잘못된 행동에 대해서는 법률적인 제재보다 자치적인 제재가 우선한다. 이에 비해 동북아시아에서, 특히 한국과 일본에서는 재산권이 잘 규정되어 있으며 또 이 권리에 대한 집행력도 높아 소액 주주들의 권리를 가로막는 장애만 제거된다면 보다 효율적인 기업이 나타날 수 있다. 만일 한국이나 일본 같은 지역에서 투명성이 높아지고 기업 지배에 대한 책임성이 강화된다면, 소유권이 명확한 기업 자산들은 보다 쉽게 외부 투자자에게 이전될 수 있다. 이것은 보다 큰 투자와 리스크 부담을 유도할 것이며 부를 창출하는 국가 자산에 대한 소유권의 집중을 분산하는 데도 기여할 것이다. 이런 이유로 투자자들은 인도네시아보다 한국의 부흥을 더 높이 점쳤다.[35]

한국, 태국 그리고 인도네시아에 실시된 IMF 프로그램들과 구조 조정 대출 및 프로그램의 기업 지배 구조에 대한 집중 수준이 각기 다른 것도 위기 이전의 제도적 차이로 설명할 수 있다.[36] 한국에서 이런 차이에 대한 강조는 훨씬 더 크게 나타났다. 한국에서는 IMF가, 금융 위기에 대한 정부 대응의 일환이었던 기업의 지배 구조 개혁에 상당한 금융적 지원을 했다. 기업의 지배 구조 개혁은 시장이 한국의 산업 구조를 재규정할 수 있도록 힘을 불어넣어주는 장치로 인식되었다. 이에 비해 인도네시아의 경우 첫 번째와 두 번째 의향서[37]는 기업의 지배 구조에 대해서는 간략하게만 언급했으며, 이 부문에 관한 개혁은 인도네시아의 전체 개혁 프로그램 가운데 크지 않은 역할을 했다. 하지만 이와 대조적으로 기업의 부채 구조와 국영 기업에 대한 개혁은 엄청난 것이었다. 배리 메츠거Barry Metzger는 국가별로 다른 강조점에서의 이런 차이가 "원칙적으로는 그 프로그램을 수행해야 하는 의무를 가지고 있는 많은 정부 기구들의 제도적인 허약함에서 비롯된다."고 했다. IMF는 기업의 지배 구조 개혁이 인도네시아에 금융 위기를 초래한 구조적인 취약함을 치료하는 데 중심적인 역할을 수행할 것이라고 믿지 않았다. 왜냐하면, "인도네시아에 부패와 패거리 중심 '연고 자본주의crony capitalism' ('정실 자본주의'라고도 한다─옮긴이)가 훨씬 깊게 패어 있고 또 얽혀 있기 때문이었다."[38] 그 결과 인도네시아에서 진행된 프로그램의 핵심은 공적인 지배 구조를 개혁하는 것이었다. 태국에서의 첫 번째 의향서 역시 인도네시아 경우와 비슷하게 기업 개혁이라는 문제에 대해서는 침묵했다. 태국에서 개혁의 초점은 금융 부문 재건, 은행 및 기타 금융 기관들의 재구성 그리고 국가 기업의 민영화에 맞춰졌다.

인도네시아의 경제 개혁을 위한 연대 구축

많은 경제학자들이 경쟁 분야의 허약한 제도가 미치는 영향을 너무 낮게 평가하고서는 경제 자유화가 집권 여당과 강력하고도 노골적으로 손을 잡은 기업들에게 불리하게 작용할 것이라고 믿었다. 1980년대 후반과 1990년대 초반 인도네시아는 외국인의 국내 주식 소유를 허용하고, 수입품에 대한 관세를 축소하고, 은행에 대한 공적인 규제를 해제하고, 여러 국영 기업들(예를 들면, 통신업체인 인도사트Indosat)을 민영화했다. 기업을 처음 시작할 때 필요한 수많은 허가 사항 등과 같은 투자에 대한 관료주의적인 장애물들도 상당한 수준으로 제거되었다. 하지만 자유화로 인해 수하르토와 밀접하게 연결되어 있던 기업들이 상대적인 우위를 잃어버리지는 않았다.[39] 강력한 족벌 기업은 독립적인 기업에 비해 상대적으로 덜 충격을 받았다. 오히려, 이런 기업들은 보다 많은 애널리스트들의 관심 속에서 보다 나은 투자 대상이라는 인식을 받아, 국제 자본이 이런 기업들로 투자되었다.

가족이 우선인 사회에서는 대통령 일가가 누구보다 우선이다. 수하르토 일가는 지위를 이용해 인도네시아에 투자할 곳을 찾는 외국 기업들과 다른 누구보다도 먼저 접촉했다. 이들이 외국계 회사나 국내 회사에서 중요 임원직으로 있다는 사실은, 인도네시아의 불안정한 법률 환경을 고려할 때 어떤 기업이 낮은 수준의 관료들과 그에 따른 변덕스러운 정책 변화의 피해를 가장 안전하게 피할 수 있는 안전판이었던 셈이다. 투자자들은 명문가에 속한 사람들과 관계를 맺으면 계약에서 투자 승인에 이르는 모든 과정이 한층 유리할 것이라고 믿었다. 일본의 NEC와 스미토모Sumitomo, 미국의 휴즈 에어크래프트Highes

Aircraft, 포드Ford, 유니언 카바이드Union Carbide, 프랑스의 알카텔Alcatel, 독일의 도이치 텔레콤Deutsche Telekom, 스위스의 네슬레Nestlé 등 대형 국제 기업들은 모두 대통령의 친척들이 소유하고 운영하는 기업에 투자했다.[40]

인도네시아의 최고 가문은 투자자들이 정보를 수집하는 비용을 줄이는 데도 기여했다. 수하르토 일가가 관련되어 있다는 사실은 투자자들에게 확신을 심어주었다. 수하르토 일가는 현재의 경제 현황이나 앞으로 전개될 경제 정책을 누구보다도 정확하게 알며, 따라서 이런 정보는 이 가문과 관련 없는 경쟁자들로서는 도저히 알 수 없는 최고급 정보였기 때문이다. 그러니 당연히 거래 비용이 내려갈 수밖에 없었다. 이런 상황은 또한 관료들의 착취나 변덕에 대해서도 훌륭한 방패막이가 될 수 있었다. 그래서 투자자들은 인도네시아에 대해서 확신을 했다.[41] 수하르토의 연고 자본주의가 남긴 분노의 유산은 경제 자유화를 촉진하는 데 여전히 장애로 남았다.[42]

인도네시아의 허약한 제도는 대통령과 관련한 기업들을 강화시켰다. 그 결과 상대적으로 소규모인 민간 기업들과 일반 서민들 사이에는 자유화 움직임에 반발하는 기류가 형성되었다. 이런 분노는 외국 자본 및 외국인 소유에 대한 불신을 조장했다. 이런 불신 때문에 압둘라흐만 와히드Abdurrahman Wahid와 그의 후계자 메가와티 수카르노푸트리Megawati Sukarnoputri가 시장 자유화에 대한 지지와 연대를 이끌어내기 힘들게 되었다.[43] 인도네시아 경제가 외국 자본을 끌어들여야 한다는 사실에 가장 적극적이었던 집단은 수하르토Suharto의 이전 정당인 골카르Golkar였지 메가와티의 집권 정당이 아니었다. 메가와티 대통령으로서는 가장 우선적으로 해야 할 일이 인도네시아를 하나로 묶는 것이었다. 그녀는 자유주의적인 경제가 사회적인 긴장을 더욱 증폭시킬지도 모른다고 두려워하며 개방에 반대하는 집단 편에 섰고 자유주의적인 경제를 지지했던 집단과 거리를 두었다.[44] 2004년 선거에서 유력 후보자들은 모두 민족주의를 강조하며 초국적 자본과 거리를 둘 것이라고 강조했다.

미래 예측 : 변화에 대한 저항

아시아를 통틀어 일반적인 현상이지만, 돈이 정치를 사로잡을 때 정치 질서를 깨끗하게 하는 일은 물 건너가고 만다. 선거 운동에 많은 비용이 들어가기 때문에 선거에 나선 후보들은 나중에 편의를 봐주겠다는 약속을 내세우면서 소수의 부자들에게 손을 벌린다. 2000년의 필리핀 대통령 조셉 에스트라다 Joseph Estrada가 처했던 딜레마와 불운을 상기하기 바란다. 그는 유세를 하면서 가난한 지지자들에게 국가의 부를 생산하는 자산을 나누어주겠다고 약속했다. 하지만 가난한 사람들의 표를 사는 데 필요한 돈을 얻어내기 위해 그는 많은 자산을 소유하고 있는 사람들에게 의존해야 했다. 그를 비난하고 탄핵하고 범죄인으로 기소하고 또 그의 도덕성 부족에 침을 뱉을 수 있다. 하지만 사회를 압도할 수 있는 사람들과 그렇게 할 수 없는 사람들로 나누어지는 사회 체계에 사로잡힌 나머지, 자기를 대통령으로 만들어준 가난한 사람들을 도울 수 있는 합법적인 방법을 도무지 찾을 수 없었던 것이라고 그를 대신해 항변할 수도 있다.[45] 후임자인 마카파갈 아로요 Macapagal Arroyo도 의미 있는 개혁을 하는 데 실패하고 말았다는 사실은, 필리핀의 정치 위기는 대통령을 누구로 뽑느냐 하는 단순한 문제가 아님을 의미한다.

명백하게 잘못된 행위를 했음에도 불구하고 여론 조사 결과 가난한 사람들의 44퍼센트가 에스트라다의 사임에 반대했다. 에스트라다를 압박했던 부패 혐의는 그의 핵심적인 지지 계층에 극히 제한적인 영향만 미쳤다. 왜냐하면, 그들은 합법적인 행위와 비합법적인 행위 사이의 구분이 모호한 세상에 살았기 때문이다. 가난한 사람들은 에스트라다를 대체하기 위한 '부드러운 쿠데타'가 자기들이 처한 불행의 근원을 과연 치유해줄 수 있을 것인지 의심했다. 동남아시아에서 가장 불평등한 사회인 필리핀에서 부의 격차는 능력의 차이가 원인인 경우는 드물다. 부의 격차를 초래한 가장 큰 원인은 바로 권리의 차별이다. 필리핀 사람 가운데 훌륭한 경제 정책이 나오면 빈부의 격차가 줄어들 거라 낙관하는 이는 거의 없다.

동아시아에서는 보편적인 현상인 비싼 선거 비용은 정부의 정책 목표들을 왜곡한다. 유권자 매수가 만연해 있는 태국의 선거 비용은 (평균 소득을 기준으로 할 때)미국의 네 배 혹은 다섯 배나 된다고 한다.[46] 아시아 특히 동남아시아에서 후원과 지원의 끈끈한 관계로 이루어진 사회에 '민주주의'가 등장하려면 유권자들에게 선물을 돌려야만 한다.[47] 즉, 이런 식의 전통적인 후원 정치는 미국의 텔레비전 선거 운동에 비해 비용이 훨씬 더 든다.[48]

태국에서의 선거 기계

태국에서 1995년과 1996년에 노골적으로 뻔뻔한 부패 선거가 치러진 뒤, 유권자들은 정치 개혁을 요구하고 나섰다. 이런 요구는 수많은 활기찬 개혁안으로 구체화되었다. 이 개혁안에는 선거위원회, 독립적인 위상의 국가반부패위원회NCCC, 헌법재판소, 행정재판소, 국가인권위원회 등의 신설과 국회의원 임기 제한, 상원 의원에 대한 직접 선거 등이 포함되어 있었다. 그럼에도 개혁 이후에 치러진 2001년 1월의 대통령 선거에서는 새로운 헌법을 노골적으로 경멸한 정치인 탁신 시나와트라와 그의 정당 타이락타이Thai Rak Thai('타이는 타이를 사랑한다')가 이겼다. 탁신은 소득 신고를 허위로 함으로써 새로 구성된 NCCC를 완전히 무시했다.

대통령 후보이던 탁신은 지역 선거 운동원들의 강력한 조직망을 지휘할 수 있는 의원들에게 자기 집단으로 들어올 경우 정상적으로 지출하는 '연봉' 외에 따로 '이적료'까지 지불하겠다고 제안함으로써, 정치인에게 정당을 갈아타는 행위가 수지맞는 사업이 되도록 만들었다. 자기 휘하의 조직을 몽땅 들고서

정당을 갈아타는 거물급 정치인에게는 가장 큰 보상이 돌아갔다. 그것은 총리라는 자리였다.[49]

1979년 이후의 선거에서 어떤 정당도 전체 득표의 3분의 1을 득표하지 못한 상황에서 다득표를 얻기 위해서는 대중적인 인기를 얻어야 했다. 탁신은 시골의 유권자 대중에게 무담보 소액 대출 기금으로 백만 바트를 대출해주겠다고 약속하고, 농민에게는 부채를 탕감해주겠다고 약속하고, 또 30바트 동전으로 모든 질병을 치료할 수 있는 의료보험 체계를 만들겠다고 약속했다. 이전의 정치인들은 지방에 있는 유권자들에게 도로, 학교, 병원, 혹은 공항을 지어주겠다는 약속을 하면서 인기를 얻으려고 했다. 탁신의 접근 방식은 지역 중심이 아니라 당 중심의 유권자 표를 확보했다. 그는 단 1년 만에 자기가 내세웠던 주요 선거 공약들을 실천했다. 하지만 탁신을 비판하는 사람들은 그가 사회의 평화를 확보하기 위해서 가난한 사람들에게 충분히 많은 것을 재분배하지만, 가난한 사람들의 미래와 새로운 기회를 위한 교육, 환경, 기술 등으로의 재분배는 충분히 하지 않으며 또한 공무원, 경찰, 군대, 의료보험, 지방 행정 등과 관련해 필요한 개혁들은 하지 않는다고 지적한다.

어마어마한 빚을 진 기업들이 퇴출되지 않고 변함없이 자기 자리를 유지할 수 있게 도와주는 정책을 통해 금융 위기 이후의 부채를 갚겠다는 태국의 전략은, 경제 정책 개혁을 바라보는 정부의 기회주의적인 접근 방식을 구체적으로 드러낸다. 정치적인 목적으로 배분한 대출의 수혜자들을 정권의 지지자로 만들기 위해서 그는 새로 생긴 독립적인 감시 기구들에게는 활동의 여지를 거의 주지 않았다. 비록 목적은 태국을 위한 것이라고 했지만, 어쨌거나 탁신은 기업들에게 자산을 헐값에 외국인에게 팔기보다는 재구성할 것을 권유했다. 결국 정권과 친한 사람들이 납세자의 혈세로 이득을 얻는 구조를 온존시킨 것이다.

그러나 탁신의 부활을 연고 자본주의의 부활이라고 말하는 것은 너무 단순한 평가이다. 탁신은 정치적인 지원에 소요되는 자원을 이동함으로써 지방 정치를 새로이 만들어내고 옛날 방식의 지방 선거 토대를 약화시켰다. 지방의 개인적인 관계를 대신해서 중앙 정부 차원의 일괄적인 관계를 새로이 형성함으로써 그는 시골의 일반 대중 생활을 직접적으로 개선하는 정책 결과와 자산을 제공했다. 이런 유인책은 태국 전역의 지방 선거가 최초로 정당을 기반으로 하는 선거로 치러지게 만들었다. 지방의 고만고만한 인사들로서는 감히 발을 들여놓을 엄두도 내지 못할 정도로 금권 정치의 규모가 커짐에 따라, 과거 관료들의 탐욕과 부정의 온상으로 한껏 부풀려졌던 건설 분야의 특혜적인 이득도 줄어들었다.

태국에서 2년에 한 번씩 쿠데타가 일어나던 시기 동안에 관료제도는 정부 안에 존재하는 하나의 특정한 지지 계층이었다. 관료제도를 약화시키는 것은 정치적인 승리자가 개인적인 거래를 훨씬 쉽게 할 수 있도록 해준다. 하지만 이것은 제도의 적법성을 훼손한다. 의회는 (아시아의 다른 국가들에 있는 의회와 마찬가지로)행정부에서 추진하는 어떤 거래를 조사하거나 또 여기에 반발을 할 수 있는 수단을 거의 가지고 있지 않기 때문이다.[50]

민족주의와 대중주의를 결합한 탁신의 모델이 동남아시아 선거에서 이길 수 있는 하나의 흐름으로 자리를 잡을까? 만일 선거를 승리로 이끈 그의 선거 기계('선거 기계Electoral Machine'는 특정 후보를 당선자로 만들기 위한 도구를 의미한다 —옮긴이)가 사례가 된다면, 동남아시아의 경제는 새로운 리스크들을 맞이할 것이다. 이 리스크들 가운데 가장 큰 리스크는, 대중주의의 약속이 지켜지지 않고 유권자들이 민주주의에 대해서 환멸을 느끼는 것이다. 탁신을 지지하는 사람들은 부패가 만연한 곳에서 탁신과 2001년 선거에서 탁신이 이긴 민주당 사이의 차이는 겉으로 드러나는 표면적인 것에 지나지 않는다고 주장한다. 유권자를 돈으로 매수하고 이권과 특혜를 좇는다는 점에서 금융 위기 이전의 다른 정권들과도 하나도 다르지 않다는 것이다. 차이가 있다면 탁신은 보다 직접적이다. 그는 자기가 하지 않는 것을 하라고 설교하지 않는다.

동남아시아의 주변 국가들은 모두 설 자리를 잃어버렸지만, 태국은 잠시 동안이나마 안정을 보장해줄 길을 찾았다는 점에 관해서는 모든 관찰자들이 동의한다.

변화의 담지자들

태국과 필리핀이 안고 있는 문제는 동남아시아 전역에서 일어나는 변화들을 상징적으로 드러낸다. 한때 무소불위의 권력을 휘둘렀던 동남아시아 여러 국가의 정부는 이제 기업 특권층의 볼모로 전락했다. 이런 현상은 개발도상국에서 나타나는 민주주의와 관련된 수수께끼이다. 큰 포부를 품은 지도자들은 돈주머니를 쥐고 있는 특권층에 이득이 되는 경제 정책을 폐기하고 개혁적인 새로운 경제 정책을 펴겠다고 약속을 하는 한 결코 당선될 수가 없다는 말이다.

국가 권력이 침식되면서 사회 전체에 이득이 되는 경제 정책에 대한 지지를 얻는 일이 어려워졌다. 서구의 경제학자들이 아무리 국가 주도형 경제의 폐해를 귀에 못이 박히도록 이야기해도 동아시아 사람들 다수는 국가의 관료제가 기업으로 권력을 넘기는 데 대해 착잡한 느낌을 지워버리지 못한다. 문제는 지나치게 많은 권한을 행사하는 관료 및 관료제도가 아니라 너무도 허약한 법률적 체계이다. 동아시아의 많은 국가들은, 일반적으로 고도성장과 관련이 있으며 또한 부드럽게 작동하는 법률 체계가 부족하다. 이들 국가는 이런 취약성을 유능한 관료에게 의존해 이들이 메우길 바란다. 그러나 관료 체계는 힘을 잃고 법률 체계도 취약한 상태로 변했다. 이런 상황에서 좋은 통치가 나올 리 없다. 정부의 권위는 힘을 잃고, 투자 흐름은 감소한다. 예를 들어 수하르토 집권 시기의 인도네시아에서는 투자자들이 강력한 존재인 수하르토와 그의 곁에 가까이 있던 화교들이 (적절한 조건이 주어지기만 하면) 투자를 보증하고 거래 내용이 이행될 수 있도록 강제력을 발휘했다.[51] 그런데 이런 개인 중심의 장치는 수하르토의 퇴진과 함께 무대에서 퇴출당했다. 그래서 이제는 인도네시아의 허약한 법률 체계가 거래 내용을 효과적으로 지켜줄 수 있을 것이라고 믿는 사람은 아무도 없다.

이 지역의 정책 입안자들이 경제 개혁을 생각한다면 우선, 강력한 기업들과 개인들이 정치인과 관료를 매수하지 못하도록 제어해야 한다. 1961년에 쿠데타를 통해서 집권한 한국의 박정희 장군은 맨 먼저 부유한 거대 복합 기업들의 총수들을 감옥에 가두는 일부터 했다. 기업의 총수들은 나중에 김대중 대통령이 민주주의적인 선거를 통해서 선출된 뒤 기업 구조를 강력하게 조정하고 '연고 자본주의'를 끝장내려고 노력을 하자 여기에 공개적으로 저항을 했다.[52]

동아시아에 만연했던 독재가 비록 많은 죄를 짓긴 했지만 정부 조직을 강화하고 기능을 발전시켰다는 사실은 부인할 수 없다.[53] 동아시아의 민주 정부는 새로운 제도의 구축이라는 막중한 과제를 안고 있다. 그래야만, 과거 한때 위에서부터 아래까지 빠르게 전달되던 그 놀라운 속도와 효율성을 발휘하면서 국가 발전 정책을 수행할 수 있다는 희망을 품을 수 있다.[54] 민주 정부는 부유한 소수가 자기 욕심을 채우기 위해 공공 정책을 왜곡하지 못하도록 막을 수 있으려면 합법적이고 평화적인 여러 방법을 찾아야 한다. 아쉽게도 현재 민주주의를 이룩한 동아시아의 여러 국가들은 여전히 독재의 망령으로 고통을 받고 있다. (예컨대, 사람들이 모여 집회를 하려 해도 언제나 정부의 승인을 받아야 한다) 그리고 독재의 망령과 벌이는 이 결정적인 싸움에서도 효율성은 발휘되지 못한다. 시민 단체들이 많지 않고 또 있다고 해도 대부분 조직이 보잘것없으며 대표성도 허약해서, 공적인 여러 제도와 기구들이 지배층의 권력을 유지하는 데 아니라 공공의 이익을 지탱하고 관철하는 데 쓰일 수 있도록 압력을 행사하지 못한다. 대부분의 아시아 국가에서 중산층은 너무도 엷고 또 재정적으로 허약해서 책임성이 있는 정부 통치를 요구할 수 없으며 공익성과 시민성에 바탕을 둔 정치 윤리를 확립할 수도 없다.

부유한 소수의 권력에 맞서서 균형을 이룰 수 있는 강력한 시민 사회가 형성되지 않았다는 점은, 동아시아에서 민주적으로 선출된 정권이 모든 국민에게 평등을 안겨주려고 했지만 실패를 하고 또 효율적인 개혁 조치들을 제대로 수행하지 못하는 가장 큰 이유이기도 하다. 정치에 줄을 댄 경험이 있는, 다시 말해 필연적으로 부패에 연루될 수밖에 없었던 기업들에게만 경제력이 집중되어 있다. 끊임없이 특별한 대우를 받고 싶어 안달인 기업의 소유주들과 관료들은 엄청난 규모의 뇌물을 동원해 판사, 정치인, 고위 공무원 및 기타 국가 부처의 인사들을 유혹할 수 있고 또 실지로 그렇게 한다. 이런 기업들이 현재 보유하고 있는 부는 이전 정권이 편파적으로 비호하면서 제공했던 특혜의 결과이다. 그렇기 때문에 이들은, 재산을 계속해서 불려나가려면 정부가 개입해서 특혜를 베풀어줄 수 있도록 돈을 뿌리는 일이 핵심적인 사항임을 잘 알고 있다. 이 때문에 일반 사람들은 좌절하고 분노한다. 따라서 정치는 늘 불안정할 수밖에 없다. 금융 위기 이전의 '구체제'와 새로운 민주주의 사이에서 전투가 벌어지며, 특권층은 이 전투에서 살아남으려고 안간힘을 쓴다.[55]

새로운 민주주의 사회로의 변화를 이끌어내는 요소는 우선 언론의 힘이다. 미디어 등을 매개로 국제적인 노출의 기회와 경로가 예전보다 훨씬 많아졌다는 점을 들 수 있다. 전 세계에서 일어나는 일들이 곧바로 동아시아 국가의 국민에게 전달되고, 또 동아시아에서 일어나는 사건들은 곧바로 전 세계에 알려진다. 인도네시아의 경우를 비교해보자. 1965년 골카르당이 권력을 잡는 과정에서 수많은 사람들이 목숨을 잃었지만 이 사건은 한정된 지역으로밖에 전달되지 않았다. 반면, 1998년에 수하르토가 물러나는 과정에서 1965년보다 상대적으로 적은 사람이 희생되었지만 이 사건은 전 세계에 알려졌다. 또한 필리핀에서 말라카냥 궁Malacanang Palace이 내린 암살 명령과 이를 계기로 한 페르디난드 마르코스의 계엄령 선포는 과거에 국제적인 논평을 그다지 많이 받지 못했다. 하지만 지금은 완전히 달라졌다. 인도네시아에서 일어나는 소요 사태나 말레이시아 재무 장관의 해임은 곧바로 국제적인 관심을 끄는 뉴스가 된다. 과거 마르코스가 저질렀던 악질적인 범죄 행위에 대해서 공식적인 논평을 아꼈던 수많은 국가 지도자들이 이제는 이런 소식을 접하면 곧바로 자기 입장을 발표한다.

변화의 또 다른 담지자는 중요성이 점차 커지고 있는 외국인 직접 투자(외국인이 단순히 자산을 해당 국가 안에서 운용하는 것이 아니라 경영 참가와 기술 제휴 등을 통해 국내 기업과 지속적인 경제 관계를 수립할 목적으로 투자를 하는 것을 말한다―옮긴이)이다. 외국인 직접 투자는 금융 위기 이전의 수동적인 자산 구성에 비해 점차 적극적으로 바뀌고 있다. 직접 투자자들은 동아시아의 국내 정책에 관심을 기울이며 적극적으로 개입한다. 아시아에서 사업을 할 때 사용하는 언어는 중국어나 일본어가 아니라 주로 영어다. 영어의 확산은 전 세계적인 접근성을 강화한다. 아시아는 정보 시대 속에 정력적으로 자기 자신을 던져 넣고 있다. 인터넷을 정기적으로 사용하는 인구 가운데 20퍼센트는 아시아-태평양 지역에 속한다. 소득 수준이 훨씬 더 높은 유럽이 26퍼센트밖에 차지하지 않는다는 사실을 놓고 보면 놀라운 일이다. 중국은 현재 세계 최대의 통신 시장으로 성장하고 있다. 규율과 책임성 없이는 기업 경영을 할 수 없는 상황을 자본 시장이 만들고 있다. 동아시아의 시민 사회 수준은 경험을 쌓고 조직을 불리면서 점차 높아지고 있다. 중산층도 성장하고 있다. 이 모든 변화들이 이제는 과거로의 회귀를 불가능하게 만들고 있다.

노동자의 특권적 지위의 종식

동아시아에서의 기업에 고용된 노동자를 위한 사회 보장 제도의 부재는 긴장의 원천이자 국가와 민간 경제 사이의 관계에 대한 동아시아와 유럽의 시각이 기본적으로 다를 수밖에 없는 원인이기도 하다. 동아시아 사람들은 경쟁을 바탕으로 하는 개인적인 행위 규범을 받아들이지만, 민간 경제에 대해서 국가가 행사하는 역할에 제한을 가하는 것을 거부한다. 이들은 경쟁과 관련한 행위를 인정하지만 서구 산업계의 특징이라고 할 수 있는 규범들을 애써 받아들이려 하지는 않는다. 이런 차이의 기원은 노동자와 경영자 그리고 정부 사이에 존재하는 (동아시아의 역사 진행 과정에서 형성된)상이한 사회적 계약에 있다.

노동과 관련된 위험 부담은 노동 불안과 같은 도발을 피하기 위해 정부의 지원을 받는 기업들이 떠안아야 한다는 것이 노동자와 경영자 그리고 정부 사이에서 맺어진 기본적인 계약 내용이라 할 수 있다. 국가는 강제 휴업 따위를 제한함으로써 일자리를 보호하는데, 이런 정책들은 사회 유지의 부담과 노동자 임금에 관련된 리스크를 기업 부문으로 이동시킨다. 그 결과 노동 시장은 경직된다.

오늘날 일본을 포함한 동아시아에서는 국가와 민간 경제 사이의 관계가 이전처럼 사회 전체에 걸쳐 하나의 의견으로 통일되어 있지 않다. 동아시아 사람들은 기업에 고용된 노동자를 공적으로 보호할 필요성에 대해 반대하지 않지만 그렇다고 적극적으로 찬성하지도 않는다. 국가는 가족의 역할을 대신해야 할 금융 및 문화적인 이유를 그다지 달가워하지 않기 때문이다. 노동자 보호와 관련된 기존의 제도와 관행을 폐지하자는 목소리와 압력은 점차 커지고 있다. 1997년의 금융 위기 이후, 기업들이 사회 질서를 유지하기 위해 사회 불안 요소를 흡수해야 한다는 인식이 얇어졌고 또 그럴 수 있는 장치들도 예전보다 줄어들었기 때문이다. 하지만 정부로서는 이런 제도들을 완화하는 데 주저할 수밖에 없다. 공적인 자원으로는 그런 사회적인 보호를 수행할 수 없다고 느끼기 때문이다. 국가가 사회적 역할을 확대하려면 예산이 그만큼 더 필요하다. 하지만 이것은 GDP 대비 정부 지출 비율의 증가로 이어지고, 다시 해당 국가의 국제 경쟁력을 떨어뜨리는 요인으로 작용한다.

사람들은 흔히 경제적인 충격이라는 측면에서 동아시아의 위기를 미국의 대공황과 비교한다. 하지만 대공황이 일어나고 7년이 지난 후, 개인과 정부 사이의 관계는 다시 뒤로 돌아갈 수 없을 정도로 확고하게 바뀌었다. 시장 리스크에 대한 책임 일부가 개인에게서 국가로 옮겨졌던 것이다. 하지만 이런 양상은 동아시아에서 나타나지 않았다. 산업 부문에서, 국가의 지원을 받는 기업들은 불경기와 관련된 대부분의 리스크를 흡수한 다음 이 리스크를 제품 가격 인상이라는 방식을 통해 납세자와 소비자에게 떠넘긴다. 고용 노동자에 대한 책임 소재의 이동은 국가의 구조에 정치적으로 상당한 영향을 미치게 된다. 정부와 국민 사이의 관계를 변화시킬 것이고 국민 개개인의 목소리를 가로막는 기업이나 국가는 국민을 보호해야 할 수동적인 피보호자가 아닌 적극적인 납세자로 바뀔 것이다. 하지만 이것은 아직까지는 나타나지 않은 변화이다.

동아시아에서의 공적 리스크에 대한 관리

동아시아가 거둔 성공의 핵심적인 원천 가운데 하나는 경제 개발의 경제·사회·정치적인 불확실성의 원천들을 완화시키려 했던 국가 지도자들의 노력에 있다. 이런 불확실성을 완화시키는 데 성공했다는 사실은, 이들 동아시아 국가가 가파르게 상승하는 수익률 곡선, 질 높은 투자를 끌어들일 수 있는 잠재력을 과시하면서 세계 경제에서 가장 유망한 개발도상국 대열을 형성한 이유이기도 하다.[56] 사회적 생산성의 격차를 줄인 점은 동아시아가 라틴 아메리카, 남아시아, 중동 및 아프리카와 확연히 구별되는 차이점이다.(참조, 〈도표 5-6〉과 〈도표 5-7〉)

인도와 라틴 아메리카의 많은 국가에서 부패한 관료들은 여러 세대가 지나는 동안 시골의 각 가구에 속한 권리소유권을 경신해오지 않았다. 자기 땅에

⟨도표 5-6⟩ 1,000명당 개인용 컴퓨터 수와 인터넷 사용자 수

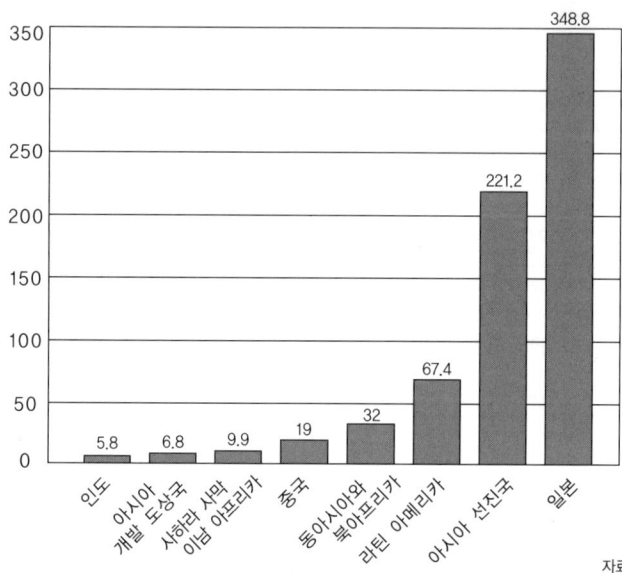

자료출처 : 세계은행

⟨도표 5-7⟩ 인터넷 사용자 수

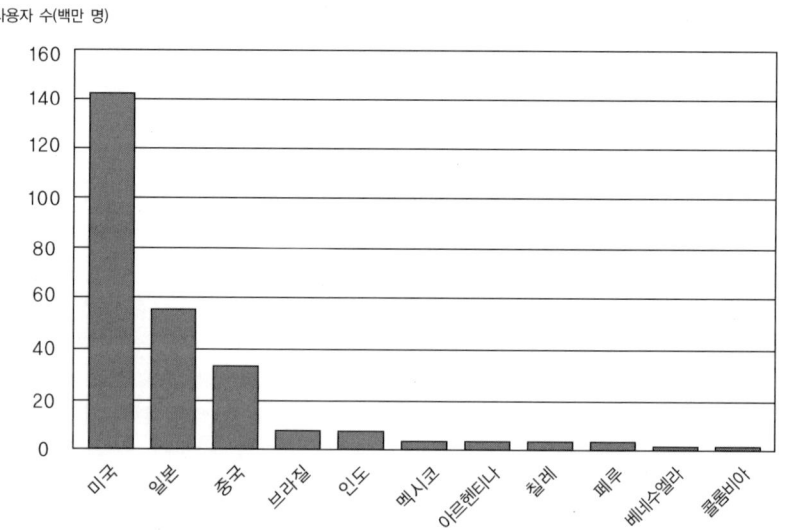

자료출처 : 세계은행

대한 권리소유권이 없으면 농민은 전기, 은행 대출, 정부의 복지 보조금 등을 받을 수 없다. 동아시아에서 정부가 가장 우선적으로 해야 하는 일은 소규모 토지 소유자들의 재산권과 시장 접근성을 확보해주는 것이었다.

  동아시아에서 고도성장을 이룩한 국가들의 재정 정책, 금융 정책, 무역 정책은 경제적인 수익을 계산하고 예상할 수 있는 건전한 시장 조건들이 형성될 수 있도록 하는 강력한 유인책이 되었다. 동아시아에서는 불안정한 거시경제학적 정책들을 피했다. 대신 시골의 사회 기간 시설 건설에 투자함으로써 시골을 개발하는 정책들을 선택했다. 이런 정책들은 농업에 대한 간접적인 과세(즉, 높게 평가된 환율과 비농산품에 대한 보호 관세)를 보상하는 것이었다.[57] 사회가 평등을 향해 나아가려면 시골에 대한 투자는 기본적으로 필요한 사항이다. 도시 부문과 시골 부문의 불평등을 줄여주기 때문이다. 일자리가 없는 시골 사람들은 일자리를 찾아 도시로 이주하고, 그러면 실업 상황은 더욱 악화된다. 시골에 학교, 도로, 의료 시설 등을 포함한 여러 기간 시설 투자를 함으로써, 대규모 인구 유입에 대처할 준비가 전혀 되어 있지 않은 여러 도시들에 시골 사람들이 대규모로 이주하는 사태를 막을 수 있다.

  동아시아의 국가 지도자들은 사회적인 리스크를 완화하기 위해 폭넓은 사회적인 토대를 바탕으로 성장 정책을 펼쳤다. 이들은 시골에 사는 사람들에게 커다란 이득을 안겨준 정책들을 옹호했다. 예를 들면, 점유하고 있는 토지에 대한 소유권을 사실상 인정해주는 일본과 한국, 대만에서의 토지 개혁이 그런 예이다.[58] 홍콩과 싱가포르에서는 도시민을 대상으로 공공 주택 정책을 펼쳤다. 동아시아 국가들은 기초 건강 부문에 보다 많은 지출을 했고 방역과 면역을 위한 사업을 보다 충실하게 했으며 기초 교육에 보다 많은 투자를 해 다른 개발도상국 지역들과 비교할 때 가장 높은 기초 교육 이수율을 기록했다. 이들은 특히 여성 문맹률을 줄이기 위해 노력했다. 비록 여전히 소득 수준이 낮긴 하지만 한국과 대만에서는 비슷한 소득 수준의 다른 국가들과 비교해 기초 교육

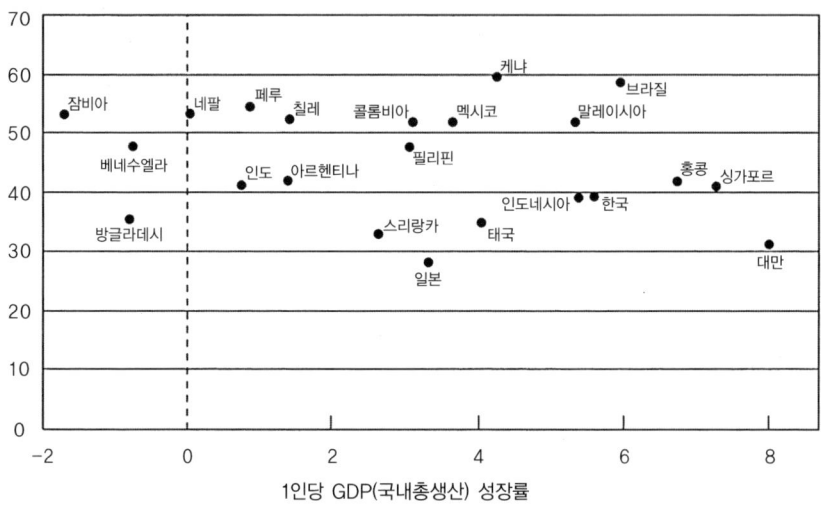

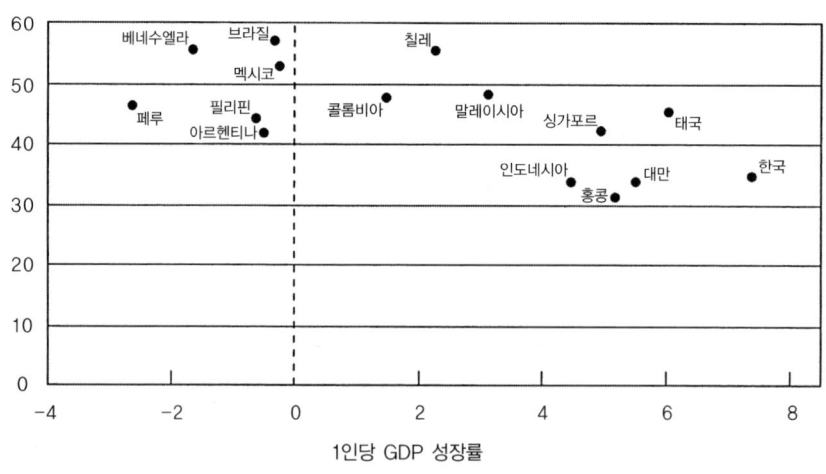

이수 부문에 월등하게 많은 투자를 했다. 기초 교육에 대한 정부의 지원이라는 부문에 관한 한 두 국가가 동아시아 지역을 이끌었다.(그리고 동아시아 지역은 전체 개발도상국을 이끌었다) 또 동아시아 국가들은 공중위생의 질을 높이고 어린이 사망률을 낮추는 데도 보다 많은 투자를 했다. 이런 사실은 어린이 질병 예방률이나 공중위생 지출이 매우 높게 보고되는 지표를 통해 확인할 수 있다. 동아시아 국가들의 고도성장은 하수구 설비를 개선하거나 휴대용 식수를 널리 보급하는 것에도 기여했다. 이런 노력들이 소득의 불평등과 정부의 소비 보조금을 통한 재분배에 대한 요구를 줄였다. 소득 불평등과 성장에 관한 통계 수치들을 보면 높은 성장률과 낮은 수준의 소득 불평등을 동시에 보여주는 국가들이 동아시아에 몰려 있음을 알 수 있다.(참조, 〈도표 5-8〉과 〈도표 5-9〉)

정부가 지원하는 우체국 예금은 소액 예금자에게 안전한 예금처를 제공했다. 그래서 사람들은 항아리나 장롱에 넣어뒀던 돈을 꺼내 우체국 예금에 집어넣었다. 이런 여러 가지 방식을 통해 동아시아 국가의 정권은 국민 개개인을 지배하고 있던 불확실성을 줄였으며 시장 개혁에 대한 지지를 이끌어냈다. 그 결과 정권의 합법성을 문제 삼아 정권을 뒤흔들 수 있었던 사회 운동의 장기적인 위험성도 함께 줄었다. 이에 비해 라틴 아메리카와 인도에서는 사회적 불평등과 경제적 불안정성이 이리저리 흔들리며 우왕좌왕하는 경제 정책과 재정 정책을 낳았다.

왜 이런 차이가 생겨났을까? 어째서 어떤 국가는 단지 약속만 하고 지키지 않았던 내용을 어떤 국가는 해낼 수 있었을까? 동아시아의 사례들을 다른 지역의 개발도상국과 비교를 하면, 동아시아의 국가들은 공공 부문에서의 예측 가능성이라는 측면에서 다른 개발도상국들이 본받을 수 있는 확실한 모범임을 알 수 있다. 개발도상국에서 행정부가 전문성 없이 재량권을 무분별하게 남발하면서 멋대로 경제 활동에 개입하는 것은 해로운 경제적 충격을 주는 정치적 불안정성의 근원이다. 동아시아의 국가 지도자들은 일반적으로 치열한

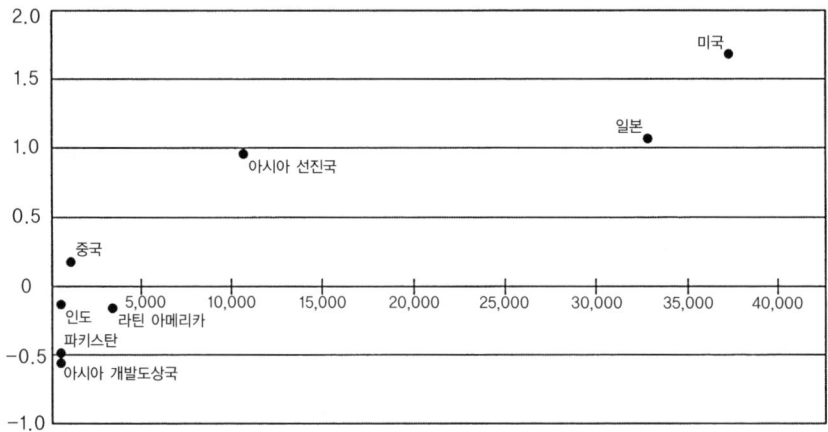

〈도표 5-10〉 정부의 효율성 대 소득 수준(효율성은 -1.0에서 2.0, 1인당 GDP(국내총생산)는 0에서 40,000)

자료 출처 : 세계은행과 아시아개발은행

 선발 과정을 거쳐 뽑힌 유능한 관료들이 경제 정책을 세우고 집행할 수 있도록 맡겼다. 또 해당 분야에 전문성이 없는 관료뿐 아니라 자기 자신의 손까지 기꺼이 묶었다. 그리고 이들이 거둔 성과를 적절히 평가해 이를 기초로 승진을 결정했다. 그러니 무분별한 재량권 남발도 줄어들고 정부의 역량이 개선된 것이다. 동아시아의 국가 지도자들은 공무원들이 단기적인 개인적 이득을 챙기는 데보다 장기적인 사회적 목표를 달성하는 데 자기 직위를 사용하도록 적극적으로 동기를 부여함으로써 부패를 척결했다. 공공 부문에서 효율적인 경영이 이루어지자 정부는 건전한 정책을 계획하고 실천할 수 있게 되었다.(참조, 〈도표 5-10〉)

 비록 동아시아 국가들이 입법부에 의해 통치되지는 않았지만, 정교한 위원회들이 설립되어 명확하게 규정된 여러 원칙들 안에서 경제 엘리트들이 기능하도록 힘을 실어주었다. 이 위원회들은 최고 지도자의 지도력이 경제 개혁에 대한 (입법부 없이는 획득할 수 없었을)전반적인 동의를 획득할 수 있도록 하는 규칙들을 제정했다. 이 위원회들은 정부의 경제 정책들을 합법화하고, 민간 부문의 참가자들이 자기 부문을 규제하는 여러 규칙에 대해서 어느 정도 영향력을 행사할 수 있도록 허용했다. 이런 협의 구조는 실행 기능을 수행했으며 경제 주체들에게 갑작스런 정책 변경은 없을 거라는 신뢰를 주었다. 이런 협의 관행은 민간 부문에서의 경제적 재산권을 보다 강화했으며, 국가 지도자의 권위에 경제 정책 입안을 통치하는 일련의 규정들을 확보해주었다.[59] 요컨대, 재량권보다 우위에 있는 여러 규칙의 틀 위에 구축된 국가 혹은 사회 체제는 동아시아 국가 지도자들의 손을 묶는 것이나 다름없었다. 이런 규칙 및 제도적인 틀 속에서 민간 부문과 협력을 해야 했기 때문에 지도자 개인 혹은 지도자 주변에 있는 특권층의 탐욕은 쉽게 발휘될 수 없었다. 실제로 한국의 박정희나 싱가포르의 리콴유와 같은 많은 국가 지도자들은 재직 중에 개인적인 치부를 하지 않았다. 이들은 재산보다 검소함을 자랑스럽게 여겼다. 이들은 모든 사람들이 잘 이해하고 있으며 또 서로 일관성을 유지하는 창구와 협의체 속에서 경제 정책을 수행했다. 공과 사를 뚜렷이 구분한 이들의 모습은 대부분의 개발도상국 지도자들과 비교할 때 눈에 띄는 모범이다.

새로운 정치적 리스크

이 책에서 제시하는 것과 같은 정책 조언으로는 부패한 특권층으로부터 권력을 탈취하라는 대중적인 행동을 자극할 수 없다. 하지만 국가 지도자와 국민 사이의 권력 균형을 수정할 필요성과 관련해 여러 국제기구들에게 경고를 할 수는 있다. 동아시아는, 불평등의 문제가 심각하게 제기되는 시기에 공공 부문에서 이루어지는 통치의 질과 관련해 새로운 위기를 맞는다. 한국과 태국은 예

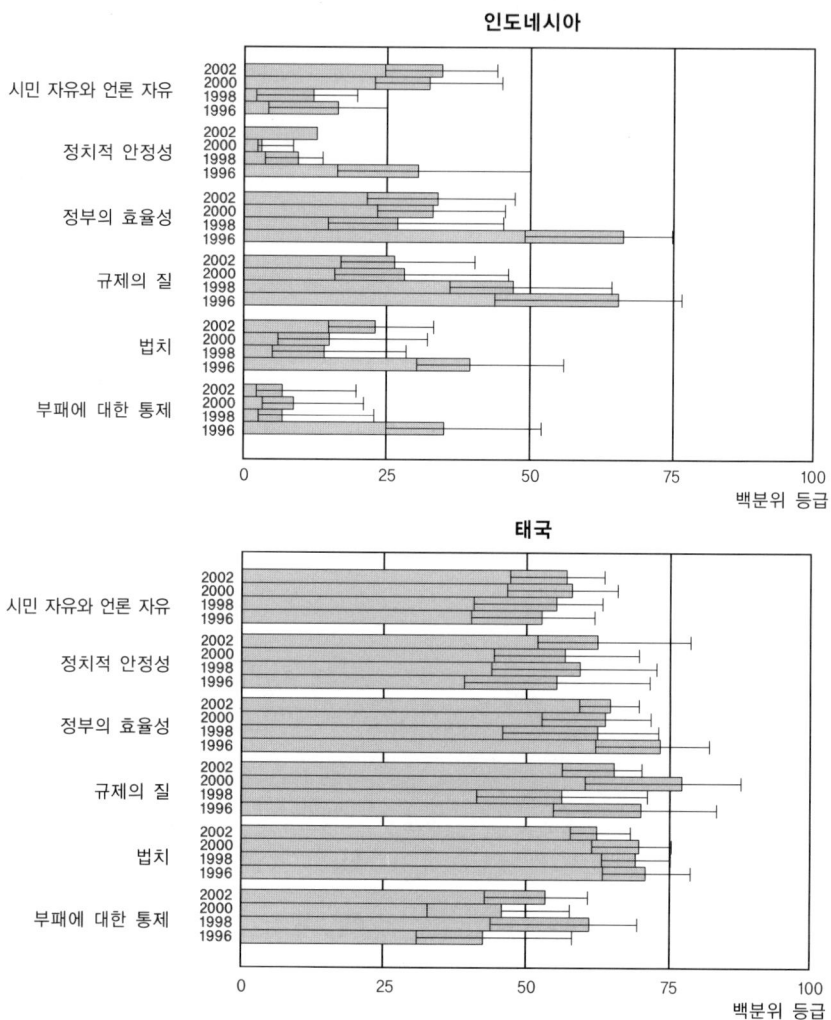

<도표 5-11> 감소하는 통치력 : 인도네시아와 태국

자료 출처 : D. Kaufmann, A. Kraay, and M. Mastruzzi. 2003. Governance Matters Ⅲ : Governance Indicators for 1999-2002 (http://www.worldbank.org/wbi/governance/pubs/govmatters3.html)

외이지만 1990년과 1997년 사이에 동아시아 전역에 불평등이 고조되었다.[60] 고도성장기에 이룩한 수많은 성과들을 보호하기 위한 새로운 제도들을 마련할 필요성이 제기된다. 민주주의는 초기의 몇몇 단계에서 국가를 약화시키기 때문이다. 미국과 대조가 되지만, 식민지 지배에서 벗어난 동아시아 국가들을 떠받치는 기둥은 입법부의 힘이나 조세 부과, 법률적 체계에 의한 중재가 아니라 관료제도와 금융에 대한 국가의 통제이다.

공평하고 안정적인 시장 기반 사회를 건설하는 첫 번째 과제를 극복했다는 사실이, 국가가 선거를 매개로 모든 국민의 권리를 보호할 수 있음을 보증하지는 않는다. 많은 국가들이 민주주의를 도입했지만 통치의 효율성 면에서는 좋은 점수를 얻지 못하고 있다. 모든 계층을 아우르는 내포적인 발전의 전통을 이어갈 수 있는 정책들을 계획하고 실천할 능력이 취약하다는 말이다. 투표로 선출된 지도자들은 관료제적인 공평성을 희생시켜서 개인적인 권위를 더욱 높게 쌓아 올렸으며, 법치 부분에서의 개선은 아직도 부족한 관료제도를 보완할 수 있을 만큼 충분하지 않다. 인도네시아, 태국, 말레이시아에서 정치적인 부패는 관료제도가 이룬 성과를 점차 크게 삼식하고 있다. 한국의 행정부는 독재 정권 시절에 획득했던 필요 이상의 권한들을 아직도 여전히 많이 보유하고 있다. (참조, 〈도표 5-11〉, 〈도표 5-12〉, 〈도표 5-13〉)

동아시아는 민주주의 사회에서 빠르게 멀어져가는 다른 개발도상국 지역들의 전철을 밟지 않아야 한다. 이 지역들에서 가난한 사람을 대변하는 정부는 늘어났지만 실질적으로 이들에게 봉사하는 정부는 전혀 늘어나지 않았다. 연륜이 짧은 민주주의 사회에서 정치인들은 자기를 정치적으로 지지하는 집단에게만 선택적으로 사회적인 혜택을 주기도 한다. 그래서 이들 국가에서 가난한 사람들이 받는 혜택은 중국이나 쿠바와 같은 일당 독재 체제의 경우보다 더 열악하다. 민주적인 절차를 거쳐서 선출된 동아시아의 국가 지도자들이(예를 들면 태국의 탁신과 같은 지도자가) 사회의 평화를 유지하기 위한 수단으로만, 목표에 합당한 만큼만 부를 재분배할 뿐 내일의 기회를 보장해줄 만큼 충분히 많은 양을 재분배할 생각은 하지 않는 게 아닐까?

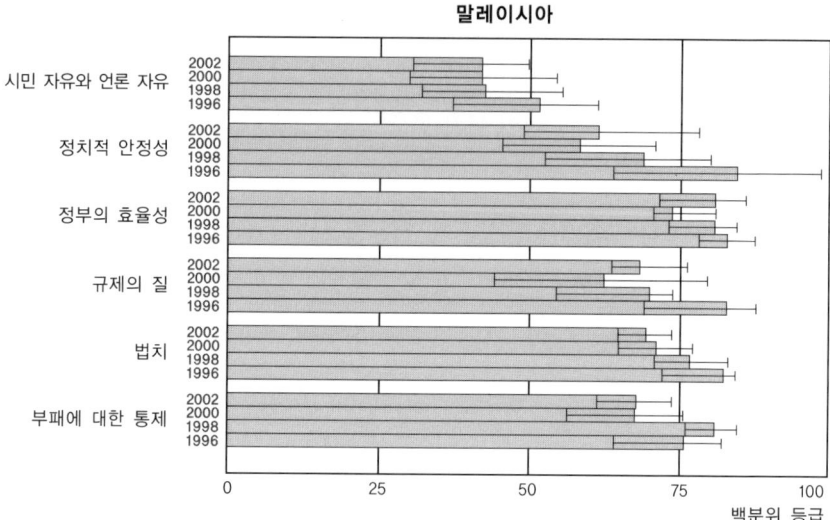

자료 출처 : D. Kaufmann, A. Kraay, and M. Mastruzzi. 2003. Governance Matters III : Governance Indicators for 1999-2002 (http://www.worldbank.org/wbi/governance/pubs/govmatters3.html)

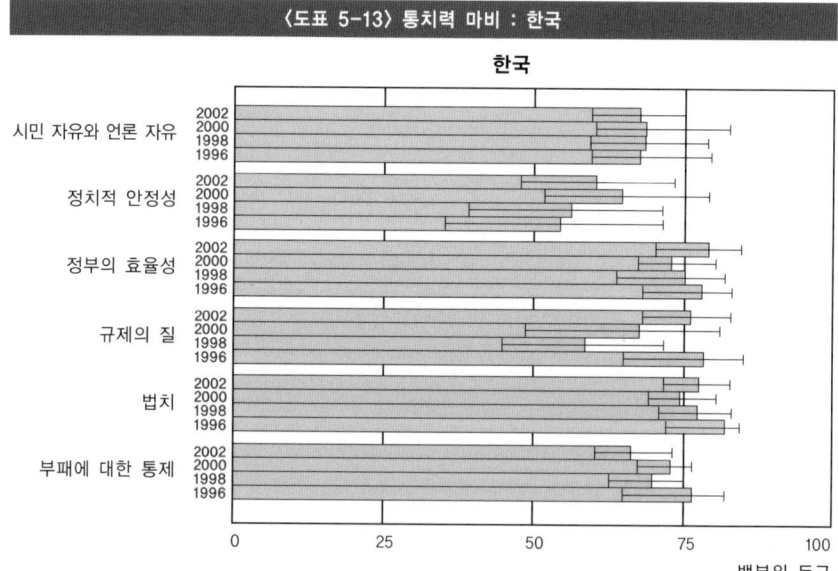

자료 출처 : D. Kaufmann, A. Kraay, and M. Mastruzzi. 2003. Governance Matters III : Governance Indicators for 1999-2002 (http://www.worldbank.org/wbi/governance/pubs/govmatters3.html)

민주주의 국가의 효율성 강화라는 측면의 전망은 엄청나게 거대한 장벽과 맞닥뜨리고 있다. 부유한 국민은 얼마든지 정치인의 충성을 매수할 수 있고 또 사회에 필요한 변화를 지연시킬 수 있다. 거부권을 행사할 수 있을 정도로 막강한 부와 권력을 갖춘 '귀족'에게 스스로 등을 돌리려는 정치인이 과연 선거에서 이기고 국가 지도자로 나서길 바랄 수 있을까? 어떻게 하면, 재선에 성공하기 위해 부유한 소수가 쥐고 흔드는 자원들에 의지해야만 하는 정치인들을 마치 인형극의 인형을 다루듯 몇몇 이익 집단들이 배후에서 조종하는 짓을 더는 하지 못하게 만들 수 있을까? 금권 정치의 부흥은 개혁의 다음 세대를 이끌 것인가, 아니면 퇴보의 길을 걸을 것인가? 비록 민주주의가 아시아 발전의 모순적인 모습들을 보다 선명하게 드러나도록 만들긴 했지만, 이것은 독재자를 불러서 모든 것을 맡기는 과거로 돌아가는 것보다 더 선명한 미래를 약속한다.[61] 과연 아시아의 국가 지도자들은, 자기가 품고 있는 경제적인 목표와 관련한 거대한 야망을 국가·정당·시민 단체 등을 강화하기 위한 새로운 제도를 구축함으로써 정부의 효율성을 높이겠다는 정치적 구조 조정과 일치시킬 만한 통찰력을 얻을 수 있을까?[62]

새로운 민족주의가 수많은 새로운 경제 리스크들을 지닌 채 아시아 전역을 휩쓸고 있다. 이 새로운 민족주의는 1997년~1998년 이후의 위기에 대응해 나타났다. 새로운 헌법이 마련되어 외국 자본이 국내 자산으로 쉽게 접근할 수 있게 되자 여기에 대해 아시아 사람들은 본능적인 저항을 한 것이다. 새로운 민족주의를 옹호하는 사람들 가운데 다수는 1997년 금융 위기 이후의 IMF 개입을 마치 한 세기 전에 자기 조상들이 서양의 군함과 군대를 보았던 것과 똑같은 눈으로 바라보았다. 새로운 민족주의를 지지하는 세력은 대부분 동남아시아에서 가장 강력하게 등장했다. 특히 태국의 탁신은 낯선 규칙과 규제를 가하는 데 대해 강력하게 저항했다. 그는 여러 규제 기구와 규칙들이 자국의 기업들을 곤경에 빠뜨려 외국인이 이 기업들을 쉽게 손에 넣을 수 있게 만든다고 주장했다. 그의 전기를 쓴 작가는, 탁신은 "규제는 외국의 낯선 제도라며 짜증스럽다고 말했으며 법치의 원칙은 '경영'보다 하위로 바라본다."라고 말했다.[63] 1997년 이후에 등장한 헌법은 투명성, 철저한 회계 관리, 탈중심화, 시민권한 등을 강조한다. 그러나 탁신은 국내 기업과 정부가 투자와 성장을 목적으로 국가의 자원을 동원하려고 해도 이 헌법이 가로막는다고 주장한다. 그의 이런 관점은 자기들을 연고 자본주의자라고 바라보는 서구의 견해를 결코 받아들이지 않는 동아시아의 기업인들 사이에 둥지를 틀었다. 이 기업인들은 자기를 경멸하는 서구 비평가의 태도에 깊이 분개한다. 이 새로운 민족주의는 자기의 실제 모습과 전혀 다른 자기 이미지를 가지고 있다. 국내 기업들이 어려운 환경 속에서 끝내 살아남는다는 이미지다. 이 기업들은 국내의 기업들이 초국적 자본에 맞서서 경쟁력을 가질 수 있도록 보호하기 위해서는 국가에 대한 보다 강력한 통제가 필요하다고 믿으며 이를 추구한다.

동아시아의 기업 관행이라는 것들은 사실 이 지역의 독특한 환경 속에서 기업의 조직, 사업의 구조와 관련된 문제들을 해결하기 위한 합리적인 해결책으로 나타났었다. 하지만 1970년대와 1980년대의 고도성장기 이후 국제적인 환경은 진화를 했고 결과적으로 진화는 국제 환경과 국내 시장 조건을 충돌하게 했다. 이 갈등은 동아시아의 기업들이 현재 당면하고 있는 딜레마의 핵심이다. 낡은 관행들은 이제 합리화하기 더 힘들어졌고 또 이런 관행들을 주장하기도 더 어려워졌다. 동아시아의 기업들 더 나아가 동아시아 국가들이 이런 변화를 극복하려면 이 지역의 미래를 위한 해법을 찾아 자기 스스로를 돌아보고 또 서로를 바라보아야 한다.

이 새로운 민족주의는 동아시아 지역 차원의 보다 큰 협력을 구성하는 범국가적인 강력한 요소를 내포하고 있다. 새로운 협력으로 나아가기 위해서 우선적으로 해야 할 일은 통화 스왑(두 나라가 자국 통화를 상대국 통화와 맞교환하는 것으로써, 외환 위기가 발생하면 자국 통화를 상대국에 맡기고 외국 통화를 단기 차입하는 중앙은행 간의 신용 계약이다 ― 옮긴이)이다. 그리고 이어서 아시아 본드(펀드의 일종으로 각국의 중앙은행들이 공동으로 출자해 아시아 각국이 발행한 채권에 투자하는 기금을 만들자는 것이다. 아시아 국가들이 수출로 벌어들인 외화를 다시 외국에 투자하지 않고 아시아 국가에 투자할 수 있다 ― 옮긴이)를 만들고 궁극적으로 나중에는 동아시아 자본 시장이 조화롭게 돌아가도록 하는 것이다. 그런데 이 새로운 도구들은 과연 효과가 있을까? 이 새로운 금융 도구들이 금융 시장의 기본적 전제 요소인 정보의 투명성을 확고히 정착시킬 수 있을까?[64]

동아시아는 금융 위기 이전에 가지고 있던 것과 동일한 취약함을 지금도 여전히 가지고 있다. 그 취약함이란 바로 허약한 자본 시장이다. 이로 인해 서구의 금융 기구들이 세계적인 기준을 충족하는 동아시아 기업들에게 유리하도록 동아시아에서 금융 시장 서비스를 제공하게 되었다. 동아시아에서의 정보 투명성에 대한 지원은, 지역의 금융 시장이 지역 시장의 리스크를 감소시키는 데 필요한 수준은 여전히 한참 모자라다. 현재 기업의 주식 대부분은 은행, 보험 회사, 지주 회사(다른 회사를 지배하기 위한 회사 ― 옮긴이)와 같은 기업 소유주들과 사업적으로 강력한 공모 관계에 있는 기구들이 장악하는 경향을 보인다. 소유권 집중은 자본 시장이 자리를 잡는 데 필요한 정보 인프라의 구축을 방해한다. 정보 인프라에 제대로 접근할 수 없는 현상은 아시아와 서구 사회 사이에 놓인 격차의 핵심 내용이다. 아무도 확실한 대답을 할 수 없는 질문은, 새로운 제도나 기구를 만드는 일이 시장의 전제 조건이 되는 요소들을 확립하는 것보다 우선하느냐 하는 것이다. 지역 차원의 감시 장치 없이 지역의 채권 시장이 번성할 수 있을까? 금융 중개의 진일보를 위한 기구들은 올바른 방향으로 나아가는 첫걸음이기에 당연히 만들어져야 하지 않을까? 자본 시장이 자율적으로 돌아가기 위한 조건들은 무엇일까? 동아시아의 미래에 과연 금융 안정이 확보될 수 있을지 여부는 이런 질문들에 대한 대답이 좌우할 것이다.

배제의 가격 : 라틴 아메리카의 폭발성 부채

$ 1990년대 동안에 경제 개혁, 탈규제, 보다 나은 정부, 민영화 등과 같은 달콤한 말에 매혹당한 투자자들은 2004년에, 어째서 이 지역에 다시 금융 재앙의 위기가 고조되는지 의아해했다. 금융 병원의 응급실을 자주 찾는 행위 자체가 영구적인 변화를 불러오지는 않았던 것 같다. 아르헨티나 브라질처럼 이 응급실을 찾는 단골 환자들이, 긴축 재정을 통한 거시경제학적 안정을 동반한 자유주의라는 기존 처방전이 실제로는 자기들이 고통 받는 질병에 효과가 없을 것이라고 의심하는 것도 놀라운 일이 아니다. 1990년대에 자기 나라에 자유주의 경제 체제를 도입한 정치 지도자들은 지금은 대부분 권좌에서 밀려나 있다. 10년 동안 끌어온 자유주의 경제 정책의 실험은 과연 처음 이것이 도입될 때처럼 그렇게 빠르게 뒤집히고 원래대로 돌아갈까? 비록 라틴 아메리카의 국가 지도자들은 선진국의 고리스크 시장 활성화 정책을 포용했지만, 이들에게는 시장 활동의 리스크를 이 리스크를 가장 잘 떠안을 수 있는 사람들에게 분산시킬 역량이 부족했다.[1] 이들은 리스크를 할당하는 대신에 리스

크를 단순히 재분배했으며, 부의 단순한 명의 변경으로 경제적 동기를 왜곡했다. 또 이러한 부의 이전으로 생긴 공백을 메우기 위한 생산적인 행위를 촉진하지 않으면서 정부의 재원에 무거운 짐만 지웠다.

금융 병원의 의사들이 간과했다고 생각할 수 있는 것은, 라틴 아메리카의 사회·정치적 기초 여건들이 환자가 처방된 약을 이겨낼 수 있을 만큼 체력이 안정적이지 못했다는 사실이다. 대부분의 라틴 아메리카 국가들에서 빈부 격차는 세계 최고 수준이다.[2] (참조. 〈도표 6-1〉) 알려진 거의 모든 지표들을 동원해 볼 때, 라틴 아메리카는 사하라 사막 이남의 아프리카를 제외하고 세계의 개발도상국 지역 가운데 가장 빈부 격차가 심하다.(참조. 〈도표 6-2〉) 라틴 아메리카의 전체 인구 가운데 가장 부유한 상위 10퍼센트 계층의 소득은 전체 소득의

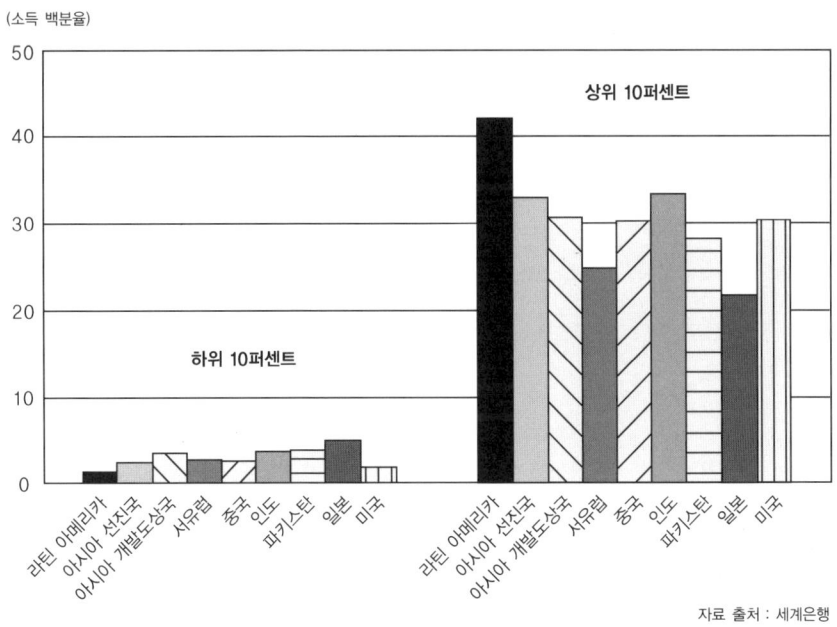

〈도표 6-1〉 소득 분포의 지역적 차이

자료 출처 : 세계은행

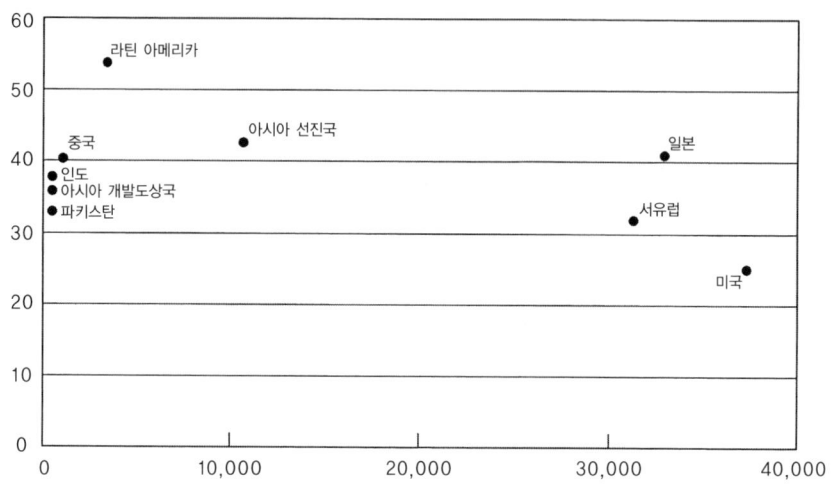

〈도표 6-2〉 소득 분포 대 소득 수준(지니 계수는 0에서 60)

자료 출처 : 세계은행

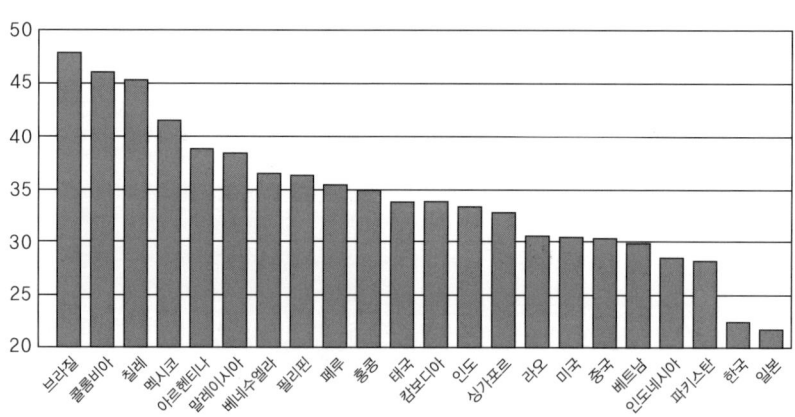

〈도표 6-3〉 소비 점유 백분율 : 가장 부유한 10퍼센트(소비 점유 백분율은 20에서 50퍼센트)

자료 출처 : 세계은행과 아시아개발은행

48퍼센트를 차지하며, 이에 비해 가장 가난한 하위 10퍼센트 계층의 소득은 전체 소득의 1.6퍼센트밖에 되지 않는다.(참조, 〈도표 6-3〉) 선진국의 경우에는 이 비율의 평균이 각각 29.1퍼센트와 2.5퍼센트이다. 1990년대 라틴 아메리카 지역의 지니 계수 평균은 0.522인데, 이것은 OECD 국가 평균인 0.342와 서유럽 국가 평균인 0.328에 비해 매우 높다. 또한 아시아 국가 평균인 0.412보다도 훨씬 높다.[3] 라틴 아메리카의 평균과 어깨를 나란히 할 지역은 아프리카밖에 없다. 라틴 아메리카의 전체 인구 가운데 가장 가난한 하위 20퍼센트 계층의 소득은 전체 소득의 3퍼센트밖에 되지 않는다. 이에 비해 가장 부유한 상위 20퍼센트 계층의 소득은 전체 소득의 60퍼센트를 차지한다. 라틴 아메리카의 경제가 성장했음에도 전체 인구의 35퍼센트는 여전히 빈곤에서 허덕인다. 이 지역에 사는 부자와 빈자의 삶은 둘 다 정부를 강력하게 불신한다는 점만 빼고는 공통적인 게 아무것도 없다. 국제적인 기준에 따르면, 법과 제도 혹은 기구에 대한 불신 수준이 높으며 사회 구성원들은 소득의 규모와 상관없이 모두 이 불신에 동참한다.[4]

자유주의적인 정책들은 사회적인 동의나 약속 없이 그저 라틴 아메리카 국가에 이식되었기 때문에 이 정책들을 지지하는 힘은 약하다. 거래·교육·조세·사회 보장 등과 관련된 본질적인 결정 사항들에 대한 정치적 동의 또한 취약하다. 정책 개혁에 대한 동의 수준이 경제적인 계층에 따라 매우 다를 때 정당의 경제적 기반의 차이로 인해 이 기반의 전반적인 재정적 동의를 이끌어내는 것은 어렵다. 소득의 불평등으로 야기되는 사회적 긴장은 개혁이 물거품으로 돌아갈 가능성을 높인다. 사회적 불안정은 범죄 증가, 사회 주류층의 제도와 대표 기구에 대한 불신과 경멸이라는 형태로 나타난다. 개발도상국에서의 불평등이 언제나 정치적인 긴장으로 이어지는 것은 아니다. 그러나 리스크를 가장 잘 받아들이고 지지할 수 있는 부문이나 개인으로 이 리스크를 이전시킬

<표 6-1> 라틴 아메리카 여러 국가의 경제 개혁 점수

	아르헨티나	브라질	칠레	콜롬비아	멕시코	페루	베네수엘라
공공 재정	0	2	3	3	3	2	0
세금 및 예산 개혁	2	2	3	1	1	1	0
환율	0	2	3	0	3	2	0
금융 시장	0	1	3	2	2	2	0
무역 개방	1	1	3	2	3	2	0
FDI 자유화	1	1	3	2	2	1	0
노동 개혁	0	1	2	1	0	1	0
연금 개혁	1	0	3	1	2	1	0

<표 6-2> 라틴 아메리카 여러 국가의 경제 개혁 점수(계속)

	아르헨티나	브라질	칠레	콜롬비아	멕시코	페루	베네수엘라
민영화	3	2	3	0	2	1	0
탈규제	2	2	3	1	1	1	0
재산권	0	1	3	1	1	1	0
기본적 욕구	0	0	3	0	1	0	0
인프라	1	1	2	0	0	0	0
사법 체계	0	1	3	0	0	0	0
제도와 기구	0	1	3	0	0	0	0
총점	11/45	18/45	43/45	14/45	21/45	15/45	0/45

출처 : 밀켄연구소, 2000

수 있는 제도나 기구들의 능력을 훼손한다.

라틴 아메리카의 경제 자유화는 소득의 격차를 줄인 게 아니라 제도와 기구가 부적합하다는 사실만 표출시켰다. 국가 지도자들은 외국의 투자를 유치하기 위해 환율을 안정시키고 금융 시장을 구축했으며 무역 개방의 규모를 늘리고 외국인 직접 투자를 자유화하고 광범위한 영역에서 민영화를 단행했다. 그러나 지도자들은 상당한 규모의 투자를 유치한 뒤에도 건강·교육·통신·수송 등의 기간 부문과 관련한 기본적 서비스를 개선할 수 있는 기회를 활용하지

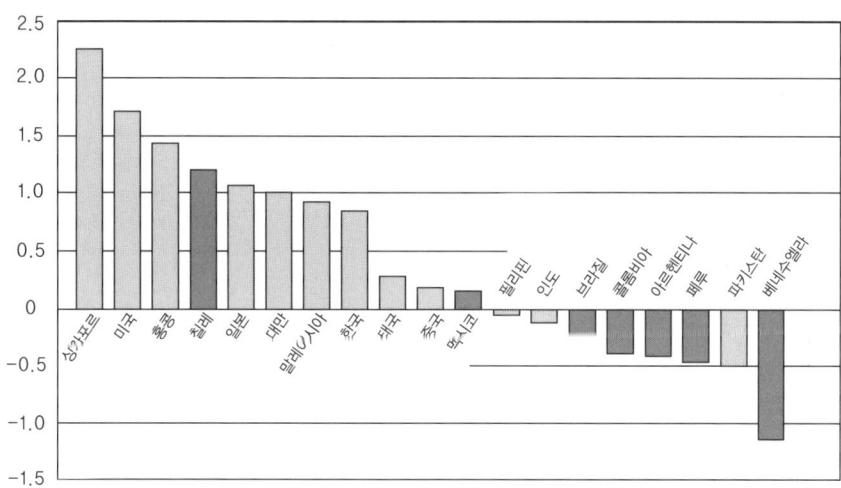

〈도표 6-4〉 정부의 효율성(2.5는 최상, -1.5는 최악)

자료 출처 : 세계은행

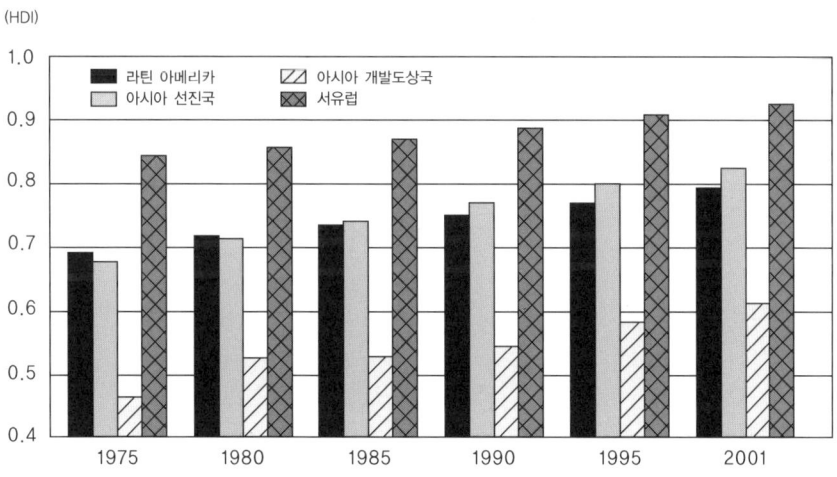

〈도표 6-5〉 인간 개발 지표 — 총체적인 순위

자료 출처 : 유엔

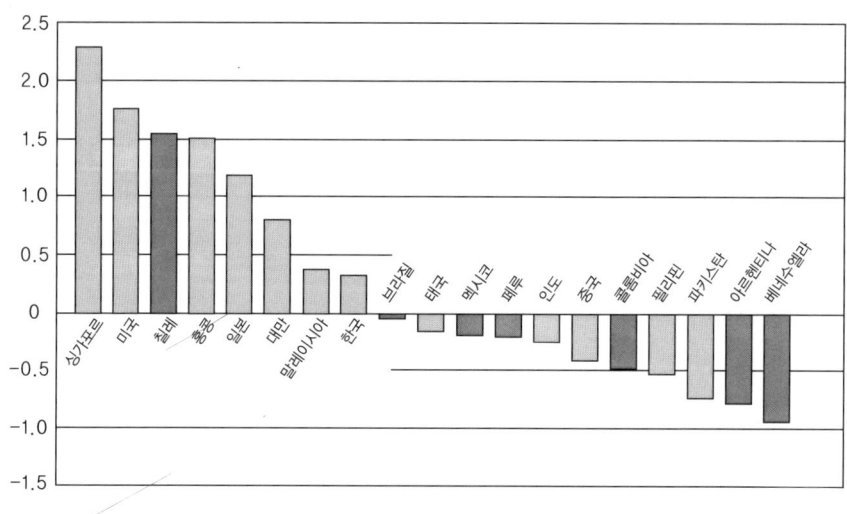

〈도표 6-6〉 부패에 대한 통제(2.5는 최상, -1.5는 최악)

자료 출처 : 세계은행

않았다. 재산권에 대한 확실한 보장, 기본적 욕구에 대한 충족, 인프라(기간 부문) 확충, 사법 체계의 개선 및 제도와 기구의 개선 등은 거의 무시됐던 것이다.(참조, 〈표 6-1〉, 〈표 6-2〉) 거시경제학적인 개선에도 불구하고 정부의 비효율성은 투자의 개발 충격을 무디게 만들었고 사회의 모든 계층에게 이익이 돌아가게끔 하지 못했다.(참조, 〈도표 6-4〉) 1975년을 기준으로 볼 때 라틴 아메리카의 인간 개발 수준은 아시아보다도 높았다. 그러나 2001년, 아시아 선진국은 라틴 아메리카를 추월했다.(참조, 〈도표 6-5〉) 허약한 책임성과 이에 따른 부패는 고양이에게 생선을 맡기는 상황을 만들고 말았다.(참조, 〈도표 6-6〉) 시장 친화적인 개혁을 옹호했던 아르헨티나의 유산 즉 카를로스 메넴Carlos Menem을 생각해 보라. 두 차례에 걸친 메넴의 대통령직 수행(집권 시기는 1989~1999년 —옮긴이)은 불법 무기 밀매와 뇌물을 통한 개인적 치부로 얼룩지고 말았다.

모든 문제를 거시경제학적으로 녹여버리는 현상이 특권적인 지배층을 위협할 때, 지지 기반을 고려할 수밖에 없는 정치권력은 정책 문제를 기꺼이 전문 관료에게 떠넘긴다. 그런데 국제기구와 민간 부문에 모두 조언을 했던 경제학자들은 자기들이 구상하던 결과를 확실하게 이끌어내는 데 반드시 필요한 여러 제도와 기구들의 기본적인 통합성을 자세하게 조사하지 않았다. 이들은 문제 해결에 필요한 거시경제학적 정책들이 가지고 있는 장점들에 동의를 하는 한편, (이미 개발을 완료한 선진국에서 이런 정책들을 수용하게 만든) 국가를 관리하는 정교한 리스크 관리 체제를 간과했다. 사회 보장 제도가 잘 갖추어져 있으면, 거시경제학적 충격에 그만큼 더 효과적으로 반응할 수 있는 여유 공간이 생긴다. 그러나 라틴 아메리카 지역의 정책 결정 과정에서 폭넓은 기반의 사회 보장 제도의 구축이나 평등한 분배를 위한 리스크 관리 기구들에 관한 문제가 깊이 다루어진 적은 한 번도 없었다.

사회적 긴장의 근원에 대처하지 못함으로써 건전한 거시경제학적 충고의 효율성은 감소한다. 개혁이 얼마나 지속적으로 계속될지 모른다는 의심이 사회에 더욱 커짐에 따라 사회적 갈등은 증폭되고 이 갈등은 라틴 아메리카에서 돈이 빠져나가게 만든다. 그리고 거시경제학적인 개혁은 혼란 속에 휩싸이고 만다. 리스크 할당 능력은 변화의 힘에 가장 민감한 사람들이 개혁을 보다 쉽게 받아들일 수 있도록 만드는 데 반드시 필요한 요소이다.[5] 리스크를 관리해야 하는 정부로서는 정부가 모든 일을 공정하게 수행한다는 신뢰부터 확보해야 한다.

위기에서 다시 위기로

제도적인 취약성, 재분배의 갈등 그리고 변동성 사이의 연관 관계는 라틴 아메리카 역사에서는 변수가 아니라 상수이다. 그리고 2001년에서 2002년 사이

브라질에서 일어난 사건들은 이 관계를 극명하게 보여준다. 2002년 브라질 대통령 선거 기간 동안에 나타났던 경제 붕괴의 리스크성을 생각하기 바란다. 좌파 후보인 루이스 이냐시오 룰라 다 실바Luiz Inácio Lula da Silva가 중도 우파의 조세 세하Jose Serra 후보를 여론 조사에서 앞지르자 정책 역전에 대한 우려로 브라질의 금융 시장은 공황 상태에 빠졌다. 룰라의 우세가 선거 이후의 금융 정책에 대한 불확실성을 낳았다. 그의 정책은 최근에 이루어진 금융 개혁을 부정하고 좌파 정책으로 갑작스럽게 선회할 수 있었기 때문이다. 그는 은행을 '기생충'이라고 불렀고 외국 투자는 '국제적인 착취 행위'라고 했으며, 외채 상환으로 인한 막대한 국부의 해외 유출을 차단하겠다고 맹세했기 때문이다. 브라질의 투자 분위기를 차갑게 얼어붙게 만든 정책 역전의 두려움이 돈을 해외로 빠져나가게 만들고 통화를 위축시켰다. 자본 도피(자국의 통화 가치가 하락할 염려가 있는 경우 또는 자국 통화의 외화 환전이 제한 또는 금지될 염려가 있는 경우에 행하는 외화로의 환전—옮긴이)에 대한 자동적인 반응으로 그는 초기의 여론 조사에서는 앞서갔다.[6] 통화 가치가 하락할 것이라고 예상한 투자자들은 통화를 팔았다. 그리고 그들의 이런 행위로 인해 그들이 두려워하던 사태가 현실로 나타났고 임금 인상 요구와 인플레이션의 악순환이 발생했다. 브라질에 대한 이전의 IMF 긴급 구제는, 이런 것들이 마치 정치적인 책략에서 비롯되기라도 한 것처럼 오로지 거시경제학적인 쟁점들만을 고려했다. 그 긴급 구제 조치는 통화를 지킬 수 있을 정도의 충분한 여유가 있다는 믿음을 투자자들에게 심어주려고 한 것이었다. 이런 개입은 정치적인 요소를 고려하지 않았으며, 흔히 강한 저항을 받았다. 또 때로는 이를 정치권이 받아들이지 않기도 했다. IMF로부터의 자본 유입 덕에 정부는 채권자로부터 시간을 벌 수 있었고 또 정치적으로 연결되어 있는 집단은 일반 국민보다 더 유리한 환율로 자본 도피를 할 수 있었다. 중앙은행 창구에서 이루어진 정치적인 정실 행위는 IMF의 개입이 자본 도피를 장려한다는 주장까지 터져 나오게 만들었고(사실 이런 주장은 IMF가 원했던 결과와 정반대이다) 이런 와중에 IMF는 정치 논쟁의 한가운데서 비난을 뒤집어썼다.

　2002년 브라질이 IMF와 맺은 합의는 이전에 맺었던 합의와 두 가지 점에서 크게 다르다. 하나는 IMF가 대통령 선거 이전에 룰라 후보로부터 만일 그가 대통령으로 당선이 되면 대출과 관련된 약속을 지킨다는 동의를 얻어낸 것이고, 또 하나는 제공되는 자금은 여러 개의 묶음으로 나뉘어져서 선거 이전과 이후에 예정대로 제공될 것이라는 내용이었다. 이런 조치가 투자자의 믿음을 회복시켰고 자본 도피를 저지했다. 그리고 룰라는, 그러지 않았더라면 도저히 얻을 수 없었던 기업가들의 지지를 얻었다. 결국 룰라는 승리했다. 대선뿐 아니라 기업계의 영향력 있는 인사들을 자기편으로 끌어들이는 데도 승리한 것이다. 결국 그는 우호적인 분위기 속에서 대통령으로서의 업무를 시작했으며, 심지어 대통령에 선출되기도 전에 국가가 금융 위기를 벗어나는 데 일조했다. 룰라는 책임성이 있어 보였고, IMF도 정치적으로 반대편에 서 있는 인사들의 주장을 무시했던 예전의 사례에서 많은 것을 배웠던 것처럼 보였다. 물론 길고 험한 날들이 룰라를 기다리고 있다. 룰라는 자기를 대통령에 당선시킨 가난한 사람들이 경제 성장의 혜택을 누릴 수 있게 해야 한다. 이런 일을 해낼 수 있으려면 핵심적인 자기 지지자들을 가혹하게 대해야 한다. 그리고 이것은 국가가 지고 있는 부채의 많은 부분이 나누어지도록 소수의 특권층을 설득할 수 있을 때만 가능한 일이다. 다른 말로 하면, 룰라가 성공할 수 있을지 여부는 그가 얼마만큼의 사회적 응집력을 보여 기업계로부터 투자를 이끌어내느냐 하는 능력에 달려 있다. 그러나 그가 예산 적자 상태를 정상으로 돌려놓는 동시에 보다 내포적인 정책들을 제시할 수 있는 여러 자원을 가지고 있을까?

　라틴 아메리카에서 시장 개혁이 이루어지던 1990년대 10년은 이 지역에 번영을 가져오지도, 시민성이 확고하게 자리 잡지도 않았다. 세계화로의 경제 통합은 그 어느 때보다 멀어 보인다.[7] 비록 브라질이 라틴 아메리카에서 경제 규모가 가장 크고 이 지역을 선도할 잠재력을 가지고 있으며 또 외국으로부터 투자와 부채를 가장 많이 받고 있긴 하지만, 브라질의 금융 불안은 라틴 아메리카가 안고 있는 비애를 상징적으로 대표한다. 1994년 시장 개혁가인 페르난도 엔히키 카르도스가 브라질 대통령으로 선출된 이래로 공채 규모는 GDP의 29퍼센트에서 60퍼센트로 치솟았다. 이는 카르도스가 투자자들에게 믿음을 심어주는 데 얼마나 성공적이었는지를 보여준다. 그럼에도 불구하고 1인당 소득은 해마다 1.3퍼센트씩밖에 성장하지 않았다. 카르도스와 중앙은행장 아르미니오 프라가 그리고 재무부 장관 페드로 말란이 국제 금융계로부터 뛰어난 성적을 받았지만, 그들이 끌어들인 1,400억 달러에 이르는 외채는 경기 침체를 막지 못했다. 사실 1인당 소득은 1980년 이후로 겨우 9퍼센트밖에 개선되지 않았다. 그동안 성장은 제도를 개선하는 데 독립적인 원천으로 기능하지 못했다. 그 결과 성장은, 미래가 현재보다 더 나을 것이라는 믿음을 브라질 사람들의 마음속에 심어주지 못했다.[8] 룰라는 이런 불신을 지우려고 브라질은 "한 줌도 되지 않는 은행가들의 착취와 탐욕"으로 고통받고 있다고 말하며, 자유화는 브라질의 외국 은행에 국내 기업이 밑 빠진 독에 물 붓기 식으로 이자를 갚도록 한 사기가 아니냐고 물었다. "우리는 8년 동안의 잘못된 정책, 말도 안 되는 민영화를 통해 브라질의 자산 76퍼센트를 팔아치운 정책으로 곪을 대로 곪은 심각한 위기를 맞고 있습니다."

브라질의 외채는 성장에 대한 브라질의 전망을 초과할까? 비록 경제학자들은 이 질문에 대한 대답을 엄격하게 거시경제학적인 쟁점으로만 바라보겠지만, 이 대답에는 분명 정치성이 개입할 수밖에 없다. 고금리의 불확실한 미래는 반대 의견을 야기한 분배상의 쟁점들을 제기한다. 브라질이 더 많은 부채를 삼킬 수 있을까 하는 질문은, 브라질의 잠재력이 세계 최악의 소득 불균형 국가라는 사실에서 비롯되는 여러 리스크들 때문에 훼손된다는 사실에 영향을 받는다. 브라질에서 거시경제학적인 내핍 정책을 추가로 실시할 때 기존의 불평등은 더욱 악화되고 결국 경제 개혁 자체가 정치적으로 불안정하게 되고 만다. 추가 부채의 부담뿐 아니라 혜택까지도 모두가 함께 나눈다는 공감대가 브라질 사람들 사이에 형성된다면, 브라질 국민들은 국제적인 대출 프로그램들을 보다 관대하게 받아들일 것이다.

빈혈 증세를 앓는 브라질의 자본 시장은 브라질의 기업들에게 제대로 도움이 되지 못하며, 결과적으로 브라질 내의 기업과 국민은 세계 무역의 혜택을 누리지 못한다. 국내적으로 브라질의 기업은 일반적으로 여섯 달 미만이라는 짧은 기간 동안만 자금을 빌릴 수 있다. 브라질의 대기업들(주로 석유·통신·은행 관련 기업이다)은 필요한 자금을 국내에서 조달할 수 없기 때문에 국제 시장에서 운이 좋으면 1년에 21퍼센트에서 22퍼센트에 이르는 이자를 지급하는 30개월짜리 채권을 발행한다. 이처럼 브라질에는 단기 자본 조달이 일상적인 것으로 자리를 잡고 있다. 말하자면, 단기 자금으로 장기 자산 조달을 하지 말라는 투자의 기본 원칙까지 무시하고 있는 셈이다. 자본 조달 계획을 빈번하게 새로 세워야 하는 기업들은 장기 부채를 지고 있는 기업들에 비해 충격에 대처할 수 있는 능력이 떨어진다. 민간 부문은 결국 대차대조표를 균형 있게 맞추지 못하는 사태를 맞이하고 만다. 이런 기업은 정부가 그러는 것과 마찬가지로 반드시 장기 부채를 써야 할 때 단기 부채를 과도하게 씀으로써 도산하고 마는 것이다.[9]

해외에서 빌린 돈으로 국내에서 사업을 하는 기업들은 또 다른 리스크에 노출된다. 부채를 상환하는 데 필요한 달러화를 사기 위해 자국의 통화를 팔면 그만큼 환율이 떨어진다. 자국 통화 가치의 급격한 하락은 갚아야 할 부채를 더욱 무겁게 만든다. 만성적인 경기 침체 현상이 이어지고, 외국 통화의 부채를 갚기 위해 기업들은 더 많은 자국 통화를 판다. 그리고 통화 가치의 하락으로 부채 비용은 더욱 늘어난다. 브라질의 경우 수출 부문은 GDP의 10퍼센트밖에 차지하지 않기 때문에, 수출 대비 부채는 무려 400퍼센트나 된다. 외채 상환 부담률〔일정 기간(주로 1년) 동안 재화 및 용역의 수출로 발생하는 경상 수입에 대한 원리금 상환액의 비율—옮긴이〕은 90퍼센트이다. 이 규모는 아시아 신흥시장 국가들 평균의 5분의 1이다. 이런 맥락에서 볼 때, 브라질의 민간 부문이 지고 있는 달러 부채는 브라질의 금융 취약성을 심화시킨다.

국내 자본 시장이 충분하지 못한 또 하나의 이유는 기업들이 자본을 조달하기 위해서 정부와 경쟁을 해야 한다는 사실이다. 2001년에 브라질의 재무부는 235억 5,000만 달러의 채권을 발행했다. 같은 해에 기업들은 국제 시장에서 겨우 20억 9,000만 달러밖에 조달하지 못했다. 투자자 입장에서는 이자율이 높고 리스크가 낮은 정부 채권을 선택하지, 굳이 민간 부문에서 발행하는 채권을 거들떠볼 이유가 없기 때문이다. 공채가 이자율을 두 자리 숫자까지 끌어올리자, 민간 부문은 더 높은 이자율을 제시해야 했다.[10] 익히 아는 사실이지만 금융 시장에서의 정보 불균형, 정부의 통화 수급 조정 실패, 허약한 금융 부문 규제 등의 문제는 서로 연관되어 있어서 어느 하나만 따로 떼어 해결할 수 없다. 느슨한 재정 관리, 허약한 대출 능력, 금융 부문의 무분별한 행동 등은 모두 연고와 정실이 작용해서 권력이 아무런 제지를 받지 않고 시장을 교란하는 부와 영향력의 불평등이 온존하며 또 이것을 강화하려는 정치에서 비롯된 문제들이다.[11]

허약한 자본 시장은 많은 사람들이 라틴 아메리카의 경제 성장에 기여하려고 해도 하지 못하게 가로막는다.(참조, 〈표 6-3〉) 밀켄 연구소에서 98개국을 대상으로 기업 자금에 대한 접근성을 조사했는데, 이 조사가 밝힌 순위는 중국 29위, 파나마 34위, 아르헨티나 45위, 페루 50위, 엘살바도르 54위, 온두라스와 멕시코는 공동 64위, 볼리비아 67위, 브라질 69위, 과테말라 70위였다. 코스타리카와 콜롬비아, 베네수엘라, 에콰도르, 파라과이는 각각 82위, 84위, 87위, 88위, 89위로 최하층을 기록했다. "라틴 아메리카의 지분 시장은 특히 협소하다. 전체 인구 대비 공개 거래 기업 수의 비율은 세계 평균의 대략 3분의 1

〈표 6-3〉 라틴 아메리카 금융 체계의 상대적 위상(1999)

	소득별 국가 분류				
	상	중상	중하	하	라틴 아메리카
인구	17.8	11.4	37	33.8	8.3
GDP	80.5	9.7	7.2	2.6	6.2
은행 자산	93.2	4.5	1.3	1.0	2.2
지분 시장 자본화	93.4	4.0	2.0	0.7	1.6
채권 시장 자본화	96.8	2.1	0.7	0.5	0.8
총 금융 자산	94.3	3.6	1.4	0.7	1.1

자료 출처 : 2002년 밀켄 연구소 정책 브리핑

참고 : 소득별 국가 분류는 세계은행지도 방법으로 계산한 1999년의 1인당 GNI(국민총소득)에 따른다. 분류 기준은 다음과 같다. '하'는 755달러 미만, '중하'는 755~2,995달러, '중상'은 2,996~9,265달러, '상'은 9,266달러 이상이다.

수준이다. 하지만 이에 비해서 전체 인구 대비 주식 공개 기업의 수는 세계 평균보다 10배 이상이나 된다."[12] 〈표 6-3〉은 라틴 아메리카 금융 체계의 자산 규모가 소득 수준이 중간 정도인 국가들의 평균보다 낮음을 알 수 있다. 금융 자산이 GDP에서 차지하는 백분율도 다른 집단들보다 두드러지게 낮다.

라틴 아메리카의 금융 중개업은, 소유권이 소수 주주에게 매우 집중되어 있으며 또 주로 대형 고객들에게만 대출을 해주는 민간 은행이 지배적이다. 고객의 신용은 매우 낮고, 주식 시장은 규모가 작고 유동성이 적으며, 대출 이자와 예금 이자의 차이는 매우 크다. 2001년 법률이 바뀌기 전에는 멕시코의 은행들이 소규모 기업을 운영하는 사람들에게는 대출을 해주지 않았다. 법률로 금지했기 때문이다. 대출에 대한 저당을 설정하려면 저당물의 가치를 평가해야 하는데, 이런 평가를 제대로 할 수 있는 수단이 마련되어 있지 않아 대출 건수도 많지 않다. 기업의 규모와 나이가 대출 결정의 중요한 자격 기준으로 자리를 잡는다. 새로이 진입하는 혁신적인 신생 기업들로부터 견제를 받지 않기 때문에 기존 기업들은 어렵지 않게 나이를 먹어가고, 그만큼 기존 기업들의 평균 나이는 점차 많아진다.

이미 자리를 잡은 기업들은 신생 기업의 위협으로부터 안전하게 보호를 받는다. 아무리 날고 기는 신생 기업이라도 자금을 조달받는 것에서부터 문제가 생기기 때문에 기존 기업들을 시장에서 밀어내는 것은 불가능했다. 기존 기업들이 안전한 신변 보장을 누리는 대가는 성장과 경쟁의 희생으로 나타났다. 라틴 아메리카에서 가장 나은 성과를 보여준 칠레는 유일하게 은행 부문에서의 민간 부문 신용이 GDP의 50퍼센트를 넘는다. 페루와 아르헨티나에서의 비율은 약 20퍼센트 정도이다. 라틴 아메리카의 자본 시장들은 매우 높은 수준으로 세분화되어 있다. 중간 규모의 기업들은 25퍼센트에서 45퍼센트에 이르는 이자율로 대출하며, 이보다 규모가 작은 기업들은 심지어 60퍼센트나 되는 이자율을 부담한다. 라틴 아메리카 기업들이 지고 있는 소액 대출의 부담은 동아시아 기업들의 경우와 매우 뚜렷이 대비된다. 스위스연방은행UBS 와버그가 추산하기로는, 2001년의 자본 대비 부채 비율은 26퍼센트밖에 되지 않았다. 이것은 일본 기업과 좋은 대조가 되는데, 일본 기업은 이 비율을 약 277퍼센트로 유지한다. 한국에서는 이 비율이 1998년에 가장 높았는데 이때 약 300퍼센트까지 올라갔다가(몇몇 기업들은 600퍼센트까지 기록하기도 했다) 2001년에는 198.3퍼센트로 내려갔다. 주로 은행에 의존하는 자본 조달, 허약한 지분 시장, 낮은 자본 대비 부채 비율 등이 낳은 결과는 높은 변동성이다. 높은 이자율을 감당하기 위해 기업은 적정 수준보다 높은 수익률을 필요로 하게 되어 그만큼 리스크율이 높은 사업을 추진하고, 이런 내용은 고스란히 은행의 자산 구성에 반영된다. 그렇기 때문에 자본 시장이 안정적인 사회에서는 얼마든지 자금을 조달받을 수 있는 적정 수준 리스크율의 유망 사업들이 자금을 조달받지 못한 채 사장되고 만다.

지난 30년 동안 라틴 아메리카의 거시경제학적 변동성은 다른 신흥시장 국가들의 변동성을 훌쩍 넘어섰다. 1980년대 후반에는 라틴 아메리카 지역의 연평균 인플레이션율이 1,500퍼센트에 육박했다. 소득은 1980년대 초와 비교해

10퍼센트나 떨어진 수준이었다. 거시경제학적 불안정성은 예금을 잠식하고 명예 계약(기존 계약의 만료 기간이 가까운 상태에서, 구체적인 거래 내용 갱신을 전제로 미리 해두는 계약―옮긴이)에 대한 포괄적인 약속을 잠식한다. 불행하게도, 국내외의 잠재적인 투자자들은 금융상의 원칙이 뒤집힐 것임을 감지한다. 카르도스와 같은 인물이 있는 곳에서는 언제나 어느 한쪽에 대중을 앞세운 룰라와 같은 인물이 있게 마련이다. 정책이 뒤집어질지 모른다는 두려움이 정부의 자본 조달 비용을 증가시킨다. 이렇게 해서, 신용할 수 없는 금융 원칙은 더욱 더 높은 비용을 요구한다.

오늘의 풍족함을 내일의 빈곤에 내미아여 예금암으로써 미래에 대한 계획을 세울 수는 없기 때문에 여러 국가들은 '순응적인' 금융 조정을 맞고 만다.(생산 활동과 같은 방향으로 움직이는 거시경제학적 변수를 '경기 순응적procyclical'이라고 한다. 예컨대 경기가 좋아 생산이 늘면 출하와 가동률 및 고용은 늘며 경기가 나빠 생산이 줄면 이들 또한 줄어든다―옮긴이) 라틴 아메리카의 재무부 장관들은 전형적으로 경기 침체 국면에서는 지출을 줄이고 활황 국면에서는 예금을 하지 않고 지출을 늘린다. 하지만 금융 정책은 변동성에 대비할 수 있도록 설정되어야 한다. 이들은 건전한 금융 정책의 황금률을 어기는 셈이다. 라틴 아메리카 국가들 가운데는 칠레만이 예외이다. 칠레는 호황을 누리는 동안에 적극적으로 경기 순환 경향에 반대하는 즉 경기를 조정하는 정책들을 장려하는 금융상의 원칙을 채택해왔다. 경기에 순응하는 재정 정책을 펼침으로써 이 지역의 국가들은 경기 침체기에는 재정 적자를 줄이기 위해 정부 지출을 과다하게 줄였고, 이것은 가난한 사람들의 상태를 악화시키고 이들을 분노케 만들었다. 건강과 교육 부문 지출은 흔히 가장 먼저 삭감되는 항목이다. 이 바람에 상황이 호전될 때에도 회복하기 어려운 자본 손실이 나타나며, 이 지역의 빈곤 상황은 더욱 퇴치하기 어렵게 악화된다.

취약한 제도, 적절하지 않은 규제, 잘못 설정된 동기 유발책 등이 라틴 아메리카의 시장 기반 금융 체계를 보잘것없는 수준에 머물도록 발목 잡는다.[13] 예산의 책정 및 집행 절차는 투명하지 못하며, 고정 자산 및 유동 자산에 대한 재산권도 적절하지 못하다. 또 법률은 담보물에 대한 대출의 안정성을 적절하게 보장하지도 못한다. 폴 홀덴이 수행한 연구는, 파산 절차가 길며 지급 기한이 지난 부채를 회수하는 데 필요한 법률적인 행위도 지나치게 많고 복잡해 결국 채권자는 자산의 아주 적은 일부분밖에 회수하지 못한다는 사실을 밝혀냈다.[14]

제대로 기능하지 못하는 법률 체계와 믿을 만한 신용 정보 부족이 문제이다. 심지어 소수 특권층에 대한 신용 정보조차도 부족한 실정이다. 이런 문제는 라틴 아메리카의 소규모 기업이 발전할 수 있는 가능성을 가로막는다. 일관성 없이 복잡하기만 한 규제는 기업이 법률적인 위상을 획득하는 걸 가로막는다. 법률적으로 독립적인 기업을 새로이 창업하는 과정이 너무도 성가시고 복잡하기 때문에 수많은 기업가들은 처음에 비공식적 부문에서 사업을 시작한다. 그런데 이 기업이 일단 비공식 부문에서 성공적으로 자리 잡았다 하더라도 공식 부문으로의 전환은 쉽지 않다. 지나친 규제로 인해 발생하는 비용은 공식 부문으로의 전환이 가져다주는 이익보다 더 크다. 하지만 비공식 부문에 계속 머물면 외부 자본을 끌어들이기가 어렵다. 딜레마이다. 그 결과 브라질과 같은 라틴 아메리카의 여러 국가에서는 수많은 가족 소유의 소규모 기업이 중간 규모의 기업으로 대기업으로 성장할 수 있는 기회를 거의 가지지 못한 채 계속해서 소규모로 남을 수밖에 없다.

미쳐서 날뛰는 정부 부채

라틴 아메리카의 국민들이 상당한 금액의 돈을 투자하려고 따로 예금해 두고 있음에도 불구하고 민간 부문은 여전히 자금 조달의 어려움에 시달린다. 국민의 이 예금이 정부 부채를 갚는 데 들어가기 때문이다. 라틴 아메리카 네 개의 주요 자본 시장 가운데 칠레를 제외한 아르헨티나, 브라질, 멕시코에서의 정부 부채는 전채, 부채, 자본화 가운데 엄청난 비중을 차지한다. 이 지역의 금융 취약성에 관한 또 다른 지표로는 은행이 안고 있는 중앙 정부의 부채를 들 수 있다. 2003년에 라틴 아메리카의 전체 은행 자산 가운데 중앙 정부의 부채가 차지하는 비율은 55퍼센트였다. 이 비율이 브라질은 28퍼센트이고 멕시코는 22퍼센트였다. 하지만 소득 수준이 중간 정도인 국가의 평균 비율은 10퍼센트에서 15퍼센트 수준이다.[15]

뮤추얼펀드는 수많은 다양한 기업 및 부문에 대한 주식으로 구성되어야 한다. 하지만 라틴 아메리카에서 뮤추얼펀드의 법률적 형태는 정부 부채에 투자하는 것으로 사용된다. 펀드를 운용하는 사람들 앞으로 정부가 발행하는 채권에 투자하라는 명령은 심심찮게 떨어진다. 아르헨티나에서는 심지어 이런 투자 규모를 은행별로 할당하기도 한다. 자산을 운용하는 사람들 입장에서는 정부의 이런 정책 때문에 자산 구성을 다각화하지 못한다. 결국 이들의 자산 운용 행태는 금융 이론의 기본적인 정석에서 완전히 벗어나고 만다.

정부가 이렇게 광범위하게 자본을 끌어들이면서 민간 부문은 신용 시장에서 소외되고, 결국 라틴 아메리카의 금융 시장은 취약해질 수밖에 없다. 은행은 정부의 리스크를 거대한 규모로 떠안은 채 사람들에게 국제 통화에 예금을 하도록 강제하고, 아무리 해도 해소되지 않는 예금 부족 사태를 맞이한다. 다른 부문에 대한 투자 수익 통로는 해당 지원 제도가 부족한 바람에 꽁꽁 막혀 있다. 예를 들어, 지분 시장이 취약한 것도 사실은 소액 주주의 권리를 제대로 보호하지 못하는 기업의 부적절한 지배 구조 때문이다. 소액 주주의 권리를 강력하게 보호하는 칠레의 경우는 예외이지만, 라틴 아메리카 국가들에서는 세계의 평균보다 훨씬 높은 소유권 집중 현상이 나타난다. 법률적인 변화가 필요하다는 인식은 점차 커지고 있지만 허약한 법률적 강제력은 여전하다. 제재를 가할 아무런 도구도 가지고 있지 않은 이빨 빠진 감시견 격인 정부 기관들로서는 기업의 회계를 감시할 수 없으며, 기업들로서도 잘못하다간 자산을 정부로부터 징발당할 수 있기 때문에 굳이 기업 내용을 공개할 동기가 없다. 또 브라질에서는 공무원이 기업 규제 관련 행위를 할 경우 민사 소송을 당할 수도 있다. 사실 공무원의 활동을 무력화시키는 데 이보다 더 강력한 방법은 없을 것이다. 공무원의 감시 및 규제 역할은 필요할 때는 없는 듯하고 필요하지 않을 때는 예측하지 못한 순간에 강력하게 들이닥친다.

라틴 아메리카 대부분의 국가 경제는 은행에 의존한다. 은행이 무너지면 금융 부문 전체가 황폐화된다. 투자 은행이나 증권 회사에게 시장을 형성하는 주체로 왜 주도적으로 나서지 않느냐고 물을 때 거의 동일하게 돌아오는 대답은 변동성에 관한 문제이다. 시장은, 민간 부문에서 시장을 형성하는 주체가 나올 수 없을 정도로 늘 불안정하다. 하지만 또 다른 이유가 있다. 대부분의 산업 부문에 포진하고 있는 소수의 대기업이 휘두르는 독점력은 투자 은행이 인수와 합병에 들어가는 비용을 부담할 수 있게 갖추는 것을 방해한다.

정부의 정책 입안자들은 현재 기업의 부채 만기일을 연장해줄 것을 공공연하게 요구한다. 또 새로운 지분 상품을 만들라고 하고, 기업에 대출을 할 수 있는 제2금융권을 장려한다. 그리고 소액 주주의 권리 보호와 규제 기구들의 행정적인 독립성 강화를 주장한다. 하지만 산업계의 거대한 이해관계가 기업의 지배 구조 개혁에 반대한다. 산업계의 이런 거대한 힘이, 필요한 지원을 제공하며 규제 사항을 유리하게 해석해줄 수 있는 정치인들과 비공식적인 관계를 온존시킨다.

금융 부문을 떠나, 수많은 제도적인 실패 요인들은 거시경제학적 조정이 이루어지던 10년 세월 동안 조금도 개선되지 않았다. 이런 실패 요인들의 목록에는 예산 설정 및 원칙 설정에서 예측 가능성이 총체적으로 빠져 있다거나 공공 부문 및 민간 부문에 대한 감사가 한없이 지연된다거나 하는 문제들이 포함된다. 그런데 불행한 사실은, 사회적으로 비싼 대가를 치러야 하는 은행 실패의 리스크를 증가시키는 느슨한 규제 환경이 몇몇 이익 집단들과 이들을 정치적으로 후원하는 집단에게는 유리하게 작용한다는 점이다.

금융 원칙의 상대적인 부재가 라틴 아메리카의 금융 시장을 오늘날처럼 보잘것없게 만들고 말았다는 것은 일반적으로 동의하는 객관적인 사실이다. 금융과 예산의 투명성을 높이고 효율적인 금융 인프라를 건설하려면 보다 효율적인 경제 및 사회에 대한 전반적인 동의가 필요하다. 그러려면 우선 신뢰가 확보되어야 한다. 라틴 아메리카에 일반적으로 나타나는 현상인 거대한 소득 불균형은, 금융 긴축과 내핍을 요구하는 여러 주장들을 매개로 사회를 하나로 묶어주는 유대의 끈을 끊어버렸다.

정부 재정이 형편없어진 이유는 흔히 공적 자금을 광범위한 지원망을 통해 개개인이 개별적으로 이득을 얻을 수 있는 일에 투여했기 때문이다. 부유한 사람을 더욱 행복하게 만드는 수익성 좋은 사업 계약에서부터 가난한 사람에게 나누어주는 (도시의 쓰레기 수거와 같은)수많은 일자리에 이르는 것들은 그런 예가 될 수 있다. 유엔개발계획 UNDP이 실시한 연구의 일환으로 이루어진 한 여론 조사에서 라틴 아메리카 사람의 31퍼센트가, 집권 여당에 정치적인 줄을 댄 덕에 (일반적으로 정부 관련 일자리가 보통인) '특혜' 를 받은 누군가를 알고 있다고 대답했다.[16] 뒤를 봐준다는 것은 가난한 사람에게 부를 재분배하는 하나의 방식이긴 하다. 그러나 이것은 취약한 사회적 유대감을 대신하지는 않는다. 또한 전체 경제가 성장하는 데 도움이 되는 정책들을 만들어내지도 않는다.

파멸의 길로 향하는 아르헨티나

라틴 아메리카에서 가장 빠르고 성공적인 경제 개혁이 이루어졌던 때는 아르헨티나의 카를로스 메넴 대통령이 경제학자인 도밍고 카발로와 300명 가까운 소위 '카발로의 아이들'을 등용했던 때이다.[17] 1991년에 아르헨티나는 국제적인 정책 전문가들이 강력하게 지지하던 정책에 국가의 운명을 걸었다. 이들은 태환 정책을 도입하고 1페소를 찍어낼 때마다 1달러를 준비금으로 준비했다. 이런 개념은 현대의 황금률이라고 할 수 있는 경제 교과서에서 곧바로 적용한 것이었다. 이 정책으로 아르헨티나는 당시 한 달에 200퍼센트씩 뛰던 인플레이션을 잡았다. 통화에 대한 믿음이 회복되자 돈은 다시 은행으로 들어갔고, 이 돈은 경제 성장을 추진하는 연료가 되었다. 전 세계의 은행들이 아르헨티나에 지점을 개설했다. 외국의 투자자들은 수익률이 높고 국경을 손쉽게 넘나들 수 있어서 만족했다. 투자가 절정에 이를 때는 한 달에 8억 달러씩 아르헨티나에 유입되었다.

아르헨티나 은행에 수많은 달러가 들어오자 메넴의 인기는 치솟았다. 하지만 그는 이 인기를 세금을 올려 부채를 갚고 팽창한 정부의 재정 지출을 줄이는 데 쓰지 않았다. 대신 그는 정부의 프로그램과 일자리, 보조금 지급을 늘임으로써 정부의 재정 상황을 악화시켰다. 금융 정책의 위대한 개혁가였던 메넴은, 집권 정당인 페론 당을 위한 실질적인 정치 세력이었던 소위 '그림자 종업원' 부대를 창설했다. 한 관찰자가 기술했듯, 사람들은 날마다 일을 해야 할 필요가 없는 일거리를 달라면서 꾸준하게 정부 기관 앞에 나타났다. 강화된 경제는 정부 소유 기업들을 엄청나게 많이 민영화했음에도 불구하고 온정적인 지원 체계만 잔뜩 부풀리는 데 그쳤다. 전화·물·가스 등과 관련된 기업들, 도로·우체국·국제선을 운항하는 항공사 등이 모두 민영화되었다. 그러나 정부가 제공하는 일자리의 수는 줄어들지 않아 1990년과 마찬가지로 약 200만 개나 되었다. 《로스앤젤레스 타임스》는 다음과 같이 보도했다. "아르헨티나 인구의 3분의 1이 고향인 부에노스아이레스에서는 특히 소비 지출로 흥청거렸다. 부에노스아이레스의 시장인 에두아르도 두알데는 페론 당에서 메넴의 최고 경쟁자였다. 이 둘의 경쟁은 주로 정부의 돈을 가운데 놓고 치열하게 진행되었다." 두알데는 유권자의 표를 살 수 있으리라고 생각하는 것은 무엇이든 했다. 그의 라이벌인 메넴도 유권자에게 돈을 퍼주는 일에 지지 않으려고 애를 썼다. 이 점과 관련해 《로스앤젤레스 타임스》는 다음과 같이 전했다. "메넴은 자기의 재량권으로 처리할 수 있는 기금을 마련해서 유용했다 이 기류은 '국고에서 나오는 선불금' ATNs이라고 불렸는데, 메넴에게 우호적인 지방 행정부들은 ATNs에 쉽게 접근할 수 있었다. (중략) 이들은 어떤 핑계를 대서든 ATNs를 요청했다. 원칙적으로는 문서로 된 계획안을 제출해야 했지만, 회계 보고는 따로 이루어지지 않았다."[18]

이런 지원 체계는 현재까지도 도저히 어떻게 할 수 없는 상태로 남아 있다. 메넴은 첫 번째 재직 기간 동안에는 긴축 재정으로 아르헨티나가 현실에 발을 디디고 서게 했다가, 재선에 성공한 뒤에는 첫 번째 재직 기간 동안에 해외 신용도를 튼튼하게 쌓게 해주었던 좋은 정책들을 모두 폐기하고 정치적인 목소리를 높이며 인기에 영합했다. 메넴은 재선에 성공한 뒤부터는 처음부터 끝까지 잘못된 통치를 함으로써, 차기 정권에 힘겨운 유산을 물려줘서 차기 정권이 엄청난 재정 적자를 메우기 위해 세금을 대폭 올리고 공무원의 임금을 삭감할 수밖에 없게 만들었다. 세계은행에서 실시한 한 연구 조사 사업에서는, 1인당 GDP를 놓고 볼 때 아르헨티나는 세계에서 가장 부패한 국가로 꼽힌다. 개혁에 대한 열정이 최고조에 이르렀을 무렵에도 메넴은 공공 행정의 질을 개선하거나 혹은 자기가 정치적으로 임명한 사람이 전기와 전화 서비스의 혜택을 받을 운 좋은 사람을 독단적으로 결정하지 못하도록 하는 등 아르헨티나의 공공부문에 대한 개혁을 실시하지 않았다. 메넴은 정부 예상 세입의 40퍼센트나 되는 막대한 비용이 들어가는 문제 많은 재분배 프로그램을 교정하려는 노력은 전혀 들이지 않았다. 그는 정치인이 권력을 사려고 사용하는 부정 자금의 지출을 단 한 번도 멈추지 않았다. 민영화가 경쟁력이나 효율성에 기여한 부분은 거의 없었다. 비록 그의 통치는 대중적인 개혁으로 시작했지만, 공공 부문을 보다 잘 경영하는 데는 필수적이지만 상대적으로 인기가 덜한 개혁들이 정치적으로 지지와 지원을 받도록 해 경제가 최고의 능력을 발휘할 수 있도록 하려는 노력은 전혀 하지 않았다. 아르헨티나 정부는 재조직이 필요했다. 하지만 아르헨티나에서 이루어진 것은 법률적 강제력에 관한 불확실성을 전혀 덜어내지 못하는 거시경제학적 개혁뿐이었다. 공통적인 가치가 존재하지 않는 상태에서 사회적인 동의를 마련하려는 제도적인 장치는 여전히 공허할 뿐이다. 이것은 기업가 정신과 신뢰와 법에 대한 존경심을 강화하는 자기 강제적인 사회 규범을 마련하지 못한다.

여우에게는 불투명한 게 유리하다

2001년, 아르헨티나는 붕괴했다. 엄청난 충격이었던 이 사태는, 라틴 아메리카 지역의 독특한 풍토병이라고 할 수 있는 한껏 부풀려진 공공 부문 종사자와 같은 실책들에 대한 선전용 포스터에 등장하는 이미지 캐릭터 혹은 어떤 사람이 말하듯 왕자를 대신해 매를 맞는 소년이 되었다. 엄청난 규모의 공공 부문 예산 부족은 공적 자금을 들여서 진행되는 개별적인 지원 프로그램이 라틴 아메리카 전역에 만연해 있음을 반영한다. 여러 가지 제도들은 이런 프로그램이 긍정적으로 기여한다는 환상을 심어주고, 투명하지 못하게 이전되는 자금은 장기적인 사회적 비용을 일시적으로 눈에 보이지 않게 덮어준다. 전반적인 경쟁력 강화를 주장하는 국내의 목소리는 사라지고 없으며, 꼭 필요한 개혁들은 거의 마무리가 되지 않는다. 사회 구석구석의 강력한 집단들은 불투명한 자금 집행을 즐기면서 장기적인 거래 및 금융 위기관리를 위한 법률적인 토대를 강화하는 걸 왜 망설일 수밖에 없는지 설명한다.[19] 하지만 불투명성은 힘이 없는 사람들로부터 힘이 있는 사람들을 일시적으로만 보호할 뿐이다. 게다가 라틴 아메리카의 정치는 더욱 복잡하다. 경제적인 여러 이해 집단들이 국가와 연합하지 않을 때 이들은 국가와 경쟁하기 때문이다.

세계화는 이 지역이 정치적 분열에 대한 해법을 찾는 데 도움이 되지 않았다. 오히려 이 지역의 국가들이 세계 금융 시장에 접근할 수 있음으로 국내의 잘못된 정치적 동기들과 관련된 비용이 실질적으로 줄어드는 결과가 빚어졌다. 해외 자금을 손쉽게 빌릴 수 있기 때문에 이들은 국내에서 어려운 금융적인 선택을 해야 하는 상황을 피할 수 있게 되었다. 사실 1970년대의 대규모 재정 부족은 시간적으로 이들 국가가 국제 금융 시장에 접근했던 시기와 일치한다. 국제 자금에 대한 손쉬운 접근은 라틴 아메리카 국가들이 국내 정치를 위해서 국내에서 당연히 해야 하는 개혁을 하지 않고서도 해외 자본 시장에서 얼마든지 자금을 빌릴 수 있는 토대가 되었다.(참고, 〈표 6-1〉과 〈표 6-2〉 p.150)

사회적 양극화의 금융적인 결과들

비례대표제는 서로 깊게 분열되어 있는 각 사회 집단들이, 라틴 아메리카의 심각한 정책 실패의 주된 근원인 당파적인 정치 정당들을 지지하는 토대로 작용한다. 의미 있는 제도적 개혁은 분배와 관련된 갈등을 일으키고, 이 갈등은 정치라는 불길에 기름을 붓는다. 양극화 사회에서는 강력한 당파적인 이념을 주장하는 정당이 나타난다. 그리고 금융 정책과 관련된 쟁점들을 어떻게 해결할 것인가를 두고 벌어지는 당파적인 갈등은 정책의 연속성에 대한 불확실성을 가중시키는, 벼락 경기와 불경기가 어지러울 정도로 빠르게 교차하는 상황을 만들어낸다.

대부분의 이웃 국가들과 마찬가지로 아르헨티나는 신흥시장에서 흔히 공통적으로 나타나는 거대한 조세 불평등 격차를 너그럽게 받아들인다. 직접세는 징수하기가 어렵다. 부자가 반대를 하기 때문이기도 하고 직접세를 부과하는 데 드는 행정 비용이 높기 때문이기도 하다. 가난한 국가들이 대부분 그렇듯 라틴 아메리카에서도 정부는 주로 간접세에 의존한다. 하지만 간접세는 누진세가 아니라 누감세이며 따라서 결과적으로 가난한 사람들이 많이 부담을 해야 한다.

세제 개혁에 대한 사회적인 동의가 이루어지지 않는다는 사실이 대규모 차입금이 발생하는 핵심적인 이유이다. 조세 개혁에 대한 이념적인 광대한 차이와 갈등을 해소하기보다는 차라리 돈을 빌리는 게 훨씬 쉬운 일이다.[20] 사회적인 동의가 이루어져서 국가의 취약한 재정 상황에 대한 근원적인 문제가 해결될 때까지는, 금융 시장은 돈을 빌려가는 정부에게 리스크 부담금을 추가로 요구할 것이다. 그래서 한 국가의 금융 시장이 발전하지 않았을 때 이 국가의 다수 국민들이 경제 성장에 기여하거나 혹은 경제 성장의 열매를 즐길 수 있는 여지가 삭감된다. 이것이 바로 대중주의가 사라지지 않고 남아 있는 이유이다.

좌파 인사들이 비록 국가적인 지지를 얻었음에도 불구하고 이들은 투자자들의 마음에 두려움을 심어주어 혹시라도 경제 정책에 대중주의가 부활하지 않을까 떨게 한다. 하지만 1990년대의 자유화는 부의 연속적인 집중화와 연관이 되어 있고 따라서 시장 개방 정책과 관련이 있는 정부의 합법성을 강화한다. 이 지역의 급진적인 불평등은 협력이 아니라 폭동을 강화하며, 기업이 가지고 있는 힘의 상징을 향해서 돌을 던지는 볼리비아의 에보 모랄레스와 같은 사람을 영웅으로 만든다. 자본가와 노동자와 농민이 정치적인 여러 절차에 대한 합법성을 회복하는 사회적 합의에 입각해 서로 협력할 수 있는 경제 체제를 만들기 위해서는 용감하고 새로운 정치적 조정이 필요하다. 라틴 아메리카의 국민들이 자본과 기회에 접근할 수 있게 하려면 이 지역의 국가들을 사회적인 토대에서부터 행정 체계에 이르기까지 몽땅 재구성할 필요가 있다. 하지만 개혁은 거시경제학적인 조정에만 머물고 만다.

라틴 아메리카 대 동아시아

농아시아는 라틴 아메리카에 비해 상대적으로 좋은 경제 정책을 가지고 있어 국제사회로부터 신용을 받는다. 처음 도입될 때만 해도 새로울 게 없었던 동아시아의 경제 정책이 성공할 수 있었던 이유는 바로 동아시아 국가들이 가진 자국의 관료제도 역량 덕이다. 라틴 아메리카에도 이런 역량 있는 관료제도가 갖추어져 있었더라면 똑같은 정책으로도 경제 발전을 이룰 수 있었을 것이다.[21] 라틴 아메리카의 역량 부족은 원재료의 수출에 의존하는 경제 구조와 관련이 있다. 원재료 수출이 과연 라틴 아메리카의 빈약한 통치력의 원인인지 결과인지는 좀 더 자세하게 연구해야 밝힐 수 있는 문제다. 〈도표 6-7〉은 이 책에서 다루는 다른 신흥 국가들과 비교할 때 라틴 아메리카의 원재료 및 미완성 제품 수출이 전체 수출품 가운데 얼마나 큰 비중을 차지하는지 보여준다.

라틴 아메리카의 경제학자 열두 명이 1995년에 미주개발은행ADB의 의뢰를 받아 실시한 연구 결과는 이 지역의 통치가 안고 있는 수많은 약점들을 드러낸다. 이 중 결정적 약점은 바로 라틴 아메리카에는 동아시아의 호랑이들이 가진 강점이 없다는 것이다. 예를 들면, "중앙집권화된 체계(즉 관료 체계)를 관리하고 정보를 처리하고 시의 적절하게 명령을 내리는 복잡한 역량을 라틴 아메리카의 현재 행정 능력으로는 발휘하지 못한다."라고 이 연구는 결론을 내린다.[22] 필립 키퍼와 스티븐 내크는 한 걸음 더 나아간 연구에서 1960년부터 1989년

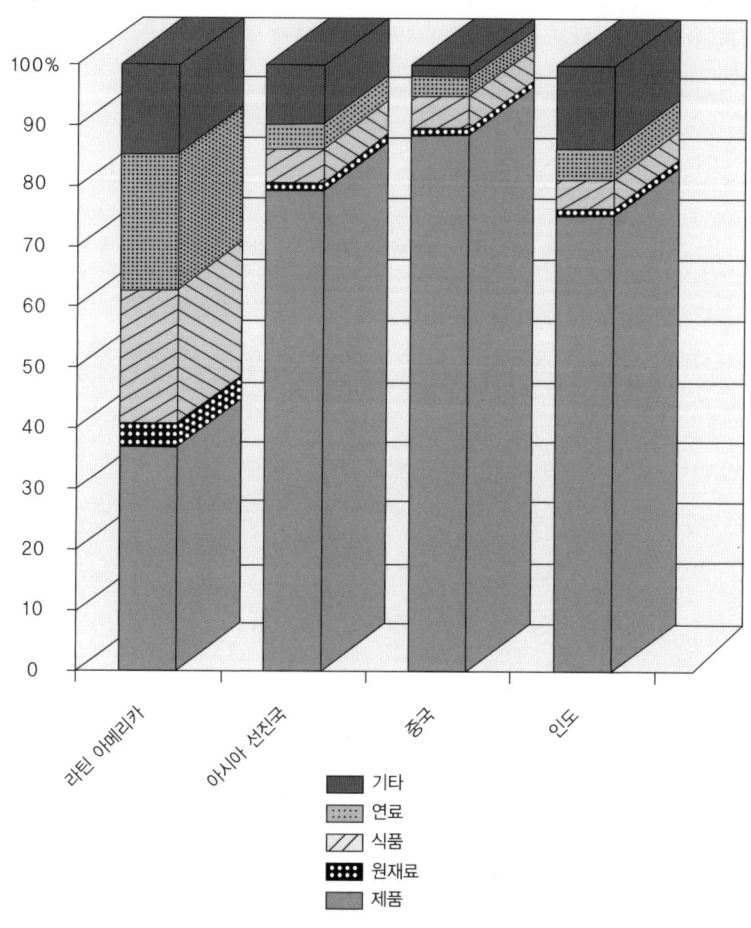

〈도표 6-7〉 국가별 수출품 구성 비율

까지의 기간을 대상으로 관료제도의 질, 부패 정도, 자산 몰수의 리스크성, 계약 내용 불이행 등이 1인당 평균 성장률에 미치는 영향을 측정했다. 그 결과 각각의 변수들은 1인당 성장률에 각기 독립적으로 상당한 영향을 미치고 있음을 발견했다.[23] 동아시아와 라틴 아메리카의 사법 체계, 정부의 투명성(혹은 반

부패) 정도 그리고 국가 관료제도의 질을 비교하면 매우 큰 차이가 있음을 알 수 있다. 표본에 나타난 국가들을 볼 때 라틴 아메리카는 제도의 취약성을 드러내며, 동아시아에 비해 제도가 점차 악화된다.[24] 라틴 아메리카의 중앙값은 모든 경우에서 동아시아의 성공적인 경제 개발 국가들의 중앙값보다 낮은데, 이는 라틴 아메리카의 공무원 및 공무원이 수행하는 행정 업무의 부패와 무능 그리고 비효율을 나타낸다.[25]

비록 라틴 아메리카 국가들 사이에 편차가 있긴 하지만, 칠레와 코스타리카의 효율적인 관료제도는 이 지역의 표준이라기보다는 예외라고 보는 것이 옳다.[26] 칠레는 라틴 아메리카의 다른 국가들에 비해 정부 개혁이라는 점에서 보다 많은 것을 이룩했다. 칠레 정부는 고도로 중앙집권적이며, 공적 자금으로 수행되는 사업에 대한 조세와 규제를 효과적으로 수행한다. 또 행정 조직은 자본의 영향력을 비켜나 국민에 대한 책임을 강하게 지고 있으며, 지방의 행정관들은 자신이 관할하는 지역의 국민들과 밀착되어 있다. 그렇다고 약점이 없어진 것은 아니다. 지방 사업에 대한 정부 자금은 때로 부적절하며 사업에 대한 평가 부분에도 개선의 여지가 있다. 칠레의 관료들은 해마다 헌신성, 능력 그리고 기타 여러 요소들을 기준으로 평가를 받긴 하지만 기준이 불명확하다. 행정 처리 과정에도 투명하지 못한 부분들이 있다. 비록 칠레의 관료제도가 이웃의 다른 국가들에 비해 우월하긴 하지만 동아시아에서 훌륭한 성과를 거둔 국가들처럼 충분하지도 않고 또 독립적이지도 않다.[27]

라틴 아메리카의 전형적인 문제 해결 방식은 (군대, 대통령, 최근에는 내각의 장관 등)다양한 유형의 강력한 존재에 의한 것이다.[28] 투표로 선출된 라틴 아메리카의 지도자들은 개혁 프로그램을 수행하기 위해 주로 관료가 아닌 사람들을 중용한다. 라틴 아메리카의 공무원 및 사무 행정은 개혁을 시작하거나 추진하기에 적합하지 않기 때문이다. 칠레조차도 정치적으로 임명한 인재들이 이런 일을 맡아서 하는데, 이들은 전체 관료의 15퍼센트나 된다. 멕시코의 초기 시장 개혁가들 가운데 한 사람은 오랜 기간 국내의 관료제도를 경험한 뒤 1970년대 중반에 "어쩌면 관료제도보다 개혁에 더 해로운 집단은 없을 것이다."라고 말했다.[29]

거시경제학적인 정책 개혁은 사회적인 긴장이라는 요인 때문에 동아시아보다 라틴 아메리카에서 정치적으로 덜 안정적이다. 불평등은 유권자들에게 급진적인 재분배에 손을 들라고 부추기고, 대중의 인기에 영합하는 정부의 지원금은 투자와 거래를 위축시킨다.

동아시아에서는 신뢰할 만한 제도와 기구가 있고 자산 분배가 상대적으로 평등하게 이루어지기 때문에 대중은 경제 정책의 연속성을 지지하며 기존의 제도적 구조는 더욱 강화된다. 동아시아와 라틴 아메리카는 상황이 다르다. 라틴 아메리카는 재분배에 대한 요구가 끊임없이 제기될 수밖에 없는 동기 부여 구조이다. 따라서 정책은 끊임없이 흔들린다. 그리고 다른 한편으로 라틴 아메리카에서 가장 경제적인 거래는 공식적인 규칙 체계 바깥에서 진행된다. 라틴 아메리카는 재분배를 단기적인 소득 이전을 중단시키기 위한 목적으로만 기능하도록 제한했다. 이때 자산 소유는 고도로 불평등한 상태로 유지된다. 이런 불평등한 자산 분배는 공공 부문의 허약한 제도와 함께 정부 정책에 대한 불신을 낳았다. 핵심적인 경제 주체들이 특혜를 추구하고 세금을 내지 않는 길을 모색하도록 만들었다. 그리고 정치인들은 대중의 인기에 영합하는 약속들을 남발했다. 시간이 흐르면서 거짓 약속들은 제도나 기구가 공익을 효율적으로 실천할 수 있는 능력뿐 아니라 이런 제도나 기구에 대한 공공의 신뢰까지 훼손했다.[30]

가난한 사람에게 봉사하는 정부 기관은 행정 능력이 부족하다. 예를 들어 선진국에서는 당연시되는 기록 관리조차도 제대로 해내지 못한다. 믿을 만한 통계 자료 없이는 현재의 감독관, 부서, 프로그램들을 평가하기 어려울 뿐 아니라 위생, 건물 안전 검사, 도시 계획 등과 같은 업무들을 제대로 추진하기도 힘들다. 중앙 정부는 지방 자치 단체에서 사용되는 자금을 관리하고 감독할 수 없다. 대다수의 사람들은 그들이 성공할 수 있는 기회를 정부가 공정하게 제공할 것이라 기대하지만 정부는 그들이 기대하는 성공 프로그램 따윈 만들 수 없다. 1980년대까지 동아시아는 라틴 아메리카에 비해 생활수준이 낮았지만, 그 뒤 상황은 역전해 어느새 라틴 아메리카의 생활수준은 동아시아에 비하면 형편없는 것이 되어 있었다. 이렇게 된 이유 가운데 하나는 바로 동아시아 국가들이 갖춘 정부의 위기관리 능력 덕이있다. 고도성장을 이룩한 동아시아 국가들의 정부는 사회 및 금융적 위기를 완화시키는 이중적인 역할을 수행했다.[31] 또 선진국에서는 흔히 민간 부문에 제공되는 금융 기능을 기업에 제공했으며 국민에게는 기본적인 건강, 교육, 주택, 토지 소유권을 제공했다. 성장의 열매를 함께 나누자는 약속을 믿을 만하게 만듦으로써 시장 리스크 및 사회적 리스크를 줄였다.[32] 이에 비해 라틴 아메리카 정부는 최고 지도자의 이름으로 리스크를 무릅쓰며 성장의 혜택을 잘 조직된 혹은 긴밀하게 연결된 정권 지지자들에게 돌렸다. 또 동아시아 정부들이 각 가계에 안전한 (토지 소유권 등의)재산권, 예측 가능한 정책 그리고 모든 사회 계층을 향한 공공 은행 부문의 개방 등을 보장하는 조치들을 취할 때, 라틴 아메리카 정부는 아무것도 하지 않았다. 동아시아의 국가 지도자들이 성장의 혜택을 사회 전반이 폭넓게 함께 나누는 정책을 추진할 때, 라틴 아메리카 정부는 세계 최고 수준의 소득 불평등이 사회에 자리를 잡도록 허용했다.(참조, 〈도표 6-8〉) 동아시아 정부가 정책의 수행을 효율적인 관료제도의 장점을 갖춘 정부 부처와 기업가 위원회에 복속시킴으로써 재량권을 억제한 반면, 라틴 아메리카의 국가 지도자들은 공무원 집단을 자기의 정치적인 후원 집단으로 만들기 위해 공무원을 임명할 때 그 사람이 가지고 있는 장점을 고려하지 않은 채 재량권을 휘둘렀다. 라틴 아메리카 국가들은 관료제도의 역량을 쌓는 문제에 대해 동아시아에서 많은 것을 배울 수 있다. 시장 개혁 조치들은 (예를 들면 피노체트 장군 치하의 칠레처럼)독재적인 명령으로 제시되거나 혹은 주로 거시경제학적 체계를 다루는(예를 들면 아르헨티나의 카발로 아이들과 같은) 해당 분야의 전문 기술 관료들에 의해 제시되었다. 비록 라틴 아메리카의 개혁가들이 전반적인 거시경제학적 지표들을 개선하긴 했지만, 이들은 국가 지도자가 공식적인 예산 이외의 자금을 통해 아랫사람들의 행동에 영향력을 행사할 수 있도록 되어 있던 공공 부문의 잘못된 구조를 없애는 데는 망설이며 미적거렸다. 그 결과, 국민의 생활수준을 놓고 볼 때 라틴 아메리카 국가들의 정부는 세계에서 부패 수준이 가장 높다.(참조, 〈도표 6-9〉)

라틴 아메리카와 동아시아를 비교하면 성공한 국가의 DNA에 대한 어떤 본질적인 내용을 확인할 수 있다. 사회적 평등과 경제적 생산성이 서로 보완 관계에 있으며, 하나를 위해 다른 하나를 희생할 수 없다는 점이 바로 성공의 근본적 요건이다.[33] 사회적인 결속에 대한 동아시아 국가들의 확고한 실천이 라틴 아메리카의 불안정한 성장 유형과 뚜렷하게 다른 성장 경험으로 작용했다.[34] 라틴 아메리카 국가들은 정책의 불연속성에 대한 투자자들의 우려 때문에 장기 투자를 받을 수 있는 가능성을 제약받지만, 동아시아의 국가 지도자들은 평등을 동반한 급속한 성장 덕분에 투자자들의 이런 우려를 불식시킬 수 있었다.[35] 폭넓은 지지 기반에 입각한 정부의 리스크 관리 덕분에 투자자들은 투자의 기본 방향을 단기 투자가 아닌 장기 투자로 바꾸었다.

인적 자본의 부족도 라틴 아메리카가 현재 동아시아에 비해 뚜렷하게 뒤처지는 현상의 원인으로 작용한다. 무상 교육, 문맹 퇴치, 기본적인 계산 능력 향상 등에 대한 더딘 투자도 사회적인 생산성이 동아시아에 뒤처지는 결과를 낳았다. 이런 미적거림은 라틴 아메리카가 스페인과 포르투갈의 전철을 밟는 것 같다. 이 두 나라 역시 국민의 기초 교육이 중요하다는 사실을 나중에야 깨달았다. 지식과 서비스 분야에 종사하는 인구의 구성 비율은 북아메리카나 동아

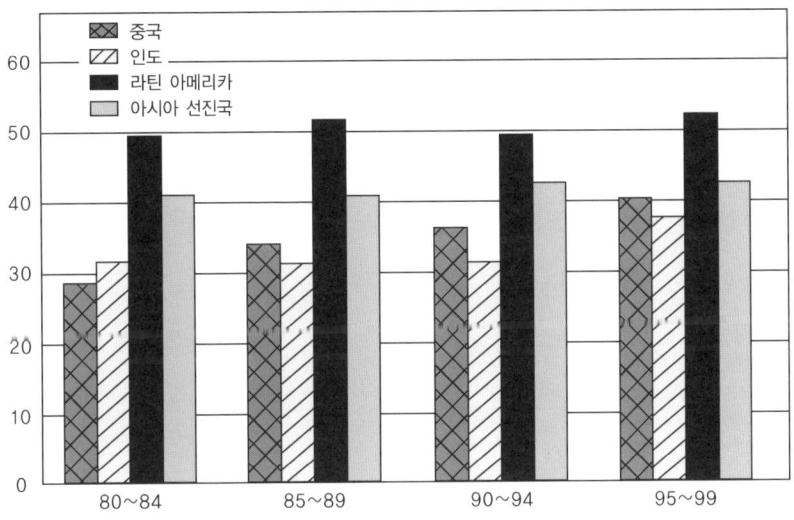

〈도표 6-8〉 과거 20년에 걸친 불평등의 변화 (지니 계수는 0에서 60까지)

자료 출처 : 세계은행

시아에 비해 두드러지게 낮다. 인구의 대부분은 육체노동에 종사한다. "세계의 다른 지역들과 비교할 때(그리고 경제 개발 수준에서의 격차를 고려할 때) 라틴 아메리카의 물리적인 자산이 다른 지역들과 거의 비슷하고 또 천연 자원은 훨씬 풍부하지만 인적 자산은 훨씬 열악하다. 천연 자원에서 나오는 이득은 소수의 손으로만 들어가고, 여기에서 나오는 일자리는 상대적으로 적으며 또 이 부문에서는 일반적으로 새로운 생산적인 활동들을 창조하고자 하는 동기 부여도 훨씬 적다."[36]

극단적인 불평등은 공정한 제도나 기구를 훼손해 결국에는 실패로 돌아가게 만들고 재분배 정책에만 매달리게 해서 라틴 아메리카를 낮은 수준의 자본 투자와 저개발이라는 악순환 속에 가둔다. 사회적인 양극화를 증가시키는 편향된 제도들은 자산의 불평등한 분배 구조가 사회 곳곳에 스며들게 하며, 미래가

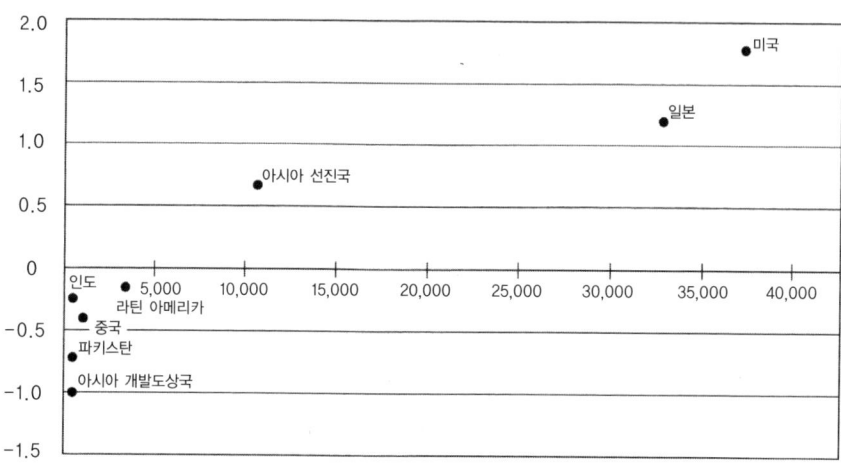

〈도표 6-9〉 부패에 대한 통제 대 소득 수준 (2.5는 최상, -1.5는 최악)

자료 출처 : 세계은행과 아시아개발은행

현재보다 더 나을 것이라는 약속을 훼손한다. 불편부당한 감시자로 신뢰받지 못하는 정부는 리스크를 효과적으로 할당하지 못하며, 리스크를 한 집단에서 다른 집단으로 옮기지도, 보다 많은 사람들에게로 분담시키지도 못한다. 정부는 리스크를 효과적으로 관리하는 대신 개별적인 지원 장치를 통해 재분배를 실시하지만 결국에는 국고를 탕진하고 더욱더 큰 리스크를 불러들인다. 이런 지원은 믿을 만한 국가 기반의 사회보장 제도를 얄팍하게 대신하는 존재로 전락하지만, 도움이 절실하게 필요한 국민에게 직접적인 도움을 줌으로써 국민에게 호감과 매력을 준다. 라틴 아메리카 사람들은 이런 방식의 재분배에 대한 권리를 놓고 싸움을 벌이고 또 이 싸움 안에 갇히는 바람에 보다 수익성 좋은 거래나 투자에 뛰어들 생각을 하지 못한다. 리스크를 무릅쓰고 리스크에 따른 보상을 얻을 수 있는 활동을 차단당한 국민들은 불평등과 빈곤의 무거운 짐을 벗어던지는 데 필요한 부를 일구어내지 못한다.

2004년 4월 유엔은, 라틴 아메리카 사람들은 독재 정권이 생활을 개선해주기만 하면 얼마든지 독재 정권을 지지할 것이라고 보고했다. 이 보고서는 이렇게 적고 있다. "신뢰성을 잃어버린 정치 제도들과 끈질기게 이어지는 빈곤과 차별은 한데 어우러져 민주주의 체제를 위협하는 상황을 만들어냈다."[37] 그리고 이 보고서는 부패와 빈곤 그리고 경제 위기가 민주주의를 믿지 못할 것으로 만들었다는 결론을 내렸다. 18개국의 18,600명을 대상으로 한 여론 조사에서 56.7퍼센트가 민주주의보다 경제 발전이 더 중요하다고 응답했으며, 54.7퍼센트는 경제 문제를 해결하기만 한다면 독재 정권도 지지하겠다고 응답했다.

반가운 소식도 있다. 라틴 아메리카 모든 국가의 2003년 GDP 성장률이 10년 세월 만에 플러스를 기록했다. 끔찍하고 지긋지긋한 부채를 갚아버릴 수 있는 이상적인 시기를 맞은 라틴 아메리카의 정부들은 매우 유리한 이 경제 상황을 이용해 더 많은 외채를 끌어들인 뒤 낮은 대출 이자를 이용해 수익을 올렸다. 어째서 라틴 아메리카의 지도자들은 외채 상환 부담률을 관리 가능한 수준으로 낮춤으로써 미래의 리스크에 대비해야 하는 명백한 필요성을 무시하는 것일까? 경기가 좋을 때 부채를 갚기 위해 신중하게 행동하는 것이 또 다른 벼락 경기와 불경기의 순환이 가져다줄 고통을 줄이는 것이라는 사실을 이들이 잘 알고 있을 것임은 분명하다. 지난 20년 동안 라틴 아메리카는 금융 관리를 허술하게 함으로써 아시아의 여러 개발도상국에 대한 기술적인 강점과 인간 개발의 우월성을 이미 상실해버렸다. 한 차례 흥청거리는 경기 순환의 끝자락에서 또 다른 부채로 국제 경쟁력이 또다시 훼손당할 여유는 없다. 정부가 외채를 지나치게 많이 빌리면 민간 부문이 끌어다 쓸 자본이 부족해서 민간 부문이 성장할 기회는 줄어든다. 이런 상황임에도 불구하고 라틴 아메리카의 은행들은 기업 활동에 투자하지 않고 정부 채권을 주물러 수지를 맞춰나가는 행태를 계속하고 있다.

라틴 아메리카의 정치 지도자들은 당장 필요한 금융 개혁에 대한 전반적인 의견 일치를 봐야 한다. 그래야 조세 개혁을 통해 정부 수입을 늘이고 부채를 줄일 수 있다. 차원이 낮은 인기와 신뢰에 젖어들어 마비 상태에 있는 라틴 아메리카의 정부들은 반드시 했어야 하는 조세 개혁을 하지 않았다. 분배를 둘러싼 갈등에 휩싸이기 쉬운 허약해진 경제는 민주주의 체제를 위협하면서 국제 투자를 가로막는 정치적 위험을 불러일으킨다. 2004년의 회복 국면을 잘못 관리하면 사회 불안의 악순환을 자극하고, 결국 라틴 아메리카를 (우리가 다루는 표본 가운데서 파키스탄 다음으로)어디로 튈지 모를 불확실한 지역으로 만들어버릴 것이다.(참조, 〈도표 6-10〉과 〈도표 6-11〉)

과거 라틴 아메리카의 잘못은 1990년대에 우선순위를 잘못 설정해 제도의 개혁보다 거시경제학적 개혁을 앞부분에 놓았던 일이라고 일반적으로 믿고 있다. 하지만 이 책에서 제시하는 관점은 다르다. 행정적·사법적인 개혁이 필요하다는 사실을 반박할 생각은 없다. 그러나 가장 지속성 있는 일련의 개혁 조치들을 수행하려면 우선 불확실성의 가장 큰 근원에 대처할 필요가 있다는 점을 강조하고 싶다. 라틴 아메리카에서 불확실성의 가장 큰 부분은 분배를 둘러싼 갈등과 사회적인 불균형을 바로잡을 역량의 부재에서 비롯한다. 사회 체제의 불확실성이 일단 완화되고 나면 다음에 이어져야 할 개혁 조치들이 무엇인지 쉽게 드러날 것이다. 라틴 아메리카가 국내 문제를 해결하기 위해 가장 먼저 해야 할 일은 국내에 있는 자산들을 충분히 활용할 수 있도록 보장하는 사회적 개혁을 수행하는 것이다. 부채를 갚고 재정적인 안정을 회복하는 데 필요한 자원들은 소수 부유층이 전 세계의 은행 계좌에 숨겨두고 있다. 대중의 인기에 영합해 자기 나라가 처한 곤궁한 상황이 국제 질서의 부당함에서 비롯되었다고 주장하는 새로운 대중주의의 파도가 라틴 아메리카가 처한 문제 즉 정치 및 경제적 문제의 진정한 원인으로 눈을 돌리게 만든다.

라틴 아메리카 지역에는 사회적 양극화가 적극적으로 나타나고 있으며 이

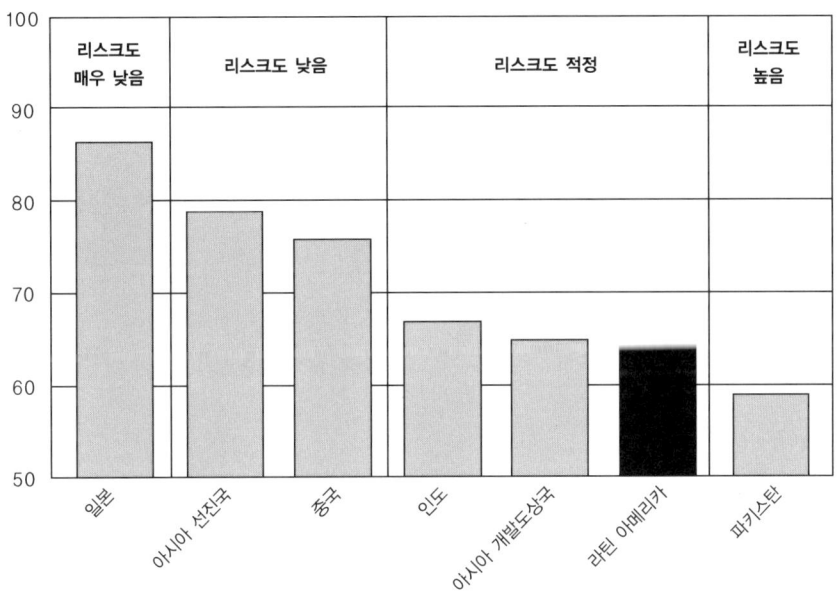

〈도표 6-10〉 국가별 리스크도 - 복합 리스크(복합 지수는 50에서 100까지)

자료 출처 : 국제국가리스크도가이드(ICRG)

지역에 속한 국가들의 정부는 여러 집단의 의견으로 분열되었다. 그래서 이 지역의 정부들은 지출의 우선순위에 대해 한목소리를 내지 못하고, 자기들이 합의한 지출 규모를 감당할 수 있을 만큼 충분한 세수를 확보하지도 못한다. 가난한 사람들은 자기들이 받지도 않는 편익에 대해서는 세금을 내지 않겠다고 거부하고, 부유한 사람들은 자기들이 쓰지도 않는 편익에 대해 세금을 내야 할 아무런 동기나 의욕을 가지고 있지 않다. 여기에 대한 해결책이 있다. 그것은 부유한 사람들이 부담해야 하는 직접세의 몫을 늘리는 것이다. 그러나 정부는 국민 소득 가운데 세금으로 흡수하는 금액을 올릴 때 혁명적인 어떤 움직임을 자극할지도 모른다고 두려워한다. 이 지역의 정부들은 세수 확대 능

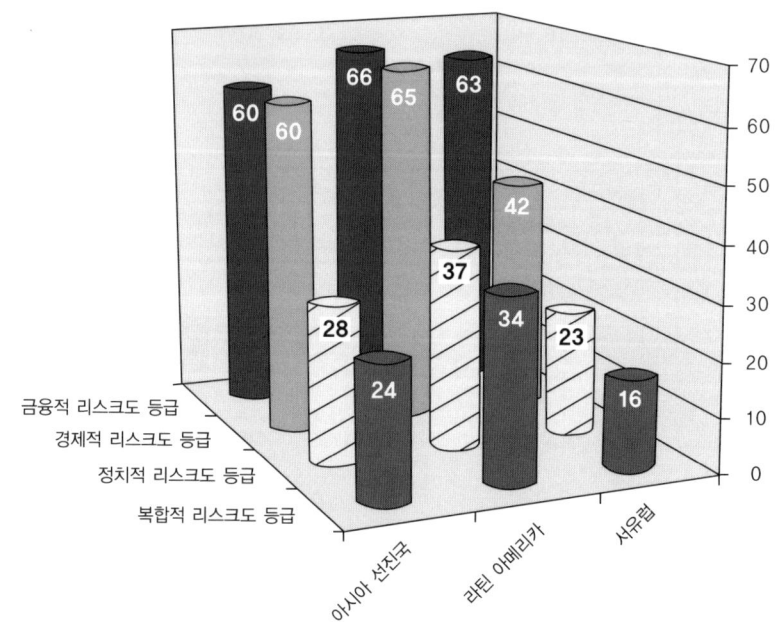

〈도표 6-11〉 지역별 경제·금융·정치 및 복합적 리스크도
(2000년 1월에서 2004년 3월까지. 리스크도 지수는 0에서 70까지로 수치가 높을수록 리스크도가 높다)

자료 출처 : 국제국가리스크도가이드(ICRG)

력에 대한 자기 확신이 부족하다. 이런 문제가, 라틴 아메리카 지역의 대부분 국가들을 언제 끝날지도 모르는 금융 위기 상태에 붙잡아놓는다. 한편, 이 지역 국민들의 예금은 해외 은행 구좌에 (정부 입장에서 볼 때)그림의 떡처럼 예치되어 있다.

왜 인도는 아닐까? : 새로운 세기, 새로운 국가

1990년대 말, 국제 기업계는 거의 50년 가까이 거들떠보지도 않았던 인도를 새로운 투자 대상으로 재발견했다. 이런 재발견은, 1994년부터 2003년까지 10년 동안 강력한 경제 성장을 이루면서 인도가 연평균 GDP 성장률 5.95퍼센트를 기록했고 2003년과 2004년에는 1인당 GDP가 352달러에서 558달러로 뛰어올랐다는 사실을 근거로 나왔다. 인도의 장밋빛 미래를 약속하는 지표들이 아닐 수 없었다.[1] 이런 추세가 계속되기만 하면 인도의 국내 민간 부문은 서비스 부문의 경쟁력과 결합해 세계의 경제 성장에도 강력한 영향력을 행사할 것이다. 이미 소프트웨어 분야에서 자리를 잡은 인도는 국제 아웃소싱 서비스 분야에 강력한 경쟁력을 보이고 있다. 성장하는 중산층의 소비 추세는 국내 주택 시장, 자동차 시장, 정보 기술 시장의 팽창을 약속한다. 정보통신 부문의 발전은 전 세계의 기업들이 인도에 지점을 낼 수 있는 기반을 갖추었다. 인도 시장은 점차 개방되고 있다. 현대적인 회계 기준이 도입되고 영어가 보다 광범위하게 사용되며 주식 시장이 활발하고 임금도 낮다. 인도는 현재,

경제는 보다 발전했지만 경제 성장 속도는 더 느린 국가들을 따라잡을 때 성장에 집중할 수 있는 소위 '후진국의 유리함advantage of backwardness'을 누리고 있다. 노동력이 농업 부문에서 비농업 부문으로 이동하면서 생산성에서의 이득이 자동적으로 발생한다. 직물과 자동차 수출을 위한 생산 기지로써 인도의 낮은 인건비와 숙련된 기술은 자본재 생산 부문의 주요 경쟁국과 비교할 때 높은 수준의 국제적 경쟁력을 지녔다.[2]

인도는 이미 전 세계의 GDP 성장에 3.8퍼센트나 기여한다. 기여 규모로 보자면 세계에서 다섯 번째이다. 1991년 이후 인도의 시장 개혁 조치들은 꾸준히 진행되어왔다. 세제가 완화되었으며 진입 장벽도 한층 낮아졌고 이자율에 대한 규제도 철폐되었다. 또 민간 은행도 꾸준하게 설립되고 있다. 경제의 발목을 묶고 있던 족쇄를 풀려는 노력에는 인도를 세계에서 가장 크고 가장 빠르게 성장하는 국가 가운데 하나로 만들 수 있는 잠재력이 담겨 있다. 인도의 성장은 중국의 성장과 함께 2차 대전 이후 아시아의 호랑이들이 보여주었던 빠른 경제 성장보다 더 크고 놀라운 충격을 세계 경제에 던질 것이다.

그러나 장밋빛이라 여겼던 인도의 미래에 먹구름이 끼었다. 성장하는 중산층과 더디기만 한 시골이 드러내는 커다란 격차가 바로 그것이다. 세계에서 가난한 사람들이 가장 많이 모여 사는 국가가 인도이다.(참조, 〈도표 7-1〉) 2004년 봄에 치렀던 총선에는 온갖 가난한 사람들이 결집했고, 이들은 민영화와 경제 정책 개혁을 주창했던 집권당 인도민중당BJP에 패배를 안겨주었다. 인도민중당의 패배로 인도의 주식 시장은 단 하루 만에 전체 가치의 17퍼센트가 증발해 버리는 인도 주식 시장 초유의 충격적 급락을 맞았다. 그러나 투자에 대한 낙관주의는 아직도 인도 대중의 비참한 빈곤 상태의 중요성을 깨닫지 못하고 있다. 패배하고 내쫓긴 인도민중당을 지지하는 사람들은 성장으로 한껏 부풀려졌던 기대가 가난한 시골 사람들의 반발을 불러일으켰다고 주장한다. 이런 견해는 사회적 리스크에 대한 시장 불완전성이 인도라는 신흥시장 경제의 가장

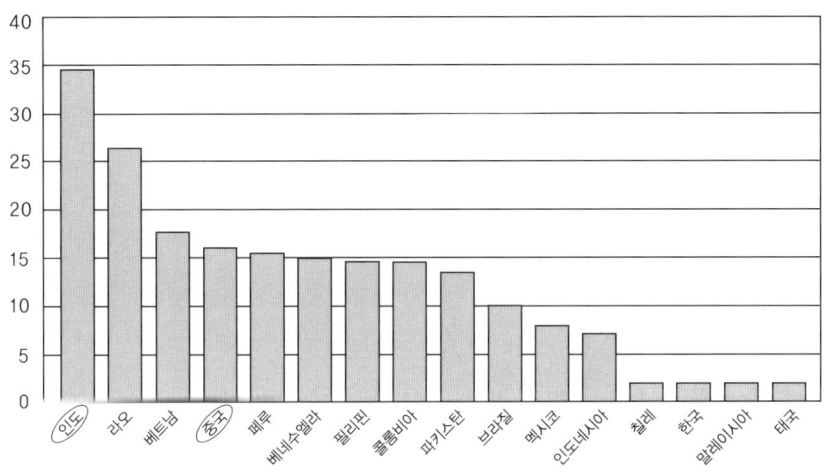

〈도표 7-1〉 하루에 1달러 미만으로 생활하는 사람들의 인구 구성 백분율

자료 출처 : 세계은행과 아시아개발은행

큰 실패 요인이 될 수 있다는 사실을 무시한 것이다.

인도의 경제적 변모가 가져다주는 혜택은 전체 인구의 3분의 2나 차지하는 가난한 사람들, 적절한 관개 시설이나 생산 도구 없이 수지 타산도 맞지 않는 농업 부문에 매달린 사람들에게까지 돌아가야 한다. 인도에서 기술 부문 산업에 종사하는 사람은 100만 명도 되지 않지만 4,000만 명이 실업자로 등록되어 있다. 이런 사실은 성장하는 중산층과 이 성장에서 배제된 사람들 사이의 격차가 얼마나 큰지 단적으로 보여준다. 인도의 1억 8,000 가구 가운데 약 4,500만 가구만이 유선 전화를 갖추고 있으며 인도의 10억 인구 가운데 2,610만 명만 휴대전화를 가지고 있다. 3억 명 가까운 사람이 하루에 1달러 미만으로 살아가며 컴퓨터 보유 가구도 659,000 가구뿐으로 추정된다. 이런 수치는 동아시아나 중국, 라틴 아메리카에 비하면 형편없이 낮은 수준이다.(참조.〈도표 5-7〉p.134) 인도에서 고기술 분야에 관한 야망이 높은 것은 사회적인 기반이 낮기 때문이

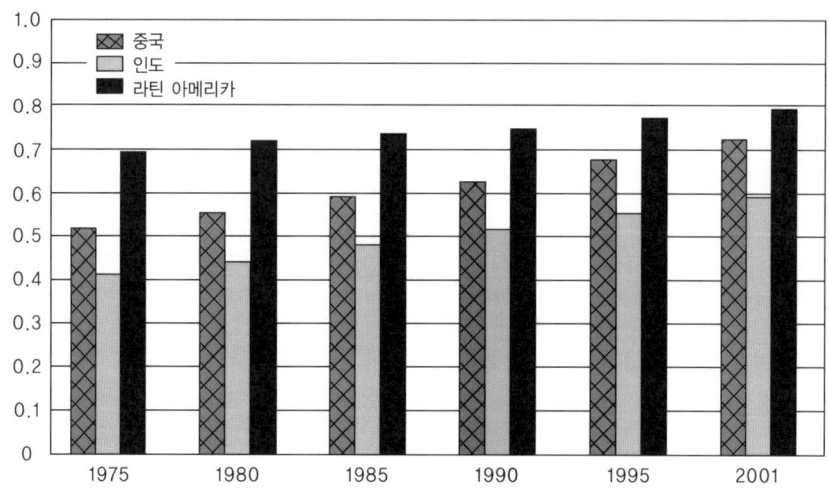

〈도표 7-2〉 인간 개발 지수 — 국가별 순위

자료 출처 : 유엔

다. 2억에 가까운 인구는 안전한 식수가 부족한 상태에 살고 있으며, 7억이 넘는 인구가 적절한 위생 시설 없이 살아간다.(참조.〈도표 7-2〉)

인도 인구의 대다수를 차지하는 극빈층의 시골 사람들은 비참한 생활을 영위하는 반면, 나라에서 개발 중인 사업에 뛰어든 극소수의 사람들은 경제적 풍요를 누린다. 인도의 빈부 격차는 이미 심각한 상태에 이르렀다. 이렇게까지된 데는 인도 정당들의 잘못이 크다. 이들이 빈곤층에 대한 방대한 지원 체계를 통해 자신의 정치적 영향력을 행사하고자 무분별한 전략을 채택한 결과다. 정보통신 분야는 미로처럼 복잡한 규제에서 탈출했다. 처음에는 이 분야가 가난한 사람들의 고용과 지원에 기여를 할 것이라는 전망이 희박해 정치인들이 내버려두었기 때문이다.

인도는 정치적인 성공을 거둔 나라이며, 또 경제 분야의 실망스러운 모습에도 불구하고 개발도상국으로서는 드물게 민주주의가 성공적으로 뿌리내린 국가라는 인식이 널리 퍼져 있다. 하지만 잘못된 경제 정책의 선택은 정치적으로 이루어진다. 인도는 기본적인 민주주의적 제도와 기구를 갖추고 있지만 공공 부문의 허약한 통치력이 인도의 시장 개혁을 위험에 빠트린다. 공공 부문이 좋은 성과를 내지 못하도록 방해하는 요인은, 정부의 중앙집권적인 행정 제도와 정당의 경쟁이 빚어내는 관계에서 비롯된다. 이 해로운 연계가 인도 경제의 건강한 미래로 이어지는 길에 병목 현상 즉 커져만 가는 예산 부족 현상과 연성 예산 제약(연성 예산 제약 환경에서는, 기업이 예산 확보도 없이 과잉 고용이나 과잉 설비를 해서 손실을 입어도 외부의 지원으로 쉽게 보상되고, 기업의 경제적 효운성이 극도로 떨어져도 외부 지원으로 계속 생존해 갈 수 있기 때문에 경제적 합리성이 왜곡된다—옮긴이) 현상을 유발한다. 가난한 사람에게 무작정 퍼주는 식의 정치와 정부 지원금에 대한 경쟁은 정부의 경제 부문 개입을 심화하고, 이것은 다시 엄청난 규모의 재정 부족 사태로 이어진다.

건국자들의 유산

1947년에 인도의 초대 수상이 되어 1964년까지 수상 자리를 지켰던 자와할랄 네루는 인도를 민주주의로 나아가는 길 위에 안정적으로 올려놓았다. 그는 의회에서의 논쟁을 장려하고 국민회의당 안에서의 민주주의를 지지했으며 영국의 전통에 따라 공무원은 정치적으로 중립을 지켜야 한다고 주장했고 사법부의 독립을 강화했다. 또 언론의 자유를 장려했고, 당파적인 법률보다 보편적인 이익을 대변하는 법률을 옹호했으며, 독재를 예방하기 위해 군대보다 시민의 힘을 우선하는 인식을 강하게 심었다. 이렇게 해서 그가 세우고 또 키웠던 정치적인 구조들은 인도를 개발도상국 가운데 독특하고도 활기가 넘치는 민주주의 국가로 만들었다. 그가 이처럼 민주적인 정부를 만들기 위해서 예외적이리만큼 엄청난 노력을 기울였음에도 불구하고, 독립 이후 첫 세대 동안 인도의 성장 양상은 그다지 예외적이지 않았다.[3] 오히려 반대였다. 노동자 1인당 생산력은 개발도상국의 평균 수준에 머물러 있다. 인도가 이룬 평범한 성과는 민주주의를 경제 성장과 연관 짓고 싶어 하는 사람들에게 무척 실망스러운 수준이다.

인도에서 민주주의 정신은 엘리트주의적인 제도와 기구, 정치 그리고 사회 정책에 대항해서 싸워야 한다. 독립 이후 초기 정치권력은 상류 계급만 가지고 있었고, 상류 계급 출신 관리들이 네루 내각을 독차지했다. 이 엘리트주의는 인도 역사에 워낙 뿌리를 깊이 내리고 있어서 어떤 개인 혹은 개인들에게 책임을 돌릴 수 없다.

엘리트주의는 여러 경제 정책들과 인도에서 이런 정책들을 수행하는 것에 강력하게 영향을 미친다. 간디의 경제관과 마찬가지로 네루의 경제관도 대공황이라는 2차 대전 이전의 힘겨운 경제에 의해서 형성되었다. 인도의 건국자들은 자기들이 젊은 시절에 겪었던 어렵고 힘든 시대를, 인도를 불황이라는 전 세계적인 상황에 노출시켰던 개방 경제 정책 탓으로 돌렸다. 인도의 건국자들은 자기들로서는 도저히 어떻게 할 수 없는 힘에 두들겨 맞는 상황을 피하기 위해서 정부가 경제 부문에 고도로 개입하도록 했으며 경제 성장에 필요한 거대한 투자 자본이 국내에서 자생적으로 축적되기를 기대하면서 개방의 문을 꼭꼭 닫아버렸다. 네루는 소련의 사례를 눈여겨보고, 엘리트 기업가 집단들의 역할을 강조하는 국가 주도 산업화의 길로 인도를 올려놓았다. 그리고 이 과정에서 엘리트 기업가 집단은 정치적인 지원의 조직망 속으로 편입되었다. 소련과 마찬가지로 인도는 전 세계 경제에서 점차 가치가 줄어들고 있던 중공업 부문에 초점을 맞추었다. 그랬기 때문에 새로운 산업이나 사업을 개척하는 기업가 정신, 민간 부문의 주도성, 세계 경제로의 편입 등은 압살되었다. 결국 인도의 산업에는 비교 우위를 주장할 만한 게 아무것도 남지 않았다. 정책을 계획하는 사람들은 투자자들에게 어디에 투자를 할지, 어떤 기술을 사용할지, 공장의 규모는 얼마나 되어야 할지, 자금은 어떻게 조달할지 등을 이야기했다. 이렇게 해서 인도에서는 자본재와 원료 수입 허가권을 따내기 위한 전쟁이 시작되었다. 이 전쟁에서 이기려면 권력, 토지, 판매세(물품 자체가 아니고 매상 행위에 부과되며, 보통 판매 가격에 포함시켜 구입자로부터 징수함), 소비세, 노동 규제 등에 대한 접근성을 지배하고 통제했던 국가 차원의 관료들에게서 수많은 인허가를 받아야 했다. 정책을 세우는 관료들은 심지어 장난감 제조나 화장품 제조와 같은 '하찮은' 산업 부문에 진입하려는 기업들까지 제한했다. 또 노동자들에게 유리하게 보이는 강력한 노동 규제 조치를 통해 기업의 확장을 막았다. 하지만 강력하게 힘을 키운 노동조합은, 교육과 건강에 대한 예산이 학생이나 환자보다도 자기들이 받는 임금에 포함되어 지출되도록 만들었다. 정책을 만드는 사람들은 또 민주주의 국가에서는 비슷한 사례를 찾아볼 수 없을 정도로 높은 관세를 매김으로써 수입을 차단하고 외화 송금을 제한했으며 국가의 금융 자원을 모두 자기들이 통제할 수 있도록 만들었다. 되돌아보면 인도 당국이, 인도 기업들이 외화를 발생시키고 인도 경제가 세계 경제에 참가하는 기틀을 마련할 수 있었던 수출 지향의 기업 활동에서 서로 경쟁할 권리를 막아버린 것은 커다란 실수였다. 이런 이득을 간과함으로써 정치인들은 경제를 지배하고 호령하는 자리를 구축했으며, 막강한 권력을 자기들이 선거에서 당선되는 데 도움이 되도록 휘둘렀다. 이 바람에 인도의 경제는 낡아빠진 노동법과 높은 수입 및 수출 관세, 거만하고 비효율적인 행정, 부패한 공무원, 물리적 기간 시설 부족, 만연한 빈곤 등으로 얼룩질 수밖에 없었다.

    1989년에서 1991년으로 이어진 금융 위기 이후에 시작된 자유화 과정은 '라지'(지배권을 의미하는 인도어 — 옮긴이)의 통치를 완화하고 또 제거하려는 시도였다.[4] 하지만 그로부터 10년이 지난 뒤인 2003년에도 정부 예산은 여전히 탈세나 면세 등의 세제 특혜를 지탱하면서 특혜에서 소외되는 기업들을 질식시키고 투명한 공개보다는 어떻게든 법망을 요리조리 빠져나가는 기업이 살아남도록 조장했다. 비효율적인 정부 정책으로 뭄바이에서 사용할 철강을 인근의 잠셰드푸르(인도 북부 비하르 주 남부에 있는 중공업 도시—옮긴이)에서 조달하지 않고 유럽에서 수입했다. 인도 기업들은 중국에 비해 세 배나 높은 전력 요금을 지불해야 한다. 그리고 소기업들은 일 년에 마흔 개가 넘는 각종 검사를 받아야 하며, 새로운 사업을 하려면 최소 열여덟 개나 되는 인허가를 받아야 한다. 만성적이고 악성적인 예산 부족 때문에 민영화를 하기로 결정이 난 기업들을 정부는 여전히 껴안아 통제하고 있다. 지출되는 총 지원금 가운데 실제로 시골의 가난한 사람을 위해 쓰이는 지원금이 15퍼센트 미만이라는 사실은 라지브 간디도 1980년대 후반에 인정했다. 인도의 약 4만 개 마을에는 위생 시설이 갖추어져 있지 않다. 그리고 민간 발전소에 대한 제안도 여러 차례 나왔지만 만성적인 재정 적자에 허덕이는 정부 예산으로는 전력 요금을 댈 수가 없어 모두 수포로 돌아갔다. 그럼에도 정치가들은 여전히 빈곤층에 대한 전력 요금 지원을 공약으로 내세워 유권자들을 유혹한다. 이런 식의 정책이 이 부문에 민간 기업이 발을 디딜 수 있는 기반을 무너뜨리는 것임은 말할 것도 없다.[5] 식수를 (냉수기가 아니라)오지그릇에 담아서 준비해두어야 한다는 따위의 낡은 공장법이 지금도 여전히 남아 있는 실정이다.[6] 국가가 법정으로부터 빠르게 판단을 얻어낼 능력이 없기 때문에 이런 불필요하고 성가신 규제들이 여전히 기업의 발목을 붙잡는다.

    인도 경제의 잠재력이 세계 경제의 주요한 요인이 되기까지 그토록 오랜 시간이 걸린 이유는 무엇일까? 인도가 잠재력 이상의 성과를 올리지 못한 이유 가운데 하나는, 노동집약적인 산업 부문에서 확실하게 우월한 경쟁력을 가지고 있다는 사실을 깨닫지 못했다는 점이다. 불합리한 세제와 이자율, 온갖 기업 관련 규제들 그리고 엄격한 노동법이 기업의 성장을 짓눌렀다. 창조적인 기업이 나타나기에 전혀 적합하지 않은 환경 때문에 기업의 지배 구조는 평균 이하 수준이다. 회계와 주주 보호란 측면에서 국제적인 기준을 갖추고 있는 인도

기업은 거의 없다. 뉴욕증권거래소에 등록할 수 있는 기준을 갖춘 기업은 더욱 더 찾아보기 어렵다.[7]

인도의 평균적인 교육 수준이 낮다면, 숙련된 노동력을 필요로 하는 정보 기술에 관한 인도의 힘은 어떻게 설명할 수 있을까? 노동력이라면 젊은 미숙련 노동자가 대부분인 인도의 가장 큰 장점으로 내세워야 할 것은 노동집약적인 생산 활동이다. 그러나 산업 부문에 대한 투자는 굼뜨기 짝이 없다. 공공 서비스 부문이 인도 GDP의 50퍼센트 가까이를 차지하는 경제 구조가 외국인 투자를 가로막으며, 수많은 노동자들은 실업 상태에서 벗어나지 못하게 만든다.[8]

자유화 이후 10년도 더 지난 시점에 인도는 경제 자유화 부문에서 전체 156개국 가운데 121위를 기록했다.(참조, 〈도표 7-3〉) 세계의 62개 민주주의 국가 가운데서는 경제 자유화 부문에서 공동 꼴찌를 기록했다. 보호주의적인 규제 수준은 가장 높다. 평균 관세는 29.5퍼센트이며 수입 허가 품목은 무려 715개나 된다.[9] 물론 상대적인 변화가 중요하다. 관세는 몇몇 부분 300퍼센트에서 내려간 것이다. 그리고 수입 허가 품목도 한때는 2,000개나 된 적이 있었다. 세계화에 관한 한 연구 논문에서 62개국을 대상으로 각 부문별 순위를 매겼는데, 인도는 전반적인 경제 수준에서 61위, 개인적인 역량 수준에서 53위, 기술 수준에서 55위, 정치 수준에서 57위를 각각 기록했다.[10]

2003년에 인도는 소프트웨어 프로그래밍 분야에서 중요한 위치로 올라서긴 했지만, 동아시아의 무역에서 점차 중요성을 띠는 세계적인 생산 체인에 참여하는 건 거의 없었다. 인도의 내향적 경제는 외국인 투자자들에게 매력적이지 못했고, 세계 무역에서 인도가 차지하는 비중은 과거보다 더 줄어들었다.[11]

독립 이후에 인도의 개발 전략은 전 세계로부터 지지를 받았다. 인도는 제3세계의 지적 및 도덕적 지도력을 갖춘 것처럼 보였다. 그러나 50년 뒤, 수많은 개발도상국들은 민주주의와 경제 개발은 양립할 수 없다는 사실을 인도의 경험을 통해 간접적으로 경험했다. 오늘날 많은 사람들이 인도를 동아시아 여러

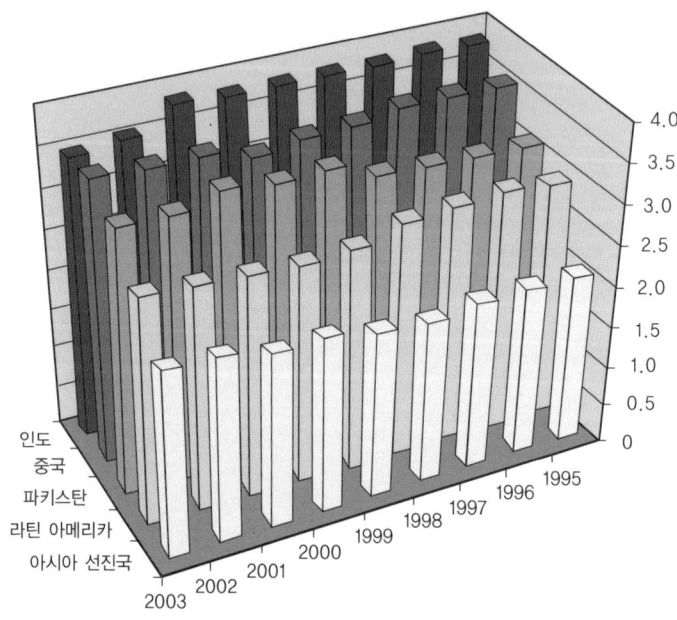

〈도표 7-3〉 지역별 경제 자유(1995~2003년)(헤리티지 재단, 1은 가장 자유롭고 5는 가장 덜 자유롭다)

국가와 비교를 하고는 우선적으로 부유해지는 것이 중요하며 민주주의는 그다음이라는 결론을 내린다. 개발도상국의 선두 자리는 동아시아로 옮겨갔다. 인도는 이제 더 이상 조언을 할 훌륭한 교사가 아니다. 1996년 10월, 인도는 유엔 안전보장이사회의 비상임이사국 다섯 자리 가운데 하나를 놓고 일본과 경쟁을 했고, 결과는 40 대 142의 패배였다.

인도에서 경제학자나 사회 개혁가가 부족한 적은 없었다. 그러나 국제적으로 갈채를 받는 인도의 대학들, 인도의 지성인들과 경제학자들 그리고 정치가들도, 심지어 인도가 나아가는 방향이 잘못되었다는 사실이 명백하게 드러난 이후조차도, 이 방향을 바로잡을 수 없었다. 인도 곳곳에 흩어져 있는 국가 부문은 동아시아에서 높은 성과를 거둔 국가들만큼 성장을 촉진하지 않았다. 그리고 고도로 훈련을 받은 인도의 관료 엘리트들도 사회·경제적 개혁을 파악하거나 수행하지 않았다. 인도는 처음 강력한 법률 체계를 갖추고 시작했지만 결국 소수의 개인이 국가 권력을 독점하는 것으로 끝이 났다. 법률에 바탕을 둔 제도와 기구가 기준이었지만 이제 기준은 개인적인 권력이 되었다. 이런 양상은 개발 정책의 세계에서 확립되어 있는 수많은 확실성들을 잠식해 왔다. 다른 국가들에게 개발의 전범을 보여주고자 했던 국가가 어떻게 이처럼 형편없이 쪼그라들고 말았을까? 객관적인 기준을 설정해 최고로 똑똑한 인재들을 등용하려고 설정된 인도의 공무원 체계가 어째서 사회의 여러 문제가 무엇인지 해결하기는커녕 제대로 파악도 하지 못할까? 고도로 중앙집권적인 통일된 행정 체계와 선명한 국가적 전망을 가지고 시작했던 정치 체제가 어떻게 해서 정책의 방향성보다는 직접적인 지원만 제공하는 단편화된 정당들의 난립으로 끝나고 말았을까?[12] 비폭력으로 출발했던 정치 문화가 어떻게 나중에 가서는 인도 고유의 정치적 폭력성을 낳게 되었을까? 이 질문에 대한 대답은 선거 정치와 정부의 행정 사이에 존재하는 연관성 속에 놓여 있다.

인도의 '태머니홀' 방식 : 승자에게 전리품을

인도의 국민회의당은 독립 이후 처음 20년 동안은 선거에서 늘 승리했다. 인도의 건국자들은 자립, 자존, 협력, 비폭력, 상호 협조, 풀뿌리 민주주의를 통한 참여 등의 원칙을 바탕으로 국민회의당을 만들었다. 이 정당의 지도자들은 청렴하다는 칭송을 들었고 독립 운동을 하다가 감옥에 갇힘으로써 인도 독립의 구심점이라는 명성을 얻었다. 그러나 독립한 지 50년이 지난 뒤, 수상 나라시마 라오는 뇌물을 받아 유죄 판결을 받았지만 감옥에서 징역형을 살지는 않았다.

인도의 지도자들은, 지역 간의 소통이 빈약하고 문맹률이 높아 정책 결과에 대한 메시지는 인도의 구석구석까지 전하기가 사실상 매우 어렵다는 현실에 처음부터 빠르게 적응했다. 대부분의 인도 유권자들에게는 통신, 여행, 언어 장벽을 극복할 수 있는 자원들이 부족했다. 이런 자원 없이는 정책의 결과를 제대로 파악할 수 없었다.

유권자들이 제대로 된 정보도 접하지 못한 채 투표에 나서는 상황을 극복하기 위해서 국민회의당은, 지역의 유지 혹은 '거물'에게 국민회의당이 통제하는 정부 제공 서비스를 받을 수 있는 권한을 부여하면서 이들을 각 지역의 구심점으로 삼는 민중 지원 네트워크를 조직했다.[13] 시골 구석구석의 각 개인들 혹은 지역의 영향력 있는 인사들을 조직하고 이 조직이 마을에서 국가로 그리고 궁극적으로 국가 자산으로 이어지게 함으로써 국민회의당은 누구도 저항할 수 없는 강력한 힘을 갖추었다.[14] 국민회의당 치하에서 가난한 사람에 대한 지원 체계는 중앙집권화와 일당 독재가 한 축으로 유지되었다. 그러다가 일당 지배 체제가 끝나면서 정부 내의 목소리가 여러 개로 나뉘고 마침내 인도민중당이 집권 여당으로 떠올랐다.

1960년대 중반부터 국민회의당은 타락하기 시작했고 연이어 터지는 수많은 추문들이 독립 운동에서 중심적인 역할을 통해 쌓아올렸던 영광을 빛바래게 만들었다. 또 당이 특권층과 결탁하면서 이전부터 당의 중추가 되었던 하층 계급을 일깨우는 과제에 제동이 걸리기 시작했다. 그리고 이렇게 형성된 새로운 정체성은 점차 좁은 사회·정치적 목적에 동원이 되면서 당이 좌우하는 정부 자금 분배를 놓고 격렬한 경쟁이 벌어졌다. 마르크스주의 정당들은 예외였지만, 정당과 정치인들은 이념과 정책이 아닌 선심으로 유권자들을 사로잡으려고 경쟁했다. 정치인들은 개인이나 집단의 정체성을, 정치적인 참여에 대한 보상으로 국가로부터 혜택을 받을 수 있는가 하는 문제와 결부시켜 분류 기준으로 삼았다.[15] 구르차란 다스는 경쟁적인 정치는 카스트 의식을 더욱 강화하는

'투표권 은행'을 낳았다고 했다. 덧붙여서 카스트별 집단은 "민주주의 체제 안에서 전리품을 서로 나누어 가지려고 경쟁하다가 현대의 이익 집단들처럼 행동하기 시작했다."고 적었다.[16] 분파주의적인 사회 정체성은 정부가 나누어주는 자금을 전리품처럼 서로 경쟁적으로 추구하던 과정에서 정치적으로 형성되었다. 그리고 1967년, 국민회의당은 새로이 조직한 부문에 나누어줄 게 없어지면서 최대 정당 자리를 잃고 말았다.

국민회의당의 정치인들은 실패했다. 전리품에 대한 수요가 공급을 초과했기 때문이다. 기본적인 서비스를 제공될 수 없게 되는 바람에 국민회의당은 사방에서 제기되는 공격에 힘없이 무너질 수밖에 없었다. 대안적인 정당들은 일반적으로 정치적인 쟁점보다는 사적인 재화에 초점을 맞춘[17] 카리스마 넘치는 개인이 이끌었다.[18]

무작정 퍼주기 식의 지원 정치가 왜 오래 지속될 수 없는 정치인지 정확하게 이해하기 위해서 이런 생각을 해보자. 다수파 정당(집단 X)이 선거에 이기기 위한 목적으로 지지 계층을 확대하려고 자원을 잠재적인 지지자에게 제공한다. 그런데 이런 행위가 되풀이되다 보면 언젠가는 이 정당의 가용 자원이 고갈된다. 이 정당은, 특혜를 원하는 보다 증가된 수요(예컨대, 당원 혹은 지지자의 증가)가 정당의 자원 공급 수준을 초과하면 지지자를 더 확보할 수가 없기에 지지자를 더 확보하려는 노력을 멈추어야 한다. 집단 X의 다수파에 대항하기 위해 집단 X에 패배한 사람들이 새로운 정당(집단 Y)에 가입한다. 하지만 기존의 재화가 모두 지지자에게 할당되고 남은 게 없다면 집단 Y는 집단 X가 누리는 자원을 몰수해서 자기 지지자에게 나누어주겠다고 약속할 수 있다. 바로 이 지점에서 갈등이 발생한다. 특히 집단 X로부터 다수가 이탈해 집단 Y에 합류할 때는 더욱 그렇다. 집단 Y는 집단 X로부터 자원을 빼앗음으로써 자신의 지지층을 대변해야 한다. 이 점에 대해 아툴 콜리는 "국가가 통제하는 자원을 놓고 벌이는 경쟁에 보다 많은 정치인들이 뛰어들게 된다."[19]라고 기술한다. 어떤 경제 단위(예컨대 주 정부)의 성장이 다른 대안적인 경제 활동들이 들어설 자리를 뺏으면서[20] 정부의 지원금이라는 전리품을 놓고 벌어지는 여러 갈등은 폭력과 사회 불안으로 이어진다.[21] 자원을 놓고 벌이는 경쟁은 정치적 갈등을 낳는다. 어느 정당도 자기가 새로이 조직한 당원들의 요구를 언제나 충족시킬 수는 없기 때문이다.[22]

정치인이 인종적 분열에서 이득을 얻는 방법

블록 투표(투표자의 표가 그가 대표하는 인원수에 비례해서 효력을 발휘하는 투표 방식―옮긴이)는 소수의 권력 집단이 수많은 유권자를 통제할 수 있게 해준다. 비하르나 오리사처럼 농업이 지배적인 주에서는 지주인 높은 계급의 카스트에 의존해서 살아야 하는 가난한 사람들은 자기들이 의지하는 사람들의 의중과 전혀 상관없이 독립적인 의지로 투표권을 행사할 수 없다. 그리고 마을의 이 '거물'은 다시 그 위의 후원자에게 충성을 다해야 한다. 이렇게 해서 이 후원 체계의 맨 꼭대기에 있는 사람은 엄청난 수의 투표권을 가지게 된다. 정치적인 직위를 차지하려는 사람은 자기가 확보하고 있는 이 투표권을 가지고 선거에 입후보한다. 결국 블록 투표는 민주주의적인 선출 과정을 작은 연대를 통해 훼손하고 만다.

앞에서도 언급했듯 인종적인 분열은 블록 투표가 나타날 수 있는 강력한 촉진제로 작용한다. 인도의 유명한 사원에 있는 종교 지도자인 이맘(모스크에서의 집단예배의 지도자―옮긴이)들은 추종자들을 통제하기 위해 종교적인 칙령을 내리는 것으로써 블록 투표의 논리적인 행위를 실천한다. 예를 들어, 총선이 다가오면 각 후보자들은 올드 델리에 있는 자마 마스지드에 이맘을 찾아가 특정 정당을 지지하는 영향력을 행사해줄 것을 요청한다. 정치 평론가들은 이맘의 칙령이 비상사태 이후의 선거에서 무슬림이 인디라 간디에게 반대하도록 영향력을 행사했다고 믿고 있다.

무슬림은 인도민중당의 전신인 인도 인민 연합 잔상당과 함께 인디라 간디의 반대편에 섰다. 이 선거에서 간디는 교훈을 깨달았다. 그리고 1980년에 중간 선거를 맞이했을 때 개인적으로 자마 마스지드에 가서 이맘을 만나 비상사태 때 월권을 한 것을 후회한다고 사죄했다. 이맘은 그녀의 손을 들어주었고 그녀는 재기할 수 있었다. 그때 이후로 종교적인 지도자나 카스트의 최고 계급 대표가 내리는 칙령이 선거에서 중요한 역할을 하는 것은 관례로 자리를 잡았나. 예를 늘어서 찬디 초우크에 있는 파테푸리 마스지드의 이맘은 자마 마스지드에 대항하기 위해 다른 후보의 손을 들어주었다.

인도 선거에서 나타나는 블록 투표는 19세기 말 미국의 여러 도시에 살고 있던 아일랜드 출신 미국인 집단에게서 비롯된 태머니홀과 논리적으로 거의 일치한다.[23] (1789년 뉴욕 시에 자선 공제 조합인 태머니 협회가 만들어졌다. 태머니홀은 이들의 본부가 있던 뉴욕 시 맨해튼의 회관 이름이었다. 이 조직은 1800년경부터 1930년대까지 뉴욕 시의 민주당을 지배한 파벌 기구로써 특히 선거에서 특권 계급에 이용되고 부정을 저질러 보스 정치와 독직 및 부패의 대명사가 되었다—옮긴이) 투표권을 많이 확보할 수 있었던 정치인은 살아가기 어려운 유권자를 도울 수 있는 여러 가지 편의를 제공받았다. 어려운 시기에 도움을 받고자 했던 사람은 정당을 지지하는 조직에 등록을 했어야 했기 때문에 이들은 독립적인 의사로 투표를 할 수 없었다. 이들은 경제적으로 어려운 시기에 보호를 받기 위해 자기가 가지고 있는 표를 정당 조직에 팔아 그 정당이 선거에서 이길 수 있도록 도왔던 것이다. 개인적으로 맞이하는 경제적인 위기를 피하기 위해서 유권자들은, 어려운 시기에 기부를 받을 수 있는 약속을 받고 좋은 경제 정책에 대한 희망을 희생했다. 이런 점에서 보자면 미국의 태머니 협회 회원은 땅 한 뙈기 없는 인도의 가난한 농민과 다르지 않다. 둘 다 개인적으로 보면 어려운 시기에 살아남을 수 있는 합리적인 전략을 선택한 것이다. 그러나 이들의 선택은 총체적으로 보자면 비합리적인 것이었다. 권력을 가진 부유한 특권층이 가난한 사람들의 약점을 이용해 자기들의 배를 불리는 과정이기 때문이다. 미국 정치에서 태머니홀 스타일의 정치인을 몰아내기 위해서는 국가 차원의 거대한 복지 체계가 필요했다.

19세기의 미국에서와 마찬가지로 오늘날 인도에서 정부로부터 인허가와 관련된 지원을 얻고자 하는 부유한 기업은 정당에게는 중요한 자금줄이다. 유권자는 전략적으로 자기들에게 사적인 혜택을 가장 많이 줄 수 있는 후보자를 선택하기 때문에 많은 자금이 필요하며, 기업의 재정 지원은 이 자금이 나올 수 있는 가장 중요한 원천이다. 인도의 경우 국영 부문에 대한 지배와 통제는 미국에서는 존재하지 않는 자금줄 즉 전리품의 원천이다. 후원-지원의 정치는 인도 경제에 보다 많은 악영향을 끼쳐 왔다. 정부는 국영 산업을 유지하기 위해 공공의 이익을 희생하기 때문이다. 전기 사용 요금을 국고에서 지원하는 게 그런 예이다.

공공의 이익을 대변하는 후보는, 좁은 범위로 한정된 특정한 인종 및 종교 집단을 파고들어 블록 투표를 하도록 유도하는 상대방 후보를 이기기 힘들다. 유권자 입장에서 볼 때, 만일 자기 블록의 후보가 진다면 이 후보로부터 약속 받았던 사적인 혜택은 물거품이 된다. 경쟁 블록의 후보가 우세할 때 말을 갈아탈 수도 있다. 부패를 일소하겠다고 약속한 정치인은 블록 투표에서는 호소력을 잃는다. 왜냐하면, 유권자 입장에서 볼 때 만일 이 후보가 선거에서 이기면 자기가 누구를 지지했는가 하는 문제와 상관없이 어차피 좋은 정책의 혜택을 받을 것이기 때문이다. 승자가 모든 전리품을 독식하는 인도의 선거 제도에서 패자는 엄청나게 큰 대가를 치러야 한다. 하지만 승자도 역시 엄청난 대가를 치르기는 마찬가지다. 전리품 분배를 원하는 지원 조직망은 곧 모든 자원을 고갈시키기 때문이다.

블록 투표는 불안정하다. 유권자들은 자기에게 사적인 혜택을 가장 많이 줄 후보를 끊임없이 찾아다니기 때문이다. 이들의 충성 대상과 충성심은 언제나 변한다. 충성심을 유지하기 위해서 정당 지도자들은 개인 재산까지도 동원한다. 이런 자산들이 고갈되면서 승자 연합 쪽에서는 사적인 혜택이 아닌 공공 정책을 받아들일 수밖에 없다. 이런 점에서 볼 때, 정치적 경쟁이 진행되면 될수록 보다 많은 인도의 유권자들은 더 나은 공공 정책을 찾아갈 것이고 사적인 혜택을 추구하는 유권자의 수는 점차 줄어들 것이다.[24]

인도에서 지원 체계는 어떻게 작동하는가?

선거 때 정부 조직에 속하는 정치인들은 예상 득표수를 채우기 위해 수많은 어중이떠중이에게 정부 조직에 속한 일자리를 줄 필요가 있다. 이런 사람들은 개인적인 관계의 조직망을 만들어 보다 많은 사람이 투표를 하도록 재촉한다. 물론 이들에게는 편의가 제공되어야 한다. 그래야 정치인들이 자기 자리를 지킬 수 있기 때문이다.

정부가 노동자를 해고하지 못하도록 규정한 법이 있기 때문에 정부의 크기는 주기적으로 커지고 또 정부가 통제하는 경제의 범위도 주기적으로 커진다. 이것은 태머니홀 체계와 확연하게 다르다. 태머니홀에서는 줄을 잘못 서서 경쟁 후보가 당선이 될 경우 뉴욕 시에 소속된 모든 노동자가 한꺼번에 해고될 수도 있다. 행정 사무 체계는 일체의 사적인 지원을 끊어버린다. 일단 공무원이 공무원법에 의해 보호를 받으면 이들은 누가 선거에 이기든지 관심이 없다. 자기 지지자들을 고용하거나 혹은 상대방 지지자들을 해고할 수 없는 정치인은 공적 자금의 지출에 대한 재량권을 거의 가지고 있지 않는 셈이다. 이런 점에서 사적인 지원 체계와 공무원의 행정 사무 체계는 정반대라고 할 수 있다.

그러나 인도에서는 이런 점까지도 교묘하게 피해간다. 정치인들은 공무원의 행정 체계가 사적인 지원 체계에 복무하도록 만들어버렸다.

공무원법은 정치인을 분노하고 좌절하게 만든다. 왜냐하면 이전에 집권했던 정부가 고용한 사람들을 차기 정부가 해고할 수 없기 때문이다. 인도에서는 정부에 소속된 공무원 일자리의 수가 인플레이션의 중요한 한 가지 요인이다. 그런데 역설적으로, 거시경제학적인 국가 자원에 대한 지배력이 줄어들고 사적인 부문에서의 일자리 창출도 한정되어 있기 때문에, 유권자의 지지를 끌어 모으려는 정치인으로서는 사적인 지원 정치를 선택할 수밖에 없다.

정부가 국민에게 제공하는 공공 서비스와 관련된 거래 계약은 정치인이 정치적인 지지를 사는 데 들어가는 자금을 확보할 수 있는 또 다른 중요한 자금줄이다. 이런 기회를 최대한으로 늘이기 위해 정치인은 미래에 중요한 건설 사업이 진행될 장소 즉 공공건물이나 공공시설, 공장 등의 새로 건설할 부지 등에 관한 정보를 관료들을 통해 확보할 필요가 있다. 태머니홀 조직의 우두머리와 비슷한 유형의 인물인 아툴라 고쉬는 뇌물을 매개로 효과적인 연결 고리의 조직을 만들었다. 콜카타의 기업가들은 국민회의당 콜카타 지부에 기부를 했고, 이 기부금은 콜카타에서 영향력을 행사하는 인물들에게 그리고 시골에서 당의 지지를 끌어올리는 데 사용되었다.[25] 고쉬는 지역 관료들의 도움을 받아 성공적으로 유권자들의 표를 삼으로써 현직을 유지했던 것이다.

시골 토지의 배분에 대한 통제권 역시 중요한 정치적 자원이다. 부패와 싸우는 사람으로 인도에서 가장 유명한 K. J. 알퐁스는 자기가 속해 있는 델리개발청DDA을 "인도에서 가장 부패한 기관"이라고 말한다. 그리고 덧붙여서 이 기관이 부패하도록 만드는 사람들은 "인도의 거의 모든 고위 정치인"이라고 말한다. 이 정치인들은 불법 건축업자들이 DDA의 땅에 허가도 받지 않고 가난한 사람들이 살 오두막집에서부터 중산층이 이용할 쇼핑센터 그리고 부자들이 살 거대한 저택에 이르는 온갖 건물을 지을 수 있도록 도움을 준다. 이 모든 건물들이 고위 공직자가 개입한 가짜 문서를 바탕으로 정부가 소유하는 땅에 들어선다. 알퐁스는 또 합법적인 건물이든 불법적인 건물이든 뇌물 없이는 아무것도 이루어지지 않는다는 말도 덧붙였다.[26] 아마도 뇌물을 받은 정치인은 인허가권을 담당하는 공무원들에게 일정 부분을 나누어줄 것이다. 정치인은 또 뇌물을 많이 챙길 수 있는 좋은 자리에 관료를 배치할 수 있는 인사권을 쥐고 있다. 이렇게 서로 물고 물리는 공생의 구조가 만들어져 있다.

심지어 형편없는 수준의 의료 보험을 받는 것조차도 사적인 지원 체계에 편입되어서 정치적 입김에 의해 좌우된다. 집권당에 속한 정치인은 권련 위원회를 통해 해당 정부 기관이 자기를 지지하는 사람들에게 혜택이 돌아가는 사업을 하도록 명령을 내릴 수 있으며 또 실제로 그렇게 한다. 재산을 가지고 있는 사람이 과세 평가 자료가 되는 재산권의 감정 가격을 낮추기 위해 과세 평가인과 협상을 하는 것은 상식적인 일이다. 또한 특권층에 속한 어떤 사람의 재산권을 지켜주기 위해 이미 결정된 도로의 설계 내용이 바뀌기도 한다. 심지어 뇌물은 일상적인 업무의 질을 좌우하기도 한다. 물론 전화선 보수 작업을 하는 사람도 여러 가지 선택권을 행사할 수 있다. 돈을 받는지 여부에 따라 그 돈의 액수에 따라 '긴급하게' '가능하면 빠르게' '규정대로' 작업을 한다. 우편배달부 역시 자기가 받는 뇌물에 따라 '성심을 다해' '빠르게' '보통으로' 우편물을 배달한다.[27] 더 나아가 일상적으로 이루어지는 부패의 이런 통로들은 부패의 총체적인 연결 구조가 나타날 수 있는 기반을 마련한다. 이 부패의 조직망은 궁극적으로 인사권을 통제하는 정치인까지 아우른다.[28] 이런 점에서 볼 때, 우표를 파는 공무원이 아주 작은 돈을 횡령하는 것과 같은 가장 밑바닥의 부패는 사회 상층부의 부패와 연결되어 있다고 할 수 있다.[29]

블록 투표가 만연해 있을 때 유권자는 더 이상 모든 국민에게 적용되는 서비스에 의존할 수 없다. 보편적인 공공의 필요성을 대변하는 후보자들은 특정한 블록에 호소하는 후보들을 모두 누르고 당선될 가능성이 거의 없다. 왜냐하면 특정 블록에 속한 유권자들은 상대방 블록의 후보자가 당선되도록 놓아둠으로써 자기가 누릴 수 있는 사적인 혜택을 날려버릴 수도 있는 리스크를 감수할 여유가 없기 때문이다. 결국 국가가 제공하는 서비스 체계는 총체적으로 타락하고 그 결과 가난한 사람들은 그나마 적은 혜택마저 받지 못할까 두려워 상대방 블록으로 옮겨갈 여유가 없기 때문에 여전히 무력한 존재로 남을 수밖에 없다. 연고와 연줄이 국가가 제공하는 서비스를 결정할 때, 선택적으로 이루어지는 분배에서 국민 다수가 소외된다. 예를 들어 정치인들은 사회의 기간 서비스 가격을 회복 비용(서비스에 대하여 고객이 불만을 제기했을 때 처리하는 비용―옮긴이) 이하로 유지하길 원할 수 있다. 이들은 권력을 이용해서 기업 관리자를 임명하고, 건전하지 못한 기업에 공적 자금으로 조성된 지원금을 주면서 이에 대한 대가로 불필요한 인력을 고용하도록 하거나 특정 고객에 대해 낮은 가격으로 물건을 납품하게 하거나 혹은 특정 지지층을 모으는 데 유리한 새로운 투자 계획을 발표하도록 하는 등 여러 가지 편의를 제공하게 한다. 이에 따라 원가가 오르고 당연한 결과로 서비스의 질은 급격히 떨어진다. 뿐만 아니라 다수 국민은 적절한 서비스조차 받지 못하게 된다. 그리고 이 회사의 자금 사정이 나빠지면 정부 예산에 영향력을 행사하는 정치인들이 정부 예산을 전용해서 이 회사가 지원금을 받을 수 있도록 해준다. 여유 예산이 없을 경우에 회사는 제공하는 서비스의 양을 줄이는 길을 선택할 수도 있다.

국민들은 자기들에게 조금이라도 유리한 정치인을 지지하기 위해 언제라도 지지 정치인을 바꿈으로써 자기들에게 돌아오는 혜택의 양에 즉각적인 반응을 한다. 앞에서도 언급했듯 유권자에게 적절한 서비스를 제공하는 정치인만이 유권자의 표를 끌어 모은다. 그러므로 보편적 이해를 대변하는 후보의 지지 기반은 허약할 수밖에 없다. 유권자 입장에서 볼 때 자기가 누구를 지지하든, 결국 누가 당선되든 간에 줄만 잘 서면 그 당선자가 내세우는 정책으로 얼마든지 혜택을 받을 수 있기 때문이다. 유권자로서는 자기를 지원해주는 연줄을 잃어버리는 것은 사적인 혜택을 받을 수 있는 기회를 잃어버린다는 뜻과 같다. 선거에서 자기가 지원하는 정당이 패배를 한다는 것은 자기에게 돌아올 서비스가 중단되거나 형편없어진다는 뜻이다. 연고와 연줄이 중심적으로 작용하는 정치판에서는 누구나 보편적으로 혜택을 받을 수 있는 공익을 우선으로 내세우는 후보는 자기를 지지하는 사람들에게 사적인 혜택을 약속하는 후보에 비해 호소력이 약할 수밖에 없다.

제도의 틀을 벗어나서 개인화하고 나아가 부패로 이어지는 경찰 서비스 및 교육 서비스의 진화 과정은 (비제도화를 통해서 나타나는)권위의 개인화가 어떤 식으로 불가피하게 돈을 매개로 타락할 수 있는지 보여준다.[30] 인도에서 이런 타락은 직무의 재량권을 돈을 받고 파는 것으로 나타난다.[31] 경찰은 투표소 접근에 대한 통제권을 가지고 있기 때문에 주지사는 경찰력을 이용해 개인의 정치적인 통제력을 확장하거나 유권자에게 영향력을 행사할 수 있다.[32] 경찰은 투표에 영향력을 행사하는 데 도움이 된다. 국민 개개인은 경찰이 제공하는 서비스에 의존해야 하기 때문이다. 그리고 어떤 정당이 경찰에 대한 통제권을 가지고 있을 때 이 정당의 우두머리 그리고 이 사람과 연고가 있는 사람, 또 이 사람을 지지하는 사람은 모두 경찰의 보호를 받을 수 있다는 사실이 확실히 보장된다. 정치적인 통제력을 강화하기 위한 전략의 일환으로 시작되었던 것이 전혀 예상하지 못했던 불행한 결과를 낳은 것이다. 제대로 훈련을 받지 않은 돈만 밝히는 경찰이 중요한 범죄인에게 유죄 판결을 내리기에 충분한 증거를 제공하는 경우는 드물다. 체포와 벌금 부과는 매우 수지맞는 장사 수단이 된다. 뇌물에 젖어 타락한 경찰은 기본적인 치안 유지 능력까지도 상실한다.[33] 비록 장기적으로 보면 사적인 혜택을 주고받는 지원 정치가 본질적으로 불안정하긴 하지만, 이런 체계가 언제 그리고 어떻게 안정적인 정치 체계로 대체될지는 불확실하다.

겉으로 보기에는 불법이 개입될 것 같지 않은 교사 채용 과정 역시 선거에서

이긴 후보가 전리품을 챙기기에 좋은 자금줄이다. 교육청이 고도로 탈중심화되어 있기 때문에 여기에서 지원과 혜택의 기회가 무궁무진하게 발생한다. 교사의 봉급은 주 정부가 지급하기 때문에 정치 지도자들은 정치적인 충성도를 기준으로 교사를 채용한다. 교사 임용이 정치적일 때 정부의 감독관(이 사람도 역시 정치적인 기준으로 임명되었다) 역시 교사들을 오로지 교육적인 차원에서만 효과적으로 감독할 동기는 전혀 없다.[34] 대신, 이들은 교사들로부터 뇌물을 챙기고, 교사들은 교실에는 나가지도 않고 개인적인 과외를 통해 따로 수입을 챙긴다. 그래서 시골 지역의 수많은 학교들은 텅 비어 가고 많은 어린이들이 교육의 혜택을 전혀 받지 못하는 결과가 빚어진다.

국가의 공공 부문 복지가 방해를 받기 때문에 정치적인 지원으로 가장 큰 피해를 보는 집단은 일반 국민이다. 정치적으로 선출된 고위 공직자는 공공 부문 서비스 체계를 개인화하고 비제도화하며, 국가로부터 법치에 의한 문제 해결 능력을 빼앗는다. 개인적인 매력을 무기로 대통령에 선출된 지도자들은 규제와 제도적인 절차를 통해 통치하지 않고 대통령 명령으로 통치하는 경향이 있다.

퍼주기 식의 지원 정치와 경제 사이에 빚어지는 가장 중요한 갈등은 공공 부문 서비스의 부패이다. 경찰 및 소방 서비스는 제대로 이루어지지 않는다. 거리 청소도 되지 않는다. 학교에는 교사가 없다. 선택적으로 배분될 수 있는 서비스가 모든 사람에게 공평하게 돌아가는 서비스보다 훨씬 질이 좋다. 이런 선택적인 서비스를 제공할 수 없는 정치인들은 투표일에 사람들을 모을 수 없다.

라즈 크리시나가 만든 표현인 '힌두적인 즉 변변찮은 성장률'은 정치적인 딜레마가 빚어낸 결과다. 권위의 개인화는 당의 규율을 흐트러뜨린다. 그리고 유권자는 정치인을 지배할 수 있는 힘을 잃어버린다. 지원 정치는 정치인의 개인적인 힘을 유지시키지만, 정치인으로부터 그들이 모든 위계의 행정 조직을 대상으로 행사할 수 있는 힘은 빼앗아버린다. 이렇게 해서 결국 대통령을 포함한 집권 여당은 실패와 패배에 쉽게 노출되고 무너질 수 있다. 정치인들이 선거를 통해 주기적으로 정치권 밖으로 쫓겨나면서 유권자들은 개인적인 지원보다 더 안정적인 어떤 체계를 바라기 시작했고. 정치는 점차 정책과 통치력에 초점이 맞추어지게 되었다.

부패와 맞서 싸우는 전투에서 인도가 가지고 있는 힘 가운데 하나는 비록 대중의 눈에 잘 띄진 않지만 정부 예산을 관리하고 감사하는 부처들이다. 인도에서는 정부 예산에 관한 정보에 접근하기가 상대적으로 쉬운 편이다. 예산 자료들을 쉽게 손에 넣을 수 있으며 또 예산 수치들을 어렵지 않게 한눈에 파악할 수 있다. 예산 추정 보고서는 해당 연도의 예산과 전년도 예산을 모두 보여준다. 정부의 전체 예산 자료에 관한 정보는 비록 일정 기간이 지난 뒤에야 가능하긴 하지만 얼마든지 손에 넣을 수 있다. 하지만 주 정부의 늑장 준비로 인한 이런 지체는 중앙 정부로부터의 이전 과정이 늦어지기 때문이다.

감사관은 방화벽에 의해 정부 재정 감사 전반을 책임지는 회계 감사관과 효과적으로 분리된다. 그렇기 때문에 회계 감사 기능은 감사 기능의 독립적인 부분으로 존재한다. 예산회계국CGA의 독립성은 헌법으로 보장되어 있다. 그리고 이 기구는 또 회계와 감사 부분을 따로 떼어놓음으로써 효율적인 감시를 하는 것으로 국제적인 명성을 얻어 왔다. 이런 식으로 기구의 독립성을 보장하는 제도는, 정부 예산이 여기저기서 줄줄 새지만 이런 사실들이 일반 국민이나 기업가에게는 거의 알려지지 않는 필리핀이나 인도네시아와 같은 국가에서는 찾아볼 수 없다. 인도의 재정 누수는 국민과 관료의 눈에 드러난다. 정부 예산을 도둑질하는 것보다 뇌물이 더 큰 문제다. 이처럼 재정 내용이 눈에 훤히 보인다는 사실은 정치 질서에 매우 통렬한 효과를 발휘한다.

관료들을 통제하려고 투쟁하는 정치인

　독립 초기에 인도의 엘리트들은 영국으로부터 행정 체계를 넘겨받았다. 관료제도의 높은 자리로 진입하는 데 필요한 교육적 요건을 맞출 수 있는 인재는 얼마 되지 않았다. 이런 상황은, 엘리트 계층이 경제적인 특혜와 사회적인 특권을 개인적으로 이용하자 더욱 커다란 분노를 일으켰다.[35] 이런 상황에서 정치 지도자들은 공무원 조직의 엘리트적인 특성을 희석시키고자 다시 말해 보다 폭넓은 사회 계층을 대변해 행정 서비스를 펼칠 수 있도록 하기 위하여 보다 가난한 계층의 사람들을 선발했다. 파키스탄이나 스리랑카에서는 심지어 독립적인 행정 사무 조직을 해체하고 엘리트적인 공무원 집단을 제거하기까지 했다.

　인도 건국자들은 인도에 연방적인 헌법을 마련하려고 애를 쓰면서도, 인도 전역을 체계적으로 통치하려고 영국이 마련했던 중앙집권적인 행정 체계는 손대지 않고 그대로 두었다. 그리고 이런 행정 체계는 정치적인 단위의 한 원천으로서 여태까지 살아남았지만 개발을 촉진하는 데는 여전히 변변찮은 성과밖에 내지 못하고 있다. 인도 정부는 이웃 국가들만큼 인습 타파에 힘을 기울이지 않았다. 그리고 엘리트 행정 사무 집단을 해체하는 위험을 무릅쓰지도 않았다. 이 행정 집단이 국가를 하나로 묶어주는 철골 구조물이라고 생각했던 것이다. 행정부와 입법부 그리고 사법부의 각 제도들은 서로 맞물려 중앙 정부와 주 정부를 묶어주고 지방 정부에 대한 중앙 정부의 통제 범위를 제한한다. 인도의 연방주의는 이런 조건에 속박되어 있다. 인도의 중앙 정부는 자체적으로 보유하는 관리들을 동원해 주 정부에 여러 프로그램을 실행하고 자기 권위를 행사한다. 엘리트 관료들의 집합체인 인도행정서비스IAS(우리나라의 행정 고시와 유사한 공무원 시험 및 이 시험에 합격한 관료들을 통칭하는 말―옮긴이)는 정책 결정의 중요 사항을 중앙에서 통제하는 데 핵심적인 기능을 담당한다. IAS는 세금을 징수하고 많지 않은 물자를 통제하며 또 5개년 개발 계획을 수행한다. 중앙 정부를 통제하는 당에 의해 파견된 IAS는 주 정부가 자체 공무원을 임용하고 통제하는 권리를 제한한다. 이 기구는 최소한의 인원과 비용으로 광대한 제국을 건설할 수 있긴 하지만 필요한 경제 정보 및 금융 정보를 숨긴다.

인도의 정치인들은 공무원 조직을 완전히 해체하는 것이 아니라 관련된 법률을 조정함으로써 이 조직을 통제하는 법을 배웠다. 게다가 뒤에서 살펴보겠지만 정치인은 일단 국가의 고위 공무원으로 선출이 되고 나면 중앙집권화된 엘리트 관료 부대가 사실은 돈벌이가 잘 되는 관료의 여러 자리들을 내다 팔 수 있는 상품이 풍부하고 유동성이 좋은 시장을 대표한다는 사실을 깨닫는다.

인도가 민주주의 독립국가로 맞이한 최초의 30년 기간에 걸쳐 정치인과 관료 사이에는 중요한 거래가 이루어졌다. 독립 이후 정치인들은 관료의 전문성에 의존해 통치를 하고 정책적인 지도력을 발휘했다. 관료는 핵심적인 정책 조언자의 원천으로서 정치인을 지배했다. 정당의 우두머리들이 잘 훈련되고 세련된 엘리트 관료들 앞에 서면 아무것도 모르는 초보자가 되고 마는 느낌을 받아야 했다. 그래서 정치인들은 국가의 민주주의적인 기풍과 일치한다고 믿었던 보다 적극적인 역할을 자기들 나름대로 시도했다.[36] 정치인은 관료들이 국민에게 서비스를 효과적으로 전달하지 못한다는 사실을 깨닫고 이것을 자기들에게 유리한 조건으로 활용했다. 즉, 국민의 편에 서서 관료제도에 대항할 수 있는 전략적인 기회를 잡은 것이다. 정치인이 자기를 지지하는 사람들이 어떤 계약을 맺어서 경제적인 이득을 취하게 하거나 학교나 병원에 빈자리를 찾아 들어갈 수 있게 도와주는 것은 선거에서 자기를 지지해줄 사람을 확보하는 길이었으며 또한 뭔가 보람 있는 일을 하는 것이었다. 높은 곳에서 국민을 내려다보는 것에 익숙해 있던 인도와 동아시아 전역의 관료들은 행정의 이런 새로운 정치적 모습들을 자기들 일에 간섭하는 것이라 여겼다.[37]

마침내 양쪽의 힘겨루기는 교착 상태에 빠졌다. 정치인은 관료적인 엄격한 규제에 이의를 제기했고, 행정 관료들은 점점 더 깊이 개입하는 정치인의 정치적 간섭을 터무니없는 생떼라며 폄하했다.[38] 비록 관료들은 정치적인 지도력이 우선임을 인정하는 것 같지만, 그럼에도 불구하고 여전히 행정상의 모든 문제점들의 책임을 물으면서 장관과 정치 지도자를 공개적으로 비난한다.[39]

규칙 준수와 무책임 : 이 상반되는 개념이 어떻게 한 뿌리에서 나왔을까?

관료적인 권위 형태와 정치적인 권위 형태 사이의 갈등은 어느 사회건 있다. 관료제도는 자체 속성상, 비밀 엄수를 통해 전문성과 관련된 권위를 세우려고 하면서 충분한 경험과 지식이 없는 외부 초심자들에게는 자기가 가지고 있는 지식과 의도를 밝히려 하지 않는다.[40] 관료제도는 정보가 거의 없는 정치적 관심사는 따뜻하게 환영하지만, 독립적인 전문가나 이익 집단과 협력하는 방법을 동원해 해당 지식을 얻으려고 하는 정치적 후원자들의 시도에는 일반적으로 완강하게 저항한다.

정치인은 관료제도를 통제하겠다는 약속을 함으로써 유권자의 표를 얻으려고 시도한다. 정치인은 보다 많은 권위 즉 권한을 가지려는 자기의 욕심을, 관료제도는 자기에게 부과된 막중한 책임을 다하기에는 결코 적합하지 않았다는 이유를 들어 합리화한다. 즉, 결과를 내는 과정에서 규정을 앞세우는 관료들의 경향이, 정치인이 정부 기구들을 직접 관리하겠다고 나설 수 있는 빌미를 제공하는 것이다.

관료들이 규칙을 준수하려는 동기 역시 동일한 원천에서 비롯된다. 관료들은 정보를 다루기 때문에 이들은 자기들의 이해관계에 도움이 되지 않는 정보는 걸러낼 수 있다. 이들은 자기들에게 유리한 정보를 생산하고 또 자기들을 정치적으로 후원하는 집단이 이것을 믿게 만들 수 있다. 정치 지도자들은 그 정보가 편향된 것임을 알고 있지만 대안으로 삼을 만한 정보 출처를 따로 가지고 있지 않다. 정치인이 이런 낯익은 관료적인 병폐를 극복하기 위해서는 매우 신중한 방법으로 개입해 들어가야 한다.

병원에 친척을 취직시킨다거나, 노점을 열 허가권을 얻는다거나, 일자리나 전화 혹은 기차표를 얻는다거나 하는 행위에는 모두 정치적인 개입이 필요하다. 이런 문제들을 효율적으로 처리하는 것은 선거 때 충성을 다해 줄 사람들을 조직하는 데 매우 유익하다. 관료적인 형식주의에 사로잡힌 관료들이 이런 문제를 해결할 존재로서 정치인을 낳은 것이다.

영국으로부터 물려받은 관료제도는 처음에 능력에 따른 임용 및 승진 원칙을 가졌으며 여기에 정치적인 경향성은 없었다. 상하의 구분과 질서가 뚜렷한 위계질서, 광범위한 성문 규정, 능력에 따른 임명은 모두 적절한 것이었다. 권위의 선명한 방침은 정치인의 손에서 끝나지 않고 규칙을 집행하려고 설정된 독립적인 공무원 조직 속에서 가려졌다. 사소하고 세부적인 업무까지 표준화된 절차에 따라 처리하는 행정, 행위의 모든 측면을 관장하는 규칙과 처리 절차는 중앙에 설정된 원칙에 따라 고정되었다. 관료제도의 설계는 고전적이었으며 완벽하게 잘 집행되었다. 그러나 이것은 지나친 위계라는 병폐를 낳았다. 이 가운데 가장 중요한 것은 책임성의 부재였다. 관리들은 고압적으로 비쳤다. 규정에 의하면 이들은 다른 누구도 아닌 자기 자신에게만 책임을 지기 때문이었다. 고전적인 행정 모델은 애초에 비정치적이고 또 정치적인 간섭을 배제하려고 설계되었지만, 이 모델은 중립성이라는 미명의 무책임성을 낳았다.[41]

회전목마처럼 바쁘게 돌아가는 보직 변경

인도에서 독립적인 공무원 조직은 관료제적 행정의 규칙과 관련된 여러 사항들을 결정한다. 하지만 완벽하게 보이던 설계에서 결함이 나타난다. 법률은 공무원의 해고를 금지할 수 있고 또 승진을 제한할 수 있다. 그러나 정치인이 인사권을 행사해 관료를 임명하는 일에 간섭하는 것은 금지할 수 없다.

중앙 정부가 권한을 이용해 주 정부의 인사에 관여하는 일은 거의 없다. 대신에 이들은 지방 관리들이 지방 관료제도의 경력 경로를 통제하는 것을 허용한다.[42] 주지사는 지방의 지도자들에게 보직 변경에 대한 통제권을 부여함으로써 각 지역 파벌들의 결합을 공고히 하고 또 이들에게 선거 때의 지지층을 확보하는 데 필요한 여러 수단을 제공한다. 중앙 정부의 고위 정치인은 선거구, 주, 중앙으로 이어지는 피라미드 구조의 지원 체계를 필요로 한다. 델리에 있는 주지사가 주 의원들의 지지를 잃으면 다른 사람으로 대체된다. 지방의 정치인은 주지사를 지원하는 대가로 자기들의 지역구 안에서 이루어지는 인사권을 통제할 수 있는 권한을 얻는다.

지방 차원의 정치인은 지방의 관료제도 속에서 자기에게 충성을 다하는 추종자들의 조직망을 쌓는다. 이런 조직망은 중앙 차원에서 이루어지는 총선에서 이기려면 반드시 필요한 것이기 때문이다. 지방 정치인이 지방 차원에서의 IAS 인사권을 손에 넣지 못한다면, IAS가 지배하는 핵심적인 여러 자산들 가운데 이들이 활용 가능한 자산은 부족할 수밖에 없다.[43]

지구는 주 정부에서 정치와 행정의 기본 단위이다. 그리고 각 지구에 있는 주 정부 기관의 우두머리인 IAS 수세관(收稅官)은 지구에 관한 모든 권한을 행사한다. 이 수세관의 힘은 광대한 영역의 세금 징수 및 자원 할당에 관해 가지고 있는 권한에서 나온다. 수세관은 단기적으로 공무원을 채용해서 정치적인 의미가 강한 일에 투입할 수도 있다. 대부분의 주에서 수세관은 관리 임명, 보직 변경, '공정 가격 가게' 허가권 등을 관장하는 권한을 가지는데, 이런 것들은 모두 지방 정치인에게는 매우 큰 관심거리이다. 정부의 식량 배분 정책의 한 사업인 공정 가격 가게는 가난한 사람들에게도 식료품이 골고루 돌아갈 수 있도록 마련된 제도이다. 주 정부는 이 가게에서 기본적인 식료품을 살 수 있는 배급표를 발행하고, 이 배급표를 가진 사람은 정부 보조금이 붙어 시중 가격보다 훨씬 저렴한 식료품을 구입할 수 있다. 그런데 이 가게에서 팔리는 식료품은 대부분 가난한 사람들이 원하는 거친 곡물류가 아니다. 오히려 최상품이 더 많다. 그리고 판매량의 4분의 1은 설탕인데, 이것은 가난한 사람들이 요구하는 물품이 아니다. 몇몇 지역에서는 가난한 사람의 90퍼센트가 이 가게를 이용하지도 못한다. 이 가게는 보통, 선거 때 정치인이 잘 보여서 지지를 이끌어내고자 하는 집단이 원하는 상품들만 취급한다.

여기에 대해 장 드레제는 이렇게 썼다.

"1994년과 1995년에 걸쳐서 이루어진 국민표본조사를 통해 인도인의 영양 상태에 관한 좋지 않은 모습이 드러났다. 식량 안전 체계라고 할 만한 게 전혀 존재하지 않는다는 사실이 드러났던 것이다. 당시에 이 분야에 관련해 정부가 내건 정책의 핵심은 '공공 배분제PDS'였다. 누구나 다 이 제도의 혜택을 받을 수 있도록 하자는 게 원래 취지였지만, 실제로는 전체 인구 가운데 소수만 혜택을 받았다. 예를 들어 인도에서 조사에 참가한 가구 가운데 4분의 1만 이 제도를 통해 식료품을 샀다고 응답했다. 가난한 주에서는 PDS를 활용하는 게 어려웠다. 가난한 주 가운데서도 시골로 갈수록 형편은 더 나빠졌다. 또 특정 주나 지역에 있는 가난한 사람들은 이 제도의 혜택을 받기가 더욱 어려웠다. 비하르나 우타르프라데시와 같은 주들에서는 1993년부터 1994년까지 전체 가구의 4퍼센트만 이 제도를 통해 식료품을 구입했다."[44]

수세관은 또 다른 중요한 역할을 한다. 몇몇 경우에서는 어떤 사건이 재판에 회부될 것인지의 여부를 수세관이 결정한다. 예를 들어 수세관은 생필품 밀수범에 관한 판결을 자기가 직접 한다.[45] 이런 판결은 정치적으로 상당히 큰 의미를 지니고 있다.⁴⁶ 다행스럽게도 이런 통제가 끝나면 밀수 역시 사라진다.

공무원 자리가 정치적으로 민감할 때, 관료제 구성원들은 보통 권력을 가지고 있는 사람들에 대한 충성심 혹은 예상 가능한 순응을 기준으로 선발된다. 해당 분야에 대해 전문성을 가지고 있는 기술 관료들은 전문성을 필요로 하는 자리로 보내진다. 이런 자리들은 보통 '돈이 되는 자리'가 아니다. 전문 기술 관료들에게는 전 세계의 다른 관료들과 교류하는 법을 배우는 자리가 할당된다. 이들은 인허가권을 배분하거나 정부 보조금을 지급하거나 혹은 암시장 거래를 통해 돈을 모을 수 있는, 소위 돈을 긁어모을 수 있는 부서로부터 확실하게 배제된다. 수송, 의료 보험, 민간 공급, 토지 개발, 건설 허가 등과 관련된 자리의 임명권에 대한 정치적인 지배와 통제는 부패를 부추긴다. 뇌물을 챙기기에는 이런 자리들이 최고이기 때문이다.⁴⁷ 부패의 고리는 소위 통치권 차원에서 아무리 끊으려고 해도 끊어지지 않는다. 새로운 형태의 부패는 끊임없이 다시 생겨난다. 부패를 자유주의 경제 체제를 통해 몰아낼 수 있다는 가정은 경험적인 기준으로 볼 때 성립하지 않는다. 과거에 공무원 부패 감독 기구의 책임자였던 N. 비탈은 이렇게 적고 있다.

"정치적인 부패는 우리나라 부패 문화의 뿌리로서 부패 가운데서도 가장 의미가 크다고 할 수 있다. 우리나라의 전체 정치 과정과 선거 체계는 부정한 방법으로 조성된 '검은 돈'에 의지하고 있는 것이 사실이다. 하급 선거에서부터 가장 높은 단계의 선거에 이르기까지 선거에 나서는 모든 후보에게는 돈이 필요하다. 인도 GDP의 40퍼센트는 검은 돈이다. 인도 정치가 이 검은 돈과 결탁되어 있다는 사실은 그다지 놀라운 일도 아니다. 정치인 혹은 정치에 참여하는 사람들이 스스로 부패하길 바라는 것 같지는 않다. 많은 사람들이 훌륭한 전문가들이고 또 정치에 시간을 허비하지 않는다면 자기가 가지고 있는 전문성을 발휘해 아마도 더 많은 돈을 벌 수 있는 사람들이다. 그리고 검은 돈에 손을 대지 않으려고 하는 진정하게 명확한 의식을 가진 사람들 역시 많이 있다. 오랜 시간에 걸쳐 '정치적 정직성'이라는 새로운 문화가 성장해 왔다. 그러나 정치 지도자는 최소한 개인적인 차원에서의 정직성은 유지하려고 하지만 당을 위해서는 정치 자금을 모으기 위해 출처가 의심스러운 돈을 향해서 손을 벌릴 수밖에 없는 것이 바로 이 문화의 한계이기도 하다."[48]

상품이 풍부하고 유동성이 좋은 시장

정치인은 인사이동에 관한 권한을 지배함으로써 상당한 이득을 얻을 수 있지만, 이들은 특정 자리가 보장할 수 있는 뇌물이나 리베이트 규모에 따라 그 자리가 어느 정도 가치가 있는지는 직접 파악하지 못한다. 그 결과 정치인은 해당 자리를 경매에 붙여서 가장 높은 가격을 부르는 관리에게 판다. 이때의 응찰가가 바로 그 자리의 가치가 된다.[49] 정치인은 수입을 극대화하기 위해 이런 경매 자리를 자주 마련하는데 그 결과 관리들의 보직 변경은 그만큼 잦아진다.

이런 일종의 경매 제도 덕분에 관리들은 가장 바람직한 '돈이 되는' 자리를 낙찰 받기 위한 경매에 누구나 자유롭게 참가할 수 있다. 사적인 이득을 얼마나 많이 얻어낼 수 있느냐 하는 기준에 따라서 보면 각각의 자리들은 천차만별이기 때문에 치열한 경쟁이 벌어진다. 가장 부패한 사람일수록 가장 돈벌이가 좋은 자리를 따낼 수 있는 돈을 가지고 있다. 유능한 관리는 최대의 공익을 효율적으로 제공하는 사람이 아니라 부수입을 통해 소득을 가장 많이 올리는 사람이다.

고도로 엘리트적이고 중앙집권적인 행정 체계가 인도의 민주주의적인 정신과 날카롭게 대립하는 이유는 바로, 고도로 집중화되어 있고 유동성이 풍부한 시장 즉 공무원 자리를 사고파는 시장에서 정치인들이 뽑아내는 부수입에 있다. 다른 경매 시장과 마찬가지로 사겠다고 나서는 사람이 많으면 많을수록 호가는 더 높이 올라간다. 자리를 사겠다는 사람들이 많이 모일수록 해당 자리의 가격은 올라간다. 특히, 자리를 사겠다고 호가하는 사람이 해당 자리의 진짜 가치를 유일하게 아는 내부자이기 때문에 이런 현상은 더욱 가속화된다.

인도 공무원 행정의 이런 변화는, 제도를 규정하는 규칙들이 아주 조금만 바뀌어도 해당 제도는 그 제도가 원래 가지고 있었던 취지에서 얼마나 쉽게 벗어날 수 있는지 생생하게 증명한다.[50] 비록 능력에 따른 임용과 연봉에 따른 승진이라는 원칙은 훼손되지 않았지만, 자리에 대한 임명권 및 보직 변경권을 정치인이 가짐으로써 대원칙은 원래의 취지를 잃어버렸다. 관리들은 현재 자리에서 다른 자리로 빠르게 옮겨 다닌다. 이동이 얼마나 빠른지 업무의 효율성을 도모하기 위함이라는 변명 따위로는 도저히 설명할 수 없을 정도다.[51] 지나친 자리 이동은 관료제도가 지도력을 발휘할 수 있는 능력을 좀먹는다. 연속적인 전문성은 훼손되고, 공익 증진보다는 개인적인 치부가 박수를 받는다. 정치인이 자리 이동의 동기에 대해 공개적으로 드러내놓고 논의를 하는 일은 거의 없다. 그렇기 때문에 핵심적인 지지자들에게 편의를 제공한다는 사실은 비밀의 장막으로 덮인다. 자리 거래와 관련된 비밀은 공무원들이 인사권에 대한 결정에 영향력을 행사하지 못하도록 가로막으며, 공무원이 집단적으로 자기들의 이익을 도모하려고 나서는 행동을 사전에 예방한다.

보상과 자리를 두고 벌이는 경쟁은 치열하다. 그리고 이는 더욱 극대화된 잘못된 결과를 낳게 된다. 어떤 자리를 차지한 사람은 다시 돈벌이가 더 좋은 자리로 옮겨가는 데 필요한 돈을 모아야 한다. 때문에 뇌물과 리베이트를 최대한 챙기기 위해서는 상품과 서비스를 분배하는 분야에 집중할 수밖에 없다. 즉 관리들은 자기가 성공하기 위해 결국 개발을 강화하는 방향의 활동에 초점을 맞추어 사적인 이득을 챙기게 된다는 말이다.[52] 관리들은 자기들이 감독하는 법과 제도가 잘못된 방향으로 나아가도록 일하는 셈이다. 정치인은 관리들이 정책 목적을 달성하도록 일을 하게 내버려두지 않았고, 그 결과 정치인들은 의미 있는 개혁을 이루는 데 무력할 수밖에 없다.

현재의 체계가 온존하는 한 공무원의 빈번한 자리 이동은 계속될 것이다. 정치인이 재선에 성공하기 위해서는 자리 장사를 해야만 하기 때문에 부패에서 벗어날 수 없다. 그리고 정치인은 어떤 사람이 자리 이동에 드는 비용을 얼마나 잘 조성하느냐 하는 기준만 놓고 그 사람의 능력을 평가한다. 이런 체계 속에서 관리가 유능하고 경쟁력이 있다는 평가를 받으려면 사적인 이득을 극대화할 수밖에 없기 때문에 부패는 피할 수 없는 유혹이 된다.

정치인과 관리 사이에는 공생 관계가 존재한다. 이 관계 속에서 정치인과 관리는 공적 부분에서의 의미 있는 개혁을 이끌어내지 못하는 정부의 무력함에 대한 책임이 서로 상대방에게 있다고 떠넘긴다. 과연 누가 비난을 받아야 할까? 진짜 비난을 받아야 할 것은 오로지 관료들만 앉을 수 있는 새롭고 매력적인 자리가 끊임없이 팽창한다는 사실이다. 이 제도를 옹호하는 다수의 사람들은, 이 제도의 이점이 유능한 관리가 무능한 관리를 몰아내고 무능한 관리를 처벌하는 기능을 하는 것이라 주장한다. 비록 이런 사실이 그 자체로는 나쁘지 않더라도, 실제 성과와 결과에 대한 책임성과 아무런 연관도 없이 분리되어 나타난다면 부패를 낳을 수밖에 없다. 국민과 정부의 이익을 대변하는 집단이 나타나서 현 제도의 문제점을 바로잡을 필요가 있다. 현재의 보직 변경 제도는 부패한 관리를 제거하지 못한다. 문제가 발생해도 이 문제를 다른 조직으로 옮기는 것밖에 되지 않는다. 효율성을 높이기 위한 주기적인 평가 작업 속에서는 주요한 여러 변화들 즉 개혁이 필요하다는 제안을 담아 왔다. 산타남 위원회는 이미 1964년에 이와 관련한 개혁안을 권고했다. 그러나 이것은 아직도 실행 과제로 남아 있을 뿐이다. 이런 개혁이 지연되는 이유는 선거를 통한 정치라는 구조에서 찾을 수 있다.

지위와 장애물

　인도의 엘리트 관료제도가 민주적인 열망과 갈등을 일으키듯, 직무 분류의 엄격한 위계 구조는 풀뿌리 민주주의를 건설하려는 인도 건국자들을 좌절케 한다. 엘리트적인 관리를 통해 공동체의 목표를 달성하려는 여러 시도는 그 자체로 모순적이다. 특히 가난한 사람에 대한 공공 부문 서비스 제공을 억제하려는 부당한 동기를 생각하면 더욱 그렇다.

　인도 행정의 특징은 고급 관료와 하급 관료 사이에 높은 벽이 가로놓여 있다는 점이다. 신분의 구분이 뚜렷이 강조되며 가장 낮은 자리에서 가장 높은 자리로 올라갈 기회는 구조적으로 엄격한 제한을 받는다. 자치적이고 평등한 제도에서라면 집단이 이룬 성과에 따라 봉급 체계는 균등하게 이루어질 것이다. 그런데 규정을 특히 중시하는 인도의 제도는 얼굴을 맞대고 하는 직접적인 업무 처리를 금지하기 때문에, 서열이 다른 공무원들 사이의 비공식적인 의사소통 체계는 줄어들 수밖에 없다. 결과적으로 지위가 낮은 공무원은 아주 낮은 차원의 업무에서조차 계획과 실천에 관한 책임성을 아주 조금밖에 가지지 않는다.

　인도의 공무원 체계는 최초의 직무 분류에서부터 이미 업무와 업무 적합성 사이의 긴밀한 연계를 끊어놓는다. 인도의 공무원 체계는 고도로 중앙집중적이고 법률 규정적이라서 고위직과 하위직을 뚜렷하게 구분한다. 직무와 관련된 동기 부여는 고위직에서만 가능하다. 공공서비스위원회는 처음에 본 시험 성적, 평가 위원의 평가 보고서, 5분 면접을 바탕으로 해당 공무원의 직위를 결정한다. 그리고 이렇게 해서 결정된 서열은 평생 동안 바뀌지 않으며 모든 승진 사항을 결정한다. 기술과 능력 본위의 서열 파괴는 차단된다. 어떤 인물에 대한 현재적 평가는 별 의미가 없기 때문에 개인이 아무리 부지런하게 일하더라도 여기에 대한 보상은 따라붙지 않는다. 고위직만 높은 자리로 승진을 할 수 있는 구조이기 때문에 하위직은 굳이 직무 기술을 개선하려고 따로 훈련을 받는 따위의 노력과 수고를 할 이유가 전혀 없다. 현재의 업무 수행 능력을 개선하고 또 평가하는 객관적인 기초가 되는 직원 연수 교육도 하위직에게는 아무런 의미가 없다. 전체 가운데 약 2퍼센트만 승진을 바라볼 수 있을 뿐이다. 하지만 이 수치는 동아시아에서는 매우 높다. 예를 들어 한국에서는 35퍼센트가 능력에 입각한 승진을 꿈꿀 수 있다. 승진이 원천적으로 차단된 인도의 공무원 체계에서 하위직의 사기는 땅에 떨어져 있을 수밖에 없다.

인도의 공무원은 공무원으로서의 정체성이 부족하며 팀워크에 대한 동기도 거의 가지고 있지 않다. 위계질서와 형식주의는 각 개인을 모두 개별적인 존재로 떼어놓고, 이들이 동료와 협력하도록 돕기보다는 위에서 내려오는 지시만 기다리게 만든다. 애써 일을 하지 않는 만큼 하부 차원에서 진행되는 업무에 대해서는 잘 알지도 못하고 서툴 수밖에 없다. 그런데 봉급의 차이는 기술이나 지식 혹은 업무의 질 차이로 결정되지 않는데, 이런 상황 때문에 부하 직원들은 상사를 불신한다. 상사의 능력이 부하보다 낫다는 사실이 객관적으로 드러나고 증명될 때 상사의 권위가 보다 더 강화되게 마련이지만 이런 모습은 인도에서 찾아보기 어렵다. 인도에서는 지위가 지식과 능력을 대신한다.

동아시아의 다른 어떤 국가의 공무원 조직보다 인도의 공무원 조직에서 수직적인 차별은 두드러진다. 인도에서는 휴식을 하거나 식사를 할 때조차도 사람들은 서열에 따라 엄격하게 분리된다. 심지어 입는 옷까지도 서열에 따라 다르다.

1963년과 1964년에 뉴델리의 최고위 IAS 관료는 월급으로 3,500루피를 받음으로써 55루피의 월급을 받고 공문서를 전달하는 일을 하는 사람보다 63배나 많이 받았다. 파키스탄과 비교한 상대적 격차는 38.96퍼센트이고 또 미국과 비교한 상대적 격차는 7.24퍼센트로 훨씬 더 극적인 수준이다. 1980년대 초

인도의 최고 봉급과 최하 봉급의 차이는 어느 정도 개선되었지만 여전히 뚜렷이 남아 있었다. 인도의 최고위 공무원은 중앙 정부에 소속된 평균적인 공무원보다 열 배나 많은 봉급을 받는다. 하지만 미국에서 이 격차는 두 배밖에 되지 않는다. 고위 IAS 관료는 사치스러운 정부 소유 저택을 차지하며 기사가 모는 자동차를 타고 사무국 건물 안으로 들어설 때는 무장한 경비원들로부터 거수 경례를 받는다.[53]

극단적일 정도의 수직적인 계층 분화로 인해 정보는 위까지 쉽사리 올라가지 못한다. 그 결과, 근무 태만이 만연해도 이를 적발하기 어렵다. 하위직 공무원들은 보통 연락을 늦게 받는 바람에 참석하기로 되어 있던 회의에 참석하지 못했다거나, 지시를 이행하는 데 필요한 자원을 확보할 수 없었다는 등의 핑계를 대곤 한다. 불신의 문화는 성실한 노력이 나타나지 못하도록 가로막고, 해결해야 하는 문제가 발생했을 때 서열을 넘어서서 토론을 하고자 하는 의지를 꺾는다. 현재 수준의 업무 능력과 성과는 계속 유지된다. 모험을 할 이유도 없고, 또 새로 더 얻을 것도 없다.

관리가 제대로 이루어지지 않으니 업무 단위 공간에서의 연대 수준도 허약할 수밖에 없다. 형식주의, 중립성과 보편성의 가식적인 가면, 온갖 권리들을 일일이 열거하는 관행 등으로 인해 관료제도 구성원들 사이에는 낮은 수준의 신뢰 관계만 형성된다. 또 고위직과 하위직 사이에는 의사소통 통로가 막혀 결국 남남처럼 뚜렷이 분리되고 만다. 지위로 인한 장벽이 협력을 가로막고 신뢰를 잠식하는 것이다. 어려운 시험을 통과한 공무원은 저 높은 곳에 서서 하위직을 굽어본다. 위계질서는 고위직 공무원에게 부하 직원들을 서로 경쟁시킬 수 있는 권한을 부여한다. 따라서 직원들은 서로 의심하면서 자료를 공유하려 하지 않는다. 이는 또 이들의 상사인 고위직이 해당 분야에 대해서 제한된 정보밖에 얻지 못하는 결과를 낳는다. 고위직이 규칙에 입각해서 일을 하지 않는다는 것을 깨달은 하위직은 자기도 똑같이 그렇게 행동한다. 더 나아가, 자리를 빈번하게 이동함에 따라 직원들 사이에 관계가 진전되지 않으며, 동시에 정보의 이전까지도 차단된다.

어중이떠중이들을 모두 다 믿을 수는 없었기 때문에 소수 엘리트 집단에 행정력을 집중했던 식민 통치를 통해 '보신주의'는 일찌감치 인도의 관료제도에 둥지를 틀고 있었다. 이런 여러 요인들은 규칙을 제정하는 소수의 전략 집단과 하위직 사이에 넘을 수 없는 큰 간격을 만들었다. 관료제도에 대한 극단적인 만족은 인도의 민주주의가 바탕으로 삼고 있는 원칙과 갈등을 일으킨다. 이런 맥락에서 민주주의적인 정치 권위를 효율적인 관료제적 행정 권위와 결합하는 것이야말로 인도 발전의 아킬레스건임이 드러났다.

제한된 국민에게만 만족을 주는 제도는 정치인이 개입할 수밖에 없는 수많은 근거를 제공한다. 하지만 이들의 개입은 정부의 공공 서비스를 실질적으로 국민에게 제공하는 것과 관련된 책임성을 강화하지 않는다. 개입은 필연적으로 정치인의 임의적인 재량에 따라 나타나기 때문이다.

'통치권 재량'의 긴 그림자

비록 1991년의 개혁 조치들이 통치권의 재량이라는 것을 낡은 것으로 만들긴 했어도 이것의 유산은 인도의 미래에 긴 그림자를 드리운다. 인도 기업의 수많은 약점들은 소유와 경영의 미분리, 기업 전략의 부재, 관련이 없는 부문으로의 확대 경향, 종업원과 개발에 대한 부족한 투자, 고객 만족에 대한 둔감한 반응, 허약한 시장 그리고 뒤처진 기술과 부패 등 인도의 폐쇄적인 경제가 남긴 유산을 반영한다. 통치권의 재량이 허용되던 시기에 형성되었던 이 모든 관행들은, 인도 경제에서 족벌 체제가 아닌 대규모 기업 조직이 나타나기 어렵게 하고 있다.

관료제도가 부패의 거미줄에 갇혀 있는 상황에서 기업 역시 이 거미줄에서 벗어나기가 어려웠다. 정부가 경제를 지휘하는 정책은 기업으로 하여금 정치인의 손에서 허가와 면허, 대출을 구하게 만들었다. 정치인은 돈이 필요하기 때문에 기업가들에게 온갖 면허를 제시하고 기업가들은 정치인에게 뇌물을 제공하면서 여기에 대한 대가로 합법적인 보호를 요구한다. 예를 들어 검사는 장관들에게 직접적으로 통제를 받기 때문에 검사가 독립적인 노선을 걸으리라고 기대하기 어렵다. 그래서 정치인은 수사를 가로막을 수 있고 또 사법 당국이 소송을 제기하지 못하게 막을 수 있다. 이 점과 관련해 유피아이 통신은 다음과 같이 보도했다. "책임성 부족과 소수의 부패 정치인 및 기업가의 비호는 인도의 관료제도 자체를 법으로 만들어버렸다. 소문에 의하면 전직 총리까지도 '인도의 행정 관료들은 자기들 주변에 강철처럼 단단한 제도적 틀을 마련했기 때문에 심지어 국가의 힘으로도 이것을 해체할 수 없다.'고 인정했다."[54]

결정과 집행이 한없이 지연됨으로써 법률적인 체계는 훼손되고 또 이 체계 안에는 정치적으로 후원을 받는 사람이 득시글거리기 때문에 기업가 집단에서는 사법제도가 정치인을 통제하는 게 아니라 오히려 그 반대라고 생각한다.[55] 돈이 있는 사람은 유죄 판결을 받지 않는다는 인식이 널리 퍼져 있다. 인도 사람들이 흔히 말하듯이 부패는 제도 안에 튼튼하게 구축되어 있다.

정치인은 금방이라도 다른 기업에 인수될 수 있는 기업이나 담보가 충분하지 않은 기업을 지원해달라고 금융 기관에 요구할 수 있다. 실제로 이런 일은 빈번하게 일어난다.[56] 불투명한 거래는 비자금을 조성하는 데 최고의 수단이기 때문에 부적절한 회계 행위가 나타나서 기업들이 자기 자산을 전체적으로 입증하기 어렵게 만들고 있다. 그래서 기업들은 흔히 국가가 운영하는 은행에서 돈을 빌리기 위해 정치적인 후원자에게 매달려 막후에서 힘을 써 줄 것을 부탁한다.[57]

기업은 순수익의 최대 5퍼센트까지는 정당에 기부할 수 있기 때문에, 정당은 또한 기업에게 기부금을 내라고 요구할 수 있다. 하지만 정당은 정식 통로가 아닌 은밀한 방식으로 돈을 모으길 더 선호한다. 겉으로 보기에 기업에 붙들린 것처럼 비치지 않기 위해서 그리고 주주들에게 이런 혜택을 나누어주는 일을 피하기 위해서이다. 기업이 정치인의 개입을 유도하는 데 쓸 목적으로 비자금을 조성하고 있는지 여부는 모든 사람들의 관심거리이다. 하지만 이런 검은 거래는 좀처럼 밖으로 드러나지 않는다. 이 거래에 관여하는 측이 모두 이득을 보기 때문이며, 또한 주주나 국민의 목소리는 보통 서의 들리시 않게 차단되기 때문이다. 인도에서 부패는 워낙 만연해 있다. 전 세계의 경쟁력 있는 49개 국가를 대상으로 세계경제포럼WEF이 수행한 한 연구에서 인도는 정부 관료의 정직성 부문에서 45위, 소액 주주를 효과적으로 보호하는 법치 부문에서 44위, 기업의 정직성을 보장할 수 있는 기업 이사진의 역량 부문에서 45위, 성실 납세 부문에서 40위를 각각 차지했다.[58]

동아시아의 경제 개발 성공 이야기에서는 흔히 정부의 정책 입안자가 정책을 계획하고 집행하는 것을 돕고 또 개인적인 거래나 예외 조항들을 줄이는 산업 조직의 활약이 심심찮게 등장한다.[59] 이와는 대조적으로 인도의 정책 관련 의사 결정은 경제적 혹은 사회적인 주체들이 제시하는 조언으로 도움을 받는 일이 거의 없다. 동일한 산업계 안에 존재하는 기업들을 관통해서 보편적으로 해당되는 이해관계를 통합하기 위한 전문적인 기업 협의체가 1980년대까지는 허약했다. 그 결과 산업은 총체적인 부문별 정책들을 선택하는 데는 포함되지 않았다. 대신에 기업을 이끄는 지도자들은 정부의 고위 인사들과 개인적인 차원에서 거래를 했다. 이것은 어떤 기업이나 이익 집단이 얻는 이득은 정부 인사들의 재량에 의해서 결정되기 때문에 매번 다를 수밖에 없었다는 것을 의미한다.[60] 편의를 쉽게 이끌어내기 위해서 고안된 원자화된 관계는 퍼주기 식의 지원 정치가 빚은 결과이다.[61] 경쟁자가 정치적인 편의를 제공받으려고 노력할 것이라는 예측 때문에 모든 사람들이 똑같이 편의를 제공받으려고 나서고, 따라서 기업들은 정부에 대해 집단적으로 정책의 일관성을 요구하지 못한다. 그 결과, 1980년대까지는 인도의 민간 부문이 공공 부문에 직접적으로 영향력을 거의 행사하지 못했으며, 단일한 주요 재분배 정책의 도입을 예방하거나 수정할 수 없었다.[62] 인도 기업계의 선도적 지도자인 코차네크Kochanek는, 인도의 기업 집단은 정부를 상대로 단일한 목소리를 내 교섭하지도 못했고 목적을 정확하게 규정하고 이를 달성하기 위한 장기 정책을 추구하지도 못했다고 단언했다.[63] 산업계가 정부를 상대로 집단행동을 하지 않았기 때문에 정부는 산업계를 상대로 총체적인 거래를 하지 않았다. 1950년대와 1960년대 그리고 1970년대에 상공인연합ACCI은 외국의 다국적기업과 타타를 비롯한 관리 가능한 국내 기업들을 대표했다. 인도상공회의소FICCI는 19세기 후반 무역계에서 산업계로 무게중심을 옮긴 마르와리 족의 기업들이 지배했다.(마르와리 족 가운데서 최대의 기업 그룹을 일군 사람은 비를라이다. 비를라라는 이름은 인도 산업의 대명사로 알려져 있다—옮긴이). 인도중소기업연합FASI은 소규모 기업을 대표한다. 이 세 개의 조직은 보통 서로 날카롭게 대립하는 견해를 가지는데, 미래에 대한 동일한 의견을 내거나 이해관계와 관련해서 분명한 의견을 낸 적이 없었다. 1980년대에 인도산업연합CII이 전 세계에 지부를 두면서 유력한 조직으로 떠올랐다. 그리고 FICCI는 보다 유력하고 보다 대표성을 가지는 조직으로 자리를 잡았다.

불확실성에 순응하는 인도의 민간 부문

인도의 보호주의 경제 정책을 비판하는 사람들은 공급 측면을 강조하며 인도의 경제 정책 입안자와 정치인들이 중앙 계획과 수입 대체를 보호하는 높은 관세 장벽을 유지하는 것을 지적한다.[64] 무역 정책과 관련된 관념은 1990년대 초 이후로 급격하게 변해 왔다. 하지만 수요 측면이, 경험을 통해서 그리고 다른 나라에서 이루어지는 상황을 관찰한 결과를 통해서 교정이 되어 왔던[65] 나쁜 관념들의 공급 측면보다 한층 더 다루기 힘들고, 뿌리 깊으며, 장기적인 것처럼 보인다. 무역을 보호하기 위한 시장은 지금도 활성화되어 있다. 왜냐하면 기업들이 국내적인 목적을 달성하기 위한(그러나 국제 경쟁력을 방해하는) 여러 가지 구조들과 전략들을 개발해 왔기 때문이다. 경영의 구조, 체계, 절차는 취약한 정책 신뢰성과 마구잡이로 이루어지는 정부 개입 등과 같은 국내의 정치적인 위기를 극복할 수 있도록 진화했다. 그러나 민간 부문의 허약함은 결국 무역 보호주의를 불렀다.

인도 민간 부문이 허약하게 된 근원은 여러 가지가 있다. 정부 기업은 흔히 민간 기업에 진 빚을 갚지 않는다.[66] 불쑥 나타나는 규제와 개입, 임의적인 세금 부과와 정부의 재량권은 기업의 자본을 언제라도 송두리째 쓸어버릴 수 있는 요인들이다.[67] 그 와중에 성공하는 기업들은 흔히 숨겨야만 하는 구린 구석들을 가지고 있다. 뱀처럼 음흉하고 꾸불꾸불한 규제들이 사라지지 않았다면 기업들이 과연 어떻게 성공할 수 있었을지 상상하기도 어렵다. 이것은 민간 부문의 경영자들은 정치적인 조작에 필연적으로 취약할 수밖에 없다는 것을 의미한다. 기업들은 탈세 혹은 정부의 통제를 회피하기 위한 또는 정당에 기부할 정치 헌금을 마련하기 위한 암시장 거래 등의 행위를 하지 않고는 도저히 손에 넣을 수 없는 검은 돈을 가지고 있어야 한다. 기업들은 집권 정당이 국세청이나 직접적인 무력을 동원해 특정 금액의 정치 헌금을 내놓으라고 요구할지도 모른다는 사실을 염두에 두고 여기에 충분히 대비해야 한다. 국세청뿐 아니라 감독 기관이나 인허가 기관에서도 수시로 돈을 요구하는데, 여기에 들어가는 비용은 기업 활동의 또 다른 비용 항목으로 자리를 잡았다. 많은 기업들이 델리에 사무소를 두고 있다. 일상적인 투자 결정을 수행하는 차원에서 면허와 특허 등의 구매를 통해 시장에 접근하기 위해서이다.[68] 대형 재벌 기업들은 규제를 피해 잘 꾸려나갈 수 있었다. 이들에게 민간 부문과 공공 부문의 협력은 보통 사적인 뇌물 형태로 나타났다. 세금 리베이트, 가격 차등, 특정 품목에 대한 독점적인 생산권 등은 모두 조정될 수 있었지만 가격은 공개될 수 없었다. 이런 권리들 가운데 다수가 '유령 공장'에 팔렸다. 이런 공장은 면허증, 허가증, 그리고 재판매될 수 있는 지분을 확보하려고 세운 서류상으로만 존재하는 소규모 회사다. 이런 권리들을 놓고 기업과 관료가 벌이는 협상은 은밀했으며, 또 이 협상 내용은 정권이나 해당 관료가 자리를 옮기고 나면 금방 뒤집어질 수도 있었다.

아무리 안정적인 기업이라도 단 한 번에 기업의 뿌리까지 흔들 수 있는 세금 폭탄을 맞을 수 있다. 이 폭탄을 피하기 위해서 기업들은 소유와 의사 결정 구조를 최대한 비밀에 부친다. 경제 활동과 자산에 대한 정보는 은밀하게 유지된다. 회계 과정과 소유 구조는 비밀스럽거나 해독이 불가능하다. 모든 장부는 조작된다. 하지만 이 모든 행태로 인해서 소액 주주는 피해를 입을 수밖에 없다.[69] 이와 관련해 인도의 《이코노믹 타임스 Economic Times》는 "회계 조작의 유혹 혹은 압력에 무릎을 꿇지 않을 수 있는 기업은 거의 없다. 유일한 차이는 얼마나 심각하게 왜곡하느냐 하는 정도의 차이일 뿐이다."[70]라고 적고 있다. 비밀 보장에 대한 필요성은 모두, 규제와 관련한 불확실성에 대해 기업이 리스크를 최소화하고자 선택하는 합리적 반응이다. 각 개별 기업들의 자산과 부채에 관한 정보를 비밀로 하면 이들 기업이 사고팔리는 시장이 활성화되지 않는다. 또한 이런 비밀 유지 관행은 전문적으로 관리되며 합리적인 구조를 갖춘 행정 체계로의 진화를 더디게 만든다.[71] 정부가 정보 부족 사태를 조장하는 셈이다. 관리들은 자기가 확보하고 있는 특혜의 원천인 정보를 각자 내놓으려 하지 않으며, 결과적으로 리스크를 계량화해서 측정하고 관리할 수 있는 제도와 기구의 도입을 가로막기 때문이다.

기업들은 기술적인 전문성과 숙련된 노동력을 확보할 수 있음에도 불구하고 소유와 경영의 분리에 도움이 되는 경영 및 금융 기술 개발에 투자하지 않는다.[72] 공식적인 대규모 조직을 구성하는 대신 혼맥을 이용한다. 이걸 통해 여러 기업들이 서로 얽히고 뒤섞이게 만들어 기업의 거래 내용을 숨긴다. 충분히 이해할 수 있는 선택이다. 정확한 회계 보고와 정보의 공개가 존재할 수 없는 상황에서 친인척의 등용은 합리적인 인적 자원 개발 형태이다. 친인척의 이해관계는 기업 소유주의 이해관계와 거의 가깝게 일치한다. 친인척들은 다른 어떤 곳에서도 그보다 더 좋은 일자리를 찾지 못한다는 사실을 잘 알기 때문이다. 친인척들은 다루기가 보통 어렵지 않다. 다른 지인이 자기와 같은 수준의 충성심을 가지고 있다 하더라도 자기를 몰아내고 자기 자리를 차지하지 못하리라는 사실을 이들 친인척은 잘 알기 때문이다. 동원할 수 있는 유능한 친인척의 자원이 바닥나면 기업의 소유주는 기업을 더 확장하기 꺼린다. 그러므로 친인척 등용은 효과적인 통제 장치이긴 해도 기업의 규모와 능력을 기업 소유주 가족 크기의 능력과 연결시키는 데는 뚜렷하게 불리한 점으로 작용한다.[73] 소위 통치권의 재량이 지배하던 환경에서 번영을 누렸던 기업들은 책임성이 불투명하던 족벌 기업이었다. 예를 들면 비를라, 타타, 고엔카스, 사하라 등이 여기에 속한다. 이들 기업은 전통적인 산업 부문을 지배하며 다양한 여러 기업들에 자산을 분산시켜 운용한다.[74] 새로운 정권의 새로운 환경 아래에서 이들 기업이 여전히 주주의 가치보다 가족의 부를 더 중시할 수 있을지는 두고 볼 일이다. 옛날식 족벌 기업에서는 한 부문에 대한 집중이 부족하다. 서로 관련이 없는 부문으로까지 문어발 확장을 했기 때문에 핵심적인 경쟁력 또한 부족하다. 기업의 새로운 세대가 과거와 확실한 차별성을 보이며 과거를 밀어내고 있다는 징후들은 곳곳에서 나타난다. 시장 자본화만 보더라도 45개 기업이 상위 100대 기업에서 밀려난다. 인도 경영자들은 보다 싼 수입품과 경쟁하려면, 자기 기업의 주식 가치를 높이려면 비용을 더 낮추어야 한다. 경쟁을 제약하는 특혜에 안주하기보다는 경쟁을 보다 적극적으로 받아들여야 한다. 그러나 정치인, 관료, 족벌 기업들 가운데 막강한 영향력을 발휘하는 집단들은 시장 자유화에 위협을 느낀 나머지 규모는 작지만 보다 민첩한 경쟁자들이 세계적인 추세를 따라가지 못하도록 일반 대중들을 자기 주변으로 결집시킨다. 그로 인해 개혁이라는 당위성을 노동조합이 저지하는 현상이 나타난다. 적자로 일관하는 공공 부문 기업의 민영화에 노동조합이 반대하는 것이다. 농민들 또한 전기와 비료, 물에 대한 정부의 막대한 보조금 중단에 반대한다. 또 수천 명이 넘는 주 정부 소속 공무원들도 기업의 활동에 언제든 끼어들어서 감 놔라 배 놔라 할 수 있는 권리를 놓지 않으려 한다. 그러나 인도의 개혁이 더딘 가장 큰 요인은, 시장 자유화에 의해 생성되는 기회에 대한 평등한 접근을 원천적으로 봉쇄하는 사회적 불균형이다. 인도의 사회적 불균형은, 성장을 가로막고 있는 장벽을 제거할 때 누구보다 많은 이득을 볼 수 있는 집단이 바로 소수의 기존 특권층이라는 것이다.

기업의 명성과 자유주의

인도 기업계의 엘리트 집단이 이념적 적법성이란 측면에서 부족하다는 지적은 흔히 반복되어 나타난다. 인도 기업계에서는 수십 년 동안 법과 규칙을 무시해 왔고, 이런 점이 인도 기업계에 대한 좋지 않은 명성이라는 결과를 낳았다. 사업을 해서 성공을 하려면 법을 어길 수밖에 없는 환경에서 이익을 추구하는 기업인으로서는 범죄자 아닌 범죄자가 될 수밖에 없도록 만든 터무니없이 강력하고 주제넘은 규제가 이런 결과를 낳는 데 일조했다. 1964년과 1969년 사이에, 인도 최대 민영 기업이 휘두르는 시장 지배력에 의심을 품은 네 개의 위원회가 구성되었다.[75] 그리고 허가를 받은 양보다 더 많은 상품을 생산한 혐의로 여러 기업체들이 기소되었다. 독감 바이러스가 심각할 정도로 많이 퍼졌던 기간 동안에 제약회사인 빅스 사(社)가 생산량을 늘렸을 때는 할당량을 초과해서 제품을 생산한 혐의로 조사를 받았다. 정부 은행 관계자들은 민간 기업에 대출을 해줄 때마다 관행적으로 리베이트를 요구했다. 또 어떤 기업이든 자본재와 원료를 수입할 때마다 정부의 허가를 받아야 했다. 그리고 이런 허가 과정은 뇌물이 오갈 수 있는 기회였다. 정부 관리들은 어디에 투자를 할지, 어느 부문에 투자를 할지 결정했다. 공장의 규모는 말할 것도 없고, 새로 공장을 지을 때 투자금을 어떻게 조성할지도 결정했다. 그리고 이와 관련된 허가를 내주기 전에 온갖 종류의 리베이트와 뇌물을 챙겼다. 기업은 의회에서 늘 관료들의 공격 대상이었다. 언론에서도 역시 기업이 사업을 계속하려면 어쩔 수 없이 여기저기 뇌물을 써야 한다고 보도했다. 인도에서의 이런 온갖 제약 때문에 기업은 해외에 투자를 해야 했고, 그럴수록 기업에 대한 대중의 분노는 더욱 커졌다. 그러니 일반 사람들의 눈에 기업 활동은 종종 범죄적이거나 매국적인 행위로 비친다는 사실이 그다지 놀라운 것만은 아니다. 이것은 자유화가 이루어지기 위한 좋은 조건이 아니다.

1991년에 정부는 단 몇 주 만에 수십 년 동안 지속되던 기업에 대한 정부 통제를 풀었다. P. V. 나라시마 라오 수상(재직 기간, 1991~1996년)이 이끈 정부는 인허가 관련 법률뿐 아니라 무역과 외국인 투자에 관한 내용에 이르기까지 자유화를 위한 결정적인 발걸음을 떼놓았던 것이다. 인허가와 관련된 규제가 간소하게 바뀌었고, 보호주의 무역 관세의 높은 장벽이 무너졌다.[76] 이 개혁 조치들은 다음과 같은 내용들을 담고 있었다. 루피화의 평가 절하와 시장에 따라 환율이 결정되는 변동환율제 도입, 수입 허가 철폐, (비록 상당한 예외가 있긴 했지만)관세율 인하와 관세 대상 상품의 축소, 수많은 상품에 대한 소비세 축소, 직접세와 관련된 몇몇 제한적인 개혁, (지역 및 환경적 고려로 몇몇 산업 분야에 대해서는 예외는 있었지만)산업 관련 인허가 제도의 철폐, 독과점금지법MRTP에 의한 대형 족벌 기업들에 대한 규제의 완화, 외국인 직접 투자에 필요한 요건 완화, 그리고 그때까지 공공 부문만 투자할 수 있도록 제한되었던 몇몇 산업 분야에 대한 민간 부문 투자의 허용 등이 그런 개혁 내용들이었다. 이런 개혁들이 의미하는 것은, 어떤 기업주든 정부의 승인을 받지 않고도 기존 사업을 얼마든지 확장할 수 있고 또 새로운 사업을 시작할 수 있다는 것이었다. 또한 정부 기관이 어떤 기술이 가장 적절한지 판단하고 기업에 그 판단 내용을 강요할 수 없다는 것이었다. 생산 원료와 핵심 부품들은 허가를 받지 않고도 수입할 수 있게 되었다. 제조업자들은 부품 공급선을 국내 기업이 아닌 외국 기업으로 선정할 수 있게 되었다. 또 현재 고용 상태에 있는 노동자들이 기업 합병이나 구조 조정 과정에서 실업 상태로 떨어질 때 이들을 지원하기 위한 '국가회복기금'이 마련되었다. 금융 부문 개혁으로서는 대규모 대출금에 대한 금리 하락폭 제한 제도 철폐, 고정 금리 체제에서 이자율의 상한선을 설정하는 체제로의 변화, 대출 가능 기금에 대한 정부의 우선 대출권의 축소, 그리고 자본화와 관련된 은행의 위치 개선 등을 통한 금리 구조의 단순화가 이루어졌다.[77] 이런 개혁 조치들이 행해진 결과, 개방적인 무역과 세계 경제로의 참여가 지속적인 번영을 가져다줄 것이라는 기대가 가능해졌다. 하지만 부패는 여전히 사라지지 않고 남아 있었다. 이런 개혁 조치들은 부패를 억제하는 대신 부패의 새로운 유형이 나타나도록 자극했고 또 뿌리 깊은 과거의 부패가 더욱 민감하게 활성화되도록 자극했다.

부패의 활성화

부패는 서비스 공급이 원활하게 이루어지지 못하도록 한다. 그리고 공동체 속의 폭력과 암시장의 기능을 더욱 강화하고 정부의 효과적인 징세 능력을 약화시킨다. 기본적인 여러 기능을 제대로 수행하지 못하는 정부는 신뢰도에 구멍이 뚫린다. 정부의 통치력이 위기를 맞고 있는 상황에서 어떻게 국가 경제의 자유화가 이루어질 수 있겠는가? 법치 능력도 없고 기본적인 공공 서비스 제공 능력도 없는 정부가 어떻게 모든 집단과 계층에게 골고루 혜택이 돌아가는 자유화를 이룰 수 있겠는가? 여태까지 정부가 제대로 잘하지 못했는데 (수많은 개혁 조치들과 통치 행위에도 불구하고 기본적인 공공 서비스가 제대로 이루어지지 않을 때)어떻게 국민들은 정부가 과거보다 미래에 더 나아질 수 있을 것이라 믿겠는가?

1990년대 중반까지 국제기구를 통해 개발 기금은 제공하는 쪽이나 제공받는 쪽 모두 부패와 저개발 사이의 관계에 대해서는 관심이 없었다. 부패는 개발도상국의 행정부에서는 타고난 것이라는 공감대가 형성되어 있었다. 정직한 정부는 선진국만 누릴 수 있는 일종의 사치이며, 개발도상국 안에서 반부패에 대한 요구가 대두될 때 비로소 효율적인 정부가 나타날 것이라고 생각했던 것이다. 국제기구들은 1990년대까지 악명이 높은 부패 정부가 공적 자금을 아무리 헛되이 낭비한다 하더라도 여기에 대해서는 거의 지적을 하지 않은 채로 개발 기금을 계속해서 제공했다. 개발도상국의 상황을 분석할 때도 부패에 대해서는 일화 차원으로만 다루었지 부패의 구조적인 근원에 대해서는 다루지 않았다. 이런 일이 오랫동안 지속될 수 있었다는 사실은 도저히 믿기지 않을 정도이다. 여기에는 냉전이라는 상황이 한몫을 했다. 전문 경제학자들 역시 부패를 무시하는 이런 태도에 한몫을 했다. 이들은 개발 과정에서 부패는 경제에 악영향을 거의 미치지 않는다는 사실을 증명하는 온갖 이유들을 정교하게 만들어냈던 것이다. 심지어 어떤 경제학자들은 부패는 행정 체계가 녹슬지 않고 매끄럽게 잘 돌아가도록 해주는 윤활유 역할을 한다고 믿었다. 부패가 GDP에 양적으로 상당한 부분을 차지한다는 증거가 없다는 근거로 부패에 대한 무관심 역시 부패를 정당화하는 데 기여했다. 경제 발전과 관련된 이런 인식은, 자본 축적의 초기 단계는 불평등을 기반으로 번성하며 또 본질적으로 불평등한 관계가 형성될 수밖에 없다는 칼 마르크스의 관점을 기반으로 했다. 심지어 마르크스주의의 비평가들조차도 부패 없이는 발전이 없다는 쓰디쓴 약을 기꺼이 받아들였다.

관료의 부정이 성장을 가로막지 않는다는 사실을 동아시아의 번영이 증명한다는 생각 때문에 이런 금욕주의는 더욱 강화되었다. 동아시아 국가들에 대한 일반화는 정확한 게 아니다. 즉 싱가포르, 한국, 대만, 홍콩, 일본 등의 높은 성장을 이룬 국가들은 관료제도의 부패와 공격적으로 맞붙어 싸운 뒤에 국민의 눈에 정부가 믿을 만하게 비치도록 정부의 신뢰도를 높이는 작업을 했다.[78] 세계은행이 진행한 여러 연구 결과들은, 부패는 동아시아보다 남아시아에서 성공을 가로막는 보다 강력한 장해물이었음을 드러냈다.[79]

경제 자유화의 10년이라고 할 수 있는 1990년대에 남아시아의 그 어떤 국가에서도 집권 여당이 재선에 성공하는 사례는 없었다. 아무도 부패를 통제할 수 없었기 때문이다. 부패는 서구에서 처음 만들어낸 것이라는 어떤 사람들의 주장과는 반대로, 가난한 유권자들은 부패가 무엇인지 알고 있으며 또 부패를 일삼는 정치인들을 몰아내기 위해서 일어설 준비가 기꺼이 되어 있다. 파키스탄의 베나지르 부토는 부패 혐의를 받고 두 차례나 기소됨으로써 정권에서 물러났다. 파키스탄의 전 총리 나와즈 샤리프는 부패 혐의로 두 차례나 면직되었다. 또 인도의 국민회의당은 부패 혐의를 받으면서 참혹한 선거 패배를 맞아야 했다. 총리인 라오는 유죄 판결을 받았고 그가 구성한 각료들 가운데 많은 사람들이 범죄 피의자 신분으로 조사 받을 준비를 하고 있다. 1996년에 국민회의당이 총선과 지방선거에서 소수당으로 전락한 것은 부패 때문이었다.[80] 스리랑카 인민연대당의 찬드리카 반다라나이케 쿠마라퉁가는 집권당이던 통합국민당의 통치를 공격하는 가장 효과적인 수단으로 부패 문제를 들고 나왔다. 방글라데시에서 아와미 동맹은 여당이던 방글라데시국민당BNP이 공공의 신뢰를 저버렸다는 점을 부각시켜서 방글라데시국민당을 공격했다. 이들 모든 국가의 총선에서 야당은 여당의 부패를 집중적으로 성토했고 이를 통해 정치적인 이익을 얻을 수 있었다. 인도 대륙에서 진행된 선거들은 부패에 대해서는 명백한 결과를 보여주었다. 부패 사건은 정부에 대한 국민의 지지를 갉아먹는다. 그리고 이를 매개로 야기된 정치적 위기로 인해 국가 지도자들은 자리를 내놓고 물러나야 한다. 민주주의 체제 아래에서 부패는 덮어 숨기기 어렵다. 언젠가는 만천하에 드러나서 사람들의 입방아에 오르고 비판을 받을 수밖에 없다.

정치적인 부패와 자본 축적

독립 이후 인도 역사의 처음 50년을 통해 기업들은 비밀 유지를 극대화해서 관련 관리감독 공무원들을 속여 왔다. 하지만 투명한 대차대조표가 없자 장기적인 기업 신뢰도는 점차 떨어졌다. 기업이 허위 정보를 고의적으로 만들고 유포할 경우, 이런 부정한 방식으로 축적한 재산은 공격에 취약할 수밖에 없다. 정치적인 불안정성의 끊임없는 목표물이 되는 기업 부문은 정부로부터 공적인 지원을 거부당하며 정책 입안 과정에서 공개적인 역할을 할 수 있도록 초대받지 못한다. 이렇게 해서 야기되는 기업 활동에 대한 취약한 제도적 지원이라는 문제는 기업인과 정치인 사이에 강력한 관계를 형성함으로써 극복할 수 있지만, 이런 관계를 바탕으로 한 거래는 새로운 정부가 나타나면 쉽게 엎어지고 만다.[81] 이런 리스크성 때문에 장기 투자는 위축될 수밖에 없다.

정권이 바뀌면 과거 정부와 맺었던 계약은 재론의 대상이 된다는 사실을 기업들은 잘 알고 있다. 장기 투자를 마음 놓고 하기 위해 투자자들은 흔히 정부에 정치적인 리스크를 상쇄할 수 있을 정도의 보조금을 요구하거나 아니면 독점권을 요구한다. 만일 새로 들어서는 정부나 장관마다 이전의 정부나 장관이 맺었던 계약을 파기할 경우, 민간 투자자들은 투자의 전제조건으로 정부에게 대규모 자본 지출을 요구함으로써(자본 지출은 정부의 지출 형태 가운데 하나로써, 정부가 땅을 사거나 건물을 사용하는 데 들어가는 지출이다—옮긴이) 또 나아가 민간 부문을 밀쳐냄으로써 오로지 단기 투자만 하려고 할 것이다.[82]

즉, 부패는 경제적인 결과를 낳는 정치 문제이다. 기회는 사라지고, 혁신은 연기되고, 기업가 정신과 투자는 제대로 꽃을 피우지 못한다. 국민이 정부가 경제 성장을 위한 여러 정책들을 제대로 수행하지 못할 것이라 판단할 때, 정부는 지지를 잃고 다음 선거에서는 퇴진해야 한다. 더 나아가 부패로 인해 야기될 수 있는 정치적 위기의 가능성은 정부와 합의한 내용이 과연 얼마나 지속적으로 이행될 수 있을까 하는 의문의 그림자를 더욱 짙게 드리운다.[83] 이런 왜곡 현상에 따르는 비용은 계량적으로 정확하게 파악할 수 없다. 신뢰성이 있는 정책 환경은 경제 개혁이 성공할 수 있는 결정적 조건이다. 그러나 부패는 이런 환경이 조성되는 걸 방해한다.

숙주를 살려라 : 부패와 민주주의의 공존법

기업가에 대한 여론을 조사하면, 1990년대에 자유주의적인 경제 정책이 도입된 이후로 부패에 대한 불만은 다른 어떤 분야에 대한 불만보다도 언제나 높았다. 세계은행이 기업 활동에 방해가 되는 여러 가지 요인들을 비교하기 위해 세계의 기업 환경을 조사한 내용에 따르면, 남아시아에서는 부패가 가장 큰 제약 요소이다.[84] 지역별로 비교를 하면 기업의 성장에 부패가 가장 큰 요인이라고 응답한 기업의 비율은 남아시아에서 가장 높다.[85] 2003년 부패 지수에서 인도는 전체 133개국 가운데 83위를 기록했다.[86] 남아시아의 경영자들이 지원서를 준비하고 법률을 해석하는 데 들이는 시간은 다른 어떤 지역의 경영자들이들이는 시간보다 많다.[87] '일이 잘 돌아가도록' 하기 위해 따로 비용을 들이는 일이 자기 사업 분야에서 일상적으로 있는 일이냐는 질문에 대해 남아시아 기업의 65퍼센트 이상이 그렇다고 대답했는데, 이 수치는 세계에서 가장 높다.[88]

부패에 대한 낙담은 핵심적인 민주주의적 기구와 제도가 그 어느 때보다도 강해 보이는 바로 그 순간에 나타난다. 수많은 규제 기관들뿐 아니라 대통령, 대법원, 선거위원회 등은 국가의 민주주의적 합법성을 수호하려고 애를 쓸 때 더욱더 튼튼해진다. 1990년대에 이런 운동을 하던 판사가 인도 역사상 처음으로 여러 정치인들에게 유죄 판결을 내렸다. 그리고 주지사 여럿도 유죄 판결을 받고 교도소로 들어갔다. 이런 기소 사건들이 이어지면서 대법원의 권위는 올라갔고 선거관리위원회, 감사원, 대법원, 그리고 대통령이 인도의 민주주의를 부흥시킬 추진력의 근원이 될 것이라는 희망도 더욱 커졌다.[89]

그런데 어째서 부패는 자기가 기생하던 숙주를 죽이지 않았을까? 부패를 퍼트리는 사람들은 자기들이 한몫을 차지하고 있는 제도와 기구를 보호하는 데 다른 사람들과 이해관계를 함께한다. 즉 이들은 반부패 활동을 장려하는 한편 여전히 부패를 저지르는 방법을 익혀 왔다. 역설적이게도, 인도를 부패시키는 개인과 조직은 흔히 민주주의를 확보하려고 애를 쓰는 바로 그 개인과 조직일 경우가 많다. 부패가 인도의 민주주의를 파괴하기보다는 길들여 왔다고 볼 수 있다.

지원과 혜택을 끊임없이 추구하는 과정에서 새로이 동원할 수 있는 사회적인 힘이 생성되었다. 수입 대체라는 인도 경제의 강화 첫 단계에서 국가 주도 경제는 정치인에게 경제를 지휘할 수 있는 지위를 부여했다. 두 번째 단계에서 자유화는, 이제는 낡고 고갈된 기회들을 대신하기 위한 부패와 지대추구의 새로운 기회들을 제공한다. 자유화는 집권 여당이 불법적인 소득을 얻을 수 있는 새로운 기회들을 제공하면서, 내부 거래를 위한 광대한 영토 그리고 사적으로 전유한 정부 자산을 처분하기 위한 2차 시장과 관련된 광대한 영토를 열어젖

힌다. 이상하게도, 어느 단계에서나 부패는 민주주의가 사회에 깊이 뿌리를 내리는 추진력으로 작용한다. 여기에 대해서 로버트 젠킨스Robert Jenkins는 이렇게 말했다.

"인도의 민주주의가 공고히 뿌리내리는 것은 기존의 그리고 새로이 나타난 집단들이 새로운 정치 체제를 자기들 마음대로 활용해 실컷 배를 불릴 수 있는 국가적 전리품의 저장고를 얼마나 잘 만드느냐에 달려 있다."[90]

역설적이게도 인도의 국가 자원을 착취하는 것이 인도에서 민주주의가 살아남는 데 도움이 된다. 새로이 생겨나서 정치적으로 동원되는 집단마다 특권 혹은 이권을 챙기기 때문이다. 인도의 수많은 강력한 집단들이 부패에 접근할 수 있도록 보장하지 않는다면 이들은 민주주의를 찬양한 근거를 어디에서도 찾지 못할 것이다. 사실 이들 집단은, 민주주의가 없다면 부패의 기회를 훨씬 더 많이 누릴 수 있을 것이다.

인도의 민주주의는 1996년에 인도 건국의 기초가 되었던 국민회의당의 통치가 끝나는 엄청난 변화를 통해 한층 강화되어 왔다. 국민회의당 통치하에서 지배적인 족벌 기업들은 말단까지 조직화가 잘 되어 있는 재분배 체계에 의존했다. 그런데 인도민중당이 국민회의당을 이기고 이 질서를 무너뜨렸다. 주 정부에 지방의 자본에 대한 통제권을 제공함으로써 주 정부 지도자들에게 더 많은 재원(財源)을 보장했다.

비록 민주주의는 인도에서 사회적인 뿌리를 내렸지만, 자유화는 아직 그렇지 못하다. 자유화는 튼튼한 미래 전망이 부족하다. 그리고 선거 때의 정치인들은 자유주의적인 정책에 대한 지원과 관련해서는 시치미를 떼는 경향이 있다. 구스차란 다스의 말대로 "지금까지 그 어느 정당도 가난한 사람들에게 경제 개혁을 선전한 적이 없었다. 하지만 대부분의 정치인들은 개혁이 필요하다고 믿는다. 그래서 그들은 도둑질을 통해 이것을 실천하려고 노력해 왔다."[91] 이런 딜레마를 해결할 수 있는 방법은 단 하나밖에 없다. 경제 개혁은 다수 가계를 경제적인 불안정성으로부터 보호하는 공공 부문 서비스의 보장과 맞물려야 한다. 거시경제학적인 안정화와 민영화는 건강, 교육, 위생, 여성 등과 관련해 가난하고 약한 사람에게 도움이 되는 정책을 수행할 수 있는 공공 부문과 결합해야 한다.

민주주의가 없는 인도

로비드 배로는 경제 발전이 우선되지 않는 민주주의는 오래 지탱하지 못하고 스러진다는 사실을 방대한 자료 수집 및 해석을 통해 밝힘으로써 민주주의 연구에 중요한 기여를 했다. 그가 한 작업은 민주주의는 부유한 국가들만 누릴 수 있는 사치품임을 암시한다. 배로는 가난한 국가는 선거보다 법치에 투자하는 게 더 유익한다는 사실을 노골적으로 천명했다.[92] 그는 어떤 대가를 치르더라도 민주주의를 쟁취하겠다는 발상은 일시적인 낭만에 지나지 않는다고 강력히 경고했다. 배로의 충고는 인도에게 잘 맞지 않는다. 사실 인도의 모든 정당이 동의하는 한 가지 사실은 민주주의가 인도 사람들에게 좋다는 점이다. 민주주의가 유지되기 때문에 인종 문제와 관련된 폭력이나 사회적인 배척이 일어나지 않는다는 것이다.

인도의 지지부진한 민주주의가 배로 교수로 하여금 인도의 미성숙한 민주주의에 대해 회의적인 생각을 가지게 한 것으로 보일 수도 있다. 하지만 만일 인도에 민주주의가 없었다면 인도는 과연 어떻게 되어 있을까 하는 점을 생각해보면, 앞에서 지적한 내용은 완전히 달라질 것이다. 이런 가정과 결과에 대한 실제 사례를 인도와 이웃하는 파키스탄에서 확인할 수 있다. 파키스탄은 인도와 같은 시기에 독립을 했고 또 문화적으로나 행정적으로 인도와 비슷한 점이 많다. 그리고 무엇보다도, 두 나라는 인종적인 갈등을 안고 있으며, 엘리트적

〈도표 7-4〉 통치력 : 인도와 파키스탄

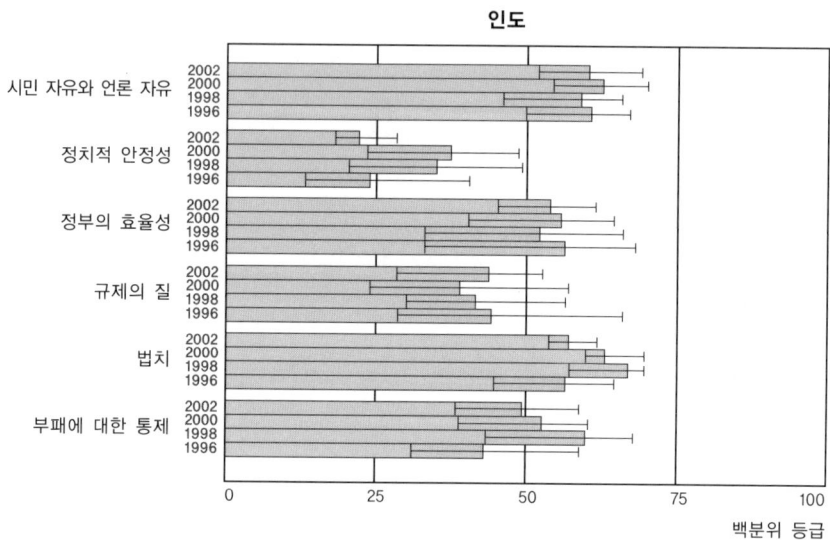

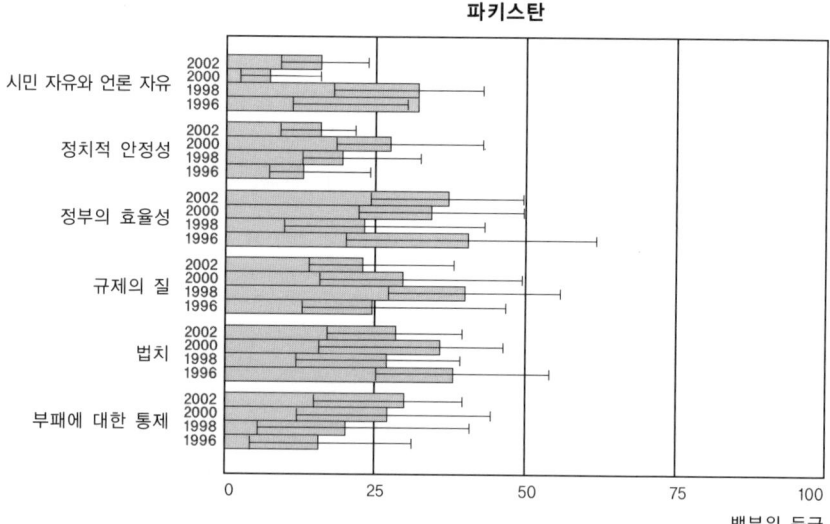

자료 출처 : D. Kaufmann, A. Kraay, and M. Mastruzzi. 2003. Governance Matters Ⅲ : Governance Indicators for 1999-2002 (http://www.worldbank.org/wbi/governance/pubs/govmatters3.html)

인 문화를 가지고 있고 또 시민적인 전통이 취약하고 행정 및 공공 부문 서비스의 전통이 영국적이라는 점에서 매우 비슷하다. 그럼에도 불구하고 파키스탄은 독재의 길을 걸었다. 통치력과 관련된 모든 측면에서(즉 시민 자유와 언론 자유, 정치적 안정성, 정부의 효율성, 규제의 질, 법치, 부패에 대한 통제 등에서) 인도가 파키스탄보다 낫다.(참조, 〈도표 7-4〉) 파키스탄은 국가 지도자의 개인적인 카리스마에 의존함으로써 해체의 아슬아슬한 낭떠러지 길을 위태롭게 걸어가며 현재 인도 대륙 전체를 위협하고 있다. 이어서 인도와 중국을 간략하게 잠깐 비교한 다음 현대 파키스탄의 탄생에 대해 살펴보자.

인도와 중국 : 헌법적인 토대의 비교

중국도 인도처럼 외국인 투자자가 높은 리스크 부담을 안아야 하지만, 그럼에도 중국은 마치 자석처럼 꾸준히 외국인 투자를 끌어들이고 있다. 그렇다면 어째서 전반적인 위기는 중국과 비슷한 수준임에도 인도는 중국과 같은 정도의 매력을 투자자들에게 심어주지 못하는 것일까?[93] 인도의 가장 큰 힘은 파악하기 어렵다. 그리고 이 힘은 인도의 민주주의적 법과 제도가 살아남고 또 갈수록 정교해진다는 데 있다. 하지만 인도의 제도적인 힘은 허약한 사회적 실행력 때문에 제약을 받고 그야말로 허약할 뿐이다. 또 인도의 사회적 구조나 인적 자본에 대한 관심 부족은 인도가 시장 경제로 이행하는 데 심각한 제약이 된다.

인도의 민주주의적 제도는 여러 주요한 부문의 국민적 복지 개선에 상당한 기여를 했다. 여러 가지 사회적 지표가 있겠지만 그 가운데서도 특히 글을 읽고 쓸 줄 아는 능력은 상당히 개선되었으며, 인도 전역에서 교육에 대한 관리 및 감독의 권한과 의무는 지방 정부로 많이 이전되었다. 경제 개방과 여러 생산 부문으로의 공적 지출 분야에서도 상당한 진전이 이루어졌다. 환율 제도도 자유화되었고 자본 시장도 개선되었다. 이런 변화들은, 경제 개선의 길로 나아가기 위해서는 경쟁이 중요하다는 사실과 이것을 실천할 수 있는 민주주의적인 법과 제도가 필요하다는 데 대해 전반적인 의견이 모아져 있음을 반영한다.

민주주의적인 책임성은 새로운 여러 장치들을 만들어냈다. 여러 주들은, 일반 대중이 정부 활동에 대한 정보에 보다 쉽게 접근할 수 있도록 그리고 정부가 의사 결정을 빠르게 할 수 있도록 하기 위해 정보 기술을 적극적으로 행정에 도입했다. 안드라 프라데시 주는 '똑똑한 정부'라는 프로그램을 도입했다. 이 프로그램에는 농민과 공무원이 영상으로 회의를 하는 시스템까지 포함되어 있다. 벵갈루루에서는 공무원이 자발적으로 시민과 협동해 성과를 측정하는 성적표를 작성하는데, 이렇게 함으로써 1년 단위로 개선 상황을 확인할 수 있다. 그리고 공무원에 대한 평가도 관련 정보를 얼마나 빠르게 확보하는가, 민원 업무를 얼마나 빠르게 처리하는가, 얼마나 덜 형식적인가, 그리고 얼마나 부수입을 따로 챙기지 않는가 등을 기준으로 삼는다. 이 공무원들이 작성한 성적표는 정부와 공개적인 토론을 할 때 기본적인 자료로 활용된다. 벵갈루루에서는 또 기업계의 재정 지원을 받는 국민행동특별전문위원회Citizen-Action Task Force가 공적 투자의 영향을 분석하고 정부가 예산 집행권을 지방으로 넘기는 걸 돕는다. 이와 비슷한 국민과 정부의 협력 기구는 델리와 바도다라에도 있다. 콜카타의 시장은 시민과 접촉할 수 있는 고정 창구인 협력위원회를 두고 시정에 임한다. 펀자브는 검사의 기소가 보다 투명하게 이루어지도록 하는 법률을 도입했다. 식수와 관개용수의 공급이 시민과 정부의 협의를 통해 이루어지는 사례도 여러 주에서 찾아볼 수 있다. 식민지 정부의 유산이라고 할 수 있는 행정에서의 비밀주의 전통을 깨는 '정보에 대한 권리'의 입법에 대해서도 여러 주 정부들이 점차 지지를 하고 있는 추세이다. 카르나타카에서는 옴부즈맨 제도(국회를 통해 임명된 조사관이 공무원의 권력남용 등을 조사 및 감시하는 행정 제도-옮긴이)를 도입했다. 공무원의 자리 변경이 정치적으로 이루어지는 문제를 극복하기 위해 카르나타카에서는 자리 변경과 관련된 자료를 웹사이트에 게시하고, 자리 변경 요청은 간부 관리 위원회에서 처리한다.

국가적인 개혁 조치들이 도입되면서 통치 기구들은 상당한 수준으로 개선되었다. 선거자금법이 의결되어, 현재 정치 기부금을 제한하고 있다. 정당의 소득 신고도 일반에게 공개되며, 정보자유법도 미국에서 의결된 법안과 비슷하다. 국가 차원에서 기업계와 협의를 하는 여러 협의회 혹은 위원회들이 있어서 이 기구를 통해 활발한 논의가 이루어지고 있다. 국가법률위원회는 직위를 이용해 부정하게 모은 재산을 몰수할 수 있도록 규정한 부패 공무원 처리법의 초안을 만들었다. 선출직 관리의 전과 기록 공개도 현재 의무 사항으로 규정되어 있는데, 이런 제도를 통해 범죄자가 공무원 체계 속으로 쉽게 들어오지 못하도록 막는다. 인도 전역에서 정부의 웹사이트를 찾는 접속은 폭주하고 있다. 많은 주에는 지방교육위원회가 있는데, 이 위원회가 교사의 채용과 급여 그리고 관리에 관한 책임을 주 정부와 나누어 진다. 다른 수많은 국가들과 달리, 성숙한 민주주의로 나아가는 인도의 걸음은 중산층에 한정되어 있지 않다.

인도의 역대 정권들은 반민주적인 법이나 제도에 의지하지 않고서도 어려움을 잘 돌파해왔다. 이웃 국가들의 적대감 그리고 카스트 제도 및 인종 간의 폭력이 여전히 순환되고 있긴 하지만, 법과 제도에 대한 믿음이 국가 존속의 불확실성과 관련된 그림자를 걷어준다. 민주주의는 외부의 안보 위협을 성공적으로 처리하고 또 무력을 동원하는 종교적인 극단주의를 견뎌내면서 인도 최초의 지속적인 정치적 통합을 인도 사람들에게 안겨주었다.[94]

인도에서는 국가 차원에서든 주 차원에서든 정권이 바뀔 때마다 다른 개발도상국과 비교할 때 상대적으로 평화롭고 부드럽게 권력이 이양되었다. 그리고 지금은 그 어떤 정당도 선거 결과를 막무가내로 뒤집을 일은 없을 것이라고 누구나 낙관할 수준에 올라섰다. 인도 역사에서 커다란 실패가 실제로는 커다란 성공이 되었다. 독립 이후 처음 54년이라는 기간 가운데 45년 동안 전지전능한 정당으로 국정을 맡아왔던 국민회의당이 선거에서 패했을 때, 사회적 혹은 정치적인 엘리트 집단 가운데 국민회의당을 지지하는 사람들이 많았음에도 불구하고 권력 이양은 평화적으로 이루어졌다. 민주주의적인 법과 제도가 공공 정책을 결정하고 집행하는 데 없어서는 안 되는 역할을 한다는 점에 대해 모든 정당들이 전반적으로 동의를 하기 때문에, 인도 사람들은 자기가 처한 문제를 해결할 방책을 찾으려는 노력의 일환으로 동아시아의 모델을 바라보지 않는다. 인도라는 국가가 추구하는 방향이 인도 국민의 열망과 일치한다는 사실은 인도가 가지고 있는 가장 큰 힘이다. 즉, 민주주의적인 논쟁과 상대적으로 자유로운 언론 자유가 인도가 겪는 실패를 보다 크게 비치도록 만들지만, 이에 비해 인도가 가지고 있는 엄청난 힘은 사람들의 눈에 잘 띄지 않는다.

중국은 정치적인 안정성이 확고하지만 유연하지는 않다. 예를 들어 만일 정치국의 지지를 받는 최고지도자 후보를 군부가 반대하고 나설 때, 권력 이양 과정은 매끄럽지 않을 것이고 설령 이 사람이 최고지도자 자리에 올랐다 하더라도 위태로울 것이다. 미래의 지도자를 뽑는 선출 과정이 밀실에서 이루어질 때 이 선거 절차는 사람들에게 확신을 심어주지 못한다. 만일 정치국 내부에서 반기를 드는 세력이 나타날 때, 국가 전체의 정치적 안정성은 타격을 입을 것이다. 하지만 이런 상황은 인도에서는 상상도 할 수 없다. 인도에서는 정치인들이 동반 몰락의 혼돈에 빠져들지 않고 권력을 나누어갖는 법을 이미 학습해 잘 알고 있기 때문이다. 이것이 바로 세계에서 가장 유능한 투자 전문가들 가운데 다수가, 전 세계의 경제가 장차 맞이할 수 있는 단 하나의 가장 큰 리스크 요인이 (불안정한 정치적 이행으로 인해)중국이라는 국가에 상존하는 불연속성의 위험이라고 파악하는 이유이다.

중앙 정부의 고위 관료에 대한 정치적 도전은 중국에서 점차 더 빈번해지고 있다. 그러나 이런 도전이 나타나고 처리되는 과정은 예측 가능한 어떤 헌법적인 절차를 따라 진행되지 않는다. 베이징에서 전국을 효과적으로 통치하는 공산당의 역량은 점차 떨어지고 있다. 이런 하향 추세는 앞으로 계속 이어질 전망이다. 그런데 이 하향 곡선이 어디까지 내려갈 것인가가 궁극적으로 중국의 법과 질서에 영향을 미칠 수 있다. 왜냐하면 중국의 법과 질서는 곧바로 공산당과 연계되어 있기 때문이다. 이에 비해 인도에서는 어떤 정당도 국가의 미래에 절대적인 영향을 미치지 않는다. 정당과 국가의 경계선이 명확하게 그어져 있을 정도로 성숙해졌기 때문이다. 그래서 제도적인 연속성이라는 측면에서 볼 때 인도가 중국보다 앞섰다고 말할 수 있다. 중국에서 정변이 일어나면 자칫 중국 전체를 헌법에 명시되지 않은 상태로 급박하게 몰고 갈 수 있지만, 인도에서는 집권 정당이 바뀐다고 해서 인도가 유지하고 있는 정치적인 연속성이 위협받을 일은 전혀 없다. 하지만 국민이 직면하는 경제적 안정성에 대한 기본적인 리스크라는 측면에서 보면, 확실히 중국이 인도보다 한 수 위다.

어떻게 시장 경제를 건설할 것인가? : 중국에게서 배우는 교훈

시장 경제는 중국보다 인도에서 더 많은 지지 기반을 가지고 있다. 여러 가지 약점에도 불구하고 인도는, 경제학자들이 시장 경제에 필수적이라고 믿는 (개인 재산권의 보호, 상업적인 분쟁에 대한 법정에서의 제3자 중재, 그리고 헌법에 의한 사법부와 행정부의 분리 등을 포함하는)여러 가지 제도적인 장치들을 중국보다 더 많이 가지고 있다. 그럼에도 불구하고 인도의 제도적 장치들이 가지고 있는 힘은 인도의 일반 대중들로부터 시장에 대한 전폭적인 지지를 이끌어내지 못하고 있다. 인도나 라틴 아메리카처럼 자유화를 바라는 국가들과 중국의 핵심적인 차이는, 중국은 경제 개혁의 길로 들어서기 전에 분배에서의 악명 높은 사회적 불평등을 이미 제거했다는 점이다.[95] 중국에서 시장 경제로의 이전은 교육, 건강, 토지 개혁에 관한 여러 제도들의 기본적인 결핍 상황을 제거한 이후에 시작되었다. 예를 들면 이렇다. 중국은 1978년에 '농가 책임 제도'를 도입했다. 이것은 집산주의(토지나 생산 수단 따위를 국가가 관리하는 제도—옮긴이)를 통해 지주 제도가 폐지되고 없지만, 농민이 잉여농산물을 시장에 내다 팔고 이런 행위를 통해 발생하는 이익을 사적으로 챙길 수 있도록 허용한 제도이다. 지주가 가장 강력한 영향력을 발휘할 때는 사람들이 시장을 회의적인 시각으로 바라보았다. 시장 구조를 불평등의 원천으로 인식했기 때문이다. 인간 개발에 관한 불평등 양상은 중국과 인도가 매우 뚜렷한 차이를 드러낸다. 국제적인 빈곤 기준 이하로 생활하는 사람이 전체 인구에서 차지하는 비율은, 인도는 44.2퍼센트이고 중국은 18.5퍼센트이다. 유아 사망률도 중국이 천 명당 30명인데 비해 인도는 71명으로 인도가 훨씬 높다. 저체중 출생아의 비율도 인도가 중국보다 다섯 배나 높다. 그리고 인도 성인 여성의 식자율도 인도는 34퍼센트밖에 되지 않지만 중국은 68퍼센트이다. 청년 식자율의 차이는 훨씬 더 크다. 중국 청소년의 여성 및 남성 식자율은 각각 92퍼센트와 97퍼센트로 둘 다 매우 높지만, 인도에서는 남성과 여성의 식자율 차이는 매우 뚜렷하게 나타난다.[96] 시장 자유화 이전에 이미 사회적인 평등을 상당한 수준으로 마련했기 때문에 시장 경제의 결과물은 인도에서보다 중국에서 훨씬 더 큰 적법성을 가진다.

개혁 이전에 이루어졌던 인적 자산에 대한 중국의 투자는 충분한 예산 없이, 산업 경제의 행정적인 자원들 없이 진행되었다. 즉 중국의 경험에서 배울 수 있는 또 하나의 핵심적인 교훈은, 비록 생활수준이 여전히 매우 낮다고 하더라도 국민의 기본적인 욕구를 얼마든지 적절하게 충족시킬 수 있다는 사실이다.[97]

경제학자인 아마르티아 센과 장 드레제는, 중국의 시장 개혁 조치는 이미 그 이전에 마련된 (문맹 퇴치, 의료 보험, 여성 노동자의 권리 보호 등을 포함하는) 기본적인 토대를 기초로 했기 때문에 시장 개혁 조치가 전반적인 소득 수준을 높였다고 강조해 왔다.[98] 기초 교육이 마련되어 있었기 때문에 시장 경제의 혜택을 많은 사람이 골고루 누릴 수 있었으며, 문맹률을 낮춤으로써 시장 기회를 한층 높일 수 있었다는 것이다. 아무리 좋은 기계가 있어도 설명서를 읽고 기계를 가동할 줄 모른다면 그 기계가 무슨 소용이 있겠는가? 센과 장 드레제는 중국과 인도 사이에 놓인 또 하나의 중요한 차이를 암시했다. 그 차이는 이렇다. 중국의 지도자들은 노동 집약적인 경제 활동을 강조해 보다 많은 사람이 경제 성장 과정에 참여하도록 했다. 이에 비해 인도의 정책 입안자들은, 예를 들어 장난감 제조업(이 분야는 중국에 엄청난 고용 효과를 안겨주었다)과 같은 노동집약적인 분야를 피하고 자본 집약적인 사업에 초점을 맞추었다.

경제의 자유화에 대해 기본적인 사회 보장 혜택을 덜 받고 있는 층이 가지고 있는 생각, 즉 경제의 자유화는 기존의 불평등을 더욱 확대할 뿐이라는 생각은 교정이 되어야 한다. 중국 지도자가 이런 박탈감을 제거하기 위해 정치적인 결행을 할 때 시장 개혁을 추구하는 데 보다 많은 신뢰를 얻을 수 있다. 더 나아가, 중국 경제에서는 노동자와 기업가 사이의 계급적 혹은 사회적 출신 배경 차이가 거의 없기 때문에 계급적 혹은 사회적 적대감에서 비롯되는 소요나 폭동이 일어날 가능성은 거의 없다.

자유화에 대해 계층적인 기반에 입각해 반대 투쟁이 전개되는 인도와 라틴아메리카의 지도자들은 트리클 다운trickle-down(대기업의 성장을 촉진하면 덩달아 중소기업과 소비자에게도 혜택이 돌아가 총체적으로 경기가 활성화된다는 경제 이론 —옮긴이) 접근법을 다시 한번 더 신중하게 생각해보는 것이 좋다.[99] 사회의 한 부분이 기본적인 욕구를 충족 받지 못한 상태에 놓인 상황에서는 자유화가 사회의 통일적인 이념이 될 수 없기 때문이다.

빛나는 인도, 그러나 모두가 빛나는 것은 아닌

인도의 경제 정책 개혁은 여전히 핵심적인 선거 공약으로 자리를 잡아야 하는 과제를 안고 있다. 1996년의 국민회의당과 2004년의 인도민중당 동맹은 자기들이 정권을 잡고 있을 때 주장했던 경제 개혁 절차를 선거 때 정치적으로 지지하지 않았기 때문에 선거에서 졌다. 1998년 이후로 인도를 이끌었던 집권 당인 인도민중당은 정권을 잡고 있던 동안에 이룩한 경제적 성공 덕분에 선거에서 이기는 것은 이미 기정사실이라고 여겼다. 사실 성장률은 통계학적으로 볼 때 매우 인상적이었고, 정보기술 및 통신도 눈부시게 발전했으며 또 2020년이 되면 인도가 세계의 초강대국이 될 것이라는 전망이 나오는 상태였기 때문이다. 그러나 인도 유권자의 많은 층은 '빛나는 인도'라는 정부의 구호를 보면서 인도는 여전히 '모든 사람에게 빛나지 않는 나라'라는 사실을 상기했다.

자유주의적인 경제 기반이 어째서 인도에서 폭넓은 지지를 받지 못하는지 이해하기 위해서 우선, 어째서 이웃 중국에서는 경제 정책 개혁이 그토록 강력한 지지를 받고 있는지 살펴보자. 다음과 같은 설정을 생각하면 중국과 인도라는 두 개방 시장에서 누릴 수 있는 삶의 질 차이를 뚜렷이 대비해 볼 수 있다. 사람이 태어나면서 자유롭고 이성적이며 이기적인 삶을 선택할 수는 있지만 자기들이 사회 속에서 차지하는 위치는 알지 못한다고 치자. 이 사람들은 자기들에게 주어진 운이 어떤 것인지 알지 못할 것이다. 또한 지능, 힘, 아름다움 등과 같이 천부적으로 타고나는 개인적 자산이 어떻게 사람들마다 다른지 알지 못할 것이다. 그렇다면 중국의 사회주의 시장 경제 체제 아래에 태어나는 게 좋을까, 아니면 바지파이 Vajpayee 총리가 외치는 '빛나는 인도'에 태어나는 게 좋을까?

중국에서 태어나는 사람은 태어난 지 1년 안에 죽을 가능성이 인도에 비해 더 적다. 인도의 유아 사망률 천 명에 67명은 중국의 37명에 비해 두 배 가까

〈표 7-1〉 중국이냐 인도냐?

2001년	중국	인도
GDP(국내총생산)	1.2조	4억 7,700만
GDP에 대한 금융 자산 백분율(퍼센트)	269	166
GNP, PPP(10억 달러)	5,027	2,930
1인당 GDP, PPP(달러)	4,020	2,840
표면적(평방킬로미터)	9,598	3,287
1평방킬로미터당 인구 밀도(명)	136	347
인구(백만 명)	1,272	1,032
인구성장률(1980~2001년, 2001~2015년 사이의 연평균)	1.2/0.6	1.9/1.3
노동 인구 가운데 여성 비율(퍼센트)	45.2	32.4
노동 인구 가운데 10~14세 어린이 비율(퍼센트)	7	12
제품과 용역 수출/GDP(퍼센트)	25.8	13.7
빈곤, 하루에 1달러/2달러 이하의 비용으로 사는 인구 비율(퍼센트)	16.1/47.3	34.7/79.9
지니 계수	40.3	37.8
15세 이상 인구의 문맹률(퍼센트)	14.2	42.0
초등학교 교사 1인당 학생 수(명)	22	40
산모 사망자 수(10만 명당, 1990~1998)(명)	55	410
임신 여성 가운데 빈혈 환자 비율(1985~2000)(퍼센트)	52	88
5세 미만 어린이의 몸무게/키 발육 부진 비율(퍼센트)	10/17	47/46
인구 1,000명당 1년 출생자 수(명)	15	25
영아 사망자 수(1,000명당)(명)	31	67
신생아의 예상 수명(년)	70	63

자료 출처 : 2003년 유엔개발계획 인간개발보고서와 밀켄 연구소

울 정도로 높다.(참조, 〈표 7-1〉) 그리고 중국에서 태어난 사람은 인도에서 태어난 사람보다 평균 수명이 더 길기 때문에(중국의 평균 수명은 70세이고 인도의 평균 수명은 63세이다) 경제 개혁의 혜택을 더 많이 누릴 수 있다. 만성적인 영양실조에 걸릴 가능성은 인도에서 태어난 사람이 21퍼센트이고 중국에서 태어난 사람이 11퍼센트이다. 그리고 중국에서 태어난 사람은 인도에서 태어난 사람보다 기본적인 의료 혜택을 더 많이 받는다. 기본적인 의약품에 접근할 수 있는 인구 비율이 중국은 85퍼센트이지만 인도는 겨우 35퍼센트밖에 되지 않기

때문이다. 그리고 의사의 수도 인구 10만 명당 중국은 62명이지만 인도는 48명밖에 되지 않는다. 초등학교와 중학교, 고등학교의 교육 혜택도 중국에서는 73퍼센트가 받지만 인도에서는 56퍼센트밖에 받지 못한다. 글을 읽고 쓸 수 있을 가능성도 중국은 83퍼센트이지만 인도는 56퍼센트이다. 글을 읽고 쓸 수 있을 때 자유주의적인 경제 개혁 속에서 새로운 일자리를 얻고 혜택을 누릴 수 있는 기회는 한층 커진다. 유엔개발계획의 인간 개발 지수는 전 세계에서 중국이 87위이고 인도는 115위이다. 이런 양상은 유엔개발계획이 발표한 성 개발 지수(남성과 여성의 격차를 수치로 나타낸 지수―옮긴이)에서도 비슷하게 반영되는데, 중국은 76위이고 인도는 105위이다.

중국이 인간 개발에 더 많은 투자를 함으로써 중국 사람들은 인도 사람들에 비해 경제 개혁의 혜택을 더 많이 받을 수 있다. 중국의 대중은 새로 건설된 고속도로를 바라보면서 언젠가는 자기도 자동차를 사서 그 도로를 달릴 것이라 기대한다. 하지만 평균적인 인도 사람에게 고속도로는 그저 다른 사람들에게만 필요한 시설일 뿐이다. 이들은 경제적인 변화가 아무리 일어난다 한들 그로 인한 직접적인 혜택을 누릴 수 없는 부문에서 태어나고 또 죽을 뿐이기 때문이다. 새로운 기술이 아무리 눈이 부시게 빛이 난다 한들 읽을 줄도 모르고 쓸 줄도 모르는 인도 사람에게는 아무런 보탬이 되지 않는다.

인도가 세계 경제에 빠르게 통합될수록 인도의 얼마나 많은 부분이 아직도 여전히 뒤처져 있는지 보다 선명하게 드러난다. 안드라 프라데시 주를 예로 들어보자. 주 정부 지도자는 주의 수도인 하이데라바드를 세계적인 사이버시티로 만드는 놀라운 성과를 거두었다. 하지만 이런 성과도 불충분한 관개 시설과 툭하면 끊어지는 전기 사정으로 고통을 받는 농민이 보기에는 코웃음의 대상밖에 되지 않는다. 주 전체에서 40퍼센트만이 관개 시설의 혜택을 받는 안드라 프라데시에서는 1년에 농민 3,000명이 파산과 굶주림이라는 굴욕을 피해 자살을 선택한다. 투표로 선출된 주지사이자 다보스에서 열리는 세계경제포럼의 환영받는 연사이기도 한 N. 찬드라바부 나이두는 결국 선거에서 패배했고, 이는 인도민중당 몰락의 전조였다.

많은 사람들은 인도민중당의 패배를 보고 경제 정책 개혁을 국민투표에 부쳐서는 안 될 것이라는 잘못된 결론을 내린다. 개혁을 추진하는 동시에 집권 연장을 노렸던 인도민중당의 실패한 노력을, 반대파를 억누르고 선거도 없이 경제 정책 개혁에 속도를 내는 중국 공산당의 노력과 잘못 비교하기도 한다. 파키스탄의 군부 독재자 페르베즈 무샤라프 장군이 바지파이의 패배에서 이런 잘못된 결론을 이끌어낸 최초의 인물이었다. 그는 개발도상국 세계에서 유일한 성공 모델은 준 독재 체제의 장기 집권 국가라는 말을 했다고 한다. 하지만 그는 독재 정권의 장기 집권 치하에 있는 개발도상국 대부분은 마이너스 성장과 사회 도처에 만연한 부패로 고통을 받고 있다는 사실을 파악하지 못했다. 무샤라프가 염두에 두었던 동아시아 국가들은 기초 교육과 의료 보험 등 국민의 기본적인 욕구를 충족시킴으로써 성장의 혜택을 온 국민이 함께 나눈다는 사실을 분명히 했는데, 무샤라프는 이 분야를 우선순위 부분에서 한참 뒤로 밀쳐두었다.

중국 공산당에 대한 지지는 경제 정책의 성공에서 비롯된다. 중국 전체 인구 가운데 많은 사람들이 경제 개혁의 혜택을 누리기 때문이다. 동아시아에서와 마찬가지로 시장을 기반으로 하는 자원 할당에 대한 공공의 지원은 건전한 인간 개발 전망을 바탕으로 이루어진다. 동아시아에서 높은 성과를 거둔 국가들이 도입한 부의 분배 장치는 국가 지도자로 하여금 자유롭게 경제 개혁을 수행할 수 있는 여지를 준다. 인도의 농민이 시골 개발에 적대적인 정책으로 고통을 받을 때 동아시아의 국가 지도자들은 시골에도 기본적인 공공 부문 서비스를 제공했다. 예를 들어 중국은 농업에 대한 통제를 완화한 다음 경제의 다른 부분들을 개방했다. 이에 비해 인도의 시골 지역은 개혁에서 배제되어 왔다. 농산물 시장에 대한 독점 구조가 형성되어 있기 때문에 인도의 농부들은 자기들이 노력한 것만큼 더 나은 보상을 얻지 못했다. 인도민중당이 집권한 5년 동안 농업 부문에 대한 투자는 완전히 끊겼다. 라틴 아메리카에서와 마찬가지로 인도에서도 기본적인 공공 부문 서비스가 제공되지 않았기 때문에 인구의 많은 부분이 헐벗을 수밖에 없고, 이로 인해 잘 조직된 시장 자유화에 반대하는 정당들이 튼튼한 조직을 갖추고 개혁에 저항을 하고 있다.

인도에서 국민회의당의 재집권은 성장보다 재분배와 관련된 정의를 실현할 것이라는 관심을 불러일으킨다. 국민회의당은 가난한 사람에 대한 많은 보조금과 부자에 대한 높은 세금을 약속하고 국가가 소유하는 기업이나 부문의 민영화를 반대한다는 약속을 내걸고 국민에게 호소한다. 이 정당의 지도자들이 석유 회사처럼 수익성이 좋은 국영 기업들을 경매에 부치지 않겠다고 약속하자 투자자들은 걱정을 한다. 투자자로서는 일관성 없는 경제 정책 기반을 선거 공약으로 내거는 정당을 의심의 눈초리로 바라볼 수밖에 없다. 그래도 어쨌거나 개혁은 느린 속도로나마 진행이 될 것이다. 하지만 효율적인 자원 할당을 위협하는 요인은 국민회의당의 집권을 위해 뛰는 지원 조직이다. 이 조직은 가동을 제지할 수 있는 적절한 법률도 없는 상태에서 힘차게 달려 나갈 준비를 빠르게 하고 있다.

새로운 정부는 68명의 장관을 임명했다. 정치적인 제휴를 하고 또 보다 높은 자리를 원하는 사람들을 만족시키기 위함인데, 이 가운데 29명은 내각을 구성하는 장관들이다. 비하르 주의 라슈트리야 자나타달 당의 랄루 프라사드 야다브는 부패 혐의로 기소될 처지였지만 철도 장관에 임명되었다. 국민회의당과 제휴를 한 집단들은 신임 총리 만모한 싱과 달리, 전문성을 갖춘 기술 관료들을 발탁하는 데는 관심이 없고 자기 고향의 지지자들에게 사적인 혜택을 줄 일에만 관심이 있다. 비대해진 내각 규모는 선거의 승리에 기여한 모든 사람들에게 적절한 보상을 주려고 정부가 구성되었음을 증명한다.

이번 선거의 결과가 경제 발전의 패배가 아니라는 사실을 확실히 보여주기 위해 국민회의당은 추종자들을 설득해야 한다. 시장 자유화는 모든 사람들에게 혜택을 나눠줄 거라고 말이다. 이 정당은 1991년에 처음으로 자유화를 위한 개혁의 중대한 발걸음을 떼었다. 그러나 지지자들에게 개혁을 제대로 홍보하는 데 실패하면서 다음 선거에서 패배했다. 그리고 이번에 다시 집권해서 경제 개방에 대한 국제적인 압력을 국내외적으로 받고 있다. 이번에 제대로 성공하기 위해 국민회의당은 경제 정책 개혁으로 나아가는 길과 (대부분 과거 정권의 잘못된 정책에서 비롯된 결과인)대중의 빈곤, 무지, 질병을 해결하는 길을 일치시켜야 한다.

인도에 들어선 새로운 연립 정부가 풀어야 할 진짜 과제는 정책에 기반을 둔, 시장 친화적이며 총괄적인 연대를 강화하는 것이다. 인도 공산주의자들과의 연대도 놀라울 만큼 커다란 기회가 될 수 있다. 인도의 공산주의 정당들은 정책을 가난한 사람들에 대한 정부의 직접적인 지원과 뒤섞기 때문이다. 이들은 함께 가난한 사람들의 교육, 건강, 위생, 주택 등의 가장 기본적인 문제를 개선함으로써 미래의 경제 성장을 통해 이들과 혜택을 누릴 수 있는 실질적인 보장을 해주어야 한다. 그러나 아무리 책임성을 높이고 부패를 제한하는 법률과 제도를 적절히 갖춘다 해도 인도의 허약한 민주주의를 강화하지 않는 한 이런 과제를 달성하기 어렵다. 정당들은 회계 내용의 공개 의무를 규정하는 법률에 따르지 않아도 된다. 이런 사실은 정부 기능에 대한 전반적인 투명성 부족을 반영한다. 궁극적으로 인도의 정치인들과 정책 입안자들은 자기들이 무엇을 해야 하는지 잘 안다. 하지만 이들이 자기가 약속한 것을 확실하게 수행하게 하고 또 이들의 의지가 도중에 꺾이지 않게 하려면, 정부가 직접 무작정 퍼주는 식의 지원 체계가 아닌 정책의 성과로 추진력을 얻는 통치가 필요하다.

인도에서 일어나는 정치적 동요는 세계 경제 정책을 덜컥이게 만든다. 인도의 개혁 지지 집권 여당의 정책이 개발도상국 전체 주식 시장의 주가 변동성을 더욱 높인 것이다. 많은 국가의 정부들이 민간 투자를 유치하려고 인도와 비슷한 정책들을 채택했기 때문이다. 인도와 함께 전 세계의 재무부 장관들은 단기 부채를 줄이고, 자본 시장을 보다 더 매력적으로 만들고, 통화를 늘이고, 경상 계정 흑자 상태를 즐겼다. 그러나 거시경제학적인 안정성을 획득하기 위해 그들은 건강과 교육 분야의 예산을 줄이고, 기간 시설 구축에 드는 공공 부문 지출을 줄이고, 또 가난한 사람들에게 지방 차원에서 효율적인 행정 제도와 기구를 제공하지 않는 정책을 선택했다. 인도민중당의 몰락은 모든 국가의 정부가 반면교사로 삼아 귀를 기울여 들어야 할 이야기이다. 개혁의 부푼 기대 속에 선출된 국가 지도자들은 라틴 아메리카에서도 결국 인기를 잃고 말았다. 라틴 아메리카에서는 1990년대에 신자유주의적인 여론 속에 거시경제학적인 처방이 내려졌지만, 미래에는 부자가 되고 또 사회 계층의 이동도 쉬워질 것이라는 믿음을 주지 못했다는 인식이 폭넓게 퍼져 있는 가운데 현재 배척을 당하고 있는 실정이다.

전 세계의 가난한 사람들로부터 경제 자유화에 대한 폭넓은 지지를 이끌어 내려면 무역 정책, 금융 정책, 재정 정책, 산업 정책 등을 포함하는 경제 정책의 우선순위 안에 교육, 건강, 어린이 보건과 영양, 여성 인권 등과 같은 인적 자원 개발에 관한 정책을 포함시켜야 한다. 일반 서민을 위험하게 만듦으로써 경제 성장의 동력을 마련하려는 정부는 다른 정당, 예컨대 대중의 인기에 영합하는 공약을 앞세운 인도의 국민회의당에 집권 여당의 자리를 내어줄 가능성이 더 높다. 인도 국민의 3분의 2가 시골에서 힘겹게 살아가는데, 인도민중당이 이들의 힘든 운명은 거들떠보지도 않고 전체 인구의 1.5퍼센트밖에 되지 않는 주식 소유자들에게만 영합했다는 사실은, 패배한 인도민중당과 이 정당의 지지자들은 사회·정치적 위험을 과소평가했음을 증명한다. 전 세계의 신흥시장에 투자하는 사람들은 여기에서 많은 것을 배워야 한다. 동아시아 국가들의 방식인 국가 전체의 총괄적인 발전이 결국에 가서는 보다 더 생명력이 강하다.

벼랑 끝에 선 파키스탄

미국에 주재하는 파키스탄의 카리스마 넘치는 대사인 말레하 로드히 박사는 고위 인사로서는 최초로 2001년 봄에 부시 행정부 미국 재무부 소속의 새로 구성된 국제 담당 부서를 방문했다. 워싱턴에 있는 외국 대사들 가운데 가장 역동적이고 매력적이라는 그녀의 명성은 이미 자자한 터였다. 의례적인 인사가 오간 뒤에 로드히 대사는 곧바로 본론으로 들어가서 국제금융기구IMF의 파키스탄 지원에 관한 이야기를 했다.

로드히 잘 아시고 계시듯이 우리는 IMF와 약속한 내용을 충실하게 잘 지키고 있습니다. 합의한 대로 예산 적자를 줄였습니다. 하지만 단 한 분야, 즉 세입을 늘리는 데만 기대한 목적을 달성하지 못했습니다.

존 테일러 차관 예산 적자는 어떻게 줄였습니까?

로드히 사회적 지출을 줄이거나 동결했죠.

존 테일러 차관 다른 부문에는 줄일 데가 없었습니까?

로드히 사회적 지출 부문을 다시 늘려야 하지 않을까 하는 생각도 물론 하고 있습니다. 이 문제를 놓고 파리 클럽¹의 채권자들과 맺은 대출 조건들에 대한 재협상을 하고 싶습니다. 이것과 관련해 도움이 좀 필요합니다.

존 테일러 차관의 질문에 로드히 대사가 보인 반응은 파키스탄의 행정적인 딜레마 혹은 통치상의 딜레마를 단적으로 보여준다. 회의를 마친 뒤에 차관은 꼭 하고 싶은 질문이 있었는데 하지 못했다고 한다. 그 질문은 이것이었다.

"그런데 대사님은 대사님이나 파키스탄 정부도 사랑하지 않는 파키스탄 국민을 우리가 사랑해주길 기대하시는 겁니까?"

냉전 시기에 미국은 파키스탄과의 관계를 돈독하게 다졌다. 소련이 중동에 진출하는 것을 저지하기 위해서였다. 그러나 냉전이 끝난 뒤 파키스탄이 전선 국가의 지위를 일시적으로 상실하자 미국은 민주주의를 강조하며 파키스탄을 압박했다. 그리고 1999년에 무샤라프 장군이 주도한 군사 쿠데타 정권도 그다지 크게 지지하지 않았다.

그런데 테러리스트가 세계무역센터 건물을 공격하고 나서자 온건주의 노선의 이슬람 국가인 파키스탄은, 종교적 근본주의에 맞서는 미국의 안보를 위해 없어서는 안 될 존재로 재부각되었다. 과연 파키스탄은 중앙아시아에서 반테러리스트 운동의 중심이 될 수 있을까, 혹 테러리스트의 안전을 보장하는 성역이 되지는 않을까? 파키스탄이 미국의 믿을 만한 동맹자가 되지 못한다는 사실은 이미 충분히 증명되었다. 이런 신뢰성 부족 현상은 파키스탄 국내 정세의 불안정성 때문에 발생한 측면이 크다. 변변찮은 통치력이 파키스탄을 무능하게 만든다. 소수의 부유한 엘리트 집단이 국가 전체의 자원을 통제할 수 있도록 마련된 허술한 경제 관리 체계는 파키스탄의 전략적 종속성을 더욱 황폐하게 심화시킨다. 이러다가는 국가 체제가 붕괴할 수도 있다.(사실 이런 가능성은 매우 높다) 이런 붕괴는 서서히 진행될 수도 갑작스럽게 진행될 수도 있다. 아무튼 사태가 이렇게 진행될 경우 파키스탄은 완전히 무법 상태로 바뀌어 국제 테러리즘의 본거지가 되고 핵무기 기술의 전시장이 될 것이다. 파키스탄이 국내적으로나 인근 국가들을 상대로나 평화를 유지하면서 정상적인 국가의 모습을 갖추어나갈 수 있는 역량을 쌓을지 여부는 통치와 관련된 이 딜레마에서 빠져나가는 길을 과연 찾을 수 있을지에 달려 있다.

파키스탄이 이런 전략적인 목적을 이룰 수 있게 도우려고 서구 선진국들은 경제 성장을 자극하고 빈곤을 줄이기 위한 경제적 지원을 지금까지 계속하고 있다. 그러나 불행히도 이런 원조의 혜택은 가난한 사람들에게 직접 돌아가지 않는 일이 자주 발생한다. 파키스탄의 공적인 제도와 기구가 미비하기 때문인데, 이런 상황이 사회적 수익(사회 전체가 누릴 수 있는 혜택―옮긴이)과 사적인 동기 부여 사이의 괴리를 확고하게 유지한다. 이런 점에서 파키스탄은 실패한 다른 많은 국가들과 다르지 않다. 하지만 이렇게 실패한 다른 국가들과 달리 파키스탄은 핵무기를 가지고 있다. 그래서 파키스탄이 안고 있는 문제는 파키스탄만이 아니라 아시아 전체의 미래에 검은 그림자를 드리운다. 그런데도 파키스탄에 경제 지원을 한 채권국들은, 파키스탄 지도자들이 달리 선택할 더 좋은 방법을 알지 못한다는 사실을 전제로 한 채 공개적으로 범죄자들에게 환심을 사려 하고 또 이들을 싸고돈다. 사실 파키스탄 지도자들의 문제는 지식 부족이 아니라 자국민에게 봉사를 하겠다는 동기가 부족한 것이다.

파키스탄의 1인당 군사비 지출은 세계 어떤 국가보다 높다. 그러나 사회적 지표들을 기준으로 놓고 봤을 때 파키스탄은 전 세계에서 꼴찌 집단에 속한다. 몇몇 지역에서는 여성의 식자율 즉 글을 읽고 쓰는 능력이 5퍼센트 미만이다. 다른 개발도상국들과 비교해도 식자율은 최하위에 속하며 특히 남성과 여성 사이의 식자율 격차가 가장 크다.(참조. 〈표 8-1〉) 로드히 대사가 비정부기구와 연구 분야 기자 출신이라는 점을 고려하면, 파키스탄에 실망스러운 수준의 발

⟨표 8-1⟩ 남아시아, 아시아 개발도상국, 중국의 식자율(1980년, 1990년, 2000년)

	여성 식자율			남성 식자율			전체 성인 식자율		
	1980	1990	2000	1980	1990	2000	1980	1990	2000
파키스탄	13.89	20.15	27.90	40.42	49.25	57.40	27.82	35.40	43.20
캄보디아	39.08	48.79	57.24	74.36	77.73	80.16	54.63	62.02	68.01
인도	26.54	35.92	45.39	54.57	61.87	68.36	41.03	49.32	57.24
인도네시아	59.36	72.51	81.94	79.06	86.70	91.78	69.04	79.51	86.81
라오	32.44	42.76	53.35	63.79	70.26	76.21	48.18	56.52	64.79
베트남	82.02	87.07	86.90	93.32	93.97	93.90	87.27	90.35	90.30
중국	54.35	68.89	86.53	79.03	87.20	95.14	67.06	78.29	90.92

자료 출처 : 파키스탄 유네스코

전을 초래하는 공적 지출 분야의 왜곡은 로드히 자신이 충분히 잘 알고 있다고 추정할 수 있다. 마흐부불 하크를 비롯한 많은 파키스탄 경제학자들은 국제적으로 존경받을 만한 연구 결과를 내놓았는데, 이것은 인간이 맞을 수 있는 참혹한 비극을 전 세계에 알리는 계기가 되었다.[2] 파키스탄 행정부의 고급 관리들은 부적절한 여러 정책들이 어떻게 해서 끔찍한 사회적 결과들을 낳았는지 그 인과 관계를 잘 알고 있다.

파키스탄이 고르지 못한 성장을 기록하고 있는 원인은 통치력의 실패 및 의도적으로 고약하게 왜곡된 제도와 기구들이다. 국가 지도자는 어째서 사회 전체의 복지 수준을 극대화할 수 있는 제도와 기구를 마련하지 못하고 적절치 않은 제도와 기구를 계속 유지할까? 이 질문에 대한 대답은, 파키스탄의 정치권력을 구성하고 또 보유해 온 여러 유형의 정치적 연대라는 실제 현실 속에 놓여 있다.[3] 공정성이 유지되고 관료의 전문성이 충분히 발휘되는 가운데 정치인들이 사회 전체를 이끌어갈 수 있도록 해놓은 제도와 기구들은 교묘하게 방해를 받고 파괴된다. 그리고 아무런 책임도 지지 않은 채 재량권을 남발할 수 있는 수많은 기회가 정치인에게 주어진다.

파키스탄의 제도적 실패는 소수의 연립 통치 세력이 정치적인 의사 결정권자가 설정한 목표에 따라 여러 자원들을 효율적으로 할당하도록 허용한다. 경제 잉여(생산량과 소비량의 차이 — 옮긴이)의 광범위 기반 배분 정책은 통치 집단을 부패하게 하고, 결과적으로 이들 연대의 바깥에 존재하는 집단들의 정치적인 영향력을 더욱 강하게 만든다. 그래서 기존 정권이 권력을 계속 유지하기는 더욱 어려워진다.[4] 정치인들은 권력의 사회적 균형이 바뀌는 것을 두려워하기 때문에 이들은 사회가 번영의 길로 나아가는 데 도움이 될 정책들을 반대하고 나선다.[5]

자유 재량권으로 나아가는 길에 오르다

파키스탄의 정치사에서 뚜렷이 나타나는 특징은 국가 권력의 한계에 대한 헌법적인 동의를 찾아보기 어렵다는 점이다. 독립 이후에 헌법이 제정되었고 그 뒤로 개헌이 네 차례(1956년, 1962년, 1972년, 1973년)에 걸쳐 이루어졌다. 1958년과 1962년 사이 그리고 1969년과 1971년 사이에는 성문 헌법이 존재하지 않았다. 그리고 1977년부터 1985년까지는 헌법이 정지되었다. 그리고 1985년 이후 헌법이 다시 효력을 회복했지만 1999년 10월에 일어난 군사 쿠데타로 헌법은 폐지되었다. 헌법 부재가 계속 이어진다는 사실은 국가가 장차 나아갈 방향에 대한 공통된 전망이 없음을 반영한다. 국민이 투표로 뽑은 대표들에게 권한을 위임해 정부의 예산을 심의하고 또 정부로 하여금 세입 및 세출에 관해 책임을 지도록 한다는 개념이 아예 헌법에서 삭제되었다. 예산 관리의 이런 불투명성 때문에 정치인들은 가난한 국민에게 배분되어야 할 예산을 쉽게 착복한다. 그 결과 파키스탄의 정당들은 여러 국가 정책에 대한 광범위한 지지를 국민들로부터 이끌어낼 수 없었다.

1947년부터 1958년까지 : 의회 기간 : 헌법과 법률의 급격한 변동과 정치적 공백

의회 기간 동안 알리 진나는 독재 지도자이자 무슬림연맹[6]의 종신 의장이었다. 알리 진나는 자기 지위를 가장 강력한 지위로 만들었다. 이것은 곧 독재 체제의 모델로 자리를 잡았고 이 체제 속에서 '숙명론'은 파키스탄 법리학의 독특한 특징이 되었다.[7] 독립 이후 처음 10년 동안 무슬림연맹의 지도자들은 지역적 혹은 전국적 지도력을 민초와 결합하려는 노력을 거의 하지 않았다. 알리 진나는 과거 영국 식민 통치 시대의 고위 공무원 조직인 '인도공무원'에 속해 있던 사람들을 선택적으로 주의 지사에 임명함으로써 정치적 영향력을 파키스탄의 공무원 체계로 확장했다. 이런 사정은 정권을 잡은 주체가 궁극적으로 공무원 체계를 접수했던 인도의 경우와 다르다.

파키스탄의 정당들은 지도자들의 개인적인 성향에 전적으로 의존했다. 무슬림연맹의 창설자들이 진나의 지도력에 전적으로 의존했듯, 그 뒤에 이어진 정당들 역시 강력한 개인들이 자기 야망을 펼치는 도구로 이용되어 왔다. 이 점에 대해 키스 콜라드는 다음과 같이 설명한다. "파키스탄의 정당들은 다른 민주주의 국가들의 정당과 닮은 점이 거의 없다. 정치는 상부에서부터 시작되었다. (중략) 정치는 여러 명의 선도적인 사람들로 이루어지며, 이 사람들이 자기에게 의존하는 사람들을 데리고 권력을 획득하고 또 이것을 유지하기 위한 느슨한 형태로 합의한 결과물이 바로 정당이다. (중략) 정당들은 지금까지도 유권자에게는 관심을 기울이지 않는다."[8] 칼라드 아리프는 "파키스탄의 정당들은 민주주의적이라고 말할 수 없을 정도이다. 정당 조직 내에서 통상적인 기준의 선거가 진행되는 경우는 거의 없다."[9]고 단언한다. 개인의 영향력을 벗어난 엘리트적인 권위는 오로지 군부와 공무원의 관료체계에서만 존재할 뿐이다.

헌법 제정은 정치적 동기를 반영했다. 1956년 헌법은 대통령에게 강력한 비상통치권을 부여했으며 고위 공무원에게는 헌법적인 지위 보장을 약속했다.[10] 이 기간에 그 어떤 지도자도 파키스탄 사회에서 잘 조직된 몇 되지 않은 집단 가운데 하나인 관료집단을 소외시키는 모험을 할 수 없었다. 심지어 '파키스탄공무원CSP'의 엘리트적인 성격을 바꾸겠다고 이념적으로 무장한 정치인들조차, 그 어떤 헌법이나 정부도 1년 이상 지속되지 않았던 그 시기에는 관료집단에 도움을 청하며 손을 내밀었다.[11]

1958년에서 1969년까지 : 아유브 칸 : 파키스탄의 첫 번째 독재자

1958년 10월 7일, 도입된 지 2년 만에 헌법이 폐지되고 군사법이 선포되었다. 육군총사령관을 거쳐 1954년에 국방장관이 되었던 무하마드 아유브 칸이 쿠데타로 총리 자리에 오른 뒤 대통령까지 몰아내고 직접 대통령이 되었다.

아유브 군사 정권은 강력한 중앙집권적인 통치 구조를 바탕으로 민족주의 정책을 지지했는데, 이때 이후로 이 중앙집권적 통치 구조는 뒤이어 등장하는 여러 정권들에서도 국정 운영의 기본 틀로 자리를 잡았다.[12] 불행하게도 민족주의적인 이상은 관료주의의 성과를 넘어서지 못했고, 정권의 고위직 인사들이 재량권을 행사할 기회만 더 많이 만들었다.

아유브는 권력을 계속 장악하기 위해 군부와 CSP 사이에 협력 관계를 구축했다.[13] 400여 명의 CSP 관료들이 정부의 모든 요직을 독차지하도록 허용하면서 자기는 경제적인 특권들을 배분하는 방법을 통해 군부를 확실히 장악해서 통치의 무력적인 기반을 확보했다. 군부와 관료 집단 양쪽으로부터 모두 확실한 충성을 이끌어내기 위해서 아유브는 자기에게 충성을 다하는 관리들에게 토지를 할당하고, 퇴역 장성 및 장교들에게는 기업이 반드시 필요로 하는 존재인 로비스트가 될 수 있도록 길을 터주고 뒤를 봐주었다. 재산을 모을 수 있는 기회가 두 집단에게 모두 풍부했기 때문에 두 집단은 서로에게 위협을 느낄 이유가 없었고, 두 집단 사이에는 자연스럽게 동반자 관계가 형성되었다.[14]

아유브는 관료들에게 행정의 경제학을 훈련할 기회를 제공함으로써 CSP의 행정 능력을 향상시켰고, 그 결과 관료들의 교양 수준도 높아졌다. 일반적으로 보다 높은 직위의 공무원들에게는 보다 수준 높은 훈련을 제공했다. 그래서 이들의 능력이 낮은 직위의 공무원들보다 누가 보더라도 우월하게 보이도록 만들었다.

아유브는 CSP의 권위를 훼손하는 단 하나의 예외적인 결정을 내렸다. 경제 개발계획을 세우는 문제와 관련해서는 해당 사업을 추진하는 위원회가 CSP의 승인을 받지 않아도 되도록 한 것이었다. 아유브는 기업가 집단과의 동맹을 강화하는 데 국가 자원을 활용했기 때문에, 정치적인 충격을 극대화하는 차원에서 또 비용과 수익 배분을 쉽게 하기 위해서라도 어느 정도 강하게 조직된 관료제적 기관이 필요했다. 행정부 요직에 소수의 관료를 배치함으로써 아유브는 국가 자원을 정치적인 지지층에게 효율적으로 배분했다. 녹색 혁명으로 중농과 부농의 농업 생산량이 늘어나자 아유브는 이런 것들을 이용해 중농을 자기편으로 끌어들였다. 시골에 사는 사람들 대다수는 토지를 가지고 있지 않았고, 소작농과 마찬가지로 아주 적은 임금밖에 받지 못하는 도시 노동자들은 부토의 주요 지지층으로 결집했다. 후에 부토는 아유브가 실시한 정책들을 뒤집어엎었다.

아유브는 권력을 잡고 있는 동안 실업자에게 정부 일자리를 제공했으며, 또 업무 내용이 기존의 정부 기관과 뚜렷이 구분이 되지 않는 새로운 위원회들을 마구잡이로 만들었다. 이전의 개혁에 덧붙여 이런 행위들이 정부의 통합성을 상당한 수준으로 약화시켰고 믿을 만한 개혁 조치들을 제거했으며 또 엘리트 CSP에 대한 의존성을 더욱 강화시켰다.

아유브는 소수의 대기업들로부터 세금을 걷는 것이 다수의 소기업들로부터 세금을 걷는 것보다 더 쉽고 효율적이라는 사실을 깨달았다. 그래서 정치적인 충성심을 세밀하게 감시할 수 있는, 하나의 단위로 잘 엮여 있는 소수의 기업 집단들에게 특혜를 쏟아 부었다. 아유브의 뒤를 이은 파키스탄의 국가 지도자들은 모두 소수 엘리트 공무원 체계를 유지했다. 이처럼 내부 집단을 소수로 유지함으로 부패 및 부패로 인한 효과를 효율적으로 숨길 수 있었다. 개발도상국에서는 빠른 성장을 위해 부패를 눈감아 주는 게 중요하다고 믿는 사람들이 지금도 여전히 많다. 파키스탄에서 고도성장의 시기에 부패가 사회 불안정 요소가 되지 않았던 기본적인 이유는, 부패가 소수 집단에게만 고도로 집중되었고 따라서 일반 대중은 정부가 위법 행위를 한 결과 누가 무엇을 부당하게 얻었는지 알 수 있는 통로가 막혀 있었기 때문이다. 아유브 치하에서 시작된 부패의 여러 양상들에 대한 반발은 나중에야 사회 전면에 나타나 엘리트 집단, 국제기구들 그리고 미국 사이의 관계를 비판하는 사람들의 주장에 큰 힘이 되었다.

아유브가 세운 정당인 컨벤션무슬림연맹은 권력을 장악하고 있는 아유브와 그의 동료들을 지칭하는 것 말고는 별다른 의미가 없었다. 이 정당은 정실 인사와 친인척 인사의 상징이었고 또 자원 배분을, 자원들을 가지고 있는 사람들의 충성심을 아유브가 통제하기 위한 장치였다. 아유브는 군대에 있던 자식들을 퇴역시킨 뒤에 산업계와 무역계에 배치했다. 관료제도는 아유브의 친인척에게 인허가 증서를 발급하는 기관으로 전락했다. 지배 집단에 속하지 않은 사람들은 정권 내부자로부터 온갖 종류의 인허가 권리증을 암시장에서 구입했다. 이런 유통 구조는 엘리트 집단 내부의 결속력을 약화시키는 데 매우 중요한 원인이 되었다. 이런 인허가 권리증을 사는 사람들은 아유브에 대한 충성심이 없었기 때문이다.[15] 이스랏 후세인은 이렇게 지적했다. "수입 면허와 관련된 암시장 호황, 금융 관련 서비스 문턱을 낮춰야 하는 것과 관련한 정치적 필요성은 지원과 후원의 공모가 횡행하는 민간 부문과 공공 부문 간의 관계 설정으로 이어지는 길을 닦았다." 전체 경제 부문에서 이권과 특혜를 추구하는 행동은 합법화되었다. 이 과정에서 산업자본가들은 정부로부터 보조금을 받고 또 면세 혜택까지 받는 생산품에 대해 독점 가격을 보장받았다. 또 민간 기업은 배를 불리고 정부는 낮은 세입으로 고통을 받는 구조가 형성되었다.[16]

파키스탄이 과두체제로 진화하는 과정은 사실상 국가 경제 파탄의 정치·경제학적인 고전적 모델이라고 할 수 있다. 특권층에 속한 집단은 거래 및 정보와 관련된 비용을 절감함으로써 초기 경제 개발 과정에서 결정적 역할을 한다. 정치적 동기 부여는 소규모 족벌 집단에 부가 집중되는 상황이 계속되도록 하며, 정부는 자원에 접근할 수 있는 사람들의 정치적 충성심을 손쉽게 관리할 수 있다. 그러나 특권층에 속하지 않은 사람들은 성장과 번영을 꿈꿀 수 없다는 사실은 사회적 불만의 씨가 되었다.[17]

파키스탄의 경제 규모를 고려할 때 지배 연대층 집단은 그 규모가 작아, 이 집단의 지지를 얻고자 사적으로 재화를 제공하는 것이 초반에는 그다지 큰 경제적 부담은 아니었다. 사실 아유브의 통치 아래 있던 파키스탄의 성장률을 다른 개발도상국들이 부러워했을 정도이다. 파키스탄은 1960년대에 연평균 6퍼센트의 성장률을 기록했기 때문이다. 그럼에도 경제적 불평등은 점차 커졌으며 산업 생산에서 임금이 차지하는 몫은 점차 줄어들었고 수십 개의 평판 좋은 가문이 파키스탄의 산업 자산을 거의 모두 지배했다.[18] 지배 집단은 성장 친화적 정책을 고수했지만 교육이나 건강 혹은 공공 주택과 같은 공공재의 형태로 가난한 사람들에게 돌아간 자원은 충분치 않았다. 정부는 토지 소유 계층의 지지 기반을 잃지 않으려고 토지 개혁을 통한 토지의 재분배를 회피했다. 교육과 공중보건 분야도 시들해졌다. 이 점과 관련해 라포트는 다음과 같이 요약했다. "(아유브의 사회·경제적 정책들은)엘리트 집단의 특권을 존속시키고자 하는 경향을 반영한다. 변화가 나타나긴 했지만 이 변화들은 중요하지 않으며, 아유브를 지지하던 보수적인 연대 기반이 누리던 특권 또한 침해하지 않았다."[19]

사실 파키스탄이 고도 경제 성장을 이룬 시기에 사회적 불평등은 더욱 심화되었다. 이런 양상은 경제가 빠르게 성장하면서 불평등이 점차 해소되었던 동아시아의 양상과는 뚜렷이 대비된다. 파키스탄에서 경제 성장은 기본적으로 특권층에게만 좋은 일이었다. 후에 등장한 부토는 대중주의적 정책들을 내세우면서 아유브가 남긴 부채의 유산을 거부하고 이행하지 않겠다고 선언했다.[20] 이에 관해 로버트 루니는 다음과 같이 설명한다.

"급속한 경제 성장을 이룩한 이 시기는 상당한 수준의 경제적 긴장을 조성했다. 지역 및 계급적 불평등이 커지는 가운데 전체 인구의 많은 부분이 지극히 낮은 생활수준을 유지해야 했다. 소득의 집중 현상은 특히 어려운 문제였다. 22개 족벌이 산업 부문의 66퍼센트, 보험 부문의 97퍼센트, 은행 부문의 80퍼센트에 해당하는 자산을 각각 소유했다. 토지 소유자의 0.1퍼센트가 500에이커(1에이커는 약 4,046.8평방미터 — 옮긴이) 남짓 소유했는데, 이들이 소유한 토지는 전체 국토의 15퍼센트였다."[21]

1972년에서 1977년까지 : 줄피카르 부토 : 일반 대중을 위한 지원

줄피카르 알리 부토의 등장은, 지배 집단의 연대 방식 변화가 어떻게 해서 전혀 다른 경제 정책들을 내놓을 수 있고 또 정치적 이권을 전혀 다르게 배분할 수 있는지 잘 보여준다. 부토는 관료제도를 재조직함으로써 그리고 불로소득을 사회의 밑바탕 계층을 향해 재분배하는 과정을 통해 재정 무책임성으로 향하는 길 위에 파키스탄을 올려놓았다.[22] 1973년에 부토는 부패의 죄를 물어 공무원 1,303명을 몰아냈다. 쫓겨나는 공무원들에게는 어떤 교정이나 소명 기회도 주어지지 않았다. 단 한 번의 명령으로 이루어진 대량 해고였다. 이 해고는 획일성도, 제도적인 어떤 기준 혹은 관리 감독상의 어떤 근거도 없었다. 군부 독재하에서도 이처럼 고압적이고 일방적인 사례는 없었다. 대통령이 직접적으로 이런 조치를 실행함으로써 공무원 사회가 가지고 있던 통합성의 마지막 흔적까지도 지워졌다.

뒤이어 부토의 권한을 강화하는 데 기여한 1973년의 공무원법, 1973년의 공무원 재판소법, 1973년의 연방인사위원회법 등의 여러 법률들이 의결되었다.[23] 1973년의 공무원법은 대통령이 표준적인 절차를 무시하고 공무원 자리를 쉽게 만들고 또 그 자리에 어떤 인물을 쉽게 임명할 수 있도록 보장하는 법률이었다. 실제로 해당 직위의 업무를 수행하는 데 필요한 능력을 조금도 갖추지 못한 사람이 그 직위에 임명되는 경우가 흔히 나타났다. 또 전국적인 봉급 체계가 새로 마련되어 CSP 공무원이 혜택을 받던 봉급 구조의 영향력을 약화시켰다. 이와 함께 CSP 공무원에게 고위직이 미리 할당되어 예약되던 제도도 철폐되었으며 CSP를 대신할 지구관리집단DMG이 생겨났다. 간부 공무원의 인사이동과 관련해서는 수평 이동 제도가 도입되었고, 곁가지에서 새로 공무원 사회에 진입하는 낙하산 제도가 생겨났다. 또 간부 공무원 사이의 수직적인 이동도 용인되었다. 민간 부문의 재능 있는 개인들이 공무원 사회에 진입할 수 있는 길도 활짝 열렸다. 대통령은 이런 개혁 조치들에 대해 일반 대중으로부터 광범한 호응을 이끌어냈다. 일반 대중들은 기존의 관료제도가 엘리트적이고 비효율적이며 부패했다고 보았기 때문이다.

공무원의 중립성을 가장 심각하게 훼손한 것은 아마도 비밀주의가 아닐까 싶다. 1973년 이전에 공무원들은 자신의 헌법적 권한을 보호하기 위해 고등법원의 판결에 의지할 수 있었다. 그러나 1973년 이후로는 사정이 달라졌다. 사법부는 공무원의 권한에 대해 가타부타 참견할 수 없다는 내용이 헌법에 규정되었다. 대신 특별하게 규정된 재판소들이 이런 문제를 다루게 되었다.[24] 이 특수 재판소들의 판사는 주로 관료나 퇴직 판사였기 때문에 공무원의 독립성은

심각한 훼손을 당했다.[25]

대통령은 공무원의 자리를 재능이 있는 사람들에게 맡긴다는 구실을 내세워 자기 마음에 드는 인물들을 입맛대로 골라 새로 마련한 여러 요직에 앉혔다. 새로 도입한 개혁 조치에 따라 대통령은 공무원의 임명, 해고, 퇴직, 선발, 승진, 불만 처리 등의 전반을 마음대로 지배하고 통제할 수 있었다. 1973년에서 1977년 사이에 대통령은 1,374명의 공무원을 임명했는데, 이는 엄격한 심사를 바탕으로 했던 옛날 체계 아래에서 임명된 공무원의 수보다 세 배나 많은 수치이다.[26] 이때의 낙하산 인사는 공무원의 사기를 떨어뜨렸다. 한 고위 공직자는 이런 모습을 '깨끗한 물에 검은 잉크 한 방울이 떨어지고 나면 이 물은 절대로 다시 깨끗한 물이 될 수 없다.'는 비유로 꼬집어 말했다. 이런 낙하산 인사는 주로 경찰, DMG, 외무부에서 이루어졌다. 이들의 비전문성이 이 분야에 미친 충격은 1990년대에 강하게 현실화되었다.[27] 편의주의는 부정을 낳았고 그 결과 정치적인 든든한 우산 아래에 있는 사람들은 자기들이 법 위에 군림한다고 생각했다. 새로 임명된 관료들은 1977년 총선에 참가함으로써 영향력을 더욱 확대했고 공무원의 정치적 중립성을 오염시켰다.[28]

부토의 개혁 조치들이 관료제를 정치화하고 또 낙하산 인사 및 수평 이동 인사 제도가 부토의 통치를 거들었다는 점은 널리 인정되는 사실이다.[29] 부토의 개혁은 결과적으로 권력을 쥔 측이 쉽게 자기 기반을 마련할 수 있는 체계를 낳았다. 부토 이후 많은 정권이 들어섰지만 부토의 개혁 조치가 여전히 살아남을 수 있었던 것도 바로 이 때문이다. 부토 이후 새로 들어선 정권 또한 공무원의 인사에 개입할 수 있는 기회를 굳이 마다할 까닭이 없었던 것이다. 사실 그 관행은 어떤 개혁에도 거뜬히 살아남을 수 있었다. 공무원의 중립성이나 능력에 따른 승진 등의 요건과는 무관하게 한마음 한뜻의 동지를 만들어낼 수 있는 강력한 도구였기 때문이다.

부토는 파키스탄 사회의 전통적 특권층과 군부, 공무원, 기업가에 맞서기 위해 중산층 및 그 아래 계층들 사이에 정치적 연대를 마련하고자 노력했다. 공공 부문에 대한 지출을 확대함으로써 가난한 사람들에 대한 직접적인(퍼주기 방식의) 지원 체계를 강화하는 것이 이 새로운 연대의 틀을 마련하기 위한 도구가 되었다.[30] 그는 노동자들에게 보다 많은 임금을 요구하라고 자극했다.[31] 그리고 자기 명령에 따르지 않는 고위 관료나 군부 지도자들은 파면했다. 하부 계층을 위한 지원 체계를 마련하려면 특별한 경제적 토대가 필요했다. 그래서 부토는 소수 족벌이 소유하는 대기업을 선택적으로 국유화하고 또 이들 소수 족벌로부터 지지를 이끌어내기 위한 기회를 마련했다.[32] 비록 지지 기반이 다르긴 했지만 부토 역시 전임자들과 마찬가지로, 개인적인 정치적 힘을 유지하는 데 필요한 정치적 연대의 틀을 마련하겠다는 단 하나의 목적을 가지고 국가의 모든 부문들을 통제했다. 부토는 자기 없이도 잘 굴러갈 수 있는 정당을 만드는 데는 전혀 관심이 없었다. 다시 말해 파키스탄 인민당PPP은 "본질적으로 느슨하게 규정된 정당의 틀 안에서 카리스마가 넘치는 지도자 한 명이 막강한 영향력을 발휘하는 정치적 연대의 형식적인 틀이었다."[33]

1970년대는 파키스탄에게 있어 잃어버린 10년이다. 동아시아는 눈부신 경제 성장을 이룩했지만, 파키스탄은 수출 주도형 경제 성장의 길을 걷지 않고 다른 길로 나아갔다. 저소득 계층에 직접적으로 지원할 수 있는 기회를 최대화하고자 국내 산업 자본의 국유화와 수입 대체를 하나의 끈으로 연결했다. 국유화로 인해 파키스탄 산업계에서 빠져나온 자본이 토지로 들어가면서 파키스탄의 경제 성장은 곤두박질쳤다. 가난한 사람들을 위한 광범위한 직접적 지원이 소수 특권층을 위한 지원보다 경제적으로 더 많은 비용이 들었기 때문이다.[34] 부토의 정책들은 특권층을 위한 법과 제도에 맞서려고 도입되었지만, 공적 자금을 가난한 사람들에게 나누어주는 체계에서 필연적으로 나타날 수밖에 없는 부패에 무릎을 꿇었다. 부토와 전임자들 사이에 다른 점이 있다면, 부토는 정부가 가지고 있는 여러 자원들을 가난한 사람들에게 직접적으로 나누어주려고 했지만 소수 특권층은 본질적으로 조금도 다치지 않았다는 점이다. 이 점에 대해 이스랏 후세인은 이렇게 설명한다.

"PPP가 천명하는 사회주의적 원칙들을 진심으로 신봉한 소수의 헌신적인 노동자들을 제외하고, (아유브 칸이 축출된 뒤인) 1970년 총선에서 공천을 받은 대부분의 정치인들은 아유브의 무슬림연맹 회원이거나 지지자였다. 이 집단들은 1977년 총선에서도 그대로 다시 살아남았다. PPP의 공천이 대부분 과거 무슬림연맹 소속 인사에게 돌아갔는데, 이들 대부분은 새로운 권력을 좇아 PPP로 들어온 인사들이었던 것이다."[35]

사회의 하부 계층에 직접적인 지원을 할 수 있는 체계를 지배자의 능력에만 의존한다는 것은 재정적인 측면에서 볼 때 적자가 불가피하다는 결과를 낳을 수밖에 없다. 이런 사실은 부토 역시 피할 수 없었다. 부토 정부의 재정 적자는 전임자들보다 훨씬 크게 나타났다.

정치적으로도 부토의 10년은 잃어버린 10년이었다. 민주주의적인 제도가 성숙하지 않았기 때문이다.

1977년에서 1988년까지 : 지아 울 하크 : 하루하루 살아가기

폭력이 동원된 1977년의 쿠데타 이후, 부토가 실시한 행정 개혁의 폐해를 고발하는 백서가 배포되었다. 그러나 권력 남용에 대한 이런 저항적인 인식은 개혁을 단행하겠다는 것도 시계 바늘을 거꾸로 돌리겠다는 것도 아니었다. 파키스탄의 새로운 지도자 지아 울 하크는 군부 출신이라는 자신의 배경에도 불구하고 느리지만 꾸준하게 진행되어온 관료제적 역량의 잠식에서 비롯된, 기본적으로 개인의 카리스마에 의지하는 통치 방식을 바꾸기 위한 노력을 아무 것도 하지 않았다. 지아는 공무원의 통합성과 정체성을 회복하려 들지도 않았다. 헌법적인 보장이 허약한 공무원 제도를 유지함으로써 독재 체제를 위한 유연한 도구를 놓치지 않았다.

지아는 국유화 조치들을 중단했다. 그러나 이미 국유화한 기업을 원래 주인에게 돌려주지는 않았다. 공장을 빼앗길지도 모른다는 두려움이 사라지자, 오로지 정부에 저항해야만 자기 집이 국유화되는 것을 면할 수 있다는 소문은 더 이상 돌지 않았다. 그렇다고 정부의 중립성에 대한 믿음이 회복된 것은 아니었다. 은행은 여전히 정부의 손 안에서 정부의 재정 적자를 메우는 도구로 사용되었고 정부의 경제 계획과 방침에 따라 기업에 대출을 하는 기능을 담당했다. 금융 부문에 대한 통제는 부족한 징세 능력을 대신했다. 이런 사실은 파키스탄을, 선택한 정책에 대한 책임성을 동반하지 않는 악성 부채의 길로 더욱 세차게 내몰았다.

비록 지아는 부토의 행정 개혁과 거리를 둔 채 공무원 관료들의 지지를 얻으려 했지만 행정 개혁을 장려하지 않고서 다만 부토의 정책들을 서투르게 땜질할 뿐이었다. 지아는 부토가 해임한 공무원들에게 소명의 기회를 주었다. 이들 가운데 다수를 복직시키고 그동안 지급되지 않았던 임금까지 지불했다. 부토 정권에서 관리들은 자기 지위를 유지하기 위해 부토를 지지한다는 정치적 태도를 분명하게 해야 했지만 지아는 최고위층 관료 20인을 제외하고 그 아래에 있는 공무원 인사에 대해서는 거의 개입하지 않았다. 그는 능력 위주의 평가와 훈련 체계를 복원했다. 또 낙하산 인사 제도를 폐지하고 군 인사들이 관료로 진출하는 길을 대거 텄다. 그러나 CSP를 복원하려는 시도나 이것의 후신인 DMG 소속 공무원을 위한 사전 자리 보장은 하지 않았다. 그가 한 선택에서 특히 두드러진 사실은, 부토 이전에 공무원에게 큰 혜택이었던 헌법적 보호 조항을 원래대로 돌려놓지 않았다는 점이다. 공무원이 불만을 해결할 수 있는 유일한 길은 여전히 행정부 소속의 특별재판소뿐이었다. 이 재판소의 판사들은 임기가 보장되지 않아 언제든 권력 핵심에 의해 등을 떠밀려 짐을 싸야 했다. 그러나 공무원들은 과거처럼 사법부의 보호를 받을 권리를 회복하지 못했기 때문에 폭넓은 정치적 쟁점에 마음대로 개입할 수는 없었다.

지아 정권에서 눈에 띄는 두드러진 변화는 군부 출신 인사를 관료로 등용하는 비율이 유례가 없을 정도로 커졌다는 점이다. 기존의 공무원 관료 체계가 군부 정권의 소위 '이중대'로 보일 정도였다. 군 장교들은 따로 정해진 충원 규정에 따라 관료로 편입이 되었는데, 이때의 기준은 행정적 능력이나 전문 분야에 관한 능력보다는 충성심이 우선되었다.

독립 이후 처음 20년 동안 파키스탄의 종교적 지도력은 국가 지도력 차원으로는 조금도 끼어들지 못했다. 지아 이전의 파키스탄 지도자들은 모두 종교와 상관없는 세속적인 지도력을 가졌다. 그러나 지아는 종교 지도자들에게 권력의 맛이 어떤 것인지 보여주었다. 내각 구성원 가운데 네 명을 종교 지도자로 임명했으며, 종교적인 정당에게도 자원 지원을 안배했다. 도시 사람들의 마음을 사로잡을 수 없었던 지아는 이슬람 기반을 구축했고, 권력을 유지하기 위해 종교 학교와 사원을 세웠으며 이중적인 법률 체계를 마련하는 등의 노력을 기울여 종교적인 동맹자들을 주변에 포진시켰다. 이런 노력의 핵심적인 정책으로 그는 소득 혹은 자산의 2.5퍼센트 규모인 종교적 자선용 세금인 자카트를 신설했다. 자카트 위원회를 만들고, 이 위원회에 자카트로 마련된 기금을 마음대로 처분할 수 있는 권한을 부여했다. 또한 그는 특히 강간과 간통에 대해 엄격한 이슬람 율법을 적용하는 후두드법이라는 종교법을 도입했는데, 이 법률은 범법자가 종교법으로 재판을 받을지 아니면 세속법으로 재판을 받을지 결정하는 권한을 관료, 정치인, 경찰에게 부여함으로써 이들이 막강한 권력을 휘두를 수 있도록 했다. 종교법과 세속법은 재판이 이루어지는 법정은 동일하지만 증거물 채택이나 처벌 수준이 달랐다. 예를 들면 간통죄를 종교법으로 다루면 사형이 선고되었지만, 세속법으로는 그렇지 않았다. 여기에는 당연히 혼란이 뒤따랐다. 그러나 이 혼란은 정부 관리들이 범법자를 대상으로 엄청난 권한을 행사할 수 있는 기회가 되었다. 이 이중법 제도는 정치적 통제를 용이하게 하기 위한 강력한 수단이 되어 부패를 조장했다.

비록 지아는 쿠데타를 통해 권력을 잡고 든든한 군부를 뒷배로 두었지만 그의 지위는 불안정할 수밖에 없었다. 임기가 미리 설정된 선거를 통해 집권하지 않았기 때문이다. 그래서 지아는 장기적인 관점의 개혁에 대해서는 단 한 번도 생각해보지 않았다. 지아 정권에서 이루어진 중요한 결정 사항들은 미래의 전망이나 정책적 목표라고는 조금도 가지고 있지 않은 소수의 장성들 손에서 이루어졌다. 이들의 결정을 좌우한 유일한 기준은 권력을 유지하는 데 도움이 되느냐 마느냐 하는 것이었다. 이것이 바탕이 되어 지아 이후부터 파키스탄에서 민주적으로 선출된 국가 지도자들 치하에서는, 행정에서 공공의 이익에 따라 행동을 하려는 동기 부여는 완전히 사라져버렸다.

지정학적인 여러 사건들 덕분에 지아는 내부적인 지지도가 낮음에도 불구하고 이런 사실을 따로 고려할 필요도 없이 자기가 수행하는 개혁 조치들을 강화할 수 있었다. 소련이 아프가니스탄을 침공한 사건 때문에 파키스탄은 반소 전선의 전략적인 기지가 되었다. 1982년 이후로 파키스탄이 미국으로부터 제공받은 원조액은 총 50억 달러였다. 이로써 파키스탄은 1980년대에 미국의 원조를 가장 많이 받은 국가가 되었다.[36] 외국 원조 덕에 늘어난 수입은 다시 별다른 노력 없이 수출을 증가시켰다.[37] 자신의 불법적인 통치를 합리화하려는 지아의 노력이 사실은, 장차 아프가니스탄과 서파키스탄을 종교적 근본주의의 요새로 만드는 반(反)서방 연대의 씨를 뿌리는 행위임을 아는 사람은 아무도 없었다. 지아는 외국의 지원을 얻기 위해 근본주의적인 종교 요소들에 점차 더 많이 의지했다. 그리고 결국 근본주의 이슬람과 무샤라프 치하의 군부 독재 사이에 동맹이 일도록 만들었다.

지아 정권 아래에서 파키스탄은 종교적인 관점에 입각한 문맹정책으로 나아가며 10년을 잃어버렸다. 동아시아에서는 여자들이 사회의 전면에 나서면서 자기 나라의 인적 자산을 한층 탄탄하게 만들고 있을 동안에, 파키스탄 사람들은 퇴행적인 생각에 사로잡혀 여자들을 집안에다 가두고 이것도 모자라 차도르라는 옷으로 멍에를 씌웠다. 금욕적 수정주의를 앞세운 군사 통치는 식자층에게 저주의 대상이 되었으며 나아가 파키스탄의 두 개 국가 사이의 분열을 더욱 강화시켰다. 동북아시아인 일본, 중국, 한국은 어떻게 하면 국가가 근대화할 수 있는지 보여주면서도 여전히 자기 문화에 대한 자긍심을 가지고 있었던 반면 여성을 대하는 파키스탄의 인식은 평등과 근대화에 바탕을 둔 사회적 응집 요소인 '평등'을 희생시켰다. 사회의 상층부와 군부 독재에 의한 정치 및 문화적 억압은 신권정치와 나란히 나타났다. 이것은 소수의 특권층과 불만으로 가득 찬 다수의 대중을 양산했다.

1988년에서 2000년까지 : 민주주의적인 선거와 독재 체제

1988년 말에 보통 선거를 통해 선출된 정부가 파키스탄의 정권을 잡았다. 그리고 곧바로 행정개혁위원회를 구성했다. 파키스탄은 민간 정부로 복귀를 하긴 했지만 반(反)자유주의적인 정부의 틀에서 벗어나지는 못했다. 선거를 통해 집권한 파키스탄의 지도자들은 약탈적인 정부 및 이런 통치 행위를 뒷받침한 법과 제도를 용인했다. 그 뒤에 선거로 선출되는 여러 정부가 나타났지만 모두 비슷한 운명을 맞았다. 정부의 실패 이유는 정책을 세우고 집행할 수 있는 조직의 체계가 바로잡히지 않은 탓이기도 했지만, 민주주의적으로 선출된 어떤 정부도 파키스탄을 개혁의 길에 올려놓을 수 있을 만큼의 충분한 시간과 권력을 가지지 못한 탓도 컸다. 파키스탄 정부가 민주주의를 내세운 역사는 무려 14년이나 되었지만, 중앙집권화된 권력을 강화하도록 마련된 과거의 행정 체계에 대한 손질은 아주 조금밖에 이루어지지 않았다. 독립 이후 50년 동안 30개가 넘는 온갖 위원회와 노동자 조직이 행정 개혁의 대상이 되었지만 그 무엇에도 적절한 정치적 후속 조치는 뒤따르지 않았다. 이 점에 관해 세계은행의 경제학자 이스랏 후세인은 매우 사려 깊은 평가를 내렸다.

"가장 당혹스러운 것은 (민주주의적 정부냐, 지명된 정부냐, 직접 선거를 통한 정부냐, 간접 선거를 통한 정부냐, 독재적 정부이냐 등의)정부 형태 따위는 아무 문제가 되지 않았다는 것이다. 집권 여당과 정부가 주창하는 (자유주의냐, 보수주의냐, 이슬람주의냐, 좌파적이냐, 우파적이냐 등의)이념적 경향도 의미 있는 차이를 드러내지 않았다. 좌익적이며 자유주의적이고 또한 대중의 인기에 영합하는 인민당 정부는 우익에 보수주의적인 무슬림연맹 못지않게 국가 통치의 좋지 않은 성과를 냈다. 지아 울 하크의 이슬람 독재는 아유브 칸의 현대적이며 세속적인 독재와 어떤 측면에서도 다르지 않았다. 어느 정권에서나 지배 집단은 정치인, 군인, 관료, 종교적 과두 체제 및 전문적 지적 집단에 속한 인사들이었다. 특정 시기에 걸쳐 수많은 얼굴들이 바뀌고 수많은 친족 집단들이 나타났다 사라졌지만, 전체 인구 가운데 1퍼센트도 되지 않으면서 국정을 좌우해온 특권층은 변함없이 자리를 지켜왔다. 소수 특권층이 국가의 법과 제도, 시장을 장악하고 있다는 사실은 변함이 없다."[38]

부토의 개혁은 1973년에 독점과 공무원의 배타성을 희석시켰다. 그러나 그는 계급이 없는 통합적인 공무원 체계를 창출하지 않았으며 혹은 행정부에 만연해 있던 부패를 청산하지 못했다. 공무원에 대한 시민의 불만을 받아들여 이런 문제를 빠르게 해결하지도 않았다.[39] 비록 각기 다른 정권 아래에서 제각기 다른 목적에 기여하긴 했지만 (CSP와 이것의 후속 조직인 DMG)단 하나의 집단이 국가의 중앙계획단위들을 통제했다.[40] 많은 연구자들은 공무원의 이 정예 부대가 파키스탄의 정치적 지도력을 통제한다고 믿고 있다. 파키스탄의 정치가들은 정책을 입안하는 자신들의 노력이 뿌리 깊은 관료 때문에 번번이 무산된다며 끊임없이 불평을 해 왔다. 그러나 이건 터무니없는 과장이다. 관료적 특권은 변함없이 보장되어 왔으며 따라서 관료제가 정치적인 지도력에 도전적인 자세를 취한 적은 단 한 번도 없었기 때문이다.[41] 정권의 최고 실력자가 관료로부터 지지를 이끌어낸 주된 방법은 관료에 공적 자금을 재량에 따라 집행할 수 있는 권한을 허용한 것이었다. 관료의 재량권은 정치권력의 핵심이기 때문에, 보다 책임성이 있는 관료제 특히 CSP가 필요하다는 보고서들은 "국가의 여러 정치적 우두머리들에 의해 묻혀버렸다."[42] 비록 관료제는 행정 재편에 대한 저항이 일어나는 주된 원천이라는 비난을 받지만,[43] 마지못해 흉내만 내고 싶은 정치인들은 이런 모습을 현상 그대로 유지한다.

제도적 실패, 다분히 고의적인

파키스탄에서 공직에 몸을 담는 사람은 누구나 개혁을 수행하기 위해 정부 기구를 제대로 사용하지 못하는 자신의 무능을 개탄한다. 장애물을 극복하고자 지도자들은 행정적인 집행력을 강화하는 데 초점을 맞추어 왔다. 하급 단위에서 효율적인 체계와 절차가 존재하지 않기 때문에 상급 단위의 여러 기관에 온갖 의미와 목표를 둠으로써 그런 현상으로 인해 발생하는 문제를 벌충하려고 해 왔던 것이다. 그러나 행정적인 권위를 강화한다고 효율적인 정부 체계와 절차가 마련되어 있지 않은 문제가 저절로 교정되는 건 아니다.[44] 지방 기구들은 예산과 인력이 부족하고 비효율적이다. 어떤 결정을 내릴 수 없을 정도로 혼잡한 상태에 빠져 있는 상급 기관의 현재 상황을 바로잡으려면 제반 의무는 대폭 하급 기관으로 이관되어야 한다. 그러기 전까지는 관리와 감시의 비효율성은 사기를 떨어뜨리고 공적인 규율을 흐트러뜨릴 것이다.

관료들은 장관 혹은 주지사가 세세한 부분까지 관리하며 인사 분야를 정치화한다고 불평한다. 정치인들은 수많은 규정과 법규가 부정한 소득을 보호하기 위해 존재한다고 한탄한다. 정치인들은 관료제 속 관료의 재량권 그리고 기업과 관련된 불가해한 규정들이 정책이 제대로 수행되지 못하도록 가로막는다고 주장한다. 실제로, 어떤 정당도 자기 행동들을 결정하는 근본적인 조건들을 바꿀 힘은 가지고 있지 않다. 이 힘은 정당이 통제권을 전혀 가지고 있지 않은 행정적인 체계 속에서 기능해야 한다. 정치인, 선출직 공무원 그리고 군 장교들은 이 체계가 어떻게 돌아가는지 잘 알지 못한다. 그리고 이 절차나 관료제도 속에 존재하는 사람들에 대해 국외자로서 이들이 아는 지식이라고는 한정되어 있다. 형편없는 통치의 양상들은 실패하지 않을 수도 있었던 제도적인 실패의 결과물들이다. 공무원의 부패를 비롯한 이런 실패 사례들은 다음과 같다.

공무원 부문을 제외한 경제의 다른 부문들에 아무런 일자리도 존재하지 않을 때 공무원 부문이 수천 명의 실업자들을 흡수해 왔다. 제대로 훈련을 받지 않은 수천 명이 공무원 체계 안으로 쏟아져 들어갔으며, 이들을 관리하는 지위에 있는 사람은 이들의 엄청난 수와 또 터무니없이 부족한 기능에 실망한다. 정확한 의무와 책임성이 존재하지 않기 때문에 감독하고 조정하는 일도 어렵다.

이런 사실은 또한 정책 집행과 관련된 합리적인 관리 역량까지 좀먹는다. 예를 들면, 파키스탄에서 임금 정책이 직무 설명서와 연계된 적은 단 한 번도 없었다. 공무원 체계 속의 책임성은 급료와 일치하지 않는다. 동일한 직급은 동일한 수혜를 받아야 한다는 원칙은 지켜지지 않는다. 명시적인 직무 설명서가 존재하지 않으면 적정 임금의 대여섯 배를 받아가는 사람이 있을 수 있다. 물론 반대 현상도 가능하다.[45] 아무런 평가 절차나 소명 기회 없이 갑작스럽게 해임을 당하는 사람이 있을 수도 있다. 어떤 직무마다 부수입이 뒤따른다. 기본으로 받는 임금은 전체 소득의 아주 작은 부분일 뿐이다. 그러므로 같은 직급으로 자리 이동을 한다 하더라도, 이것이 실질적으로는 좌천이 될 수도 있다. 임금 이외의 소득은 개인에 따라 얼마든지 다를 수 있기 때문에 이런 소득이 조금도 보장되지 않을 때는 불복종 현상이 일어날 수 있고 또 정치적으로 바람직하지 않은 관리는 경제적으로 상당한 불이익을 받을 수 있다.

상급 관료들은 일반적으로 하급 관료들의 판단을 믿지 않는다. 왜냐하면, 앞에서도 보았듯 하급 행정직은 업무 지원 체계가 미흡하기 때문이다. 직위가 하급이거나 중간급인 관리직은 일반적으로 책임성이 불명확하다. 그리고 표준적인 작업 처리 절차도 현실과 맞지 않고 시대에 뒤떨어져 있다. 이처럼 불명확한 기준 아래에서는 어떤 의사 결정이 제대로 이루어질 수 없다. 직위가 낮고 도구가 부족해 일을 제대로 못했다 하더라도 상급 관료들은 이런 사정을 이해해주지 않는다. 직위가 낮은 사람은 무능하고 따라서 믿을 수 없다는 낙인이 찍힐 뿐이다. 그래서 사소한 결정 사항들까지 이들에게 맡겨지지 않고 조직의 가장 높은 직위로 넘어간다.

공무원에 대한 평가도 투명하지 않다. 인사이동의 기준은 불투명하다. 인사는 특별한 기준 없이 인사 권한을 가진 사람의 재량에 따라 이루어진다. 직무 설명서와 적성을 고려해 인사가 이루어지는 경우는 거의 없기 때문에 업무 평가도 어렵다. 대부분의 평가는 본질적으로 비전문적일 수밖에 없으며, 목표로 했던 성과를 얼마나 달성했는지 혹은 직무 설명서에 얼마나 충실했는지 하는 따위의 문제와 아무런 상관이 없다. 관리자들은 특수한 업무에서 거둔 성과 혹은 목표의 달성 여부를 놓고 평가 받지 않는다. 얼마나 오래 일을 했느냐가 객관적인 업무 평가를 대체하며 흔히 모든 평가의 유일한 기준이 된다.

또 직무 훈련은 시간 낭비라고 여긴다. 승진을 포함한 인사이동에는 자격시험이나 훈련 기관의 평가가 필요하지 않기 때문이다. 훈련 과정의 마지막에는 시험을 치러 평가를 하는 게 보통이지만 이런 시험 또한 없다. 때문에 훈련 과정이 더 나은 직위로의 이동을 위한 자격 요건이 되지 않는다.

주관적인 업무 평가 체제가 적절하지 않다는 사실은 이미 드러났다. 현대적인 조직은 부하들이 바람직하게 여기는 정확한 행동을 규정하지도 않고 또 측정하지도 않기 때문이다. 업무 성과에 대한 차등적인 급여 지급 제도는 객관적인 업무 평가를 전제로 한다. 파키스탄의 주관적인 공무원 평가 제도는 신뢰를 잃었다. 그래서 파키스탄의 군부는 이런 평가를 피하고 있다.

만연한 형식주의와 시대에 맞지 않는 낡은 법률은 뇌물이 생길 기회를 풍성하게 제공한다. 예산에 관한 책임성이 부족하기 때문에 토지 제공, 대출 허가, 목재 채취 허가, 차량 지원 등의 정부 자원이 끊임없이 낭비된다. 정부의 의사결정 구조에 브로커가 끼어드는 일은 일상적으로 벌어진다. 정확한 정부 자료도 찾아볼 수 없다. 예를 들면 1991년에 인구 조사를 해야 했음에도 하지 않았으며, 그 결과 1981년부터 1998년 사이에 인구 조사는 단 한 차례도 이루어지지 않았다. 현재 시점에 유효한 인구 통계 자료가 없다는 이유로 도시에 인구가 증가했다는 사실도 무시해버린다. 도시 인구가 증가했다는 사실을 인정할 때 시골의 유력한 거물이 행사할 수 있는 영향력은 그만큼 줄어들기 때문이다. 정부에 대한 불만사항을 수집하고 조사하는 (예컨대 연방 옴부즈맨과 같은)독립적인 조직도 없다. 이해관계가 상충하면서 발생하는 갈등도 무시해버린다. 예를 들면, 공무원과 국회의원이 예산과 관련해서 행사한 내용은 기록으로 남지도 않고 일반에 공개되지도 않는다. 규제를 하고 감시를 해야 할 기관들이 보통 오히려 이런 일을 조장한다. 특별한 목적을 위해 임시로 설정된 직책이나 위원회가 수행할 수 있는 기능이 명확하게 규정되지도 않는다. 통합적인 기능을 갖추지 못한 정부 혹은 범위가 명백하게 규정된 통합적인 구조를 갖추지 못한 정부가 연속적으로 나타나면서, 그때마다 자기들이 맞닥뜨리는 혼란에 대처하기 위해 다시 수많은 위원회나 장관직 그리고 하부 조직을 더 만든다. 그러니 새로운 정부가 나올 때마다 더욱 혼란스러워지고 상황은 무질서 상태로 치닫는다.

　장기적인 전략 계획을 수립할 장치 또한 마련되어 있지 않다. 공공 투자를 승인하거나 평가하는 데 필요한 합의된 공식이라는 게 없다. 장기적인 개발 목표에 입각해서 개발 사업들을 선택하지 않는다. 문서를 통해 공식적으로 확정된 전략적 목표라는 관점에서 이 사업들을 평가하지도 않는다. 경제 개발 계획을 담당하는 부서가 여러 사업들을 승인하거나 거부할 권한을 가지고 있긴 하지만 정치인들이 공적 기금을 재량에 따라 편성하며 때로는 국가적 혹은 지역적 차원의 목표와 아무런 상관없이 이런 기금을 지출한다. 요컨대 계획과 예산 집행이 따로 돈다는 말이다.

명목상의 연방주의자

　중앙 정부의 지도자들은 각급 자치정부들이 협조를 하지 않으면 국가적인 통합에 심각한 차질이 빚어질지 모른다고 두려워한다. 그 결과, 중앙 정부가 주 정부를 강력하게 통제하고, 허약한 주 정부는 다시 지방 정부를 바짝 죄면서 통제하는 구조가 정착되어 있다.
　인력 및 재정적 자원에 대한 중앙 정부의 통제는 주 정부가 져야 하는 책임성의 한 겹을 제거했다. 중앙 정부의 간부들은 정책 결정을 지배하고 주 정부의 인사들은 전략적이라고 할 만큼 중요한 행정적 직위들에 대해 실질적으로 아무런 통제권을 가지고 있지 않다. 주 정부 차원의 징세 최종 결정권자인 부장관과 국세청장은 모두 중앙 정부에서 임명을 한다.(과거에는 CSP 소속 인사들에서 임명되었지만 지금은 DMG 소속 인사들에서 임명이 된다.)
　주 정부는 중앙 정부가 나누어주는 세금과 보조금에 의존한다. 주 정부에는 재정적인 자율권이 부족하다. 세금을 매길 수 있는 권한도 제한되어 있다. 그렇기 때문에 중앙 정부는 주 정부를 언제나 쥐고 흔들 수 있다. 대통령은 주 정부가 조금이라도 독립의 기미를 보이는 어떤 행동을 취하면 곧바로 비상사태를 선포하고 이상한 움직임을 바로잡을 권한을 가지고 있다. 대통령의 명령은 곧바로 주지사에게 하달이 되며, 주지사는 중앙 정부가 선택한 행정적인 체계를 통해 대통령의 명령을 수행한다. 그러니 선거로 뽑힌 중앙 정부 혹은 주 정부 각 체계의 수장들에게 규정된 책임성이 모호해질 수밖에 없다.

주 정부 아래에 있는 지방 정부의 경우도 행정력이나 독립성은 형편없는 수준이다. 연방에서 임명한 지구 관료는 지방 정부 관료가 가지고 있는 얼마 되지 않는 권한까지도 쉽게 묶어버릴 수 있다. 예를 들어 연방에서 임명한 지구 관료는 지방 정부의 위원회를 철폐할 수 있고, 지방 정부의 직원을 해고할 수 있으며 지방세 납세 면제권을 줄 수 있고, 지방 정부의 규제 조항을 유보할 수도 지방 정부가 발의한 어떤 행동을 차단할 수도 있다. 지방 정부 기관들은 지방 정부로부터 대부분의 예산을 받기 때문에 독자적으로 어떤 법을 만들고 시행하기 어렵다. 자치 시의 행정부는, 엄연히 존재하는 법률을 강제할 수 있는 자치 시 소속의 경찰이나 법원이 없기 때문에 더욱 어려움을 겪는다.

통합성이 부족하다는 비판이 지방 정부에 쏟아지지만 실제로 비판의 대상이 되어야 할 것은 지방 정부가 책임성 있는 통치를 하는 데 필요한 법률적 근거들이 부족하다는 점이다. 예를 들어 예산 지출을 정밀하게 조사할 장치나 지방 정부가 사법적 평가를 받을 수 있도록 하는 장치가 현재로서는 마련되어 있지 않다.

개발 계획은 일반적으로 주 정부에서 그 아래의 지방 정부들로 넘겨지는데, 계획 단계에서는 이 지방 정부들이 논의에 포함되지 않는다. 하나 이상의 중앙 정부 기관이 개입할 경우, 지방 차원의 사업은 실패할 가능성이 매우 높아진다. 지방 차원의 거의 모든 문제를 해결하는 데 높은 수준에서의 개입이 필요하기 때문에 수많은 지방적 쟁점들은 무시되고 만다.[46]

선거를 통해 구성된 지방 자치제 인사들을 주 정부가 정치적인 고려에 입각해 면직시키고, 이런 공석을 메울 보궐 선거는 보통 몇 년씩 연기된다. 파키스탄의 주 정부가 가지고 있는 권한은 오로지 중앙 정부의 이해에 복무하기 위한 것일 뿐이다.

민주주의의 실패

국가의 수반을 제어할 수 있는 장치가 실질적으로 마련되어 있지 않기 때문에 파키스탄에서 민주주의는 실패의 길을 걸어왔다. 내각 임명 권한은 정치적인 연대를 하기 위해 유권자의 표를 매수하려는 장치일 뿐 국정의 효율성을 위함이 아니다.[47] 오랜 세월 동안 국가수반은 언론을 검열하고 국민과 국회의원을 마음대로 쥐고 흔들 수 있는 권한을 누려 왔다.

1998년에 선출직 공무원들에게 권한을 이전하려는 시도가 있었지만, 이 시도는 권한을 사법부에 이전하라는 내용은 포함되지 않았다. 1988년에 연방 정부 및 주 정부는 사법부를 행정부로부터 분리해야 한다는 권고를 무시한 채 사법권을 더욱 강력하게 장악했다.[48] 행정부는 각 지방의 행정부가 정한 법률이 자기들의 행정 관할 아래에 있다고 바라보기 때문에 적절한 사법적 강제력을 통해 재산권을 보호하거나 부패한 정치인들로부터 배상받을 수 있는 길은 찾아볼 수 없는 상태에서 행정이 펼쳐진다. 시민의 입장에서 볼 때 억울한 일이 있어도 어디 가서 호소할 데가 없는 것이다.

비용이 적게 들면서도 신속한 사법적 행정 절차는 어디에도 찾아볼 수 없다. 판사들은 과중한 업무에 시달린다. 이들은 급료도 적다. 소송은 몇 년씩 질질 끄는 게 보통이다. 법률 교육의 수준은 형편없이 낮고, 때로 행정 관료들이 자기 권한을 이용해 사법 절차에 개입해서 농단을 부리는 일도 허다하다. 그 결과 선출직이건 임명직이건 간에 관료들이 자기가 한 행동에 대한 책임을 지고 기소가 되는 일은 거의 없다. 이런 점과 관련해 타리크 바누리Tariq Banuri는 다음과 같은 결론을 내렸다.

"파키스탄에는 권력을 가지고 있거나 이런 사람들과 인맥으로 연결되어 있지 않는 한, 정의를 기대할 수 없고 인간의 존엄성을 지킬 수 있는 기본권을 보장받지도 못한다는 인식이 널리 퍼져 있다."[49]

재정 관리는 행정적인 감독의 손길에서 벗어나 있다. "중앙 정부의 고위 공무원은 자기가 처리할 수 있는 전체 국가 세입을 마음대로 주무를 수 있었다." 예산의 구체적인 수치들도 "국회의원이나 행정감독관이 파악할 수 없게 되어 있다. 유권자의 의지와 최종 결과 사이의 연속적인 관계를 세우는 것조차도 거의 불가능한 지경이다. 행정감독관이 계획의 수행과 쉽게 관련이 되는 경상 수지 체계를 가지고 있지 않으므로 분기별로 예산을 할당한다는 것은 아무런 의미가 없었다."[50] 또 목표를 달성하지 못했다고 벌칙을 받는 일도 없다. 예산을 추가로 집행하는 일은 언제든지 가능하다. 어떤 사업의 성과에 대한 책임성이 부족하기 때문이다. 게다가 회계 감사도 본질적으로 아무런 의미가 없다. 독립적이며 신뢰할 수 있는 감사가 존재하지 않으며 감사의 진행 절차도 연기되기 일쑤여서 얼마든지 책임을 회피할 수 있기 때문이다.[51] 예산이 원래 의도한 대로 제대로 집행되었는지 측정할 수 있는 길은 실질적으로 그 어디에서도 찾아볼 수 없다. 이러니 파키스탄의 민주주의가 사회적인 인프라나 질 높은 서비스 제공 측면에서 파키스탄 국민에게 제대로 기여할 가망은 없다.

관리상의 딜레마

파키스탄의 국가 지도자들은 국가가 붕괴하는 걸 막고 국가의 통합성을 위협하는 원심력과 맞서 싸우기 위해 중앙 정부의 법령을 통해 통치하는 상명하복의 명령 체계를 만들어 지방 정부가 주도권을 행사하는 길을 원천적으로 차단했다. 그런데 이런 계통적인 명령 체계는 일단 생성이 되고 나면, 처음에 이 체계를 만들 때 동기로 작용했던 바로 그 정보의 불균형에 취약해진다. 중앙 체계 내의 하부 조직에 있는 사람들은, 고위 관리자들이 의사 결정을 하는 데 필요한 정보를 공유할 이유가 전혀 없다. 이런 정보의 전략적인 비공개는 이런 상명하복 명령 체계의 성과를 가로막는 주요한 장애물로 바뀌고 만다. 이것은 관료제도 내 각급 단위의 의사 결정에 영향을 미치고, 경제적 동기에 대한 민간 부문의 반응을 결정한다. 또한 지방의 정보와 역량을 효율적으로 사용하지 못하게 차단하기 때문에 국가의 지역적 분리를 압박하는 요인이 발생한다.

중앙 정부의 과도한 재량권, 표준화된 행정 처리 절차의 부재, 하급 행정 단위에 대한 권한 이전의 부족 등이 이런 명령 체계의 효율성을 약화시키고 정책을 집행하는 중앙 정부의 역량을 잠식한다.

정보 공유의 장애

정보 공개를 꺼리는 관행은 식민주의의 전통에서 비롯되었다. 독립한 지 50년이 더 지났음에도 파키스탄 정부는 여전히 공공 정보를 독점하면서 국가 문서를 일반에 공개하지 않으려 한다. 관료제도는 공공의 감시로부터 철저하게 보호를 받으며 자기 안에서 발생한 실수를 은폐할 수 있고 또 공익과 일치하는 행정을 펼치지 않더라도 질책을 받지 않는다.[52] 그 결과 일반이 접할 수 있는 정보는 의심스러울 수밖에 없다. "정보의 처리 절차는 가족적인 관계나 자원들과 긴밀하게 연결되었고 어떤 제도적인 절차를 강력한 기반으로 삼을 수 없었다."[53] 이런 점과 관련해서 라포트는, 비록 서방 세계에서는 모두 다 예상을 했음에도 불구하고 정작 파키스탄의 집권층은 파키스탄이 방글라데시와 벌인 전쟁에서 패배를 하자 깜짝 놀랐다는 사실을 지적했다. 가족이나 친구 혹은 관료들과의 인맥 속에서 접하는 정보 이외의 정보는 믿지 않는 경향이 만연해 있었던 게 원인이었다. 정보에 대한 접근권이 특권이 될 때, 집단적인 비현실성 즉 집단에 순응하는 사고가 나타난다. 국외자는 정부 보고서나 제안서에 접근할 수 없기 때문에 일반 국민은 대안적인 제안들을 접할 수가 없다.

상명하복의 계층적인 체계가 자기 안에 정보들을 꼭꼭 숨긴다는 사실은, 파키스탄의 국가 지도자들이 효율적으로 국가를 통치하는 데 주요한 장애 요인이다. 상급자가 하급자에게 목표를 설정해주려면 해당 분야의 관련 정보가 필요하다. 하지만 상급자는 이런 정보를 확보할 수 없다. 하급자는 해당 정보를 전략적으로 사용해 부수입을 올리기 때문에 상급자에게 그 정보를 공개하려 하지 않기 때문이다. 위압, 벌금, 이득의 몰수, 징역 더 나아가 사형 등은 적절하지 못한 행동들을 교정할 수 있지만 허위 정보를 배포하는 사람과 이런 행위를 비난하기란 한층 어렵다. 정보에 대한 불신은 공개적으로 인정된 사실들을 기반으로 한 객관적인 기준에 따라 수정되지 않는 근본적으로 왜곡된 세계관을 초래하는 집단 순응 사고를 낳는다. 하급자들이 알고 있는 정보에 상급자가 접근하기란 어렵다. 그리고 하급자가 해당 정보를 상급자에게 정확하게 제공하지 않는 행위에 대해 명백한 처벌 규정이 명시되어 있지도 않다. 정보가 최상급자에게까지 도달할 수 있는 동기가 마련되어 있지 않기 때문에 행정의 효율성은 떨어진다.

하위직 관리들은 특정한 사업이나 정책이 공익에 유효하다는 정보를 고위직 관리들에게 알릴 이유가 없다. 이들은 자기에게 개인적으로 유리한 사업의 공익성을 부풀려 상부에 보고한다. 즉 투자의 우선순위를 결정하는 과정에서 하위직 관리들의 사적인 이해관계가 개입한다. 최상의 방식으로 자원 할당을 결정하는 과정에 지방의 하위직 관리들에게 적절하게 보상을 하는 제도가 마련되어 있지 않기 때문에, 중앙 정부의 고위직 관리자들은 오로지 제한된 정보만을 가지고 자기 혼자만의 판단으로 결정을 내릴 수밖에 없다. 하지만 불행하게도 어떤 사업의 약점과 결점은 해당 지역의 신뢰할 만한 정보원이 제시하는 도움 없이는 절대로 알아내지 못한다. 예를 들어 중앙 정부는 국민의 교육 수준이 급격하게 떨어진다는 사실을 알지 못하다가, 이런 사실을 전혀 반영하지 못하는, 혹은 이런 상황을 더욱 가속하하는 정책들이 시행되고 나서 해가 시간 나음에야 그런 사실을 알 수 있다.

지방의 관리들은 자기가 가지고 있는 자원의 가치나 자기가 통제하는 자원의 실제 사용처를 정확하게 보고할 동기를 가지고 있지 않기 때문에, 중앙의 관리들은 현실적인 징세 수준이나 적정한 자본 투자에 대해 믿을 만한 정보를 확보하지 못한다.[54] 하지만 연방 정부가 지방 정부나 지방 관리의 이해관계를 존중할 것이라고 기대할 아무런 이유도 없다. 중앙 정부의 권력이야말로 헌법을 초월할 정도로 무소불위이기 때문이다. 결국 하위직 관리들은 개인적인 이익을 위해 정보 공개를 거부할 것이고, 중앙의 관리는 공공 부문의 효율적인 투자에 필요한 정보를 충분히 가지지 못하게 된다. 파키스탄의 새로운 국가 지도자는, 승진 기회를 제공하거나 지방 세입의 할당과 지출에 자율권을 허락하는 등의 효과적인 보상 제도를 마련해 하위직 관리들이 정보를 공개하도록 유도하는 것을 국정 운영의 목적으로 설정해야 한다. 하위직 관리들로부터 협력적인 행위를 유도하기 위한 동기 유인 제도를 도입하려면 우선 중앙 정부의 권한과 자유를 제한해야 한다.[55] 하지만, 파키스탄의 지도자들이 어떤 정책 목적에 동의할 때조차도 하위직 관리들의 충성을 이끌어내기 위한 역량은 여전히 부족하다는 점은 엄연한 현실로 남아 있다.

기업과 정부 : 비밀의 장막

관료의 무책임한 재량권 남용에서 비롯된 정보의 희소성은 파키스탄의 산업 발전에 장기적이며 매우 중요한 영향을 끼쳐 왔다. 그리고 정부 관리의 잦은 개입은 은밀한 기업 관행들을 낳고 있다.

파키스탄의 관료제는 산업 및 통상 정책을 매우 폭넓게 통제하고 있다. 자원을 통제하는 권력이 소수 장관들에게 집중되어 있기 때문이다. 이런 상황 때문에 정부는 지지 기반에 제공할 지원금을 마련하는 데 막강한 힘을 발휘한다. 그러나 정체 결과에 대해서는 거의 통제하지 못한다. 정부는 산업의 규모, 위치, 유형 등을 결정함으로써 개발의 범위, 유형, 속도를 결정할 수 있는 힘을 가지고 있다.[56] 중앙 정부는 외국환 할당, 조세, 관세 정책 등에 관한 결정권을 모두 가지고 있기 때문에 정권을 지지하는 족벌 기업을 얼마든지 밀어줄 수 있는 영향력도 함께 가지고 있다. 새로운 기업의 진입을 허용하거나 제한할 특권을 가지고 있기 때문에 각급 정부는 경쟁의 수준에 영향을 미칠 수 있으며 또 유리한 정책으로 혜택을 볼 수 있는 기업으로부터 얼마든지 뇌물도 챙길 수 있다.[57] 파키스탄의 각급 정부는 산업 계획에 자기가 가지고 있는 자원을 집중하면서 범죄 예방이나 교육, 법치 등과 같은 본질적인 정부 기능은 무시했다.

조세에 대한 재량권을 가지고 있기 때문에 정부는 기업인을 조사하거나 괴롭히거나 심지어 체포할 수도 있다. 소득세 조사, 형사 입건 혹은 보안 기관의 체포는 아무런 사전 고지 없이 언제든 일어날 수 있다. 기업은 언제라도 불성실한 소득 신고, 암시장 거래, 불법적인 외환 거래, 재산의 해외 도피 등의 혐의로 기소될 수 있다. 부토는 기업들이 정치적으로 자기 앞에 줄을 서도록 하려고 이런 수법들을 사용했다는 말을 공공연하게 했다. 그리고 그의 딸인 베나지르 부토 역시 개인적인 지위를 강화하기 위해 이런 방법을 동원했다. 또, 경제 부문 통계를 정부가 장악하고 있기 때문에 성장과 공공 투자에 대한 자료도 조작할 수 있다.

　정부의 재량권이 발동되는 영역은 싼 임금 및 노동조합 견제, 저리 자금, 수입 허가 그리고 수입 기계류의 가격을 실질적으로 낮추는 효과가 있는 환율 조정에 이르기까지 매우 다양하다. 자유주의적인 금융 정책, 특정 기간 동안의 조세 감면, 새로 등장한 산업을 위한 우대 가격 정책 등은 부패와 비효율적인 법치 및 만연한 탈세 등과 결합해 흔히 새로운 기업이 출발할 수 있는 밑천이 충분히 될 만한 좋은 토양을 제공한다. 정치적인 친근성을 통한 정부에 대한 접근은 흔히 사적 부문에서의 가장 중요한 투자 자본이 되기도 하고, 성공이 가장 중요한 요인으로 작용하기도 한다. 정부와의 거래, 산업 및 상업 관련 허가, 싼 외국환, 보조금이 지급되는 농업 생산, 해외여행, 저금리, 낮은 토지 사용료 등은 파키스탄에서 정부의 특수한 관계를 맺을 때 발생하는 혜택이다. 정부는 비판적인 사람에게는 지원금이나 보조금을 지급하지 않는 단순한 행위만으로도 이들의 경제에 상당한 영향을 미칠 수 있다.(물론, 정부 관리들은 흔히 장부상으로 지원금이나 보조금으로 기록되는 것을 중간에서 착복한다) 하지만 경쟁 기업이 정부에 대해 가지고 있는 정치적 친밀성의 정도를 측정하기란 어렵다. 경쟁 기업이 정부로부터 편익을 보장받기 위해 지출해야 하는 비용이 어느 정도나 되는지 확실하게 알 길이 없기 때문이다. 경쟁자의 정치적인 영향력에 대한 불완전한 정보는 부문 간의, 기업 간의 협력을 어렵게 만들고 기업이 정책에 총체적인 영향력을 행사하는 것을 가로막는다. 결국 불완전한 정보는 불완전한 시장을 낳는다.

　정부가 휘두르는 독재 권력 때문에 여태까지의 금융 시장은 기업 관리에 어떤 규율들을 부과하기 어려웠다. 주식 시장이 잘 돌아가지 않는다면 소액 예금자들의 저축액은 생산적인 경제 부문으로 돌아가지 않는다. 엄밀한 정보 관리가 가장 중요한 사항이기 때문에 기업은 주로 가족 경영 형태를 띤다. 심지어 형식적으로는 주식회사라 하더라도 소수 가족이 회사의 모든 것을 지배하는 게 보통이다. 가족 소유 및 가족 경영이 주식회사의 일반적인 모습이다.

관리 대행 체제는 불확실성에 대비하기 위한 공통적 대안이다. 가족 구성원 한 명이 경영진을 지배하는 방식으로 소규모 가족 집단이 다수의 개별 기업들을 통제할 수 있기 때문이다. 밀접한 연관성을 가지는 가족들이 순환 출자를 통해 기업과 기업이 서로 맞물리게 해서 여러 기업들을 동시에 지배하는 것도 일반적 양상이다. 이처럼 가족 경영은 가족 구성원들이 경영진을 장악해 내부자끼리 엄격하게 통제되는 정보를 공유하게 함으로써 정치적 바람으로 인한 취약성을 극복하고자 하는 것이다. 기업에 대한 저평가나 고평가 현상이 일어날 수도 있는데 이런 환경을 통해 발행하는 이익을, 가족이 아닌 주주들은 배제하고 가족들끼리 나누어가질 수 있다는 점도 가족 경영의 매력이다. 이런 점에 대해 새머드는 다음과 같이 말한다.

"기업 주식 시장의 가치는 기업의 진짜 가치를 반영하는 경우가 거의 없다. 또한 일반 주주들이 합당한 몫을 가져가는 경우도 거의 없다. 그 결과 시장 원리는 기업의 경영에 관철되지 않고, 소액 예금자들은 기업과 산업이 발전하는 과정에 충분하게 투자할 기회를 박탈당하고 만다.[58]

파키스탄의 족벌 기업은 정부의 재량권을 구속할 수 있는 기구라고는 아무 것도 가지고 있지 않다. 정부는 기업들이 통일적인 행동을 취하지 못하도록 서로 갈라놓는다. 그만큼 기업들 사이의 협조적 능력은 줄어든다. 정부는 은밀하게 행동하며 쟁점들을 토론하기 거부하고 기업들끼리 모여 기구를 만드는 것을 반기지 않는다. 정부 정책에 대한 비판적인 견해를 지지하다가는 개인적으로 손해를 볼 수 있다. 그렇기 때문에 기업가 조직에 참여하는 것 자체가 매우 위험한 행동이 되기도 한다. 지배적인 족벌 기업들은 이런 기업가 조직에서 한 걸음 떨어져서 신용, 외국환, 허가권 등과 관련된 개별적인 이익을 확보하기 위해 정부와의 접촉을 늘이는 데 집중한다. 하지만 그러다가도 편의를 봐주던 정치인이 몰락하면 막대한 피해를 입기도 한다.[59]

연고에 의한 자본 축적의 또 한 가지 결과는 기업에 대한 공분(公憤)이 나타나 기업 활동에 대한 대중적이고 종교적인 공격이 전개될 수 있다는 점이다. 이와 관련된 생생한 사례가 있다. 부토는 아유브 덕분에 막대한 재산을 모은 족벌 기업을 공격했다. 기업에 대한 대중주의적인 압력은, 산업과 상업을 통해 막대한 재산을 모은 것은 모두 기업이 정부와 연고를 통해 은밀한 거래를 했기 때문이라는 (근거 없는) 인식에 뿌리를 내리고 있다. 자본주의를 뒤집어엎고자 하는 분노로 가득 찬 반대 집단들이 있는 상황에서는 정부가 경제 자유화에 대한 일반 대중의 폭넓은 지지를 이끌어내기 어렵다.

파키스탄의 여러 기구들이 빈약한 이유

파키스탄에 연이어 나타난 정권들은 전반적인 사회 복지 수준을 악화시키고 파키스탄을 살기에 또 기업 활동을 하기에 위험한 국가로 만들어 왔다. 이 정권들은 어떻게 해서, 자기들이 주창한 정책들의 경제적 결과가 기대와 전혀 달랐음에도 여전히 권력을 유지해 왔을까? 빈약한 정책들은 풍족하게 남아돌 부는 창조하지 않지만 특권층은 여전히 그대로 유지시킨다. 정권은 권력을 유지하면서, 국가 자원을 지지자들에게 나누어준다. 만일 정부가 보다 많은 세수를 거둘 능력을 상실한다 하더라도 마침 지정학적인 위기가 발생해서 외국의 원조가 들어와 정권이 붕괴하는 걸 막아준다.

경제학자들은 '파레토 개선'(2장의 주16 참조─옮긴이)이라는 발상을 이용해 경쟁 시장 경제 가설을 세운다. 이런 경제 체제에서는 누구 하나 상황이 나빠지는 일이 없이 모두 좋아지는 정책들이 선택된다. 소수에 의한 지배 체제 아래에서는 파레토 개선의 정책들에 대해, 정권을 잡는 데 결정적인 기여를 한 연대층이 어쩌면 더 만족하지 못할 수도 있다. 정권 지지자들은 오히려 부패란 열매를 보상 받는데, 정치인들은 이 부패를 법정과 규제 기관, 승진 제도를 통제하는 것처럼 얼마든지 통제할 수 있다. 연대를 통해 권력을 획득한 소수의 지배층은 오로지 개인적인 이득이라는 관점에서 모든 것을 바라볼 뿐이며 전체 국민의 복지 따위는 안중에도 없다. 세입을 극대화하는 것은 이득을 극대화하기 위한 것이며, 사회 복지는 앞 장에 소개했던 파키스탄의 미국 대사 로드히가 한 말에서 극명하게 드러났듯 이들에게는 오로지 비용일 뿐이다. 예를 들어 아유브 정권 아래에서의 산업 임금은 팽창 일로의 산업 이익에 비해 아주 적었다. 사회적인 결과와 공공 부문에서의 조직적인 효율성은 경영자의 지도력이 포착한 기업 이익이라는 맥락에서 평가되며 아울러 일종의 전리품으로서 분배된다. 연대에 대한 보상은 기업 활동을 하는 데 들어가는 비용의 일부이고, 한편 전체 국민의 복지가 만일 지배 연대 계층의 이익을 방해할 경우 이 복지는 비용 개념으로 전락한다.

부토는 일반 대중에 대한 정부의 직접적인 지원 제도를 도입함으로써 소수의 지배 개념을 확대하면서도 특권층에 대한 대폭적인 보상의 필요성을 제거하지 않았다. 부토는 소농의 지지를 얻겠다는 목적이 분명했지만 그럼에도 그는 결코 대지주들을 무시하지 않았다. 전반적인 부의 수준을 높이는 정책 대신 지원금과 보상금 지출 정책을 통한 정치적 생존이 여전히 파키스탄 정치에서 일반적인 법칙으로 남았던 것이다. 즉 부토는 경제적인 혜택의 흐름을 경제적인 역량을 넘어서는 차원으로까지 확장시켰던 것이다.

지원 제도를 기반으로 하는 정치는 개인의 행동에 대한 신고전주의적인 경제 모델들의 공통된 가설과 갈등한다. 표준적인 여러 경제 모델들의 경우를 보면, 다른 거래자들과의 연합이 가격을 결정하는 경쟁의 힘을 변화시키지 않는다. 신고전주의의 주연 배우는, 공모나 시장 보이콧을 통해 거의 아무것도 이룰 수 없는 가격 수용자이다. 시장은 효율적인 투자 운용을 가능하게 하는 이익 극대화에 필요한 모든 정보를 제공한다. 중립적인 제3자는 재산권을 합법적인 차원에서 강제하고 소유주들은 획득된 모든 가격과 양에 대한 권리들을 명백하게 규정함으로써 특정한 거래 당사자들의 이름이나 가족을 알지 못하고서도 얼마든지 이득이 극대화될 수 있도록 한다. 경쟁의 힘은 시장이 효율적인 결과를 낼 수 있도록 밀어붙인다. 여기에 정치적인 조직화는 전혀 필요 없다.

한편 지원 제도를 기반으로 하는 경제 체제에서 각 개인은 각자의 특정한 정치적 연고에 따라 자본을 형성한다. 정치적인 접근이 경제적인 결과를 규정할 때, 연대의 형성은 경제적인 성공을 거두기 위한 본질적인 요소가 된다. 기업들은 자기들이 각자 가지고 있는 전문성을 서로 교환하지 않으며, 또 정부의 전략이나 목표를 알지 못한다. 기업이나 정부 모두 정보를 제한하고 동기를 위장하는데, 이로 인해 공적으로 취득할 수 있는 정보의 양은 줄어든다. 더 나아가 기업이 정부와 맺는 관계의 가장 중요한 특징은 경제 활동 무대에서 자기들을 자칫 퇴출시킬 수도 있는 세금 폭탄을 미리 예방하기 위한 전략적인 거짓 진술과 위장이다. 수익성이 높은 기업은 정부가 자기의 부를 나누어갖고자 한다는 사실을 알 수도 있다. 베나지르 부토는, 기업 활동에 필요한 허가를 얻기 위해 정부에 의존할 수밖에 없는 기업들에게 이들이 원하는 것을 주고 대신 그 기업들의 지분을 챙긴 걸로 알려져 있다. 상황이 이렇다 보니 외국에서 휴대전화를 수입해 국내에 공급하는 업자는 대통령에게 자기 기업의 지분을 제공하지 않으면 자기가 가지고 있는 수입 허가를 빼앗길지도 모른다는 사실을 충분히 인식하고 '알아서 행동할 수밖에' 없다. 정치적 친밀성이 거래 조건과 희귀 상품의 가격을 결정할 때, 교환에 따른 이득은 소진될 일이 없지만 다른 한편으로 전문화와 협력은 훼손된다.

복잡한 연대를 바탕으로 거래를 할 때 재산권과 의사 결정권을 두고 갈등이 벌어진다. 시장에 대한 주도권을 넘겼을 경우에는 경제적인 성공을 거두었다

하더라도 정치적인 경쟁자가 나타나고 상황은 불안정 속에서 요동친다. 정치적인 연대에서 발을 빼고 배반을 할 경우에는 재산권을 잃을 수도 있다. 만일 정권이 바뀌면 지배층의 연대 내용도 바뀐다. 이때 정치적 경쟁은 더욱 격화되어 정치적 폭력이나 암살이 일상화된다. 정치적인 지도력만으로는 경제적인 안정성을 제공하지 못한다. 지배층의 연대를 유지하는 데 필요한 부가 급부가 점차 늘어났던 것이 파키스탄의 현실이었기 때문이다. 소수의 군부 엘리트들이 맨 먼저 공무원 엘리트만큼 규모를 키웠다. 이들을 유지하는 데 필요한 사적인 자금에 대한 정보는 정부 내의 소수 내부자에게만 한정되어 있었다. 집을 사고 수입 자동차를 사고 싼 금리에 땅을 사기 위한 대출, 친척들의 취직, 아내나 친척 명의의 토지 구입 등 지배층에게 배분되는 특혜는 모두 경제 부문에서 부담해야 하는 부패의 무게를 더욱 무겁게 만들었고 또 공공의 눈에 보이지 않도록 꼭꼭 숨겨야 하는 비밀들을 더욱 무성하게 했다. 새로 들어서는 정권마다 충성스런 지지자 집단을 필요로 했기 때문에 지배층의 상층부는 더욱 무거워졌고 여기에 따라 한층 많아진 특권은 경제적 부담을 더욱 가중시켰다. 물론 정부는 자기 지지자들에게 불법 행위를 적발당하더라도 처벌을 받지 않는다는 보장을 해야 했고 이 바람에 부패를 방지하기 위한 장치는 허약해질 수밖에 없었다. 탈세범이나 부패한 관리가 처벌을 받는 경우는 거의 없었고 이런 사실은 정부의 합법성을 더욱 훼손했다.

　소수 특권층에게만 영합한 정권은 대중의 불만이나 사업의 실패에 관한 정보를 거의 손에 넣지 못한다. 듣기 좋은 소리만 하려는 충성파 집단의 말만 귀에 들어오기 때문이다.[60] 권력의 핵심이 듣기에 조금이라도 싫은 소리를 하는 사람은 자기에게 돌아오는 혜택이 뚝 끊기고 마는 현실을 감당해야 한다. 그리고 국민 대다수의 편에 서 있지 않는 사람으로서는 정부가 그들이 안고 있는 문제들을 해결해줄 것이라고 믿을 이유가 전혀 없다. 기본적인 법질서를 제공하지 않으면서 오로지 권력만을 휘두르는 사람들의 배를 불리는 정부는 국민들로부터 폭넓은 존경과 지지를 얻을 수 없다. 자기들의 살림살이와 복지에 신경을 쓰지 않는 정부에 기꺼이 세금을 낼 국민이 어디 있겠는가?

무기력

1988년 이후 파키스탄에서 선거를 통해 민주적으로 구성된 정부들(베나지르 부토 정부, 1988~1990년; 나와즈 샤리프 정부, 1990~1993년; 베나지르 부토 정부, 1994~1997년; 나와즈 샤리프 정부, 1997~1999년)은 모두 외부의 강제에 의해 붕괴되었다. 처음 세 번의 정부 총리는 모두 대통령이 취한 합헌적인 행위로 실각했다. 1998년에 샤리프 총리가 헌법을 수정하기 전까지 파키스탄 헌법은 대통령에게 내각을 해산하고 새로운 선거를 명령할 수 있는 권한을 보장했다. 샤리프는 이런 조항을 철폐함으로써 권력을 확실히 장악하기를 기대했다. 그러나 그의 지도력이 재앙과 같은 결과를 드러내기 시작하자 1999년 10월 마침내 페르베즈 무샤라프가 이끄는 군사 쿠데타가 14년 동안 이어진 파키스탄의 민주주의적인 모색(혹은 유사 민주주의) 시대를 끝장냈다. 하지만 그 뒤에 들어선 군부 독재 정권 역시 예전 정권들과 마찬가지로 어려운 결정들을 내리지 못하는 무기력과 무능력에 발목이 잡혔다.[61]

샤리프는 파키스탄을 선거 독재(선거를 통해 구성된 정부의 독재—옮긴이)로 이끌면서 모든 독립적인 기구와 기관들의 독립성을 침해했다. 샤리프 정권이 무너질 무렵이 되면 파키스탄의 마지막 남은 독립적 기구라고 할 수 있는 군부는 온 나라가 온통 썩어버린 가운데 외로운 섬과 같은 형국으로 남았다.

파키스탄의 민주주의는 국민의 기본권을 보호할 능력도 없는 정부를 낳았다. 나와즈 샤리프나 베나지르 부토는 국정을 엉터리로 운영하는, 공적인 여러 자원들을 드러내놓고 도둑질하는 사태를 막기 위한 행동을 아무것도 취하지 않았다. 이들 무기력한 정부는 적의와 고립감을 불러일으켰고 마침내 국민은 자기들이 일상적으로 맞고 있는 문제들을 비세속적인 방법으로 해결하고자 했다.

샤리프는 정치적인 영향력을 확실하게 장악하고자 지방 정부에서 사법부에 이르는 모든 기관과 기구를 매수하고 이들과 뒷거래를 했다. 거수기 노릇만 하는 의회는 통치 기구들이 파멸의 길로 나아가는 것을 막을 생각도 하지 않았다. 사실 샤리프의 의회는 지주와 실업가를 중심으로 구성되었으며 이들 가운데 다수가 행정부로 진출해 한자리씩 차지했다. 그러니 의회는 파키스탄 국민을 제대로 대표한다고 할 수 없었다. 국민을 대표하는 것으로 치자면 의회보다 군부가 더 나았다. 실제로 샤리프는 이 군부를 지배하려다가 결국 몰락하고 말았다.

샤리프는 자기 영향력 아래에 있는 다수당 의회 의원들을 동원해 효율적인 경제 정책 개혁을 수행했어야 옳았지만 그렇게 하지 않았다. 대신 그는 자기의 개인적 영향력을 강화하는 데 이런 조건을 활용했다. 샤리프와 같은 부유한 지주와 실업가는 아무런 거리낌 없이 제지도 받지 않은 채 세금을 도둑질하고 대출금을 갚지 않고 전기를 훔쳤다. 샤리프는 부유한 지주들이 국고를 든든하게 채우도록 다그치는 대신 전체 국가 소득의 6퍼센트에서 10퍼센트나 되는 막대한 소득을 누리는 지주들이 이 소득에 대한 소득세를 한 푼도 내지 않아도 되도록 했다. 파키스탄에서 세금을 내는 사람은 전체 1억 3천만 인구 가운데 1퍼센트도 채 되지 않는 백만 명뿐이었다.[62] 샤리프는 은행권의 출혈을 제지하지 않았고 능력이 있음에도 불구하고 공공연하게 채무를 이행하지 않는 사례를 묵인했다. 사실 그는 정치적 영향력을 행사해 신용 대출 권리를 꾸준히 자기 추종자들에게 나누어주었으며 은행에서 돈을 빌린 사람들이 돈을 갚지 않아도 되도록 했다. 나중에 무샤라프 정부는 샤리프가, 있는 그대로의 세금 자료로는 IMF의 자금을 도저히 지원받을 수 없었기 때문에 이 자료를 조작해 IMF로부터 자금을 지원받았다는 사실을 밝혀내기도 했다.

파키스탄은 샤리프가 세게 붙잡으려고 하면 할수록 더욱 그의 통제에서 벗어났다. 수니파와 시아파 사이의 갈등은 자주 폭력과 살인으로 이어졌다. 파키스탄은 국내적으로 점차 분열하면서 국외적으로는 테러리즘을 러시아와 필리핀으로까지 수출했다. 많은 사람들이 법과 질서에 대한 마지막 희망을 찾아 근본주의로 돌아섰다.

동아시아에서 성공적으로 경제 성장을 이룩한 국가들은 모두 일찌감치 원조 체제를 졸업했다. 아직 헤매고는 있지만 위험하지는 않은 필리핀에서만 유일하게 원조가 국민총생산GNP의 1퍼센트를 초과한다. 하지만 파키스탄에서는 2.5퍼센트를 초과하는데 이는 원조가 공공 부문 투자에서 차지하는 비중이 매우 높다는 것을 의미한다. 만일 독재 정권이 파키스탄을 자립의 길로 이끌어 세계 경제의 그물망에 편입시킨다면, 파키스탄은 진정한 발전을 이룩하는 또 하나의 모범이 될 수 있다. 하지만 이렇게 하려면 자기가 가지는 권력과 권한을 대폭적으로 포기해야 한다는 어려운 결정을 지도자가 내려야 한다.

지긋지긋한 가난과 외국 원조의 중단이 대만과 한국에 장개석이나 박정희와 같은 성장력 있는, 경제 체제를 구축하려는 강력한 지도자를 낳았다. 만일 파키스탄이 자국의 국내 자원에만 의존할 수밖에 없었더라면 파키스탄도 경제 정책을 개혁하고 내적 책임성을 강화하는 길로 나아갈 수밖에 없었을 것이다. 만일 성장력 있는 경제만이 파키스탄 정부 재정의 원천이라면 무샤라프는 자본주의에 반대하는 이슬람 율법학자의 편을 드는 대신 도시 중산층 계급의 손을 잡았을 것이다. 하지만 외부의 원조가 있기 때문에 그는 새로운 지지층 및 연대층을 확보하는 데 공적 자금을 펑펑 쓰면서도 부채의 부담을 피할 수 있다. 이런 외부 지원이 없다면 무샤라프는 공무원 사회의 기강을 바로잡고 지방 정부들이 제대로 기능을 하도록 만들고 사법부에 독립적 권한을 주는 것 말고는 다른 대안이 없을 것이다. 하지만 외국의 자금 지원이 있기 때문에 개혁을 하겠다는 약속만 하면 되었다. 이런 약속으로 무샤라프는 실질적인 행동을 유예할 수 있었다.

　파키스탄은 지정학적인 요인으로 1960년 이후 경제 개발 원조를 세계에서 세 번째로 많이 받았다. 1988년 이후로 파키스탄은 거시경제학적인 안정화를 달성하기 위해 IMF와 꾸준하게 협상을 벌여 왔다. 하지만 여태까지 단 한 차례만 IMF에 순응했다. 재정 적자의 폭을 줄이는 목표는 달성했지만 세입 목표는 달성하지 못했다. IMF와 한 약속을 제대로 지키지 못했음에도 불구하고 2001년 9월 파키스탄은 또다시 같은 달에 만료가 되는 약속이 연장되는 혜택을 받았다. 그렇게 하지 않으면 무샤라프 정권이 흔들릴지도 모른다고 전 세계가 염려했기 때문이다.

　파키스탄에 대한 자금 지원 정책에는 일관성이 결여되어 있다. 그 가운데 특히 중요하게 꼽을 수 있는 것은 사법부 재건을 위한 직접적인 예산으로 3억 달러를 지원하겠다는 아시아개발은행의 약속이다. 이 자금은 성과에 대한 구체적 평가 없이 구체적인 목표 수준도 설정하지 않은 채 제공되었다. 특히 눈에 띄는 사실은 파키스탄 사법부의 부패에 대해 무척 많은 것이 알려져 있다는 점을 고려할 때 부패한 국가에 맞설 수 있도록 사법부의 정치적 독립을 보장하겠다는 선명한 약속이 이루어지지 않았다는 점이다. 사법부의 개선에 초점을 맞추는 것이 IMF와 약속 이행에 가장 빠른 지름길로 보일 수도 있지만 경험적으로 볼 때 가장 본질적인 사항은 법률의 공정성과 합법성이다. 파키스탄 정치인들이 얼마든지 법을 악용할 수 있다는 사실은 무엇보다도 정치적인 절차 분야의 작업이 우선적으로 이루어져야 함을 암시한다.

　그런데 더욱 놀라운 일이 또 있다. 파키스탄 지원에 대한 온갖 수사의 변천 내용을 모두 인정하는 사람들이 보기에도 터무니없이 놀라운 사실은 (추가 자금 지원, 예전 부채의 탕감, 파리 클럽에 지고 있는 125억 달러에 대한 국가 채무 협약 재조정 등을 포함하는)엄청나게 너그러운 자금 제공 및 편의 제공이 건전한 성장 정책에 본질적인 요소라고 가장 적극적으로 주장해 왔던 두 가지 쟁점에 대한 무샤라프의 보장도 없이 제공되었다는 사실이다.[63] 자금 제공자들은 성차별 법률 철폐에 대한 조건을 달지 않았다. 그러나 이들은 파키스탄에서 이루어지는 여성 차별이 끼치는 악영향을 잘 알고 있다. 이것은 사회 발전을 가로막을 뿐 아니라 여성을 노예화함으로써 인간의 기본권을 심각하게 침해하며 나아가 파키스탄의 높은 출산율과 폭발적인 인구 증가를 조장한다. 또 어린이 영양실조 그리고 궁극적으로 정체된 노동 시장에 엄청난 압력을 가하는 요소로 작용한다. 이런 상황은 다시 미성년 노동 상황을 강화한다. 그리고 여성의 낮은 사회·경제적 지위를 영속화하고 부모는 여자 아이에 대한 교육의 필요성을 인식하지 못한다. 이는 1인당 GDP 성장의 수치를 떨어뜨리고 보다 높은 생산성을 낳는 노동력 수준을 떨어뜨린다. 이 독약의 마지막 결과는 테러리즘의 토양이 되는 국민의 불만이다. 이는 국가의 헌정 구조 안에서 직접적으로 기호화된다. 여성 교육에 대한 파키스탄의 저항은 인도의 출산율이 1.8인데 비해 파키스탄의 출산율은 무려 3.0이나 되는 가장 중요한 원인이 아닐까 싶다.

심지어 무샤라프가 사회적 조건과 빈곤의 정도를 고려해 대출 조건을 새롭게 설정하겠다고 약속한다 하더라도 무샤라프 자신도 이런 조건이 시행될 수 있을지는 확신하지 못한다. 사회적 예산을 관리하고 여러 가지 관련 사업들을 실행하는 기관들이 위축된 상태이고 허약한 공무원 부문은 정부의 의지가 제대로 관철되지 못하도록 가로막기 때문이다. 무샤라프 정부는 특정 기간에 걸친 GDP 비율로 표시되는 예산 지출 목표를 달성하겠다고 약속할 수 있을 뿐이다. 하지만 이 정부의 행정적인 여러 장치들의 질을 고려하면 그가 목표로 설정하고 있는 성과를 달성할 것이라고 믿기에는 미진한 구석들이 여전히 많다.

또 하나 덧붙이자면 파키스탄의 과도한 군사적인 방위비 지출을 의미하는 '비생산적인 예산 지출'을 줄이겠다는 명시적인 약속도 없이 새로운 자금을 지원하겠다는 약속이 이루어진 것이다. 파키스탄은 방위비 예산을 줄이겠다는 명시적 약속을 하라는 요구를 받지도 않는다. 방위비 예산은 건강, 교육, 기업 활동 촉진 프로그램 등을 위한 예산의 두 배나 된다. 파키스탄의 방위비는 주로 도저히 이룰 수 없는 목표에 지출되지만 이것은 파키스탄의 안보를 보장해 주지 못한다. 그럼에도 이런 지출은 여전히 계속되고 있다. 파키스탄에서 군부는 가장 잘 조직되어 있으며 또 가장 강력한 이익 집단이기 때문이다. 파키스탄을, 국가를 찾는 군대라는 표현으로 묘사하는 경우도 많다. 진정한 안보는 국가가 국민의 숙련된 기능을 생산적으로 고용할 때만 실현될 것이다.

무샤라프 정권은 위에서 언급한 여러 영역 가운데 그 어떤 영역에서도 능력을 보여주지 못했다. 그러나 IMF 프로그램이 성공하려면 7퍼센트에서 8퍼센트 정도의 경제성장률이 이루어져야 한다. 무기력한 경제와 기본적인 법질서도 제공하지 못하는 정부로서는 이렇게 높은 경제성장률을 달성할 수 없다. 파키스탄 경제의 미래는 암울하다. 파키스탄이 부채를 갚고 일자리와 기회를 제공하는 데 필요한 민간 부문 활성화를 보장하는 데까지 이르는 경로는 좀처럼 찾아보기 힘들다. 정부의 재정 적자는 실질 금리가 치솟게 만들어 민간 부문이 자금을 조달할 여지를 더욱 어렵게 한다. 창업 자금을 마련할 기회도 아시아에서 가장 낮은 수준이다. 정치적인 불확실성 때문에 국내의 예금액은 해외 은행으로 빠져나간다. 심지어 사회의 하층에 속하는 사람들이 돈을 예금하거나 이체할 수 있는 확실하고도 안전한 장치조차 마련되어 있지 않다. 그래서 국민은 테러 조직에도 자금을 대는 암시장의 금융 기관에 의존한다.

'파키스탄 조건'이라는 신조어가 있다. 정책 목표에 대한 책임성을 담보하지 않고도 자금을 지원한다는 뜻이다. 자금을 지원하는 측에서 책임성을 보장받을 수 있는 장치도 마련하지 않은 채 계속해서 파키스탄에 자금을 지원하기로 결정을 내린 이유는 뭘까. 그건 바로 국가 지도자가 빈곤을 줄이고 국가 재정을 건전하게 관리하며 법치를 실행하고 건전한 민주주의의 뿌리를 내릴 수 있는 조건을 형성하는 데 지원 자금이 촉매제가 될 수 있으면 하는 바람 때문이다. IMF의 지원을 받은 국가들 가운데 자기 입맛에 맞는 프로그램만 따르고 그렇지 않은 프로그램을 무시할 경우 IMF의 지원은 언제나 실패로 끝났다는 게 여태까지의 경험에서 확인된 사실이다. 이런 실패가 자비로운 경우는 거의 없다. 소수 특권층에 소득을 재분배하면서 경제 성장을 지지하는 데 실패할 경우 돌아오는 결과는 비탄과 빚더미이다.

이 장 맨 앞에서 인용했던 파키스탄 대사가 미국을 향해 한 말을 상기하기 바란다. IMF를 비롯한 자금 지원 기구 및 국가는 자기 국민의 복지를 돌보기 위해서는 파리 클럽으로부터 보다 나은 조건이라는 뇌물성 혜택을 받아야 한다고 말할 만큼 냉소적이고 뻔뻔한 파키스탄 정부를 지원하고 있다.

군부 출신의 지도자였던 지아 울 하크처럼 무샤라프는 인구의 대부분을 구성하는 시골 지역에 사는 사람들에게서 정치적인 지지를 얻으려고 한다. 이런 경향 때문에 무샤라프는 발생 초기의 미성숙한 도시적 경제를 신뢰하지 않는다. 자신이 도시 출신이면서 도시의 여러 계층으로부터 고립된 무샤라프의 현재 모습은 파키스탄이 장차 통제의 범위를 넘어설 법한 상황을 초래할 수 있는 여러 원인 가운데 하나이다. 도시화는 대통령이 국가를 위한 세속적인 지지층을 개발하는 데 도움이 될 수 있다. 그러나 무샤라프는 2010년이 되면 파키스탄에서 다수를 차지하게 될 도시의 계층들에게 등을 돌리고 있다.

무샤라프는 지아와 마찬가지로 도움을 얻을 곳이 있으면 어디든 손을 벌리면서 궁극적으로 민주주의를 재건하겠다는 약속을 신권 정치와 뒤섞음으로써 파키스탄의 미래에 또 다른 모순을 덧붙이고 있다. 도시 중산층의 정치적인 지지 없이 그는 자기를 멸시하는 그리고 캐시미르의 지속적인 불안을 지지하는 사람들인 근본주의 종교 지도자들에게 자기 자신을 던진다. 세속적인 삶을 사는 술고래이자 골초로 알려진 지도자로서는 모순적인 태도가 아닐 수 없다. 심지어 그의 술친구들조차도 그를 위해 건배하지 않으려 한다. 도무지 믿을 만한 구석이 없기 때문이라는 게 그 이유다. 그의 정부는 캐시미르에 대한 통제권을 계속해서 유지하려고 애를 쓴다. 그러나 정부는 자기 통제하에 있는 국민을 다스릴 설득력 있는 능력을 보여주지 못한다. 이런 불일치는 종교 지도자들에게 용기를 주어 자기들이 거리 시위를 통해 얼마든지 정부를 전복시킬 수 있다는 믿음을 줄 뿐이다.

국제적인 자금 지원 주체들은 군사 정권에 대한 관대한 조건이 파키스탄을 보다 안정적으로 만들 것이라 믿는다. 하지만 무샤라프가 정권을 잡은 뒤부터 파키스탄이 앞으로도 계속해서 세속적인 국가 정체성을 유지할 수 있을지는 점점 더 의심스러워진다. 세속적인 정당들이 무력화되고 이 정당들의 지도자가 추방된 지금 파키스탄은 분열로 고통을 받을 것인지 혹은 근본주의적인 혁명을 겪을지에 많은 관심이 증폭되고 있다. 파키스탄에서 식자층과 그렇지 않은 층 사이의 격차는 점점 커지는 추세라서 파키스탄이라는 국가 안에 또 다른 국가 두 개가 존재할 수도 있다.

파키스탄의 역사에서 기념비적인 비극 요소들을 포착하려면 셰익스피어와 같은 뛰어난 극작가가 필요하다. 베나지르 부토가 겪은 개인적인 비극을 생각해보자. 군부 독재의 손아귀에 사로잡혔다가 결국 교수형으로 생을 마감한 아버지가 남긴 정치적인 유산에 복수를 하는 것으로 그녀의 삶은 온통 점철되었다. 그녀는 자기 동생을 살해했다는 의심을 받고 있다. 그녀가 총리로 재직하던 때에 그녀의 남동생 무르타자 부토가 벌건 대낮에 자기 집에서 경찰의 총격을 받은 뒤 또 다른 경찰의 의도적인 호송 지연으로 사망했다.(1979년 무하마드 지아 울 하크가 알리 부토 전 총리를 처형한 뒤 무르타자 부토는 좌파 극단주의자들의 모임을 이끌었다. 그는 베나지르 부토가 아버지의 정치적 유산에 반하는 방향으로 간다고 생각했고 이때부터 남매 사이도 벌어졌다―옮긴이) 파키스탄 사람들 대부분은 권력을 잃은 전직 수상이 자기 동생을 살해한 사람과 잠자리를 같이한다고 믿는다. 베나지르 부토가 동생의 피살 사건을 놓고도 적절하게 조처를 취하지 못한 것은 정부의 행동에 대한 신뢰가 그만큼 땅에 떨어졌음을 상징하는 것이라고 할 수 있다. 이 이야기는 파키스탄 사람들이 사실로 믿고 있으며 여기에 반박하는 사람은 아무도 없다. 이런 것들을 놓고 볼 때, 특권층이 바로 법인 세상에서 투표로 선출된 지도자들을 사람들이 신뢰하지 않는 이유를 쉽게 이해할 수 있다.

파키스탄을 소재로 비극 작품을 쓰는 극작가가 반드시 무시하지 말아야 할 또 하나의 요소가 있다. 그것은 바로 근친상간이다. 파키스탄의 근친혼 비율은 세계에서 가장 높다. 근친혼의 경향은 같은 이슬람 세계에서도 국가마다 매우 다양하게 나타난다. 터키가 15퍼센트인데 비해 이란은 25퍼센트이며 아랍 지역의 평균은 25~35퍼센트이다. 하지만 파키스탄은 50퍼센트로 상위 2위를 기록한다.[64] (참조, 〈표 8-2〉) 근친혼은 신뢰성의 실추와 시민적 인본주의의 훼손이 낳은 결과일까, 아니면 이런 현상의 원인일까? 국가가 안전과 정의를 보장하지 못하는 지역에서는 가족들 사이의 유대감이 한결 강화된다. 법원이 상거래 약속을 보장하지 못할 때 가족 구성원에게 의존하는 것은 실용적인 태도이다. 가족은 약속을 지키지 않은 구성원을 가족이라는 울타리 바깥으로 추방하는 가혹한 처벌을 내릴 수 있기 때문이다. 가족의 힘은 불법적인 기업 활동이나 조직범죄 활동에서 특별히 강점을 발휘한다. 하지만 가족의 힘은 범위가 보다 넓은 사회에 대한 충성심을 약화시킨다.[65]

혈연으로 조직된 사회는 서구의 시민 사회가 기초로 삼고 있는 추상적인 원칙들에 덜 구애를 받는다. 가족이나 지역 사회에 대한 충성심이 국가에 대한 충성심보다 더 높을 때 시민적 유대감을 바탕으로 한 공평한 국가의 토양이 존재할 수 있을까? 인류학자들은 근친혼을 평등이나 공동체 그리고 보다 상위에 존재하는 권위에 대한 경시와 같은 가치 개념들과 연결시킨다. 가족 간의 친밀한 유대감은 한번 형성이 되고 나면 정부의 비효율성과 불법성을 부추길 수 있다. 보다 범위가 큰 사회에 대한 충성심이 혈연을 바탕으로 한 조직체에 복속해야 하는 황량하기 그지없는 세상 속에, 세계 체제에 대한 그리고 공식적이며 공정한 기구들에 대한 존경심을 불어넣으려고 하는 파리 클럽의 의도는

〈표 8-2〉 근친혼 비율 순위(1990년대 전반 50년)	(퍼센트)
수단	57
파키스탄	50
마우리타니아	40
튀니지	36
요르단	36
사우디아라비아	36
시리아	35
오만	33
예멘	31
카타르	30
알제리	29
이집트	25
모로코	25
아랍에미리트 연방	25
이란	25
바레인	23
터키	15

자료 출처 : Todd(2002 : 65)

이해할 수 없다. 프랑스의 사회학자 에마뉴엘 토드는 가족 구조의 다양성이 국가 구조의 다양성을 낳는다고 주장했으며, 또 시민 사회의 여러 기구들의 조직은 가족 형성의 다양성을 반드시 반영한다고 주장했다. 이게 사실이라면 파키스탄에서 효과를 발휘할 성장 모델들은 파키스탄에 자금을 제공해온 여러 집단들이 최근까지 채택해온 모델들과는 전혀 다르다는 뜻이 된다. 만일 토드의 말이 옳다면 '추측이나 가설은 갖다버리고, 나에게 돈을 가지고 오라.'고 말하는 파키스탄 사람들의 말 역시 옳다.

파키스탄에는 (인도에 정치적 안정성을 제공하는)법률적인 토대가 부족하다. 사회적인 평등을 실현하려는 정교한 노력으로부터 중국이 이끌어내는 안정성이 부족하다. 높은 경제 성장을 이룩한 동아시아 여러 국가들의 거시경제학적인 정책과 건전한 재정 그리고 재산권에 대한 보호가 부족하다. 또한 파키스탄은 국민이 서로 협조하고 미래 설계를 하는 데 도움이 되는 리스크 분산 능력이 실질적으로 빵점이다. 그 결과 파키스탄 국민은 안정된 삶을 보장받기 위해 혈연에 의존하지, 국가의 제도나 기구에 의존하지 않는다. 이 모든 이유로 국가로서의 파키스탄은 수많은 국민의 기대에 부응하지 못한다.

중국의 자본주의적인 꿈 : 위계질서와 시장 사이에서

효율적인 시장 경제에서 재산권이 중요하다는 것은 어떻게 보면 진부한 말일 수도 있지만 중국 사정을 알고 나면 재산권의 중요성이 결코 진부하지 않다는 사실을 실감한다. 재산권 체계가 확고하게 자리 잡고 있지 않은 상태에서 중국이 자본주의 경제 성장을 성공적으로 이룩한 사실에 경제 정책 전문가들은 당혹스러워한다. 중국 관료의 지나친 재량권 그리고 정치적인 승계, 채용 및 승진 등과 관련한 불투명한 절차는 불확실성을 가중하는 요인들이며 정상적인 환경에서라면 경제 성장과 관련된 전망에 매우 부정적인 그림자를 드리우는 요소들이다. 하지만 중국은 도저히 인정할 수 없는 어떤 힘을 가지고 있다. 시장을 개방하기도 전에 중국의 지도자들은 사회적인 불평등을 희석하는 조치들을 취했다. 이런 조치들은 라틴 아메리카나 남아시아에서처럼 공공 정책을 왜곡하고 시장의 성립 조건들을 불안하게 흔들었다. 자유화 이전에 건강·교육·위생에 대한 국민의 접근성이 이미 강화되어 있어서, 전체 인구 가운데 많은 비율이 자유화라는 이 새로운 기회가 제공하는 혜택을 누릴 수 있었다. 중국의 경제 개발 경로는 사회적 생산성의 격차가 사회적인 리스크를 해소하려는 정부 차원의 집요하고 정교한 노력으로 많이 줄어들었던 동아시아와 닮은 점이 더 많다. 그 결과 경제 개발의 효과인 경제적 기회가 계급이나 인종 사이의 투쟁으로 이어지지 않았다. 중국 사람들은 열심히 일을 할 수 있는 동기 부여의 계기로 경쟁 체제를 지지하는데, 이런 지지 정도는 북아메리카 사람들과 견주어도 뒤지지 않는 수준이다.[1] 중국 시장 경제의 관리상의 모순들(예: 재산권 부재)도 경제 성장을 가로막지 못했다. 경제 개방 이전에 수행된 개혁 조치들이 경제 자유화에 우호적인 사회적 환경을 이미 조성했기 때문이다.

만일 중국 경제가 제대로 돌아가지 않는다면 경제학자들이 중국의 상황을 설명하기 훨씬 쉬울 것이다. 그러나 1인당 GDP 성장률로 측정한 경제 성장 내용은 다른 국가 혹은 지역을 앞지른다.(참조, 〈도표 9-1〉) 경제 주체들의 행동은 시장 체제에 대해 독립적인 불확실성의 원천들에 의해 영향을 받는다는 점을 인식하지 못한 주류 경제학자들은 중국의 개혁 조치들을 이례적인 것으로 치부해 왔다. 중국식 방법이 통하는 것은 경제적인 혜택의 크기를 키울 필요성과 사회적인 평등을 실천하고 이미 권력을 가지고 있는 사람들의 이익을 만족시킬 필요성 사이의 균형을 잘 맞추기 때문이다. 그래서 중국에서 사회·정치적 불확실성은 감소했으며 이것은 또 사적 소유로의 전환 없이 중국이(비록 국제적인 최상의 관행을 깨긴 했지만) 자유화를 성공적으로 강화할 수 있게 했다.

시장 기반 기업의 기준을 향해 꾸준한 발전이 있기는 하지만 중국에서의 소유권 제도는 여전히 불안정하다.[2] 개혁은 시행착오를 거치면서 점차 소중한 학습을 하고 힘을 얻었으며 이 시행착오를 통해 여러 다른 지역의 시장 경제 참가자들은 많은 것을 배웠다.[3] 그럼에도 소규모의 민간 부문은 아직도 보다 효율적인 조직화를 확립할 수 있는 적절한 관리 장치를 개발해야 하는 과제를 안고 있다. 국가와 개인 사이의 선명한 경계선이 없기 때문에 자발적이고 기민한 민영화가 잘 이루어지지 않는다. 이런 경계선 부재 상황은 정부와 경영자 사이의 복

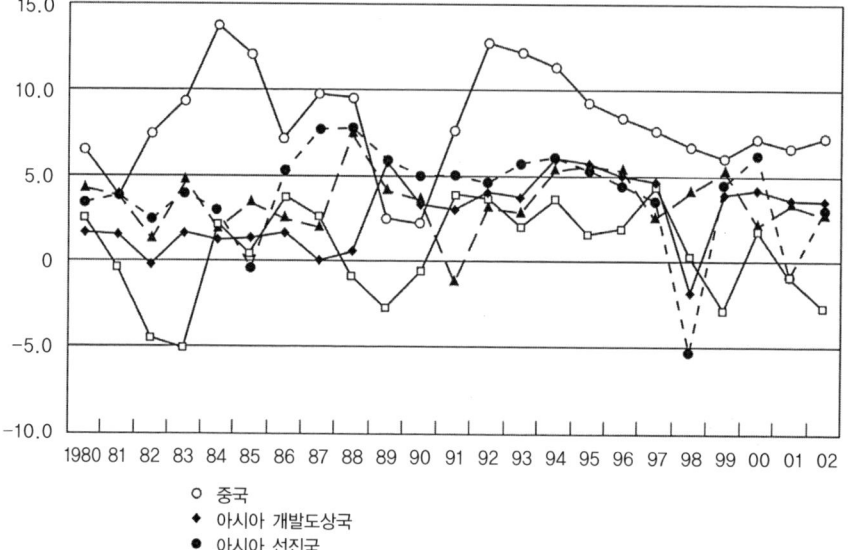

〈도표 9-1〉 1인당 GDP(국내총생산) 성장률 추이(1980~2002년)(GDP 성장률은 -10.0에서 15.0까지)

○ 중국
◆ 아시아 개발도상국
● 아시아 선진국
▲ 인도
□ 라틴 아메리카

잡한 상호작용을 더욱 강화한다. 위계질서와 시장 사이에 예고 없이 오르내리는 혼란스러운 협력 메커니즘은 부패와 행정력의 남용이라는 결과를 낳는다.

오늘날 국내 시장에서 사고파는 거의 모든 제품은 시장에서 형성된 가격으로 교환된다. 대부분의 상품에 대한 정부 보조금은 대폭 삭감되었고 대부분의 제품 가격은 시장에서 온갖 힘들이 경합한 결과를 반영한다. 니콜라스 라디는 1978년과 2001년 사이의 자료를 바탕으로 시장 가격의 형성 정도는 소매상품의 경우 0퍼센트에서 100퍼센트까지 생산재는 0퍼센트에서 90퍼센트 미만이며, 농산품은 10퍼센트 이상에서 95퍼센트 미만이라고 밝혔다. 평균 수입 관세도 50퍼센트 이상에서 20퍼센트 미만으로 내려갔다.[4] 그러나 중국에서 경제를 지배하는 시장의 힘은 부분적일 뿐이다. 정부가 끊임없이 시장에 개입해서 관리를 하기 때문이다. 개혁을 제도적으로 완결하는 과정은 혼합적인 소유권이 유리한 집단이 강력한 기득권을 행사하면서 선명한 사적 소유와 경영을 기반으로 하는 효율적인 기업 체계를 확립하지 못하도록 방해함에 따라 아직 마무리되지 않고 있다. 공산당이 최고경영자 지명권을 놓지 않겠다고 주장하는 것이 가장 큰 장애물로 남아 있다. 공산당은 경영자의 경력을 통제함으로써 충성을 보상으로 받는다. 만일 경영자가 당의 감독을 받지 않은 채 경영을 한다면 당은 자원에 대한 통제 권한과 해당 경영자의 충성을 동시에 잃고 만 상태이다. 당이 경영자를 관리하는 이런 양상은 경쟁의 지배를 받으며 또한 시장에서 형성된 가격의 유도를 받는 경제에 대한 당의 책임성과 모순이 된다. 기업 경영자 시장은 특정 경영자가 여태까지 경영을 하는 동안에 기록한 자본수익률을 반영하지 않는다. 이런 모순은 비정부적인 주체들이 즐기는 재산권 보호 수준과 평등한 배분의 효율성 즉 배분적 효율성에 모두 영향을 미친다. 국가 관리들은 기업을 사적으로 소유하는 사람들에 비해 자기 권리를 보호하는 데 훨씬 유리한 위치를 차지하고 있다.

중국의 정치적 시장 경제

다른 어떤 개발도상국을 보더라도 중국에서만큼 기업 발전에 대한 열정이 큰 나라는 찾아볼 수 없다. 오늘날 아시아의 어떤 정부도 중국만큼 기업가를 의사 결정 정부 부처의 직위에 많이 등용하고 있지 않다. 또한 어떤 나라의 정부 관리들도 중국 관리들만큼 기업에 관한 온갖 생각들을 많이 하지 않는다.[5] 그럼에도 불구하고 중국은 다른 신흥국가에서 나타나는 저개발적인 특성을 많이 드러낸다. 시장 경제의 기초는 아직도 취약하고 시장 경제의 제도적인 필수요건들을 모두 구비하려면 아직도 멀었다.

동아시아의 다른 국가들과 비슷하게 중국에서도 연고와 인맥에 의한 거래가 만연해 있는 구조적인 여러 특성들이 나타난다. 쌍방독점(시장에서의 공급자와 수요자가 각기 1인 또는 1개 사인 경우를 말한다—옮긴이)이 시장을 대체한다. 변호사는 15만 명밖에 없고 법치 수준은 미약하며 채권자의 권리는 잘 지켜지지 않고 행정적인 결정이 계약 내용이나 법정 판결보다 앞선다. 공공 부문과 민간 부문의 경계는 모호하다. 공공 자원과 국가 기업들의 거래가 압도적으로 많아 사적인 계약법을 쓸모없게 만들어버린다.

회계도 표준화가 되어야 하고 회계 전문가도 더 많아야 한다. 국가의 금융 자산은 소수의 국영 은행에 집중되어 있는데 이들 은행의 재무 상태는 매우 의심스럽고 또 이들 은행이 안고 있는 채권의 많은 부분이 국가가 갚아야 할 돈이다. 국영 기업은 국영 금융 부문과 얽혀 있어서 민간 기업들이 자금을 조달하려면 친지나 이익 잉여금에 의존할 수밖에 없다. 중국의 자본 시장에 등록되어 있는 공공 기업들은 중국에서 가장 빠르게 성장하는 기업에 속하지 않는다. 세계의 모든 개발도상국들이 다 그렇듯 중국은 법규나 규제가 부족해서 고통받지는 않는다. 정부 기관들은 법규를 만들 수 있고 또 실제로 만든다. 그러나 관리 및 규제와 관련된 청원을 하기 위한 절차는 현실과 매우 동떨어져 있으며 법 집행도 변덕스럽기 짝이 없다. 문서상으로는 매우 자유주의적인 것처럼 보이는 노동법도 실제로는 매우 엄격하다. 때로는 노동자를 해고하는 절차가 폐업을 하는 절차보다 더 어려울 때도 있다.

뒤늦게야 깨달은 사실이긴 하지만, 1997년에 금융 위기를 맞았던 동아시아 국가들의 당시 상태가 지금 중국에서 흔히 볼 수 있는 이런 구조적인 취약점들을 그대로 안고 있었다는 사실을 수많은 분석가들이 지적한다. 게다가 중국 사람들은 지금도 여전히 시장과 정부 사이의 관계 설정을 놓고 결론이 나지 않는 논쟁에 매달려 있다. 그럼에도 불구하고 중국은 세계에서 가장 빠르게 성장하는 신흥시장의 일원이다. 이 역설을 설명하는 과정에서 응용 경제학의 창조적인 적용이라는 평가가 나왔고 또 개발 초기 단계에서 공식적인 법률이 그다지 중요하지 않을 수도 있다는 지적이 나왔으며 또한 최상의 업무 처리를 하는 기관들이 경제를 새롭게 일구어서 부를 창조하는 새로운 양식을 구축하려는 국가들의 가장 적절한 목표는 아닐 수도 있다는 견해까지 나왔다.

위에서부터 아래로 아래서부터 위로 중국의 정부 관리들은 경제 개혁 과정에서 기득권인 이익을 챙기고 있다. 경제 개발 개혁에 관리들의 개인적인 이해관계가 개입하면서 개발의 속도가 한층 더 빨라졌다. 개발도상국의 두 거인 인도나 인도네시아와는 달리, 중국 정부의 각계각층은 모두 개혁 과정에 직접 참가해서 지시하고 투자한다. 정책 개혁과 투자 사업들은 외부의 어떤 원조 및 자금 제공자가 시켜서 진행되는 것이 아니라 국가의 최고위층을 포함한 중국 행정부의 각계각층이 경제 개혁 과정에 참여하고 있는 것이다. 농업 부문의 초기 개혁 때는 중앙의 정부가 아닌 지방이 주도를 했고 성공했다. 그 뒤에야 국가 차원의 지도자들이 개혁에 합류했다. 개혁은 상부와 하부가 서로 영향을 주고받는 과정 속에서 진행되었다. 즉, 개혁 과정이 남아시아와 라틴 아메리카에서처럼 위에서 아래로 내려가는 과정이 아니었던 것이다.

중국을 인도네시아나 인도와 비교하면 정책의 주도권을 누가 쥐고 있느냐 하는 차이가 얼마나 중요한지 뚜렷이 드러난다. 인도네시아에서는 수하르토 시대를 거쳐 현재에 이르기까지 수많은 사업과 정책이 시행되었다. 이것들은 모두 자금을 제공한 국제기구들의 입맛에 따라 선택된 것이었다. 지방 관리들은 사업이 낳을 공공의 이득보다는 그 사업에서 자기가 개인적으로 챙길 수 있는 이득에만 관심을 가졌다. 이에 비해 중국은 비록 여러 국제 개발 기구들과 정책 분야에 대해 많은 토론을 하긴 해도, 어떤 사업을 추진하고 또 어떤 부문을 지원할지는 독자적으로 판단하고 결정한다.

인도와 중국은 정반대 방향에서 시장 자유화에 도달했다. 중국의 개혁 과정은 광범위한 기반의 정치적인 토대에 크게 힘을 입었다. 이에 비해 인도는 재무부의 전문 관료들이 개혁을 이끌었으며 오로지 본질적으로 기술적인 개혁들만 이루어졌다. 인도에서는 시장의 발목에 채워져 있던 족쇄를 풂으로써 정치논리의 규칙을 바꾸었다. 즉, 정치인이 자원에 접근해 부패할 수 있는 가능성을 제거했던 것이다. 이에 비해 중국의 시장은 관리들에게 과거에는 누리지 못했던 부패와 부를 누릴 수 있게 해주었다.[6] 역설적이게도 아시아의 두 거인은 비록 출발점은 달랐지만, "시장의 힘은 오로지 부분적으로만 작용하며, 정부의 변덕과 개입에 좌우되는 시장에 당국이 끊임없이 개입을 하는"[7] 동일한 상태로 수렴하고 있다. 인도는 입헌주의 및 과도한 규제와 법규로써 이 자리에 도달한 반면 중국은 입헌주의의 상대적인 부재 즉 사법부의 독립성을 제한함으로써 같은 자리에 도달했다. 하지만 두 나라에서 모두 취약한 민간 부문은 관리 감독을 하는 관료들의 재량권에 따라 좌우되고 이 재량권에 의지하는 수밖에 없다.

중국의 변화는 철저하게 실용주의 노선을 따라 진행되었다. 시장에 관한 실험은 양궤제Dual track system(계획 경제 체제하의 중국 국내 기업과 시장 경제 체제하의 외국 자본이 공존하는 체제. 기업 관련 국내법제가 미비한 가운데 외자 관련법은 외국인 투자자들의 법적인 보장 장치로 작용했다. 이것은 외자 유치의 건전한 발전을 도모하면서도 계획 경제 체제라는 큰 테두리를 지키고자 한 것이다—옮긴이)라는 모델을 통해 이루어지기 때문에 따로 이념적인 보호 장치를 마련할 필요가 없다. 즉 성공적인 실험만 전반적인 정책 논의에 영향을 미친다. 일단 어떤 개혁 조치가 선택되면 투자자들은 정부가 그 정책을 일관되게 추진할 거라 확신하고 기꺼이 이에 투자한다.[8]

하지만 이런 여러 긍정적인 요소들에도 불구하고 중국의 개혁 전략에는 여전히 수많은 상충 요소들이 존재한다. 수전 셔크는 이런 요소들의 특성을 특수적 기업 거래라고 규정했다. 이 특수적 거래는 정부의 각급 관리들이 재량권을 발휘해 관대한 계약을 베풂으로써 계약 당사자로부터 정치적인 지지를 이끌어 낼 수 있는 기회가 된다.[9] 중국에서 계획 경제에 대한 개혁은 덩샤오핑이 중국의 최고 지도자가 되면서 권력을 강화하기 위한 방침으로 관료들이 시장에서 사적인 이득을 찾도록 동기 부여를 하며 시작되었다. 이렇게 개혁을 지지하는 광범위한 연대가 형성되었고, 자기 아래에 있는 사람들에게 특별한 경제적 이득을 줌으로써 이들로부터 정치적인 지지를 받은 당 간부들은 이 개혁을 더욱 강화했다.

임시적인 특례 조치는 개혁 과정을 가속화시키며, 지방에 재정적인 권한을 제공하거나 기업에 이익을 보장하는 양상을 띤다.[10] 이 임시적인 특례 조치에는 경제 특구 그리고 지방 관리들에게 부자가 될 수 있는 다양한 선택을 제공하는 공동 소유 기업이 포함된다.[11] 이런 현상에 대해 잉기 첸은 다음과 같이 적었다.

"이들 제도가 효력을 발휘하는 것은 두 가지 목적을 동시에 달성하기 때문이다. 하나는 효율성을 높인다는 점이고, 또 하나는 개혁이 권력을 가진 사람들에게 유리하다는 점이다."[12]

'특수적 기업인 거래'는, 야망을 가진 지도자들이 개혁의 결과 사라져버리고 말 집단들을 포섭함으로써 권력을 손에 넣을 수 있게 해준다. 개혁 조치들은 경제적인 논리보다 정치적인 논리를 따르기 때문에 개혁 정책들은 때론 서로 상충한다. 셔크가 요약했듯 "덩샤오핑과 그의 부하들은 (중략) 중국 관료제도의 성벽을 세차게 들이받았다. 약한 부분을 발견하면 그곳을 돌파했다. 하지만 성벽의 돌이 꼼짝도 하지 않을 때는 힘을 낭비하지 않았다." 개혁과 관련된 제안들은 지방 기업 경영자들의 요구를 충족시키기 위해 사안별로 각기 다른 규칙을 적용했다. 통일적이고 체계적인 법규가 마련할 수 없는 특수적 기업 거래의 개혁 과정에는 새로운 거래가 있을 때마다 새로운 법규집이 하나씩 필요하다. 이런 상황을 피하기 위해 기업들은, 잘 정비된 거래 제도가 이미 마련된 부문으로 몰리는 경향이 있다. 즉 난징에 최초로 설립된 과학 기술 펀드에 비해 상하이 지역에는 펀드의 설립 과정이 훨씬 수월했다.

지역 당의 지지를 획득하는 특수적 기업 과정은 법률 체계를 매우 복잡하게 만든다. 법령들은 불명확하고 서로 상충한다. 그래서 많은 정책 전문가들은, 임시적인 특례 조치들이 현재 누리는 강점은 장기적으로 볼 때 오히려 약점에 압도될 것이라 예측한다.

"온갖 법률 및 관료적 규제 조항들이 복잡하게 마련되었다. 심지어 이런 법령들의 효율성을 시험하는 비밀스런 법률까지 나타났다. 이렇게 또 다른 문제들이 발생한다. 여기에는 (중략) 서로 상충하는 이해관계를 가진 행정 관료들을 하나로 묶으려는 기나긴 노력이 이어진다는 문제도 포함된다. 이런 문제가 기업가들 특히 권력의 네트워크에 소속되지 않은 기업가들과 중국의 법률 및 행정적인 분위기에 익숙하지 않은 외국인들을 궁지에 몰아넣었다."[13]

시장이 확대될 때마다 참견을 하는 사람들이 늘어나기 때문에 특수적 기업 거래는 길고 지루한 숱한 협상 속에서 수많은 수익성 있는 거래들을 묻어버린다. 또 개혁의 각 단계는 정책 과정에 보다 많은 사람들을 참가시키며, 해당 영역의 관료들에게는 새로운 기업에 대한 자유 재량권을 허용한다. 중국의 권력 중추부는 기업가들을 포함할 만큼 충분히 폭이 넓어졌는데, 기업가가 공산당에 입당할 수 있는 문은 2002년에 처음으로 열렸다. 이것을 두고 일부 학자들은 공산당이 마침내 자본주의에 궁극적인 양보를 한 것이라고 해석한다. 중국은 자기가 만들어낸 기업의 부에 의해 매매된다. 이런 현상을 놓고 흔히 '모든 시대를 통틀어서 가장 위대한 LBO식 기업 매수(매수 예정 회사의 자본을 담보로 돈을 빌린 다음 그 돈으로 회사를 매수하는 행위—옮긴이)'라고 말한다. 하지만 권력의 중추부를 확대하는 것에 반대하는 사람들이 많이 있다. 권력의 핵심에 있는 자본가들은 자기들이 획득한 지위를 이용해서 이 지위를 위협하는 개혁 조치들에 대해 거부권을 행사할 수 있다.

특수적 기업 거래는 국가 조직이 이윤 창출 활동에 뛰어들게 만들기도 한다. 합법적인 재량권을 가지고 있는 기관들은 이윤 창출 활동에 참가해서 자기가 가지고 있는 권한을 이용해 예산 배정을 잘 받지 못하는 자기 조직이 보다 쉽게 이윤을 창출할 수 있도록 한다. 이런 기관들은 추가 예산을 확보하려고 흔히 벌금, 사용료, 까데료, 세금 등을 부과하고 여기에서 발생하는 이익을 기관 내의 구성원들이 위계 서열에 따라 나누어가진다.[14] 특히 기업적인 기관들은 스핀오프(주식회사 조직의 재편성 방법으로 모회사에서 분리 독립한 자회사의 주식을 모회사의 주주에게 배분하는 행위—옮긴이) 방식으로 이윤을 창출하기도 한다. 허가증을 확보하려는 기업은 허가증을 발급하는 담당 관리가 소유하는 컨설팅 회사를 울며 겨자 먹기로 고용해야 할 수도 있다. 베이징은 비예산 재정을 용인한다. 충분하지 않은 국가 재정을 보충할 수 있는 여력이 없기 때문이다.[15] 그러나 결과적으로 비예산 재정은 처음에는 공공의 이익을 보완하고자 나타난 것이었지만 뒤에는 부패로 가득 찬 판도라의 상자를 여는 꼴이 되고 말았다.

단편적인 개혁 조직들은 수많은 예외 조항들을 낳는다. 그리고 행정부의 각급 기관들은 추가로 예산을 확보할 수 있는 거리가 없나 눈에 불을 켜고 찾기 시작한다. 그 결과, 특별가산세와 사용료 등을 포함하는 비예산 기금은 "1978년에는 GDP의 2.6퍼센트였지만 1996년에는 GDP의 4퍼센트 이상으로 증가했다. (중략) 이렇게 늘어난 기금은 대부분 지방 정부가 자유롭게 처분한다."[16] 비예산 계정은 보고되지 않는 재정 적자와 함께 재정의 안정성을 위협하고, 공식적인 절차를 훼손하며, 투명성과 책임성을 약화시키고, 각 기관에 대한 정부의 통제력을 좁힌다. 주로 도시의 소규모 기업을 대상으로 이루어지는 징세의 확대는 정부의 합법성을 훼손하는 불만의 원천이다. 민싱 페이는 "지방의 정경유착적인 관료주의는 중국 통치 위기의 근본적인 원천이다."라고 말했다. 중국의 핵심 정치 집단은 일당 독재 국가의 가장 아래 부분에서 횡행하는 부패를 몰아낼 수 있는 믿을 만한 도구는 거의 아무것도 가지고 있지 않다.[17]

난해한 중국의 민간 부문

중국의 성장을 흔히 안정적인 점진주의라고 말한다. 예전 방식이 완전히 철폐되지 않은 상태에 새로운 방식을 도입하기 때문이다. 그렇기 때문에 두 방식이 공존하며 또 경제가 동시에 두 개의 다른 방향으로 나아가기도 한다. 하지만 두 개의 방향 가운데 하나가 꾸준히 빠르게 이동해 왔다.[18] 중국 지도자들은 국가 부문이 축소되면 새로운 수익 부문이 이 자리를 대체할 것이라고 기대한다. 새로운 산업이 전통적인 기술과 공존함으로써 서구 산업 혁명과 비슷하게 깔끔하고 유기적인 전이가 이루어질 것이라고 전망하는 것이다.

이윤 추구의 상업적인 경로는 보다 빠르게 움직인다. 그러나 1999년에 민간 소유 부문이 공식적으로 허용되었을 때 총 130만 개의 민간 기업이 등록했으며 이들이 고용한 노동자는 1,780만 명이었고[19] 이들은 중국 생산의 10퍼센트 미만을 생산했으며[20] 은행 대출의 5퍼센트 미만을 흡수했다.[21] 이들 민간 기업 가운데 많은 수는 정부 소유 기업과 거래를 했고 정부는 흔히 이들이 생산한 제품의 원료 공급자나 소비자가 된다. 그렇기 때문에 공공 부문과 민간 부문 사이의 경계는 투명한 경우가 거의 없다. 대부분의 신흥시장들이 다 그렇듯 전체 대출 자금 가운데 중소기업에 돌아가는 자금은 매우 적다. 그래서 중국의 기업들은 주로 가족 소유로 가족에 의해 자본을 조달한다.

중국의 민간 기업들은 전형적으로 가족 경영에서 출발한다. 그렇기 때문에 정부와 공식적인 의사소통 구조를 가질 필요가 전혀 없다. 가족 구조는 실패나 신용 부족 등의 문제에 대해 단체 보험(개인 보험과 달리 단체 구성원 전원이 하나의 계약으로 일괄해 가입하며, 또 단체 구성원 개개인이 아닌 단체 그 자체를 위험 선택의 단위로 설정한다 ─ 옮긴이)을 드는 셈이나 마찬가지다. 대부분의 가족 경영 기업이 그렇듯 최고경영자가 기업을 소유할 때 주인과 대리인 사이의 갈등은 원천적으로 제거된다. 그리고 직원이 일을 잘하도록 주인이 끊임없이 감시해야 할 필요성도 사라진다. 가족 기업의 의사소통은 일반적으로 수직적이며 이는 중국의 전통적인 가족 체계 속의 의사소통 구조와 일치한다. 최고 의사결정권자는 막강한 권한을 행사하는데, 따라서 재정 및 운영과 관련된 중요한 정보가 중간 관리자에게까지 제공되지 않아도 된다. 중국 기업의 이런 특성은 성장을 제한한다. 가족 구성원이 가지고 있는 딱 그만큼의 역량밖에 가지지 못하기 때문이다. 가족 기업이 성장하려면 단지 규모만 키우기보다는 외부의 다른 기업과 연계를 맺으면서 기업의 네트워크를 확장시켜야 한다. 이런 확장은 느슨한 형태의 기업 연합체를 형성한다. 이런 연합체는 생산 과정을 공유하고 경쟁을 제한하며 서로에 대한 유착과 공모를 강화한다.[22]

중국의 민간 기업은 살아남기 위한 적절한 조직을 갖추고 있다. 즉 규모가 작기 때문에 시장 기회에 기민하게 대응할 수 있다. 부채 규모가 크지 않아 아무리 불경기라 해도 유동성 부족으로 시달릴 일이 없고 과잉 투자로 인해 빚어지는 가격 경쟁에서 치명타를 입고 문을 닫을 일도 없다. 경기 순환도 이들 기업에는 큰 영향을 미치지 않는다. 이들은 불경기의 충격을 얼마든지 자체적으로 흡수한다. 그럼에도 소규모 조직이 불리한 점은 물론 있다. 시장과 원가에 대한 정보와 자료를 확보하는 데 어려움을 겪는다. 그리고 경영 과정의 불투명성과 폐쇄성을 극복해야 할 필요성을 좀처럼 느끼지 못한다. 그 결과 중국의 민간 부문에는 외부 투자가 적절하게 이루어지지 않는다. 외부 투자를 하는 주체는 주로 화교들인데, 화교는 가족과의 연고를 통해 투자와 관련한 문화적 장

벽을 극복할 수 있기 때문이다.²³

중국 기업들은 금융 흐름, 자산과 종업원에 대한 정보, 기타 잠재적인 외부 투자자에게 반드시 공개되어야 할 정보를 제대로 공개하지 않으려 한다. 그래서 외부 사람은 기업의 소유주가 누구인지 의사 결정이 어떻게 이루어지는지 기업이 어떻게 통제되고 운영되는지 정확하게 알 길이 없다. 세전 수익 혹은 고정 자본과 운전 자본에 대한 정확한 회계 자료 없이는 자본수익률을 평가하기 어렵다. 외부 회계 기관이 발행하는 공인된 회계 보고서도 거의 없다. 회계 감사를 받고 그 결과를 공개해서 득이 될 게 별로 없기 때문이다. 이들은 당과의 거래 및 대출 내역을 포함한 여러 가지 거래 내용을 얼마든지 숨길 수 있기 때문에 잠재적인 투자자들은 이들 기업의 부채 규모가 어느 정도인지 파악하지 못한다. 그 결과 민간 부문이 은행 부문에서 빌린 대출 금액은 전체 대출 금액의 5퍼센트도 채 되지 않는다. 더 나아가 기업의 대차대조표 질은 좀처럼 실상을 파악하기 어려울 정도이기 때문에, 정부는 민간 기업의 주식 시장 상장을 좀처럼 승인하지 않는다. 이런 상황은 다시 민간 기업의 성장을 가로막는 결과로 돌아온다. 설령 중국 주식 시장에 상장하는 게 쉽다 하더라도, 그래서 민간 기업이 상장되었다 하더라도, 이들 기업의 회계는 투명하지 않기 때문에 이들 기업의 주식은 외부 투자자들에게 전혀 매력적이지 않다.

이익 잉여금을 통해 추가 자본을 조달해야만 살아남을 수 있는 기업들은 직물·의복·목재·가구·플라스틱·장난감·종이로 만든 제품 등과 같은 소규모의 세분화된 그리고 빠르게 변화하는 노동 집약적인 상품을 생산하는 제조업 분야에서 강세를 보일 수 있다. 이런 기업들은 창안 기간이 길거나 연구 개발 및 브랜드를 필요로 하는 산업 부문으로 진입하는 데 필요한 자본이 부족하다. 중국의 민간 기업 가운데 브랜드 가치를 창출하는 기업은 거의 없다. 독자적인 이름으로 두드러졌다가는 괜히 정부 관리들의 눈에 띄어 표적이 되거나 수탈당하기 십상이기 때문이다.²⁴

1979년 중국의 민간 부문이 처음 도입된 이후로 이것은 중국 경제에서 없어서는 안 되는 부분으로 성장했다. 하지만 재산권 보호와 안정적인 정부 정책이 없기 때문에 공식성과 예측 가능성의 부재로 불안하게 절뚝거리는 형편이다. 상업적 이윤을 추구하는 공적 기업은 중국 경제를 지배하고 민간 부문의 경쟁자들이 접근할 수 없는 분야에서 수익을 올린다. 국가 부문에 의해 비어 있는 소규모 틈새시장만이 민간 부문의 주요 수입 창출원이 되어 왔다. 예를 들어 개혁의 초기 20년 동안 마을 단위 소유 기업 즉 향촌 기업은 민간 소유 기업들보다 재산권 보호의 혜택을 더 많이 받았다. 왜냐하면 이들 기업이 지방 정부 소유주들이 중앙 정부가 질서를 유지하고 지방에 공익을 베푸는 데 도움을 주기 때문이다.[25] 정부의 보호가 전제되기 때문에 향촌 기업은 보다 장기적인 투자를 할 수 있었다. 국영 기업이 지적 재산권을 침해할 때도 국가는 보통 외면하고 만다. 그리고 공공 부문과 민간 부문의 경계선이 너무도 모호해 공공 정책과 관료들의 개인적 이익은 긴밀히 하나로 묶인다.

중국의 민간 부문에 대한 국제금융공사IFC의 평가는 다른 신흥시장에 대한 평가와 동일하다.

"(중국의 민간 기업은)전형적으로 단일한 개인이나 서로 잘 아는 소수의 개인들이 소유하고 있다. 이들은 공공 부문에서 자금을 조달하지 않는다. 그리고 차입금도 이들 기업의 자본 조달에서 크게 의미 있는 역할을 하지 않는다. 이들이 가장 필요로 하는 것은, 국가가 이들이 나아갈 길에 흩뿌려 놓은 온갖 장애물들을 다시 치워주는 것이다. 실제로 중국에서 새로운 법령이 나오면 지방 정부는 이것을 민간 부문 활동에 간섭하고 또 이 활동을 공격해도 좋다는 신호로 해석하는 경우가 종종 있다. 불명확한 재산권 제도는 수많은 기업들이 제대로 성장하지 못하도록 발목을 잡아 왔다. 그리고 이런 불명확한 재산권 제도가 낳은 복잡한 소유권 형태는 기업을 성장시키고자 하는 기업가와 정부의 의욕을 꺾었다. 보편적으로 적용되는 일반 법규가 아닌 특수적 기업 거래라는 접근 방식도 지방 관리나 기업가로 하여금 경제적 수익을 추구하기보다는 특혜에 의한 특혜 추구라는 한탕주의에 빠져들게 만들었다. 즉, 지방 정부는 기업과의 공모에 있어 조정자가 아닌 후원자로 행세한 것이다. 게다가 이 과정에서 민간 기업가는 지방 관리의 간섭에 더욱 민감하게 반응하도록 만들어졌다. 정부와의 관계에서 개인적인 친분에 의존했던 과거의 이 방식은 시장에 이식되었고 결국 이것은 시장의 거래를 지배한다. 이로 인한 시장 거래에서 강한 특수적 기업 거래의 특성은 사람, 상품, 가격, 유통망에 대한 믿을 만한 정보를 수집하기 어렵게 만든다.

그래서 시장은 매우 단편적인 조각들로 쪼개졌으며, 기업 활동에 반드시 필요한 정보는 개인적인 관계를 통해서만 얻을 수 있게 되었다.[26]

그렇다면, 동일한 구조적 문제로 경제의 발목이 잡혀 있는 다른 국가들과 중국이 다른 점은 무엇일까? 첸은, 중국의 성공은 중국의 환경에 가장 적합한 '차선(次善)적인' 제도의 발전에서 비롯되었다고 단언한다.[27] 이와 관련된 단적인 예가 무기명 계좌이다. 국제적인 금융 관행으로 보면 터무니없이 후진적인 수준이지만, 그럼에도 이런 제도는 국민들이 국영 은행에 저축을 하도록 강력하게 유도하고, 국가는 이렇게 모인 예금을 적절한 투자처에 할당한다. 이처럼 관리 감독을 느슨하게 한 결과 중국의 금융 자산은 현재, 금융 부문에서 선진국 기준으로 한층 정밀한 관리 감독이 이루어지는 인도보다 금융 자산이 훨씬 더 많다.

복합 기업

복합 기업은 기업들이 가족 소유의 한계에서 벗어나고자 하는 목적 아래 흔히 아시아에서 나타나지만, 중국에서는 민간 복합 기업이 매우 드물다. 중국 정부는 정부의 권위에 대항할 만큼 강력한 힘을 갖춘 조직이 등장하는 걸 원하지 않기 때문이다. 중국 지도자들이, 소수의 자생적인 대형 복합 기업이 관료와 정치인을 자기 영향권 안에 포섭하고 일당 지배에 강력한 정치적 대안으로 자리를 잡은 한국의 경험에서 많은 것을 학습했기 때문이다. 복합 기업들이 존재하면 시장의 소수 독점이 발생하고 이는 필연적으로 국가 자원에 대한 전반적인 통제력과 관련된 국가 부문을 위협하게 된다. 이런 현실적인 문제에 대해 중국 지도자들은 아직 준비가 되어 있지 않다. 복합 기업의 성장을 제한하는 것은 산업적 거점의 형성을 막으며, 당 지도 노선이 위협을 받지 않은 가운데 중국의 경제 개혁이 인류 평등주의적인 뿌리를 내리는 데 도움을 준다.

경계선이 없는 공공 부문과 민간 부문

중국에서 기업 및 경제 발전이 얼마나 복잡한지 이해하려면 아직 유아적인 단계에서 벗어나지 못한 민간 부문에서 눈을 떼고, 기업이 정부와 시장의 지배를 동시에 받는 혼합 부문으로 눈을 돌려야 한다. 중국 정부는 벌써 20년 가까운 세월 동안 개혁을 수행하면서 국영 기업들을 재구축해왔다. 2002년 9월을 기준으로 해서 볼 때 700만 개가 넘는 중국의 기업 가운데 불과 30만 개만 국영 기업으로 분류되었다. 이들 기업의 주식 51퍼센트 이상을 도시나 지방 혹은 중앙 정부가 소유했다. 4만 개의 국영 기업은 산업 부문에 남아 있으며, 국영 기업이 GDP에 기여하는 부분은 1980년 58퍼센트에서 1994년 37퍼센트로 떨어졌다가 다시 2000년 25퍼센트로 더 떨어졌고 이런 추세는 계속 이어지고 있다. 하지만 정부는 국영 기업이 전체 고용의 55퍼센트를 책임지고 있으며 부가 가치 생산의 56퍼센트를 책임지고 있고 산업 부문 고정 자산의 3분의 2 이상

을 차지한다고 보고한다.[28]

민간 기업과 비교할 때 국영 기업의 전반적인 재정 상태는 취약하다. 그 이유는 다음과 같다. (1) 정치적인 간섭에 휘둘리는 허술한 경영. (2) 연성 예산 제약 및 이와 동반되는 국영 상업 은행을 통한 예산 및 대출로 주어지는 보조금. (3) 사회 복지 차원에서 이루어진 과잉 고용(국영 상업 은행은 국영 기업들이 낮은 효율성을 보임에도 불구하고 계속해서 이들의 주된 자금 조달원 역할을 하고 있다).

중국 시장 개혁의 두 번째 국면이 전개되던 1984년, 정부는 국영 기업의 경영자와 정부의 감독 기관 사이에 협상이 이루어지도록 하는 거래 책임 제도를 채택했다. 그리고 10년 뒤에 정부는 보다 더 큰 폭의 개혁을 제안했다. 지방 정부가 기업 차원의 의사 결정에 계속해서 간섭하는 일을 막자는 게 목적이었다. 1990년대 중반부터 정부는 국가가 소유하던 주식 지분을 털어내기 시작했다. 경비 절감에 나선 것이었다. 그리고 마침내 1990년대 초, 정부는 '회사법'을 바탕으로 국영 기업을 주식회사로 바꾸기 시작했다. 국영 기업을 유한회사로 바꾸며 이중 이사회를 구성하는 내용이었다. 정부는 또한 보다 현실적이고 상업적인 차원에서 기업 경영이 이루어질 수 있도록 인수와 합병을 장려했다.

아직 실험적이며 한 걸음씩 나아가는 과정인 국영 기업 개혁은 명확한 규정의 재산권 개념을 아직 형성하지 못했다. 비록 주식회사로의 탈바꿈이 국가 자산 운영 회사를 통해 자율성과 탈중심화를 강화했지만, 국가 지주회사(지주회사는 산하에 있는 종속 회사 즉 자회사의 주식을 전부 또는 지배 가능 한도까지 소유하고 이를 자사의 주식으로 대위시켜 지배하는 회사이다—옮긴이)는 전반적인 회계 및 운영과 관련해서 달라진 게 전혀 없었다. 국영 기업을 통제하는 정부 부처의 지나친 간섭은, 아무런 리스크도 부담하지 않은 채 사실상의 소유권을 행사하는 '사공들'만 지나치게 많이 만드는 결과를 빚었다. 소유권 형태에 따른 분류가 국영 기업에서 공영 혹은 주식회사로 바뀌었지만 경쟁으로부터 보호를 받고 정부보조금을 받는 요소는 그대로 남아 있었다. 국영 기업의 일자리 80퍼센트 이상이 여전히 개인의 능력과 상관없이 임자가 결정된다. 그리고 국영 기업의 경영자를 선택하는 기능은 여전히 당에게 있다. 그리고 경영자는 보통 임기를 철저하게 보장받는 정부 관리이며, 이들이 받는 급료는 철저하게 보장이 되고 아무리 경영 실적이 좋지 않더라도 이런 까닭으로 자리에서 물러날 일은 거의 없다는 사실도 그리 놀라운 일이 아니다. 시장 경제 체제에서는 기업을 도산으로 이끈 경영자는 당연히 퇴출된다. 하지만 중국에서는 회계나 운영과 관련된 경영 성과가 경영자를 해고하는 기준이 되는 경우는 거의 없다. 그 결과, 경영자가 국가 자산을 소홀하게 다루는 사례가 빈번하며, 어떤 경영자가 회사가 거둔 성과에 얼마나 기여했는가 하는 정확한 정보를 잠재적인 투자자들은 접할 수가 없다.

이런 까닭으로 국영 기업들의 경영 성과는 형편없었고 그 결과 이들 기업에 자금을 댄 국영 상업 은행의 자산 운용 상태는 악화될 수밖에 없었다. 국영 상업 은행의 대출금 가운데 반 이상은 국영 기업이 안고 있다. GDP의 128퍼센트에 해당하는 금액이다. 은행과 금융 시장 모두 기업 경영의 품질에 의미 있는 영향력을 행사하지 않는다. 상하이와 센첸[심천] 증권거래소에 등록된 천 개 기업 가운데 95퍼센트 이상이 국영 기업이며 이들 기업의 주식 70퍼센트 이상은 정부가 직간접적으로 소유하는 주식으로, 매매되지 않는다.[29]

중국 기업들의 실상은 흔히 겉으로 보이는 모습과 전혀 다르다. 민간 부문과 공공 부문이 다양한 조합으로 섞여 있기 때문에, 민간 부문이 어디에서 끝이 나고 또 공공 부문이 어디에서 시작되는지 알기란 매우 어렵다.[30] 수많은 혼합 형태가 나타난 바람에 원래 국영이던 기업들이 상업적인 활동에 참여하기도 한다. 중국에서 시장 이전이 빠른 속도로 이루어지도록 몰아댔던 그 창조적인 특례조치들이 결국 직권 남용의 기회를 창출하면서 불법 행위들을 낳았다. 민간 부문과 공공 부문이 섞여 있는 기업의 경영자는 기업의 자산을 개인적인 용처로 빼돌릴 수 있는 강한 동기를 부여받는다. 기업계로 들어온 관료는 비록 몸은 기업계로 들어왔지만, 정책 결정 분야와 관련해 여전히 자기가 행사할 수 있는 권한을 행사해 개인적인 이익을 챙길 수 있는 정책들이 자기가 속한 부문이나 기업에서 관철되도록 한다.

국영 기업의 경영자는 이 기업의 소유주가 아니며 기업의 성과에 따라 평가를 받을 일이 거의 없다. 때문에 기업의 자산을 개인적으로 소비하거나 혹은 개인적인 재산으로 돌려놓고자 하는 동기가 이들에게는 충분하다. 이런 도둑질은 여러 가지 형태로 나타난다. 국가 부문과 비국가 부문이 모호하게 뒤섞일 때 경영자는 국영 기업으로부터 비국영 기업으로 자산을 빼돌릴 수 있다. 이런 과정이 반복되면 원래의 국영 기업은 알맹이 하나 없는 껍데기 즉 부채만 남는다. 때로 이 국영 기업은 파산을 선언할 수도 있다. 경영자는 국영 기업의 자산을 이용해 이익을 내고 이 이익은 비국영의 다른 기업으로 이전하는 방법을 구사하기도 한다. 하지만 국가는 기업의 자원이 기업 경영자의 개인적인 용처로 흘러들어가는 것을 감시하거나 막을 적절한 정보를 가지고 있지 않다.

지위를 이용한 이런 불법적인 행위를 막으려면 현금 흐름에 대한 국가의 권리와 여기에 대한 국가의 통제를 분리시켜야 한다고 강력하게 권고한다. 현금 흐름 권리는 의결권이 없는 우선주(의결권을 주지 않는 대신 보통주보다 높은 비율의 배당을 보장하는 주식—옮긴이)로 전환될 수 있다. 세계은행의 보고서에 따르면, 국영 기업과 비국영 기업에 대한 통합적인 처리가 필수적이다.

"형태가 다른 소유권이 동시에 존재함으로 경영자들이 자기가 통제하는 국가 자산으로부터 개인적인 이득을 실현할 수 있는 동기와 기회가 마련되었다. 비국영 부문의 빠른 발전으로 경영자들이나 이들의 친척 그리고 친구는 얼마든지 민간 기업을 소유할 수 있다. 그래서 경영자들이 국가 자산을 민간 기업으로 빼돌릴 수 있는 장치가 마련된다. 경영자가 국가 자산을 훔치거나 혹은 자기가 소유하며 통제하는 기업으로 국가 자산을 빼돌리는 사례는 수도 없이 많다."[31]

국영 기업과 민간 기업의 경계선이 불투명함에도 불구하고 중국은 커다란 성공을 거두고 있다. 20년 동안 지속적으로 빠르게 성장해온 중국 경제를 놓고 보면, 경제 개발 과정에서 재산권의 역할이 기본적이라는 사실에 대한 의심이 생긴다. 중국은 개인적인 소유권이 확립되지 않은 상태에서 그리고 소유권과 경영이 뚜렷이 분리되지도 않은 상태에서 시장 가격 제도의 효과를 톡톡히 보고 있기 때문이다.[32]

조셉 스티글리츠는 어떤 체제건 소유와 경영의 분리는 소유주의 이해와 경영자 혹은 대리인의 이해 사이에 갈등을 유발한다고 설명했다.[33] 스티글리츠는 성숙한 시장 경제 국가에서 경영자들은 (예를 들어 주주들이 기업의 주식을 대부분 가지고 있을 때)주주들과 전혀 공통점이 없는 소유권을 가지고 있기 때문에 복합적인 동기를 가져왔다는 점을 경고했다. 스티글리츠에 따르면, 경영자들은 소유와 경영의 분리 때문이 아니라 기업들 사이의 경쟁 때문에 자본수익률로 측정되는 기업 성과에 관심을 가질 수밖에 없다. 비록 중국에서는 주주에 대한 자본수익률이 경영자의 직접적인 관심사는 아니지만, 경영자는 국영 은행에 부담을 지우는 적자는 반드시 피해야 한다. 적자액이 너무 많아지면 기업은 매각될 수밖에 없고 결국 경영자는 자원에 대한 통제권을 잃고 만다. 강력한 흥미를 불러일으키는 공동 논문에서 데이비드 리와 프랜시스 리우는 어째서 정부가 국영 기업을 민간 기업으로 전환시키는가 하는 의문을 던졌다. 그리고 여기에 대한 대답으로 두 개의 가설을 세웠다. 하나는 효율성을 추구하기 때문이라는 것이고, 또 하나는 계속해서 손실을 기록하는 기업에 대한 보조금 지급을 중단하려 하기 때문이라는 것이다. 그리고 정부 세입에 대한 필요성이 이런 변화를 낳았다는 결론을 내렸다. 뒤에서 우리는, 세입과 관련한 중국 정부의 이런 절박함이 정부의 의사 결정에서 혁신을 더욱 강조하도록 중국의 등을 떠밀 가능성에 대해 다시 살펴볼 것이다.[34]

중국은 여태껏 각각의 기관과 지역이 경쟁하게 함으로써 경쟁을 유인해 왔다. 이 경쟁은 향촌 기업에서부터 외국 투자 기업과 경쟁을 해야 하는 대형 국영 기업에 이르기까지 각급 수준의 기업 경영에서 진행된다.[35] 게다가 기업은 또 미래의 투자 자본의 가장 중요한 원천인 외화를 손에 넣기 위해 수출 시장에서도 경쟁해야 한다. 경쟁이 존재하는 한 기업 경영의 효율성은 평가를 받을 수밖에 없다. 그래서 스티글리츠는 "무엇보다 중요하고 결정적인 것은 소유권의 문제가 아니라 경쟁이 존재한다는 사실이다."라고 결론을 내렸다. 중국에서 시장 경쟁의 효과는, 경쟁이 금융 체계로까지 확장될 경우 더욱 강력해질 것이다. 국영 은행의 지원과 보조가 없다면 국영 기업 부문에서는 시장 원리에 따라서 한층 심한 압박을 받을 것이고, 파산이나 휴업은 피할 수 없는 현실로 닥칠 것이다. 이런 현실의 충격을 공산당으로서는 가능하면 줄이고 싶어 한다.

1983년에 직접적인 국가 보조금 지급은 끝났다. 국영 기업은 은행을 통해서 필요한 자금을 조달해야 했다. 정부는 사회주의적인 보조금 지급 대신 은행 대출을 시행함으로써 정부의 자본 지출 규모와 효율성을 적절하게 통제하고자 했다. 하지만 상업적 대출에 대한 경험이 적기 때문에 국영 은행은 중앙 정부의 연간 신용 계획에 따라 수익성이 낮은 사업들에 투자를 했다.

정부는 은행이 낮은 성과밖에 내지 못하는 문제를 해결하려고 보다 많은 은행들을 설립했다. 그럼에도 불구하고, 대출 확대의 근본적인 이유는 변하지 않았기 때문에 새로 설립한 은행들 역시 기존 은행이 드러냈던 문제를 그대로 드러냈다. 정치적인 배려에 따른 대출이 계속되고, 정부는 대출 대상은 물론이고 대출 가격까지 일일이 지시했다.[36] 이런 사실과 관련해서 《이코노미스트 Economist》는 다음과 같은 결론을 내렸다.

"중국의 모든 은행은 직접적이든 간접적이든 국가가 운영을 하며, 지방 정부와 중앙 정부는 모두 경영자 임명과 대출에 간섭을 한다. 그러므로 시장 원리에 따르면 당연히 있을 수 있는 두드러진 영업 실적을 내는 은행이 중국에는 없다."[37]

일반적으로 은행은 자기가 자금을 댄 기업들이 어려움에 처할 때 조기에 경보 체제를 발동한다. 그렇기 때문에 은행은 기업의 상태를 감시하는 사회적으로 유익한 역할을 한다고 볼 수 있다. 그러나 정부로부터 대출 지시를 받는 은행은 지나치게 위험한 선택이라 하더라도 이런 리스크를 기꺼이 감수한다. 고객은 상환 능력을 초과해 돈을 빌리고, 은행은 이 초과 부분을 정부에서 처리해줄 것이라 믿는다. 이런 과정이 반복되면서 대출의 많은 부분이 국영 기업에 또 성부에 의한 정책 대출이라는 형태로 특정한 부분들에 붙는다. 그렇기 때문에 포트폴리오의 질 즉 자산 배분의 수준은 형편없다. 그래서 은행 부문은 심각한 어려움에 직면해 있다. 은행 부문 및 은행 부문의 취약성이 어쩌면 중국 경제의 안정에 가장 큰 위협 요인일지도 모른다.[38] 국영 은행은 전체 자산의 약 50퍼센트를 수익성이 없는 곳에 투자하고 있다.

중국의 금융 부문은 계획 경제의 유산으로 고통을 받고 있다. 건전하지 못한 국영 기업 부문이 은행 부문의 구조 조정을 가로막는다. 밑 빠진 독이나 마찬가지인 국영 기업에 보조금을 계속 지급해야 하는 데서 해방되지 않는 한 은행은 결코 건전한 재무 상태를 확보할 수 없다. 은행이 예금주들을 위해 가장 생산적인 투자처를 찾아내려면 수많은 주주들이 투자한 자본에 대한 수익률을 높이려는 은행 경영자의 동기부터 우선 민간 시장의 동기처럼 개혁되어야 한다.

현재의 금융 부문이, 잘 관리되는 모범적인 금융 부문으로 발전하는 데 가장 큰 장애물은 정부가 가장 주된 대출금 제공자인 동시에 가장 주된 대출금 수납자라는 사실이다. 금융 부문을 보다 투명하게 하기 위해서는 정부가 우선 효율적인 대출을 위한 토대를 마련한 뒤 일선에서 물러나고 금융 기관들이 상업적인 관점에서 대출을 신청하는 주체의 신용을 정확하게 평가한 뒤에 집행을 하도록 할 필요가 있다. 은행이 민간 부문에 자금을 조달하는 비율은 현재 적절한 수준이 아니다. 하지만 그렇다고 이 비율을 더 늘일 수도 없다. 수익성 없는 국영 기업에 너무 많이 빌려준 상태라서 옴짝달싹할 여지가 없기 때문이다. 이런 사실은 은행으로서는 나쁜 소식이다. 하지만 금융 시장으로서는 이런 사실이 오히려 강점이 될 수도 있다. 잘만 관리한다면 금융 시장이 매력적인 대안을 낼 수도 있기 때문이다.[39]

사산(死産)한 금융 혁명

1990년대 초에 나타난 중국의 비은행권 금융 개혁 조치들은 민영화와 파산법 개혁 등과 같은 다른 필요한 경제 개혁 조치들보다 앞서갔다. 중국의 주식 시장은 센첸과 상하이에서 각각 1990년 12월 1일과 12월 19일에 문을 연 이후 빠른 속도로 확대되었다. 새로 상장되는 종목들은 신청자가 너무 많이 몰려 수요가 공급을 따르지 못하는 일도 자주 나타났다. 당시의 뜨거웠던 열기를 윌리엄 오버홀트는 이렇게 증언한다.

"1992년, 주식 투자 열기가 어느 정도 뜨거웠느냐 하면, 앞으로 발행될 주식에 대한 매입 순번을 거래소 당국에서 사람들에게 미리 나누어주어야 할 정도였다. 사람들은 이 신청서를 돈으로 사야 했다. 자기에게 돌아오는 매입 기회에는 종목을 보지도 않고 무조건 발행되는 주식을 샀다. 센첸보다는 덜하지만 상하이에서도 열기가 뜨겁긴 마찬가지였다. 주식 매입 허가증이 원래 정부가 발행한 가격보다 40배의 프리미엄이 붙어서 매매되는 것도 전혀 이상한 일이 아니었다."[40]

1990년대 말, 중국의 상장 기업은 1,300개가 되었고〔이들은 대부분 공영 기업이고 A-주식(중국 국내 주식 시장에서 매매되는 주식―옮긴이) 최고의 지위를 누린다] 주식을 가지고 있는 사람의 수도 6천만 명이나 되었다. 5억 9천만 달러의 국내 주식 시장 자본화 규모는 일본 다음으로 가장 큰 규모로 중국을 세계에서 가장 빠르게 성장하는 나라로 만들었다.[41] 홍콩증권거래소의 소위 레드 칩과 H-주식 기업은 2000년 기준으로 홍콩 시장 자본화의 28퍼센트를 차지한다.[레드 칩은 원래 홍콩 증권 시장에 상장된 중국 기업들의 주식을 통틀어 일컬었으나, 지금은 중국 정부와 국영 기업이 최대 주주로 참여해 홍콩에 설립한 기업들 가운데 우량 기업들의 주식만을 가리키는 용어로 국한되어 쓰인다. 중국의 주식 시장은 크게 중국 내륙시장과 홍콩시장으로 나뉜다. 이 가운데 홍콩증권거래소에 상장되어 있는 중국 주식은 (2004년 기준)94개 종목으로 이루어진 H-주식과 레드 칩 두 가지이다. H-주식은 홍콩 주식시장에 투자된 중국 우량기업들의 주식이며 이 중 32개 우량종목으로 구성된 H-주식 지수를 '항생 중국기업지수HSCEI'라고 한다―옮긴이]

주식과 채권, 미래 시장의 급속한 발전은 병약한 은행 부문에 논리적인 대안을 제시한다. 자본 시장의 보다 큰 역할은(대규모 민영화, 연금 개혁, 금융 부문 구조 조정 그리고 새로운 기술의 도입 등을 포함한) 시장 개혁의 다음 단계들을 용이하게 해주는 것이라고 할 수 있다. 자본 시장이 있기 때문에 기업은 자기가 거둔 수익을 사람들에게 공평하게 분배할 수 있고 또 국영 기업은 공영 기업으로 변모할 수 있다. 활발한 주식 시장은 산업 합리화에 필요한 인수와 합병을 촉진해 국내 기업이 국제 경쟁력을 갖출 수 있게 만든다. 더 나아가, 중국은 공적 연금 체계를 만들고 여기에서 발생하는 기금을 기관투자자의 투자 자금으로 활용함으로써 인구의 시한폭탄을 제어할 수 있다. 기술 분야의 여러 야망들은 창업 자본이나 벤처 자금을 이용해 날개를 달 수 있다. 벤처 투자자들은, 자본 시장에 대한 기업 공개(외부 투자자에 대한 첫 주식 공매―옮긴이)와 같은 퇴장 옵션을 기대할 것이다. 그리고 세계무역기구WTO의 접근이 보다 확실하게 이루어짐으로써 자본 자유화는 중국의 국내 시장을 점차 외국의 기관투자자들에게 개방할 것이다.

국가가 주식을 소유한다는 개념은 이념적으로도 사회주의의 보다 심도 깊은 목적과 양립할 수 있는 것이라. 이 개념은 시장의 발전을 강화하는 한편 중국의 공산주의 건국이념을 그대로 유지시킨다. 재정적인 독립과 함께 새로이 부상하는 중산층 계급은 기업 차원이나 국가 차원에서 보다 질 높은 수준의 관리를 요구할 것이다. 주식을 가지고 있는 사람들은 보다 높은 책임성과 투명성을 요구할 것이다. 그리고 자본 시장에서의 기업 관리는 중산층으로 하여금 투자 자산 운용을 보다 다각화할 수 있게 허용할 것이다. 그리고 이 중산층은 자기들의 투자에 대해 법률적으로 안전한 보호 장치를 요구할 것이고, 궁극적으로 국가 지도자에게 더 나은 통치 수준을 요구할 것이다.[42]

그러나 시장은 아직 광범위한 사회·경제적 개혁의 촉매가 되어 있지 않다. 2004년 초의 금융 시장은 30개월 동안의 슬럼프를 거친 뒤 빈사 상태이다. 중국의 증권회사들은 2002년을 통틀어 전체적인 손실을 기록했다. 2003년에도 네 개 가운데 세 개는 손실을 기록했다. 그리고 2004년에는 진짜 투자다운 투자도 이루어지지 않았다. 새로운 기업 공개가 있어도 사람들은 열광하지 않았다.

중국에서 자유롭게 거래되는 주식을 이웃 국가들의 주식과 비교하면 중국의 자본 시장화는 동아시아 전체 지역에서 가장 낮은 수준이다.[43] 정부는 계속해 자기가 최대 주주가 되어야 한다고 주장하기 때문에 상장 기업들 가운데 3분의 2는 거래가 이루어지지 않는 종목들이다. 정부의 규제 법망을 교묘하게 피하는 투자 회사들은 다중 구좌를 이용해서 구좌의 대부분을 투자자들에게 열어놓는다. 현재 주식 소유자로 등록된 사람은 6,000만 명이다. 하지만 실제 주식을 가지고 있는 사람은 200만 명밖에 되지 않을 가능성이 높다. 인도의 한 회사인 리라이언스 사(社)의 주식을 가지고 있는 사람은 240만 명인데, 이들만 하더라도 중국 주식 시장에 참가하는 전체 인구보다 더 많다. 주주 총회를 거

〈도표 9-2〉 금융 체계의 규모와 구성 비율 : 중국 대 인도

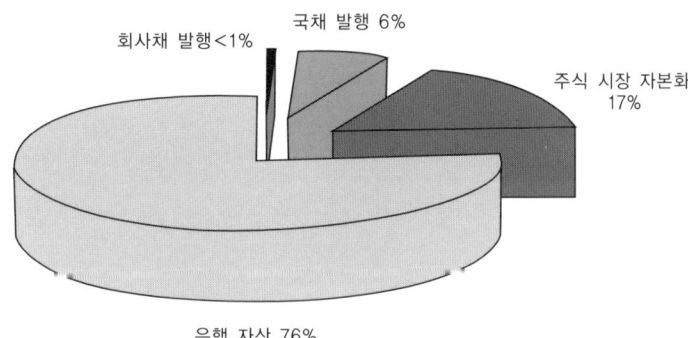

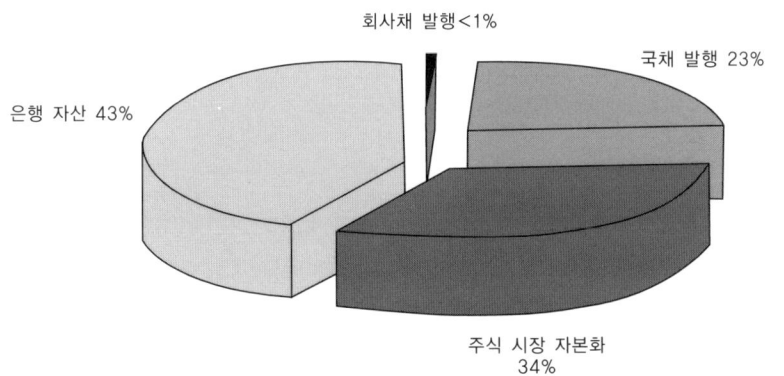

참고 : 금융 자산은 중국에서 GDP의 269퍼센트이지만 인도에서는 166퍼센트이다.

대한 축구 경기장에서 거행하는 리라이언스는 주식을 일반인에게 제공하고 또 이 주식의 가치가 꾸준하게 상승함으로써 인도의 주식 시장을 가장 성공적으로 뒷받침하는 기업으로 자리를 잡았다. 중국 기업 가운데 전국 각지의 다양한 투자자들이 투자한 돈으로 자금을 조달받아서 성장을 해온 기업은 하나도 없다. 중국의 자본 시장은 민간 기업의 금융 수요를 충족하기에는 아직 허약하다. 상하이와 센첸에 있는 증권거래소에 상장된 기업들 가운데 단 1퍼센트만이 민간 기업이다. 민간 기업은 정부가 법률로 규정한 기업 정보 공개 기준을 충족하지 못하기 때문에 민간 기업이 상장을 하려면 많은 제약이 따른다.(참조. 〈도표 9-2〉)

자본 시장 발전은 제자리를 잡지 못하고 헤매고 있다. 지방 정부들이 할당 체계에 따라 처음에 경영의 질이나 기업의 시장 전망을 고려하지 않은 채 선택한 1,300개 상장 기업들을 놓고 보면 투자자 가치는 무시되었고 또 선택된 기업들이 기업 공개로 모인 자금을 효율적으로 사용한 경우도 거의 없다. 많은 전문가들은 거래할 수 없는 정부 소유 종목들이야말로 시장이 직면하고 있는 가장 큰 문제라 지적한다. 정부는 상장 기업 대부분에서 최대 주주의 지위를 잃지 않으려고 한다. 이들 기업의 민영화를 막기 위해서이다. 지배적으로 보유하고 있는 주식을 정부가 팔려고 내놓을 때마다 주가는 곤두박질친다.

개발도상국에서 주식 시장은 기업 및 해당 부문에 대한 소중한 정보를 제공한다. 중국의 실질 경제는 9퍼센트 성장을 하고 있지만 주식 시장은 정체 상태이다. 왜 이런 불일치 현상이 나타날까? 투자자의 신뢰를 회복하기 위한 노력의 일환으로 정부는 정보의 질을 개선하려고 금융 혁신을 지지하려고 새로운 제품과 서비스의 도입을 촉진하려고 그리고 가치 인플레이션과 조작 및 사기를 억제하려고 애를 써왔다. 이런 정책적인 시도들 외에도 긍정적인 현상은 또 있다. 유능한 인재들이 현재 해당 기관들에서 중요한 자리들을 차지하고 있다는 점이다. 증권 관련 조건들은 줄곧 개선되어 왔다. 중국증권감독위원회CSRC는 독립적으로 국제 상거래 기준을 도입한다. 그럼에도 불구하고 대부분의 전문가들은, 중국의 자본 시장이 중국의 수요를 충분히 충족할 만큼 빠르게 성장하지 않고 있으며 또한 은행 부문이 실패를 하면 제대로 기능을 하지 못할 것이라는 믿음을 가지고 있다. 2000년 이후로 주식 시장에서 모집된 전체 자금의 양은 줄곧 최소 수준이었다.[44] 2003년 이후로 자본 시장의 전체 성장량은 은행이 성장한 양의 5퍼센트 미만이었다. 중국에서 회사채 발행이 정점을 이룬 해는 1992년이었다. 하지만 은행 대출이 꾸준히 늘어나면서 회사채 발행은 줄곧 내림세였다. GDP 대비 대출의 증가는 매우 뚜렷이 상승해서, 은행이 전체 금융 기관의 주식을 보유하는 비율은 90퍼센트까지 치솟았다. 중국은 아시아 금융 위기 이전보다도 더 많이 은행에 의존한다. 하지만 동아시아의 다른 나라들은 은행 이외의 다른 금융 기관들로 다각화를 추진하고 있는 중이다.

중국의 개혁은 소액 주주의 권리를 보호하고 기업의 정보를 해당 기준에 맞게 충분하게 공개하는 데까지는 나아가지 못한 실정이다.[45] 정부가 취한 대부분의 조치들은, 국가증권기금NSF과 함께 가장 주된 참가자인 국영 기업과 증권사가 손실을 보지 않도록 인위적으로 주가를 끌어올리기 위한 것이었다. 상장 목록에서 탈락하는 기업도 거의 없으며, 지급 불능 상태의 증권사들도 그대로 살아남았다. 대부분의 증권사들이 돈을 잃고 있으며 또 많은 증권사들은 고객 예탁금을 잘못 운용한 일로 고소를 당하고 있음에도 불구하고, 주식 시장에서 발생하는 부주의한 행동이나 파렴치한 행위를 적발해서 처벌하는 일도 거의 없다.

정부가 지배적으로 소유하는 주식을 시장에 팔지 않는 데는 기득권자의 입김도 작용을 한다. 국가발전연구센터의 금융연구소 소장인 바수송 박사가 지적하는 것처럼, 이들 기득권자의 힘 때문에 중국은 주식 시장의 빈약한 성과의 여러 원인들을 근본적으로 처리하지 않는 점진주의적인 개혁의 길을 걸을 수밖에 없었다. 이런 견해에서 보자면 정부가 자기 소유 주식을 언제 어떻게 처분하겠다는 명확한 일정을 발표하는 것이 해결책이 될 수 있다. 하지만 바수송이 《파이낸셜 타임즈Financial Times》와 가진 인터뷰에서 밝혔듯, 점진적인 개혁으로는 중국 주식 시장이 현재 당면한 문제를 해결하지 못한다. 그는 이런 말을 했다. "우리의 주식 시장은 어쩌면 경제 성장의 지표가 아니라 중국 전체 체제의 결함을 나타내는 지표일지도 모르겠다."⁴⁶ 현 체제에서는 아무리 관리와 감독을 잘한다 하더라도 상거래의 잘못된 규제 기준을 바꾸겠다거나 그런 부패한 기준들을 제거하겠다는 동기 부여는 이루어지지 않는다.

중국의 주식 시장이 또 다른 중요한 문제를 해결하지 않는 한 주주의 강력한 통제력 행사는 결코 가능하지 않을 것이다. 기업 관리를 국가별로 비교를 한 연구를 통해 마크 로는, 경영자의 이해관계가 주주의 이해관계와 일치할 수 있을 때 주주의 강력한 권리가 발생하지만, 정치적인 관리들이 경영자에게 간섭을 할 때 기업의 관리 구조는 필연적으로 비효율성을 드러낼 수밖에 없다는 사실을 발견했다. 정부가 설정하고 있는 사회적인 여러 목표들은, 일반 대중이 주식 소유에 대해 느끼는 매력을 감소시킨다. 주식을 소유해도 해당 기업의 경제 활동이나 경영자를 감시할 수는 없기 때문이다. 로는, 사회적인 의제가 기업의 의사 결정에 개입할 때 경영자는 종업원들과 함께 다양한 주주들의 이해관계에 반대되는 쪽으로 나아간다는 결론을 내렸다. 미국에서 경영자와 다양한 주주들이 같은 이해관계로 묶일 수밖에 없는 장치 즉 예를 들어 인센티브 제도나 회계의 투명성 혹은 적대적인 인수합병 등은 일반적으로 사회적인 의제가 개입할 때는 나타나기 어렵다. 예를 들어 중국에서 경영자들이 보상을 받는 기준은 수익성이 아니라 결과이다. 대부분의 사회민주주의 체제에서 다 그렇듯, 중국의 사회주의 역시 기업은 주주의 수익을 극대화하는 방향으로 의사 결정을 내리지 않는다. 로의 추론을 따르면, 중국의 소액 주주들은 미국이나 영국에서처럼 확실한 법률적인 보장을 받기 어렵다. 로의 연구 결과는 중국의 주식 시장이 안고 있는 병은 쉽게 치료되지 않을 것이라는 우울한 전망을 내놓는다.⁴⁷

중국 정부의 딜레마

독재 정부의 고전적인 딜레마는 통치권이 법보다 우위에 있기 때문에 자기 스스로를 감독할 수 있다는 점이다. 일당 독재 체제의 국가는 법 위에 군림하기 때문에 관리들을 적절히 감시할 수 있는 제도와 기구가 부족하다. 그렇기 때문에 정부는 비정부적인 부문의 재산권을 보호하는 공평한 관리와 규제를 할 수 없다.⁴⁸ 당을 견제할 수 있는 기구 예를 들면 의회나 독립적인 행정부 혹은 사법부가 존재하지 않는 한 당이 권력을 제한하는 법률은 시행되기 어렵다.⁴⁹

당 이외의 제3의 법 집행 체제를 마련할 경우 당은 당에 대해 독립적으로 이루어지는 관리와 감시의 대상이 된다. 그리고 이때는 당의 이해관계와 국가의 이해관계가 구분된다. 투자자들이 투자를 하려면 우선, 정치 기관이 개입해서 계약 내용을 파기하거나 임의적으로 계약 당사자의 재산을 처분하지 않을 것이라는 확신이 필요하다. 정치권력이 관행적으로 휘둘러 온 재량권을 구속하려면 헌법적인 수준의 개혁이 필요하다. 하지만 믿을 만한 법률 체계가 갖추어지기 전까지는 당 중앙의 발언과 지시를 대체할 수 있는 것은 아무것도 없다. 개인적인 감정이 섞이지 않는 비인격적인 복잡한 거래에 방해가 되는 요소들은, 제3 정당의 거래 관련법에 관한 의지를 통해 축소되어야 한다. 시장 경제의 기초를 튼튼하게 구축하려면 당으로서는 권력을 일정 부분 포기하고 확실한 법치가 이루어지도록 하는 것 말고는 다른 대안이 없다.

정부가 기업 활동에 시시콜콜하게 간섭하고, 기업으로부터 세입을 뽑아낼 온갖 도구들을 교묘하게 구사함으로써 경영의 규율은 훼손된다.⁵⁰ 정부는 사업 승인과 관련된 규제 사항들을 통제하며 또 누구를 고용할지, 임금을 어느 정도 올릴지 그리고 투자 결정을 어떤 내용으로 할지 등과 같은 일상적인 기업의 의사 결정 사항에 직접적으로 개입할 수 있다. 표준과 관련된 규제 활동과 과세 활동은 모두 당이 지휘권을 발동할 수 있는 부분인 동시에 기업의 소유주 입장에서는 아무런 소구권도 가지고 있지 않는 부분이다. 이와 관련해《차이나 데일리China Daily》는 다음과 같이 보도했다.

"관련 기관들이 규제자의 역할과 수익 창출 주체의 역할을 동시에 하기 때문에, 이들은 기득권을 지키려고 경쟁자들에게 격렬하게 대항한다. 이런 사정이 정부 기관과 이들의 독점적인 산업에 대한 이미지를 손상시킨다."[51]

2004년 3월까지는 줄곧 중국의 헌법이 당원들에게 장차 사회주의적 재산권만이 존재할 것이며 이상적인 세상에서는 국가 소유가 사적 소유보다 더 나은 결과를 낳을 수 있을 것이라고 믿게끔 강제해 왔다. 이런 환상은 사적 소유를 인정하는 인민의회의 결정으로 산산조각이 났다. 그러나 불법적인 소득이나 불법적인 방법으로 모은 개인 재산은 일반 사람들의 분노를 사고, 당 내에서의 인사에 불리한 요소로 반영된다는 사실은 여전히 계속되었다. 그런데 개인 재산까지 헌법이 보호하게 되자 정부는 헌법의 13조를 보장하는 부분에 특히 관심을 가졌다. 헌법 13조는 "합법적으로 취득한 소득, 예금, 집, 기타 재산" 등 몇몇 특수한 종류의 개인 재산만을 보호한다고 규정하고 있다. 정부는 개인의 재산을 인정함으로써 자본 유출을 막을 것이라 기대한다. 2002년에 발생한 자본 유출은 500억 달러로 추산되는데, 이는 연간 외국인 직접 투자 금액과 맞먹을 정도로 큰 금액이다.[52] 하지만 이런 도덕 및 이념적 딜레마의 결과로 민간 투자에 의한 소득은 여전히 안전하지 못하다. 개인 재산의 법률적 보호가 헌법에 명시되어 있더라도 민간 거래법 관행의 전통이 존재하지 않는다는 점을 고려할 때 과연 이런 취지가 현실에서 어떻게 관철될 수 있을지 의심스럽다.

민싱 페이는 국가가 공공 부문 서비스를 제공할 수 없다는 여러 가지 징후들을 지적했다. 그는, 당은 당원들을 훈련시킬 능력도 재정적인 여유도 없기 때문에 공공 부문 서비스를 제대로 제공하지 못하기 때문에 건강·교육·환경

보호 · 범죄로부터의 보호 등과 같은 서비스가 제대로 이루어지지 않는다고 단언했다. 페이의 관점에 따르면 교통사고 사망, 낮은 수준의 사회 부문 투자, 관리가 제대로 이루어지지 않고 뇌물이 관행처럼 오가는 작업장에서 일어나는 산업 재해 등은 필요한 질서를 당이 적절하게 제공하지 못하는 무능력 때문에 발생한다.[53] 대중이 가장 소리 높이는 불만은 원거리 통신, 우편 서비스, 전기, 공공적 수송 체계, 가스 공급 등과 같은 사회 기반 시설 및 여기에서 비롯되는 서비스가 부족하다는 것이다. 이런 '중국 중심의' 관심사들은, 중국 인구가 이제는 사회의 가장 가난한 부문조차도 서비스와 기반 시설을 제공할 것을 기대한다는 내용을 반영한다. 가난한 사람에게 기본적인 사회 기반 서비스를 제공하려는 중국의 노력은 흔히 동일한 소득 수준의 다른 국가의 경우와 비교를 하면 보다 효율적이다. 사실 세계은행이 펴낸 자료를 보면 중국의 전기 손실률은 10퍼센트 미만이다. 이는 OECD 기준에 육박하며, 같은 지역 개발도상국의 전기 손실률 25퍼센트와 비교하면 두드러지게 낮은 수치이다.[54] 세계은행은 또한 수도관으로 수도가 공급되는 시간도 베이징의 다른 어떤 개발도상국의 수도보다 많으며, 또 수도 손실률 역시 개발도상국의 다른 어떤 도시들보다도 낮다고 발표했다.[55]

당은 부적절한 물리적 기반 시설이라는 문제를 훨씬 초월하는 취약함과 필연적으로 맞닥뜨리게 된다. 부패를 줄이고 보다 더 총괄적인 사회를 만들기 위해 당은 보다 더 공익적인 정책을 제공하고 사적인 재화 제공은 줄여야 한다.[56] 하지만 당이 가지고 있는 상반된 두 역할이 조화를 이룰 수 있을까? 이런 조화가 적절한 시기 안에 이루어질 수 있을까? 당은 엄청난 벌금이 특징인 수많은 반부패 운동을 벌여 왔다. 또 지방 및 중앙 차원의 과세 행정을 분리하고 중앙은행을 강화하려고 노력해 왔으며 공정한 감독 및 규제 기관들을 설립했다. 그러나 정책과 사적인 재화를 동시에 지지자들에게 제공하는 것은, 재정 긴축의 10년 동안 자원의 이용을 왜곡하는 결과를 빚었다. 보다 공익적인 정책을 통해 더 많은 지지를 얻고자 당은 지지자들에게 베푸는 사적인 재화(특권, 면세, 비예산 계정, 보조금, 재량권 등)의 분배를 줄여야 한다. 당 내부의 서열과 충성심을 유지하기 위한 당의 사적인 재화 분배는 (보편적인 규칙과 건전한 거시경제학적인 정책을 포함하는)공익에 대한 전망과 상충한다.

법률 체계, 마을 선거, 전문 경영자의 당 가입 허용 등에 관한 제한적인 개혁 등은 모두 보다 내포적이고 또 훌륭한 통치를 위한 필요성을 민감하게 포용하는 방향으로 나아가는 걸음걸이들이다. 그런데 이런 적극적인 행보에는 당이 스스로의 약점을 노출시킴으로써 자신의 합법성을 약화시킬 위험이 뒤따른다. 그러나 이런 것들이 부패가 일어나는 것을 막을 수는 없다. 하지만 부분적인 개혁은 불평의 불씨를 남겨두는 것이라 나중에 거대한 불길로 살아날 수 있다. 몇몇 당 간부들은 당이 부분적인 통치 개혁을 통해 국민들에게 성을 공격할 무기를 쥐어주고, 나중에 이들이 무기를 들고 당시 지배하는 요새를 부술지도 모른다고 걱정한다.

해법의 한 부분은 전문적인 표준 획정 문제, 환경 및 공중 보건과 관련된 쟁점의 처리 문제, 정보와 관리 부분에서의 기본적인 서비스 제공 문제 등을 처리할 수 있는 통치 차원의 혁신을 이루는 것이어야 한다. 사스(급성 호흡기 증후군—옮긴이)의 발병을 억제하기 위한 적절한 조치들을 취하지 못한 것도 통치 차원의 혁신을 위한 이런 제도적 장치가 없다는 사실을 반영한다. 그러나 사스의 발병 결과로 당에서는 아직도 시민 사회를 위한 당의 보다 큰 역할을 공개적으로 인정하지 않고 있다. 중국에는 아직 발생 초기 단계인 많은 제도들이 있다. 예를 들면 인민의회와 보다 더 큰 책임성을 부과하는 데 도움을 주는 지방자치제가 그런 제도들이다. 이런 기관들에 합법성을 부여하기 위해서는 입법자들은 기존 선거에 보다 경쟁적 요소를 도입하거나 아예 직접 선거를 도입해야 한다.

중국의 내재적인 취약성

정부가 엄격한 재정 조직을 유지할 경우, 정부는 필연적으로 비탄력적이며 유사시에 쉽게 확대될 수 없는 세입 원천에 의존할 수밖에 없다. 의사 결정권을 지방 관리들에게 이전함으로써 중앙 정부의 세입이 줄어드는 결과가 빚어졌다. GNP에서 중앙 정부의 세입이 차지하는 비율은 1990년 35퍼센트에서 20퍼센트로 줄어들었다. 비록 중국의 세입 개혁은 현재 진행형이긴 하지만, 현재와 같은 제도 아래에서는 중국 정부가 갑삭스러운 사태에 대처할 수 있는 상지가 부족하다. 점차 늘어나는 국가 자원을 현재 지방 정부나 개인이 통제하고 있기 때문에 갑작스러운 비상사태가 발생할 경우 중국 관리들이 선택할 수 있는 시나리오는 세 가지이다. (1) 필요할 경우 무력을 사용해서라도 특별 세금을 징수해 자원을 가진 사람에게서 자원을 빼앗는 것. (2) 중국 경제의 기관차가 탈선할지도 모를 위험을 부담하면서 통화를 팽창시키는 것. (3) 자원을 가진 사람들과 협상하는 것(이 협상은 채권자와 납세자의 대표가 정치적인 대의기구를 만드는 상황까지 낳을 수 있다).

공채의 증가는 과세 체계의 근본적인 정밀 검사를 요구한다. 만일 중국이 민간의 개인이나 기업의 과세에 의존해야 한다면, 정부가 허약할 때 과연 이들이 정부의 정책에 고분고분 따를지 의문이다. 정부는 공공 부문 서비스, 실업 보상, 전쟁, 대규모 생태 재앙 혹은 엄청난 전염병 등에 대한 수요를 공급하기 위해 특별한 세원을 필요로 할 수 있다. 바로 이런 순간 정부의 허약한 부분은 곧바로 노출될 것이다. 가장 있을 법한 단기적인 위기의 시나리오는 은행 체계가 붕괴해 정부가 긴급하게 나서서 필요한 곳에 도움을 주어야 하는 경우이다.[57] 중국의 금융 자산은 GDP에 대한 비율로 볼 때 대략 미국과 맞먹는 규모인 240퍼센트이다. 중국의 금융 체계는 은행 부문이 지배하고 있으며 네 개의 은행이 전체 은행 자산의 59퍼센트를 보유(참조, 〈도표 9-3〉)하기 때문에 이 '빅 포'는

〈도표 9-3〉 중국 은행의 유형과 구성 비율 및 각 유형별 보유 자산 구성 비율(2002년)

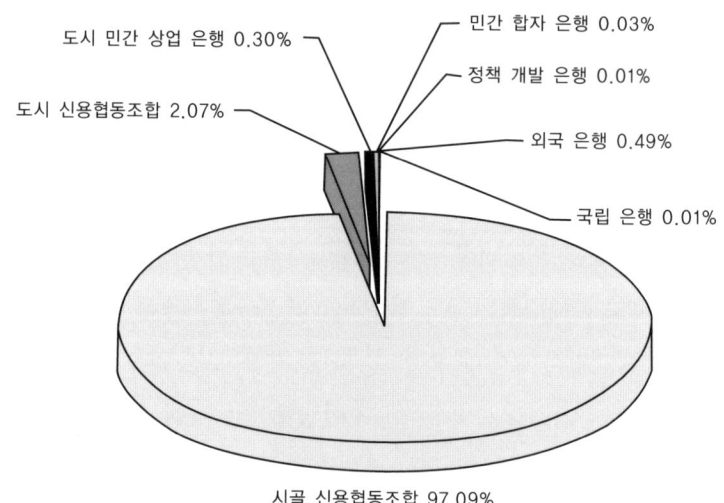

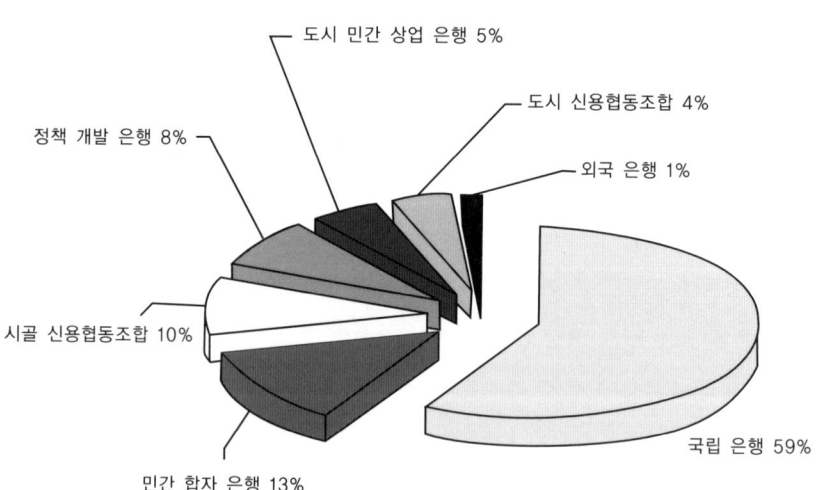

참고 : 은행의 97퍼센트가 시골에 있는 신용협동조합임을 눈여겨보기 바란다. 이들은 전체 은행 자산의 10퍼센트만 보유한다. 한편 국영 은행은 전체 은행 가운데 0.01퍼센트밖에 되지 않지만 전체 은행 자산의 59퍼센트를 보유하고 있다. 덧붙여, 저자는 자료를 이렇게 사용하도록 허락해준 밀턴 연구소의 제임스 바스에게 고마움을 표시한다.

국가 금융 자산의 약 절반을 책임지고 있다. 이들이 가지고 있는 불량 채권은 전체 자산의 40퍼센트나 되는 것으로 추정된다. 중국의 지분 시장 자본화와 채권 발행액의 합계가 전 세계 합계 금액에서 차지하는 비중은 미미한 수준이다.(참조, 〈표 9-1〉) 바로 이런 점 때문에 중국 경제는 금융 부문이 붕괴할 경우 특히 위험하다고 할 수 있다.[58] 국가의 금융 자원들이 네 개 은행에 심각하게 편중되어 있기 때문에, 만일 이 네 은행 가운데 하나라도 무너지면 중국 경제는 엄청난 혼란에 휩싸이고 말 것이다.

환경이나 위생 관련 재앙이나 군비의 현대화, 전쟁 발발도 배제할 수 없다. 게다가 중국의 현재 재정적인 상태는 공식적인 자료가 드러내는 것보다 더 허약하다. 수많은 부채들이 자료에 누락되어 있기 때문이다. 이런 부채에는 연금 부채와 은행 체계에서 이루어지는 특례적인 비합법적 거래로 인한 부채까지 포함된다. IMF의 한 연구서가 지적하듯이 반갑지 않은 뜻밖의 사건들은 얼마든지 다양한 경로를 통해 발생할 수 있다.

"얼른 볼 때, 금융 정책은 중국이 취해야 할 절박한 중기 정책 과제는 아닌 것 같다. 측정된 부채 총액 규모는 작고 알려진 재정 적자도 그다지 심각하지 않아서 쉽게 극복할 수 있다. 하지만 중국의 금융 활동성은 국가 예산 규모를

〈표 9-1〉 세계 총 금융 자산에 대한 지역별 금융 자산 비율

	세계 총합계	전체에서 차지하는 국가별 비율(퍼센트)		
		중국	일본	미국
인구	61억	20.8	2.1	4.5
GDP	31.1조 달러	3.7	13.6	32.7
은행 자산	36.9조 달러	5.3	16.2	15.7
지분 시장 자본화	27.8조 달러	1.9	8.1	49.6
채권 발행	31.6조 달러	0.7	16.7	54.0

참고 : 중국 자료는 1999년 통계 값이다

훌쩍 뛰어넘으며, 국가 재정은 앞으로 이어질 몇 년 동안 숱한 어려운 과제들에 직면할 것이다. 은행 체계에는 계획 경제의 유산으로 인한 특례적이고 비합법적인 부채가 엄청난 규모로 존재한다. 더 나아가, 비록 새로운 불량 채권의 발생을 억제하려는 노력이 현재도 이루어지고 있긴 하지만, 국영 기업 및 금융 부문의 개혁을 통해 은행 자금이 이쪽으로 계속 흘러들어가서 불량 채권이 될 여지가 남아 있다. 그리고 건강, 교육, 연금 개혁, 정부가 야심을 가지고 추진하는 기반 시설 건설에 지출될 많은 예산도 장차 정부가 감당해야 한다. 그 결과, 중국의 공채 총액은 실제 알려진 것보다 더 규모가 크며, 이런 문제를 해결하기 위한 조치가 마련되지 않는다면 이 규모는 더욱 커질 것이다." [59]

예측할 수 없는 미래의 사건에 대비하는 데 필요한 자원은 당이 가지고 있지만, 중국 정부는 이런 당을 속박할 수 있는 계획안이 부족하다. 중국이 아직도 미개발국으로 남아 있는 가장 큰 이유는 허약한 구매력이나 실제 내용이 의심스러운 GDP 성장률이 아니다. 특례적이고 불확실하게 집행되는 예산 절차 때문에 중국은 대부분의 개발도상국과 마찬가지로 총체적인 불확실성에 대처할 능력을 갖추고 있지 못하다. 현재 중국을 통치하는 헌법적인 틀 바깥으로 벗어나지 않으면서도 빠르게 전개되는 변화와 미래의 위험성을 극복해야 한다는 것이 바로 중국이 안고 있는 가장 큰 불확실성이다.

민주주의로 가는 길 위에 있는 절박한 금융 문제
: 국가 재정에서 민주주의로?

중국 전문가들 사이에 퍼져 있는 믿음이 하나 있다. 빠르게 현대화하는 경제는 궁극적으로 일당 독재 체제가 어떤 식으로든 바뀌어야 한다는 정치적인 압

〈도표 9-4〉 중국 : GDP의 백분율로 나타낸 정부 소득

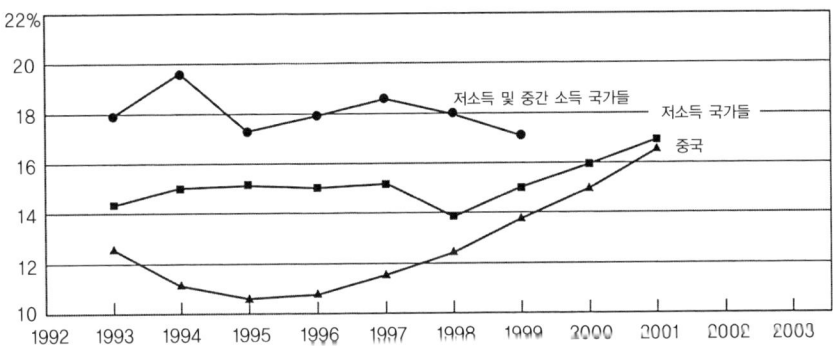

자료 출처 : 국제금융통계국과 세계개발지표

력을 형성하고 강화할 것이라는 믿음이다. 세입 원천이 적절하지 못한 상태로 계속 지속되면, 또 다른 진화적 변화의 길이 나타날 수도 있다. 당 관리들은 단편적인 개혁들만으로도 이전에 국영 기업이 제공했던 하지만 지금은 엄청난 규모로 줄어든 세입의 손실을 막을 수 있을 것이라고 기대한다.[60] 징세 과정을 단순화한 새로운 조세법이 세입을 증가시켜 왔다. 그리고 한편으로는 부패한 대출 관행을 법률적으로 제한해서 불량 채권의 증가를 막아 왔다. 그리고 1996년 이후 GDP 대비 정부 세입 백분율은 증가해 왔다.(참조, 〈도표 9-4〉) 그러나 그때 이후로 정부 재정 적자는 계속해서 증가했다.(참조, 〈도표 9-5〉와 〈도표 9-6〉)[61] 정부는 경제 성장이 이런 문제를 해결할 것으로 또 늘어나는 세입 기반과 성장하는 경제가 해결책이라고 희망한다. 이것을 로즈 테릴은 '소비자 중심주의가 레닌이즘을 구하는 것'[62]이라고 불렀다. 소비자 성장이 정부에게 적절한 세입 원천을 제공할 수 있을 정도로 충분히 빠를까?[63] 성장과 세입 재원의 물고 물리는 관계가 또 다른 문제이다. 정부는 성장이 제 궤도를 벗어나지 않도록 지지하는 규제 관련 인프라를 구축하기 위한 재정과 이를 확보하기 위한 세

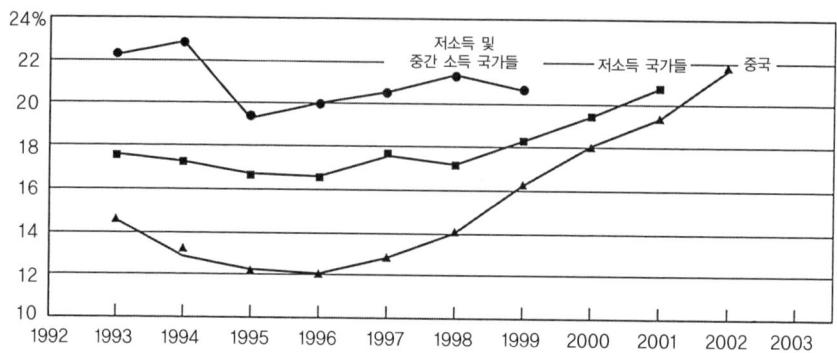

〈도표 9-5〉 중국 : GDP의 백분율로 나타낸 정부 지출

자료 출처 : 국제금융통계국과 세계개발지표

입이 필요하다. 성장 없이는 이런 세입 재원을 마련할 수 없다. 하지만 필요한 규제를 지탱하기 위한 세입 없이는 성장이 있을 수가 없다.

30퍼센트이던 1970년대 말의 GDP 대비 중앙 정부 세입 백분율은 2002년에 18.72퍼센트로 떨어졌다. 세입의 감소를 보상하는 과정에서 직권 남용과 부패는 무자료 비과세 거래를 통해 점차 증가해 왔다. 이런 비과세 비예산 자금은 흔히 비효율적이며 상부의 관리 감독을 받지도 않는다.

국영 기업의 적자가 정부의 세입 기반을 갉아먹으면서, 재정적인 필요성은 시장 중심적인 해결책을 위한 개혁을 더욱 촉진시킨다. 특례적인 조치는 이런 과정이 부드럽게 진행되도록 도움을 준다. 그러나 미래를 대비한다는 측면에서는 불충분하다. 문제가 많은 중국의 금융 기관들을 바로잡으려면 근본적인 개혁 조치들이 필요하고, 이런 개혁 조치들은 필연적으로 공산당의 권위를 훼손할 수밖에 없다. 만일 금융 체계가 외국인 소유를 허용하고 은행이 당의 일상적인 통제 없이 상업적으로 운영된다면, 당은 현재의 전반적인 통제 기능을 잃어버릴 것이다.[64] 베이징의 권력 핵심은 은행 제도를 국가가 소유하거나 관

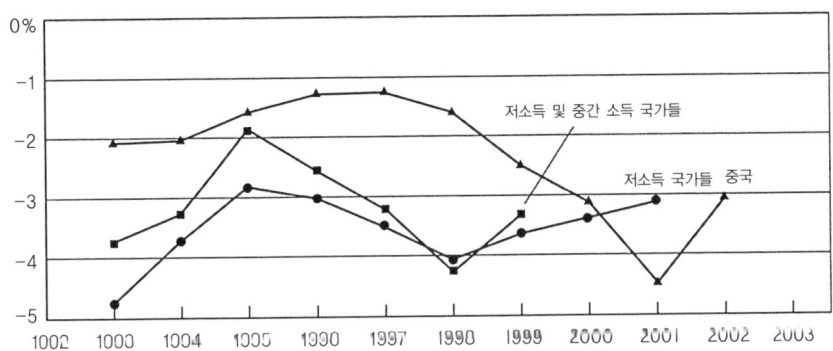

《도표 9-6》 중국 : GDP의 백분율로 나타낸 정부 예산

자료 출처 : 국제금융통계국과 세계개발지표

리하는 기업을 유지하는 데 사용하고자 한다. 이를 통해 당은 가장 직접적인 정치적 혜택을 누릴 수 있기 때문이다. 민간 은행은 이런 목적을 당과 공유할 이유가 없다. 그래서 국영 은행에서 예금을 빼낸다. 그 결과 국영 은행의 예금액이 줄어들고, 국영 은행으로서는 국영 기업 부채를 뒷감당하기가 더 어려워질 것이다.[65]

시장 경제가 안정적이려면 정부가 안정적인 세입원을 마련해야 한다. 이런 점에서 민주주의와 재정적인 지급 능력은 나란히 간다고 할 수 있다. 대의기구가 과세 권한을 합법적으로 가지고 있을 때는 보다 적은 비용으로 보다 많은 세금을 거둘 수 있다. 재정적인 안정성은 정부가 정부 운영에 필요한 돈과 관련한 사항을 국민과 협상할 수 있을 때 비로소 마련된다.[66] 이런 점에서 보자면 중국은 재정적인 안정성의 길로 아직 한 걸음도 떼놓지 못한 상태이다. 현재 정부가 필요로 하는 재정을 납세자들에게 내라고 설득할 수 있는 수단으로 당이 가지고 있는 것은 오로지 강압밖에 없다.[67]

중국의 미래 재정이 충분히 안정적이려면, 필요한 세입을 마련하기 위한 안

정적인 세입 유도 장치가 필요하다. 중앙 정부는 지방 정부의 재정적인 특권을 허용하고 있다. 이런 상황이 중앙 정부의 재정적인 안정성을 방해한다. 특수적인 기업 거래가 허용됨으로 지방 정부는 중앙에서 세금을 매길 수 없는 중요한 세입 재원을 확보할 수 있다.[68] 지방 부문을 통한 세입 재원을 마련하는 데도 새로운 틀이 필요하다. 1979년과 1980년에 상하이는 재정 잉여금을 중앙 정부에 넘겼다. 이 규모는 자그마치 상하이 GDP의 반이 넘었다. 하지만 1993년에 새로운 공식이 도입된 뒤, 상하이는 GDP의 8.5퍼센트만 중앙 정부에 넘겼다. 중국 수출량의 40퍼센트를 생산하는 광동을 보자. 1993년 이후로 지방 정부가 중앙 정부에게 보내는 송금액은 불과 GDP의 0.4퍼센트 수준으로 줄어들었다.[69] 광동의 관리들은 지방의 공익은 지방 정부가 제공하기 때문에 자기들이 어느 정도의 금액을 중앙에 보내는지는 중요하지 않다고 주장한다. 각지의 지방 정부들이 중앙 정부에 지불하는 금액 그리고 전체에서 차지하는 이 금액의 비율은 천차만별이다.(이럴 것이라고 쉽게 추정할 수 있다) 언제 어느 정도의 규모로 바뀔지 모르는 임의적인 할당이 아니라 각 지방 정부가 부담해야 하는 할당 규모에 대한 정기적인 협상 과정이 있어야 한다. 경제적인 합리주의 규칙에 입각한 체계를 필요로 한다. 이 규칙에 입각해서 세입을 발생하는 기업들의 권리를 고려해 과세 할당액을 산출해야 하는 것이다.

국가는 점차 늘어나는 대출을 감당할 수 있는 강력한 과세 기반 없이는 국가 발전에 필요한 자금을 조달할 충분한 재원을 마련할 수 없다. 1990년 이후로 GDP 대비 정부 세입 백분율은 세계 평균에 비해 한층 낮아졌으며, 1998년까지는 저소득 및 중간 소득 국가의 평균 수준보다도 한참 낮았다. 세입 기반이 증가했지만 지출은 더 큰 폭으로 증가해 정부의 누적 적자폭은 더욱 커지고 있다.(참조, 〈도표 9-4〉와 〈도표 9-5〉)

중국에서는 가장 크게 성공한 사람들이 일반적으로 세금을 내지 않는다. 2000년에 《포브스Forbes》는 중국 최고 부자들의 명단을 발표했다. 당 기관지인

《신화사 통신》은 나중에 포브스가 선정한 50대 부자들 가운데 불과 네 명만이 가장 세금을 많이 낸 납세자 목록에 들어 있다는 사실을 발표했다.[70] 중국에서 최고 부자들은 일반적으로 탈세 등의 불법 행위를 한다는 의심을 받고 있다. 경쟁자들이 모두 법을 따르지 않기 때문에 특히 납세와 관련해서 이들 부자는 가능하면 법망을 피하려고 애를 쓴다. 중국에서는 자기들이 어떤 세금들을 내야 하는지조차 제대로 아는 사람이 드물다.[71]

중앙 정부가 2001년에 거두어들인 세금 약 1,800억 달러 가운데 개인 소득세는 전체의 약 6.5퍼센트 수준인 불과 120억 달러밖에 되지 않는다. 신신국에서는 보통 개인직접세로 전체 세입의 약 28퍼센트를 충당한다. 미국에서는 이 수치가 30퍼센트까지 올라간다.[72] 하지만 중국에서는 개혁 과정이 수많은 법의 허점을 낳았고, 거의 모든 사람들이 이 허점을 노리고 있다. 중국은 우선 이 허점들을 모두 해결해야 한다.

중국의 미래 : 중국은 아시아의 미국

중국은 미국에 이어 세계에서 두 번째로 세계 경제에 많은 기여를 한다. 중국과 미국은 세계 경제 성장의 반 이상을 이끌고 있다. 그런데 흥미롭게도 이 두 국가는 미래의 세계적 문화적 지도국으로서 서로를 보완할 수 있다. 두 국가의 국민들은 각자 독특한 역사적인 경험을 통해 과거와 단절되어 있다.

미국인은 작은 보따리 하나씩만 들고서 고향을 떠남으로써 자신과 조상의 관계를 끊었다. 이민자인 이들은 조상의 고향으로 돌아갈 수 없다. 그리고 지리적으로도 과거의 관계와 단절되어 있다. 멕시코의 시인 옥타비오 파스가 썼듯 "미국은 다른 모든 국가와 달리 공통된 전통을 바탕으로 건국한 게 아니라 공통된 미래를 창조하겠다는 생각을 바탕으로 건국했다."[73] 중국도 이와 비슷하다. 중국의 인민 혁명은 과거와는 목적의식적으로 단절하겠다는 천명이다. 과거를 찢어 없애버리겠다는 노력이다. '봉건적인' 사고방식에서 중국을 떼어내기 위해 과거의 편견과 선입견을 완전히 털어내기 위해 과거의 흔적들을 물리적으로 심리적으로 파괴하는 것이다. 이 과정에서 기존의 특권 지배층은 특권을 모두 잃었다. 지식인들은 농민 참상의 쓰디쓴 맛을 보았다. 그리고 수많은 역사적 문화유산들이 파괴되었다.[74] 그러나 과거의 기반이 전혀 없는 곳에서도 현대 자본주의는 뿌리를 내릴 수 있고 공동의 미래를 창조할 수 있다. 자기들이 미래에 되고자 하는 모습을 현재의 기반으로 삼을 수 있다. 이런 점에서 중국인과 미국인은 미래를 자기 운명을 통제하는 수단으로 생각한다.

난징 시장과 저녁 식사를 함께한 적이 있다. 이 자리에 나갈 때 나는 양복 옷깃에 불교의 윤회를 상징하는 문양을 달았다. 상하이의 한 신문사 기자와 인터뷰를 할 때 기자가 기념품으로 준 것이었다. 그런데 시장은 이것을 보더니 나더러 무슨 회사에 다니느냐고 물었다. 세계 어느 곳에서나 불교의 전통적인 상징임을 다 알아보는 것을, 정작 중국 불교의 수도라고 할 수 있는 우후에서 100킬로미터밖에 떨어져 있지 않은 곳에 살던 이 사람은 그게 무엇인지 몰랐던 것이다.

이 일화는 중국의 문화혁명이 중국이 이제 과거로 되돌아가기 어렵게 만들었다는 사실을 입증한다. 과거의 종교적 문화적 인종적인 분열이 사라지지 않고 남아 있는 인도에서는 과거부터 이어져 내려오는 경쟁 관계가 인도를 갈기갈기 찢어놓고 있다. 과거의 의심, 위협, 원한은 언제나 수면 아래에 잠복해 있어 언제든 뜨겁게 분출할 준비가 되어 있다. 이런 상태가 잠재적인 동조자와 투자자의 접근을 가로막고 있다. 인도의 민족주의는 과거를 이상화하고 드높이며 심지어 현재에 되살림으로써 상호 이해를 차단한다. 2천 년 전에 세워진 사원을 놓고 다툼이 벌어져 서로 죽이고 죽였다는 기사는 늘 신문에 실린다. 중국은 종교나 인종 문제를 놓고 대립하던 과거의 논쟁에서 일찌감치 걸어 나와 시민의 공통적인 미래를 창조하려는 노력을 기울이고 있다. 중국은 미래를 바라보지 자기 운명에 대해 다른 사람 탓을 하며 붙잡고 늘어지지 않는다. 민족주의가 판을 치는 중동과 남아시아, 라틴 아메리카와 달리 중국은 과거의 싸움을 위해 현재의 자원을 낭비하지 않는다. 중국 사람들은 지도자가 현재의 자기들과 미래의 자기들이 나아가고자 하는 방향에 책임을 지도록 한다. 중국 정부의 합법성은 국민을 위해 정부가 수행하는 것에서 비롯한다.[75]

결론 : 경제 개발 모순에서 벗어나 나아가는 혁명의 길

공산당은 재정적인 필요성에 등이 떠밀려 자신의 가장 기본적인 세입 원천을 잘라낼 수밖에 없다. 국영 기업 부문의 부채로 정부가 지고 있는 재정적인 부담 때문에 보다 더 시장 지향적인 통치 체계를 향한 개혁 과정에 힘을 실을 수밖에 없는 것이다. 수익성이 없는 기업은 중앙 정부의 회계 장부에서 제외되도록 버리거나 성격을 바꾸어야 한다. 정부는 생산 과정에 대한 결정권을 포기하지 않은 채 빈혈 상태를 해결하려고 노력한다. 하지만 정부는 어디에서 세입을 대체할 수 있는 대안을 찾을 수 있을까? 비예산 계정을 통해서 정부가 관련 국정을 수행하려면 필연적으로 부패로 이어지는 문을 활짝 열 수밖에 없고 정부 관리들이 특혜적인 이익을 좇는 결과를 맞을 수밖에 없으며, 결국 당의 합법성과 신뢰성은 훼손된다.

효율적인 재정 정책을 마련할 필요성은 궁극적으로 중국의 정책 입안자들로 하여금 개인 납세자뿐 아니라 지방 정부에게 헌법적인 주장을 할 수 있는 권리를 부여하는 문제와 관련된 여론 수렴을 하도록 만든다. 민간 차원에서 부를 창출하는 인물이나 기관에서 정책에 대한 재정 관련 통제권을 허용하는 것은 궁극적으로 노동자-시민 국가라는 개념을 투자자-시민 국가라는 개념으로 바꾸자는 것이다.

중국을 바라보는 사람들이 단기·중기적 관점에서 가장 많이 던지는 질문은 다음과 같은 것들이다. 정부는 불량 채권 문제를 해결할 수 있을까? 수익을 추구하는 경제 부문이 현재 남아 있는 국영 기업 부문의 손실을 상쇄할 자원을 제공할 정도로 충분히 빠르게 성장할 수 있을까? 국영 기업이 보다 효율적으로 변모할 수 있을까? 전통적인 사회 복지 제도는 손실만 발생하는 기업에서 떨어져 나오는 노동자들을 충분히 보호해줄까? 급격하게 성장하는 민간 부문은 국영 기업에서 떨어져 나오는 노동자들을 흡수할 수 있을 만큼 충분히 많은 일자리를 제공할까? 인플레이션이 미쳐 날뛰게 하지 않고서 재정 적자를 계속 이어갈 수 있는 여유가 있을까? 당은 미완성의 은행 개혁을 완수하고 불량 채권을 관리 가능한 적정 수준으로 줄일 수 있을까? 설령 이 모든 의문점이 긍정적으로 해소된다 하더라도 중화인민공화국의 권력 중심은 궁극적으로, 정부의 능력은 세입과 세출을 안정적으로 이끌 수 있을 정도로 확대될 수 있을까 하는 보다 더 큰 과제와 맞닥뜨릴 것이다. 단기적으로는 이런 문제를 회피할 수 있다. 현재로서 정부는 외부에서 돈을 빌릴 수 있는 능력을 충분히 가지고 있기 때문이다. 국가가 지고 있는 부채는 GDP의 20퍼센트 미만이며, 설령 불량 채권과 같은 숨겨진 부채를 합한다 하더라도 단기적인 부담은 여전히 관리 가능한 수준이다. 외환 보유고도 2003년 기준으로 4천 억 달러로 높은 수준이다. 하지만 예측할 수 없는 사건들에 대비하려면 중앙 정부는 수익이 점차 늘어나는 경제 부문에 세금을 매기는 합법적인 국가 권한을 보다 확장할 수 있도록 지방 정부를 상대로, 기업을 상대로, 개인을 상대로 새로운 계약을 맺을 것을 고려해야 한다. 안정적인 세입 원천을 마련하려면 정부가 기업과 개인에게 이들이 번성할 수 있는 환경을 제공하는 대신 이들은 정부에 세금을 내기로 하는 새로운 사회적 계약이 필요하다. 그런데 당의 독점적인 정치적 위상이 흔들리지 않게 온존하면서도 이런 합의가 이루어질 수 있을까? 이 질문에 대한 대답

내용에 따라 중국은 성공적인 시장 경제 국가가 될 수도 있고 또 하나의 재앙 사례가 될 수도 있다.

재산권의 위상도 문제다. 하지만 중국에는 재산권이 없다는 발상은 쟁점의 핵심을 비켜간다. 당은 국영 산업 부문에서 재산권 개념을 썩 잘 지키고 있지만 국영 기업과 경쟁하는 기업들의 이익은 보호하지 않는다. 비록 완전한 민영화가 기업의 효율성을 높이고 전체 사회에 폭넓은 혜택을 주겠지만, 공산당이 누리는 혜택은 그렇지 않다.[76] 궁극적으로, 당은 오로지 국가의 경제적 부의 증대만을 목표로 할 만큼 포괄적이고 총괄적이거나 그 정도로 국민을 대표하는 조직이 아니라는 점이, 당으로서는 거부할 수 없는 현실이다. 또한 당이 이 과제를 해결해야 한다는 점이 모순이다. 당에 대한 충성심을 유지하기 위해서 정부는 지방 관리들에게 여러 가지 종류의 특혜나 면제 형태로 비싸고 사적인 재화를 제공한다. 이런 사정은 생산성과 형평성, 효율성을 높이는 데 필요한 공공 정책적인 요구 사항들을 촉진해야 하는 당의 전 계층적인 포괄적 과제와 모순된다. 불안정성은 지도력을 약화시킨다. 공익을 확대하기 위한 모든 조치들은 동시에 지방 관리들의 충성을 유지하기 위해서 배포하는 사적인 재화의 가치를 희석시키기 때문이다. 당이 공익에 보다 충실하기 위해서는 중국의 최고 대의기관이라는 지위를 희생해야 한다는 모순이 나타난다.

중국의 정책 입안자들은 미래를 전망하면서 중국의 새로운 제조업 분야를 유지할 것을 강조하며, 정부와 공공 부문이 직면하는 여러 과제들은 상대적으로 뒷전에 미룬다. 이런 강조의 초점은 단기·중기적인 관점에서 보자면 충분히 이해할 만하다. 한편 빠르게 증가하는 거래 및 자본 흐름은 독이 되는 인플레이션을 유발하지 않고도 대출을 증가시킬 수 있는 바람직한 지점에 중국을 위치시킨다. 거래 측면에서의 주기적인 변동이 국가 재정에 부담이 되리란 것은 의심할 여지가 없다. 그러나 단기적으로 보자면 이런 부담은 얼마든지 관리할 수 있는 수준이다. 장기적으로 보면, 경쟁력이 있는 시장이 출현할 경우 정부는 세금 징수와 보다 더 큰 효율성을 발휘할 수 있는 제도적인 능력을 구축해야 하는 과제에 맞닥뜨린다. 정부는 자기가 축적한 정치적인 역량을 제도의 형태로 나타내야 한다는 말이다. 장기적으로 보자면, 공채를 관리하려면 정부의 표준적인 형태가 바뀌어야 한다. 지방 정부를 상대로 특례 조치 등과 같은 사안별로 접근하는 게 아니라 일반적인 원칙 아래 정례적으로 접근하는 행정적인 조세 장치들을 정부는 마련하고 있어야 한다는 말이다. 사회적인 동의와 커져 가는 정부 재정 적자 사이의 허약한 제도적 연결 장치가 중국이 당면하고 있는 경제 개발의 가장 큰 과제이다.

과연 중국은 수많은 자체 모순의 덫에 걸리지 않을 만큼 빠르게 변할 수 있을까? 성공할 것인가 아니면 실패를 하고 권력에서 쫓겨날 것인가 하는 압력을 느끼는 정부는, 개혁의 길을 계속해서 걸어가고 또 정치적인 수명을 연장하는 데 들어가는 비용을 감당할 가능성이 더 높다. 중국의 지도력이란 이런 정부일까? 공산당은 자기가 시작한 경제적 현대화에 성공하지 못할 때도 살아남기를 기대할 수 있을까? 이 질문에 대꾸할 기분 좋은 대답을 현재로서는 찾을 수 없다는 사실이 중국이 가지고 있는 미래에 대한 최대의 희망이다. 낙관주의 혹은 중국 개혁 신뢰성의 많은 부분은, 당이 살아남을 잠재력은 충분히 높기 때문에 경제 개혁을 성공적으로 이끌어 긍정적인 결론에 도달할 수 있을 것이라는 중국인들의 믿음에서 비롯된다.[77]

아직 끝나지 않은 중국의 전이 과정 그리고 경제 정책 개혁의 불완전한 정치적인 실행은 공산당의 배타적인 여러 정치적 토대들을 반영하는 정치 논리를 가진다. 이런 토대들의 안정성을 보장하기 위해서 당은 당원들에게 사적인 혜택을 제공해야 하는 동시에 보다 더 많은 자원을 민간 시장 경제의 인프라를 지지하는 데 투자해야 한다.

PART 3

표준적인 경제 모델은 리스크를 시장에서 사고팔 수 있는 세상을 그려 보인다. 이런 세상에서는 사회 복지의 모든 형태가 시장 거래로 최적화될 수 있고, 리스크에 대한 다양한 회피들이 거래 기회를 창출하며, 가장 효율적인 경영자가 리스크를 떠안는다. 현재의 금융 이론은 리스크와 리스크라고 인식하는 것에 대한 각기 다른 생각들을 관리할 수 있는 다양한 역량들이 거래 및 투자에 관한 기회를 창출한다는 견해를 강력하게 지지한다. 하지만 과연 이런 가정이 개발도상국의 가계로까지 확장될 수 있을까?

자본과 은밀한 공모

1920년대 초 프랭크 나이트는 측정할 수 있는 리스크와 측정할 수 없는 불확실성을 뚜렷이 구분했다. 대부분의 기업 활동 관련 불확실성은 수량적으로 표현할 수 있으며, 단기 미래도 예측할 수 있다. 또한 계량화될 수 있는 여러 가지 힘들에 종속될 때, 시장을 통한 리스크 관리는 수익성 높은 활동이 될 수 있다. 선진국에서는 다양한 경제 활동 및 사회 활동을 시장 기반의 여러 가지 리스크 관리 기법으로 최적화할 수 있다. 하지만 대부분의 개발도상국에서는 수많은 리스크들이 측정되지 않고 있으며 따라서 최적의 관리자도 발견할 수 없다. 선진국에 사는 사람들은 실험과 투자를 장려하는 시장 기반의 폭넓은 리스크 완화 장치에 의존한다. 금융 서비스의 특화가 잘 마련되어 있다. 탈중심화된 여러 자본 증권(주식이나 공사채 등 증권) 시장에서 거래되는 유가 증권—돈(지폐)은 사람들이 가지고 있는 돈을 재능과 새로운 생각에 결부시킬 수 있도록 해주며, 기업들이 시장 구조에 가장 적합한 자본 조달 방식을 선택할 수 있도록 해준다. 일련의 전문화된 기업들은 시장 거래를 감시하기 위해 전체 경제를 관통해서 존재하며 정보의 연관 관계들을 제공한다. 충분하게 발전한 시장 경제는 이처럼 리스크를 관리하기 위해 사람들이 가지고 있는 다양한 견해들과 상이한 역량을 조화롭게 조정한다. 여러 가지 제도와 기관이 리스크와 불확실성 사이의 경계를 꼼꼼하게 파악하고 사람들로 하여금 이런 리스크를 안을 능력이 있는 다른 사람들과 거래를 하게 함으로써 리스크를 줄이게 해준다. 선진국에서는 불확실성이 혁신을 위한 긍정적인 요소가 될 수 있다. 그러나 핵심적인 제도와 기구가 없을 때는 불확실성이 혁신을 가로막는다. 개발도상국에서는 사회적인 관계와 생산 수단에서 전통이 우선이다. 왜냐하면 혁신은 물수나 비난에서부터 처벌에 이르는 불확실한 '보상'을 낳기 때문이다. 이런 국가들에서 기업은 흔히 공표된 정보를 믿지 못하고 정부 당국을 의심한다. 당국의 신중한 통제와 여기에 대한 순종을 찾아볼 수 있다. 동아시아에서 금융 제도가 가장 잘 발전했다고 할 수 있는 일본이나 대만, 한국에서조차 기업들은 국제적인 회계 기준을 거의 따르지 않는다. 이런 기업들은 투자자들에게 일부로 스스로를 매력적이지 않게 보이게 함으로써 합리성을 완전히 내팽개친 것일까? 그렇지 않다. 정반대다. 보유 자산을 정확하게 드러낼 때 맞닥뜨릴 수 있는 불확실한 결과들을 고려한다면, 국제적인 표준을 무시하는 게 개발도상국에서는 오히려 합리적인 행동이다. 깊고 넓게 자리를 잡고 있는 불확실성은 개발도상국이 자기 잠재력을 발휘하지 못하는 가장 큰 이유이다.

공공 리스크 관리자로서의 국가

$ 표준적인 경제 모델은 리스크를 시장에서 사고팔 수 있는 세상을 그려 보인다. 이런 세상에서는 사회 복지의 모든 형태가 시장 거래로 최적화될 수 있고, 리스크에 대한 다양한 평가들이 거래 기회를 창출하며, 가장 효율적인 경영자가 리스크를 떠안는다.[1] 현재의 금융 이론은 리스크와 리스크라고 인식하는 것에 대한 각기 다른 생각들을 관리할 수 있는 다양한 역량들이 거래 및 투자에 관한 기회를 창출한다는 견해를 강력하게 지지한다. 하지만 과연 이런 가정이 개발도상국의 가계로까지 확장될 수 있을까?

1920년대 초 프랭크 나이트는 측정할 수 있는 리스크와 측정할 수 없는 불확실성을 뚜렷이 구분했다. 대부분의 기업 활동 관련 불확실성은 수량적으로 표현할 수 있으며, 단기 미래도 예측할 수 있다. 또한 계량화될 수 있는 여러 가지 힘들에 종속될 때, 시장을 통한 리스크 관리는 수익성 높은 활동이 될 수 있다. 선진국에서는 다양한 경제 활동 및 사회 활동을 시장 기반의 여러 가지 리스크 관리 기법으로 최적화할 수 있다. 하지만 대부분의 개발도상국에서는 수많은

리스크들이 측정되지 않고 있으며 따라서 최적의 관리자도 발견할 수 없다.[2]

선진국에 사는 사람들은 실험과 투자를 장려하는 시장 기반의 폭넓은 리스크 완화 장치에 의존한다. 금융 서비스의 특화가 잘 마련되어 있다. 탈중심화와 여러 자본 증권(주식이나 공사채 등 증권 시장에서 거래되는 유가 증권—옮긴이)은 사람들이 자기가 가진 돈을 재능과 새로운 생각에 결부시킬 수 있도록 해주며, 기업들이 시장 구조에 가장 적합한 자본 조달 방식을 선택할 수 있도록 해준다. 일련의 전문화된 기업들은 시장 거래를 감시하기 위해 전체 경제를 관통해서 존재하며 정보의 연관 관계들을 제공한다. 충분하게 발전한 시장 경제는 이처럼 리스크를 관리하기 위해 사람들이 가지고 있는 다양한 견해들과 상이한 역량을 조화롭게 조정한다.

여러 가지 제도와 기관이 리스크와 불확실성 사이의 경계를 꼼꼼하게 파악하고 사람들로 하여금 이런 리스크를 안을 능력이 있는 다른 사람들과 거래를 하게 함으로써 리스크를 줄이게 해준다. 선진국에서는 불확실성이 혁신을 위한 긍정적인 요소가 될 수 있다. 그러나 핵심적인 제도와 기구가 없을 때는 불확실성은 혁신을 가로막는다. 개발도상국에서는 사회적인 관계와 생산 수단에서 전통이 우선이다. 왜냐하면 혁신은 몰수나 비난에서부터 차별에 이르는 불확실한 '보상'을 낳기 때문이다. 이런 국가들에서 기업은 흔히 공표된 정보를 믿지 못하고 정부 당국을 의심한다. 당국의 신중한 통제와 여기에 대한 순종은 찾아볼 수 없다. 동아시아에서 금융 제도가 가장 잘 발전했다고 할 수 있는 일본이나 대만, 한국에서조차 기업들은 국제적인 회계 기준을 거의 따르지 않는다. 이런 기업들은 투자자들에게 일부러 스스로를 매력적이지 않게 보이게 함으로써 합리성을 완전히 내팽개친 것일까? 그렇지 않다. 정반대다. 보유 자산을 정확하게 드러낼 때 맞닥뜨릴 수 있는 불확실한 결과들을 고려한다면, 국제적인 표준을 무시하는 게 개발도상국에서는 오히려 합리적인 행동이다.

깊고 넓게 자리를 잡고 있는 불확실성은 개발도상국이 자기 잠재력을 발휘하지 못하는 가장 큰 이유이다. 어떤 결과에 대한 평가가 종잡을 수 없을 정도로 다양하기 때문에 직접적으로 관련이 없는 주체들로서는 합의에 도달하는 과정이 매우 어렵다. 공동의 노력이 불확실하게 보이면 보일수록 공동 행동에 대한 합의가 이루어질 가능성은 더욱 낮아진다. 불확실성의 기본적인 세 가지 원천은 다음과 같다.

(1) 경제적인 원천 – 시장 참가자들 사이의 취약한 계약 강제력 때문에 기회주의를 확실하게 응징할 수 없다. 수많은 개발도상국에서 정부의 재산권 보호 역량은 소수의 지배층, 국가 지도자의 정치적 생존에 없어서는 안 되는 집단의 재산과 거래까지밖에 미치지 못한다.

(2) 사회적인 원천 – 개발도상국에서 사회적인 집단들은 전형적으로 공동의 사회적 선결 과제에 대해 합의를 하지 못한다. 이들은 보통, 서로의 존재에서 그럴듯한 믿음과 가치를 알아볼 수 있는 역량의 부재라는 족쇄에 발목이 잡히고 만다. 이런 상황은 높은 수준의 불평등이나 인종 및 인구 통계적 다양성에서 비롯될 수 있는데, 양자 모두 정책에 드는 비용과 정책이 제공하는 혜택에 대한 공통적인 지식을 축소시킨다. 사회적인 목적을 달성하기 위한 금융적인 목표들에 동의를 할 수 없기 때문에 불확실성이 온존한다. 양극화 혹은 분극화된 사회에서는 사람들의 선호가 다양하기 때문에 서비스를 제공하거나 정책을 정식화하기가 어렵다. 개혁이 불확실할 때 대립하는 진영들은 각자 자기 위치를 강화하며 차이를 부각시킨다. 따라서 타협과 화해의 가능성은 더욱 줄어든다.

(3) 정치적인 원천 – 국가 지도자가 개인적인 이득이 아니라 사회 복지와 경제 성장을 추구한다는 사실을 확실하게 인식시킬 수 있는 제도와 기구가 충분하지 못할 때도 불확실성은 배태된다. 경제학자들은 정책 결정의 최종적인 분배 수혜자가 누구인가를 따질 때 정책 결과의 사회적 효용성에 대한 최상의 판단을 할 수 있다는 믿음을 가져야 한다고 훈련 받는다. 하지만 독재 체제라는

조건 아래에서 사회적인 목적은 독재자의 개인적인 효용성과 아예 길이 다르다. 독재자는 보통 어떤 정책이 초래하는 사회적인 결과에는 거의 관심을 가지지 않는다. 사회적인 결과가 지배층의 복지에 보탬이 되지 않으면 이런 결과는 아무리 측정 가능한 것이라 하더라도 무시하고 만다. 예를 들어 독재자들은 금융 기관을 부적절하게 감독해서 방만한 경영에 노출되도록 방치한다. 그러다가 금융 위기가 닥치면 체제의 취약점을 바로잡을 생각은 하지 않고 개인적으로 가까운 사람들만 보호하려고 한다.[3]

불확실성은 경제의 교역 부문에 충격을 미치는 것과 마찬가지로 사회적인 비교역재(시장에서 거래가 되지 않는 재화―옮긴이) 생산에서의 협력에 영향을 미친다. 선진국에서는 리스크를 공동으로 관리하기 위해 합자회사, 합명회사, 정당과 같은 자발적인 조직체에 의존하지만 개발도상국에서 개개의 가정 경제는 이런 리스크 공동 관리 체계에 참가하길 꺼린다. 사회적인 제도의 부족은 투명성과 책임성이 자리를 잡지 못하게 만들며 사회 통합적인 많은 목적들을 이룰 수 없게 만든다. 그래서 불확실성이 횡행하는 국가의 국민은 리스크를 관리하지 못하며, 미래에 대한 계획을 세우지 못한 결과라고 할 수 있는 가난에 치일 수밖에 없다. 이들은 감추어져 있는 정보에 대처하고 이것을 극복해야 한다. 공적인 정보는 신뢰를 받지 못하고 개인적인 복지를 개선하는 데 이 공적인 정보를 활용하는 예는 거의 없기 때문이다.

보편적인 리스크 완화 장치로서의 국가

전 세계에서 미래에 창조될 부의 많은 부분이 개발도상국에 있다. 이 지역에서 리스크를 제거하는 것의 잠재적인 가치는 뉴욕, 런던, 도쿄의 주식 시장을 포함한 다른 리스크 관리 제도들이 가지는 가치보다 더 크다. 하지만 이런 부의 족쇄를 풀기 위해서는 선진국 국민들이 공적인 리스크 관리 역량을 창조하기 위해 걸어간 길을 생각해 보아야 한다. 만일 개발도상국이 이들의 경험에서 교훈을 얻기만 한다면, 경제 개발의 속도를 한층 더 높여줄 금융 기술을 보다 더 잘 설계할 수 있을 것이다.

다양한 리스크 완화 활동들이 현대의 시장 경제를 지탱하고 있다. 이런 활동 가운데 어떤 것들은 정부가 제공하고 또 어떤 것들은 민간 부문이 제공한다. 흔히 이 두 부문은 협력을 한다. 정부는 민간이 제공하는 서비스의 통합성을 관리하고 민간 부문은 정부가 제공하는 서비스의 효율성을 감독한다. 장기 리스크 관리를 하기 위해서는 공공의 이익을 보호할 수 있는 법률적이며 시민적인 제도가 안정적으로 유지되는 게 필요하다. 하지만 개발도상국의 정부는 흔히 이런 제도를 구축하는 데 실패하고 시장 리스크를 왜곡되게 계산한다.

고도로 선진적인 대부분의 시장 경제 체제에서 공적인 리스크 관리자로서의 정부 역할은 오랜 시간이 지나면서 민간 부문에서 나타난 장치를 보완하기 위해 개인적이며 사회적인 리스크들을 폭넓은 영역들을 관장하는 데까지 확장한다. 보다 큰 이런 역할을 정부가 수행하기 위해서는 민간 차원에서 진화한 장치를 어떻게 증대시키고 감독하고 심지어 대체할 것인가에 관한 사회적인 동의를 이끌어내기 위한 제도들이 필요하다.

공적인 자원을 공정하게 수집하고 할당할 능력 없이는 정부의 리스크 관리 활동의 확대에 대한 국민의 지지를 얻기 어렵다. 데이비드 모스가 미국 정부가 공적인 리스크 관리자로서의 역할을 해온 역사를 정리한 글에서 밝혔듯이, 정부와 조직된 시민 집단 사이에 벌어지는 일련의 전략적인 상호작용들은 언제나 정부의 리스크 완화 역할의 증가보다 앞섰다.[4] 리스크를 줄이고 재할당하려는 통치자에 의한 복잡한 개입은 통치자와 통치자 사이의 꾸준하게 진화하는 거래 관계에 관한 이야기이다. 이 진화 과정에는 사회적인 동의를 구축하기 위한 시도들이 연이어 나타났다. 이 과정을 들여다볼 때 알 수 있는 확실한 사실은 신뢰가 발전할수록 사회는 정부 관료가 보다 더 많은 리스크를 관리하도록 허용한다는 점이다.

모스에 따르면 정부는 민간 부문과 동일한 리스크 감소 원칙들에 집착한다. 정부가 리스크를 이쪽에서 저쪽으로 옮기거나 혹은 수많은 사람들에게 넓고 얇게 확산함으로써 리스크를 재할당할 때, 정부는 민간 보험 시장과 동일한 경제 원칙에 따라 행동한다. 정부가 제정한 제조물 책임법(제품의 안전성 결여로 소비자가 피해를 볼 경우 과실의 유무에 상관없이 제조업자에게 책임을 묻는 제도. 미국에서는 1960년대에 이 제도가 확립되었다―옮긴이)은 리스크를 개인에게서 제조업자에게로 옮기는 것이며, 노동자 보장 제도는 리스크를 고용주에게서 노동자로 옮긴다. 그리고 예금 보험은 모든 예금자에게로 리스크를 넓고 얇게 확산시키는 것이다.[5] 비록 포괄적이고 보편적인 리스크 관리자로서의 정부 역할은 여전히 더욱더 확대되고 있긴 하지만, 만일 정부가 공적인 리스크의 완화자로서 효율적으로 기능하지 못한다면 현대의 시장 경제도 불가능할 것이다. 이것이 바로 모스가 내린 결론이다.

공적인 리스크를 완화하는 분야에서 정부가 하는 역할은, 노동자의 불안과 근심 즉 불안정성이 사회적인 소요나 폭동으로 이어지지 않도록 시장 체계에 이념적이며 도덕적인 지주를 바침으로써 산업화가 가능할 수 있도록 도움을 주는 것이다. 1929년의 대공황 때, 미국 사회 보장 제도의 창시자인 존 R. 커먼스는 유럽을 휩쓸었던 계급 전쟁이 미국에서 일어나지 않도록 하려면 사회 보장 제도를 실시해야 한다고 경고했다. 사회보장법이 노동자에게 보장하는 보험이 없었다면, 노동자들의 요구는 아마도 민간 시장의 진화를 가로막았을 것이고 민간 시장의 영역을 상당한 규모로 줄였을 것이다.[6] 정부의 개입은 시장 사정의 갑작스런 변동으로 발생하는 사회적 긴장을 완화함으로써 수많은 경제 활동이 민간 투자 부문에서 안전하게 진행될 수 있도록 하고, 시장 체계를 지탱하는 데 필요한 사회적인 관계의 기본적인 틀을 강화시켰다. 그렇다면 이 지점에서 다음과 같은 질문이 나타난다. 인간이 필요로 하는 것을 시장이 충분히 제공할 수 있다는 믿음을 확실하게 심어줄 수 있는 정치적인 역량이 부족한 개발도상국의 경우는 어떨까? 선진국의 시장 경제는, 시장의 리스크에 대해 민간 부문이 자기 스스로 알아서 책임을 져야만 하는 상황을 피할 수 있는 많은 기회를 제공한다. 하지만 개발도상국의 시장 경제는 다르다. 만연한 리스크는 경제 성장의 샘물이 솟아나오는 구멍을 막아버리기 때문에 경제 성장의 샘물은 마르고 만다. 리스크에 대한 불완전함은 개발도상국 시장 경제가 실패하는 가장 큰 원인 가운데 하나이다. 리스크 관리 요소가 없다는 점은 시장 개혁이 저항을 받는 이유 가운데 하나이기도 하다.

공적인 리스크 관리와 자본주의의 생존

리스크 관리 정책은 산업 혁명의 대들보였다. 근본적인 시장 리스크를 줄임으로써 합자회사, 은행 규제, 파산법, 고정 환율, 예측 가능한 재산권 집행 등과 같은 혁신들이 개인의 행동을 바꾸었으며 예측 가능한 미래의 시간을 더욱 길게 늘였다. 리스크 관리 장치들이 사회적으로 마련되어 있기 때문에 사람들은 마음 놓고 리스크에 따른 보상을 얻을 수 있는 생산적인 활동에 종사했다. 그리고 이런 리스크 관리 장치들은 궁극적으로 주식, 채권, 보험 등의 거래를 포함한 민간 차원의 장기 리스크 관리 장치들을 낳았다.[7] 정부의 리스크 관리 정책은 기업가 정신을 한층 진작시켜서 리스크에 대한 민간 시장을 확장하고 지탱했다. 리스크에 대한 민간 시장은, 경기 침체기에 나타날 수 있는 사회적인 분열을 완화하기 위한 사회적 보호 장치를 제공했다. 이것은 민간 부문에서 리스크 관련 실패를 극복할 수 있는 보험을 제공했으며, 또 판매자와 구매자

사이의 정보 불균형을 해소하는 데 도움을 주었다. 그리고 이렇게 함으로써 경제 활동 주체들이 벌이는 사업의 영역과 규모를 더욱 증가시켰다.

여러 가지 리스크 관리 제도가 있기 때문에 사람들은 미래를 계획할 수 있고, 조직을 만들 수 있으며, 수많은 개인들에게 리스크를 넓고 얇게 확산시킬 수 있다. 이런 제도들이 개발도상국에는 없다. 가장 기본적이며 일차적인 시장 리스크에 대처할 수 있는 방안을 찾지 못할 때, 사람들은 지나치게 많은 비용을 들여서 (자기 스스로 알아서 한다는 의미의)자가 보험을 들거나 자산의 유동성을 대폭 줄이는 방법을 통해 어려운 상황을 극복해야 한다. 그러다 보니 결국, 장기적으로 보면 가족과 사회에 이득을 줄 수도 있는 경제 활동을 피하게 된다. 또는 예측불허의 사건이 발생할 가능성을 조금이라도 줄이기 위해 예전에 익히 알던 사람들과만 거래를 한다. 공적인 정보의 품질을 보장해주는 제도적인 장치가 없으면 공공 은행 체계 안으로 예금도 들어오지 않고, 가계의 자산과 부채에 관한 정보도 모두 감추어지고 만다. 결국 금융 체계가 허약해지고 이것은 다시 재화와 서비스 시장을 제한한다. 여기에 대해 정부가 주관하는 보험의 주창자인 로버트 실러는 다음과 같이 표현했다.

"리스크를 상당한 규모로 줄이는 것은 인간과 경제의 발전에 엄청난 추진력이 된다. 사실 오늘날까지 진보의 길을 걸어온 여러 가지 리스크 관리 장치들이 없었더라면 우리 사회가 지금까지 이룩한 진보도 불가능했을 것이다. 예를 들어 만일 보험이 존재하지 않는다면 현재 활기차게 돌아가는 수많은 다양한 기업들은 너무 위험하다는 이유만으로 시작조차 하지 못했을 것이다. 자본 시장이 없다면 우리에게 소중한 가치가 있는 재화와 용역을 생산하는 수많은 크고 작은 회사들도 존재하지 않을 것이다. 다시 또 말하지만, 사람들은 이런 사업들이 너무 위험하다고 생각해서 애초부터 기업을 설립할 생각조차 하지 않았을 것이다. 현재의 금융 기술이 없다면 아마 우리는 훨씬 못한 세상에 살고 있을 것이다."[8]

오늘날 선진국 국민들은 다른 어떤 예산 부문보다도 사회 보장 부문에 많은 돈을 쓴다. 물론 여기에는 국방비도 포함된다.[9] 하지만 포괄적이고 광범위한 리스크 관리로의 이행 속도는 매우 느렸다. 유럽에서 1차 대전 이후에 그리고 미국에서는 대공황 이후에야 비로소 노동자 계급들이 효과적으로 보험을 조직하고 또 요구했으며, 여기에 정부가 적극적으로 대응했다. 안정적인 경제 체계 확립에 필수적인 요소인 사회보장비 지출은 정부가 수행하는 리스크 완화의 한 장치이며, 이는 불경기 때 법질서의 혼란, 위협으로 야기되는 가격 변동성을 줄이는 데 도움이 된다. 정부가 점점 더 큰 규모로 적극적으로 리스크를 관리하면, 국민들 사이에서는 보다 더 복잡하고 또 보다 더 미래 지향적인 사업에 손을 대고 싶은 의욕이 더욱 커진다. 예를 들면 정부의 통계, 규제, 법원과 같은 제도가 확장될수록 이것을 기반으로 하는 민간 보험 시장은 더욱 커진다. 민간 보험사의 보험 설계도 보통 정부가 수집한 자료를 바탕으로 한다. 민간 부문의 건강 보험, 사고 보험, 사회 보장 보험, 고령자 보험 등의 증가가 이 분야에 대한 정부의 투자 증가와 연동되는 것도 바로 이런 이유 때문이다.

리스크 관리 능력이 부족한 시장 경제는 경기 순환에 취약한 사람들에게만 한정적인 지지를 받는다.[10] 사회적으로 제공되는 이런 리스크 완화 장치는, 가족 범위 바깥에 있는 복잡한 사회 조직의 활동성을 자극하고 노동자의 이동성을 증가시킨다. 반면에 리스크 관리가 적절하지 못할 경우에는 리스크에 따른 할증 가격이 붙는다. 조직의 복잡성, 거래의 지속성 및 지속 가능성, 거래 당사자들 사이의 협력의 범위와 크기 등에 관해서 사회가 지불하는 가격은 일종의 리스크 할증 가격인 셈이다. 사회가 리스크를 관리하는 장치들을 보다 더 정교하게 개발할수록, 이 사회는 총괄적인 시장 체계를 구축하는 방향으로 나아간다.

정부가 리스크 관리자의 역할을 하는 데 반드시 필요한 것은 리스크를 파악하며 또 리스크 관리의 득과 실을 계량적으로 계산할 수 있는 정보를 관리하고 제공하는 능력이다. 정부가 보다 더 많이 개입할 때의 효과를 각 개인이 측정 가능한 확률 형태로 평가할 수 있으려면 적절한 정보가 있어야 한다. 정부가 다루는 정보가 확장될수록, 개인이 자기 자산에 대해 밝히는 정보가 부도덕한 관리에게 노출되거나 일반 대중에게 무차별적으로 공개되지 않을 것이라는 확신이 필요하다.

정부가 리스크 관리자로서의 역할을 수행하기 위해서는 세금 징수자로서의 능력을 확실하게 갖추어야 한다. 불행하게도 대부분의 개발도상국은 세금 징수 체계가 제대로 갖추어져 있지 않고 따라서 사회적 보험을 효율적으로 제공하지 못한다. 19세기에 영국과 미국에서 소득세를 도입하려는 노력이 처음 있었지만 실패로 돌아간 것도, 정부가 공정하고도 믿을 만한 방식으로 정보를 획득하고 처리할 것이라는 믿음을 주지 못했기 때문이다. 초기에 정부가 개인 관련 정보를 수집할 때 대부분의 국민들이 저항을 했다. 그리고 세금을 낼 수 있는 사람들 대부분이 납세를 회피했다. 국민이 정부의 행정을 신뢰하지 않았기 때문에 정부는 국민에게 수집된 정보가 정직하게 활용될 것이라는 사실을 제대로 설득시킬 수 없었다. 공무원들은 이런 정보를 이용해서 탈세범을 적발하기보다는 뇌물을 챙겼다. 오늘날 개발도상국에서 만연한 부패 현상이 그때에도 나타났다. 국민들은 또한 정부가 재정을 공정하게 집행할 능력을 제대로 갖추고 있는지도 의심했다. 공정하게 세금을 징수한다는 믿음을 받지 못하는 정부는 리스크 보험을 제대로 제공할 것이라는 믿음 역시 받지 못한다.

공정성에 대한 확신을 국민에게 심어주기 위해서 정부는 재산권을 보호해야 했고, 분쟁이 발생할 경우 효율적으로 조정할 수 있는 독립적인 법정을 마련해야 했다. 또 민간 시장 부문에서 거래의 안정성을 보장하도록 파산 절차를 마련해야 했다. 이런 조치들은 보편적인 기준을 편견 없이 집행할 수 있는 독립적인 관료들로 구성된 책임성 있는 믿을 만한 행정을 필요로 한다. 오늘날 개발도상국의 국민들은 납세의 불평등을 줄여줄 정보 기술 도입에 반대하는데, 이런 기술이 오로지 그 목적으로만 사용될 거라는 확신을 하지 못하기 때문이다. 기술은 얼마든지 도입할 수 있다. 하지만 국민이 정부의 선의를 믿을 수 있을 만큼 정부가 신뢰를 얻으려면 훨씬 더 많은 비용과 복잡한 과정이 필요하다.

공익으로서의 리스크 관리

리스크를 관리하는 계약을 맺고 나면 각 개인은 부를 창출하기 위해 위험한 시도들을 한다. 사회의 모든 구성원은 이런 활동을 통해 혜택을 입을 것이다. 그럼에도 불구하고, 실러가 말했듯이 "이런 제도들은 시간이 흐르더라도 변하지 않아야 하는 리스크 분담의 기준에 대한 도덕적인 책임감을 필요로 한다."[11] 이 기준은 강력한 사회적인 동의를 필요로 한다. 사회 내에서 자원이 극단적으로 불공정하게 분배될 때 미래 계획에 대한 사회적인 동의는 가능하지 않다. 합의 도달에 실패한다는 것은 일반적으로 공공적인 비교역재 공급이 부족하다는 것을 의미한다. 불평등은 야망의 좌절로 인한 분노와 절망을 조장한다. 소득의 격차가 능력이나 합리성과 아무런 상관 없이 발생할 때 도덕의 해체와 절망은 피할 수 없다. 사람들이 사회적인 거래를 존중하지 않을 때 사악한 행동은 도덕적인 근거를 확보한다. 극단적으로 말하면, 야망이 좌절될 때 범죄가 발생하고 궁극적으로는 테러와 폭동이 발생한다.

공적인 리스크 완화는 우선, 가정 바깥에서 일자리를 찾는다든가 하는 익명의 시장 거래에 참가하는 가계의 리스크를 완화함으로써 시장을 강화한다. 둘째, 불경기 때 폭동이 일어날 리스크를 완화하고 혁명적인 이념의 호소력을 약화시킴으로써 투자 환경을 보다 안정적으로 만든다. 즉, 가난한 사람의 안전을 보장하는 것이 곧 부자의 안전을 보장하는 길이라는 말이다. 정부가 공적인 리스크 관리 기능을 제대로 수행하지 못할 때 시장 체계의 활력은 줄어든다. 비록 이런 제안이 이론의 여지가 없이 명백하게 보이지만 역설적이게도 정치 지도자들은 다른 사람들을 희생시키면서 자기 자신의 리스크를 관리할 때 다시 말해 권력 집단 외부에 있는 사람들에게 리스크를 보탬으로써 내부자에게 보다 더 많은 안정성을 강화할 때 더 오래 권좌를 유지한다.

밀레니엄 개발 목표

2000년 미국에서 열린 밀레니엄 정상회의에서 각 국가의 정상들은 전 세계의 빈곤, 질병, 문맹, 기타 인간의 존엄성을 훼손하는 것들을 줄이기 위한 측정 가능한 목표들을 세웠다. 처음 일곱 가지 목표는 구체적인 수치로 발표되었다. 시한은 2015년이었다. 개발을 위한 밀레니엄 맹약은, 희망을 강화할 수 있는 하나의 길은 각각의 국가가 자기에게 할당된 몫을 분담해 가난한 사람들을 비롯한 모든 사람이 이용할 수 있는 기본적인 건강 관련 시설과 함께 기본적인 실용 교육을 제공하는 것임을 확인하는 자리였다. 구체적인 목표를 예로 들면, 2005년까지는 여자 아이의 초등 교육 수혜율이 남자 아이의 수혜율과 같도록 한다는 것이었다. 2015년까지 전 세계의 가난한 사람 비율을 현재의 절반으로 줄이고, 여성의 출산 사망률을 1990년의 3분의 1 수준으로 줄이기로 했다.[12]

3년 뒤, 유엔의 2003년 인간개발지수HDI가 밝힌 내용으로 볼 때 밀레니엄 개발 목표의 달성 수준이 매우 실망스럽다는 사실이 드러났다. 1990년 이후로 54개 국가에서 1인당 GDP가 하락했다. 기아에 허덕이는 사람의 비율도 21개 국가에서 늘어났다. 5세 이하 어린이 사망률도 14개 국가에서 늘어났다. 종합적인 인간개발지수가 떨어진 나라는 21개 국가였다. 희망적인 통계도 하나 있었다. 전 세계 인구를 기준으로 할 때 하루에 1달러 미만으로 살아가는 사람의 비율이 1990년에 30퍼센트였던 것이 23퍼센트로 줄어들었다는 것이다. 하지만 사정이 이렇게 좋아진 것은 대부분 중국의 변화 때문이다. 중국을 제외하면 하루에 1달러 미만으로 살아가는 사람의 수는 1990년보다 더 늘어났다. 147개 국가가 확보하고 있는 자원으로 얼마든지 해결할 수 있는 문제를 어째서 이들 국가의 정상들은 해결하지 못할까?

부에노 드 메스퀴타와 루트 등은 따로 혹은 함께한 연구 작업들에서, 개발도상국의 높은 수준의 사회·경제적 인프라 구축과 관련해 국내 정치적 동기들은 흔히 간과된다는 사실을 밝혀냈다. 폭넓은 연대층을 형성하고 있는(따라서 상대적으로 국민에 대한 대표성이 강한) 내포적인 정권은 보다 오래 사는 건강한 층을 강화한다는 사실을 이들은 증명했다. 친척이나 인맥, 군부 등을 중심으로 한 소규모 집권 연대층이 정치 체계를 지배할 때의 삶은 보다 내포적인 체계 안에서 사는 사람들에 비해 생활 지수가 낮다. 모든 복지 체계에 대한 자료를 보면 내포적인 정권은 배타적인 정권보다 지수가 높다. 게다가 자원이 부족하더라도 체계가 내포적인 사회는 중요하거나 소중한 자원을 가지고 있지만 독재 정치가 이루어지는 사회에 비해 삶의 질은 더 높다.[13] 심지어 갓 태어난 아기의 예상 평균 수명도 국가 지도자가 내포적인 길을 걷는지 아니면 배타적인 길을 걷는지에 따라 더 늘어나기도 하고 또 더 줄어들기도 한다. 운이 좋아서 내포적인 체계의 국가에서 태어난 아기는 그렇지 않은 아기보다 예상 수명이 10년은 더 길다. 이에 비해 1인당 소득의 증대는 예상 수명을 5년밖에 더 늘이지 못한다. 이런 차이는 정부의 지출 우선순위, 경쟁적인 정치 체제가 개방적인 시장 정책을 지지해서 경제 성장에 기여할 가능성을 모두 반영한다. 이런 점과 관련해서 브라질과 자메이카는 좋은 비교 대상이다. 군부 독재의 지배를 여러 해 동안 받은 뒤인 1972년 브라질의 1인당 소득은 2,907달러였다. 같은 해에 비록 좁은 범위이긴 해도 의회 민주주의를 기반으로 했던 자메이카의 1

인당 소득은 브라질과 대략 같은 규모인 3,099달러였다. 하지만 자메이카는 브라질보다 네 배나 내포적이었다. 그리고 자메이카의 평균 수명은 브라질의 평균 수명보다 거의 10년 길었다. 비슷한 증거는 남성과 여성이 누리는 교육 기회의 평등이나 유아 사망률 등의 다른 사회 복지 분야 수치들로도 얼마든지 확인할 수 있다. 부에노 드 메스퀴타와 루트는, 지배층의 연대 성격이 배타적인 것에서 내포적인 것으로 바뀔 때 그 뒤의 3년 내지 5년에 인간개발지수가 뚜렷하게 개선된다고 결론을 내렸다. 내포적인 정부는 보다 깊고 넓은 자본 시장을 가지는 경향이 있다. 왜냐하면 이런 정부는 적절한 금융 정책과 규제를 통해 금융 부문을 강화할 제도를 마련할 것이기 때문이다.

배타적인 정부는 자금 대출에 깊은 관심을 가진다. 이 자금을 투자하는 사업에서 지도층이 혜택을 누리기 때문이다. 이런 정부의 지도자는 위험한 도박을 한다. 이들은 이런 리스크에 따른 부담을 국민이 모두 진다는 사실을 잘 알면서도 그렇게 한다. 이 도박에서 얻는 혜택을 자기와 자기 주변 사람들만 개인적으로 누리기 때문이다. 국가 부채는 국민의 몫이지만, 성장 혹은 개발의 혜택을 국민은 거의 누리지 못한다.[14] 많은 개발도상국들이 지고 있는 부채는 바로 이런 상황을 반영한다. 내포성이 보다 커지면 커질수록, 다시 말해 지배 연대층의 범위가 넓어지면 넓어질수록 GDP 대비 백분율이나 징세의 왜곡 정도로 측정하는 세입의 투명성, 연평균 성장률의 변동성, 1인당 라디오와 텔레비전의 보급률 및 신문 구독률로 측정하는 정보에 대한 접근성, 내전이나 게릴라전 혹은 반정부 시위로 인한 사회적 폭력에 대한 조치 수준 등이 모두 높아진다. 지배층의 내포성은 시민 사회가 제대로 기능하는 데 반드시 필요한 제도의 설립에도 영향을 미친다. 이런 제도가 없다면 사회는 많은 점에서 자연 상태와 다름없는 리스크에 노출되고 만다. 이런 자연 상태에서의 삶은 짧고, 누추하고, 외롭고, 가난할 수밖에 없다. 그야말로 홉스가 말했던 만인에 대한 만인의 투쟁을 맞닥뜨려야 하는 삶이다.

공공 부문 관리의 블랙박스

실망스런 정치 경제의 근원은 흔히 실망스런 수준의 행정 체계이다. 많은 국가들이 공공 부문이 다해야 할 의무를 상세하게 명시한 훌륭한 법률 체계를 갖추고 있다. 그러나 교묘한 누락 행위를 통해 정부는 법을 무력하게 만들고, 범법자가 처벌을 받지 않도록 한다. 규율은 무시되고 방종은 조장된다. 느슨한 법 집행으로 지도자들은 정권 내부자들의 이익을 보호함으로써 이들로부터 충성심을 유도한다. 리스크를 분담할 수 있는 제도적인 장치가 마련되어 있지 않기 때문에 잘못된 정치 지도력이 빚어내는 악영향은 완화되지 않고 곧바로 국민을 압박한다.

공공 부문 관리의 불법적인 불규칙성은 시장을 왜곡하는 중대한 행위가 될 수 있다.[15] 볼리비아나 필리핀과 같은 국가는 잘못된 국정 운영 때문에, 행정적인 자극과 조직의 개혁을 통해 경제적인 성과를 개선할 수 있는 방안들을 얼마든지 모색할 수 있음에도 불구하고 상당한 기간을 성장률 0퍼센트의 늪에서 벗어나지 못하고 있다. 그러나 금융 관리와 행정 분야를 개선하기만 하면 상당한 효과가 나타날 것이다. 예산을 집행하는 과정에서의 투명성 향상, 공공 부문의 경쟁력 향상, 회계와 감사 수준 강화 등은 단기적인 차원에서 정부가 국민에게 보다 효과적으로 서비스를 제공할 수 있는 장치들이다.[16] 중기적인 차원의 방안으로는 법률 및 규제적 틀을 강화하는 것, 행정 절차를 관리 감독하는 것, 예산을 계통적으로 간명하게 운용하는 것 등을 들 수 있다. 예산 지출을 둘러싼 쟁탈전이 심하다는 사실을 전제하면 재정을 무제한으로 풀어서 사회 복지 사업에 자금을 조달하기란 어렵다. 그러므로 징세 제도를 개선하고 지출의 우선순위를 정하며 예산의 투명성을 강화하는 것이 중요하다.[17] 이런 것들은 모두 행정적인 실천의 문제들이다. 정교한 기술을 필요로 하는 게 아니다. 17세기 영국의 군주제는 정보 기술 없이도 이런 것들 가운데 많은 내용을 수행

할 수 있었다. 공공 부문 관리의 무너진 부분을 바로잡는 것은 본질적으로 정치적인 행위이다.[18]

비용 대비 효과를 볼 때 행정 업무의 개혁은 놀라울 만큼 효율적이다. 최상의 행정 업무 체계 안에서는 훌륭한 행정 서비스를 제공한 것에 대해 존경심과 지위를 보장해주는 것만으로도 훌륭한 보상이 되기 때문이다. 재정적인 여유가 없는 국가조차도 훌륭한 행정 체계를 얼마든지 마련할 수 있다. 예를 들면 19세기 중반의 독일이 그렇다.

19세기 중반에 독일은 전반적으로 영국과 프랑스보다 가난했다. 시장 통합이 영국과 프랑스에 비해 늦었기 때문이다. 1인당 소득이 상대적으로 낮았음에도 독일은 영국이나 미국보다 더 나은 행정 업무 체계를 마련했다.[19] 게리 밀러가 관찰했듯이 관료제도의 위계질서는 "재산 대신 사회적인 존경심을 선택하기 쉽게 만들어준다."[20] 관료제도의 특수한 교육을 위해 설립된 체계는 도덕적인 적합성을 강조했다. 그리고 시험 제도를 통해 공무원을 선발했다. 공무원이 되고자 하는 사람들이 다니는 특수학교와 대학교가 생겼다. 명예와 봉급이 유능한 인재를 관료제도의 틀 안으로 끌어들였다. 공무원이 되기 위한 문턱도 그만큼 높아졌다. 공무원에게는 엄격하지만 객관적인 평가를 바탕으로 승진이라는 보상이 주어졌다. 또 이들 공무원은 모두 이웃한 다른 나라들을 따라잡겠다는 공통된 전략적 목표를 가슴에 품었다. 만일 관료제도의 전문화가 없다면 국가가 성장하면서 관료 집단 내부에는 동아시아에서처럼 교육, 위생, 수송에 대한 것보다 라틴 아메리카에서처럼 정치적인 사적 체계가 팽배할 것이다.

민간 부문이 공무원 출신 인사를 고용할 수 있는 상황에서는 질 높은 관료제도를 유지하기 위한 비용이 매우 높아진다. 일단 돈이 한 국가 안에 많이 넘쳐날 때 정부는 공무원도 자기가 제공하는 가치와 맞먹는 수준의 몫을 당연히 받을 수 있도록 보장해야 한다. 그렇기 때문에 훌륭한 정부가 있으려면 일단 효율적인 징세 체제가 선결 과제이다.

미국 역사에서 살펴본 공공 부문 관리

관료주의적인 효율성과 세금 징수 사이의 연관성은 경제 개발과 관련해서 '닭이 먼저냐, 달걀이 먼저냐' 하는 수많은 문제들 가운데 하나이다. 미국 역사를 보면 닭이 먼저인지 달걀이 먼저인지 인과관계를 추적할 수 있는 단서가 나온다. 1862년에 미국은 소득세 제도를 도입했다. 그러나 미국보다 먼저 이 제도를 실시했던 영국에서처럼 미국의 공무원 체계는 이 제도를 정확하게 집행할 능력을 가지고 있지 않았고, 결국 10년 뒤에 이 제도는 폐지되었다. 너무도 많은 사람들이 교묘한 방식으로 소득세의 법망을 빠져나갔기 때문이다. 정부는 소득세라는 제도를 유지할 기술도 행정적인 장치도 가지고 있지 않았다.[21] 소득세와 관련한 두 번째 실험이 나타났다. 1883년에 설립된 중앙인사위원회가 30년 넘게 정부 공무원 체계 확립에 전념을 해 오던 1916년이었다. 그런데 이 두 번째 실험은 성공했다. 정부가 그런 능력을 자체적으로 갖추었기 때문이며 또한 타자기와 인쇄 서식 등을 포함한 기술적인 진보가 탈세범을 포착할 수 있는 기록 문건을 남겼기 때문이다.

오늘날 개발 과정에 있는 민주주의 국가들처럼 19세기의 미국은 정치적인 후원 관행, 허약한 공무원 윤리, 선거가 끝나고 나면 어김없이 반복되는 대폭적인 물갈이 인사 등의 현상들 사이에 존재하는 여러 관계들이 빚어내는 영향 때문에 많은 고통을 받았다. 고용과 해고에 관한 투명한 규칙이 없었기 때문에 공무원 집단 안에 제대로 자격을 갖춘 인재들이 부족했다. 공무원 조직 내에서는 안정적으로 경력을 쌓을 수 없을 정도로 환경이 불규칙했고, 거센 당파적인 입김이 도처에 작용했다. 그리고 능력에 따른 승진이 자리를 잡으려면 아직 한참 멀었다. 사정이 이렇다 보니 공정하고도 만족할 만한 행정 업무를 제공할 능력을 정부가 갖출 수 있을 턱이 없었다. 연줄에 따라 채용과 임명이 이루어지다 보니 공무원이 서비스를 제공하는 영역에서도 필연적으로 부패가 생길 수밖에 없었다. 이는 결국 정부의 세입과 규제 역량을 약화시키는 결과를 낳았다. 대부분의 개발도상국과 다르게 19세기 미국에서 정부의 잘못된 행정은 거시경제학적인 안정성에 영향을 미치지는 않았다. 왜냐하면 정부 예산이 전체 GDP에서 차지하는 비율은 상대적으로 작았기 때문이다.[22]

파당적인 관리들 때문에 정부의 업무 능력에 대한 믿음은 훼손되었고, 행정부가 연방 정부의 역할을 확장하는 걸 지지하기도 어려웠다. 시민들은 행정부가 공익에 충실하다고 보지 않았기 때문에 역대 대통령들은 자원을 공공 부문 서비스로 돌리겠다는 약속보다는 예산 지출을 줄이겠다는 약속을 했다. 국민 소득에서 정부 비용이 차지하는 비율은 공공 부문의 관리가 개선되면서 올라갔다. 세금 지불은 1860년 4퍼센트에서 1938년 23퍼센트로 올라갔다. 지출도 1890년 6퍼센트에서 1938년 26퍼센트로 올라갔다.

1881년 7월에 제임스 가필드 대통령이 돈으로 공직을 사려다 실패한 사람에게 총격을 받고 사망한 뒤, 그의 뒤를 이은 전직 공화당 대표 체스터 아서는 펜들턴 공무원법에 서명하고 1883년 1월 16일에 중앙인사위원회를 구성했다. 펜들턴법은 봉급과 인사 체계를 합리적으로 간소화하고 자격 미달 인사들을 조직에서 내보내고 고위 간부들이 고위층의 정치적인 변덕에 휘둘리지 않고 오로지 법률적인 근거에 따라 자기 직무를 충실하게 수행하는 데 집중할 수 있도록 유도했다. 행정 업무의 질과 책임성이 개선되면서 부패와 파당적인 영향력 행사는 줄어들었다. 그리고 세금 및 경제 관련 행정 업무와 같은 핵심적인 정부 기능들이 개선되었다. 하지만 펜들턴법이 아서의 재임을 보장하지는 못했다. 그는 공화당 후보 경선에서 탈락했다. 정치적인 지원-후원 체계가 공무원 조직에서 사라진 것을 그가 소속되어 있던 정당에서조차 마땅치 않게 생각했던 것이다.

아서의 후임 대통령으로 선출된 민주당의 그로버 클리블랜드는 1885년 3월 4일의 취임 연설에서 공무원 개혁을 지지하며 이렇게 말했다.

"우리 국민은, 오로지 파당적인 보상만을 바라면서 자리를 지키고 앉아 있는 공무원들의 무능력으로부터 자기 자신을 지킬 수 있는 권리를 가지고 있습니다. 이런 보상을 약속하는 사람들의 부패한 영향력과 이런 보상을 기대하는 사람들의 사악한 수단으로부터 우리 자신을 지킬 권리를 가지고 있습니다."[23]

펜들턴법은 1883년에 약 131,000개이던 공무원 일자리 가운데 15,000개 일자리를 대상으로 했다. 그리고 이 수치는 1897년이 되면 86,000개로 늘어나서, 펜들턴법은 전체 연방 공무원의 반 이상을 포괄했다. 하지만 클리블랜드 재임 때도 판사와 의원이 정부를 지배하는 양상을 뒤집지는 못했다.[24] 중앙인사위원회의 권한을 강화해 이것을 "정부의 통제하에 있는 강하고 안정적이며 전문적인 행정 부서"[25]로 만듦으로써 행정부와 의회 사이의 제도적인 권력 관계를 재조정한 사람은 바로 (1900년부터 1908년까지 재직했던)테오도어 루즈벨트 대통령이었다. 루즈벨트의 지휘 아래에 있던 위원회는 동일한 노동에 동일한 급료를 지불하기 위해 공무원직을 다시 분류했으며, 민간 부문과 맞먹을 정도의 보상 체계를 갖추었고 승진 체계를 통제했으며 (정부가 연금 조성에 일정 부분 기여하는 것을 포함하는)공무원 퇴직 계획을 도입했다. 정치적인 중립성, 임기 보장, 특별한 훈련이나 시험을 통한 경쟁 중심의 선발, 승진, 훈련, 급료, 은퇴 등에 대한 동일한 규정의 적용 등을 원칙으로 하는 누구나 공감하는 공무원 관리 제도가 마련되었다. 이런 개혁으로 연방 정부 내의 공무원 지위가 달라졌다. 공무원은 의회 당 지도자들의 지배에서 벗어나 독립적인 지위로 행정 업무를 펼칠 수 있게 되었다. 이런 점에서 루즈벨트는 리콴유와 박정희가 각각 자기 나라에서 했던 역할 즉 정책을 효율적으로 입안하고 집행하는 행정 역량을 확립하는 역할을 미국에서 했다고 볼 수 있다. 미국의 경험이 동아시아의 경험과 주요하게 다른 점은 미국 대통령은 행정적인 업무 능력을 개발하기 위해 의원들과 당 지도부들, 판사들의 힘을 넘어서야 했다는 사실이다. 이에 비해 동아시아에서는 입법부와 행정부의 독립적인 권위는 막 형성이 되었으며 이런 사실은 행정적인 권위를 세우는 데 전혀 장애물이 되지 않았다.[26]

정부의 능력과 공정성에 대한 의심이 걷히고 나자 대통령들은 연방 정부의 역할을 확대하는 것에 대한 대중적인 지지를 보다 쉽게 요청하고 나설 수 있었다. 정부의 행정을 감시하는 기관들은 행정이 얼마나 효율적으로 이루어지는지 감시하고 증거와 자료를 남겼다. 정부에 대한 신뢰가 커지고 또 보다 많은 국민이 연방 정부의 정책과 사업이 잘 되면 자신의 이익도 커진다고 생각하면서, 정부가 공채 보험과 국민 개개인에 대한 직접 과세를 지지해달라고 호소하기가 훨씬 쉬워졌다. 바로 이런 시점에 가서야만 사회적인 차원에서 준비하는 리스크 관리 제도의 도입이라는 다음 단계로 진입할 수 있다. 공공 부문의 관리가 형편없고 효율성이 기대에 미치지 못하는 행정부라면 건강보험 제도나 사회보장 제도와 같은 복잡한 업무를 감당하지 못하며, 고령자에게 연금이 제대로 돌아가도록 보장하지도 못한다.

미국의 경험을 놓고 보면, 행정 개혁이 국가 세입 증가에 결정적이며 또한 동시에 이것에 의존한다는 사실을 알 수 있다. 정부는 행정 업무 능력을 확립한 이후에야 납세자로부터 세금을 거두어들일 수 있다.[27] 국가 차원의 노인보험은 1889년 비스마르크가 재상으로 있던 독일에서 처음 시작되었다. 이럴 수 있었던 가장 큰 배경은 독일이 서유럽의 열강들 가운데서 유일하게 적절한 행정 능력을 갖추었다는 사실에 있다. 《런던 타임스London Times》의 한 기자는 독일이 이 실험을 가장 먼저 할 수 있었던 것은 "독일의 관료주의는 진중하고 진실하며 끈기 있고 부패에 오염되지 않아 그 어떤 나라의 관료주의보다도 효율적이며 비용이 쌌기 때문"이라고 했다.[28] 유능한 관료제도가 있으면 정부는 사회 복지 사업을 사회 보장과 실업 분야까지 확장할 수 있다. 전문적인 역량을 가지고 있는 공무원 집단이 있음으로 행정 업무는 개인적이거나 파당적인 이해에 따라 좌우되지 않고 사회 복지 사업으로 보다 넓게 확장될 수 있다. 사회

보험을 제공하는 국가 체계는 전통적인, 개인적인 지지-후원의 관에 박는 마지막 못이었다고 할 수 있다.

가난한 국가들에서 경제 자유화가 폭넓은 지지를 받을 수 있으려면 (교육, 건강, 어린이 영양, 여성의 권리 등과 같은)인간 개발 요소가 (무역, 재정, 금융, 산업 등의 정책을 포함하는)경제 개발의 우선순위 목록 안에 포함되어야 한다. 경제 개혁은 국민의 삶과 그들의 가계와 관련된 일상적인 관심을 직접적으로 건드리는 개혁이 보완될 때 더욱 강력한 지지를 받을 것이다. 그래서 버클리 대학교의 프라납 바르드한은 선거 때 인도 개혁에 대한 정치적인 지지를 이끌어내기 위해 다음과 같은 주장을 했다.

"만일 인간 개발 분야에서 정부가 제공하는 서비스가 여전히 심각하게 부족한 상태로 지속된다면, (현재 대부분의 국가가 그렇듯)최소한의 사회적인 안전망을 구축할 기회는 낮아질 수밖에 없다. 사회적인 안전망이 없다면 아무리 경제 개혁이 대규모로 이루어진다 하더라도 정치적으로 불안해서 오래 버티지 못할 것이다. 압도적으로 많은 국민이 경제적인 안전의 부족으로 짐승처럼 사는 국가에서 이런 현상은 결코 놀라운 일이 아니다."

그리고 그는, 행정의 조직과 인센티브는 경제 개혁을 성공적으로 이끄는 데 없어서는 안 되는 요소라는 결론을 내렸다.[29]

세금 : 모든 리스크 완화 장치의 어머니

리스크 완화자로서의 국가 역할은 민간 부문의 보험사로서는 절대로 할 수 없는 세금 징수 역량과 긴밀하게 연결되어 있다. 정부는 민간 부문이 할 수 있는 것보다 훨씬 더 넓게 국민 전체를 대상으로 리스크를 넓고 얇게 확산시킬 수 있다. 이런 점에서 볼 때, 사회적인 기여 제도라는 완곡한 표현이 대신하기도 하는 사회 보장 제도는 사실상 세금의 한 형태라고 할 수 있다.

세금 징수를 보다 효율적으로 할 수 있는 역량을 갖추는 것은 수많은 개발도상국이 당면한 문제이다.[30] 동아시아에서 높은 성과를 거둔 국가들은 예외이지만, 각 개인의 소득을 정확하게 파악할 수 있는 역량을 갖춘 정부를 개발도상국에서 찾아보기란 쉽지 않다. 오늘날에는 컴퓨터 기술의 발달로 20세기 초에 미국이 들였던 비용보다 훨씬 적은 비용으로 이런 작업을 할 수 있게 되었다.[31] 그럼에도 라틴 아메리카, 인도, 중국, 파키스탄 등은 정보 기술이 공공 부문의 역량을 개선하는 데 사용될 것이라는 확실한 믿음을 국민에게 심어주지 못하고 있다. 그렇기 때문에 이들 국가의 납세자들은 이런 기술이 소득의 강제적인 재분배 도구로 쓰일지 모른다면서 불안해한다.

시민이 채권자─투자자일 때
: 정치적인 선택으로서의 부채와 부채 감당 능력의 신화

부채가 어느 정도 수준일 때 적정하게 감당할 수 있다고 할까? 기술적인 원칙들을 고려해서 결정할 수 있는 그런 수준이란 게 과연 있을까? 만일 누가 이런 공식을 발견하면 IMF가 무척 반가워할 것이다. 하지만 부채 감당 능력에 대한 보편적인 공식이 국제 금융 정책의 목표가 되어야 옳을까? 사람마다 부채를 감당할 수 있는 능력이 다르듯 국가도 마찬가지다. 국가 부채의 수준은 한 사회가 선택한 것이다. 이것의 본질은 그 사회의 구성원들이 자기들의 공동 미래를 놓고 내기를 건 것이다. 어떤 가계는 빚을 내어 사업을 할 수도 있고 또 어떤 가계는 보다 안전한 미래를 위해 빚을 내는 대신 소비를 줄일 수도 있다.

어느 쪽이 옳은 선택일까? GDP 대비 백분율로 표시되는 부채의 크기보다 부채를 갚을 수 있다는 믿을 만한 책임성이 더 중요하다.[32] 이 책임성은 정부가 부채에 대해 지불하는 자본 비용(조달 자금에 대해 투자자가 요구하는 최소한의 수익률—옮긴이)을 결정한다. 부채의 구성과 전체 인구의 여러 부문들이 그 부채를 각각 어떻게 분담하는지도 정치적인 관점에서 역시 중요하다. 미래에 관한 결정 과정에 보다 많은 사람들이 참여할 수 있는 장치가 마련되어 있을 때 국민의 기여를 보다 효과적으로 기대할 수 있다.

영국이 비록 경제는 독일에 비해 상대적으로 허약했지만 두 차례에 걸친 세계 대전에서 독일을 이길 수 있었던 것은 영국의 재정 능력이 독일보다 더 우수했기 때문에 GDP 대비 부채 수준이 독일의 경우보다 높았어도 얼마든지 이 수준을 지탱할 수 있었다. 18세기 영국이 프랑스보다 훨씬 우세했던 이유도 마찬가지다. 영국 의회가 세입을 통해 국가 부채에 필요한 자금을 조달했기 때문이다. 영국이 지고 있는 부채는 영국 의회가 지원하고 있었기 때문에 영국은 높은 수준의 상환 책임성 혜택을 받았다. 영국 국왕은 프랑스 국왕보다 낮은 이자율로 돈을 빌릴 수 있었던 것이다. 2차 대전 이후 미국이 가지고 있었던 힘의 원천 가운데 하나는 고정 부채를 통해 전비를 조달했던 사실에 있다. 고정 부채는 부채를 갚기 위한 미래의 세금 수입과 직접적으로 연결이 된다. 그런데 의회가 부채 상환을 보장했기 때문에 영국은 낮은 이자율에 자금을 빌릴 수 있었다. 이에 비해 전후에 다른 국가들은 높은 이자율 때문에 무척 고통을 겪어야 했다. 부채 상환의 국가 의지를 대표하는 입법체를 통한 국가 부채의 조달 능력은 인구와 천연 자원이 더 많은 국가들의 능력보다 훨씬 더 앞섰다.

공채의 정치적인 의미 : 시민-채권자의 소멸

역사학자들은 크롬웰, 나폴레옹, 비스마르크 등의 강력한 지도자들을 위대한 영웅으로 파악하면서도 정말 진정한 영웅이라고 할 수 있는 납세자들은 무시한다. 국가는 국민의 민간 예금과 국가 공채 사이의 연결을 강화함으로써 국제적으로 한층 강화된 경쟁력을 가진다. 위에서 언급한 유럽식 치국책의 상징적인 인물들은 바로 조세 제도를 개혁한 인물들이었다.

개발에 필요한 자원이 국민의 호주머니에서 나와야 할 때 국가 예산은 재정 부문의 국가적 목적과 관련된 전체 국민의 직접적인 관심사가 된다.[33] 다음 세대로 넘겨진 재정 적자는 납세자의 이해관계와 정부 지출 사이의 연관성을 느슨하게 만든다. 세금을 낸 사람들은 자기가 낸 세금이 어디에 쓰이는지 알려고 한다. 국가 지도자가 정부가 제대로 기능하는 데 필요한 자금을 국민의 예금에 의존할 때 또 하나의 책임성이 창조된다. 하지만 제임스 맥도널드는, 1970년대 말 이후로 전 세계의 국가 재정에서 연금과 투자 자금이 수행하는 역할이 점차 커지는데 이것은 공적 지출의 비용과 혜택에 대한 직접적인 의무로부터 국민을 차단하는 하나의 층을 국민적 선택과 공채 사이에 생성한다고 지적했다. 채권자로서의 국민은 얼굴이 없는 국제적 혹은 제도적 투자자로 치환되기 때문에 국가의 부채는 국민 개인을 초월한다고 맥도널드는 경고했다. "국내 금융업체들이 최근 몇 년 동안 가지고 있었던 공공 부채의 비율은 미국의 경우인 37퍼센트에서 일본의 경우인 77퍼센트 이상까지 다양하다."[34] 개발도상국에서 책임성의 부족 혹은 부재 문제가 특히 심각한데, 지출에 대한 공적인 조사 장치가 취약하기 때문이다.

정부가 지급을 보증할 때 외국인 투자자들은 개발도상국에 투자하는 이 자금이 자기와 후손의 삶이 보다 나아지기를 바라는 그 지역 국민의 관심에 얼마나 기여하는가 하는 문제에 덜 관심을 가지는 것 같다. 외국의 투자자들은 특정 투자가 그 부채를 갚아야 하는 국민의 복지와 일치하는가 혹은 전반적인 정부 예산이 미래의 인적 자본을 구축할 것인가 등의 의심을 품지 않는다. 이들이 돈을 빌려줄 때 고려하는 단 하나의 기준은 과연 투자금을 제대로 돌려받을 수 있을까 하는 것이다. 태국이나 필리핀에서처럼 그 나라의 숲을 모조리 찢어 놓는다 하더라도 투자금이 제대로 상환되기만 하면 아무런 상관이 없다.

국제 투자자들은 돈을 빌린 국가의 국민 복지에 해당 정부의 행정력이 어떤 영향을 미치는지 제대로 판단할 능력을 갖추고 있지 않다.[35] 이들은 자기들이 빌려준 돈이 경제 개발이라는 목적에 부합되게 지출이 되는지 따져 묻지도 않는다. 이들은 개발도상국에 건설되는 사회 기반 시설조차도 투자 기회로 바라보지 그것이 가지는 정치적인 의미, 즉 그 시설로 인해 가난한 사람에 대한 부의 분배가 어느 정도로 향상될 것인가 하는 의미는 전혀 생각하지 않는다. 이에 비해 납세자들은 자기들 가계의 복지와 사회 보장에 어떤 도움이 되는지 따져 묻는다. 정부 지출에 대해 국민이 자발적으로 참여하지 않을 때 국민의 동의를 얻을 수 있는 핵심적인 요소는 소멸하고 만다.

채권자나 납세자는 모두 정부 지출을 신경 써서 지켜보아야 한다. 하지만 국제법이 국제기구에 진 국가 부채의 상환 책임을 통치권이 지도록 함으로써, 채권자와 납세자가 기울여야 하는 노력을 약화시키는 결과를 초래했다. 채권자들은 현 정부가 국제적으로 채무불이행 선언이라는 위험한 선택을 하지 않을 것이라는 쪽에 무조건 몸을 싣는다. 그 결과 적절한 감시의 눈길은 소홀해지고 아무도 그 일에 전념하지 않는다. 결국 개발도상국 국민은 자발적인 의지와 상관없이 국가가 진 빚을 갚아야 하는 채무자가 된다.[36] 미국에서 공부한 경제학 박사로서 경제 개발에 필요한 토대에 대해 알 만큼 알고 있는 필리핀 대통령 글로리아 마카파갈 아로요가가 처했던 딜레마를 생각해 보자. 그녀는 40년 동안 지속적인 경제 성장이라고는 경험하지 못했던 필리핀이라는 부실한 국가를 이끈다. 그녀는 필리핀 사람들이 전기와 소비재 등과 같은 기본적인 서비스와 관련해 의지를 하지만 결국 가격을 왜곡하는 결과를 초래하는 수많은 정부 보조금으로 인한 (물론 이것은 부분적인 이유이다) 상당한 수준의 예산 부족 상황을 맞고 있다. 세입은 GDP의 12.3퍼센트밖에 되지 않는다. 그러나 재정적인 독립성과 범죄를 저지른 부유한 엘리트들을 추적할 수 있는 권한을 국세청에 부여하려고 했던 노력은 상원에서 무산되고 말았다. 생존하기 위해 돈을 빌릴 수밖에 없는 필리핀은 2003년에 세입의 42퍼센트를 부채의 원리금 상환에 지출했다. 그러나 아로요의 정치적 반대파는, 11억 페소를 들여서 건설한 (대통령의 이름을 딴) 마카파갈 고속도로는 6억 페소가 넘는 돈을 낭비했다고 주장한다. 대통령이 납세자가 원하는 것을 받아들이지 않았다는 점, 다시 말해 국가 지도자의 정책이 국민의 이익을 대변하지 않는다는 점은 개발도상국에서 그다지 놀라운 일이 아니다. 국민에게 거둔 세금을 낭비하는 정부로서는 세입을 늘일 기대를 할 수가 없다. 세금을 더 내라는 말에 국민은 어깨를 한번 으쓱하고는 외면해버린다. 하지만 외국의 투자자들은 정부가 상환을 책임지겠다고 약속을 하기 때문에 돈 보따리를 푼다.

필리핀의 세금 징수 능력이 제한을 받고 있는 상황에 대한 평가는 사회적인 구조 및 정치적인 제도와 관련된 폭넓은 가정들 속에서 이루어져야 한다. 현재의 소득 지급을 올리려고 노력할 경우, 정부로부터 기본적인 공공 부문 서비스를 받지 못하는 가난한 사람들뿐만 아니라 공적으로 제공된 서비스를 사용하지 않는 부자들로부터도 저항을 받을 것이다. 국민에게 절대적으로 필요한 요구를 충족할 능력이 없는 정부는 국민으로부터 더 많은 세금을 거둔다는 게 결코 환영받지 못하는 일임을 깨닫는다. 더는 늘어나지 않는 세입에 대한 해결책이 없다면 필리핀 정부는 가난한 사람들에게 최소 수준의 사회 복지도 제공할 수 없다. 이 곤경에서 벗어나려면 사회 구조의 변화가 필요하다. 이 변화는 혁명의 발발을 의미하며, 정부는 이런 상황을 도저히 감당하지 못할까 두려워한다.

필리핀도 예외는 아니지만, 개발도상국은 현대적인 경제 성장을 이룩할 때 필연적으로 기존의 사회 구조가 약해지고 새로운 사회 구조가 자리를 잡는다. 성장 안에는 갈등이 잠재해 있다. 성장은 기존 구조의 기득권 집단이 차지하고 있던 자리와 위상을 불안하게 만들기 때문이다. 성장을 이룩하면서도 사회적인 갈등을 자극하지 않으려면, 재선거가 국민의 기본적인 요구를 만족시키는 방향으로 치러질 수 있도록 필리핀의 정치 기구와 제도가 교정 과정을 거쳐야 한다.

경제 개혁에 관한 전통적인 설명 방식은 경제 및 사회적인 국가 조직의 급격한 변화에서 비롯할 수 있는 여러 갈등들을 보통 회피한다. 하지만 경제 성장은 한 사회가 미지의 세상으로 새롭게 진입하는 일종의 모험 여행이다. 이번 변화가 어떤 결과를 가져올지 온전하게 모두 미리 알 수는 없다. 국가에 대한 충성심이 허약하고 국가의 여러 제도와 기관에 대한 신뢰가 부족할 때 경제적인 변화는 갈등을 증폭시키고 이 갈등의 양상에 따라 국가의 존립이 위험해질 수도 있다.

체제에 미치는 충격 : 혼돈, 합의 혹은 변화

사람들이 미래를 생각할 때 온갖 변덕스러운 상황들을 가정하는 시나리오에 대해서는 거의 관심을 가지지 않는다. 선형적인 변환을 띠는 사회적 변화에 대한 이론을 더 선호한다. 허약한 제도가 가져다주는 세입 축소 효과에 대한 중국인의 무관심을 생각해보라. 미래의 거시경제학적인 충격 반응에 관한 불확실성을 강화하는 허약한 세입 증대 제도들은 완전히 무시된다.[37] 정책 분석가들은 일직선으로 이루어지는 이론 모델을 좋아한다. 특정한 사회의 구조에 관한 중요한 변화들을 포함하는 돌출적인 사건들은 회피한다. 그리고 이런 부정적인 시나리오에 빠져 있는 사람들은 엄청난 비난을 감수해야 한다. 어쩐지 단조롭고 지루하지만 순종적인 낙관주의는 외교 분야에서 출세하는 사람들의 특징이다. 사람들은 자기가 미래를 똑바로 예측할 수 있는 위치에 서 있으며 자기가 서 있는 지점이 바로 그런 미래로 이어지는 길 위에 있다는 사실을 끊임없이 확인하고 싶어 한다. 부정적이고 실천을 가로막는 소식들은 평가절하한다. 급격한 변화와 관련된 시나리오와 이론은 될 수 있으면 피한다. 예를 들어 사회적 혹은 정치적인 급격한 변화 가능성에 대한 연구는 기업의 소득 산출 자산을 위태롭게 만든다. 그러니 기업은 이런 연구를 지원할 리 없다. 오히려 그런 반갑지 않은 예측을 잠재우는 연구나 노력에 기꺼이 돈을 댄다.

전문가들은 보통 연속성에 관한 한 일종의 기득권을 누린다. 정권 주체가 바뀔 때마다 전문가의 의견이라는 것은 가치를 상실하기 때문이다. 중동 연구소가 이란의 샤 정권이 금방 붕괴할 것이라는 징후들을 놓쳤던 점을 상기하기 바란다. 당시 미국 내무부의 전문가들은, 이슬람이 중동의 급진적인 정치 움직임을 종식시킬 가장 적절한 대안 세력이 될 것이라고 믿었다. 또 필리핀의 마르코스 정권 붕괴 때도 그랬다. 미국의 핵심 관료들은 국민의 시위가 마르코스를 권좌에서 끌어내리기 불과 몇 주 전까지도 마르코스 정권은 계속해서 건재할 것이라 믿었다. 인도네시아의 수하르토 정권이 붕괴하기 불과 며칠 전까지만 해도 세계은행 총재는 수하르토 정권이 엄청난 부정을 저질러 왔다는 주장을 부인했다. 그는, 수하르토 정권의 핵심 인사들이 비록 많은 의심을 받고 있었음에도 불구하고 수하르토는 인도네시아의 미래에 없어서는 안 되는 존재일 수밖에 없는 여러 이유들을 줄줄이 외웠던 수많은 인도네시아 전문가들 가운데 한 사람이었다. 그리고 과거 소련 전문가들 가운데서도 소련의 급격한 붕괴를 예측한 사람은 거의 없었다. 이런 예측은 자기들의 이해관계와 일치하지 않았던 것이다. 만일 그런 날이 실제로 닥친다면 자기들이 가진 전문성이 빛을 잃어버리기 때문이다. 대부분의 미래 계획은 근본적인 변화나 충격적인 놀라움이 없는 완만한 진화를 전제로 한다. 대부분의 사회과학자들은 현재의 여러 제도나 기구로서는 도저히 감당할 수 없는 위기가 닥칠지도 모른다는 리스크성은 무시한다.[38]

개발도상국에서 삶을 유지하기 위한 수많은 행동 조합들은 예측이 불가능하다. 사람들이 미래를 자기에게 맞게 맞추기 위해 자기 마음대로 동원할 수 있는 도구는 한정되어 있다. 잠재적인 기회들은 파악하기 힘들다. 예측할 수 없는 리스크에 대비할 장치들은 손이 닿는 범위 바깥에 있다. 미래 과정에 대한 분석과 탐색을 위한 도구들이 부족할 때, 사람들은 단기적인 동기에 따라 행동을 하며 당장 필요한 것들만 충족시키는 방식으로 반응한다.

가계가 갑작스럽게 닥칠 수 있는 충격에 대비를 해야 하듯 국가 역시 이런 사건들과 충격에 대비해야 한다. 선진국은 갑작스런 사건이 발생했을 때 이를 극복할 수 있는 적응 능력을 가지고 있다. 그렇기 때문에 튼튼하다. 선진국에서는 장기적인 전략적 목표들을 달성하기 위한 과정의 국민적인 합의가 이루어져 있다. 예측하지 않았던 어떤 결과에 맞닥뜨려서 생존을 놓고 이것을 처리해야 할 때, 확실성을 가지고 대처할 수 있는 절차를 선진국은 이미 갖추고 있다. 선진국은 기존의 능력을 이용해 새로운 능력을 창출할 수 있는 역량을 가지고 있다는 말이다.

사회적인 리스크의 분담은 미래에 대한 동의를 전제로 한다. 하지만 개발도상국들은 국운과 관련된 총체적인 의사 결정을 할 때 특히 다수의 조직이나 이해 집단들을 상이한 유형의 지식들과 가능성으로써 포괄하는 데 취약하다. 개발도상국 사회는 여러 가지 미래 대안들 가운데서 하나를 선택하는 역량이 취약하기 때문에 지속적인 집행력이 부족하다. 이런 약점을 극복하기 위해 개발도상국 국민들은 강력한 지도자를 반긴다. 심지어 일부러 찾아 나서기까지 한다.

독재는 흔히 개발도상국에서 국민의 전체적인 동의를 형성하는 과정이 없는 상황에 대한 반응으로 나타난다.³⁹ 그 결과 지지층이 엷은 정권이 들어서고, 이 정권은 단 하나의 미래만 생각한다. 그 관심사는 바로 정권을 형성하는 지배 집단이 살아남을 것인가 하는 것이다. 권력을 잡고 있는 지배층의 구성원들에게는 법원이 공정한 판결을 내릴 수 있거나 말거나 전혀 상관하지 않는다. 아무리 부패가 만연한다 하더라도 그들에게는 우호적인 행정적 행위가 있기 때문에 전혀 상관없다.

독재의 논리에서 보자면 아무리 많고 또 감당할 수 없는 국가 부채가 미래 세대에게 떠넘겨진다 하더라도 자기들이 챙길 수 있는 몫만 안전하게 보전되고(흔히 이런 재산은 외국 은행에 예치되어 있다) 자기들이 잡고 있는 정권이 유지되기만 한다면 아무런 상관이 없다. 미국이나 영국, 프랑스에서 일어났던 여러 혁명에서처럼 시민의 책임이 보다 크게 대두된 변화의 사례들에서 볼 때, 정부가 보다 나은 세금 기반을 구축하기 위해 국민과 타협할 수밖에 없었던 것은 바로 국가가 지고 있던 부채 때문이었다. 국제 투자자들에게 진 국가 부채는 이 자금을 이용한 여러 투자 결정에 대한 국내적 관리 감독의 동기를 취약하게 만든다.

정권의 토대가 허약할 때 미래에 대한 다양한 견해들은 부족하게 되고, 다양한 정보 원천은 막히게 되며, 국가 전체의 이름으로 전략적인 목적들을 수행하는 데 도움을 줄 다양한 조직들은 활동을 금지당한다. 독재자가 지지하는 미래의 모델들은 보통 극단적으로 단순하고 또 부적절한 변수들을 채용하고 있는데, 이 변수들은 손에 넣을 수 있는 폭넓은 가용 정보를 제대로 사용하는 따라서 적응력이 높은 전략들이 부족할 수밖에 없다. 이들의 미래 모델에서 유일하게 불확실한 것은 정권의 안정성이다. 국가 지도자들은 미래로 향하는 단 하나의 길만을 생각한다. 이 길은 정권을 구성하는 지배층이 설정한 길이다. 새로운 정보는 손에 넣기도 힘들어진다. 사회의 엄격한 규제 장치들이 정보의 근원을 축소하고 차단하기 때문이다. 예측할 수 없는 미래를 올바로 형성하기 위한 최고의 정책들이 무엇인지 따지는 토론도 이루어지지 않는다. 특히 현재의 지배 정권이 자기가 오래 버틸 것이라는 확신을 가지지 못할 때는 더욱더 그렇다. 이런 정권이 태생적으로 불안할 수밖에 없다는 점은 놀라운 사실이 아니다. 그리고 이런 정권이 무너질 때 이런 사실이 모든 사람들의 눈에는 필연적인 결과로 비치지만 정권의 핵심에 가까이 있던 사람들은 어떻게 해서 그런 결과가 빚어졌는지 도무지 알 수 없어 의아해한다.[40]

어떤 국가도 이상적인 미래를 확실하게 보장하지 못한다. 놀라움은 피할 수 없는 운명이다. 그러나 선진국은 불확실성을 다룰 노련한 결정 도구들을 많이 가지고 있다. 이것이 개발도상국이 가지고 있지 못한 선진국의 강점이다. 선진국은 문제의 다양한 측면들을 바라보고 또 문제 해결에 다양한 기여를 할 수 있는 사람들을 폭넓게 확보하고 있으며 또 이런 능력과 자원을 언제든 활용할 수 있기 때문에, 문제를 해결할 수 있는 보다 적절한 정책을 만들 수 있다. 다양한 지식과 능력을 가진 수많은 집단들을 동원할 수 있기 때문에 선진국의 지도자는 정보의 일관성을 마음대로 시험할 수 있다.

여러 목적에 대한 동의를 획득하는 것에서 이 목적들을 수행하는 것으로의 이행은 조직적 적응의 마지막 단계이다. 한 사회 안에는 미래의 가치와 믿음에 대한 다양한 차이가 있음에도 이 사회는 어떤 실천을 할 수 있는 합의를 가지고 있어야 한다. 일단 하나의 전략이 설정되고 나면 계획을 행동으로 실천할 수 있는 일관된 절차가 필요하다.

개발도상국은 흔히 거대한 전략들을 채택한다.(파키스탄이 2015년을 시한으로 정한, 그리고 모잠비크가 2020년을 시한으로 정한 수많은 전략들을 생각해보라) 하지만 이것을 실천적인 행위로 전환시킬 수단은 거의 가지고 있지 않다. 베트남은 2010년까지 고도로 성장한 선진국이 되겠다는 계획을 자랑스럽게 내세우고 있다. 하지만 이런 목적을 달성하는 데 필요한 구체적인 정책들은 계획 속에 포함되어 있지 않다. 개발도상국이 공통적으로 안고 있는 문제는 (개별적인 측면에서나 총체적인 측면에서)희망을 실천으로 옮길 수 있는 능력이 부족하다는 점이다.

  개발도상국에서는 일반적으로 정책을 결정하는 국가 지도자는 현재 상황과 관련된 폭넓은 정보를 활용하지 못한다. 이 지도자는 실제로 과학 및 사회적 분석을 억압할 수도 있다. 그 결과 선택 가능한 전략의 수는 현저하게 줄어든다. 장기적이고 원대한 정책을 결정하는 데 동원할 수 있는 믿을 만한 도구가 없기 때문에 개발도상국은 복잡성과 두터운 불확실성에 압도될 리스크에 끊임없이 노출되어 있다. 그래서 국민은 서로에게 혹은 자식들에게 또 혹은 공적 생활 속의 경쟁자들에게 믿을 만한 약속을 할 수 없다. 지도자는 사회적으로 적정한 행동들을 결정하는 데 필요한 정보가 부족해 고통을 받는다. 그리고 이 지도자가 어떤 결정을 내리고 난 뒤에도 이 결정의 집행을 확실하게 보장할 수 있는 효율적인 수단이 없다. 그렇기 때문에 국민은 정책을 순순히 따르지 않는다. 설령 따른다 하더라도 책임성이 부족할 수밖에 없다.

  변화에 잘 적응하는 사회가 되려면 국민이 총체적으로 그리는 미래를 국민 스스로 믿고 또 이런 전망에 입각한 정책의 지속성을 확신할 수 있게 만드는 제도적인 장치가 필요하다. 탄력성 있는 건강한 사회는 혼돈을 피하고 과도기를 잘 통과할 수 있는 합의와 관례를 갖추고 있다. 또한 이런 사회의 국민은 정부가 미래 계획을 세우는 과정에 참가할 수 있다. 이것이 바로 선진국이 확보하고 있는 가장 중요한 안전장치이다.

제도적인 변화의 정치학

  세계은행이 설립된 지 60년 가까운 세월이 흐른 2004년, 세계은행의 부총재는 세계은행이 이제 마침내 인프라 서비스를 제공할 능력을 갖추었다고 천명했다.

"우리가 어떻게 그 일을 할지는 최근의 수십 년 세월 동안 엄청나게 많이 바뀌었다. 이제는 민간 부문이 더 중요해졌다. 가난한 사람들에 대한 서비스에 초점을 맞추어야 하는 게 더 중요해졌다. 보다 나은 규제 역량과 투자 환경의 구축을 강조하는 게 더 중요해졌다. 우리는 이것을 어떻게 해야 하는지 알고 있다."[41]

정치 지도자들, 정당, 입법부는 언제 세계은행의 이런 인식 및 역량의 변화에 동참할까? 좋은 제도의 창출이라는 것이 올바른 구조에 대한 단지 기술적인 설계가 아닌 정치인의 동기와 관련한 문제임을 세계은행에서는 언제 인정할까?[42]

세계은행 부총재의 이 견해는 늘 있어 왔던 일상적인 것이 아니다. 이 견해는 1980년대 이후에 이루어진 상당한 수준의 진화를 대변하는 것이며 또한 더글러스 노스를 비롯한 소위 '신제도주의 경제학자들'의 연구 작업에 고무된 제도주의 경제학의 충격을 반영한다.(신제도주의 경제학자들이 1990년대에 이룩한 학문적인 연구는 구조 및 경제적 변화에 대한 수많은 토론을 유발했다) 경제 성장의 제도적인 토대에 대한 노스의 탐구는, 경제적인 성과와 연결된 여러 제도들을 평가하고 측정하고 제어하는 것이 매우 중요하다는 사실을 경제학자들에게 일깨웠다.[43] 그 결과 경제학자들은 개발을 자본 축적 과정이라는 관점에서보다는 조직적인 변화 과정이라는 관점으로 파악한다. 하지만 강조점의 이런 변화는 조직을 이해하는 것보다 시장을 더 잘 이해하는 경제학자들에게는 미심쩍을 수밖에 없다. 재산권 집행 분야에서 한 역할을 하는 법적이며 규제적인 체계들은 현재 개발도상국의 개혁 프로그램들에서 일상적인 관심을 받고 있다. 하지만 이런 형식적인 구조는 그 조직이 어떻게 작동하는지를 설명하지 않는다. 수백 년 동안 정치 철학자들에게 너무도 명백한 진리였던 법치의 혜택들이 어째서 세계의 수많은 가난한 국가들에서는 여전히 실현되어야 할 과제로 남아 있는 것일까? 세계에서 가장 허약한 경제 체계를 가진 국가들이 제도적으로 매우 취약하다는 점은 쉽게 파악할 수 있다. 그러나 새로운 제도적인 구조가 성공을 보장할 것이라는 문제는 또 다른 이야기이다.[44]

정치적인 부패와 허약한 정부는 한 국가가 높은 잠재력을 가지고 있으면서도 낮은 수준으로밖에 성장하지 못하는 이유를 설명하는 주된 요인이다. 세계에서 가장 가난한 국가로 꼽히는 많은 국가들에서 나쁜 경제 정책과 허약한 제도적 장치는 오히려 이들 국가의 정치에 좋게 작용한다. 한 국가의 좋지 않은 경제 사정은 이 국가의 지도자가 권력을 유지하는 데 도움이 되지만 그렇다고 필연적으로 성장과 번영을 촉진시키지는 않는다. 여러 가지 정책들이 경쟁적으로 존재할 때는 필연적으로 국가 지도자의 지도력이 위협을 받는다. 투명성을 높이려는 시도를 하는 지도자는 자기 자신의 나쁜 측면들까지 모두 투명하게 까발려야 하는 위험을 무릅써야 한다. 지도자가 예측 가능한 정치를 하려면 측근들에게 나누어줄 수 있는 비예산 항목의 비자금을 조성할 수 없다. 책임성 있는 정치를 하려면 자기 지도력이 훼손될 수 있는 위험을 감수해야 한다. 공공재의 공급을 공정하게 늘이려는 지도자는 국가 자원을 사적으로 전용해 자기를 지지하는 집단에게 특혜를 베푸는 지도자에 비해 자리를 보전하기 더 어렵다. 공공 부문의 서비스 지출을 줄이고 자기 지지층에 특혜를 베푸는 국가 지도자일수록 장기 집권을 한다. 지지층이 소수인 지도자일수록 그리고 재량권을 남발해서 전체 경제를 불확실성의 그림자로 짙게 드리우는 지도자일수록 권력 내부자들에게 더 많은 혜택을 준다. 자기의 정치적인 수명을 연장하는 데 드는 비용을 일반 국민들이 부담하게 만드는 지도자는 자기의 잘못된 통치가 낳을 수 있는 예측할 수 없는 결과를 눈을 크게 뜨고 바라보라는 워싱턴 전문 관료의 훈계를 필요로 하지 않는다. 이런 지도자는 자신의 정권 장악력 강화와 집권 연장을 위해서라면 경제 불황은 얼마든지 감수할 준비가 되어 있다. 이런 지도자에게는 정치적인 지지 기반을 잃어버리고 싶지 않다는 동기가 이념적인 신념보다 훨씬 앞선다. 그렇기 때문에 개발도상국에서는 나쁜 통치의 양상이 일관되게 지속된다. 이념이나 선의 혹은 시민적 통합성에 호소하는 것은 정책의 결과를 바꾸는 데 가장 좋은 방법이 아니다.[45] 자유나 자치와 같은 미덕에 대한 강의는, 권력의 사회적인 구조를 바꾸는 것과 비교할 때 좋은 통치를 이끌어내는 데 거의 아무런 도움이 되지 못한다. 경제 위기가 정치 위기가 될 때 정치적인 지도력을 위협하는 요소가 된다. 가난한 사람에게는 불행한 현실이지만 사회 기간 시설이나 교육 혹은 시골 지역의 보건 시설 등의 완만한 침식이 진행될 때보다 국제 수지의 불균형 위기가 발생할 때 국제 사회의 다각적인 개입이 나타날 수 있는 개연성이 높다.

성장에 필요한 핵심적인 과정은 정치인의 동기를 바꾸는 것이다. 전략적으로 배분된 사적인 재화는 소수 지배 연대층의 충성심을 강화한다. 국가 지도자가 자기 지지자들에게 특혜를 베풀기 위해 마련한 통로는 누구나 기회를 활용할 수 있는 정책을 통해 모든 시민에게 혜택을 주는 통로로 활용될 수 있다. 하지만 이 지지자들이 전체 인구 가운데 아주 작은 부분 집합이라면 사적인 재화와 공공재의 혼합은 사적인 재화에 유리하도록 심각하게 편중될 수 있다. 사적인 재화는 지도자의 연대층 구성원들에게 분배되기 때문에, 연대층을 확대하기 위한 제도들은 성장과 경쟁을 강화하는 경제 정책의 수요를 창출하는 데 필수적이다. 장차 자기를 지지할 수많은 사람들로부터 지지를 이끌어내야 하는 지도자들이 계속해서 집권을 유지하려면 보다 더 많은 자원들을 좋은 정책에 쏟아야 한다. 이런 이유로 정치적인 경쟁은 교육 부문 지출의 증가보다 기초 교육 수혜자의 범위에 더 큰 영향을 미친다. 그래서 세계은행의 대변인이 앞서 언급했던 견해와 달리, 서로 경쟁하는 정당의 존재는 (이 정당들의 합법성은 최소한 부분적으로는 가난한 사람들의 지지에 의존한다)가난한 사람들이 공적인 투자로부터 혜택을 받는다는 사실을 보장하기 위해 필수적이다.

제도 개혁의 수행에 역점을 두고 다루기 위해서는 다음 두 가지 질문에 대한 대답을 전제로 한다. (1) 몇몇 국가들은 어째서 다른 국가들보다 경제 개발과 관련한 보다 더 건전한 제도와 정책을 가지고 있는가? (2) 형편없는 수준의 취약한 제도와 집권자 개인적인 이득 사이의 관계는 무엇인가?

경제 정책 개혁은, 나쁜 경제 정책이 좋은 정치 정책이라는 등식을 바꾸어야 한다. 정치 지도자의 복지를 다수 국민의 복지와 일치시키는 것이 개발 정책의 가장 큰 과제이다.

경제 정책 개혁의 순서

경제학자들은 흔히 개혁의 적절한 순서에 대해 질문을 한다. 거시경제학적인 개혁은 해당 국가에 대한 국제적인 투자자의 신용을 결정하기 때문에 이 개혁은 선진국의 선례를 따른다. 이것은 충분히 이해할 만하다. 거시경제학적 위기는 자칫 엄청난 피해를 주면서 정부를 세워버릴 수 있고 또 개혁의 우선순위는 국제 금융 체계의 한층 증가된 상호관계를 반영하기 때문이다. 그럼에도 불구하고 1990년대에 제도 경제학이 부활하면서 많은 정책 전문가들이 우선순위와 관련해 과거에 학계가 공유했던 인식이 잘못되었다는 데 동의하고 있다. 올바른 제도는 올바른 거시경제학적 개혁만큼이나 경제 개발에 중요한 요소이다. 올바른 제도가 무엇인지 결정하는 문제에 관해서 보자면 개발도상국에서 선진국으로의 이행 분야 전문가들이 가지고 있는 몇몇 동의 내용 가운데 하나는 법 특히 재산권을 보호하는 법과 관련이 있다. 그러나 과연 법률가가 최종적인 결정권을 가지고 있을까?

법률적인 역량을 구축하는 데 필요한 금융 자원들에는 흔히 국제기구들이 개발도상국 및 이행 단계에 있는 국가들에게 지원하는 종합 정책들이 부수적으로 뒤따른다. 그래서 수많은 경제 관련 법률이 의결되었고 법원이 개혁 과정을 거쳤으며 또 과거에는 없었던 규제 기구들이 설립되었다. 그러나 법률적인 인프라에 많은 투자가 있었음에도 불구하고 대부분의 개발도상국들은 여전히 기대에 미치지 못하는 성과를 내고 있다.[46]

수많은 정치 및 사회적 세력들이 사법 관련 제도들을 간섭하고 나설 수 있다. 법률에 기반을 한 경제 체계는 행정적으로 매우 복잡해서 수많은 제도와 기구를 바탕으로 하는데, 이 제도와 기구를 권력을 쥐고 있는 사람들이 쉽게 조종할 수 있다. 법률을 공정하고 합리적이며 예측 가능한 방식으로 적용하는 것은 주로 판사들이 정치 권력자에게 대응하는 하나의 방식이다. 정치인이 개입함으로써 그리고 정치인이 판사 임용에 간섭함으로써 법률은 쉽게 효율성을 잃어버릴 수 있다. 그리고 법률 문구는 보통 넓은 의미로 작성되는데, 이것의 해석과 집행은 정치적인 당국자가 내리는 행정적인 명령에 따라 이루어진다. 그렇기 때문에 동일한 법률이라 하더라도 상황에 따라 전혀 다르게 해석되고 집행될 수 있다.

개발도상국에서 새로운 헌법이 발표되었다거나 개인의 재산권을 보호하는 법률이 의결되었다고 해서 재산권 보장과 관련된 불확실성이 단번에 해소되는 일은 거의 없다. 나이지리아의 헌법이 미국 헌법을 모방한 것이라는 사실만 보고서 이 나라의 전반적인 민주주의의 수준이 미국과 같다고 판단하고 나이지리아에 투자하는 정신 나간 사람은 없을 것이다. 또 극단적인 인종 및 사회적 양극화가 첨예하게 나타나고 있는 이라크나 아프가니스탄에 새로운 은행 관련 법안이나 파산 관련 법안이 의결되었다고 해서 이들 국가의 정책적 연속성의 불확실성이 완전하게 사라졌다고 생각하는 사람도 없을 것이다. 설령 사회적인 양극화가 안정적인 금융 정책이 제대로 수행되지 않는 이유를 설명한다 하더라도 그것은 법치를 강조하는 제도경제학자가 책임을 지고 있느냐 아니면 합리성과 긴축, 가격 우선 원칙을 강조하는 거시경제학자가 책임을 지고 있느냐 하는 문제와 전혀 상관이 없다. 사회적인 세력들을 형성하기 위한 제도의 건설은 보통 혁명이나 정복과 같은 거친 망치에 달려 있다.

그렇다면 경제 정책 개혁의 적절한 순서는 무엇일까, 그리고 개혁의 어떤 범주가 운전석에 앉아 개혁의 자동차를 몰아야 할까? 올바른 실천으로 이끌기 위해서는 먼저 이 본질적인 질문들에 대답을 해야 한다.[47] 국내의 정치적인 과정이 제도 개혁 과정을 주도한다. 장기적인 경제 및 사회적 변화는 이 과정의 기초가 될 수 있다. 그렇다고 그것이 개혁이라는 달리는 자동차의 핸들을 잡았다고 말할 수는 없다. 제도적인 변화의 순서는 해당 국가의 정치 지도자 손에 달려 있다. 아무리 제도를 훌륭하게 만든다고 해도 이것만으로는 지속적인 변화가 보장되지 않는 것도 바로 이런 이유 때문이다. 인도, 파키스탄, 말레이시아, 싱가포르는 모두 영국 식민지 경험을 가지고 있기 때문에 행정 제도가 거의 비슷하다. 하지만 이 제도의 각 국가별 효율성과 통합성 수준은 모두 다르다. 공적 지출의 구성을 규정하는 정치적 결정은 법률이나 제도를 쉽게 허물어버린다. 도둑질과 방해와 부정은 기존 제도들이 원래 설정된 목적을 제대로 이행하지 못하도록 하고 또 외부 환경의 변화에 맞춰서 적응하지 못하도록 한다. 금융 제도, 재산권, 조세 제도 등의 준수 수준은 국민이 국가 지도자에게 협조하는 정도 즉 국민과 지도자의 연대 수준에 따라 결정된다. 정치적인 가능성 없는 경제 제도는 아무런 의미가 없어 오래 가지도 못한다. 이것이 바로 1989년에서 2001년에 이르는 이행 시기에의 위대한 정책적 목표로 워싱턴이 설정했던 자유화, 안정화, 민영화가 안정적인 결과를 가져오지 않았던 이유다. 개발 정책의 이 위대한 이정표들이 '개발은 사회적인 이행 과정이다.'라는 금언의 위대한 통찰력을 무시했기 때문이다.

"자본은 총체적인 산물이다. 수많은 구성원들의 통합적인 행위에 의해서만 다시 말해 사회의 모든 구성원들의 통합적인 행위에 의해서만 힘을 얻어 운동을 할 수 있다. 그러므로 자본은 개인적인 것이 아니다. 자본은 사회적인 힘이다."[47]

우리의 연구도 동일한 가정 즉 경제 개혁의 본질은 보다 총체적인 협력을 장려하기 위해 권력의 제도들을 바꾸는 것이라는 가정을 전제로 한다. 궁극적인 사회적 안전망은 모든 시민이 협력해서 어떤 결정에 도달할 수 있도록 해주는 장치이다.

맺음말
초기 자본 축적 단계의 불확실성, 경쟁 그리고 은밀한 공모

경쟁과 은밀한 공모 사이의 경계선은 경제학 교과서에서처럼 그렇게 선명한 경우가 드물다. 이 경계선은 불안정하며 경제의 진화가 이루어질 때마다 위치도 달라진다. 이 경계선을 제대로 포착하려면 새로운 통찰력과 분석적인 도구들을 동원해야 하며 또한 이 도구들은 경제만큼이나 사회와 정치도 주의 깊게 살펴야 한다.

고도로 발전한 선진국에서도 가족이나 친지와 함께 사업을 할 때 불법적인 행동을 하면 이 행동은 다툼의 씨앗이 된다. 경쟁 시장을 보장하는 데 필요한 기준과 장치는 바뀌게 마련이다.

경쟁이 성장을 촉진하는 올바른 자극이 된다는 신념은 경제학에서 확실하게 자리를 잡았다. 하지만 개발도상국에서 만연하는 공모 행위들은 실제로 이들 국가의 경제 성장을 촉진하기도 한다. 경제 개발이 이루어지는 기간에 우리는 유럽 근대의 길드, 과도기적 중국 사회에서의 향촌 기업, 동아시아의 지주 회사 등과 같은 중간 단계의 조직들이 나타났다는 사실을 확인했다. 이런 기업 조직들은 어떤 단계에서는 조정과 협력의 수준을 높이지만 나중에는 오히려 경제 성장의 장애물이 된다.

가족을 넘어서는 가족 이상의 조직이 부족한 사회는 소수 족벌 기업들 사이에서 대기업들의 통제가 집중되는 현상에서 이득을 볼 수도 있다. 공모를 할 수 있는 능력은, 신뢰와 사회적인 상호성을 쌓기 위한 제도가 부족한 사회에서 사회적 자본(협력적 행위를 촉진시켜 사회적 효율성을 향상시킬 수 있는 시민적 참여의 네트워크, 포괄적 호혜성의 규범, 그리고 그로부터 발생하는 사회적 신뢰를 일컫는 말—옮긴이)이 될 수 있다. 그러므로 샌프란시스코나 제네바에 있는 사람에게는 정실이나 연고에 따른 관계로 보이는 것이 실제로 개발도상국에서는 (그렇게 하지 않았더라면 도저히 불가능했을)협력과 조정을 이끌어내기도 한다. 거래 상대방이나 계약서의 신뢰도에 대한 불확실성 때문에 현대 경제 사회에서 흔한 자본과 공모의 뚜렷한 구분은, 공모적인 관계가 여러 시장 제도들을 밀어내는 양상을 보이는 자본 축적 초기 단계에 딱 들어맞지 않는다.

개발도상국의 정치 및 사회적 조직의 차이점들이 이들 국가의 경제 성장에 영향을 미친다. 그 결과 경쟁과 공모의 매우 다양한 양상이 나타난다. 경제적인 이익을 추구할 때의 개인적 의무가 수행하는 역할에 대해 선진국에서 통용되는 여러 가지 가설들이 수많은 탈공업화 사회를 대표하는 농촌 공동체에는 적용되지 않을 수도 있다. 개발도상국들은 제각기 다른 출발 지점에서 경제 성장의 길로 나아가는데 이들에게 필요한 사회 및 정치적인 충고는 이들의 출발 지점만큼이나 제각기 다르다.

경제 정책과 관련된 충고는 정책의 목표와 그 목표에 도달하기 위한 수단과 혼동될 수 있다. 전형적인 충고는 선진국과 개발도상국 제도 사이의 차이를 단칼에 처리하라는 비교통계학 차원의 충고이다. 그러나 충고를 구하는 쪽이 필요로 하는 것은 다층적이고 연속적인 여러 국면들을 조화롭게 이끌 수 있는 역동적인 변화 모델이지 국제 사회의 수많은 모범 사례들이 아니다. 예를 들어 중국의 무기명 은행 계좌가 그렇다. 국제적인 기준과 규칙에 철저한 인도의 은행 제도는 사람들이 가지고 있던 돈이 암시장으로 몰려가게 만들었지만 중국의 무기명 은행 계좌는 이 돈이 은행 부문으로 유입되도록 했다. 최선이 아니라 차선의 경제 정책이긴 하지만, 그럼에도 불구하고 이런 정책이 보여주는 중국 경제 체계의 유연성 때문에 중국의 금융 자산은 GDP 대비 269퍼센트나 된다.(이에 비해 인도의 경우는 166퍼센트밖에 되지 않는다) 또 인도의 형법은 정확한 증거 기준을 요구하는데, 법을 집행하는 부서와 개인은 재정적으로 충분한 지원을 받지 못하고 또 업무에 필요한 적절한 훈련을 받지 않기 때문에 범법자를 실제로 기소해 처벌을 받게 하기까지 상당한 어려움을 겪는다. 다시 말하면 범법자는 흔히 처벌을 받지 않는다.

제3세계에서 벌어지는 부패와의 전쟁과 관련해서는 21세기의 뉴욕 시가 모범적인 사례로 내놓을 수 있는 것보다 훨씬 많은 것을 19세기 태머니홀과의 전쟁 경험에서 찾을 수 있다. 당시에는 합법적인 제도가 취약하고 그나마 있다 해도 모두 뇌물의 영향력에서 벗어나지 못했다. 정책 수립에서 가장 어려운 부분은 변화의 동력을 정확하게 포착하는 것이다.

정치적 영역, 사회적 영역, 경제적 영역 사이의 경계선들은 경제가 성숙해짐에 따라 이동한다. 그리고 성장의 초기 단계들에서는 이런 경계선이 뚜렷하지 않아 공모와 경쟁을 구분해내기 힘들다. 그런데 공모와 경쟁을 뚜렷이 구분하려면 사회적인 동의를 형성하기 위한 장치 즉 여러 가지 제도와 기구가 필요하다. 하지만 개발도상국에서는 이런 사회적인 동의가 보통 잘 이루어지지 않는다. 성장은 사회의 기존 사회·정치적 구조를 와해시킬 수 있다. 이 경우 기존의 사회적 자본은 낡은 것이 되고 만다. 여러 다른 집단들 가운데서 어떤 집단이 변화의 비용을 감당하는 게 옳을까 하는 문제에 대한 동의를 확보하는 것은 흔히 변화 과정에서 가장 어려운 부분이다. 보이지 않는 문제를 처리하는 것과 관련해 합의를 이끌어내는 과정은 변화 그 자체보다도 더 어렵다.

● 감사의 말

이 책을 쓰면서 주변 사람들에게 진 빚은 아마 평생 가도 다 갚지 못할 것이다. 몇몇 대담한 분들은 기꺼이 내 작업에 앞장을 서면서 결정적인 통찰력을 제공했고, 덕분에 거칠기만 하던 초고가 한 권의 책으로 나올 수 있었다. 구상과 집필 초기 단계에서 스텐리 L. 엔거먼, 이 펭, 로버트 클리트고드, 그레고리 P. 라블랑, 낸시 J. 오버홀트 그리고 헨리 로웬은 모두 없어서는 안 되는 중요한 동료 역할을 해주었다. 이들의 관대함과 통찰력, 성실함, 전문적인 식견이 없었더라면 이 작업을 시작할 엄두도 내지 못했을 것이다.

케네스 애로우는 많은 시간을 내어 토론을 해주고, 경제에서의 리스크와 불확실이란 개념에 내가 덧붙여야 할 사항이 있음을 일깨워주었다. 이 주제에 관해 통달하고 있던 그는 나에게 자기의 높은 식견을 기꺼이 나누어주었다. 그가 원고를 한 줄씩 읽어가면서 도움을 주었기에 이 책의 관념과 관념에 따른 결과물들이 한층 더 세련될 수 있었다. 브루스 부에노 드 메스퀴타와 나는 여러 해 동안 유익한 대화를 나눈 뒤에 제도와 지도력을 내용으로 다른 책을 함께 펴냈는데, 이런 경험이 이 책을 내는 데 든든한 바탕이 되었을 뿐 아니라 그 경험은 이 책 전반에 군데군데 모습을 드러내고 있다. 래리 다이아몬드, 애브너 그리프, 조지 슐츠, 배리 웨인거스트 등의 스탠퍼드 동료들이 보여준 우정과 협력과 문제 해결 능력이 도움이 되었기에 책상물림의 얕은 식견을 그나마 실천적인 정책으로 변환시킬 수 있었다. 한편 조 스티글리츠는 경제 성장에서 정보의 역할이 가지고 있는 중요성을 일깨워주었다.

국가별로 접근한 여러 장(章)들에서 나는 부끄러운 줄도 모른 채 중국에 대해서는 앨버트 키델, 니콜라스 라디, 로버트 매드센, 민싱 페이, 천주안 웨이 인도에 대해서는 가우탐 아드히카리, 람키센 라잔, 카르티 산디리야, 샤이주먼 C. S., 만모한 싱, 순드람 파캄페트, 파키스탄에 대해서는 하산 아프잘, 나딤 울-하크, 파크히르 이맘, 미프타 이스마일, 에릭 젠슨, 제항기르 카라무트, 무하마드 모신 칸, 파루크 레그하리, 하피즈 파샤, 타리크 시디쿠이, 모하마드 와셈, 그리고 라틴 아메리카에 대해서는 폴 홀덴, 릴리아나 로자스-수에레즈, 세계은행의 안자리 쿠마르를 비롯한 수많은 동료들을 각각 졸라서 도움을 받았다. 그리고 동아시아 국가들을 수십 차례나 방문하면서 수많은 사람들에게 도움을 받아 이 지역에 대한 내 견해를 정리할 수 있었다. 또 이 사람들은 내 작업에 없어서는 안 될 소중한 자료들을 제공했는데, 이들이 너무 많아서 일일이 다 소개할 수 없어서 미안할 따름이다.

클레어몬트 대학원과 피처 칼리지의 동료들도 많은 협조를 해주었다. 특히 토머스 보처딩, 아서 덴자우, 야첵 쿠글러, 제임스 리만, 루이스 W. 스나이더, 토머스 윌렛, 폴 자크에게 고맙다는 말을 하고 싶다. 밀켄 연구소의 동료인 제임스 바스, 쥬디스 고든, 피터 파셀, 수잔 트림바스, 글렌 야고도 내가 도움이 필요할 땐 언제든 필요한 도움을 베풀었다.

이 책에서 담은 여러 주제들을 파고드는 데 도움을 준 《아시아 서베이Asia Survey》, 《포린 어페어스Foreign Affairs》, 《내셔널 인터리스트National Interest》, 그리고 《저널 오브 디모크라시 Journal of Democracy》의 편집자들도 고마운 분들이다.

미국 재무부에 근무한 경험을 통해서 나는 다른 어떤 경험이 줄 수 없는 선명함, 정확성 그리고 목적의식성을 얻었다. 대통령의 기본 방침이 채 확정되지도 않았던 임기 첫해에 가격을 매길 수 없을 정도로 소중한 경험을 할 수 있도록 기회를 베풀어준 존 테일러 차관을 비롯한 재무부 사람들에게 특히 고맙다는 인사를 하고 싶다.

미국 국무부 교육문화국의 헌신적인 많은 인사들이 나를 위해 강연 일정을 마련해주었고, 이런 경험은 이 책에 담고 있는 주제를 깊이 파고들 수 있는 기회가 되었다. 하노이 대학교에서 동아시아의 생산성 성장에 대해 강의를 할 때, 교수 한 사람이 베트남에서는 자본 시장 구축을 위한 작업을 어디에서부터 시작할 수 있겠느냐고 물었다. 다음 해에 나는 이 책의 초고를 바탕으로 베트남외교연구소에서 일련의 강의를 했고, 이 자리에서 그 교수와 나는 학생들과 함께 전쟁을 위한 국가총동원이 어째서 투자와 경제 성장을 위한 국가적인 동원 능력과 아무런 관계가 없는지 토론했다. 이런 토론 덕분에 이 책에 수록된 관념들 가운데 많은 것들을 선명하게 정리할 수 있었다.

클레어몬트의 많은 학생들이 이 작업을 함께했다. 세릴 반 덴 한델은 프로젝트 매니저 일을 맡아 전체 작업 과정에 도움을 주었다. 제시카 바이엘이 편집 작업을 한 것은 하늘의 계시였다. 집필과 연구의 마지막 단계에서는 프리먼 재단으로부터 기금을 받았다. 그리고 프린스턴 대학교 출판부의 팀 설리반에게는 특별한 감사의 뜻을 전하고 싶다. 그의 창의성이 없었더라면 이 책이 나오지도 않았을 것이고 또한 독자를 만날 수도 없었을 것이기 때문이다.

● 〈부록 _1〉 주제별 자료 출처

중국의 은행과 금융 _밀켄 연구소, 국제통화기금IMF의 금융통계국

경제 자유화 _헤리티지재단

GDP 성장률 _세계은행, 아시아개발은행, 국제금융기구, 블룸버그

지니 계수 _세계은행

통치 수준 _세계은행

인간개발지표 _유엔 인간개발프로그램

소득/소비 분포 _세계은행 세계개발지표, 미국인간개발지표, 〈라틴 아메리카와 카리브 해의 불평등〉(세계은행 2004a)

● 〈부록 _2〉 국가 분류 용어 규정 및 해당 국가

아시아 개발도상국 : 1인당 연간 국민총소득이 745달러 이하
_캄보디아, 인도네시아, 라오스, 베트남

아시아 선진국 : 1인당 연간 국민총소득이 746달러 이상
_홍콩, 말레이시아, 필리핀, 싱가포르, 한국, 대만, 태국

라틴 아메리카 : 인구 1,500만 이상
_아르헨티나, 브라질, 칠레, 콜롬비아, 멕시코, 페루, 베네수엘라

서유럽
_오스트리아, 벨기에, 덴마크, 프랑스, 독일, 아일랜드, 이탈리아, 네덜란드, 포르투갈, 스페인, 스웨덴, 영국

* 다른 설명이 없으면 모든 자료는 2001년 기준임.

● 저자 주

01 리스크, 불확실성, 사회의 발전

1. 개발 정책에서 적정 자본 모델의 역할에 대해서는 Easterly(2001)를 참조.
2. 아프리카에서 규모 면으로 볼 때 가장 많은 지원을 받은 국가들은 중국이나 동아시아 국가들처럼 상대적으로 적은 규모의 지원을 받은 국가들에 비해 지금까지 거둔 성장 속도가 느리다.
3. 많은 언어권에서 리스크^{risk}와 불확실성^{uncertainty}을 구분하는 단어들이 존재하지 않는다. 예를 들어 과거 사회주의권에 속했던 국가들은 리스크를 시장 다변화와 헤지 등의 방법으로 적절하게 관리할 수 있는 기회로 보지 않고 회피해야 할 위험한 폭탄으로 인식한다.
4. A. Przeworski et al.(2000:257) 어떤 나라의 정치 체제가 민주적이냐 독재적이냐 하는 사실은 그 나라의 경제 성장보다는 인구 성장에 영향을 미친다.
5. 그런데 국제 금융 기구들은 흔히 이런 조항을 어기고 교묘하게 정치적인 영역으로 개입해 들어가서 국민의 지지를 받지 못하는 정권을 부적절하게 지지한다. 이런 과정은 일종의 뇌물 수수 행위라고 볼 수 있다.
6. 해당 국가의 정치 지도자는 기금을 지원하는 측이 요구하는 대로 이들이 원하는 제도를 마련하겠다는 동의는 얼마든지 할 수 있다. 하지만 기능적인 단서 조항이나 해석의 차이를 이용해 애초에 합의한 목적에서 벗어나는 용도로 이 기금을 사용한다. 국가 지도자들은 금융 위기를 타개하기 위해 대중적인 지지를 거의 받지 못하는 긴축 재정을 IMF와 약속할 수도 있다.
7. Campos and Root 1996; Root 1996b, 1997, 2001b, 2002.
8. 예를 들어서 정치적으로 접근할 때는, 정치적인 연관을 맺고 있는 사람들에게는 가치를 부풀리는 한편 시장 가격은 줄이는 방식으로 가격을 왜곡할 수 있다.
9. 확률 이론은 사람들이 이익의 수학적인 기대치를 최대로 만들기 위해서 모든 결정을 내린다는 사실을 전제로 한다. 확률 이론의 원래 목적은 도박사가 장기적으로 최고의 승률을 보장받기 위해서는 어떤 식으로 게임을 해야 하는지 결정하는 것이었다.
10. 개발도상국에서 각 개인은 시장을 활용하지 않고 모든 리스크를 자기가 떠안고 감당한다.

Partha Dasgupta(1995:202)에 따르면, "공식적인 리스크 시장들이 거의 존재하지 않는 곳에서 리스크를 거래할 필요성은, 개인과 개인 그리고 가족과 가족 사이의 고도로 조직화된 의무 사항의 네트워크 형성으로 이어진다. 이런 네트워크 체계는 인류학자들과 경제학자들이 가난한 국가의 농경 사회나 목축 사회에서 흔히 발견한다."

11. 리스크와 불확실성을 구분하는 것이 이 논의에서 우선적으로 해야 할 유익한 작업이다. 이것을 정확하게 구분하고 나면 개발도상국과 저개발국가의 차이를 선명하게 파악하는 데 도움이 되기 때문이다. 하지만 이런 차이를 주장할 때 결정 이론의 수많은 최근 경향들과 충돌이 일어난다.(Hirshleifer and Riley 1992) 현재 대부분의 학자들은 불확실성을 '리스크의 한 형태' 혹은 '특정한 유형의 불확실성의 리스크를 무릅쓰는 것'으로 파악한다. 리스크와 불확실성의 차이는 철학적인 문제를 제기한다. 프랭크 나이트Frank Knight는 리스크는 측정 가능한 가능성에 관한 것인데 비해 불확실성은 측정 불가능한 가능성에 관한 것이라고 했다. 나이트가 제시한 불확실성의 한 예는, 암 진단을 받은 어떤 흡연가가 사망할 확률과 비교를 해서 제시한 암 치료법이 발견될 확률이다. 후자는 분명히 추측성이 강하다. 이에 비해서 전자는 표와 자료가 충분히 존재해서 확률을 수학적으로 계산할 수 있다. 나이트가 제시한 불확실성의 또 다른 한 예는, 어떤 후보가 당선될 가능성과 비교한 어떤 전쟁의 발발 가능성이다.(Knight 1971; Luce and Raffia(1957)는 리스크와 불확실성을 알 수 있는 확률과 알 수 없는 확률로 구분한다. 그러나 이 두 사람은 나중에 이런 구분이 실제로 아무런 도움이 되지 않는다면서 자기들의 견해를 수정했다. 경제학에서의 리스크와 불확실성에 대해서는 참조, Arrow(1996; 1964)와 Borch(1968). 리스크 완화자로서의 정부 역할에 대해서는 참조, Moss(2002), Arrow and Lind(1970) 그리고 Hirshleifer(1966).

나이트의 작업은 결정 이론 분야에 부분적으로만 영향을 미쳐 왔다. 오늘날 이 이론 분야에서는 리스크와 불확실성을 동일한 것으로 바라보며 정책 결정권자들은 정보 확보에 추가적인 투자를 할 수 있다는 것을 전제로 한다. 표준적인 자본 평가 모델들은 모든 주식 보유자들이 여러 가지 특이한 리스크들을 다각화 전략으로 충분히 대비할 수 있음을 전제로 한다. 일반적으로 대부분의 모델들은 각 투자자들이 동일한 기회를 가지고 있으며 또 개발 비용으로 최적의 투자를 하는 완벽한 시장을 전제로 한다. 모든 거래는 시장 청산market-clearing 가격으로 이루어진다.(시장 청산이란 주어진 시장 가격에서 공급자와 생산자가 원하는 물건을 모두 팔거나 살 수 있는 상태를 말한다—옮긴이) 의사 결정권자가 정보 행위라는 선택권을 가지고 있다는 발상은 개발도상국에서는 비현실적이다. 리스크 부담 자산은 선진국에서는 완전한 시장 청산 장치에 의해서 처분이 될 수 있지만, 개발도상국에서는 시장을 통한 해결 혹은 리스크 완화 전략을 최적화하기 위해서 시장 가격에 의존하는 방법은 불가능하다. 그 결과 새로운 정보의 생산적인 업데이트는 제한을 받을 수밖에 없고, 결국 문제를 해결하려는 사람은 시장 경쟁이 아닌 정치적인 통로를 통한 재분배를 추구함으로써 재산권을 정치적인 논쟁의 대상으로 만들어버린다. 즉 개발도상국에서는 개인이 다각화를 통해서 부정적인 결과나 특이한 시장 리스크들에 대비할 수 있다는 기대는 비현실적인 것이 되고 만다. 국가에 따라서 제각기 다른 복잡한 특수성에 대해서는 2부에서 살펴볼 예정이다.

12. 경제학적인 용어로 말을 하면, 불확실성은 잠재적인 투자자가 순현재가치에 적용되는 할인율을 계산하지 못하도록 한다.
13. 비슷한 개인들이 모인 대규모 집단의 평균적인 행동은 이보다 작은 집단의 평균적인 행동 혹은 한 개인의 행동보다 더 예측이 가능하다.
14. 투자에서 분산 값이 크면 클수록 혹은 평균 주변의 표준편차가 크면 클수록, 평균 수익이 결과에 미치는 의미는 그만큼 줄어든다. 투자의 분산 즉 다각화는 최상의 보험이다. 이것은 한 투자자 혹은 국가를 처음 시작하던 지점으로 되돌려 놓을 수도 있다. 단기간에 아주 많은 돈을 벌려고(to make a killing) 할 때, 투자자의 리스크는 살해된다(to be killed).
15. 예를 들어서 개발도상국에서는 노후 대책을 사회적인 제도나 자원으로 해결하지 않고 가족의 도움으로 해결한다.
16. 리스크를 공동으로 부담하는 거래 관계로는 거래나 재해 및 생명 등의 보험을 드는 것뿐만 아니라 보통주와 파생 증권 등에 투자하는 것도 포함한다.
17. 이란 국왕에 대한 격렬한 반대 운동이 일어나기 여섯 달 전에 미국의 국무부 관리들은 이슬람은 그 지역을 안정적으로 유지하는 힘이라는 견해를 가지고 있었다. 격렬한 소요 사태로 프랑스가 더는 알제리를 점령할 수 없는 바로 그 순간에도 프랑스는 알제리의 소요 사태가 진정되었다고 생각했다. 칼 마르크스Karl Marx는 서유럽의 산업 국가들에서 폭동이 일어날 가능성을 너무 높이 평가했으며 또한 러시아와 같은 산업화 이전 사회가 직면한 불안정성을 간과했다. 사회적 안정성이나 분열 현상에 관한 전문가들의 상이한 평가들은 서로 관련은 있지만 각기 독립적인 두 개의 불확실성의 근원이다.
18. 투자 환경이 아무리 위험하더라도 일부 투자자들은 전문적인 부문에 투자를 하려 할 것이다. 예컨대 과도기 이후의 러시아에 나타난 마피아 조직이 그렇다.
19. 각 개인이 공동 사업을 추진하는 공동 법인을 위해서 자신의 개인적인 권리를 양도하는 또 다른 조직 형태로는 동업 기업, 전문가 조합, 비영리 단체, 정당, 지방 정부, 국가가 있다. 예를 들어서 유한 책임 회사는 주주들의 다수결 결정이 있은 뒤에야 빚을 정리할 수 있다.
20. 자기와 관련된 사항을 스스로 결정하는 법인은 독립적인 법률 인격권을 가지고 있어서, 누구를 상대로 소송을 하거나 혹은 소송을 당할 수 있으며 또한 자기 이름으로 재산을 살 수

도 있고 팔 수도 있다. 이렇게 함으로써 공동의 자원을 효과적으로 관리한다. 예를 들어서, 프랑스의 앙시앵레짐ancien régime 기간 동안 마을 공동체는 법률적 인격권을 획득해서 마을의 공동 재산을 관리함으로써 수익을 창출했고, 이 수익을 마을의 기간 설비와 학교, 교회 등에 사용해 마을 사람들의 교양을 높이는 데 기여하고, 또 변호사를 고용해서 지주의 부당한 요구에 맞서기도 했다.

21. 그들의 관리에 관한 불확실성이 축소되지 않는 한, 불확실성을 줄이려는 이 자발적인 조직은 구성될 수 없다는 점이 역설적이다.
22. Mancur Olson(1982)은 더는 존속할 사회적 정당성을 상실한 제도의 영속화에서 발생하는 사회적 비용에 주의를 기울였다. 하지만 개발도상국이 당면한 문제는 공동 기업을 청산하는 능력이 아니라 이런 기업을 구성하는 능력이 없다는 게 문제다.
23. Bates(2001).
24. 인종적 혹은 종교적인 정체성에 입각한 사회적 양극화는 경쟁 관계에 있는 상대방 집단에서 서비스를 제공하려는 공적인 동기를 제한할 수 있다. 몇몇 사회 집단들은 경쟁 관계에 있는 상대방 집단이 혜택을 받는 서비스에 대해서는 값을 지불하지 않으려 한다. 사회적 양극화는 정치인으로 하여금, 자기 집단 외부에 존재하는 집단에게는 공공 부문 서비스를 제공하지 않게 만드는 경향을 가진다. 그래서 인종적인 이질성은 흔히 공공 부문 서비스 제공의 불평등을 조장하기도 한다. 인종적인 양극화는 흔히 특정 인종 집단이나 소수 엘리트 계층에 의한 공공 부문 서비스의 중단이라는 결과를 낳기도 한다.(Easterly and Levine 1997; Alesina, Baqir, and Easterly 1999)
25. 이런 국가들은 이자율이 낮을 때 국제 금융 시장에서 돈을 빌린다. 그 결과 자국 통화의 가치는 떨어지고 결국 사회에 대한 장기적인 비용은 더욱 높아진다.
26. 강력한 공채 시장을 지탱하려면 믿을 만한 세금 기반이 마련되어 있어야 한다. 허약한 정부 채권 시장은 민간 부문 시장을 허약하게 만든다. 하지만 정부 채권 시장이 강력해진다고 반드시 민간 시장이 강력해지는 것은 아니다.
27. Michael Bordo and Roberto Cortes-Conde(2001)는 이런 점을 서문에서 분명하게 밝히고 있다. North and Weingast(1989)는 영국사에서 드러나는 국민적인 동의와 재정 능력을 탐구했다.
28. 확률에 관한 대부분의 논의는 고전적인 이론과 현대적인 이론이라는 두 가지 견해를 토대로 한다. 그런데 보통은 고전적인 이론을 토대로 한다. 현대적인 이론은 주관적 혹은 베이스적bayesian인 것으로(토머스 베이스는 18세기 영국의 수학자이다. 새로운 정보를 이용해 사전 정보를 합리적으로 갱신하는 것을 '베이스 정리'라고 한다—옮긴이) 가장 많이 나타나는 견해들을 헛

된 것이라고 파악한다. 고전적인 견해는 어떤 사건의 발생 빈도에 주목한다. 동전 던지기가 이런 견해를 설명하는 데 딱 들어맞는다. 그런데 동전을 던지는 것과 같은 게임상으로는 확률의 정확한 추정이 가능하다. 그러나 실제 현실에서 정책을 결정할 때는 원인과 결과 사이 관계의 정확한 가능성을 추정할 수 있을 정도로 충분히 많은 시행을 할 수가 없다. 동전 던지기와 같은 사건들은 전개 양상이나 관련 변수가 분명하다. 그러나 대부분의 현실 정책 결정에서는 이런 분명함이 존재하지 않는다. 그러므로 빈도 즉 매개 변수들의 이산적인 조합에 따른 확률 모델들은 정책 입안자에게 특별하게 도움이 되지 않는다. 그래서 결정 관련 학문 분야에서는 주관적인 확률 이론이 보다 현실적이라는 입장이다. 어떤 사건이 일어날 확률은 이산적인 발생의 양적인 횟수보다는 개인의 믿음에 따라서 결정된다. 그렇기 때문에 분석 대상은 사건의 발생 횟수가 아니라 정도의 빈도를 측정하는 쪽으로 무게 중심이 이동한다. 어떤 사건이 일어날 확률은 각 참가자가 새로운 정보를 수집할 때마다 끊임없이 바뀐다. 그리고 이 확률은 각 개인이 어떤 사건을 어떻게 바라보느냐에 따라서 결정된다. 동일한 사건을 놓고도 다른 사람들끼리 혹은 같은 사람이라도 판단하는 시간에 따라서 그 사건이 일어날 확률을 다르게 파악하는데, 이 방식은 동전 던지기보다 실제 현실을 더 정확하게 파악한다. 결국에 가서는 여러 가치들과 선험적인 매개 변수들 사이에 존재하는 차이점들은 감소한다.

29. 필요한 지지 기반 혹은 연대층이 넓을 때, 지도자들은 좋은 정책의 공급을 늘이려고 한다. 이런 행위는 사적인 보조금이나 지원금으로 활용할 수 있는 자원을 감소시킨다. 3장에서는 이런 양상을 설명한다.
30. Bueno de Mesquita et al. (2003: 51-57).
31. 이 주제에 대한 필자의 생각은 브루스 부에노 드 메스퀴타와 함께한 여러 작업들(2000a, 2000b) 속에서 정제되었고, 또 이것은 3장으로 확대되었다.
32. 근대 초기의 유럽 국왕들은 재산을 모으는 토대이던 '특권의 원천'을 무역, 종교, 군사 부문의 국가적 실력자들에게 제공함으로써 현대 국가의 토대를 닦았다.
33. 이런 보조금들은 정권이 바뀔 때마다 언제든 중단될 수 있다.
34. 재산권과 관련된 강제적인 집행력은 국가 기관이 재산권 분쟁을 조정할 권리를 가지고 있을 것을 전제한다.
35. 비슷하게, 보험에서도 여러 리스크들은 독립적이어야 한다. 독립성이 의미하는 것은 손해를 발생시키는 사건의 원인이 보험 계약자가 한 여러 행동들과 상대적으로 독립적이어야 한다는 내용이다. 독립성이 존재하지 않으면 도덕적인 기강 해이 현상이 나타난다. 독립성은 또한 리스크의 원인을 시장 붕괴나 전쟁 발발과 같은 일반적인 가격 변화 요인이 아니라

특정 어떤 사건으로 돌릴 수 있음을 의미한다. 어떤 손실의 확률을 계산할 수 있는 방법 역시 존재한다. 예를 들어서 패션의 변화에 대비하는 보험 상품을 사는 것도 가능하다.

36. 정부 투자의 리스크 확산 측면에 대한 평가를 하면서 Arrow and Lind(1970:366)는, 수많은 종류의 보험 시장이 존재하지 않는 이유로 두 가지 유형이 존재한다는 사실을 다음과 같이 확인했다. "하나는 특정한 도덕적 해이 현상이 존재한다는 점이다. 특히 어떤 사람은 보험을 들었기 때문에 보험을 들지 않았으면 하지 않을 행동을 하는 경우가 자주 발생한다는 점이 그렇다. 다른 하나는 이런 시장은 비용이 비싸게 먹히는 복잡하고 전문화된 거래를 요구한다는 점이다." 본문에서 적시한 여러 특수한 측면들뿐만 아니라 보험 시장 형성에 장애가 되는 일반적인 사항으로도 개발도상국 경제는 고통을 겪는다.

37. 투명성이 확실하게 보장되지 않을 때 투자자는 특정 기업이 얼마나 효율적으로 관리되는지 파악할 수가 없다. 이런 점은 개발도상국의 주식 시장에서 모든 거래 종목들의 가격 등락이 일률적으로 이루어진다는 사실로 반영된다. 그래서 이런 시장에서는 특정 기업을 선택해서 투자하기가 어렵고 투자 자본은 떼를 지어서 이동하는 양상을 보인다. 왜냐하면 투자자로서는 개별 기업들의 관리 수준을 독립적으로 평가할 수 없기 때문이다.(Prasad et al. 2003; PricewaterhouseCoopers 2001) 국제 지분 투자는 투명성이 부족한 국가를 회피한다. 그렇기 때문에 떼를 지어 이동하는 현상이 보다 뚜렷하게 나타난다. 특히 금융 위기 때는 더욱 그렇다.(Gelos and Wei 2002)

38. 정부에 의한 몰수에 대비한 보험 시장은 나타나기 어렵다. 이런 시장은 거기에 걸맞은 믿을 만한 강제적인 집행력을 가질 수 없기 때문이다.

39. 세계은행은 행정적인 불법 행위(예를 들면 개발도상국 정부의 계약 불이행 따위)에 대한 보험금을 지금까지 여러 차례에 걸쳐서 지불하는 아픈 경험을 해야 했다. 러시아 중앙 정부도 지방 행정관이 저지른 불법 행위에 대해서 투자자들에게 보험금을 지급하는 방안을 검토해 왔다.

40. 헌법은 투표권과 충성심이 교환될 수 있는 틀을 제공한다. 자기 나라를 떠나버리는 것도 국민이 선택할 수 있는 또 하나의 선택권이지만, 이민을 함으로써 지도자에 대한 불만을 표현하는 경우는 거의 없다. 시민권은 쉽게 얻을 수 있는 게 아니기 때문이다. 헌법은 궁극적으로 제3자가 강제할 수 있는 것이 아니다. 그러므로 오래 지속되려면 헌법이 스스로 자기 강제력을 가지고 있어야 한다.

41. 물론 약탈을 자본 형성 과정으로 볼 수도 있다. 경제사를 연구하는 학자들은 약탈자가 나중에 투자자가 된 사례를 많이 보고한다. 11세기 서유럽(프랑스와 이탈리아)을 침략한 바이킹이 그랬고, 18세기 인도를 침략한 영국인이 그랬다. 약탈자가 투자자가 될지 어떨지는 약탈

자가 리스크를 극복하기 위해서 마련하는 제도에 달려 있다.
42. 정보 접근성은 비록 계급은 존재하지 않는다 하더라도 '승자 독식'의 매우 불평등한 사회를 낳을 수 있다.
43. shiller(2003).
44. '레몬 디스카운트 lemons discount'는 판매자가 내부 정보(예를 들면 상품에 눈에 보이지 않는 결점이 있다거나 하는 것 따위)를 가지고 있는지 구매자가 확신하지 못할 때 발생하며, 이것은 판매자가 구매자에게 적정 가격을 초과하는 비용을 부담시킨다. 불완전한 정보는, 거래 당사자들이 서로 이득을 보는 거래가 과연 존재할 수 있을까 하는 회의감을 불러일으킨다.(Akerlof 1970). 결국 서로에게 생산적인 거래는 방해를 받는다.
45. 세계은행의 정의.
46. 이 자료는 James R. Barth et al.(2002)가 지휘한 밀켄 연구소의 자본 접근성 지수 프로젝트를 바탕으로 한 것이다.
47. 자본 심화는 시중에 유통되는 돈과 은행 단기 예치금을 합한 금액을 GDP로 나눈 것이다. (Loayza, Schmidt-Hebbel, and Serven 2000)
48. 무담보 소액 대출이라는 혁신적인 제도가 현재 소득이 낮은 사람들을 대상으로 몇몇 지역에서 실시되고 있는데, 이 제도는 자원과 자본 조달 사이의 불연속적 측면을 극복하는 데 도움을 주고 있다.
49. Prasad et al.(2003)은 신흥 국가들이 금융 세계화에서 혜택을 보려면 국내 제도의 질적인 수준이 가장 기본적으로 중요하다는 사실을 실제 사례를 통해서 설명한다.
50. Lempert, Popper, and Bankes(2003).
51. 자녀가 적다면 자녀 개개인에 더 많이 투자를 할 수 있을 것이다.
52. 대부분의 개발도상국에서 그런 것처럼 구소련의 법정은 전체 인구 가운데 극소수에게만 확실성을 제공했다.
53. John Stuart Mill(1871)은 재산권과 불확실성 사이의 관계를 인식하고 불완전한 재산권은 '씨를 뿌리는 사람이 과연 그 밭에서 추수를 할 수 있을지, 물건을 만드는 사람이 과연 그 물건을 소비할 수 있을지, 오늘 아끼고 저축을 하는 사람이 내일을 즐길 수 있을지 불확실하다는 것을 의미한다.'고 주장했다.
54. 설령 특권층이 자기들이 현재 누리는 지위가 자기들의 열의 덕분이라고 생각하지 않는다 하더라도, 최소한 이 지위를 자기 조상들이 누렸던 지위로 정당화하길 좋아한다. 시민 혁명 이전의 유럽 귀족들은 자기 조상들의 무용(武勇)으로써 자기들이 누리는 특권을 합리화했다.

02 정책 신뢰성의 사회적인 토대

1. 경제 정책 개혁의 혜택은 장기적인 관점에서만 발생한다. 그리고 이 혜택의 정치적인 성과는 처음 이 개혁을 시행한 사람이 아니라 미래의 정치 지도자에게 돌아간다.
2. Dani Rodrik(1991:229-242)은, 개혁이 실패할 것이라는 회의주의가 경제 주체들로 하여금 그 개혁을 지지하지 않도록 유도할 것이라고 주장했다. 이들은 개혁이 성공할 것이라는 기대에 손상을 입힘으로써 장차 입을지도 모를 리스크에 대비한다.
3. 참조, Levi(1997). 세금 징수나 전시 동원을 효과적으로 수행하는 데 필수적인 국민의 동의는 정부 행위의 공정함을 바탕으로 형성된다. 정부가 국민의 신뢰를 받을 때 순종과 협력과 동의의 규준을 형성하는 데 필요한 전 국민적 상호성이 자연스럽게 도출된다.
4. Olson(1965; 1982)의 저작은 좌익과 우익의 공동 행위 모델을 분석했다. 좌익은 객관적인 조건이 성숙할 때 계급의식이 공동 행위로 표출될 것이라고 보았다. 우익은 전통적인 후견주의적인 관계는 공동 행위를 자극할 이데올로기로 대체될 것이라고 보았다. 올슨은 공동 행위에 각 개인이 지불하는 비용이 이 행위를 통해서 얻을 수 있는 이익을 초과할 때 공동 행위가 나타날 수 없다고 지적했다. 개인적인 합리성은 흔히 정치적인 목적의 공동 행위에 반대해서 작용한다.
5. 이 장에서 제기하는 주장들은 소득 분배와 성장에 대해서 새롭게 성장하는 이론적인 논의를 근거로 한다. 이런 이론적인 논의는 1990년대 중반 이후로 급격하게 활성화되었는데, 냉전 시기 동안의 정책 연구들을 지배했던 계획적-탈중심적 변증법이 느슨해진 것을 반영한다. 사실 이론적인 연구가 경험적인 연구보다 돌파구를 더 많이 찾았다. 경험적인 연구에서는 소득 분배에 관한 명확한 자료 부족이 가장 큰 제약 요소로 작용해 관찰의 유효성과 질은 실망스럽기도 하고 동시에 제대로 결론에 이르지도 못한다. 자료들은 모두 소득 분배 변수들을 표준적인 성장 퇴행의 독립 변수들에 덧붙인, 가공적인 추정치이다. 합계로 계산한 자료는 국가별 특수성을 묻어버린다. 따라서 이 자료는 국가들 사이에 존재하는 불평등을 숨길 수 있다. 이 자료들은 소득 분배가 각 개인이 내리는 결정들에 영향을 미치는 통로들(예를 들면, 인적 자본의 수준 등)을 구체화하지 않기 때문에 정책을 추론할 토대는 거의 없다고 볼 수 있다. 가장 단순한 결론은, 성장은 그 자체로 불평등을 줄여준다는 것이다. 많은 라틴 아메리카 국가들(6장)과 파키스탄(8장)은 소득 불평등과 싸우지 않고 성장했다. Perotti(1996)는 소득 분배와 성장이라는 주제를 놓고 경험적인 연구와 이론적인 연구를 동시에 했다. 성장의 혜택이 가난한 사람들에게까지 도달할 수 있는 제도적인 경로를 구체화할 능력이 없다는 것이 이런 연구의 약점이다.

소득 분배와 성장 사이의 직접적인 관계를 규명하려는 노력들에서는 일반적으로 적절한 반대 사실들이 부족하다. 그리고 이런 노력들은 불평등이 개발에 영향을 미치는 특수한 통로들 혹은 내재적인 장치들에 대한 평가는 제공하지 않는다. 정책을 만드는 사람들은 현재 나타나 있는 결과를 실질적으로 추동한 힘이 무엇인지 알 필요가 있다. 경험적인 측면에서 불평등을 정책의 연속성, 관료제도의 성과, 법치 수행 능력 등과 연관 짓는 논리적인 설명을 찾으려고 동아시아와 라틴 아메리카를 비교한다. 6장은 라틴 아메리카의 불평등이 개혁에 대한 믿음을 허물어버리고 정부 기관 특히 사법부가 공정하게 기능하지 못하게 만들어서 법치가 실종된다고 주장한다. 라틴 아메리카의 관료제도는 사회의 불평등을 중화하기보다는 반영한다. 정의의 평등한 집행을 보장하기 위해서 필요한 기구나 부처에 대해 정부는 충분한 예산 지원을 하지 않는다. 사회의 모든 집단이 미래의 성장으로부터 혜택을 받을 수 있도록 보장하는 사회적인 지출은 제대로 이루어지지 않는다. 세계 전 지역에 존재하는 이런 불평등을 계량화하고 GDP와 연결 짓는 효율적인 방법론은 현재 학계에 마련되어 있지 않다. 믿을 만한 책임성, 관료제도의 효율성 혹은 법치를 심지어 동일한 사회 안에서 측정할 수 있는 자료도 얻기가 어렵다. 그러나 국가별로 비교를 할 수 있는 자료를 찾는 일은 더 말할 것도 없다.

6. 재정 위기가 임박했을 때의 거시경제학적 조정과 달리 제도 개혁의 배경에는 급박함이 없는 경우가 대부분이다. 미래에 있을 개혁을 향해서 문을 열고 들어가는 수준인 세금 징수나 관세 부과 등과 관련된 운영상의 제도 개혁은, 사법 기관이나 의회 혹은 행정부와 같은 기구들을 직접적으로 바꾸는 것보다 우선 시작하기에는 나은 방법이다.

7. Mancur Olson(1982:75)은 "독재 정권이나 외국의 지배로 인해서 분배상의 협력 체계가 붕괴했거나 철폐된 국가들은 자유롭고 안정적인 법질서가 확립된 뒤에는 상대적으로 빠르게 성장한다. 2차 대전의 패전국 특히 일본과 독일이 전쟁이 끝난 뒤에 '경제 기적'을 일으킨 것도 바로 이런 맥락에서 설명할 수 있다."라고 주장했다. 올슨은 또한 계속해서 이렇게 주장했다. "사회적인 격변이나 침략을 경험하지 않고 조직화의 민주주의적인 자유를 오랫동안 누려 온 국가들은 성장을 억제하는 여러 조직과 사회적인 조합으로 가장 많이 고통을 당할 것이다. 이런 점이, 영국이 금세기에 다른 대형 선진 민주주의 국가들보다 낮은 성장률을 기록한 이유를 설명하는 데 도움이 된다." (77-78) 만일 올슨이 전적으로 옳다면 1990년대 영국의 성장은 독일과 일본의 성장을 능가하지 않을 것이다. 실제로 나타난 결과는 소위 '영국병'의 기원에 대한 올슨의 일반화를 지지하지 않는다. 1990년대의 영국은 사회적인 격변이 없이도 일본이나 독일보다 더 빠르게 성장했다.

8. 참조, Dornbush and Edwards(1991).

9. Root(1996b:153, 154). 일부 집단들은 자기들만 조정의 대상이 되어서 높은 대가를 치른다고

생각할 수 있는데, 이들은 외부적인 압력이 잦아들자마자 반동을 꾀할 수 있다.(Laban and Sturzenegger 1992; 1994) 소득 배분의 불평등은 경제적 안정을 지연시킨다.(Alesina and Drazen 1991)

10. 인도는 1991년에 수많은 자유주의적인 개혁 조치들을 단행했다. 이 개혁은 보호 관세 장벽을 허물고 산업 분야의 인허가 규정들을 간소화함으로써, 인도의 무역과 외국인 투자 부문을 지배하던 정책 기반을 변화시켰다. 완성된 개혁 조치들의 내용으로는 루피화의 평가 절하와 변동환율제 채택, 수입 허가제 폐지(그러나 공산품 수입 및 농업 부문의 무역에 대한 예외적인 제한 사항은 계속 유지되었다), 경상 수지 계정으로서의 루피화의 태환성 보장(여기에도 물론 상당한 예외 사항들이 있었다), 관세 분류의 가짓수 축소와 관세율 축소, 수많은 공산품에 대한 국내 소비세 축소 등이 있다. 인도 개혁에 관한 자세한 설명에 대해서는 참조, Srinivasan (1996:14-15).

11. 중국의 평균 관세율이 15.7퍼센트이고 인도는 29.05퍼센트이다. 인도 정부의 1990~2000년 예산은 이미 높은 관세 장벽에 4퍼센트를 더 징수했다. 또 인도는 술, 승합차, 가전제품 등을 포함한 715개 품목에 대해서는 수입 허가를 받도록 규정하고 있다.(O'Driscoll, Holmes, O'Grady, 2002)

12. 파괴적인 마르크스-레닌주의 정치 운동은 중국과 북한 그리고 북베트남의 혁명 성공으로 비롯된 논리적, 물질적, 지성적 지원을 받고 아시아를 휩쓸면서 각국의 정치 지도자들로 하여금 사회적 평등이 중요하다는 사실을 깨닫게 했다. 이에 비해서 라틴 아메리카의 지도자들은 워싱턴과 강력한 우호 관계를 맺었고, 워싱턴 정부는 좌익 정치 운동을 뿌리째 뽑았다. 하지만 이런 우호 관계는 예상치 못했던 악영향을 낳았다. 라틴 아메리카의 국가 지도자들은 사회적인 평등 문제에 대한 고민과 걱정에서 해방되었고, 결국 이들의 정책에서 평등을 강조하는 부분은 누락되었다. 불만 세력에 의한 정부 전복의 위험을 줄임으로써 워싱턴은 전체 국민에게 경제적인 혜택을 골고루 나누어주어야 한다는 의무를 라틴 아메리카 지도자들로부터 면제시켰다. 이렇게 해서 결국 동아시아에서처럼 근본적인 제도 개혁을 통해서 경제적인 이득을 확보할 수 있는 기회가 라틴 아메리카에서는 사라져버렸다.

일반적으로 통용되는 주장이 아니긴 하지만, 중국의 근본주의가 이웃 국가들이 평등을 동반한 성장의 길을 찾는 데 도움이 되었다.(물론 이것이 중국이 의도한 것은 아니었다.) 1960년대 동아시아에, 시장 접근성과 관련된 국내 정책 기반을 바꿈으로써 자기 지역이 세계와 맺고 있는 관계를 바꾼 여러 국가 지도자들이 나타났던 것이다. 1960년대는 이 지도자들이 속한 국가가 위기를 맞고 있던 때였다. 싱가포르, 홍콩, 대만, 한국은 특혜가 지배하던 비생산적인 시장에 종지부를 찍으면서 아시아의 호랑이로 성장했다. 이 국가들은 높은 성장률을 기록하며 전 세계의 내구소비재 consumer durables 수출 시장에 진출해서 전자, 조선, 자동차, 완구, 섬유 등의 분야를 잠식하기 시작했다. 무역 회사들은 거대 복합 기업으로 성장했다. 무질서와 혁명의 위험으로 소란스럽던 곳에서 강력하고 통합적인 시장 지향 경제 체제가 우뚝 서게 된 것이다.

13. Stiglitz(1973)는, 저축을 결정하고 한 사회가 장기적인 축적에 이르는 경로를 형성하는 측면에서 기대가 기능하는 역할을 다양한 모델들을 통해서 설명했다.
14. 중앙아메리카의 3개국을 대상으로 한 1989년 연구 조사 결과, 가난한 사람들은 자신들이 겪는 불행은 신이 자기들을 시험하기 때문이라고 여기는 경향이 높다는 사실이 밝혀졌다.(Sheahan and Iglesias 1998:40)
15. Alesina and Rodrik(1994)은 한 사회에 속한 구성원들의 개인 및 전체적 재산을 놓고 볼 때 평균에 대한 중앙값 비율이 낮으면 그만큼 성장률도 줄어든다는 사실을 입증했다. 평등과 그 뒤를 이은 경제 성장 사이에 존재하는 상관성을 선험적으로 확인한 내용은 Clarke(1993)와 Birdsall(1994)에서 찾아볼 수 있다.
16. 불평등을, 초기에 부를 소유한 사람에게만 인적 자본을 한정하는 신용 시장 불완전성과 연결 짓는 논의는 Bruno, Ravallion, and Squire(1998)에서 찾아볼 수 있다. 정책이 의미하는 내용은, 예컨대 교육과 건강 증진에 대한 접근을 개선하는 행위를 파레토 개선 Pareto improving(이탈리아의 경제학자 파레토가 제안한 개념으로 어떤 변화를 통해서 사회의 다른 구성원에게 손해를 끼치지 않으면서도 어떤 구성원에게 이득을 안겨주는 것—옮긴이)의 개념으로 보아야 한다는 점이다.
17. 이때 이전되는 소득의 크기는 형평의 올바른 지표가 될 수 없다. 직접적인 소득 이전은 상류층과 중산층이 차지하지 그 아래로는 내려가지 않는다. 설령 그 아래로 내려간다 하더라도, 가난한 사람에게 이전되는 소득은 저축을 하려는 동기를 축소시킨다. Alesina(1998)는 건강 및 교육 관련 지출의 상당 부분이 40퍼센트의 중산층이 가져간다고 보고했다. 라틴 아메리카에서는 상위 20퍼센트가 가장 큰 몫을 챙긴다. 개발도상국에서 주택 보조금이 실제로 이 자금을 가장 많이 필요로 하는 사람에게 돌아가는 사례는 거의 없다.(World Bank 1997:59) 브라질처럼 소득 규모가 중간 수준인 국가에서 정부는 빈곤을 퇴치할 자원을 가지고 있지만, 사회적 지출은 이것을 가장 필요로 하는 사람들에게까지 거의 전달되지 않는다. Joan Nelson(1989:95-113)은 목표로 했던 수혜 집단이 아니라 엉뚱한 집단으로 자원이 누출되는 사례들을 정리했다.
18. Glaeser, Sheinkmen, and Shleifer(2002)는 개발도상국에서 가난한 사람을 보호하는 사법 제도가 영향력의 불평등을 완화시킨다고 주장했다.

19. 96개국을 분석한 자료는 정부 고용의 수준이 높을수록 정부 임금이 낮음을 보여준다.(World Bank 1997:10; 아프리카에 관한 자료는 95쪽 참조)
20. 핵심적인 공공 서비스의 부족은 규칙이 지나치게 많은 것의 역상태이다. 이 둘은 모두 공적인 제도들이 원활하게 기능하지 못하도록 방해를 하며, 또한 외부의 영향력이 개입할 여지를 남긴다. 이런 상태는 (관련 법률이 너무 적은)중국과 (관련 법률이 너무 많은)인도 사이의 한 지점으로 수렴될 수 있다.
21. 7장 '왜 인도가 아닌가?'에서 위의 왜곡 사항들을 자세하게 설명한다.
22. 이런 현상과 관련해서 가장 좋은 사례가 파키스탄이나 필리핀과 같은 국가들이 설정하고 있는 토지에 대한 조세 특례 제도이다. 토지 자산에 대한 이런 혜택 덕분에 지주들은 산업 분야나 상업 분야에서 보다 상대적으로 더 많은 수익을 올린다. 이런 제도들 때문에 경제 성장은 더욱 느리게 진행되고 불평등은 더욱 심화된다.
23. Hellman and Kaufman(2004)은 공적인 제도의 편파적인 태도가 기업 경영자에게 미치는 영향력을 측정했으며, 공적인 제도가 편파적이라는 인식이 기업의 행동에 영향을 미친다는 사실을 확인했다. "영향력의 불평등은 자체적으로 강화되는 역학 속에 작동하며, 이 역학 속에서 제도는 전복되며 또한 거기에 내재한 정치 및 경제적 불평등은 더욱 강화된다."
24. Robert Barro(1991)는 중산층 유권자가 기업 활동을 할 수 있는 자본금을 가지고 있을 가능성이 적으면 적을수록, 소득의 재분배를 위한 조세 정책이 나타날 가능성이 높다고 주장했다. 유권자들은 부의 분배가 불평등하게 이루어질수록 높은 세율을 지지할 것이다. 그리고 높은 세율은 생산적인 행위를 구속하는 결과를 낳는다. 이와 비슷하게 Persson and Tabellini(1994)는 소득의 분배가 소득의 변화에 어떻게 영향을 미치는지 묻고, 소득의 불평등이 성장을 해치는 이유는 재산권을 약화시키며 투자 결과에 대한 사적인 전유를 방해하기 때문이라고 결론을 내렸다. 한편 평등은 재분배의 양을 줄이고 투자와 성장을 촉진한다. 분배와 관련된 갈등은 투자 결과에 대한 사적 전유를 축소하는 정책을 유발하며, 자본 축적이 보다 적어지고 따라서 성장도 그만큼 느려진다.(Persson and Tabellini 1994:600)
25. See Knott and Miller(1987) and Mead and Schwenninger(2003).
26. 이런 전략의 한 가지 사례는 필리핀의 F. 마르코스F. Marcos 정권이다.(Root 1996b: 111-38).
27. 예를 들어 지출, 교육과 같은 경제 성장과 여러 교육 지표들 사이의 상관관계에 대해서는 Barro(1991)를 참조하라. 또, 전체 지출 가운데서 교육 부문의 지출이 차지하는 비율에 대해서는 Easterly and Rebelo(1993)를 참조하라. 교육에 대한 자본 지출에 대해서는 Otani and Villanueva(1990)과 Diamond(1989)를, 교육 부문 지출과 사적 투자 사이의 연관성에 대해서는 Clements and Levy(1994)를 각각 참조하라.

28. 여기에 관해서는 인도의 케랄라Kerala 주와 우타르프라데시Uttar Pradesh 주의 대조적인 사례는 좋은 예가 될 것이다.(Sen and Dreze 1999)
29. 이런 관점의 발상과 생각은 Bueno de Mesquita et al(2003)에서 충분하게 설명하고 있다.
30. 브라질에서 사립 고등학교에 다닐 정도로 부유한 학생들은 대부분 공립 대학교에 진학을 한다. 가난한 사람은 변변찮은 고등학교에 갈 수밖에 없고, 이들 가운데 운이 좋은 학생은 사립 대학교에 갈 수도 있을 것이다. 하지만 이런 사립 대학교의 등록금을 감당할 수 있는 사람은 많지 않다. 일반적으로, 라틴 아메리카에서 사립 고등학교는 공립 고등학교보다 모든 면에서 교육 서비스의 질이 높다.(Ferreira and Litchfield 1997) "(라틴 아메리카의 12개 국가에서)사립 고등학교들은 공립 고등학교보다 학생 유치율이 높으며 학생의 출석률도 높다." (Burki and Perry 1998:89)
31. Bueno de Mesquita and Root(2000a: 235).
32. Kremer and Jayachandran(2002).
33. 규모가 크고 개방적인 경제 체제는 이런 경향을 누그러뜨릴 수 있다.
34. 공공선택이론은 국회의원이 자신의 정치적인 지지율을 높이기 위해서 자기 지역구에 예산을 집행하는 사업을 지지하고 추진함으로써 지역구에 속한 유권자들이 이득을 보지만 여기에 대한 비용은 전체 국민이 부담하도록 할 것임을 예견한다. 또한 마찬가지 이유로 국회의원은 자기 지역구의 유권자들에게 부담이 되는 조세 정책에는 반대한다.(Buchanan, Rowley, and Tollison 1987).(공공선택이론의 기본적인 관점은 개인주의이다. 국가는 인격이 있는 유기체가 아니라 개인의 총합일 뿐이라고 본다. 개인이 경제 행위를 하거나 이기적으로 정치 행위를 할 때는 이타적으로 각각 행동한다는 전통적 입장과는 달리 개인은 어떤 행위든 이기적으로 행동한다는 것이다―옮긴이)
35. World Bank(2002d: 103-4)
36. 칼 마르크스의 유산 때문에 여러 국가들은 19세기 유럽의 사례에서 평등이 없는 성장의 대안적인 유형이 존재한다고 믿어 왔다. 그의 메시지를 이해한 국가들은 공공 정책의 분배적인 결과를 깊이 새기려고 노력해 왔다.
37. Olson(1993)과 McGuire and Olson(1996)은 국가 지도자의 행동이 충분히 통제되지 않을 때, 분배에 관한 지도자의 관심이 흔들릴 때, 지도자가 갑작스럽게 대중주의로 나가거나 혹은 극단적인 경우 혁명으로 치달을 때 투자자들은 정책이 상당한 수준으로 뒤바뀌는 리스크에 직면할 수 있다고 주장했다.
38. See Mahathir(1970) and Root(1996b:65-90).
39. Laban and Sturzenegger(1992).

40. Brainard and Verdier(1994).
41. Alesina and Perotti(1996), Gupta(1990), Hibbs(1973) 그리고 Venieris and Gupta (1983, 1986)에 따르면, 불평등은 격렬한 저항 운동이나 요인, 암살 혹은 쿠데타와 같은 사회·정치적 불안정을 야기하며 투자와 성장을 가로막는다. Roberto Perotti(1996:151)는 불평등한 소득 배분은 한 국가의 개발 전망을 두 가지 측면에서 어둡게 만든다고 주장했다. "첫째, 이런 상황은 정치 및 법률적 환경을 불안정하게 만든다. 둘째, 생산성에 직접적으로 악영향을 미쳐 시장 활동과 노동관계를 결딴낸다."
42. See Putnam(1993:111).
43. See Tocqueville(1960: 216).
44. See North(1990: 42-45).
45. "공공 부문에서 특혜를 추구하는 행위는 혁신을 공격한다. 혁신가는 인허가와 수입 제한 등과 같은 정부 지원을 필요로 하기 때문이다."라고 주장한 논문에서 저자들은, 여러 자원이 특혜를 추구하는 쪽으로 이동함에 따라 혁신에 따른 수익률은 특혜 추구의 수익률보다 빠르게 추락한다는 설득력 있는 가설을 세운다.(Murphy, Shleifer, and Vishny 1993:412) 비슷한 맥락에서 Hellman, Jones, and Kaufman(2000:4)은 고도로 부패한 나라에서는 부패의 수익률이 훨씬 높음을 보여준다. 이것이 의미하는 내용은 공공 부문의 부패가 민간 부문의 부패를 낳는다는 사실이다.
46. 불평등이 민주주의 사회에서 정책에 보다 큰 충격을 준다는 통상적인 가설은 독재자들이 민주적으로 선출된 지도자에 비해서 정치적인 압력에 덜 구애받는다는 설정을 한다. 하지만 이 설정은 올바르지 않다. Alesina and Rodrik(1994)은 심지어 독재자조차도 소요 사태나 뇌물 등을 통한 정치적인 압력에 좌우된다고 했다. 두 사람은, 불평등이 지배자가 기반으로 하는 계층의 재분배 요구에 영향을 미치는 한 이 불평등은 문제가 된다는 사실을 당연한 것으로 가정했다.

03 정치와 경제 구조 : 독재의 경제 논리

1. 이번 장에 수록한 내용 가운데 많은 것들을 브루스 부에노 드 메스퀴타와 나누었던 대화 및 그와 함께 작업했던 책에서 발전시켰다.(Bueno de Mesquita and Root 2000a; 2002b; 2002) 함께 개발한 내용들을 이 책에 실을 수 있도록 허락해준 브루스에게 감사한다.
2. 이것과 비슷한 주장으로, Arrow(1962a)는 새로이 부각하는 사업 부문에서 각 기업의 수익성

은 그 산업에서 축적된 경험에 따라 좌우된다는 가설을 제기했다.
3. 지식의 공공재적인 특성에 대해서는 Arrow(1962a; 1962b), Dasgupta, Gilbert, and Stiglitz(1982) 그리고 Stiglitz(1999)를 참조하라.
4. 정보가 확산될 때 이 정보가 담고 있는 소중한 어떤 것을 의도적으로 밝히려는 사람은 없다. 정보에서 비롯되는 특혜가 사라져버리기 때문이다. 이것은 기업이, 특허를 획득하는 것보다 남몰래 이루어지는 은밀한 거래를 더 좋아하는 이유이기도 하다. 시장에서와 마찬가지로 정치에서도 투명성은 정보에서 특혜를 얻는 사람들에게 엄청나게 비싼 비용이 된다.
5. 유럽 근대 국가의 국왕들은 모든 신하들의 소득을 국왕의 하사금에 의존하게 만듦으로써 지역의 귀족들이 개인적으로 보유하던 군대를 해산시켰다. 군주는 이 하사금 지급을 조종함으로써 아무리 강력한 영향력을 행사하는 신하라 하더라도 재정적으로 파산시킬 수 있었다.(Root 1994; Bates 2001)
6. 독재자는 정보의 배급을 더 좋아한다. 만일 절대적인 권력을 누리는 독재자라면 정보의 확산을 두려워하지 않을 것이다. 자기의 권위는 조금도 다치지 않은 채 추종자들의 복지를 개선할 수 있을 것이기 때문이다. 하지만 독재자가 절대적인 권력을 가지는 경우는 드물다. 그러므로 독재자로서는 정보를 조금씩 나누어주는 것이 권력을 유지하는 최상의 방법이다. 물론 이로 인해서 경제 성장이 부정적인 영향을 받는 것은 독재자 입장에서는 어쩔 수 없다. 그리고 이런 과정이 심화되면 궁극적으로 독재자는 모든 자원을 잃어버리고 만다. 사실 이것이 바로 독재 정권이 근본적으로 불안정한 이유이기도 하다.
7. Bueno de Mesquita et al.(2003).
8. 파키스탄에서 군대는 중산층의 세속적인 지지가 없는데, 이 공백을 종교적인 극단주의자들로 대체한다.
9. Bueno de Mesquita and Root(2002).
10. 모든 정권은 재산권을 보호한다. 하지만 어떤 권리를 보호하느냐에 따라서 각각의 정권은 달라진다. 예를 들어서 만일 어떤 국가가 국내의 모든 기업을 소유하고 있다면, 경쟁 기업이나 공금을 횡령하는 사람에 벌을 줌으로써 재산권을 지키려고 할 것이다. 한편 독재자는 자기에게 직접적인 정치적 이익을 가져다주지 않는 집단의 재산권을 무시하는 동시에 자기를 지지하는 집단 및 각 개인이 가지고 있는 재산권은 악착같이 보호할 것이다.
11. 투자 활동에서 비롯되는 미래 소득에 대한 권리를 집행할 수 있는 가능성이 불확실할 때, 새로운 제품 및 서비스의 발명과 생산에 어떤 재화를 동원하는 투자 활동을 할 까닭이 없다.
12. Robert J. Shiller(2003)는 거시경제학적 시장을 위한 새로운 금융 질서에 관해서 썼다. 이 질서는 부동산과 같은 비유동성 자산뿐만 아니라 국가 소득과 직업적 소득에 대한 장기적

인 지급 요구와 관련된 대형 국제 시장을 설정한다. 이런 시장들 가운데 몇몇은, 거래되는 리스크들이 내포하는 가치를 놓고 볼 때 여태까지 세계가 경험했던 것보다 훨씬 더 성장할 수 있다. 오늘날의 주식 시장들과는 비교도 되지 않을 만큼 거대한 규모가 될 수 있다는 말이다. 쉴러는 전 세계의 GDP 합계에 해당하는 시장을 염두에 두고 있는데, 이 시장은 전 세계의 모든 경제적인 가치를 다 합한 금액이 거래되는 시장이다. 이런 시장들은, 이들이 다루는 리스크들과 관련해서 볼 때 잠재적으로 오늘날의 다른 어떤 시장들보다 더 중요하다고 할 수 있다. 또 이 시장들은 우리의 과열된 주식 시장에서 압력과 변동성을 제거해줄 것이다. 개별 투자자나 기관투자가들은 오늘날 주식이나 채권을 사고팔듯이 매크로 증권을 사고팔 수도 있을 것이다.(Shiller 2003:4-5). 참조, Shiller(1993)와 Athanasoulis and Schiller(2000; 2001; 2002).

13. McKinnon(1973)은 신용 억제 정책을 분석했다.
14. 궁극적으로 볼 때 독재 정권 혹은 '비합법적인 정권'이 돈을 빌리기 어렵게 만드는 것은 경제 제재를 통해서 해당 국가의 무역을 방해하는 것보다 훨씬 효과적일 수가 있다. 경제 봉쇄를 통한 제재는 독재 정권에 돈을 빌려주는 것을 제한하는 것에 비해서 일반 국민들을 궁핍하게 만드는 효과가 강하게 나타난다. 비록 한 국가가 돈을 빌릴 때, 이 돈은 주로 정권에 속한 소수 집단이 나누어먹지만 이 가증스러운 부채의 유산은 미래에 이 정권을 대신해서 들어설 정부에게 돌아간다. Kremer and Jayachandran(2002)은 만일 채권자가 비합법적인 정권에 돈을 빌려주지 못하도록 제한을 받거나 그 이후에 들어선 정권에게 부채가 승계되지 않을 것이라고 판단을 한다면, 이런 대출은 거의 이루어지지 않을 것이라고 결론을 내렸다. 이런 관점에 서서 두 사람은, 궁극적으로 무너질 수밖에 없는 정권은 돈을 빌리기 어렵게 만드는 것이 이런 종류의 가증스러운 부채를 탕감 받을 수 있는 권리를 확립하는 데 매우 유익하다고 주장했다.
15. World Bank(2003:3).
16. 예를 들어서 베트남 정부는 공무원의 업무 태도에 대해서 국제 컨설턴트로부터 기꺼이 상담을 받으려 하지만, 공무원이 받는 봉급이나 기타 혜택에 대해서는 철저하게 비밀에 부친다.
17. 공적인 책임성이 강화되기 전까지는, 세계 인구 가운데 엄청나게 많은 수는 공식적인 착취에 대한 수동적인 반응으로 나타난 비생산적인 사회 체제 안에 갇혀 있을 수밖에 없을 것이다.
18. 이와 비슷한 사례는 많다. 중세 서유럽의 여러 도시들은 시장 입구 주변에 벽을 세워서 장사꾼들이 세금을 내지 않고서는 장사를 하지 못하도록 했다. 하지만 많은 개발도상국 정부는 이런 조치를 일관되게 추진하지 못하고 있다.

19. Root(1987).
20. Kobb(2003:11-24)이 행정 체계 속의 이런 의도적인 행태에 관한 사례 연구를 했다.
21. 예를 들어 방글라데시에서 미국국제개발처USAID는 공공 부문에서 개혁을 해야 할 내용이 151개나 된다고 보고를 했다. 그리고 그 이후에 유엔개발계획UNDP은 53개에 이르는 공공 부문 개혁안을 권고했다. 당시 방글라데시 정부는 세계은행을 불러서 USAID나 UNDP가 수행했던 연구와 동일한 대상을 놓고 행정 분야에 대한 광범위한 연구를 하도록 했다. 세계 은행의 연구가 거의 끝나갈 무렵, 어떻게 하면 정부가 국민의 이해를 증진시키는 방향으로 복무를 할 수 있을까 하는 문제에 관한 한 누구나 입을 모아서 보편적으로 말하는 개혁안이 발표되었고, 이것은 다카에서 열린 국제회의의 중심 의제가 되었다. 하지만 이전에 있었던 세 차례의 연구 때와 마찬가지로, 이런 권고안 역시 다음에 들어선 방글라데시 정부에 의해 무시당했다. 다음 정부는 아시아개발은행을 불러서 이전에 세 차례에 걸쳐서 했던 동일한 연구를 하게 했다. 행정 체계가 공공의 요구에 적절하게 대응하지 못한다는 공감대가 형성 되었음에도 불구하고, 이들 국제기구 가운데 그 어떤 기구도 계속해서 지원을 할지 여부를 결정하는 문제를 공공 행정의 효율성과 결부시킬 생각을 하지 않았다.(하지만, 모든 연구는 매번 국가 경제 발전의 기본적인 장애물이 바로 공공 행정의 비효율성이라는 결론을 내렸다) 겉보기에 투명하고 개방적인 연구나 보고서, 회의라 하더라도 개혁의 부재라는 근본적인 문제를 오히려 덮어버리는 기능만 할 뿐이었다.
22. Root, Hodgson, and Vaughn-Jones(2001).
23. World Bank(1998;113). 1990년 기준으로 아프리카는 포장도로 약 50퍼센트, 비포장도로 70퍼센트가 열악한 상태였다.
24. 독재라는 잘못된 정치의 포로가 된 사람들은 전 세계적인 기술 변화와 번영의 혜택을 누리지 못한다. 그래서 이들은 끊임없이 외국의 제도와 기구에 도움을 청한다. 이들 가운데 일부는 테러를 동원하기도 한다. 자기가 속한 국가가 국제적인 서약을 맺게 하거나 개발은행이나 WTO와 같은 국제기구의 일원이 되도록 하는 것은 해당 국가의 지도자가 해당 국가의 조건을 세계적인 표준과 일치하도록 압력을 가하는 행위가 될 수 있다. 지구 상의 빈곤을 줄이겠다는 미국의 '밀레니엄 서약'은 허약한 국내 지도력 때문에 입은 피해를 극복하겠다는 움직임에서 하나의 중요한 이정표이다. 하지만 아무리 여러 국가들이 다각적인 차원에서 도움을 준다 하더라도 해당 국가의 법과 제도가 제대로 수행되지 않아 현실을 막지 못하는 경우가 대부분이다. 이유는 단순하다. 해당 국가의 법과 제도 수준이 합의 사항을 이행할 능력을 뒷받침하지 못할 정도로 질이 떨어지기 때문이다. 그래서 선한 의도를 가진 국가 대표가 국제 조약에 성심껏 서명을 해 국제 사회의 선한 일원이 되겠다고 맹세를 했음

에도 해당 국가가 이 약속을 지키지 않는 일은 허다하다. 게다가 국제 사회는 합의 사항 감시나 합의 사항 준수를 강제할 수 없기 때문에 어떤 국가의 정부 체계든 간에 해당 국가가 독립적인 주권을 가지고 있다는 원칙에 따라 외부의 개입과 간섭으로부터 보호를 받는다. 국제 사회가 하나의 공동체라는 관념은 매우 소중한 가치관이며 따라서 충분히 권장하고 키워야 한다. 세계 변화의 한 부분으로 세계 모든 나라의 국민이 가지고 있는 유일한 희망이기 때문이다. 하지만 진정한 과제는 대부분 해당 국가 안에서 해결되어야 한다. 국가 안에서부터 변화가 일어나야 한다는 말이다.

25. World Bank(2002: vii).
26. 법과 제도의 허약함이 프로젝트 수행 실패의 근본적인 원인임은 사람들이 널리 인식하고 있다. 예를 들어서 세계은행의 〈2003년 세계 개발 보고서 World Development Report 2003〉는 "수많은 적절한 정책들이 알려져 있지만 수행되지 못하고 있다. 이유는 분배상의 문제와 법과 제도의 취약함 때문이다."라고 주장했다. 이 보고서는 분배상의 불평등과 법과 제도의 취약함이 프로젝트 수행 실패의 원인이며, 가난한 사람들을 적극적으로 끌어안는 것만이 이 문제를 해결하는 방법이라고 설명했다. 그리고 다시 한발 더 나아가 가난한 사람을 배제하는 근본적인 이유는 법과 제도에 있는 것이 아니라, 이런 문제 있는 법과 제도를 유지하면서 자기에게 유리하도록 활용하는 국가 지도자의 동기에 있다고 설명했다. 합의 사항을 이행하고 여러 이해 집단들의 요구에 부응하는 법과 제도들은 지도자가 공공 정책을 자기의 능력을 드러내기 위한 수단으로 이용할 때 존립될 것이다.
27. 흔히 독재 정권 치하의 은행들은 소수 지배층의 재정적인 무기 역할을 하면서 여러 자금들을 이들에게 유리하게 배분하는 역할을 한다. 정부 고위 관리와 감사자 그리고 정부 기구들 사이의 재정적인 연관성은 정부의 고위층 인사들과 이들을 지지하는 집단에 높은 이득을 발생시키는 사업에 자본을 할당한다는 데 있다. 정치적 지지자들에게 베풀어지는 싼 대출의 개발 충격이 한 국가의 재정을 흔들어놓을 만큼 파괴적인 경우는 드물다. 하지만 체계적인 정치적 해법이나 정권의 변화 없이 건전한 재정 체계가 불가능한 상황에서는 부패의 관행은 제지되지 않은 채 만연할 수밖에 없다. 변화를 바라는 정부가 직면하는 가장 큰 어려움은 정치적인 부패의 축소 자체가 개혁을 원하는 정부를 불안하게 만들 수 있다는 사실이다. 공직 사회 바깥에서 어떤 결과를 추구할 경우 개혁은 불가능할 것이다.
28. Bueno de Mesquita et al(2003)은 전 세계 거의 모든 국가에 적용할 수 있는 포괄적인 연대 수준의 지표들, 제도를 통해서 유도되는 충성심의 지표들을 개발했다. 이 책에 수록된 자료들은 해당 변수에 따라서 1816년부터 2000년 사이의 기간을 포괄한다. 본문에 소개된 대부분의 이해관계 요소들(예를 들면 성장률, 1인당 국민소득, 인권, 건강, 교육 등)과 관련된 자

료는 30년~50년에 걸쳐 있다.
29. 국가 지도자가 자기 국가를 황폐하게 만듦으로써 자기의 정치적인 기반을 구축하는 공통적인 방법은, 경제 규제를 할 수 있는 통제력을 이용해서 아무나 시장에 진입하지 못하도록 막고 경쟁적인 시장 요소를 줄이고 정치적인 지원을 받지 않는 기업은 기업 활동 비용을 많이 지출할 수밖에 없도록 만드는 것이다. 무역 제한 조치를 취해 놓고 나면 수입 허가권은 무척 수지맞는 돈벌이 수단이 된다. 국내 산업을 보호하는 장치를 마련해 놓으면 수많은 기업들이 기꺼이 돈을 갖다 바치면서 보호를 받겠다고 나선다. 이익 집단들에게 제공하는 정부 보조금도 정부 관리들이 부수입을 올리기에 좋은 도구이다. 가격 통제도 매력적인 뇌물 수수 원천이다. 정부 관리들에게 뇌물을 바치더라도 시장 가격보다 낮은 가격에 자원을 사들일 수 있기 때문에 기업은 마다할 이유가 없다. 외화 할당 제도가 존재할 때 외화로 수입품 결제를 해야 하는 기업으로서는 담당 관리들에게 뇌물을 줄 동기가 당연히 생길 수밖에 없다. 외환 통제는 외화에 대한 접근성의 정치적 의존성을 필연적으로 높인다. 그러니 담당 관리는 뇌물을 끌어 모아 부자가 될 수밖에 없다. 일단 이런 정책 도구들이 시장 실패를 바로잡는 장치로 정당화되고 나면, 정부는 정치적인 충성심을 돈으로 사들일 수 있게 된다. 이에 비해서, 일반적으로 성장에 도움이 되는 정책들은 새로운 관심사를 불러일으키고, 이 관심사는 기존의 독점과 특권을 집행하는 데 들어가는 정치적인 비용을 높인다.
30. Kaushik Basu(2000)는 이렇게 썼다. "일단 한 국가가 내부적으로 성장하도록 만들어서 이 국가의 정부 관리들이 자기 스스로 동기와 전략을 가지고 경제의 한 주체가 되도록 하고 나면, 우리가 하는 충고의 역할은 모호해진다. (중략) 충고를 하는 경제학자들이 저지르는 실수는 '아무런 쓸모가 없는' 충고를 한다는 점이다." (167, 169)

04 놀라운 정보의 경제학 : 금융 체계

1. Merton(1995). 금융 체계가 제공하는 기능은 다음과 같다. (1) 지불 체계 (2) 자금 공동 관리 pooling(여기에서 공동 관리는 한 가계가 자기의 전 재산을 자기가 하는 사업에 모두 쏟아 붓지 않고 다른 가계의 사업에 일정 부분 참여를 함으로써 리스크를 분산하는 것을 의미한다.) (3) 자원을 시간과 공간을 초월해서 이전시키는 기능 (4) 불확실성을 관리하고 리스크를 통제하는 기능 (5) 경제가 투자를 재조정할 수 있도록 가격 정보를 제공하는 기능 (6) 금융 거래에서 양 당사자 가운데 한쪽만 어떤 정보를 가지고 있을 때, 즉 정보의 불균형 상태가 생길 때 발생하는 문제들을 줄여주는 기능

2. 한때 경제학자들은 용역에 대한 요구가 일어날 때 여러 금융 제도가 나타난다고 가정했다. 금융 서비스는 실물 경제가 발전하면 그 뒤를 따르는 수동적인 것으로 인식했던 것이다. 하지만 그 뒤로 수많은 연구서들이 나오면서 경제 성장에서 금융 체계의 발전이 차지하는 중요성이 확립되었다. 예금 부문에 취해진 여러 조치들과 주식 시장의 크기 및 유동성은 국내총생산GDP, 1인당 국민소득과 매우 강한 연관성을 가지고 있다.(Levine 1997) 예금 부문의 발전과 주식 시장의 발전 수준은 경제 성장에 긍정적인 영향을 미친다. 참조, King and Levine(1993a; 1993b), Levine and Zervos(1998), Levine, Loayza, and Beck(2000), Neusser and Kugler(1998), Rousseau and Wachtel 1998, Demirguc-Kunt and Maksimovic 1998, Rajan and Zingales(1998b). Rajan and Zingales(1998a)는 외부 자금에 의존하는 산업은 금융 체계가 잘 발달된 나라에서 더 빠른 속도로 성장한다는 사실을 밝혔다. 이런 발견은 연구 및 지식 집약적인 생산에 성공하기를 원하는 브라질, 중국, 인도와 같은 개발도상국에 대해 중요한 점들을 시사한다. 이들이 활발한 주식 시장, 대규모 예금 부문과 결합할 때 기업들이 보다 빠르게 성장한다.(Demirguc-Kunt and Maksimovic 1998)

3. 금융 체계를 경제의 실질 부문과 구분하려면 매우 민감한 분석이 필요하다. 금융 부문은 자본의 배분에 대해 책임을 지고 실질 부문은 자본의 사용에 대해 책임을 진다. 하지만 이 두 부문의 경계선을 어디에 그어야 할지는 분명하지 않다. 어떤 은행이 예금을 받아서 대출을 할 때 이것은 금융 부문으로 볼 수 있다. 하지만 만일 어떤 기업이 직접 투자자에게 찾아갈 때도 금융 부문이 모종의 역할을 하는 것일까? 또 어떤 기업이 이익잉여금을 재투자한다면 어떻게 될까? 금융 제도나 기구를 금융 시장과 구별하는 것도 마찬가지로 복잡하다. 가장 단순하게 정의하자면 금융 중개업자는 기업이다. 그럼 로이드 사(社)는 시장일까 아니면 기업일까? 뉴욕증권거래소는 시장일까 아니면 기업일까? Douglass North(1990)와 Avner Greif(2003)와 같은 일부 학자들이 시장을 제도 혹은 기구라고 부르듯이, 제도 혹은 기구를 시장이라고 부를 수도 있다.

4. Rajan and Zingales(2003: 6-7).

5. 정크 본드가 기술 관련 사업을 시작하는 것은 현금 흐름이 꾸준하게 발생하는 기업 예를 들면 호텔, 백화점, 전화 서비스 제공업체 등에서 만큼 중요하지 않다.

6. 정보 분야의 사업은 강력한 순환성을 가졌기 때문에 이 분야의 사업을 시작하는 것은 매우 중요하다.

7. Black and Gilson(1998: 243-77).

8. 어떤 사업의 전망이 밝다는 사실을 기업가는 어떻게 확신할 수 있을까? 결과에 대한 아무런 이해관계가 없는 사람들의 의견은 그다지 중요하지 않다. 기업가는 자기가 추진하는 사업에

외부 투자를 끌어들이는 과정에서 투자 여부를 결정하는 사람들로부터 그 사업의 전망에 대해 보다 정확한 정보를 얻을 수 있다. 물론 좋은 충고를 얻는다는 것은 해당 사업의 진정한 특성을 밝혀내는 것이다. 하지만 미래의 소유권에 불확실성이 존재할 경우 기업가는 좋은 투자 조언을 얻기에 충분할 만큼 혹은 다각화를 통해 보다 낮은 자본 비용의 이점을 챙기기에 충분할 만큼의 다양한 관심을 이끌어낼 만한 정보를 제공할 수는 없을 것이다.

9. Stiglitz(1994: 212).
10. 민간 기업은 자기가 이득을 볼 여지가 없는 개발 정보와 관련된 고정 비용을 지출하지 않으려는 경향이 있다. 이들은 잠재적인 고객이 승인할 수 없는 정보를 퍼트릴 경우에 고객층이 얇어진다는 사실을 알고 있다. 시장 참가자들은 흔히 정보를 숨기려들거나 잘못된 정보를 제공하려는 경향이 있다. 그래서 한쪽의 실수로 다른 쪽이 이득을 보는 상황이 나타나기도 한다.
11. World Bank(2003: 9).
12. Lempert, Popper, and Bankes(2003)는 베이스(영국 수학자—옮긴이)의 주관적인 방법론들을 동원하지 않고도 리스크와 불확실성을 가려낼 수 있는 장기 정책을 위한 강력한 컴퓨터 도구들을 개발하고 있다.
13. 성장을 위한 재정 체계의 중요성을 인식하는 데 이정표가 된 것은 세계은행의 〈1989년 세계 개발 보고서 ; 재정과 개발(World Development Report 1989 ; Finance and Development)〉이다. 이 보고서 작성은 밀라드 롱Millard Long이 지휘했다.
14. 세계은행의 규정에 따름.
15. 이 자료는 Barth et al(2002)이 수행한 밀켄 연구소의 자본 접근 지수 산출 프로젝트를 토대로 한 것이다.
16. 앙트완 반 아그마엘Antoine van Agtmael이 개발도상국에서의 국내 자본 시장의 미래를 주제로 한 회의장에서 이 제안을 했다(Litan, Pomerleano, and Sundararajan 2003:512).

05 동아시아에서의 사회적 생산성 격차 줄이기

1. 지난 20년 동안 모든 경제 발전 단계에 있는 전 세계 국가의 3분의 2는 금융 위기를 경험했다.
2. 금융 위기를 경험한 나라는 한국, 인도네시아, 말레이시아, 태국, 필리핀이다. 대만의 경제는 미국의 기술 거품이 꺼질 때 허약함의 징후를 보인 적이 있다. 싱가포르와 홍콩은 빠른 회복력을 보여 왔다.

3. Economist(8 Feb. 2003: 5).
4. 전문성을 갖춘 기술 관료의 고립은 "정치인과 이익 집단들로부터 특정한 이득을 얻기 위한 로비를 최소화하면서 정치적으로 형성된 국가적 목표를 유지하고 여러 정책들을 입안하고 수행할 수 있는 경제 전문 관료의 능력"이라고 정의된다.(Campos and Root 1996:267)
5. 개발도상국의 많은 국민은 정치적인 후원 관계를 통해 선출된 관료들로부터 행정적인 업무를 지원받아야 한다는 불운을 감수해야 한다. 거만하고 보수 수준은 열악하며 또 비효율적인 국가 부문은 관료들의 행정적인 재량권 행사에 제동을 걸지 않는다. 그러니 효율성은 찾아볼 수가 없다. 관료들은 정치적으로 획득한 자기 지위를 사적인 이득을 취하는 데 쓰려는 생각을 강하게 가지고 있기 때문이다.
6. 공무원 처우에 관해서는 동아시아 지역 전체로 볼 때 상당한 편차가 있다. 싱가포르에서는 전체 공무원이 모두 좋은 보수와 혜택을 받았던 반면에, 인도네시아에서는 핵심적인 경제 전략 팀만 혜택을 받았다.(Campos and Root 1996:chap.4)
7. 수출 극대화와 관련된 관료의 역할은 Westphal(1990: 45-46), Rhee, Ross-Larson, and Pursell(1984: 22), and Rodrik(1997: 428-30) 참조.
8. 기업 관련 협력을 생산적으로 활용하는 데 제도가 수행한 역할에 관한 사례들은 Campos and Root (1996:76-109)와 Root(1996b) 참조.
9. "비록 (일본을 포함한)아시아의 인구는 세계 인구의 반이 넘고 GDP는 세계의 3분의 1이 넘으며 수출량도 세계의 4분의 1이지만, 이 지역의 지분 시장 자본화 비율은 전 세계의 16퍼센트밖에 되지 않는다. 그것도 선진국인 일본을 제외하면 5퍼센트밖에 되지 않는다." (Economist, 8 Feb. 2003:5).
10. 기업을 통제하기 위한 시장을 창출하는 데 주식 시장이 하는 역할은 Jensen and Meckling (1976); Jensen(1983; 1991; 1998; 2002) 참조.
11. Gerschenkron(1962).
12. 동아시아 지역에서 나타났던 은행에 대한 과도한 의존 현상에 대해서는 앨런 그린스펀의 소위 '스페어타이어' 연설에 잘 드러나 있다. "이런 현상을 보면서, 동아시아의 여러 국가 경제가 은행에만 그토록 심각하게 의존하지 않았더라면 과연 지난 18개월 동안 이토록 심각한 충격 속에 허우적거렸을까 하는 의문을 떠올리지 않을 수 없습니다. (중략) 만일 원활하게 돌아가는 자본 시장이 있었더라면 결과는 한층 더 쉬웠을 겁니다. (중략) 스페어타이어 부재의 문제는 장착된 타이어 가운데 하나가 펑크가 나야만 발생합니다. (중략) 동아시아는 스페어타이어를 가지고 있지 않았습니다." (Alan Greenspan 1999)
13. 시장과 비교할 때 은행은 강점과 약점을 동시에 가지고 있다. 귀를 기울일 만한 흥미로운

토론에도 불구하고, 경제학자들은 여전히 어떤 외부 변수들이 어떤 기관보다 다른 기관이 낫도록 만드는지 혹은 어째서 시기에 따라 어떨 때는 은행이 다른 금융 기구보다 좋고 또 어떨 때는 나쁜지 판단을 하고 결정을 내려야만 한다. 이 의문에 대해 개발의 각 단계들에 초점을 맞춰서 나온 대답들은 지금까지 특히 유보적이었다. 금융 구조가 기업의 의사 결정에 미치는 영향은 Stulz(2001)가 자세하게 설명한다.

14. 한국 정부와 IMF 사이의 의향서는 이렇게 적고 있다. "세부적인 사항에 이르기까지 한국 정부의 간섭하는 관행을 제한해야 함은 점차 분명해지고 있다. 정부 개입은, 효율적인 시장 규율은 부족하고 비효율적인 금융 체계와 부채 비율은 이상적으로 높은 기업 풍토를 낳았다."(http://www.imf.org/external/np/loe/120397.htm에서 확인할 수 있다. Metzger(2006)에서 재인용)

15. Leff(1978).

16. Rahman(2000)은 일본과 동남아시아의 대다수 기업들이 국제적인 회계 기준을 충족하지 못하고 있음을 발견했다. 느슨한 대출 기준은 은행 체계에 정부가 개입했기 때문에 나타난 현상이다. 강력한 정부 부처는 신용도는 거의 고려하지 않은 채 특정 부문에 대한 투자를 강제적으로 유도했다. 일반적인 대출 승인 기준을 무시하고 계열 회사 혹은 소유자에게 자금을 빌려주는 내부자 대출도 특별한 제한을 받지 않은 채 횡행했다. 신규 대출이 악성 부채 문제를 해결해줄 것이라는 희망으로 정부가 이런 문제를 낙관적으로 보고 또 그렇게 은행들의 등을 떠밀었기 때문에 은행을 효과적으로 감독할 수 있는 기술들에 대한 요구 수준은 낮았다. 금융 위기가 발생한 국가에서는 예외 없이 상환 불능 대출금이 엄청난 규모로 발생해 있었으며, 이것은 공식적인 회계 장부에는 반영되지도 않았다.

17. 불평등 문제에 관한 작업의 성과를 이 책에 싣도록 허락해준 그레그 라블랑크Greg Lablanc 박사에게 감사한다.

18. Root(2001b: 9-14).

19. 계약 이행 체계는 경로 의존path dependence(경로가 결정되고 나면 비효율성이 드러나더라도 궤도를 바꾸기 어렵다는 것으로 주어진 시점에서의 결과가 나중 시점에서 가능한 결과들을 제약한다는 의미—옮긴이)을 드러낸다.(North 1990; Grief 2003)

20. Barle and Means(1932/1991: 114).

21. 이 과정은 Heilbroner and Singer(1999:173-93)에 잘 묘사되어 있다. 아울러 다음 저서들도 이 문제에 관해서 좋은 참조가 될 것이다. Temin(1964); Strassman(1981); Noble(1977); Chandler(1977); Rosenberg(1982); Evans(1948); and Tedlos(1991).

22. Barle and Means(1932/1991: 6-7).

23. 비록 일본이나 미국과 같은 유형의 금융 제도와 미국이나 영국과 같은 유형의 금융 제도 사이에는 회계와 투명성, 기업 관련 법률 차원에서 차이가 있다. 그러나 이들은 모두 효율적인 금융 중개에 필요한 기본적인 제도를 갖추고 있다. 이들은 거래를 효율적으로 강제할 수 있으며 행정의 높은 질을 보장한다.(Barth et al. 2001:116-23) 비록 대부분 민간 기업의 소유 구조와 금융 구조 측면에서 일본과 미국이 다르긴 하지만 그럼에도 불구하고 근본적인 제도적 인프라라는 측면에서 볼 때 일본이나 미국은 동일하다. 이런 점이 개발도상국과 다른데 이런 사례들은 다음에 이어지는 장들에서 살펴볼 것이다.

24. 예를 들어 일본의 '계열'에 속한 기업들은 (전체적으로 볼 때 상대적으로)적은 비율의 순환 출자, 이사진과 종업원의 공유를 매개로 하나로 통일되어 있다. 이 기업들은 일반적으로 동일한 목표를 설정하고 기업 전략이 서로 연결되었으며 고위 임원들은 정기적으로 만난다. 또 동일한 투자 대상에 공동으로 투자를 하며 서로에게서 상품을 사고팔고 동일한 계열에 속한 은행으로부터 우대를 받는다. 또 이런 은행들은 같은 계열에 속하는 기업의 지분을 소유하고 이 회사들의 이사회에 이사를 파견할 수 있는 권한을 법적으로 확보하고 있다. 무역상사와 같은 기업이 이런 기업군의 중심 기업 자리를 차지하는 것도 일반적인 현상이다. 수직적인 계열을 형성하는 이 기업 집단들은 경영학 논문거리로 큰 관심을 받고 있다. 이 기업들은 일본의 제조업 부문에 상당한 기여를 했다고 인정을 받기 때문이다. 수직적인 계열에서 소속 기업들은 동일한 산업에 속하면서도 부가가치 고리를 따라서 서로 다른 기능을 수행한다. 즉 이 기업들은 상당한 규모의 순환 출자를 통해서 공동 소유 관계를 형성하고 특정한 지리적 근접함을 이용해 긴밀히 협조한다.(Prowse 1992)

25. 동남아시아에서의 지분 공동 소유와 공동이사회 제도에 대한 자세한 설명은 Kunio(1988)을 참조하라. 하나의 가족에서 출발해 온갖 다양한 분야의 사업을 포괄하는 기업 집단으로 성장한 사례는 인도네시아의 특징이다. 인도네시아에서는 GNP가 2,000억 달러이던 1995년에, 정치권에 줄을 대고 있는 25개 기업 집단이 600억 달러가 넘는 수익을 올렸다.(Fisman 2001:1101)

26. Hoshi and Kashyap(2001).

27. Root, Abdollahian, and Kugler(1999).

28. Claessens, Djankov, and Lang(2000)이 동아시아의 9개국을 대상으로 한 연구에서 의결권은 흔히 피라미드 구조와 지분 순환 출자라는 전형적인 방식을 통해서 현금흐름 권리를 초과한다는 사실을 발견했다.(경영의 성과 배분은 지분 비율에 따르는 것이 원칙인데 이를 현금흐름 권리cash flow rights라고 해서 기업의 지배권과 구분한다—옮긴이) 그 결과 전체 기업 가운데 3분의 2에서 단일 주주가 기업 전체를 어렵지 않게 지배하게 된다. 1주식 1의결권의 원칙이

지켜지지 않는 현상은 동아시아 국가에서는 흔한 일이다. 미국에서 주주들은 높은 의결수를 가지는 보통주를 소유함으로써 현금흐름 권리를 초과하는 지배권을 획득할 수 있다. 우월적인 의결권을 행사할 수 있는 이런 주식은 프리미엄이 붙은 가격으로 매매된다.

29. Joh(2000a)는 한국의 여러 기업에서 지배 주주는 높은 현금흐름 권리를 가지고 있을 때 주식을 지배하는 게 보다 효과적임을 증명했다.

30. "이익은 모기업에서 지배 집단이 보다 많은 지분을 가지고 있는 자기업으로 흘러들어간다. 특히 수익성이 높은 사업은 지배 집단이 주로 소유하는 자기업으로 할당될 수 있다. 이것 외에도 여러 가지 방식을 통해서 당연히 일반 주주들에게 돌아가야 할 몫이 소수의 족벌 지배 집단에게 돌아간다. 그런데 이런 이익을 배분하는 문제에서도 이기적인 지배 집단은 언제라도 자기에게 유리하도록 수익을 이 주식에서 저 주식으로 임의로 옮긴다."(Berle and Means 1932/1991:115) 소유주들이 저지르는 이런 전횡은 미국에서는 일어나기 어렵다. 법률이 엄격하게 금지하고 있으며 이를 어길 경우에 사법적인 제재를 피할 수 없기 때문이다. 하지만 이런 모습은 현재 한국과 중국에서는 막 시작 단계일 뿐이다. 아시아에서 법과 제도는 일반 주주들에게 아주 약한 보호막밖에 제공하지 못하기 때문에, 이 지역의 사람들은 대기업을 관리하고 감독하는 역할을 정부가 직접 나서서 해주길 바란다.

31. 다각화 기업diversified firms(상호 간의 관련성이 적은 여러 시장에 진출하여 많은 제품과 서비스를 공급하는 기업—옮긴이)이 자본수익률과 일치하지 않는 투자를 함으로써 비효율적인 투자를 한다는 증거는 Scharfstein(1998), Rajan, Sevaes, and Zingales(2000), and Ahn and Denis(2002)에서 찾아볼 수 있다. 동일한 기업 집단에 속하면서 현금흐름에 덜 민감한 기업의 투자에 관한 내용은 Hoshi, Kashyap, and Scharfstein(1991)에서 찾아볼 수 있다. Shin and Park(1999)과 Perotti and Gelfer(1998)는 금융 투자 그룹에 속하는 러시아 기업들에 대해서 동일한 사실을 발견한다.

32. Williamson(1985:76)은 통합 체계 바깥에 존재하는 공급업자 관계의 성취동기가 기업 통합체 내부에서의 성취동기보다 훨씬 더 강하다고 주장한다. Baker, Gibbons, and Murphy(1997:3)는 기업에서의 동기가 업무 성과 평가를 통한 보너스 지급으로 어떻게 활성화되는지 보여줌으로써 윌리엄슨의 주장을 지지한다. 용역이 기업 바깥에서 계약되고 제공될 때, 이 일을 하는 직원은 스스로 자산을 보유하며 또 흥정을 통해서 자기 보수를 뽑아낼 수 있는 독립적인 계약자 혹은 협력업체가 된다. 이것은 보너스를 지급하지 않으려는 기업의 유혹을 줄여준다.

33. 도요타Toyota와 닛산Nissan은 전형적으로 협력업체의 지분 가운데 20에서 50퍼센트를 소유한다. 도요타의 협력업체 가운데 310개의 경우는 지분 가운데 50퍼센트를 도요타가 소유

한다. 하지만 미국에서는 협력업체에 대해서 이런 식의 지분 소유는 불가능하다.
34. 계열이라는 체제가 채권자와의 협상에서 발생하는 정보 불균형의 문제 및 비조합원 문제를 완화시킴으로써 금융 압박과 관련된 비용을 축소한다는 증거도 있다. Hoshi, Kashyap, and Scarfstein(1991)은 (주요 은행과 긴밀한 관련성을 가지는 기업들은 더 말할 것도 없고)계열에 속한 기업들이 일본의 다른 일반적인 기업들에 비해서 보다 생산적인 자산에 투자를 하며 또 금융 압박 속에서도 더 많은 제품을 판매했음을 보여준다.
35. Root, Abdollahian, and Kugler(1999).
36. 이런 개혁들의 일반적인 취지는 투명성 개선, 주주에 대한 경영진의 책임성 개선, 소액 주주 보호, 지배 주주들 사이에서 이루어지는 부당 거래 철폐 등이다. 이런 취지에 입각해서 회사법, 상법, 유가증권 시장과 관련된 법률과 규제, 주식 거래 관련 법률, 경쟁 혹은 반독점 공정거래법 등이 수정되었다. 이런 개혁들이 설정하는 목표는 기업의 의사 결정 과정이 주주와 투자 대중에서 세세하게 공개되도록 해서 전문 경영인에 의한 기업 시장 기준에 입각한 의사 결정을 촉진하고 소수 기업군이 전체 경제를 대상으로 행사하는 지배력을 축소하는 것이다.
37. 의향서는 본 계약에 앞서서 어떤 의사를 표시하는 문건으로 내용에 관한 이행 강제력은 없다.
38. Metzger(2003).
39. Chui, Titman, and Wei(2001)는 금융 자유화가 기업에 미친 충격을 정밀하게 살피면서, 금융 개혁이 수하르토와 밀접하게 연결되어 있던 기업들이 그렇지 않은 기업들에 비해서 얼마나 피해를 보았는지 확인했다. 인도네시아에서 수하르토와 밀접하게 연결되어 있던 기업들은 금융 자유화로 피해를 보지 않았다는 사실을 확인했다.
40. Root(1996b: 108).
41. Raymond Fisman(2001)은 인도네시아의 관련 자료를 이용해서 기업의 정치적인 연관성과 기업의 가치 사이에 어떤 관계가 있는지 측정했다. 수하르토 치하의 중앙집권적이고 안정적이던 인도네시아 정치 구조 덕분에 정치적 연관성 지수를 매기는 작업이 가능했다. 정치적 연관성이 기업의 수익에 얼마나 영향을 미치는지 측정하기 위한 피스먼의 연구 조사는, 수하르토의 건강과 관련된 나쁜 소문을 퍼트려서 여러 수준의 각기 다른 정치적 연관성을 가지고 있는 기업들이 수하르토의 건강 악화에 따라서 수익이 어떻게 변하는지 살피는 게 목적이었다. 연구 결과에 대해서 피스먼은 이렇게 썼다. "우선, 어떤 경우에든 정치적으로 의존적인 기업들이 그렇지 않은 기업들에 비해서 수익률이 상당한 수준으로 떨어졌다. 더 나아가, 의존 정도에 따라서 기업이 각기 다르게 받은 영향의 결과는 자카르타 종합주가

지수JSCI 변동과 매우 높은 연관성을 나타냈다. (중략) 심각한 소문이 나돌 때 정치적 관련성이 높은 기업은 정치적 관련성이 낮은 기업에 비해 더 많은 어려움을 당할 것이다. 내가 확인한 결과는 정치적인 연관성이 높은 기업의 가치 가운데 많은 부분이 정치적인 연관성에서 비롯된 것임을 의미한다.(Raymond Fisman 2001:1095-1096)

42. 참조, Root(1996b:108-110). 이 분노의 유산 때문에 그가 지명했던 후임자 하비비Habibie는 선거에서 졌다.
43. Root(2001g: 32-35).
44. 메가와티Megawati와의 대담, 2002년 10월 아시아태평양경제협력체APEC 정상회담에서.
45. Root(2000c).
46. 유권자 매수의 마지막 단계는 보통 선거가 있기 전날 밤에 이루어지는데, 이때를 특히 '개 짖는 밤dog barking night' 이라고 한다. 표를 사려는 후보자들의 발길이 쉬지 않고 이어지는 바람에 동네 개들이 밤새 짖어대기 때문이다.(Pinto-Duschinsky 2002:74)
47. 어떤 조사에 따르면 미국에서 선거에 들어가는 비용의 증가 속도는 국민소득의 증가 속도보다 느리며, 1912년 이후로 GDP의 0.01퍼센트 주변을 맴돌아왔다.(Ansolabehere, Gerber, and Snyder 2001)
48. 소득의 차이를 고려하면, 제3세계에서 치르는 선거에 들어가는 1인당 비용은 1996년 미국에서 일어났던 모든 선거(즉 연방 선거, 주 선거, 지역 선거)에 들어간 1인당 비용의 무려 44배나 된다.
49. 역설적이게도, 부패에 맞선 투쟁에 사용된 무기가 민주주의에 역효과를 낼 수 있다. 부패한 정권이 국민의 저항으로 연이어 계속 임기를 채우지 못할 때 민주주의가 어떻게 안정을 가져올 수 있을까? 제도가 허약할 때 반부패 입법이 정치적인 목적으로 색다르게 사용될 수 있을까? 연이어 나타나는 정권이 자기 임기를 채우지 못할 경우 민주주의 역시 실패할 수 있다.
50. 태국의 민주주의에 대해서는 McCargo(2002), Bunbongkarn(1999), Callahan and McCargo(1996), Phongpaichit and Baker(2002), and Nelson(2002) 참조.
51. Root(1996b: 105-9)
52. Root, Abdollahian, and Kugler(1999).
53. World Bank(1993)와 Campos and Root(1996) 참조.
54. 동아시아의 민주 정부는 부패에 개입한 사람에게 큰 대가를 치르게 하는 제도를 마련할 필요가 있다. 감시 기구 및 정부에 속한 공무원들이 부정한 행위를 하지 못하게 서로 조사할 수 있도록 하는 권한과 책임을 각자에게 부여할 필요가 있다. 또한 시민 단체나 유권자가

공무원을 감시할 수 있도록 해야 한다. 사법 체계는 돈이나 정치적인 영향력에 휘둘리지 않고 부정한 행위에 대해서는 가차 없이 벌칙을 내려야 한다. 회계 내용이 독립적인 위상의 감사 조직으로부터 체계적인 감사를 받는다는 사실을 국민이 확신해야 한다. 국회의원은 입법을 할 수 있는 실질적인 장치를 가지고 있어야 한다. 세금 징수는 공평하고 예측할 수 있어야 하며 또한 충분히 공감할 수 있어야 한다. 세금 징수 체계에 불만을 제기할 수 있는 절차까지 포함한 적절한 법률적 절차가 마련되어 있어야 함은 물론이다. 언론은 신뢰를 받을 수 있어야 한다. 그리고 독립적이고 전문적인 기관들은, 자기들이 국민에게 봉사하는 명분인 통합성을 바탕으로 해서만 소속 구성원들의 임무와 권한이 비롯된다는 사실을 국민이 확신할 수 있도록 만들어야 한다. 물론 동아시아 지역의 정책 입안자들은 제도나 기구를 새로 만드는 데는 이제 막힘이 없을 정도가 되었다. 남은 과제는, 정부가 봐주는 편의에서 벗어나 있는 부유층 및 여러 계층과 보다 포괄적으로 정치적인 연대를 하는 일이다.

55. Root(2002: 113-26).
56. Yusuf and Evenett(2002)는 경쟁력 회복을 위한 전략을 지식 집약 산업과 서비스로 한정했다. 하지만 미래의 경쟁력은 보다 강력한 국내의 여러 제도와 기구 그리고 동아시아 지역 차원의 개선된 협조 체계가 좌우할 것이라고 강조했다. 아시아 사람들이 적절한 정책적 조치들을 취한다면 무역과 자본의 개방 체제가 새로운 경쟁력을 제공해줄 수 있다.
57. 인도네시아에서 '새로운 질서'가 주창한 세 개의 국가적 개발 계획인 5개년 개발 계획은 시골에 여러 기간 시설들을 건설함으로써 소득 재분배의 불평등을 줄였다. 이 계획은 쌀 생산과 관개 시설의 자족성을 지원했다. 2차와 3차 5개년 개발 계획에서는 추가로 사회적인 인프라를 건설했다. 특히 중요한 점은, 인도네시아는 석유에서 비롯된 수익의 상당한 몫을 빈곤을 퇴치하는 데 할당했다. 1970년대 말이 되면 빈곤층의 인구 구성은 60퍼센트에서 40.1퍼센트로 줄어들었으며, 1960년대 말에 0.40이던 지니 계수도 1980년대 말에는 0.30으로 떨어졌다.(Campos and Root 1996:65-66)
58. 대만 원주민의 지지를 필요로 했던 국민당은 이들의 지지를 이끌어내려고 토지 개혁을 이용했다. 지대의 최고 한도를 연간 수확량의 37.5퍼센트를 넘지 않도록 제한했으며, '토지는 경작자에게'라는 원칙에 입각해서 지구가 규정보다 많은 토지를 소유한 경우에는 잉여 토지를 정부에 팔도록 했고 이 토지를 다시 적은 토지를 소유한 농민들에게 분배했다. 국민당은 또한 도량형을 통일하고 여러 조사 사업을 통해 소농이 부담해야 할 비용을 줄였다. 그 가격 정보가 농민들에게 전달되고 시장의 유통망을 정비해서 중간상이 부당 이득을 챙기지 못하도록 제도를 정비했다. 또 마을위원회를 만들어서 토지 이용에 관한 쟁점들을 토론하게 했다. 그 결과 지주는 증가하고 소작농은 감소했다. 그리고 중요한 사실은 소득의 불평

등이 감소했다는 점이다.(Campos and Root 1996:53-54) 싱가포르는 1960년에 모든 국민이 주택을 소유할 수 있도록 할 목적으로 주택개발국을 신설했다. 1993년에 정부는 싱가포르 텔콤을 민영화하면서 국가가 가지고 있던 주식을 시장 가격의 반값으로 국민들에게 팔았다. 싱가포르의 모든 국민이 국가 성장의 열매를 함께 나누게 하기 위한 것이었다.

59. 노동자 문제와 관련된 긴장을 가라앉히기 위해서 싱가포르 정부는 국가적 차원의 임금 인상을 결의할 국가임금위원회를 만들었다. 기업과 노동자, 정부를 대표하는 인물들로 구성된 이 위원회에서는 각각의 대표자는 모두 거부권을 행사할 수 있다. 즉, 모든 의결은 만장일치로 이루어진다.

60. Datt and Walker(2004: 77).

61. 금융 위기를 맞은 국가들은 모두 파산법을 빠르게 개혁했다.(한국에서는 1998년 2월, 인도네시아에서는 1998년 4월, 태국에서는 1998년 10월이었다) 하지만 개혁을 실천하는 일은 더디게 진행되었다. 그리고 많은 경우에 이 개혁은 전혀 실효가 없었다.

62. 동아시아에서 안정성을 확보하고 국민이 누리는 삶의 질을 개선하기 위해서 민주주의는 정치적인 책임성과 투명성을 강화하기 위한 몇 가지 조건들을 마련해야 한다. 동아시아의 각 국가는 공무원 체계, 사법 체계, 공공 금융 및 조달 기관, 선거 자금 체계 등을 강화할 개혁을 필요로 한다. 정보에 대해서 보다 폭넓게 접근할 수 있다는 조건도 특권층에게 쏠린 불균형적인 권력을 침식함으로써 이런 개혁에 도움이 될 것이다. 정치권력의 보다 평등한 분배가 최종 목적이 되고 결과가 되어야 한다. 특권층의 경제적 토대가 약해지면 금품과 이권을 매개로 하는 낡은 방식으로는 선거에서 이기기가 더 힘들어질 것이다.

이런 경향은 이미 필리핀의 지방 선거에서 뚜렷한 현상으로 나타나기 시작했다. 재선을 노리는 부자가 상당한 재산을 들고 나타난 경쟁자들을 상대로 싸우다가 모든 재산을 다 날리고도 허탕을 치는 일들이 나타나고 있다. 자기를 지원해주던 부유한 소수가 가지고 있는 자원이 모두 떨어지고 나면, 국가 지도자들은 전체 국민 가운데 소수가 아닌 폭넓은 계층에게 모두 이득을 안겨줄 수 있는 정책들을 제시하지 않고서는 버틸 수가 없을 것이다. 동아시아의 국가 지도자들은 뇌물이나 개인적인 특혜, 편의 제공으로 해결하기에는 정치적인 연대의 폭이 너무도 광범위할 경우 정책으로 승부할 수밖에 없다. 따라서 이런 과정이 반복되면 결국 경제 정책 부문에서 유능한 능력을 갖추게 될 것이다.

63. Phongpaichit and Baker(2004).

64. 뉴욕과 런던의 금융 시장은 전 세계를 대상으로 하고 있으며 또한 시장의 기초 여건에 보다 밀접하게 순응하고 있기 때문에 각 지역의 예금액을 각 지역의 금융 시장보다 더 효율적으로 운용한다. 홍콩과 싱가포르의 지도자는 자기의 지역 경제 안의 금융 문제와 관련해서 지

역 경제 차원의 통합을 촉진하기보다 동아시아 경제를 선진 경제에 연결시키는 일에 더 많은 초점을 두고 다루어 왔다. 정보와 통신 기술의 발전으로 해당 지역에 대한 정보를 해당 지역의 금융 시장이 더 잘 알 수 있는 강점은 점차 소멸하고 있으며, 뉴욕과 런던의 금융 시장에게 유리한 전문성 부문의 격차는 점차 더 크게 벌어진다. 포괄적이며 예측 가능하고 정기적으로 되풀이되는 위기를 피할 수 있으려면 소액 주주를 보호하기 위한 법률 체계, 규제 체계, 국경을 넘나드는 자본에 대한 조세 체계, 은행 기준, 감사를 통한 투명성 확보, 지역 기업의 지배 구조 등과 조화를 이루며 시장이 발전할 수 있도록 해야 한다.

06 배제의 가격 : 라틴 아메리카의 폭발성 부채

1. 공공에게 유익하게 리스크를 할당하는 사례 가운데 하나로, 모든 사람에게 이익이 되는 기간 시설을 확보하기 위한 재원 마련을 목적으로 부유한 사람들에게 판매하는 정부 발행 채권 즉 국채를 들 수 있다.
2. 인구가 1,500만 명이 넘는 국가 즉 아르헨티나, 브라질, 칠레, 콜롬비아, 멕시코, 페루, 베네수엘라를 대상으로 한 자료이다.
3. World Bank(2004a:1). 라틴 아메리카 국가의 지니 계수들은 사회의 불평등을 적절하게 드러내는 지표가 아니다. 전체 지역을 대상으로 동일한 기준을 이용해서 동일한 방식으로 자료를 수집하지 않았거나 혹은 동일한 지역 내에서 1년에 한 번씩 측정한 자료가 아니기 때문이다. 또, 자료가 여러 해 동안 수집되지 않은 기간도 있음을 밝혀둔다.(Mungaray and Van Den Handel, 2004)
4. World Bank(2004a: 11).
5. 리스크 할당과 배분 사이의 차이가 항상 뚜렷이 구분되지는 않는다. 재분배는 부를 이전함으로써 기대 소득을 바꾸는 것이고, 리스크 할당은 여러 자원들을 한데 모아 관리함으로써 결과를 보다 확실하게 만든다.
6. Barham(2002: 49)
7. 시장 개혁 시대도 그럴듯하게 광고하던 내용을 현실로 드러내지 못하고 있다. 1인당 소득이 1960년부터 1980년까지는 75퍼센트 증가했지만 1980년부터 2000년까지는 7퍼센트밖에 증가하지 않았기 때문이다.
8. Kaufman and Kraay(2002)가 국가별로 광범위한 대조 작업을 거친 끝에 전체 경제 발전이 제도의 질을 개선한다는 증거를 발견했다.

9. 기업이 단기 금융에 지나치게 의존하면 예기치 못한 충격을 받고 특히 큰 피해를 입는다. 장기 부채나 지분에 대한 접근성은 갑작스런 불경기의 충격을 완화시킬 수 있다.
10. 비록 브라질의 기초잉여금primary surplus(회계연도가 시작하는 시점에 가지고 있는 돈으로써 지난 회계연도에서 이월된 것이다—옮긴이)은 GDP의 3.765퍼센트 수준이지만 부채에 대한 이자는 GDP의 9퍼센트가 넘는 높은 수준이다. 그래서 전체적으로 따지면 약 5퍼센트의 예산 부족분이 발생한다. 외국에서 들여온 부채의 약 3분의 1은 환차손으로부터 투자자를 보호하기 위해서 지수와 연동되어 있다. 그래서 브라질의 통화인 레알real의 가치가 달러화를 기준으로 떨어지면 정부 부채는 자동적으로 늘어난다. 게다가 이런 부채의 대부분은 단기 부채이며 달러화와 연동되어 있는데, 그 바람에 브라질은 (라틴 아메리카 지역에서 일반적으로 나타나는 현상인) 자본 흐름의 변덕에 매우 높은 수준으로 노출되어 있다. 단기 부채를 장기 부채로 전환할 경우에는 초기에 엄청난 리스크를 무릅써야 하기 때문에 브라질뿐만 아니라 라틴 아메리카의 대부분 국가들은 감히 이런 조치를 취하지 못한다. 이렇게 할 경우 기초잉여금이 3.675퍼센트 아래로 떨어질 것이기 때문이다. 부채 시장에 대한 관리와 감독이 전반적으로 건전하지 않다는 사실은 분명하다.
11. 라틴 아메리카의 자본 시장에 대해서는 Edwards(1995:200-251) 참조.
12. Burki and Perry(1998) 참조.
13. 라틴 아메리카의 민간 부문 발전을 위한 경제 및 제도적 환경을 설정하는 데 본질적인 요소들에 관한 훌륭한 논의에 대해서는 Holden and Rajapatirana(1995) 참조.
14. Holden(1997) 참조.
15. Calculation from IFS(2004).
16. UNDP(2004).
17. 참조, Cavallo(1997). 아울러 다음 저서들도 참조, Ratliff and Fontaine (1990; 1993) and Murphy and Moskovits(1997).
18. 아르헨티나의 붕괴에 관한 이 설명은 《Los Angeles Times》(2003)에 실린 Hector Tobar의 훌륭한 기사에서 발췌했다.
19. 페루와 멕시코를 제외하고는 라틴 아메리카에서 토지 등록제를 성공적으로 수행한 국가는 없다. 멕시코에서 소규모 토지에 대한 소유권 등록 작업은 알바로 오브레곤Alvaro Obregon이 1920년에 대지주의 토지를 몰수한 뒤 1921~1922년의 입법을 거쳐서 에히도ejido(식민지 시대와 독립 후에 아시엔다(사유대농원)에 토지를 빼앗겼다가 멕시코 혁명 후 토지 개혁을 통해서 공유지를 얻은 마을과 이 마을에 귀속된 토지를 이르는 말. 토지 보유의 주체는 마을이며, 에히도의 구성원은 경작권과 수익권만을 소유한다—옮긴이)를 마을 공동체에 영구적으로 분배하기 전까지는 이

루어지기 어려웠다.(Levy and Bruhn 2001) 경작자에게 작은 규모의 토지를 양도하는 이 최초의 시도는 1980년대 후반 살리나스Salinas 대통령에 의해서 중단되었다.

라틴 아메리카의 국가들은 담보부거래secured transactions를 보호하지 않는다. 미국에서는 아무런 문제가 없는 이런 거래가 라틴 아메리카 전역에서는 불법이다. 게다가 라틴 아메리카에서 시행되는 새로운 개혁 조치들은 예전의 거래 관련 법률들을 폐지한다고 명기하는 경우가 거의 없다. 협상 대상이 될 만한 자산이나 명확한 소유권 증서가 없다면 혹은 법치에 의한 계약의 강제력이 뒷받침되지 않는다면, 투자자들은 자기들의 투자금이 나중에 어떻게 될지 도무지 알 수 없고 따라서 시장이 최고의 효율성을 발휘해 최대의 이익을 가져다 줄 것이라는 확신을 가질 수 없다.

20. 브라질의 새로운 정부가 세금을 올리고 재정 지출을 줄인다면 아르헨티나가 걸어갔던 길을 피하고 금융 위기를 피할 수 있을 것이다. 하지만 이런 조치들을 최근에 들어선 정부들은 전혀 시도하지 않았다.

21. 교육 개혁을 예로 들어보자. 형편없는 교사 훈련 프로그램, 구닥다리의 낡은 교수 방법들, 적절하지 못한 교구들, 학생들의 낮은 동기 부여 등은 아무리 예산을 늘린다 해도 저절로 바뀌지 않는다. 이런 요소들은 교육 개혁의 발목을 잡는다.

22. 참조, Murphy, Libonatti, and Salinardi(1995: 18).

23. ICRG(International Country Risk Guide)와 BERI(Business Environmental Risk Intelligence)에 포함된 자료를 이용할 때 관료제도의 효율성 지수는 동아시아에서 (인도네시아를 제외하고)고도성장을 이룩한 국가들의 '설명되지 않은' 부분과 매우 높은 연관성을 가진다. 이런 사실은 관료제적 효율성이 동아시아의 높은 경제 성장에 의미 있는 기여를 했음을 뜻한다.(Keefer and Knack 1993) Mauro(1995)도 다른 자료를 이용해서, 관료제도에 대한 신뢰가 정치적인 안정을 이룬 뒤의 성장에 얼마나 영향을 미치는지 조사한 뒤, 관료제도가 경제 성장에 상당한 기여를 했음을 확인했다.

24. 매우 불완전하긴 하지만 법률적 개혁을 향한 상당한 발전이 라틴 아메리카에서 이루어져 왔다. 참조, Ratliff and Buscaglia(1997), and Buscaglia, Ratliff, and Cooter(1997).

25. Edwards(1998:46-47).

26. 참조, Edwards(1998:47).

27. 참조, Murphy, Libonatti and Salinardi(1995: 30-32, 42, 48-49, 53-54); and Yáñez and Letelier(1995: 168-72).

28. Waisman(1987:39)에 인용된 19세기 아르헨티나의 저술가이자 대통령이었던 도밍고 파우스티노 사르미엔토Domingo Faustino Sarmiento의 말을 참조하기 바란다. 라틴 아메리카의 미

래를 밝게 비추는 한 가지 사실은, 상대적으로 성공적이었던 개혁들은 (칠레라는 단 하나의 예외를 제외하고는)민주적이라고 할 수 있는 환경에서 진행되었다는 점이다. McGuire(1997)를 비롯한 몇몇 학자들은, 민주주의적인 수단을 통한 변화는 라틴 아메리카 사람들의 경험이 동아시아 사람들의 경험보다 더 소중하고 힘이 있는 것이라고 주장한다. 대부분의 경우에 투표로 선출된 대통령은 강력한 경제 개혁가를 경제 관련 장관으로 임명했고, 이 개혁가는 자기와 비슷한 성향을 오랜 세월 갈고닦은 '추종자들'을 대동했다. 그런데 이것은 개혁 과정 자체가 본질적으로 민주적이지 않음을 암시한다. Waterbury(1993; 27)는 "결정적인 요인은 국가수반이 이들을 공식적으로 밀어준다는 점이다."라고 주장했다. 그럼에도 개혁 조치들은 정치적으로 임명된 관리들에 의해 정상적인 관료제도의 틀 바깥에서 추진되었다.

29. Leopoldo Solís, quoted in Waterbury (19)93: 9 and Murphy(1994: 12-17).
30. Graham and Naim(1998: 341).
31. 비판적인 입장을 가지는 사람들은 동아시아의 국가 주도형 발전 모델은 단지 자본을 재할당했을 뿐이며, 또 은행 부문에 대한 국가의 직접적인 지원은 결국 민간 부문의 위기관리 능력을 개발하려는 동기 자체를 감소시키고 만다는 주장을 해 왔다. 만일 기업들이 파산을 할 수 없고 또 어떤 잘못을 저질러도 이 잘못에 대한 벌칙이 존재하지 않는다면, 결국 리스크라는 것 자체가 아예 존재하지 않는다는 말이다. 동아시아 모델이 궁극적으로 미국-영국 형 금융 체계로 나아갈 수 있는 성공적인 이행 모델을 발견할 수 있을지는 여전히 미지수다.
32. 국내에서 일어날 수도 있는 소요의 리스크에 대해서 안전을 확신할 수 없기 때문에 동아시아의 특권층은 자기가 가지고 있는 재산 즉 경제 성장의 열매를 사회 전체 구성원과 함께 나누는 사회적 구조를 지지하지 않을 수 없다고 느꼈다.
33. Lora and Londono(1998: 96).
34. 경제 개발의 초기 단계에서는 소득의 불평등이 심화되고 이런 양상은 후기에 가서 개선된다는 쿠즈네츠Kuznets의 유명한 역U자U hypothesis 이론이 있다. 쿠즈네츠(1966)의 저작은 영국에서의 시간 순서 자료를 바탕으로 했다. Ahluwalia(1976:338)는 "상대적인 불평등이 경제 개발의 초기 단계에서는 상당한 수준으로 증가하지만 나중에는 역전이 되는 경향이 있다는 가설"을 강력하게 지지하는 현상을 발견했다. 최근에는, 경제 개발 초기 단계에서 높은 불평등이 나타나는 현상을 Forbes(2000)가 확인했다. Anand and Kanbur(1993a; 1993b)가 이 자료들을 재검토한 결과는 쿠즈네츠의 역U자 이론을 뒤집는다.
35. Campos and Root(1996).
36. Lora and Londono(1998: 96).

37. UN Report on Democracy and Development in Latin America(2004).

07 왜 인도는 아닐까? : 새로운 세기, 새로운 국가

1. 1994년과 2003년 사이에 인도의 소프트웨어 수출은 1억 2,800만 달러에서 100억 달러로 늘어났다.(인도, 기술부, 2003년)
2. 일부 경제학자들은, 인도는 공산품 제조자나 서비스 제공자로서 인도네시아, 필리핀, 베트남 등과 같은 아시아 지역의 저소득 국가들을 압박할 것이고 또한 중국, 한국, 대만, 일본 등과 같은 보다 발전한 이웃 국가들에게도 기술 혁신과 관련된 압박을 가할 것이라고 전망한다.
3. 1951년과 1982년 사이의 연평균 성장률은 3.5퍼센트였다.
4. 1985년에 라지브 간디Rajiv Gandhi는 통신, 컴퓨터, 전기 등의 부문이 민간 투자를 받을 수 있도록 하는 자유화 과정의 첫 단추를 꿰었다.
5. 농업 부문에 지출되는 전력 보조금만 연간 60억 달러이다. 이는 인도 정부의 예산 부족액의 4분의 1이나 되고 건강 및 관개 시설에 지출되는 예산의 두 배가 될 정도로 어마어마한 규모이다.
6. 경제 부문의 비효율적인 행정 사례들은 《India Today》(2001)에서 인용했다.
7. 《포브스Forbes》가 2002년에 선정한 세계 200대 소자본 기업 가운데 열세 개가 인도 기업이었다.
8. 중국의 경제 특구가 엄청난 규모의 외국 투자를 이끌어냈다. 이에 비해서 인도의 실험은 아직 성공적이라고 할 수 없는데, 생산한 완성품에 대해서 수입품과 다름없는 세금을 내지 않는 한 국내 시장에 접근할 수 없도록 정해두었기 때문이다.
9. O' Driscoll, Holmes, and O' Grady(2002: 227).
10. 컨설팅 회사인 A. T. Kearney가 미국의 잡지 《포린 폴리시Foreign Policy》의 의뢰로 발표하는 세계화 지수는 세계 경제에 대한 통합도, 개인의 국제적 접촉도, 세계와의 기술적 연관성 정도, 국제 정치 참여도라는 네 개의 큰 범주에 소속된 14개 영역에 점수를 매겨서 62개 국가의 순위를 정한다. 《Foreign Policy》(2004)의 2004년 세계화 지수는.
11. 1950년에 인도가 세계 무역에서 차지하던 비중은 1.78퍼센트였지만, 1991년에 최저점인 0.53퍼센트를 기록한 뒤 1994년에 0.61퍼센트를 기록했다(india, Ministry of Finance, 1997).
12. 독립 이전에 마하트마 간디Mahatma Gandhi가 이끌었던 국민회의당은 사회적 장벽을 초월하

는 이념을 채택했다.
13. 느슨하게 흩어져 있는 정부 구조의 많은 부분을 국민회의당이 통제했기 때문에, 국민회의당의 엘리트 집단은 정치적인 지지 기반을 구축하고 유지하는 데 정부의 경제적 자원들을 손쉽게 끌어다 쓸 수 있었다. 많지 않은 경제적 자원을 정치적인 목적 다시 말해서 정치권력을 강화하는 데 썼던 것이다. 소위 '거물들'에게 영향을 끼쳤을 수 있었던 개혁들을 그냥 지나쳐버리고 만 경제 개혁은 사실상 부정적일 수밖에 없었을 것으로 추정된다. 그러나 정치적 동기에서 비롯한 이러한 전략들은 정치적인 기준으로 평가하자면 매우 성공적이었다. 인도 전역에 국민회의당을 지지하는 집단의 조직망을 구축하고 유지하는 데는 도움이 되었기 때문이다.(Kohli 1990:186)
14. 참조, Weiner(1957; 1967). 이 조직망의 네트워크는 당의 국가적인 지도자들과 각 지역의 지주 특권층 집단을 연결시켰다. 이 집단은 국민회의당이라는 국가적인 상징과 자기들을 연결함으로써 보다 더 중요하게는 자기들이 지역 사회 차원에서 발생하는 문제의 해결사라는 이미지를 가꿈으로써 자기들의 합법성을 확보하려고 했다. 비록 문제 해결을 위한 이들의 조직은 모두 한결같이 조직 정치machine politics(혹은 기구 정치. 조직의 힘으로 선거의 승리나 입법을 도모하는 정치—옮긴이)적인 성격이 짙었지만, 지역의 특권층 집단이 공적인 여러 자원들을 자유재량으로 사용하는 행위가 그때까지는 아직 부패 행위로 인식되지 않았다. 소위 '거물'이라는 사람들은 공직을 부여받거나 정부가 소유하는 자원에 접근할 수 있었으며, 대신 이들은 자기가 가지고 있는 영향력을 발휘해 선거에서 국민회의당이 이길 수 있도록 지원했다. 유력 인사들의 연계는 마을에서 국가로 궁극적으로는 국가 자산으로 이어져 있었는데, 이런 현상은 1960년대까지 국민회의당이 정치적으로 성공을 거둘 수 있었던 핵심 요소였다.(Kohli 1990:186)
15. '수요 집단demand groups'이라는 용어는 Rudolph and Rudolph(1987)가 사용했다.
16. Das(2000;145). "보호 거주지를 설정했던 원래 목적은 하층 계급의 성장에 힘을 보태주는 것이었다. 그런데 지금 이것은 이 하층 계급이 정부에 지원금을 요구하는 파당적인 도구가 되었다." Das(2000:147) 케랄라 주의 국가민주당NDP, 민주노동당DLP, 사회주의공화당SRP은 '카스트'라는 계급 제도를 바탕으로 한 정당들이다. 비하르 주의 라슈트리야 자나타달RJD과 우타르프라데시 주의 사마즈바디 당SP 등도 역시 카스트를 바탕으로 한다. 자르니 코타리Rajni Kothari는 이렇게 적고 있다. "카스트는 정치에 중심적인 영향력을 발휘한다. 정당들은 지역 선거에 나갈 후보들을 그 지역에서 어떤 카스트가 지배적으로 우세한지 따져서 결정한다." (Kothari 1970)
17. 인도에서 투표 행위는 주된 쟁점에 대한 인식이나 특정한 정책을 유지하거나 폐기하기 위

한 의도를 반영하는 것 같지 않다. 이것은 미국의 유권자가 가지고 있는 생각과 판이하게 다르다. 인도 사람들은 투표를 할 때, 자기의 투표 행위가 특정 정책에 영향을 줄 것이라고 기대하지 않는다.(Meyer 1989:1121)

18. "1951년 이후로 인도에는 100개가 넘는 정당들이 나타났다. 그런데 이 정당의 대부분은 특정한 지역적 기반만을 가지고 있는 극소수 사람들의 의지로 나타났다. 그리고 나머지 정당들은 언어 기반이 다른 사람들을 대상으로 나타났다. 그랬기 때문에 전국적인 조직을 갖춘 정당은 많지 않았다. 수천 명이 당적을 옮기고 변절을 했으며, 수십 개의 정당이 쪼개지거나 합쳐졌다. 선거 때마다 합종연횡 현상은 수도 없이 나타났다." (Meyer 1989:1113)

19. Kohli(1990: 196-97).

20. "공공 서비스 부문 산업은 계획된 투자의 55퍼센트를 흡수해 왔고 고정 자산의 70퍼센트를 통제한다. 공공 서비스 부문이 GDP에서 차지하는 비율은 1960년 10퍼센트 수준에서 1970년에는 15퍼센트, 1980년에는 21퍼센트로 늘어났다." (Kochanek 1987:1281)

21. 인종적인 연대는 전리품을 얻으려는 경쟁이 더욱 세차게 진행되도록 만든다. 마라티Marathis 족은 교육과 일자리 면에서 모두 차별을 받았다. 이들은 특히 카나디가스Kannadigas 족이 통치하는 주에서는 정부 일자리를 얻기 어려웠다.(Kholi 1990:97) 카나디가스 족은 마라티 족의 마을을 주 정부에 귀속해야 한다고 요구했다.

22. 경제가 느리게 발전하기 때문에 집권 정당은 무조건 보다 많은 것을 전리품으로 제공할 수 없었다. 야당들도 역시 더 많은 것을 제공할 수 없었다. 그렇기 때문에 정당들은 경쟁 정당들에 할당된 지원금을 잠식함으로써 자기의 지지 기반을 구축하려 할 수밖에 없었다.

23. 정치인은 토지 사용에 관한 허가권을 주무를 수 있었고, 이것을 부유한 사람에게 팔았다. 하지만 여기에는 대가가 따랐다. 가난한 소수 인종의 유권자 표를 사는 데 들어갈 자금을 정치 헌금으로 받았던 것이다. 이런 행위가 빚는 경제적인 영향을 인도와 미국을 놓고 비교하면, 미국에서는 미미하게 나타난다. 미국에서는 정부가 기업을 직접적으로 통제할 수 없도록 제한하기 때문이다.

24. 블록 투표bloc voting에 대해서는 참조, Bueno de Mesquita and Root(2000b;10-11).

25. Kohli(1990: 124-25).

26. McDonald(1995: 78).

27. Schenk(1986: 117).

28. 경제학자들은 부패를 보다 많은 상품이 생산되는 데 도움을 주는 가격 차별화의 한 형태로 보아 왔다. 예를 들어 공항 검색대 같은 장소에서 뇌물을 받은 사람이 뇌물을 준 사람을 길게 늘어선 줄의 맨 앞에 서게 할 때, 뇌물을 준 이 사람은 그렇게 해서 절약한 시간을 시장에

내놓을 더 많은 상품을 생산하는 데 투여할 수 있다.

29. 1964년의 산타남Santhanam 보고서를 통해서 이런 관찰 내용이 사실임을 확인할 수 있다(India, Ministry of Home Affairs 1964b).

30. 공공 부문 서비스의 가장 극적인 변화는 인디라 간디Indira Gandhi가 국민회의당의 당수로 있을 때(1969~1984년) 나타났다. 다른 당과 '제휴한' 내용의 국가 서비스를 시행할 생각으로 그녀는 제도적인 관행을 깨기 시작했다. 그런데 한번 규칙이 훼손되고 나자, '제휴한' 사회주의자들에게 편의를 제공하기 위해 제도적인 통제가 제거되고 뇌물과 관련된 타락한 동기들이 고개를 내밀고 나타났다. 개인적인 치부가 이념보다 더 중요한 기준이 되었다. 인디라 간디 치하에서 인도의 민주주의는 새로운 국면으로 들어갔다. 가난한 사람들은 이익 집단을 만들었고 정당들은 이들의 환심을 사려 애썼다. 사회적 특권이 자동적으로 정치적 권력이 되는 일은 이제 더는 없었다. 인도의 오랜 유산에 금이 가기 시작했던 것이다. 독립 이후 불과 50년 만에 하층 카스트 계급인 인구의 3분의 2가 주 정부와 중앙 정부 차원에서 모두 상층 카스트 계급을 대신했다. 중앙 정부의 한 내각(1990년대 중반의 데베 고우다Deve Gowda와 I. K. 구지랄I. K. Gujiral)은 거의 모든 장관을 하층 카스트 출신 인사들로 채웠다.

31. 프랑스 구체제에서 이런 타락은 공직을 사적인 재산권처럼 사고파는 것으로 나타났는데, 이것이 몇몇 경우에서 업무의 효율성을 높이는 데 도움이 되었다.

32. 경찰 조직의 우두머리는 지원의 핵심적인 지위이다. 지역의 정치 우두머리는 충성스런 경찰 조직의 우두머리를 필요로 한다. 경찰이 어떤 법을 강력하게 집행할 것이며 어떤 집단을 보호해야 할지 결정하기 때문이다. 정치권의 지원을 등에 업은 경찰의 우두머리는 두려울 게 별로 없으며, 온갖 이권과 혜택을 누릴 수 있다.

33. 인도 정부에 소속된 보흐라 위원회Vohra Committee 보고서는 선거 정치와 행정 기구 사이의 연관 관계를 평가하고 이렇게 결론을 내렸다. "최근의 경향을 보면 범죄 집단, 무장 강도, 마약 조직, 밀수 조직, 경제 사범들이 급격히 확산되고 있다. 그런데 이들은 지난 여러 해 동안 지역 차원에서 정부의 관료, 정치인, 언론, 심지어 비국가 부문에 전략적으로 배치된 인물들까지 포섭하면서 광범위한 조직망을 구축해 왔다. 이런 범죄 조직 가운데 몇몇은 외국의 정보기관까지 아우르는 국제적인 연관 관계를 가지고 있다."(India, Ministry of Home Affairs 1993) 제이슨 오버도르프Jason Overdorf는 "범죄자들은 또한 투표소를 습격하거나 시위대를 조직하거나 혹은 폭력 행위를 조장함으로써 특정 정치인이 이득을 보고 권력을 유지하는 데 도움을 줄 수 있다. 여기에 대한 대가로 정치인은 이 범죄자들이 기소되지 않도록 힘을 써줄 수 있다. 범죄자들은 정치권력이 자기들에게 부여한 면책 특권의 본질과 단맛을 깨닫기 시작하면서 더욱더 정치에 깊이 관여하게 되었다. (중략) 우타르프라데시 주에서

있었던 2002년 총선에는 전체 5,539명의 후보자들 가운데 6분의 1이 전과 기록을 가지고 있었다."고 적었다.(《Far East Economic Review》 2003a:56) 정치인은 경찰과 범죄자를 모두 자기 손안에 넣고 싶어 한다.

34. 전국을 기준으로 했을 때 글을 읽고 쓰는 능력이 가장 높은 케랄라 주조차 교사 임용 과정에서 엄청난 뇌물이 오간다. 교사의 봉급은 물론 주 정부가 지급한다.(Prabhash 2003)

35. 인도에서 특권적인 지위를 가지고 있는 사람들은 자기를 교양인으로 생각하지 특정 분야의 전문성을 가진 관료라고 생각하지 않는다. 과거에는 교육이 사회적 존경심의 토대를 형성했지만 독립 이후 이런 태도는 봉건적이고 신정(神政)적인 낡은 구습의 하나일 뿐이라 공격받았기 때문이다.

36. 독립 이후에 정부 권위의 관료적 기반은 인습적인 권위의 낡은 전통으로 훼손되었다. 하지만 이것은 전체적으로 볼 때 국가의 권위가 인습적인 것에서 관료적인 것으로 이동하는 진화 과정이었다. 법치주의 국가 인도의 관료제도 및 기구들은 흔히 인도의 전통에 뿌리를 깊이 내리고 있는 다른 여러 형태의 사회적 권위와의 연관성 때문에 기능과 정당성이 훼손되었다.

37. Bhambri(1972).

38. 한 공무원은 이렇게 기술했다. "정치인들이 사소한 행정적 행위를 통해 정치적이며 개인적인 이득을 취하려는 것을 막으려는 관료들이 있다. 정치인들은 이들을 절대 그냥 내버려두지 않는다. 이득을 놓고 벌이는 전쟁에서 정책 입안자와 현장 행정가 사이에 그어진 경계선은 침식 과정을 거치면서 희미해졌다. 관료제도의 요새는 무너졌고 심지어 관료들은 정치 지도자들을 즐겁게 해줄 내용을 말하고 또 행동하면서 새로운 방식에 자기를 맞추려고 한다. 이런 포기 행태는 정책 입안과 현장 행정이라는 두 날개의 뚜렷한 구분을 모호하게 만든다. 한쪽은 다른 쪽의 부패를 부추긴다."(Jain 1998:806)

39. 인도에서 공적인 부문의 권위 강화와 관련된 진화는, 관료제도의 권위가 사회의 인습적인 구조를 타파하는 데 가장 기본적인 도구로 활용되었던 유럽과 동아시아의 궤적과는 반대로 나타난다. 예를 들어 프랑스의 관료제도는 국왕이 귀족의 권위를 무너뜨리기 위한 수단으로 등장했다.(Root 1987) 그러나 인도에서는 이 과정이 역전되었다. 시작은 개인주의와 지방 자치주의를 바탕으로 한 관료적인 행정 체계였지만 시간이 흐르자 뇌물과 정부 지원금이 이것을 밀어내면서 개인과 관계없는 관료주의적 규칙들만 자리를 잡게 되었다.

40. Weber(1961).

41. Knott and Miller(1987).

42. 임명 제도는 식민지 시대 등장한 것으로 혹 지방 관리들이 런던의 통제력을 낮추고 자기들

의 권한을 키우려 행할 지방에서의 연대나 공모 행위를 우려해 영국이 식민 통치의 일환으로 내세운 것이다.
43. IAS는 주 정부의 핵심 자리까지 모두 차지한다. 주 정부의 관료들은 주 정부를 대표하는 임무를 맡아 중앙 정부에서 일할 수도 있다.(그러나 임무가 끝나면 다시 주 정부로 복귀한다) 주 정부에 복무하는 IAS 관리는 형식적으로 주 정부의 통제를 받는다. 이들의 복무 규칙은 중앙 정부가 제정했는데 이 규칙은 수정될 수도, 중앙 정부의 지원 없이는 다르게 해석될 수도 없었다. 만일 복무와 관련한 권한을 침해받을 경우 이 관리는 지방 정부의 권위에 대항해 중앙 정부에 청원할 수 있었다. 복무 규칙은 그 관리가 찬동하지 않는 행동들을 형식주의적인 절차들 속에서 구속하는 데 사용될 수 있었다.
44. Dreze(2003).
45. IAS 수세관은 사법권을 가진 행정 장관, 세금 징수관, 중앙 정부 기관, 지역 정부 기관 등 일일이 셀 수도 없을 만큼의 많은 권한을 가지고 있었다. 이런 권한들을 행사하면서 그는 지구의 정치적인 처리 과정에 중심으로 관여했다. 모든 수세관이 지방 정치인들 및 그다지 지방적이지 않은 정치인들로부터 가난한 사람들에게 분배될 풍족하지 않은 자원들을 특정한 이익 집단들에게 유리하게 분배해 달라는 '압력'을 꾸준하게 받는다는 점이 이런 사실을 무엇보다도 확실하게 입증한다.(Potter 1986:222)
46. 지방 행정에 또 하나의 중요한 자리인 부지사 역시 IAS 출신이 차지한다.
47. 라자스탄 주에서 교육부에서만 한 해에 무려 4만 건의 부서 이동 명령이 집행되었다. 부서 이동이 잦은 이유는 이렇게 한 번씩 부서 이동이 있을 때마다 해당 관리는 1,000루피에서 3,000루피에 이르는 비용을 지급한다는 사실로 확인할 수 있다. 경찰서장 자리에 임명되는 사람은 50,000루피를 내야 한다.(Zwart 1994:81)
48. Vittal(2000).
49. 경찰서에 난 빈자리는 자주 경매의 대상이 된다. 지위가 높은 관리는 경찰서로 나가려고 온갖 수단을 동원한다.
50. 1980년대 초 부서 이동은 최소 3년 동안 한자리에 복무를 한 뒤에야 가능하다는 규정이 있었다. 그러나 각각 따로 이루어진 수많은 연구들이 실제로는 이런 원칙이 제대로 지켜지지 않았음을 밝혀냈다. 한 연구에 의하면, IAS 관리의 80퍼센트는 2년 안에 자리를 옮겼으며 1년 안에 자리를 옮긴 사람도 엄청나게 많았다. 겨우 20퍼센트만이 2년 이상 한자리를 지키고 있었다.(Potter 1986:218)
51. 보직 변경 권한을 가지고 있는 사람은 그 변경 결정에 대해서 해당 공무원에게만 설명을 할 책임을 진다. 여기에 대해서는 다른 누구에게도 설명할 필요가 없다. 누구를 어디로 보낼까

하는 문제는 그 사람의 직위, 원래 자리와 새로운 자리 사이의 거리에 달려 있다. 여러 사람의 의견을 묻는 과정도 없다. 심지어 그 누구도 해당 공무원이 어느 자리로 갔으면 좋겠다는 의견을 밝힐 기회를 가질 수 없다. 보직 변경에 대해서는 어떤 해명 과정도 필요 없고 문제를 제기할 수 있는 어떤 절차도 없다.(Wade 1985)

52. Wade(1985:485). 운하 관리자들은 자기들이 당연히 해야 하는 직무 목표와 정반대의 결과를 낳기 위해서 행동해야 한다는 압박을 받는다. 이들은 뇌물 수입을 최대로 올리고 싶을 경우 운하의 물과 관련된 불확실성을 줄이기보다는 오히려 인위적으로 늘인다. 또 운하를 최적 상태로 유지하기보다는 제대로 손보지 않고 방치한다. 시설 유지에 들어가는 비용을 아껴서 다른 용도로 사용하려는 것이다. 농업 분야 관리들도 마찬가지다. 직무에서 많은 부수입을 올리고 싶을 경우, 이들은 자기들이 책임을 지는 특정한 입력물의 품질을 일부러 떨어뜨려야 한다는 압박을 받는다. 그래야만 해당 입력물이 암시장에서 발생시키는 이득의 일부를 얻을 수 있고, 또 업자가 제공하는 수준 미달의 종자나 비료에 대한 구매를 승인할 수 있기 때문이다.

53. Potter(1986: 161).

54. United Press International(2003).

55. 하급 판사, 검사, 경찰은 부패의 의심을 폭넓게 받고 있다. 그리고 고등법원에서 어떤 판결이 나오기까지는 한없이 긴 시간을 기다려야 한다. 설령 대법원에서 유죄 판결이 나왔다 하더라도 실제로 이 법이 집행되기까지는 또다시 기다려야 한다. 심지어 수십 년간 아무것도 이루어지지 않는 경우도 있다. 그렇기 때문에 정직과 성실이 어떤 바람직한 결과를 내는 일은 거의 없다.

56. 인도 최대의 뮤추얼펀드mutual fund인 인도 유닛 트러스트UTI, Unit Trust of India는, 정치인들의 요구를 뿌리치지 못하고 투자 매력이 전혀 없는 여러 기업의 주식을 샀다. 이 과정에서 정치인들은 해당 기업들로부터 리베이트kick-backs를 받았다. 어떤 정치인은 UTI에 압력을 넣어서 자기 형제가 소유하는 기업에 억지로 투자하도록 했다.

57. 모든 주요 은행 및 보험사들은 1969년에 국유화되었다. 그리고 1990년대 초에는 금융 부문 자산의 90퍼센트 이상이 국가 소유로 바뀌어 있었다.(Srinivasan 1996)

58. 49개국의 기업 임원 2,000명을 대상으로 한 조사를 바탕으로 한 것이다.(《India Today》 1996a:97)

59. Campos and Root(1996).

60. 1964년, 부패를 조사하기 위해 조직된 국가위원회가 이런 취약함을 인식했다. 산타남 위원회는 "의사 결정 과정에서 기업체들이 모여서 협의를 할 수 있는 기구가 특정한 상업적 혹

은 산업적 활동을 한다고 볼 수 없는 유령 회사들에 대한 정부의 면허 발행을 상당한 수준으로 줄일 수 있다는 견해에 동의했다." 현장에서 경제 활동을 하는 기업은 가짜 기업을 파악할 수 있을 것이기 때문이다. 또, 특정한 기업가 단체에 소속되지 않은 기업에 대해서는 면허를 발급하면 안 된다. 정부가 기업가 조직과 직접 협상을 벌이는 것도 부패를 제어할 수 있는 또 하나의 방법이 될 수 있다.(Gopinath 1982). 이 위원회의 보고서는 민간 기업의 고위 임원들과 정부의 고위 관료 사이에 자주 회의가 열렸지만 이 회의가 기록을 남기지는 않았다는 사실에 주목했다.

61. 예를 들어서 1950년대와 1960년대에는 주요 족벌 기업들이 몇몇 국회의원을 완벽하게 포섭하기도 했다. "일반적으로 인도상공회의소FICCI 구성원들과 국회의원은 밀접하게 접촉을 하면서 상자에 담긴 돈과 정치적인 편의를 교환하는 것으로 알려져 있다. 게다가 대부분의 기업은 허가 취득을 손쉽게 하고 또 정부가 통제하는 다른 여러 자원에 쉽게 접근하기 위해서 소위 '연락 장교'를 두고서 관료와 고위 정치인에게 향응을 베풀고 뇌물을 제공한다." (Kohli 1990:325-326)

62. Kochanek(1974: 327-28).

63. Kochanek(1987: 1283).

64. 수입 대체는 수입 경쟁력이 있는 상품의 국내 생산이 무역 보호주의의 수준과 상관없이 제공되는 인센티브제도 아래에서 국내 시장을 만족시켜야 한다는 광범위한 동의를 바탕으로 했다. 심지어 수입 금지도 용인될 수 있었다.

65. 중국의 급속한 성장은 인도가 개방 전략을 채택하게 된 결정적인 자극이었다.

66. 정부 소유의 기업과 거래를 할 때 발생하는 문제 가운데 하나는 이들 정부 기업이 실제보다 더 지급 능력이 있는 것처럼 보인다는 점이다. 공공 부문 기업들의 회계 불일치는 연례적으로 이루어지는 감사의 눈을 피하는 것으로 악명이 높다. 하지만 규제 철폐가 이루어질 경우 정부 기업은 수익을 그대로 드러내야 한다. 정부 기업으로서는 이런 상황을 피하고 싶은 것이다. 인도의 중앙은행은 감독 대상 은행들의 활동을 제대로 감시해오지 못했다. 감독관들은 매우 유능하지만 이들의 보고서를 받아보는 상사들은 외부에 책임을 지지 않는 사람들이다. 그래서 민감한 정보들은 얼마든지 삭제해버린다. 모든 것이 비밀이기 때문에 이런 일들이 가능하다. 흔히 중앙은행의 감독관들 사이에서도 이해관계가 일치하지 않는데, 이들은 감독을 받는 은행의 감독관으로도 일을 하기 때문이다. 이 모든 것들은, 기업은 정부와 거래를 할 때 자기가 어디에 서 있는지 절대로 알지 못한다는 사실을 의미한다. (《Grant's Asia Observor》 1996:9)

67. 1970년대에는 특정 산업이나 무역은 공익을 위해서 얼마든지 국유화할 수 있다는 인식이

정부 내에 퍼져 있었다.(Kochanek 1987:1290-92) 심지어 인도의 가장 큰 복합 기업조차도 공개적인 공격에 직면했다. 산업부 장관이던 인디라 간디와 노동 운동 지도자이던 조지 페르난데스George Fernandez는 예를 들어 비를라Birlas와 같은 거대한 민간 기업들을 해체할 수도 있다고 위협하고, 또 인도에서 가장 성공한 철강 기업으로 꼽히는 타타철강TISCO 국유화 문제를 논의했다.(Waterbury 1993:58) 해외 투자의 국유화는 당시 인도에서만 특이한 현상이 아니라 세계적인 현상으로 1975년에 절정에 이르렀다가 1980년대 초에 사라졌다.(Kobrin :1984)

68. "1970년대 초가 되면 통제 및 규제 기능을 하는 모든 기관들이 자체적인 운동 역량을 확보했던 것 같다. 편의를 봐줄 수도 있고 그렇지 않을 수도 있다는 조건이 마련되었다는 사실은 권력과 정치 체계의 후원이 은밀하게 공모할 수밖에 없는 환경이 형성되었음을 의미했다. (중략) 그 결과 정치인과 관료, 기업가의 이해관계가 강력하게 하나로 결합하는 양상이 나타났다."(Waterbury 1993:57) 참조, Marathe(1986:18-19).

69. 인도에서 주주들을 보호하는 법률은 허술하고, 감시 기관들은 자기가 해야 하는 역할을 거의 하지 않는다. 인도 증권거래위원회 직원들은 업무에 필요한 자질을 제대로 갖추고 있지 않다. 변호사들도 많지 않다. 수사 기관이 취약하고 또 인력이 부족할 때 기업이 관련된 사기 행위를 효과적으로 적발하기 어렵다. 기업이 어떤 규제 법률을 피하기 위해서 장부를 조작했을 때, 감독 기관으로서는 해당 기업이 이런 행위와 관련해서 현실성 있는 정보를 제공해 줄 것이라고 기대할 수 없다.(《India Today》 1996b:105)

70. 《Grant's Asia Observer》(1996).

71. 인도 족벌 기업의 경우 주식의 다수를 족벌이 소유한다. 그래서 일반 주주들은 기업의 성과를 정확하게 파악하기 어렵다.

72. 세계 경제 지도자들의 기업 조직화에 관한 공통점에 대한 논의를 자세하게 알아보려면 Fukuyama(1995) 참조.

73. 인도 민간 기업 부문의 뚜렷한 특징은 상대적으로 소수인 가족 집단이 대기업 전체를 지배한다는 점이다. 상위 37개 족벌 기업 가문은 주로 인도의 주요한 전통적 상인 집단에 속한다.(Kochanak 1987:1281)

74. 이것은 수직적으로 통합되는 경향이 있다. 다양한 생산품에 대한 과점 현상은 고객 및 부품 공급업체로부터의 압력을 최소화하기 위해서 고안된 것인데, 이것은 다양한 부문으로의 다각화를 통해서 리스크를 분산한다. 다각화는 연구 및 개발에서의 전문화보다 훨씬 우세하게 나타난다. 다각화는 흔히 특정 부문들에서 가능한 특정한 거래들에 대한 하나의 반응이기도 하다.

75. Das(2000: 167).
76. 무엇보다도 경제학자들과 자본 제공 기구는 부패는 정치적인 문제이며 이것을 치료하는 방법은 자유화라고 믿는다. 형식주의를 타파하는 것이 우선적인 과정이다. 그리고 이 뒤를 이어서 처리 절차를 간소하게 함으로써 부패가 개입할 여지는 없애야 한다. 무역 자유화는 대기업과 정부 사이에 일어날 수 있는 은밀한 공모 및 이를 매개로 일어나는 공무원의 부패를 쓸어낼 것이라는 기대를 받고 있다.
77. Srinivasan(1996:14-15). 많은 학자들이 이런 개혁들은 장차 과제로 다가설 개혁들과 비교를 할 때 상대적으로 쉽다고 여긴다. 개혁의 첫 번째 파도는 노동조합으로 조직된 노동자의 실직을 의미하지 않으며, 강력한 로비를 통해서 보호를 받는 정부 보조금을 위협하지도 않는다. 앞으로도 더 필요한 길고 긴 개혁 항목들 속에는 노동법 수정, 만성적인 적자를 기록하며 다른 부문에 짐이 되는 58개 공공 부문 기업의 폐쇄, 적자를 내는 은행 지점들의 폐쇄, 보험 부문의 민영화, 공공 부문 종사자의 축소, 유가의 상승, 공공시설 이용에 대한 요금 부과, 100퍼센트 외국인 소유 벤처 기업의 허용 등이 포함된다. 교육, 농업, 인프라 건설, 은행, 노동법, 공공 기업 등과 관련된 개혁의 다음 국면은 공개적으로 수행되어야 한다. 이 부문의 개혁들은 인도의 일반 서민에게 영향을 미치기 때문이다. 이 과정에는 사회 전체가 관여해야 하고 또 여러 집단이 협력을 해야 할 것이다.
78. Root(1996b).
79. World Bank(2003).
80. 이와 비슷하게, 정부가 맺은 계약과 관련해서 리베이트가 오갔다는 스캔들에 라지브 간디가 연루되었다는 주장이 1989년 인도의 총선에서 핵심적인 쟁점으로 부각되었다.
81. 1996년에 마하라시트라 주에 새로운 정부가 들어선 뒤에 이전의 정부가 엔론 사(社)와 맺었던 거래를 원래 계약대로 받아들이지 않으려 했다. 그런데 이 사건은, 개혁은 제도적으로 확실하게 보장이 되지 않을 때면 얼마든지 정치적 논쟁의 소용돌이 속에서 실종될 수 있음을 보여주는 좋은 사례라고 할 수 있다. 엔론은 주 정부에게, 상당히 높은 수준의 정책 불안정성이 계속되어 온 시장에 진입하려면 리스크를 감수해야 하므로 이와 관련된 프리미엄을 제공해달라고 요구했다. 이 프리미엄의 내용을 놓고 새로 들어선 정부는 엔론을 상대로 다시 협상을 했다. 그런데 이 재협상이 다시 정책의 불확실성을 추가로 불러일으켰다. 이런 상황은 미래에 비슷한 규모의 투자가 이루어질 수 있는 가능성을 줄인다.
82. Root(1994).
83. 경제학자들은 전통적으로, 신고전주의적인 투자 및 성장의 여러 모델들에서 불확실성을 매우 강력한 설명 도구로 파악하지 않았다. 신고전주의 모델은 변동성이 경제 활동에 미치는

충격을 거의 분석하지 않는다. 하지만 최근에 이루어진 여러 가지 경험적인 연구 결과들은 사회 여러 측면에서의 높은 변동성이 투자를 가로막는다는 사실을 보여준다. Ramey and Ramey(1995)는 여러 국가를 대상으로 삼아 분석한 결과 실질 GDP의 변동성과 평균성장률 사이에 강한 부정적 연관성이 존재함을 증명했다. 또 다른 학자들은 여러 가지 변동성 조치들과 민간 투자 사이에 부정적 연관성이 존재함을 증명했다. 이와 관련해서는 Aizenmen and Marion(1993)과 Hausmann and Gavin(1995)을 참조하라. Alesina et al.(1992)는 개발도상국의 높은 정치적인 불안정성이 경제 성장에 부정적인 영향을 준다는 사실을 확인했다. Aizenman and Marion(1993)은 제도적인 실행 장치가 마련되어 있지 않는 한 투자는 활성화되지 않을 것이라고 주장했다. 예를 들어서, 인도에서 대중의 인기에 영합하려는 정치적 압력 요소가 제도적인 장치의 실행력을 약화시킴으로써 인도의 변동성을 더욱 높인다. 정책의 불안전성이라는 문제를 극복하는 데 필요한 정부의 보조금은 이런 정치적인 압력 속에서 오래 버티지 못한다. 다국적 기업에 세금 혜택을 주는 것 역시 또 하나의 사례라고 할 수 있다. 이런 특혜 조치들은 개발도상국 집단에서는 자주 있는 일이지만, 인도에서는 거의 찾아볼 수가 없다.

84. World Bank(2003:34). 이 조사에서 분석 대상으로 삼은 것은 세금과 규제, 금융, 정책의 안정성, 인플레이션, 환율, 부패, 길거리 범죄, 경쟁 제한, 조직적인 범죄, 사회 기간 시설 및 제도, 사법 체계 등이다. 부패가 경제 발전에 가장 큰 제약 요소로 순위가 매겨지는 지역은 남아시아뿐이다.
85. World Bank(2003:51).
86. Transparency International(2002).
87. World Bank(2003:37, fig.2.13).
88. 부정과 불법을 통해서 특혜를 받거나 규제의 손길을 피할 수 있는 통로들이 사회 곳곳에 마련되어 있을 경우에, 이 사회가 얻을 수 있는 혜택은 정말로 없을까 하는 문제를 놓고 경제학자들이 씨름을 해왔다. 규칙으로 정한 내용을 지키려고 애를 쓰면, 생산성이 낮은 곳에 보다 많은 자원이 할당될 수도 있다.(World Bank 2003:52-53).
89. 인도에서 유일하게 등장했던 독재정권은 1975년에서 1976년까지 이어졌고 인디라 간디는 1977년에 권좌에서 물러났다. 이 독재정권 치하에서는 시민적인 자유와 기본권이 모두 보류되었다.
90. Jenkins(1999:274).
91. Das(2000:227). 그는 또 이렇게 썼다. "최대의 실수는 아무도 그 개혁 조치들을 사람들에게 팔려고 시도하지 않았다는 점이다. 그래서 개혁은 부자는 살찌우고 가난한 사람에게 상처

를 준다는 인식이 확산되어 왔다." (Das 2000:222)
92. Barro(2000:209-231).
93. 2003년 두 국가의 국제경영리스크지수는(가장 위험할 때가 10일 때) 모두 6.0이다.(Jarvis 2003)
94. Octavio Paz(1997:94)는 이렇게 기술했다. "인도 대륙 전체를 통치하는 체제, 민주주의, 정당 체제, 법 앞의 평등, 인권, 종교의 자유는 영국 식민 통치의 유산이다. 인도의 역사적인 세 왕조(마우리아, 굽타, 무갈)는 단 한 번도 인도 대륙 전체를 아우르지 못했다. 인도의 정치사는 서로 경쟁하는 왕조들 사이에서 끊임없이 이어진 갈등의 역사였다. (중략) 인도 사람들은 동일한 가치관을 가지고서 동일한 문화를 공유했지만 언제나 서로 다투면서 살아 왔다."
95. 여러 연구 결과를 보면 중국에서는 비록 재산권에 대한 법률적 보장이 부족하고 지도자가 선거를 통해서 선출되지 않음에도 불구하고 사회 전반의 신뢰 수준은 동일한 소득 수준의 다른 국가들보다 높다. 국가 지도자가 받고 있는 이런 신뢰는 빈곤 퇴치에서 비롯된 것이라고 보인다.
96. Dreze and Sen(2002).
97. 특히 여성이 중국의 시장 개방 이전에 이루어진 개혁 조치들의 혜택을 많이 받았다. 여성의 식자율은 중국이 인도보다 두 배나 높다. 중국 여성은 인도 여성에 비해 예상 수명이 더 높으며 전체 노동 인구에서 여성 인구가 차지하는 비율 또한 50퍼센트 더 높다.(Sen and Dreze 1999: chapter 4, 81)
98. 참조, Sen and Dreze(1999:4, 57-86).
99. 라틴 아메리카에서 개혁을 가장 성공적으로 이룩한 국가인 칠레는 피노체트Pinochet의 시장 개방 개혁 조치 이후에 비로소 사회 복지 사업에 대한 지출을 늘렸다.

08 벼랑 끝에 선 파키스탄

1. 파리 클럽Paris Club은 채권국 정부의 비공식적인 모임이다.
2. Haq(1995).
3. Robert Bates(1995)는 경제적으로 비합리적이라 보이는 정책들이 정치적으로는 합리적일 수 있다고 주장했다. 정치학 관련 논문들은 일반적으로 나쁜 정책들이 좋은 정책들보다 정치적으로 더 유리할 때 나쁜 정책들이 나타난다는 사실을 일반적인 현상으로 받아들인다. 이 책은 이런 논리를 허술한 법과 제도, 기구로 확장한다. 경제학 논문이나 저서들은 적절하지

않은 정부 정책을 낮은 수준 경제 개발의 원초적인 뿌리라고 파악한다. 나쁜 제도는 나쁜 정책과 마찬가지로 분배상의 어떤 효과를 초래하고, 지배 정치 집단은 이 효과를 기대하면서 나쁜 제도를 선택한다는 게 이 책의 주장이다.

4. Javed Burki(1974:1127)는 파키스탄을 통치하는 엘리트들이 권력을 유지하기 위해서 소극적인 정책으로 일관한다고 보았다. "나는 파키스탄의 현재 정치 엘리트들은 파키스탄의 정치사에 등장했던 다른 정권 주체들과 마찬가지로 소극적인 범주에 속한다고 바라본다. 소극적인 정책들은 이 엘리트 집단이 기존의 지지 기반을 침식당하지 않기 위해서 한 선택이다."

5. 이 연대를 유지하기 위해서 1982년 이후로 그 어떤 정권도 국민적인 동의가 형성되는 것을 허용하지 않았다. 한편 파키스탄 인구는 매우 빠른 속도로 증가해 왔고, 그때 이후로 파키스탄은 보다 더 도시화되었다.

6. 무슬림의 독립 국가를 세우는 것이 1906년에 창설된 무슬림연맹Muslim League의 목적이다.

7. 진나Jinnah는 "자기가 내린 명령에는 아무런 의심도 품지 않고 무조건 따라야 한다고 했다. 그는 또한 자기 의견에 동의하지 않는 사람들에게는 가차 없이 징벌을 가했다."(Baxter 2001:128)

8. Collard(1957:67). 30년 뒤에도 동일한 설명이 가능했다. "비록 정당이라고는 해도, 어떤 형태로든 권력을 계속 유지하겠다는 유일한 목적으로 형성된 과두제의 동맹 체제에 지나지 않는다. 정치적인 맥락에서 쟁점이나 사상을 놓고 토론을 하는 일도 없고, 이념적인 노선에 따라서 정당들이 연합을 하거나 갈라서는 일도 없다. 의회 안과 밖에서 유권자 매수 행위는 일상적으로 일어난다. 정당 사이의 연대도 공공의 이익이 관련된 쟁점에 대한 입장 차이가 아니라 순전히 협소한 이기심에 따라서 이루어진다. 내각이나 정부 요직의 인사도 개인의 장점이나 업무 수행 능력에 따라서 이루어지지 않는다. 이런 인사는 주로 정부에 의한 보상 차원에서 이루어진다. 정치인들은 자기들이 참여하는 민주주의에 대해서 잘 알지도 못한다. 자기를 대표로 뽑아준 사람들을 대신해서 국정에 참여한다는 생각은 전혀 하지 않는다. 정치인이 정치를 하는 유일한 목적은 가능하면 많은 재산을 모으는 것이다."(Samad 1993:181) 일반 투표로 선택한 국민의회의 도입도 파키스탄의 책임성 부족 문제를 해결하지 못했다.

9. Arif(2001: 91).

10. 1948년에 진나가 사망하고 나자 무슬림연맹 내부에서 이슬람 국가의 정의를 놓고 의견 대립이 일어났고, 이는 무슬림연맹을 두 집단으로 쪼개는 계기가 되었다. 이 두 집단은 중앙 의회에 단일한 대표를 낼 수 없었다. 소수 종교 집단의 대표성과 단일한 국어 선택이라는 측면에서도 역시 두 집단이 함께할 수 없었다. 제헌의회는 1954년에 해산되었다. 그리고 두 번째 의회가 1956년에 헌법을 만들었다. 국가수반의 명칭이 총독에서 대통령으로 바뀌

었지만, 행정부의 모든 책임을 지는 것으로 의무는 본질적으로 바뀌지 않고 그대로 남았다.
11. 실질적으로 이 기간에 정치인들은 CSP 소속 공무원이 자리를 옮길 수 있는 권리를 강화했다.
12. 이 정책은 인종 및 이념적 양극화를 악화시킨다고 비판을 받는다.
13. 아유브Ayub가 시행한 여러 경제 정책들은, 수적으로 소수일 뿐만 아니라 사회적인 기반으로 보더라도 매우 좁은 영역에서 추출한 정치적 엘리트 집단으로부터 지지와 연대를 구축했던 그의 전략을 반영한다. 즉, "무슬림 관료, 군부 인사, 정치권 인사 등에서 뽑은 엘리트들은 모두 합해봐야 겨우 몇백 명밖에 되지 않았다. 극히 소수의 이 집단은 혈족 관계, 부족 및 종교적 충성심, 지원-후원 관계 등이 주를 이루었고 대부분이 시골인 농업 사회의 맨 꼭대기에 서서 파키스탄을 지배했다. (중략) 실질적으로 도시의 중산층이라고 할 만한 계층은 존재하지 않았다. 기업가 집단은 극소수였으며 있다고 해도 출신이 대부분 외국에서 온 망명자였다. 도시의 중산층 또한 소규모였고 정치적인 힘도 미약했다. 그러므로 새롭게 형성된 지배 집단에 정치적인 도전을 할 수 있는 조직된 집단은 존재하지 않았다. 그러므로 새로운 체계에 따른 권력의 배분은 지배 엘리트 집단들 사이의 관계에 초점이 맞춰졌다."(Kochanek 1983:47-48)
14. 전체 개발비 지출의 35퍼센트와 총수입의 48퍼센트를 제공했던 외국의 원조가 1959년에서 1960년 사이, 1967년과 1968년 사이에 상당한 역할을 했다.(LaPorte 1975:113) 이 원조의 많은 부분은 지원국으로부터 물품을 구매하는 형식으로 이루어졌다.
15. Khan(1980: 196).
16. Husain(1990: 13-14).
17. 파키스탄의 경제 개발 기획위원회의 수석 경제학자인 마흐부달 하크Mahbudal Haq는 1968년 4월에 서파키스탄경영자협회가 주최한 한 연설에서 '운 좋은 20개 가문'이라는 말을 처음 만들어서 썼다. 이 말은 대규모 기업과 상업을 직접적으로 통제하고 또 그 밖의 부문도 간접적으로 통제하던 족벌 기업을 지칭하는 표현이었다.(LaPorte 1975:93) 이들이 통제했던 대상은 은행의 80퍼센트와 보험의 97퍼센트라고 했다. 나중에 학자들은 이 목록을 약 35개 족벌로 확장했다. 앞에서도 언급했듯이 이들 족벌 기업은 퇴역 장성이나 퇴역 관료들과 공동으로 사업을 벌이기도 했다. 이들은 정치권과 족벌 기업 간의 접촉 창구 역할을 했으며 외화를 확보할 수 있는 허가를 쉽게 취득할 수 있도록 도왔다.
18. 이들 가문 대부분은 인도에서 이주한 사람들로서 인도에서 재산과 명민한 통찰력을 함께 가지고 파키스탄으로 들어왔다.
19. LaPorte(1975: 127).
20. 인민당 강령은 "정권 및 자기가 가지고 있는 부의 힘을 이용해서 구사한 모든 형태의 직권

남용"을 재검토할 필요가 있다고 규정하면서, "이 나라의 모든 정부는 특권층에게 이익이 되는 영역들에 지출을 집중하는 정책을 추구해 왔다."고 천명한다.(Wolpert 1993:110)
21. Looney(2001: 203).
22. 파키스탄 인민당의 당수였던 줄피카르 알리 부토Zulfiquar Ali Bhutto는 1970년 대통령 선거에 당선됨으로써, 파키스탄 역사상 최초로 직접 선거를 통한 대통령이 되었다. 1971년 12월 20일에 시민법이 회복되었고, 1972년에는 임시 헌법이 마련되었다. 1973년 4월에 발효된 영구 헌법에 따라서 부토는 대통령과 총리직을 겸임했다. 파키스탄 인민당의 강령은 다음과 같이 주장한다. "현재의 행정 체계는 식민지 지배의 유산이다. 식민지 헌법에서 일부 수정이 가해지긴 했지만, 이런 시도는 모두 정부와 행정부 안에서 권력을 잡고 흔들던 여러 집단의 이익을 극대화하기 위해서 이루어졌다. 행정부 자체가 국민의 주인이 되어버린 것이다. 국민을 대표하는 정부는 이와 전혀 다른 행정 구조를 필요로 한다."(Pakistan People's Party 1970: 27)
23. 어떤 직책에 대한 인사 예약 제도가 폐지되었고 모든 직위의 공무원에 대해서 동일한 임금 체계가 마련되었으며 단일한 공무원 체계가 새로 개정되었다. 폐지된 CSP 구성원들은 하나 혹은 그 이상의 독립적으로 구성된 간부 체계에 소속되었다. 중앙의 고위직 임명에 낙하산 인사 제도가 정착되어, 이 과정을 통해 임명된 사람이 기존의 공무원 체계로 들어갔다. 또 수평적인 인사이동 체제가 도입되었다. 이론적으로는 기술 관료들도 장관이 될 수 있었다. 능력만 있으면 누구나 장관이 될 수 있었던 것이다.
24. 상사에게 불만을 털어놓고 해결책을 요구하는 등 조직 내에서 할 수 있는 모든 시도들은 다한 뒤에야 공무원재판소의 힘을 빌릴 수 있다. 그리고 처음 불만을 제기하고 석 달이 지난 다음에야 공무원재판소에 갈 수 있다.
25. 하미드 L. 샤리프Hamid L. Sharif와의 대담, Asian Development Bank(1996).
26. Mahmood(1990: 62).
27. 1년에 50명에서 100명 사이의 인원을 새로 보충한다고 할 때 부토가 끼친 영향을 모두 지우는 데는 10년 이상 걸릴 것이다.
28. Mahmood(1990: 63).
29. Burki(1974: 1133).
30. 부토는 열 개의 기본적인 산업체를 국유화하는 것부터 시작했다. 이를 통해서 정부는 가격뿐만 아니라 임금에도 영향력을 행사할 수 있었다. 마지막으로 부토가 민간 은행을 접수함으로써 정부는 누구에게 어떤 조건으로 대출을 할 것인지를 독단적으로 결정할 수 있게 되었다.

31. 새로운 노동법은 실질 임금을 상당한 수준으로 상승시켰다. "어떤 정부 관리 기업에서 미숙련 노동자의 현재 임금은 1969년과 비교해서 60퍼센트나 더 높다."(Burki 1135)

32. 그는 주요 기업가들의 여권을 압수한 다음 이들이 가지고 있는 재산을 몰수했다. 이렇게 몰수한 재산은 철강·중공업·전기 금속·자동차·중화학·기초 화학·석유화학·시멘트(전기, 가스, 석유 등과 관련된)·공공 설비 등 10개의 기본적인 부문에 걸친 31개 기업이었다. 1972년 1월, 32개 보험회사가 국유화 목록에 올랐고 1974년 1월에는 민간 은행들까지 이 목록에 올랐다. 39개 족벌 기업이 대형 제조업 부문에서 차지하는 자산 비율은 41.7퍼센트에서 31퍼센트로 떨어졌다. 비록 경제적인 집중 현상이 약화되었다고는 하지만, 상위의 소수 족벌들은 여전히 민간 자산의 40퍼센트와 민간 국내 자산의 45퍼센트를 각각 지배했다.(Kochanek 1983:98)

33. Burki(1974:1133)에서 인용. 한편 샐리크Salik는 이렇게 쓰고 있다. "그에게 당은 단지 권력으로 들어가기 위한 합법적인 도구 혹은 통로일 뿐이었다. 그는, 그가 당을 필요로 한다기보다 당이 그를 필요로 한다는 차원까지 나아갔다. 언젠가 한번은 '내가 바로 인민당이다. 인민당의 모든 것은 내가 창조했다.'는 말까지 했다. 당의 모든 것이 그에게서 비롯되었다는 점에서 그의 말은 맞다. 그는 모든 당직자를 혼자서 임명했다. 그는 모든 당직자들에게 여러 가지 편의를 베풀었다. 그는 당의 지도부를 모두 혼자서 승인했고 마음에 들지 않으면 내쫓았다. 자기가 원하는 사람을 당으로 부르고 또 자기가 좋아하는 사람을 승진시켰다. 그의 판단과 결정은 당의 규칙과 전혀 상관없었다. 이런 독재적인 경향은 정부 수반으로서 그가 보인 행동에서도 그대로 나타났다. 누가 표현했듯이, 그는 파키스탄을 마치 자기의 개인 재산처럼 다루었다. 따라서 그에게 인민당과 정부는 구분이 되지 않았다. 자기가 좋아하는 당 인사들에게 수험 허가증, 창고 허가증, 금융 기관 대출, 심지어 현금에 이르기까지 국고로부터 나오는 자원을 아낌없이 베풀었다. 당에서 일을 하는 사람들이 손쉽게 편의를 제공받고 당의 지도부들이 마치 국가 기관의 관료처럼 행동을 함에 따라서 인민당은 당의 모습을 잃어갔다. 1977년이 되면 인민당은 정당으로서의 기능을 상실했다. 결국 PPP는 창당된 지 10년도 지나지 않아서 유망한 정치 도구에서 독재자의 장난감으로 전락하고 말았다. 그리고 당직자를 뽑는 선거는 인민당에서 단 한 번도 치러지지 않았다."(Salik 1997:133)

34. 아유브 정권 아래에서 정치적인 목적을 위한 특혜의 배분, 지지자들에 대한 보상, 상대편 표의 매수, 핵심 집단에 대한 지지 확보 등은 나중에 나타날 부토 정권에서보다 경제적인 비용이 적게 들었다. 부토 정권 아래에서는 인종적 다양성의 문제를 극복해야 했고 또 선거에 쓸 비용을 따로 축적해야 했기 때문에 사적인 재화들까지 배분되어야 했다. 이것이 인종적 정체성에 따라서 정치의 양극화를 낳았다.

35. Husain(1990: 356).
36. Looney(2001: 208).
37. Looney(2001: 223).
38. Husain(1990: xiii).
39. 부패를 감시하는 기구 자체가 줄곧 부패의 온상으로 유명했다. 부패 행위에 대해서는 법률적으로 엄격한 처벌을 명시하고 있기는 하지만, 주요 부패 사건들 가운데서 검찰이 제대로 기소를 한 사건은 찾아볼 수가 없다.
40. 1969년에 CSP는 국장급 간부 이상 지위의 93퍼센트를 독식했다. 1973년이 되자 이 수치는 44퍼센트로 감소했다.(Kennedy 1987:103) CSP의 고위직 독식 현상은 이들이 정년퇴직을 할 나이에 이르면서 계속해서 감소한다. CSP는 더 이상 임명이 되지 않고, CSP가 전체 관료 조직 가운데 차지하는 상대적인 크기도 감소 추세이다.(Kennedy 1987:105)
41. 파키스탄 군부의 장교 집단 역시 또 하나의 정권 연대 세력이었다. 독립 당시 파키스탄에는 중령이 4명, 소령이 42명, 대위가 114명뿐이었다. 이 장교 집단이 1948년부터 1959년까지 전체 정부 지출 가운데 60퍼센트를 받았다.(Kochanek 1983:46)
42. Burki(1969:242). 몇몇 개발도상국에서(특히 말레이시아가 좋은 예이다) 당은 저소득 계층을 지원할 수 있을 만큼 충분히 많은 자원을 자체적으로 가지고 있다. 당 조직이 일반적으로 허약하고 배분해줄 수 있는 자원을 조금밖에 가지고 있지 않은 필리핀에서는, 자원 확보라는 측면에서는 정치인이 관료들에게 의존할 수밖에 없다.
43. 지아는 부토가 해임한 CSP 소속 공무원들 여러 명을 행정 조직의 핵심 요직에 재임명했다. 그러나 CSP가 발휘할 수 있는 제도적인 통제력은 예전과 같지 않았다. CSP의 후신인 DMG는 CSP가 그랬던 것만큼 행정 조직 전체를 통괄적으로 지배하지 못한다. 그럼에도 불구하고 계급이 없는 관료제, 통합적인 공무원 체계는 1973년에 그랬던 것처럼 이루기 어려운 목표이다.
44. 통치에 집중하기보다는 헌법과 관련된 투쟁을 하는 데 집중했던 샤리프Sharif 정권의 노력을 보라.
45. 1960년대에 지방의 국장급은 높은 임금을 받지 못했다. 그러나 지금 지방의 국장급은 대부분 상급 지위에 속한다.
46. 각 주는 각각 두 개에서 네 개의 지구로 이루어진 지역들로 나뉘는데, 각 지구는 다시 각기 100개에서 150개의 마을로 구성된 테실tehsils들로 나뉜다. 각 지구에 있는 자치 정부의 행정력은 중앙에서 파견한 관료가 장악한다.
47. 예를 들어 1958년에는 전체 의원 80명 가운데 32.5퍼센트인 26명이 성직자 출신이었다.

48. 법학자들이 동의한 내용에 따르면, 사법부의 독립성은 "모든 판사는 어떤 개인이나 조직으로부터 비롯되는 직간접의 부당한 영향력이나 회유, 압박에 어떤 이유로도 휘둘리지 않는 상태에서 사실에 대한 자신의 평가와 법률에 대한 자신의 해석에 입각해 자기에게 맡겨진 사건에 대한 결정을 내리는 것"을 의미한다.(Ali et al. 1997:92)

49. Ali et al.(1997:174). 아시아개발은행의 의뢰로 이루어진 한 연구 결과는 다음과 같은 결론을 내렸다. "사법부 체계는 부와 권력을 가진 사람들의 월권으로부터 더는 시민을 보호할 수 없다. 서로 긴밀하게 연결되어 있는 개인들은 사법부의 경찰 체계 기능에 공공연히 개입한다. 이들은 범죄 수사를 무력화시키고 정직한 관리들을 괴롭히며 정부 관리들 사이에 압제적이고 범죄적인 행동을 조장하고 지지한다."(Jensen 1997)

50. Goodnow(1964: 133).

51. 예를 들어서 1992년의 회계에 대한 감사는 1997년에 이루어졌다.

52. Waseem(1994:171-88). 중앙의 다른 고위직이나 고위 부서보다 CSP의 독립적 위상이 서도록 했다. 예를 들어, 경제기획원이라는 신설 부서가 들어설 때 이 부서의 설립과 관련한 제안 사항을 CSP의 심사를 받게 했으며 CSP의 영향력을 손상시킬 만한 내용들은 수정되었다. 행정적인 모든 조치가 일관된 영국 전통의 비밀주의는 정교하게 유지되었다. CSP 관리들은 정보를 자기 마음대로 주무르고 억제했다. 인사나 재정 분야를 포함한 중요 부서의 책임자 자리는 CSP 관리들이 차지했는데, 이들은 정보를 통제함으로써 실질적으로 정부가 내리는 결정에 영향을 줄 수 있었다.

53. LaPorte(1975: 165).

54. 지방 정부와 중앙 정부가 수익을 나누는 세입 공유의 원칙은 지방의 관리가 지방의 정보를 제공하게 만드는 하나의 방법이다.

55. 참조, Root(1989)와 North and Weingast(1989).

56. 실제로 이 분야에 관한 결정 사항은 투자, 생산, 공급을 관장하는 부서이자 허가를 관장하는 부서이며 동시에 수출과 수입을 관장하는 최고 책임 부서인 경제기획원이 도맡았다.(Waseem 1994:171-88)

57. 부패한 관료는 뇌물을 요구함으로써 자본수익률에 영향을 미칠 수 있다. 뇌물은 공급업자의 수를 감소시키고 따라서 가능한 물품의 수를 감소시킴으로써 경쟁에 영향을 미친다. 뇌물은 수익의 폭을 좁게 만듦으로써 기업이 도산할 수 있는 가능성을 높이고 잉여 가격 surplus(어떤 상품에 대해서 소비자가 최대한 지불해도 좋다고 생각하는 가격 즉 수요 가격에서 실제로 지불하는 가격 즉 시장 가격을 뺀 차이—옮긴이)을 낮춘다.(Romer 1994, Bliss and DiTella 1997)

58. Samad(1993: 109).

59. 경쟁적인 관계에 있는 족벌 기업들 사이에 좁은 국내 시장을 지배하려고 벌이는 소모전이 펼쳐진다. "이 투쟁에는 상대적으로 좁은 파키스탄 국내 시장에서 얻을 수 있는 한정된 수익을 놓고 상위 족벌들 사이에 벌어지는 개별적인 경쟁도 포함된다. 22개의 대규모 족벌 기업들은 각자 자기만의 제국을 건설하려고 전쟁을 치러온 끝에 현재까지 살아남은 기업들이다. 이들은 파키스탄 시장의 수익을 통제하는 체계 안의 핵심적인 지위에 있는 사람들을 성공적으로 포섭했던 것이다." (Kochanek 1983:79)
60. Wintrobe(1997: 20-39).
61. 부패를 줄이고 법치를 회복하며 부실 채권을 회수하고 경제에 활력을 불어넣으며 기층 민중의 정치적인 힘을 회복할 필요성에 대한 듣기 좋은 말들은 많았지만, 결국 실제로 이루어진 것은 거의 아무것도 없다. 이와 관련해서 Aqil Shah(2002:74)는 2002년에 국민투표를 통해서 대통령이 된 무샤라프Musharraf에 대해서 다음과 같이 보고했다. "무샤라프 장군은 권력을 중앙으로 집중하고 시민 기구들을 군사화하고 정치 활동을 억압함으로써 통치 기반을 다지는 작업에 착수했다. 부패 척결에 대한 그의 의지는 주로 정권에 위해가 되는 정치적 반대 세력들을 향했고, 군 장교나 판사들은 부패 척결의 대상에서 뺐다. 호기롭게 큰소리를 쳤던 구조적인 개혁은 현재 지지부진한 상태로 남아 있다. 특정한 이익 집단들을 위협할 수도 있는 정책 변화에 대해서 무샤라프 정권이 일부러 꾸물거리고 있기 때문이다."
62. Looney(2001: 220).
63. 아프가니스탄에서 발생한 사건들 덕분에 파키스탄은 보다 유리한 조건에서 추가로 재정적인 지원을 받을 수 있었다.
64. 이에 비해 사촌이나 6촌 사이에 이루어진 결혼은 같은 시기 미국에서는 전체 결혼의 1퍼센트 미만이었다.(Todd 2002:64-65)
65. Salter(2002).

09 중국의 자본주의적인 꿈 : 위계질서와 시장 사이에서

1. www.worldvaluessurvey.org.
2. 제도적인 분석을 훌륭하게 한 사례를 보고 싶으면 참조, Chen(1995).
3. "상업 개혁으로 이르는 중국의 점진적이며 부분적인 길은 소수의 고위 관료들이 결정하지 않았다. 산업 개혁은 수만 개의 기업과 수백만 명의 경영자, 관리자, 노동자들이 수행했던 온갖 결정들의 결과로 나타났다. 여러 가지 대안을 모색하고 자기들이 가졌던 최초의 관점들을

다시 생각해 볼 수 있는 시간이 되었던 오랜 세월과 이런 노력을 기울인 수많은 사람들이 마침내 어떤 공산당 간부의 지도 지침이 발휘할 수 있는 것보다 훨씬 강력하게 시장을 지향하는 변화에 대한 확고한 신념과 지지를 가지게 되었다."(Jefferson and Rawski 1999:85-86)

4. 외국인 직접 투자의 누적 금액은 5천 억 달러에 이르렀으며, GDP에서 수입액이 차지하는 비율은 1990년에서 2003년 사이에 12퍼센트 미만에서 30퍼센트로 커졌다. 수입액과 외국계 기업의 생산액까지 합한다면, 2003년 기준으로 이 비율은 30퍼센트에서 무려 50퍼센트 가까운 수치로 껑충 뛴다. 생산재 시장은 1990년과 2004년을 비교하면 뚜렷하게 개방이 되었고 경쟁 체제가 확실하게 자리를 잡았다. 그러나 금융 시장과 경영자 시장은 사정이 완전히 다르다.(Nicholas Lardy 2002:24-25)

5. 한 가지 중요한 단서를 지적하고 싶다. 중국은 상공회의소나 경제인연합 따위의 기업인들끼리의 조직을 장려하지 않는다.

6. 많은 학자들이 중국에서 공산당이 휘두르는 권위를, 개발 투자보다 가난한 사람들에게 보조금과 지원금을 나누어주는 방식의 경제적 지원-정치적 후원 체계와 연결 짓는다. Walder(1986) and Oi(1989)는 공장 경영자와 마을 지도자들이 노동자에게 베푸는 혜택을 매개로 경제적 지원-정치적 후원 관계가 형성되는 과정에 대해서 설명했다. Nathan(1973)과 Pye(1982)는 공산당 내 정치적인 파벌 안에 존재하는 이런 관계를 분석했다. 관료 기구가 조직 차원의 이익을 추구하는 내용에 관해서는 참조, Lampton(1987), Lieberthal and Oksenberg(1988), Hamrin(1990). 지방 정부가 지지-후원 정치의 지배를 받는다는 것은 일반적으로 인정받는 사실이다.

7. Jarvis(2003: 63).

8. 민간 부문의 발전은 꾸준하게 진행되었다기보다는 주기적으로 진행되었다. 중국 지도자들은 민간 부문이 성장의 동력이 될 것이라고는 결코 전망하지 않았기 때문이다. 개혁 실험 뒤에는 반드시 또 다른 실험을 시작하는 데 필요한 법제화가 뒤따랐다. 하지만 여기에 대한 역풍도 다시 뒤따랐다. 이런 점에서 주기적이었다는 말이다.

9. "권력 승계 기간에 경제 개혁을 수행했다는 사실은, 권력 투쟁을 하는 지도자들이 새로운 권한과 자원을 여러 집단들에게 나누어주는 데 개혁 정책을 활용했음을 의미한다. 또, 특수적 기업 거래라는 형태의 특례 정책을 채택해서 특정한 개인과 집단의 정치적인 지지를 이끌어내기 위해서 그들에게 혜택이 돌아가도록 했다. 그들은 특정 조직에 정해진 규칙과 다른 특정한 임시적인 거래를 허용할 때 일률적인 규칙을 적용할 때보다 더 많은 정치적인 지지를 얻는다는 사실을 잘 알고 있었다. 마찬가지 논리로, 지도자들은 특정 개인이나 집단에 해가 되는 제한 조치들을 강력하게 집행하길 꺼렸다." 특수적 기업 거래 정책들은 "정부 고위직을 놓고

다투는 사람들이 특정한 정부 부처나 지방 지도자들에게 특정한 거래와 자기들이 지원을 받을 수 있는 기회들을 제공해 이들로부터 신용(과 개인적인 충성심)을 얻을 수 있게 해주는 기능을 함으로써" 경제적인 지원-정치적인 후원 관계를 형성하고 유지한다.(Shirk 1993:89-90)

10. 아래로부터의 지원을 형성하기 위해서 점진주의와 탈중심화가 어떻게 활용되었는지는 참조, McMillan and Naughton(1992)와 Dewatripont and Roland(1995).
11. 노동자에게 주택과 병원, 학교를 제공하는 기업 경영자는 기업의 수익이 감소할 때조차도 강력한 지지를 얻는다. 연성 예산 제약Soft budget constraints은 기업이 자본 비용을 충당하지 못할 때조차도 기업의 확장을 촉진한다. 중국 도시의 도심에 즐비한 고층 건물들은 하룻밤 사이에 아파트로 변모했고, 국가 기업들이 건설한 오피스 빌딩은 원가 이하에 처분된 것이 많다.
12. Qian(2003: 305).
13. Dahlman and Aubert(2001: 53).
14. 경제학자들은 아래로부터의 부패와 위로부터의 부패를 따로 구분해서 바라본다. 위로부터의 부패는 하급 차원의 활동을 감시하는 중앙 정부 차원에 집중되고, 아래로부터의 부패는 하급 관리들의 탈중심화 행위들과 관련이 있다. 중국에는 이 두 가지의 부패 양상이 공존한다. 참조, Cheung(1998a, 1998b), Rose-Ackerman(1999), Waller, Verdier, and Gardner (2002).
15. 조직상의 부패에 대해서는 참조, Lu(2000:273-294).
16. Yusuf and Evenett(2002: 48).
17. Pei(2002a;2002b)는 일당 독재와 시장 지향 개방의 양립 불가능성을 강조했다.
18. 자유화에 대한 양궤제dual-track라는 이중적인 접근의 논리에 대해서는 Qian(2003:307)이 다음과 같이 열정적으로 파헤쳤다. "처음 이 제도가 도입된 데는 정치적인 의도가 상당 부분 작용했다. 이것은 낙오하는 사람 없이 개혁을 수행하기 위한 제도였다. 시장 경제 체제의 도입은 시장에 참가하는 경제 주체들이 보다 나은 삶의 기회를 누릴 수 있도록 하기 위한 것이었고, 한편 계획 경제 체제를 유지한 것은 현재 상태를 보호함으로써 시장 자유화에 따른 잠재적인 패배자에게 충분한 보상을 해주기 위한 것이었다."
19. 참조, Studwell(2002: 341).
20. 참조, Dahlman and Aubert(2001: 58).
21. 《Economist》(2001).
22. Schlevogt(2003).
23. 화교의 경영 참가에 대해서는 다음 여러 저서들을 참조, Cai(1997), Chan(1982), Lee

(1996), Leung(1995), Mackie(1992), Montagu-Pol-lock(1991), Redding and Wong(1986), Redding(1990), Schlevogt(1998), Turpin(1998), Weidenbaum(1996), and Weidenbaum and Hughes(1996). 이 저서들은 인터뷰, 신문 기사 인용, 역사적인 해석 등을 주로 실었다. 동일한 중국인 중간 상인과 계약의 불확실성에 대해서는 참조, Landa(1994). 여기에 실은 본토의 민간 기업의 경영에 대한 평가는 주로 다음 저서들을 참조해서 정리한 것이다. Schlevogt(2002); Tenev, Zhang, and Brefort(2002); and Gregory, Tenev, and Wagle(2000). 이들 자료는 실제 조사를 바탕으로 하는 접근법을 채택했음을 참고로 밝힌다.

24. 널리 퍼져 있는 기업 경영의 세습적인 양식 때문에 기업은 규모나 복합성 측면에서 더 성장하지 못한다. 표준적인 기업 수명 주기를 보면 다음과 같다. 처음에는 가족 소유 기업으로 출발한다. 그리고 이들 가운데 일부는 소유와 경영이 분리되지 않은 주식회사로 발전한다. 이 초기 단계에서 투자자들이 이들 기업과 관계를 맺는다. 보다 성숙한 기업이 되면 주식 시장에 상장이 되고, 이 기업과 아무런 연고가 없는 투자자들로부터 투자를 받을 수 있어야 한다. 전문 경영 단계로 넘어가는 시점이 빠르면 빠를수록, 고도성장과 생존의 가능성은 더 빨리 인정을 받는다. 중국의 기업들은 이 단계로 나아가는 데 엄청나게 많은 구속을 받기 때문에 쉽게 이 단계로 진입하지 못한다. 왜냐하면, 중국에서 기업이 성공하려면 정부 감사의 눈을 피해야 하고 또 그러기 위해서는 회계 구조 및 내역을 불투명하게 해야 하기 때문이다.

25. 향촌 기업의 수는 1990년대 말부터 급격하게 줄어들었다. 가장 큰 이유는 이런 형태의 소유권이 예전에 누리던 강점이 소멸했기 때문이다. 이들 기업의 다수는 공동 기업보다 사적 소유권의 성격이 더 짙었으며, 따라서 보다 유리한 조건을 좇아서 민간 소유 기업으로 전환했기 때문이다. 이 전환 과정을 보통 '붉은 모자를 벗는다.'고 표현하기도 한다. 이들은 향촌 기업으로 등록을 함으로써 외부 공격에 대한 방어막을 쳤지만, 강점이 소멸하자 곧바로 민간 소유 기업으로 변모했다.

26. International Finance Corporation (2000: 13).

27. 예를 들어서 중국은 사람들이 국가 소유 은행에 돈을 예치하도록 장려할 목적으로 은행의 무기명 계좌를 허용했다. 만일 국가가 이런 조치를 취하지 않았더라면, 국가는 민간이 보유하는 자금을 공적으로 확보할 수 없었을 것이다. 향촌 기업은 또 하나의 차선책이라고 할 수 있다. 민간 기업을 규제하는 대신 이들의 상업 활동을 허용하고 대신 이 활동에 세금을 매기고 여기에서 발생하는 돈을 학교나 병원과 같은 공공 서비스 부문에 할당했던 것이다.

28. 이 부분에 대한 자료는 Asian Development Bank(2002)에서 뽑았다.

29. 1980년대 초에 시작된 국영 부문 수익성의 무거운 감소는 20년이 지난 뒤 역전되었다. 하지만 수익이 비록 오름세이긴 하지만, 그렇다고 해서 민간 부문과 어깨를 나란히 할 정도는 되지 않는다. 국영 부문은 낭비적인 재고 축적을 통해서 고용을 유지하려는 경향을 가지고 있기 때문이다. 국영 기업은 자본 지출이라는 형태를 통해서 정부로부터 계속해서 지원을 받고 있다. 아시아 금융 위기 동안에 산업 부문에서 국영 기업이 차지하던 비중은 부가가치 부문에서 1997년의 47퍼센트에서 1998년의 58퍼센트로 늘어났다. 정부 역시 1998년 말에 허약한 중대형 국영 기업들을 유지하기 위해서 3년 계획의 국영 기업 긴급 구조 프로그램을 시작하고, 자산 관리 회사가 잡고 있던 오래 지속된 국영 상업 은행 부채를 털어내기 위해서 부채와 지분을 맞바꾸도록 권장했다. 하지만 고정 자산에 대한 부가가치의 비율은 1994년 60퍼센트에서 2000년 37퍼센트로 꾸준하게 떨어졌다. 같은 기간에 민간 부문기업들은 고정 자산에 대한 부가가치의 비율을 1 대 1로 유지했으며, 영업 이익을 전체 자산의 약 15퍼센트에서 17퍼센트까지 증가시켰다.

30. 과도기적인 전이 과정에 있는 국영 기업은 주식의 50퍼센트를 여전히 국가가 소유하고 있을 때 보통 '집체(集體, collectives)' 라고 부른다. 그런데 이 부문의 소유권에 관한 자료는 분명치 않다. 흔히 집체는 정부의 지원과 은행 대출이라는 혜택을 받는다. 이런 점이 국영 기업과 다르다. 그러나 이들 집체 가운데 일부는 명백하게 한 사람의 소유주가 소유하는 민간 기업이며, 다만 당국의 규제를 피하기 위해서 집체의 틀만 빌리고 있을 뿐이다. 소위 '붉은 모자를 쓰고 있다' 고 표현되는 이런 집체는 개인에게 임대된 개인 사업체이고, 이를 임대한 개인은 일정한 임대료를 집체에 낸다. 그러다가 결국에는 임차인이 소유주가 되는 것으로 결말이 난다. 그렇지 않은 다른 것들은 또 다른 이름으로 국영 기업으로 남는다.

때로 외국인 투자자에게 한정적으로 허용되는 혜택을 노리는 내국인이 외국인 등록 회사를 소유하기도 한다. 또 몇몇 민간 기업들은 국영 기업의 구조를 채용하고 이사진을 정치적으로 구성하지만, 이것은 효율적인 경영을 유도해내지 못하고 결국 의사 결정은 정치적으로 흐르고 만다.

국가가 지배적인 소유권을 가지고 있는 국영 상장 기업들 대부분은 국가의 통제를 받는 주식회사라 불리지만, 평균적으로 정부는 상장 기업들에 대해 70퍼센트의 권리를 가진다. 상장 기업들 가운데 다수 기업의 경영자를 당이 임명한다. 1996년 이후로 국가 소유로 상장되었던 산업 기업 가운데 많은 수가 비국가 부문의 합자회사로 변모했지만, 이들에 관한 책임은 여전히 국가에게 남아 있다. 상장 기업들은 흔히 시장 부문의 통계에 포함이 되지만 여전히 정부의 통제를 받고 있다.(Studwell 2002:339).

31. Tenev, Zhang, and Brefort(2002).

32. 여전히 확실하지 않은 채로 남은 문제는, 소유주들이 법정에서 자기의 이익을 방어하는 데 필요한 공식적으로 등록된 재산권 없이도 배타적인 수입 원천을 확보할 수 있느냐 하는 점이다.
33. Stiglitz(1993: 109-38).
34. Li and Liu(2001).
35. Qian and Weingast(1995:18)는 시장 경쟁의 유익한 효과를 가장 강하게 느낄 수 있는 것은 향촌 기업 차원이라고 강조했다. 향촌 기업이 가질 수 있는 동기 부여 때문이라는 것이다. "첫째, 향촌 기업의 구조는 향촌 정부에 대해서 잉여가치를 청구할 권리를 가지며, 한편 향촌 정부는 재정의 탈중심화 아래에서 세입 확대 구조를 마련하기 위해 애를 쓴다. 둘째, 향촌 정부에는 두 가지 형태의 한계가 부과되었다. 하나는 강성 예산hard budget 제한이었다.(연성 예산 제한과 반대 개념이다. 강성 예산 제한 환경에서는 기업이 수지 균형을 맞추지 못하면 곧바로 파산할 수밖에 없다―옮긴이) 국영 은행은 주요 지역에만 지사를 설립했기 때문에, 그리고 시골에서 이용할 수 있는 유일한 공식적인 금융 기관은 시골신용공동체이며 이것은 엄격한 대출 규제를 하기 때문에 향촌 정부나 향촌 기업이 이들 금융 기관을 이용하는 것은 제한될 수밖에 없었다. 그래서 향촌 기업은 국영 부문과 달리 파산을 하고 또 노동자를 일시적으로 해고할 수 있다. 둘째, 이들 향촌 정부는 경쟁을 차단할 수 있는 무역 장벽을 설치하는 등 자기 기업을 보호할 수 있는 행정적인 수단을 사용할 권위도 없고 능력도 없기 때문이다."
36. Studwell(2002). 정부는 국영 부문에 돈을 쏟으면서, 이 부문이 장차 시장 중심적으로 변할 것이며 아울러 민간 경제도 균형을 갖추어 일정하게 성장할 것이라고 기대를 한다.
37. Economist(2003a: 67).
38. Nicholas Lardy(1998)는 걱정스러운 중국의 은행 부문에 주로 그리고 강력하게 관심을 기울여 왔다. 그가 추산하는 악성 대출은 약 5천 억 달러로 전체 대출의 50퍼센트나 된다. 국영 은행이 입는 대출 손실은 법적으로 정부의 책임이 아니다. 그러나 궁극적으로는 정부가 이 손실을 감당해야만 한다. 그리고 그때 정부는 재정적으로 상당한 어려움에 처할 수밖에 없을 것이다.
39. 금융 부문은 은행 부문의 지배를 받는다. 중국 기업은 은행 대출에 지나치게 많이 의존을 하는데, 이 은행 대출금은 GDP의 120퍼센트에 육박한다.
40. 중국의 자본 시장에 대한 정확한 평가를 보기 위해서는 참조, William Overholt(1994:149-181). 오버홀트는 중국의 시장 개방을 심도 있게 연구해온 학자들 가운데 한 명이다. 중국에서 주식 거래는 1984년에 처음 시작되었다. 당시 상하이에 있던 일곱 개 국영 기업이 처음으로 주식을 발행했다.(167) 그런데 주식 거래의 출발점에서부터 주식 매입 수요는 공급을

훨씬 초과했다. 1990년 말이 되면, 센첸에는 상장 기업이 다섯 개밖에 없었지만 증권사는 열여섯 개나 있었다.(170-171)

41. 자본 시장에 대한 가장 낙관적인 견해는 참조, Hu(2001). 후는 2010년이 되면 중국의 국내 자본 시장 규모가 대략 2조 달러가 될 것이라고 전망한다.

42. 낙관주의자들은, 기업 관리 개혁은 경영자로 하여금 공공 시장에 책임을 지도록 해서 자산과 고용을 국가 통제에서 해방함으로써 독재 체제를 위협한다고 주장해 왔다.(Shinn and Gourevitch 2002) 그러나 또 다른 가능성도 있다. 주주들 역시 이웃 인도네시아나 필리핀에 민주주의가 가져다준 혼란과 마비 상태를 두려워할 수 있다는 것이다. 이들 두 국가에 대해서 중국이 가지고 있는 경제적인 이해관계가, 이들 국가에 보다 더 큰 민주주의를 실현하기 위한 힘과 나란히 가는 일은 드물다. 중국의 관리들이 민주주의의 장점을 고려할 때, 근대 초기에 영국이 건전한 공공 재정을 통해서 이득을 보았던 것보다 수하르토 몰락 이후의 인도네시아 사례를 더 깊이 들여다볼 것이다. 인도네시아의 민주주의는 강대국이 되고자 하는 중국의 야심에 그다지 큰 자극이나 격려가 되지 않는다. 인도네시아의 민주주의는 새로운 제도를 생성하지 않으며 법 개혁 과정에 발을 들여놓지도 않고 또한 동아시아 지역에서 인도네시아의 외교적 지위를 강화하지도 않는다. 투표로 선출한 관리들이 경제 개혁의 속도를 높이기 위해서 국내적으로 다른 정파와 어떤 연대를 하리라고 기대할 여지도 거의 없다. 경제 개혁은 국내의 민주주의 발전에 따라서 추진되는 게 아니라, IMF가 추진하는 이 경제 개혁을 추진하는 것처럼 보인다. 인도네시아의 민주주의 지도자들이 이웃 미얀마에 눈에 띌 만한 영향력을 행사했던 적은 여태까지 단 한 번도 없다. 인도네시아의 외교 정책에는 투자와 관련된 요소가 부족해 보인다.

43. Far East Economic Review(2003b: 47).

44. 중국의 국내 회사채 시장은 민간 부문에 대한 전체 은행 대출의 백분율로 볼 때 1997년 이후로 조금 증가해 왔다.

45. Roe(2003).

46. 《Financial Times》(2003).

47. GDP에 대한 은행 대출의 비율은 중국에서 약 160퍼센트이다.

48. 《워싱턴 포스트》는 한 남자가 랴오닝의 셴양에서 일어난 부패 사건의 유력한 용의자임에도 불구하고 정치국원의 아들이라는 이유만으로 조사를 받지 않은 사건을 보도했다. "다른 사람들은 랴오닝 출신의 고위 관료들과의 연줄을 내세워서 모두 석방되었는데, 이 고위 관료들은 지금 모두 베이징에 있다." 한편 내부 고발자 두 명은 감옥에 갇혔고, 이 사건을 보도한 기자는 9년 징역형을 선고받았다.(Pomfret 2002a)

49. "부패에 대한 공격 현상은 당 내부에서 진행되는 권력 투쟁을 반영한다. 정부의 어떤 기관도 이런 문제를 제기할 힘을 가지고 있지 않기 때문이다. 공무원의 임명권을 매개로 형성된 경제적 지원-정치적 후원의 관계는 관료제도를 내부에서 깨끗하게 하려는 노력을 무망하게 만든다. 당은 개인에 대한 통제의 주도권이 자기에게 있다고 주장함으로써, 도덕적인 타락을 자체적으로 막을 수 있는 정부의 능력을 약화시켜 왔다. 당은 자기보다 상위에 존재하는 부서를 허용하지 않으려 할 게 분명하기 때문에, 당원에 대한 외부 기관의 제재는 존재할 수가 없다. 본토가 아닌 다른 지역의 중국 사회(홍콩과 싱가포르)는 부패를 방지하기 위한 수단으로 정치적인 통제력 바깥에 부패를 통제하는 부서를 설치했다. 공무원의 행동을 감시하는 대만의 감찰원은 독립적인 정부 부서이다. 싱가포르와 홍콩은 부패 통제 부서에 자율권을 부여했다."(Campos and Root 1996) "하지만 중국에서 부패 혐의로 조사를 받는 관리들은 당 고위간부에게 청원을 하면 얼마든지 처벌을 피할 수 있다."(Root 2000e:391-392)

50. 사적인 재산권 보호가 충분하게 이루어지지 않기 때문에 여러 자원들은 충분한 결과를 내놓지 못한다. 경영자들은 투자 자본 수익률을 높이는 게 목적이 아니라 자기들의 개인적인 이익 및 관료들의 이익을 높이는 차원에서 경영을 하기 때문이다.

51. Zhou, Tianyong(2002).

52. This account of private property in China is derived from the 《Far East Economic Review》(2003a: 29-31).

53. Melanie and Manion(1994)은 지방 행정 부서 및 허가 담당 부서에서 청렴한 관리를 만날 수 있는 가능성은 0.5퍼센트도 되지 않는다고 계산했다. John Pomfret(2002a)는 《워싱턴 포스트Washington Post》에 "중국 내의 여론 조사에서 부패는 국민의 가장 큰 불만사항이며, 이는 실업에 대한 걱정까지도 앞지른다고 정부 관료들이 말했다." John Burns(1994)는 당 간부들의 부패와 관련된 불만이 적지 않았음에도 불구하고 일부 관료들만 처벌을 받았음을 확인했다. 부패에 관한 70만 건의 보고 가운데서 차관급 인사가 유죄 판결을 받은 것은 1990년대 전반부 5년 동안 딱 한 차례뿐이었다.

54. World Bank(2003: 175).

55. World Bank(2003: 160).

56. 부패의 경제적인 대가에 대해서는 참조, Wei(1997). 그는 부패의 독단과 횡포가 경제적 가치를 말살한다고 강조했다.

57. 중국 최대 은행들의 부채는 공식적으로 정부의 부채가 아니다. 하지만 이 부채의 대부분이 정부의 재량권 아래에서 정책적인 대출로 이루어졌기 때문에 만일 은행 위기가 닥칠 경우 이것은 국가 부채로 규정될 수 있다.

58. 미래에는 세입원이 허약할 것이라는 전망 속에서 정부 채권 시장을 금지하고 있는데, 이것이 채권 시장의 기초를 허약하게 만든다. 기업이 회사채를 발행해서 조달하는 자금이 전체 외부 자금에서 차지하는 비율은 1퍼센트도 되지 않는다. 미지불 사태에 대한 법률적인 정비 작업으로 회사채 시장에 대한 불확실성을 보완해야 한다.

59. Daniel et al.(2003:113). 저자들 역시 연금 제도의 잠재적인 재정 부담에 대한 포석을 깔고 있다. 연금 제도는 빠르게 성장하는 고령화 인구와 관련된 장기적인 여러 문제들을 해결해야 한다. 중국은 인구 정책을 성공적으로 수행함으로 선진국과 비슷한 인구통계학적 특성을 보인다는 점에서 다른 개발도상국들과는 매우 다르다. 국영 기업 노동자에게 연금을 지급하는 단기적인 문제는 금융 부담을 가중시키지만, 이 부담은 공식적인 재정 통계에는 반영되지 않는다. 중앙 정부가 지방 정부에 돈을 빌려주는 것 역시 공식적인 국가 예산에는 보고되지 않는다.

60. "국영 기업은 1978년부터 1987년까지 해마다 '경정 예산 세입'의 80퍼센트 이상을 제공해 왔다. 국가 산업은 수익의 73퍼센트를 충당했고, 모든 국가 기업의 소득 및 소득세 가운데 73퍼센트나 기여했다."(Sicular 1992) "개혁 이전에 중국의 국가 산업은 정부 세입의 75퍼센트 수준까지 기여했다. 그리고 모든 산업적 투자에 들어간 금액을 제외하고서도, 1978년 예산에 기여한 금액은 GNP의 5.9퍼센트 수준이었다. 하지만 1980년대 말이 되면 산업적 기업을 통한 세입은 중앙 정부 차원에서나 지방 정부 차원에서 더는 작동하지 않았다. 국영 기업이 제공한 순수 예산 잉여net budgetary surplus(일반적으로 세입에서 정부 지출을 뺀 금액이다—옮긴이)는 GNP의 0.4퍼센트 수준으로 감소했던 것이다."(Shirk 1993:152)

61. "1979년에 GDP 대비 31퍼센트이던 세입은 1995년에는 약 13퍼센트로 떨어졌다가 다시 2000년에 약 16퍼센트 수준으로 회복되었다. 2000년의 공식적인 추정 세입은 GDP 대비 17.2퍼센트이고 세출은 GDP 대비 20.4퍼센트로 전체 재정 적자 규모는 3.2퍼센트였다. 1979년 이후의 세입 감소의 가장 큰 원인은 국영 기업의 재정을 국가 예산에서 분리한 일이다. 하지만 1990년대 중반 이후로 세입과 세출은 다시 늘어나기 시작했는데, 아시아 금융 위기에 대한 반응으로 예산 적자의 폭은 더욱 커졌다."(Daniel et al. 2003:114-115)

62. Terrill(2003).

63. IMF에서 진행한 연구서는 다음과 같은 결론을 내렸다. "강력한 성장만으로는 중국의 공채 문제를 해결할 수 없을 것이다. GDP의 연평균 실질 성장률이 7~8퍼센트라고 하더라도, 정부 재정이 안정되려면 시의적절한 개혁이 필요하다."(Daniel et al. 2003:118)

64. 절실하게 필요하던 금융 구조조정의 기회를 제공할 수도 있었던 두 건의 거래가 2003년 전반기에 무산된 사실은 당으로서는 금융 부문의 구조조정이 얼마나 고통스러운 것인지 잘

보여준다.

65. 새로운 정부는 외국인 투자에 대해서 보다 더 망설이는 태도를 취하고 있다. 2003년 봄, 외국인 투자자를 상대로 타결 직전까지 갔던 두 건의 거래를 철회했다. 하나는 센첸의 정부가 기업 지배권을 초과하는 규모의 자기 소유 주식을 뉴브리지 사에게 넘기려다 철회한 것이며, 또 하나의 거래는 외국인 투자자인 홍콩상하이은행HSBC의 자회사가 중국의 최초 민간 은행인 민셍 은행의 주식을 매입하려던 거래였다.(McGregor 2003a)

66. Bordo and Cortes-Conde(2001: 1-19).

67. Levi(1997).

68. 재정의 탈중심화 정책 다시 말해서 중앙 정부가 지방 정부에 특정 분야의 계약과 관련된 권한을 이양하는 정책은, 중앙의 정치인이 지방 관리들로부터 정치적인 지지를 이끌어낼 수 있는 좋은 기회를 보장하는 수단이었다. 하지만 이런 정책을 통해서 중앙 정부의 국고는 자금 부족으로 시달리게 되었다. 중앙 정부는 (공공 노동 지출과 보조금에서부터 음식 및 소비재 물품까지 모두 포함된)지출과 관련한 권한을 지방 정부로 많이 이관시켰다.(Shirk 1993:151)

69. 1990년대에 몇몇 지방 정부는 지방 세입의 약 90퍼센트를 자기가 계속 보유했다. 그리고 지방 정부의 약 70퍼센트는 한계 지방 세입 100퍼센트를 자기가 보유했다.(Qian 2003:316). 부유한 지방 정부들이 1993년 이후로 부담했던 자기들 GDP 대비 중앙 정부 송금액 백분율은 매우 낮았다. 1993년에는 증가액의 30퍼센트를 무조건 할인하는 새로운 제도가 도입된 해였기 때문이다. 가난한 지역들에게 지원하는 보조금도 바로 이 제도의 도입으로 급격하게 줄어들었는데, 이런 제도는 부유한 지방으로 새롭게 부상한 지역의 정부로서는 특히 유리했다.(Khan and Riskin 2000)

70. 참조, Studwell(2002).

71. 2003년 이전에 중국 국민들은 무기명 은행 계좌를 이용함으로써 기업 거래를 숨길 수 있었다. 은행에 예금을 하는 사람은 신분 확인을 받을 필요도 없었고 실명을 쓸 필요도 없었다. 그랬기 때문에 정부로서는 국민 각 개인이 어느 정도의 예금을 은행에 맡겨두고 있는지 전혀 알 수 없었다. Qian(2003)은 개인이, 정부의 감시를 받지 않으면서 개인 재산을 보유할 수 있게 허락함으로써 각 개인이 돈을 버는 활동을 정력적으로 펼칠 수 있었다는 독창적인 주장을 했다. 정부는 국내 이자율을 제한함으로써 국가 은행 체계로부터 유사 재정 세입을 거두어들였다고 첸은 주장했다. 첸의 주장에 따르면, 이것은 국가가 거두어들일 수도 있었던 소득세의 손실을 보상하는 복지 관련 세입이었다.(사실 정부는 소득세를 거둘 역량을 갖추고 있지도 않았다) 정부가 예금자의 재산에 대한 정보를 스스로 거부함으로써 정부의 '약탈'은 확실하게 줄어들었다. 그럼에도 불구하고 정부의 세입은 그다지 많이 감소하지 않았

다.(Qian 2003:319-320)
72. Goodman(2002: E7).
73. Paz(1997: 79).
74. 마오Mao 이후 중국 문화의 호된 시련은 이민자들이 몰려든 도시가 겪었다. 새로운 중국의 세 권력 중심지라고 할 수 있는 상하이, 홍콩, 셴첸은 모두 20세기에 발생한 이민자들로 형성된 도시이다.
75. 대만과 중국 사이에 벌어지는 분쟁을 카슈미르를 둘러싼 인도와 파키스탄의 분쟁과 비교해 보자. 대만 사람들은 자기들이 중국에 투자를 하는 행위는 자기들의 가장 큰 적에게 언젠가 자기들을 파괴할지도 모를 무기를 쥐어주는 꼴이란 걸 잘 알면서도 투자를 한다. 중국의 세계무역기구WTO 가입은 중국과 대만의 투자 관계를 강화할 게 분명하다. 중국이나 대만 모두 현재의 분쟁이 장차 양쪽에 모두 유익한 방향으로 매듭이 지워질 것이며 또한 분쟁 종식으로 양쪽이 모두 서로에게서 혜택을 볼 수 있어야만 실제로 분쟁이 종식될 것이라고 확신한다. 중국이 자신감을 가지고 또 다른 개발도상국에 투자하기를 거부한 돈과 신뢰를 끌어들이는 것도 바로 이런 점 때문이다. 중국과 대만 사이의 무력 충돌 가능성은 인도와 파키스탄의 경우보다 확실히 낮다.
76. 도시의 공공 부문 경제는 군대와 관료제도와 함께 당을 지탱하는 핵심적인 기둥이다. 그러므로 도시 실업률 감소는 당연히 정치적인 목적으로 대두되고, 국영 기업이 이 분야에서 매우 중요한 역할을 한다. 국가가 소유하고 운영하는 기업이 부담하는 사회적 비용이라는 점이 바로 적자 경영에 대한 합리화 내용이다.
77. Grossman and Noh(1990)은 만일 현재의 지배 엘리트 계층이 미래에 살아남을 가능성이 매우 높다면 이들은 국민의 대리인이 되어서 경제 정책을 촉진하기 위해서 노력을 다할 것이다. McGuire and Olson(1996)도 비슷하게, 제도로서의 군주정치는 지배 계층의 예상 수명을 증가함으로써 보다 안정적이고 덜 약탈적인 경제 정책을 촉진할 것이라고 주장했다. 올슨은 군주제가 지속적으로 인기를 끄는 이유를 이렇게 설명했다.

10 공공 리스크 관리자로서의 국가

1. 참조, Vose(2000), Glickman and Gough(1990), Fischhoff et al. (1993), and Bedford and Cooke(2001).
2. Daniel Ellsberg(2001:16)는 이렇게 썼다. "(경제의 도구들은)자원의 희소성에 관한 문제를 분

석하는 데, 대안적인 여러 프로그램들의 비용과 혜택을 비교하고 평가하는 데 활용할 수 있는 최고의 수단이다. 하지만 이런 도구들, 개념들, 모델들, 기준들은 불확실성이라는 문제를 처리하기에는 부족하다. 예를 들면 외국 원조와 군사적인 연구 개발 등과 같이 먼 미래의 국가적인 목적을 진전시키기 위해서 우선적으로 투자와 실천이 이루어져야 하는 분야이자 사전결정pre-decision 분석이 최고의 효과를 발휘하는 분야에서는 불확실성이 중심적인 연구 대상이다."

3. 1997년에 발생한 인도네시아 금융 위기의 가혹한 결과는 수하르토 대통령의 우유부단함에서 비롯되었다. 그는 금융 위기가 발생한 초기 단계에서 은행 부문의 활력을 회복시키려고 노력하지 않고 자기와 연고가 있는 개인들을 구하려는 노력만 했다. 하지만 태국은 달랐다. 정권과 연고를 가지고 있던 사람들은 정권의 조직 전반에 흩어져 있었고 정치적인 의사 결정 권자들의 다양한 네트워크와 연관되어 있었다. 그래서 금융 위기를 맞은 태국이 긴급 구제 작업에서 목표로 삼았던 대상은 인도네시아에서처럼 대통령과 정치적인 연줄을 가지고 있던 소수 집단이 아니라 은행 부문이었다.(Desai 2003:250-251)

4. Moss(2002:9)는 이렇게 썼다. "유한책임회사법이나 연방재난구제법과 같이 전혀 관련이 없어 보이는 것들은 실제로 표준으로 인정을 받은 정치사가 제시하는 것보다도 더 많은 공통점을 가지고 있다. 모두 동일한 정책 목적을 가지고 있다. 그것은 바로 리스크 관리라는 논리이다."

5. Moss(2002:19)는 리스크 관리를 따로 떼어내어서 리스크를 줄이고 재할당하는 정책에 포함시켰다. 줄인다는 의미는 위험한 활동들을 노골적으로 금지하고 통제한다는 것이다. 그는 또한 리스크를 재분배하는 정책과 리스크를 재할당하는 정책도 구분했다. "리스크 재분배 정책은 (부자에게서 가난한 사람에게 자원을 이전시킴으로써)예상되는 결과들을 바꾸기 위한 것이지만, 리스크 재할당 정책은 (흔히, 동등한 수준의 리스크를 가지고 있는 사람들 사이에 자원들을 공동으로 관리함으로써)각 개인들에게 일어날 것으로 예상되는 결과들을 보다 확실하게 하기 위한 것이다."

6. 1919년부터 1939년까지의 두 세계 대전 사이에 나타난 극단적인 주가 변동성의 원인을 흔히 사회적인 불안에 대한 공포와 기존 체제에 대한 폭력적인 도전이라고 꼽는다. Hans Joachim Voth(2003)는 대공황 시기에 나타난 극단적인 주가 변동성을 자본주의 체제의 생존에 대한 투자자들의 관심과 연결시켰다. 보스는 폭동과 시위에 관한 패널 자료를 이용해서, 정치적인 불안정성이 두 세계 대전 사이에 나타났던 주가 폭락의 배경이라고 주장했다. 그리고 1972년에는 혁명의 고조된 리스크가 전 세계의 선도적인 여러 주식 시장에서 자산 평가액을 폭락시켰다. 비슷한 맥락에서 Acemoglu and Robinson(2000)은 자본을 가지고

있는 사람들은 정치적인 공민권을 확대시켜서 제공함으로써 노동자의 불만을 완화시켰다고 주장했다. 이 공민권 확장은 미래에 재분배가 이루어질 것이라는 분명한 약속이었던 셈이라고 두 사람은 바라보았다.
7. 선진국에서 시장은 사람들에게 생활 주변에서 일어날 수 있는 온갖 소소한 리스크들에 대한 갖가지 보험 정책을 제공한다. 하지만 개발도상국에서는 이런 보험들은 사회적인 관계 속에서만 찾아볼 수 있다.
8. Shiller(2003: 9).
9. 예를 들면 독일에서 국민건강보험 제도는 1883년, 재해보험 제도는 1884년, 고용주와 종업원이 공동으로 기금을 내는 건강 및 재해보험을 동반한 국민 의무 노령보험은 1889년에 각각 나타났다. "1880년부터 1913년까지 공적 지출 총액은 여섯 배 늘어났으며 GNP에서 차지하는 비중은 10퍼센트에서 약 17퍼센트로 늘어났다. 한편 같은 기간에 공채는 절대적인 양이나 상대적인 비율이 모두 일곱 배 늘어났으며, 이는 GNP의 50퍼센트를 차지하는 규모였다."(Macdonald 2003:375) 국가가 실시하는 실업보험은 1911년 영국이 처음 도입했다. 노동자 보상 제도는 1911년 미국이 처음 도입했고, 1920년에는 여섯 개 주를 제외한 모든 주가 이 제도를 도입했다. 다른 많은 국가들과 마찬가지로 미국 역시 실업보험은 1935년에 가서야 도입했다. 1935년에는 서유럽 노동자의 56퍼센트 이상이 연금보험의 혜택을 누렸으며 47퍼센트는 건강보험 수혜자였다.(Rajan and Zingales 2003)
10. 선진국에서 사회 보장과 사회 복지는 소득 감소에서부터 질병과 일시적인 장애까지 포괄한다. 노인, 영구 장애자, 실업자, 가족, 임산부에 대한 지출과 어린이 수당, 장애인과 노인, 어린이를 돌보는 복지 서비스 비용 등이 모두 여기에 속한다. 현재 선진국 예산에서 사회 복지 부문 지출은 규모가 가장 큰 항목이다. 과거에는 이런 것들이 모두 가족과 친척을 통해서 해결되었다.
11. Shiller(2003: 271).
12. 목표는 이렇다. 1990년과 2015년 사이에 하루 소득이 1달러 미만인 사람들의 수를 반으로 줄임으로써 극단적인 빈곤을 몰아낸다. 또 2005년까지 초등 교육 과정과 2차 교육 과정에서 성의 불균형을 해소하고 2015년까지는 모든 교육 과정에서 이 불균형을 시정한다. 유아 사망률은 2015년까지 3분의 1 수준으로 줄인다. 출산 도중에 사망하는 사람의 비율도 2015년까지 4분의 1 수준으로 줄인다. 환경 자원의 손실을 막고 주요 질병의 확산을 절반으로 줄인다. 이에 비해서 통치의 질과 관련된 사항은 구체적인 목표 없이 모호하게만 제시되었다. "법률에 바탕을 둔 예측 가능하고 비차별적이고 개방적인 무역 및 금융 체계를 발전시킨다. 여기에는 올바른 통치, 개발, 국내외적인 빈곤 축소 등이 포함된다."(http://www.

developmentgoals.org) 어째서 몇몇 정부들은 다른 정부들에 비해서 상대적으로 많은 공공재public goods(정부만 공급할 수 있는 혹은 정부가 공급하는 것이 바람직한 재화 또는 서비스―옮긴이)를 제공하는지에 대해서는 아무런 의문도 제기되지 않았다. 질 높은 사회 · 경제적 인프라의 발전을 촉진하는 제도와 국내 정치적인 경쟁 사이의 연관성에 대해서도 아무런 제안이나 언급이 없었다. 가난한 사람들의 미래를 강탈한 사람들이 가난한 사람들을 대변할 때 과연 이런 통치의 형태에 대한 사회적인 동의가 이루어질 수 있을까? 이 맹약이 실패했다는 사실은 부유한 국가들에 의한 농산물 수출 무역 장벽뿐만 아니라 통치의 기준 등과 같은 요인들이 사실상 완전히 무시되었음을 반영한다.

13. 엘살바도르와 자메이카는 상대적으로 가난하지만 (그들의 낮은 유아사망률과 높은 식수 수준이 증명하듯이)평균 이상의 사회 복지 수준을 갖춘 내포적인 사회의 가장 좋은 사례이다. 이에 비해서 멕시코와 브라질은 비민주적인 통치 기간 동안 평균보다 높은 소득 수준을 보였지만, 동일한 지표상으로는 성적이 나빴다.(Bueno de Mesquita and Root, 2002)

14. Bueno de Mesquita et al.(2003)은, 만일 정권의 지배 연대층이 예컨대 당에서 나름대로 한자리를 하는 사람들과 같은 대규모의 특권층 집단의 소규모 부분 집합이 되도록 정부가 구성된다면, 이 소규모 집단은 한층 더 큰 충성심을 발휘할 것이라고 가정했다. 이 소규모 집단은, 신임 받는 다른 당원들에게 자기들이 받는 혜택을 빼앗길까 두려워할 것이라는 게 이유이다.

15. 오늘날의 정부는 국민의 재산을 몰수하는 행위는 거의 하지 않지만 1970년대만 하더라도 이런 행위는 흔했다. 마오쩌둥Mao Zedong, 가말 압둘 나세르Gamal Abdul Nasser, 인디라 간디 등을 비롯한 수많은 독재자들은 자기가 원하는 것을 손에 넣은 뒤에, 자기 통제하에 있는 사법부에게 명령을 내려서 자기 행위가 법률적으로 타당하다는 의견을 내도록 했다. 은행 제도의 국영화를 통해서 금융에 대한 접근성을 장악하는 것은 비록 독재의 최고 수단은 아니었지만 그래도 충분히 강력한 수단이다. 정부는 또한 기업을 국유화하거나 생산과 분배에 대한 독과점을 조장하는 방식으로 민간 기업을 통제할 수 있다. 이런 조치들을 그 자체만으로 보자면 나쁘지 않다. 일반적으로 무시무시한 결과를 빚어내는 것은 이런 조치들을 이용하는 용처이다. 과거에 정부는 자본 통제를 남용함으로써 국민을 억누르고 경제적으로도 해를 끼쳤다. 하지만 현재에는 자본 통제는 위험하지만 완전한 자본 계정 자유화capital-account liberalization(자본 이동의 자유를 의미한다―옮긴이)도 지나친 통제만큼이나 위험하다는 생각이 일반적이다. 오늘날 세계 각국은, 적절한 규제로써 합리적인 수준에서 자본을 통제하는 것이 옳다는 점에 동의하고 있다.

16. 예를 들어서 모든 정부 지출이 책임성 있게 이루어지도록 보장하는 통합적인 재정 관리 체

계와 충실한 보고 제도를 도입하는 것은 대부분의 개발도상국들이 배워서 실천할 수 있는 것이다.

17. 참조, World Bank(2000).
18. 관료제의 역량을 높이는 여러 가지 방법에는 서비스 제공 관련 계약을 맺는 것, 부패 방지 프로그램을 운영하는 것, 공무원과 서비스 이용자를 조사하는 것, 공무원의 채용과 승진을 성과와 연계시키는 것, 행정 업무를 감독할 독립적인 부서를 설치하는 것 등이 포함된다. 내각에 설치된 일본의 인사원은 관료제를 부당한 정치적 영향력으로부터 차단한다. 이 조직은 급료 체계 및 승진 정책을 세우고, 공무원 시험을 주관하며, 대부분의 정치적인 인사 결정을 한다. 말레이시아에서 행정 장관은 내각의 일원으로서 정치적인 차원에서 임명된 고위 관리들에게 맞서서 공무원의 규약을 방어하며 정치인의 부당한 행위로부터 공무원을 지킨다.
19. 독일이 행정적인 면에서 보다 많은 강점을 가지고 있긴 했지만, 이것만으로는 취약한 재정 능력을 극복할 수 없었다. 그랬기 때문에 1차 대전과 2차 대전 때 독일보다 나은 재정 능력을 갖춘 영국과 미국에게 연이어 패배를 할 수밖에 없었다.
20. Miller(1992: 9).
21. 20세기 초 미국에서 거래세는 전체 공공 세입의 반을 차지했고, 1870년 이전에는 무려 90퍼센트 이상을 차지했다. 거래에 매겨지는 세금은 왜곡 가능성이 매우 높다. 이들은 국내 생산을 보호하고 직접적인 시민 참여를 수입과 지출의 규모, 지출 항목을 결정하는 재정 선택 과정에 끌어들이지 않기 때문이다. 소득세는 제한된 시민 감시만으로도 징수할 수 있다. 경제 개발이 일반적으로 GDP 대비 세입 비율을 증가시키는 한편 전체 정부 세입 대비 거래세 비율을 감소시킨다는 사실은 그다지 놀라운 일도 아니다.(World Bank 2002a:fig. 5.4)
22. 재정적으로 탄탄하지 못한 연방 정부가 야만적인 사회를 야기하지는 않았다. 지역 사회의 공동체가 중심이 되어서 사회 복지의 공공 서비스를 제공해야 한다고 공적인 지도자들이 강력하게 주장을 했고, 이것이 허약한 정부 역량을 대체했기 때문이다. 사회적으로 높은 신분에 오른 사람들은 누구나 공적인 자선 행위를 두드러지게 해야 하는 분위기였다. 결국 당시 미국에서는 자발적인 민간 조직들이 공공 서비스를 제공하는 중요한 기능을 했다. 이런 조직들은 보통 교회가 중심이 되었는데, 이런 현상 자체가 물론 적절한 것은 아니었다.
23. Whitney(1982:179)
24. Stephen Skowronek(1982)는, 미국은 당이 지배를 하는 국가이며 사회적인 상호작용의 국가적인 영역에 상응하는 국가적인 중심 권위가 부족하다고 주장했다. 법원과 정당의 힘은 19세기에 전국적인 행정력이 등장하는 것을 막았다. 1883년의 펜들턴 공무원법은 체계

적인 공무원 제도의 시발점이었다. 그러나 스코로네크는 당 지도부가 휘두르는 힘을 넘어설 수 있는 효율적인 행정력이 갖추어지기까지는 20세기 초에 개혁이 이루어질 때까지 기다려야 했다고 강조했다. 중앙인사위원회는 권가 권력의 토대를 새로 구성했다. "고립된 행정 영역은 현재 당과 정부 사이에 쇄기를 박아서 당이 독립적인 개혁 운동 그 자체에서 구현된 책임 있는 모습을 따를 수밖에 없도록 강제했다."(Stephen Skowronek 1982:67)

25. Skowronek(1982: 249).
26. 역설적이게도, 미국에서 소위 '좋은 정부 운동'의 핵심은 행정 부문의 강력한 독립성을 창출하는 것이었다. 그러나 이미 경제 개발을 성공적으로 끝낸 선진국의 개발 정책 담당 부처들이 옹호했던 좋은 정부 운동은 정부 역량의 이 본질적인 부분을 간과한다.
27. 20세기 이전에 영국 정부와 미국 정부는 관료제 역량과 관련해서는 민간 부문을 좇았다. 역설적이게도, 19세기 말에는 정부를 보다 기업적으로 만든다는 말이 의미하는 내용은 정부를 보다 관료적으로 만든다는 것이었다. 하지만 오늘날에는 그 내용이 전혀 반대이다.
28. Shiller(2003: 261).
29. Bardhan(2003).
30. 베트남이 직면했던 딜레마를 상기하기 바란다. 베트남은 전체 세입 가운데서 직접세가 차지하는 비율을 30퍼센트에서 50퍼센트 수준으로 올린다고 많은 분석가들이 지적해 왔다. 이런 세입 정책은 왜곡이 나타나기 쉬운 거래세에 대한 정부의 의존 정도를 낮추어준다. 베트남에서 거래세 비중은 보통 30퍼센트 이상인데, 이런 수치는 일반적인 수준보다 훨씬 높다. 하지만 직접세 비중을 높이는 것은 다음과 같은 여러 가지 이유 때문에 쉽지 않다. (1) 불완전한 회계 체계와 감사에서의 제한 때문에 기업이나 개인의 소득을 정확하게 추적하기 어렵다. (2) 세금 징수의 경험과 기술이 부족하다. (3) 세금 납부에 대한 일반 가계의 인식 수준이 낮다. (4) 거래를 포함한 모든 소득 발생 행위에 대한 기록이 잘 이루어지지 않는다. 거래 수단도 보통 현금이다. (5) 정부의 해당 부처들 사이에 협조가 잘 이루어지지 않는다. 그래서 과세 가능한 소득을 평가하는 역량이 부족하다.(Binh and Pham 2002:84) 거래세나 사용 요금에 계속해서 의존할 수밖에 없는 상황도 이런 취약점에서 비롯된 것이다. 사실 정부 입장에서 볼 때, 거래세나 공공재에 대한 사용 요금에서 발생하는 수입에 대해서는 선출직 대의체나 기타 독립적인 조직 또는 일반 국민에게 설명을 하지 않아도 된다. 베트남이 WTO에 가입하면 관세율을 낮추어야 할 것이기 때문에 사정이 달라질 것이다. 이때에는 정부가 국민들에게 설명을 해야 하는 새로운 세입 원천들을 개발해야 할 것이다.
31. 발달한 정보 기술 덕분에 정부는 과거보다 훨씬 낮은 비용으로 신용 관련 기구들을 설립할 수 있게 되었다.

32. 믿을 만한 책임성에 대해서는 참조, Root(1989; 1994), North and Weingast(1989), and Borner, Brunett, and Weder(1995).
33. 예산은 정부의 행위를 재정적인 측면으로 변환시킨다. 예산은 지출을 세입과 일치시킴으로써 전략을 실천적인 행위로 변환시킨다.
34. Macdonald(2003:473). 맥도널드는 공공 신용과 민주적인 정부가 밀접한 결합 관계를 유지해온 데는 국제 금융의 개입과 조정 증가가 큰 역할을 했다고 경고했다. 국내 부채에 대한 외국인 투자는 국민 채권자가 세금의 사용처에 대한 논의에 직접적으로 참가할 수 있는 통로를 차단함으로써 과세의 본질적인 기능을 약화시킨다. 캘리포니아에서 있었던 최근의 선거들을 놓고 평가하면, 국제 금융의 개입과 조정 증가 현상은 조만간에 멈출 것임을 시민들이 잘 알고 있는 듯하다.
35. 개발도상국의 근원적인 문제라고 할 수 있는 금융 시장의 일천함은, 정부 부채는 세금 납부로 뒷받침되지 않는다는 사실을 반영한다. 오늘날 선진국에서나 개발도상국에서나 모두 채권자들은 흔히 외국 은행의 본부나 국제 조직과는 거리가 멀어서 전문가들이 아니다. 이런 양상은 국가 재정의 초기 단계에서는 찾아볼 수가 없었다. 그때는 채권자가 모두 전문가였다. 근대 이전에 유럽에서는 은행가들과 금융가들의 엘리트 조직망이 국가 통치권의 재정을 취급했다. 18세기 영국에서는 국가 부채 대부분을 영국은행이나 서인도회사가 가지고 있었다. 미국에서 1821년에 전쟁 자금을 조달하기 위해서 정부가 발행한 채권의 대부분을 유럽 사람들이 샀는데, 반면에 남북 전쟁에 드는 비용을 조달하기 위해 정부가 발행한 채권은 대부분 국내 은행이 샀다. 시민으로부터 자본을 조달한다는 개념은 주로 1차 대전과 2차 대전의 전비를 조달하는 과정에서 발생했다.
36. 개발도상국 재정의 또 다른 고약한 특성은, 정부 부채가 흔히 외국에서 자금을 조달하는 국영 기업에 의해서 발생한다는 점이다. 석유 회사를 가지고 있는 정부는 외국에서 조달한 이 자금을 특혜 차원에서 지지층 집단에게 나누어준다. 그런데 만일 그 기업이 민간 기업이라면 정부에 세금을 내어야 한다. 이러한 과정들을 거쳐서 결국, 부채에 책임을 지고 있는 주체는 앙골라나 이라크 혹은 멕시코의 납세자들이 아니지만 실제로 부채 상환을 요구받고 있는 사람은 이들이 되고 만다.
37. 예를 들어서 미국은 불확정한 미래의 사회 보장 및 의료 분야에 관한 지출을 담보하기 위해서 세금을 극적으로 올려야 할 상황을 맞고 있다. 잘 구축되고 낯익은 그리고 시민 동의에 기초한 여러 제도들과 절차들은, 반드시 고려해야 하는 여러 교환 조건들을 확인하고 처리하기 위해서 존재한다. 그러나 중국에는 연금 지급과 같은 가능한 그러나 예측할 수 없는 채무를 처리하기 위한 예측 가능한 절차는 존재하지 않는다.

38. 예를 들어서 사회 발전의 통합적인 한 부분인 혁명에 관한 연구는 개발과 관련된 학문의 주된 흐름이 아니다.
39. 위계질서의 정치경제학에 대해서는 참조, Miller(1992: 15-74).
40. Wintrobe(1997)가 이 과정을 설명했다.
41. World Bank(2004b).
42. 소련 이후에 대한 World Bank(2002b)의 연구는 정치 체계와 경제 개혁 사이에 강력한 연관성이 있음을 드러냈다. 정치적인 연대가 포괄적일 때는 제도 개혁에 대한 투자가 나타나지만 지배 연대층이 소규모이고 배타적이면 제도 개혁은 퇴조한다는 것이다. "경쟁 체제가 마련된 민주주의 국가에서는 시장 지향 개혁이 상당한 진전을 이루어 온 반면에, 비경쟁적인 체제에서는 최소한의 개혁밖에 이루어지지 않았다." 그리고 이 연구는 다음과 같이 결론을 내렸다. "정치권력의 집중은 이행 경제 체제에서 국가 지배의 범위를 결정하는 중요한 요소인 것처럼 보인다. (중략) 정치적인 제도를 창출하는 포괄적인 절차들과 새로운 체제에서 권력을 다툴 수 있는 폭넓은 정치 집단들은, 경제 개혁이 약속하는 이득은 몰수되거나 특정한 기득권자들에게만 한정되지 않을 것이라는 정부 주장에 힘을 실어주었다." 이 연구는 또한 이행의 초기 단계에서 정치적인 선택이 경제 개혁을 추동한다고 주장했다.(World Bank 2002b:103-110) "경쟁이 보장된 민주주의 국가에서 경제 개혁은 일반적으로, 비록 국가에 따라서 개혁 조치들의 순서는 차이가 있지만, 모든 국가에서 발전의 길을 걸어 왔다. 이에 비해서 경쟁이 보장되지 않는 정치 체제들에서는 거의 모든 핵심적인 경제 영역에서 발전이 거의 없거나 미비했다. (중략) 이에 비해서, 중앙집권화된 정치 체제와 전쟁으로 피폐한 체제에서는 자유화와 민영화 부문에서 급격한 발전을 이룩하는 경향을 보여 왔는데, 효과적으로 기능하는 시장을 지원하기 위한 제도적인 개혁의 속도는 훨씬 더뎠고, 그 결과 개혁의 성과는 매우 큰 편차를 나타냈다."(World Bank 2002b:105) 정치적인 안정 그 자체를 목표로 생각하는 기존의 사고방식에 의문을 제기하는 세계은행의 연구 보고서는 다음과 같은 사실을 발견했다. "지배 연대층이 달라지는 평화적인 정권 이행은 정치적인 영향력을 다투는 집단들 사이에 진정한 경쟁을 창출했다. 특혜에 대해서도 똑같이 격렬한 경쟁이 나타나서, 특혜의 흐름에 집중하려는 노력들을 빠르게 흩트리고 대규모 도둑질을 사전에 예방하는 효과를 발휘했다."(World Bank 2002b:107)
43. 이행 경험은 경제학자들에게 선진국에 이미 존재하는 자본주의 제도들을 당연한 것으로 받아들이지 말 것을 가르쳤다. 이런 인식 때문에 경제학자들의 연구 초점은 점차 제도적인 관점으로 이동했다. 이런 흐름 속에서 계약 이론, 정치경제학, 법과 경제, 규제 이론 등은 모두 연구의 강조점이 시장 및 가격 이론에서 벗어나는 데 기여했다.

44. 소련 이후의 이행기 동안에 국제 투자자들이 제도에 충분한 관심을 기울이지 않은 것은 실수였다. 하지만 이런 지적은 법률적 개혁 및 제도 구축에 소비된 수백만 달러를 무시하는 것이 된다. 러시아에서 보조적인 프로그램들은 기업, 상법, 금융 규제의 폭넓은 분야가 새로운 환경에 적응할 수 있도록 만들었다. 그렇다 하더라도 이와 관련된 강제력은 여전히 진정한 문제로 남아 있다.
45. 공무원은 현명한 사람의 충고를 그대로 받아들이려고 기다리는 빈 그릇이 아니다. 충고를 하는 사람이나 공무원 모두 전략적인 상호작용을 한다. 이 과정 속에서 양쪽은 모두 자기 자신의 의제를 가지고 있는 개별적인 존재이다.(Basu 2000:166-181)
46. 참조, Carothers(2003).
47. 경제적 변화와 정치적 변화를 연결하는 인과관계의 방향을 풀기란 어렵다. 정책 선택은 사회 집단들의 구성을 형태 짓고 정치적인 지지층을 강화한다. 이는 정치적 개혁과 경제적 개혁의 밀접한 상호 관련성을 암시한다. 시장 진입과 개방적인 무역을 증가시키는 경제 개혁은 일반적으로 경제적 성과를 추구하는 정치 지도자가 보다 큰 책임성을 가질 것을 요구하고 지지한다. 다른 연구서들도 있지만 이 가운데서도 특히 Bueno de Mesquita et al.(2003)과 World Bank(2002b)는 정치적인 선택에서 경제적인 선택으로의 인과관계 방향을 파악할 수 있는 보다 강력한 사례가 있을 수 있음을 상당한 지식과 함께 보여준다. World Bank(2002b:105)는 다음과 같이 결론을 내린다. "경제 개혁의 속도와 방향은 정치 체제의 구조에 대한 초기 선택을 강화할 수도 있었지만, 경제 개혁은 정치적 이행의 과정을 결정적으로 바꾸어야 한다." Hellman(1998)은, 러시아의 '승자 독식' 개혁이 소규모의 승자 집단이 자기들의 정치 및 경제적 영향력을 강화하기 위해서 국가 제도를 뒤엎을 수 있게 허락했음을 최초로 증명했다. 인간 사회에서 교환의 통일성에 방해물인 불확실성에 관한 세 개의 원천을 하나의 통일적인 지식체로 통합하는 것은 가장 큰 과제가 될 것이다. 이것은 학계가 독립적으로 분리된 연구 영역들로 나누었던 것을 통합하는 것을 의미하며 또한 분리된 영역에서 각자 수집한 지식을 하나로 통합하는 것을 의미한다. 사회적 힘, 정치적인 힘, 경제적인 힘의 상호작용과 보완을 생각하는 것은 학계 내의 관습적인 분할 구조에서는 금지되어 있다.
48. Marx and Engels(1998).

● 참고 문헌

Acemoglu, D., S. Johnson, and J. Robinson. 2001. "The Colonial Origins of Comparative Development." *American Economic Review*, 91(5): 1396-1401.

Acemoglu, D., and J. A. Robinson. 2000. "Why Did the West Extend the Franchise? Democracy, Inequality and Growth in Historical Perspective." *Quarterly Journal of Economics*, 115(4): 1167-99.

Ahluwalia, M. S. 1976. "Inequality, Poverty and Development." *Journal of Development Economics*, 3(4): 307-42.

Ahn, S., and D. Denis. 2002. "Internal Capital Markets and Investment Policy: Evidence from Corporate Spinofffs." Working paper, Purdue University.

Aizenman, J., and N. Marion. 1993. "Policy Uncertainty, Persistence and Growth." *Review of International Economics*, 1 June: 145-63.

Akerlof, G. 1970. "The Market for Lemons: Quality Uncertainty and the Market Mechanism." *Quarterly Journal of Economics* 84: 488-500.

Alesina, A. 1998. "The Political Economy of Macroeconomic Stabilizations and Income Inequality: Myths and Reality," in V. Tanzi and K.-y. Chu (eds.), *Income Distribution and High Quality Growth*, 299-326. Cambridge, Mass.: MIT Press.

Alesina, A., R. Baqir, and W. Easterly. 1999. "Public Goods and Ethnic Divisions." *Quarterly Journal of Economics*, 114(4): 1243-84.

Alesina, A., and A. Drazen. 1991. "Why Are Stabilizations Delayed? " *American Economic Review*, 81(5): 1170-88.

Alesina, A., S. Ozler, N. Roubibi, and P. Swagel. 1992. "Political Instability and Economic Growth." Working Paper No. 4173, National Bureau of Economic Research, Cambridge, Mass.

Alesina, A., and R. Perotti. 1996. "Income Distribution, Political Instability, and Investment." *European Economic Review* 40(6): 1203-28.

Alesina, A., and D. Rodrik. 1994. "Distributive Politics and Economic Growth." *Quarterly Journal of Economics*, 109(2): 465-90.

Anand, S., and S.M.R. Kanbur. 1993a. "Inequality and Development: A Critique." *Journal of Development Economics*, 41(1): 19-43.

──────. 1993b. "The Kuznets Process and the Inequality-Development Relation-ship." *Journal of Development Economics*, 40(1): 25-52.

Ansolabehere, S., A. Gerber, and J. M. Snyder Jr. 2001. "Corruption and the Growth of Campaign Spending," in G. Lubenow (ed.), *A User' s Guide to Campaign Finance Reform*. Lanham,

Md.: Rowman & Littlefield.
Arif, K. M. 2001. "The Role of the Military in Politics: Pakistan 1947-97," in H. Malik (ed.), *Pakistan: Founder's Aspirations and Today's Realities.* Oxford: Oxford University Press.
Arrow, K. J. 1962a. "The Economic Implications of Learning by Doing." *Review of Economic Studies,* 29(3): 155-73.
Arrow, K. J. 1962b. "Economic Welfare and the Allocation of Resources for Invention," in R. R. Nelson (ed.), *The Rate and Direction of Inventive Activity: Economic and Social Factors.* Princeton: Princeton University Press for the National Bureau of Economic Research.
———. 1964. "The Role of Securities in the Optimal Allocation of Risk Bearing." *Review of Economic Studies,* 31(2): 91-96.
———. 1979. "Pareto Efficiency with Costly Transfers." *Economic Forum,* 10(1): 1-3.
———. 1996. "The Theory of Risk-Bearing: Small and Great Risks." *Journal of Risk and Uncertainty,* 12(2-3): 103-11.
Arrow, K. J., and R. C. Lind. 1970. "Uncertainties and the Evaluation of Public Investment Decisions." *American Economic Review,* 60(3): 364-78.
Asian Development Bank. 2002. "Technical Assistance to the People's Republic of China for Improving Corporate Governance and Financial Performance of State-Owned Enterprises." Technical Assistance Report No. TAR:PRC 32132, September, Washington, D.C.
Athanasoulis, S., and R. J. Shiller. 2000. "The Significance of the Market Portfolio." *Review of Financial Studies,* 13(2): 301-29.
———. 2001. "World Income Components: Measuring and Exploiting Risk Sharing Opportunities." *American Economic Review,* 91(4): 1031-54.
———. 2002. "Defining Residual Risk-Sharing Opportunities: Pooling World Income Components." *Research in Economics,* 56(1): 61-84.
Baker, G., R. Gibbons, and K. J. Murphy. 1997. "Implicit Contracts and the Theory of the Firm." Working Paper No. 6177, National Bureau of Economic Research, Cambridge, Mass.
Bardhan, P. 2003. "The Politics of Economic Reform in India," in Pranab Bardhan, *Poverty, Agrarian Structure, and Political Economy in India.* New Delhi: Oxford University Press.
Barham, J. 2002. "Will Prudence Prevail?" *Latin Finance,* November: 48-50.
Barro, R. J. 1991. "Economic Growth in a Cross Section of Countries." *Quarterly Journal of Economics,* 106(2): 407-43.
———. 2000a. "Democracy and the Rule of Law," in B. Bueno de Mesquita and H. L. Root (eds.) *Governing for Prosperity.* New Haven: Yale University Press.
———. 2000b. "Inequality and Growth in a Panel of Countries." *Journal of Economic Growth,* 5(1): 5-32.
Barth, J. R., D. McCarthy, T. Phumiwasana, S. Trimbath, and G. Yago. 2002. "Missing Markets: Global Barriers to Financing the Future." Global Capital Access Index, Milken Institute, Santa Monica, Calif.

Barth, J. R., D. E. Nolle, H. L. Root, and G. Yago. 2001. "Choosing the Right Financial System for Growth." *Journal of Applied Corporate Finance*, 13(4): 116-23.

Barth, J. R., T. Phumiwasana, and G. Yago. 2002. "The Foreign Conquest of Latin American Banking: What's Happening and Why?" Policy Brief No. 32, November. Milken Institute, Santa Monica, Calif.

Basu, K. 2000. *Prelude to Political Economy: A Study of the Social and Political Foundations of Economics*. New York: Oxford University Press.

Bates, R. H. 1995. "Macropolitical Economy in the Field of Development," in J. E. Alt and K. A. Shepsle (eds.), *Perspectives on Positive Political Economy*. Cambridge: Cambridge University Press.

──────. 2001. *Prosperity and Violence: The Political Economy of Development*. New York: W. W. Norton.

Baxter, C. 2001. "Political Development in Pakistan," in H. Malik (ed.), *Pakistan: Founder's Aspirations and Today's Realities*. Oxford: Oxford University Press.

Bedford, T., and R. Cooke. 2001. *Probabilistic Risk Analysis: Foundations and Methods*. Cambridge: Cambridge University Press.

Berle, A. A., and G. C. Means. 1932/1968. *The Modern Corporation and Private Property*. New York: Harcourt, Brace & World.

Bhambhri, C. P. 1972. *Administrators in a Changing Society*. Delhi: National Publishing House.

Binh, T., and C. D. Pham (eds.). 2002. *The Vietnamese Economy: Awakening the Dormant Dragon*. London: RoutledgeCurzon.

Birdsall, N. 1994. "Inequality, Exports, and Human Capital in East Asia: Lessons for Latin America," in C. I. Bradford Jr. and R. Sabot (eds.), *Redefining the State in Latin America*. Paris: OECD Development Centre and Inter-American Development Bank.

Black, B. S., and R. J. Gilson. 1998. "Venture Capital and the Structure of Capital Markets: Banks versus Stock Markets." *Journal of Financial Economics*, 47: 243-77.

Bliss, C., and R. DiTella. 1997. "Does Competition Kill Corruption?" *Journal of Political Economy* 105(5): 1001-23.

Borch, K. H. 1968. *The Economics of Uncertainty*. Princeton: Princeton University Press.

Bordo, M. D., and R. Cortes-Conde (eds.). 2001. *Transferring Wealth and Power from the Old to the New World: Monetary and Fiscal Institutions in the 17th through the 19th Centuries*. Cambridge: Cambridge University Press.

Borner, S., A. Brunett, and B. Weder. 1995. *Political Credibility and Economic Develpoment*. Basingstoke, U.K.: Palgrave Macmillan.

Brainard, S. L., and T. Verdier. 1994. "Lobbying and Adjustment in Declining Industries." *European Economic Review*, 38(3-4): 586-95.

Bruno, M., M. Ravallion, and L. Squire. 1998. "Equity and Growth in Developing Countries: Old and New Perspectives on the Policy Issues," in V. Tanzi and K. Chu (eds.), *Income

Distribution and High-Quality Growth. Cambridge: MIT Press.

Buchanan, J. M., C. K. Rowley, and R. D. Tollisson(eds.). 1987. *Deficits*. Oxford and New York: Basil Blackwell.

Bueno de Mesquita, B. 2000. "Political Institutions, Political Survival and Policy Success" in B. Bueno de Mesquita and H. L. Root (eds.), *Governing for Prosperity*. New Haven: Yale University Press.

Bueno de Mesquita, B., and H. L. Root. 2000a. "Improving the Effectiveness of Donor Assisted Development," in B. Bueno de Mesquita and H. L. Root (eds.), *Governing for Prosperity*. New Haven: Yale University Press.

Bueno de Mesquita, B., and H. L. Root. 2000b. "When Bad Economics Is Good Politics," in B. Bueno de Mesquita and H. L. Root (eds.), *Governing for Prosperity*. New Haven: Yale University Press.

―――. 2002. "Political Roots of Poverty: The Economic Logic of Autocracy." *National Interest*. Summer: 27-37.

Bueno de Mesquita, B., A. Smith, R. M. Siverson, and J. D. Morrow. 2003. *The Logic of Political Survival*. Cambridge: MIT Press.

Bunbongkarn, S. 1999. "Thailand's Successful Reforms." *Journal of Democracy*, 10(4): 54-68.

Burki, S. J. 1969. "Twenty Years of the Civil Service of Pakistan: A Reevaluation." *Asian Survey*, 9(4): 239-54.

―――. 1974. "Politics of Economic Decision Making during the Bhutto Period." *Asian Survey* 14(12): 1126-40.

Burki, S. J., and G. E. Perry. 1998. *Beyond the Washington Consensus*: Institutions Matter. Washington, D.C.: World Bank.

Burns, J. P. 1994. "Civil Service Reform in China." *Asian Journal of Political Science*. 22(2): 44-72.

Buscaglia, E., W. Ratliff, and R. Cooter (eds.). 1997. *The Law and Economics of Development*. Stamford, Conn.: JAI Press.

Cai, P. H. 1997. "Chinese Family Enterprises." *Wenhui Bao* (Shanghai), 15 October.

Callahan, W. A., and D. McCargo. 1996. "Vote-Buying in the Thai Northeast: The Case of the July 1995 Election." *Asian Survey*, 36(4) 376-92.

Callard, K. 1957. *Pakistan: A Political Study*. New York: Macmillan.

Calvo, G. A., and F. S. Mishkin. 2003. "The Mirage of Exchange Rate Regimes for Emerging Market Countries." Working Paper No. w9808, June, National Bureau of Economic Research, Cambridge, Mass.

Campos, J. E., and H. L. Root. 1996. *The Key to the Asian Miracle: Making Shared Growth Credible*. Washington, D.C.: Brookings Institution.

Carothers, T. 2003. "Promoting the Rule of Law Abroad: The Problem of Knowledge." Working Paper No. 34, Carnegie Endowment for International Peace, Washington, D.C.

Cavallo, D. 1997. *El peso de la verdad*. Buenos Aires: Planeta.

Chan, W.K.K. 1982. "The Organizational Structure of the Traditional Chinese Firm and Its Modern Reform." *Business History Review.* 56(2): 218-35.
Chandler, A. Jr. 1977. *The Visible Hand: The Managerial Revolution in American Business.* Cambridge, Mass.: Belknap.
Chen, D. 1995. *Chinese Firms between Hierarchy and Market: The Contract Management Responsibility System in China.* New York: St. Martin's.
Cheung, S.N.S. 1998a. "The Curse of Democracy as an Instrument of Reform in Collapsed Communist Economies." *Contemporary Economic Policy* 16(2): 247-49.
─────. 1998b. "Deng Xiaoping's Great Transformation." *Contemporary Economic Policy,* 16(2): 125-35.
Chui, A.C.W., S. Titman, and K.C.J. Wei. 2001. "Corporate Groups, Financial Liberalization and Growth: The Case of Indonesia," in A. Demirgüc-Kunt and R. Levine (eds.), *Financial Structure and Economic Growth: A Cross-Country Comparison of Banks, Markets, and Development.* Cambridge: MIT Press.
─────. 2003. "Intra-Industry Momentum: The Case of REITs." *Journal of Financial Markets* 6: 353-87.
Claessens, S., S. Djankov, and L.H.P. Lang. 2000. "The Separation of Ownership and Control in East Asian Corporations." *Journal of Financial Economics,* 58(1): 81-112.
Clarke, G.R.G. 1993. "More Evidence on Income Distribution and Growth." *Journal of Development Economics* 47(2): 403-27.
Clements, B., and J. V. Levy. 1994. "Public Education Expenditure and Other Determinants of Private Investment in the Carribean." Working Paper WP/94/122, October, International Monetary Fund, Washington, D.C.
Dahlman, C. J., and J. E. Aubert. 2001. *China and the Knowledge Economy: Seizing the 21st Century.* Washington, D.C.: World Bank.
Daniel, J., T. Richardson, R. Singh, and G. Tsibouris. 2003. "Medium-Term Fiscal Issues," in W. Tseng and M. Rodlauer (eds.), *China: Competing in the Global Economy.* Washington, D.C.: International Monetary Fund.
Das, G. 2000. *India Unbound.* New York: Anchor Books.
Dasgupta, P. 1995. *An Inquiry into Well Being and Destitution.* New York: Oxford University Press.
Dasgupta, P., R. Gilbert, and J. Stiglitz. 1982. "Strategic Considerations in Invention and Innovation: The Case of Natural Resources." *Econometrica,* 51(5): 1439-48.
Datt, G., and T. Walker. 2004. "Recent Evolutions of Inequality in East Asia," *Applied Economic Letters,* 11: 75-79
Demirguc-Kunt, A., and V. Maksimovic. 1998. "Law, Finance, and Firm Growth." *Journal of Finance,* 53(6): 217-37.
Desai, P. 2003. *Financial Crisis, Contagion, and Containment: From Asia to Argentina.* Princeton: Princeton University Press.
De Soto, H. 2000. *The Mystery of Capital: Why Capitalism Triumphs in the West and Fails*

Everywhere Else. New York: Basic Books.

Dewatripont, M. and G. Roland. 1995. "The Design of Reform Packages under Uncertainty." *American Economic Review,* 85(5) 1207-23.

Diamond, J. 1989. "Government Expenditures and Economic Growth: An Empirical Investigation." Working Paper WP/89/45, May, International Monetary Fund, Washington, D.C.

Diamond, L. 1999. *Developing Democracy: Toward Consolidation.* Baltimore: Johns Hopkins University press.

Diamond, L., M. F. Plattner, and A. Schedler. 1999. *The Self-Restraining State: Power and Accountability in New Democracies.* Baltimore: Johns Hopkins University Press.

Dornbusch, R., and S. Edwards (eds.). 1991. *The Macroeconomics of Populism in Latin America.* Chicago: University of Chicago Press.

Dossani, R., and M. Kenney. 2001. "Creating an Environment: Developing Venture Capital in India." Working Paper No. 173, Berkeley Roundtable on International Economy, University of California, Berkeley.

Drèze, J. 2003. "Hunger amidst Plenty," http://www.indiatogether.org/2003/dec/pov-foodsec.htm.

Drèze, J. and A. Sen. 2002. *India: Development and Participation.* New York: Oxford University Press.

Easterly, W. 2001. *The Elusive Quest for Growth.* Cambridge: MIT Press.

Easterly, W., and R. Levine. 1997. "Africa's Growth Tragedy: Policies and Ethnic Divisions." *Quarterly Journal of Economics,* 112(4): 1203-50.

Easterly, W., and S. Rebelo. 1993. "Fiscal Policy and Economic Growth: An Empirical Investigation." *Journal of Monetary Economics,* 32(3): 417-58.

Economist. 2001. "Economist Intelligence Unit: China." February.

―――. 2003a. "Banking in China." 8 March: 67.

―――. 2003b. "The Weakest Link: A Survey of Asian Finance." 8 February: 3. Edwards, S. 1995. *Crisis and Reform in Latin America: From Despair to Hope.* New York: Oxford University Press.

―――. 1998. "The Latin American Economies at the End of the Century," in *Jobs and Capital: Economic and Political Conditions and Prospect: A Global Survey.* 7(1) 44.

Ellsberg, D. 2001. *Risk, Ambiguity and Decision.* New York: Garland.

Evans, G. H. 1948. *Business Incorporations in the United States 1800-1943.* General Series No. 49, National Bureau of Economic Research, Cambridge, Mass. *Far Eastern Economic Review.* 2003a. "The Untouchables." 27 March: 29-31: 54-56.

―――. 2003b. "Wake Up Call: China's Future Depends on Better Stock Markets." 20 November: 44-48.

―――. 1995. "Demolitions Zealot: Civil Servant's Mandate Is to Raze Corruption." 18 May: 78.

Ferreira, F.H.G., and J. A. Litchfield. 1997. "Poverty and Income Distribution in Chile: 1987-94." Report No. 681-59, World Development Report Office, World Bank, Washington, D.C.

Financial Times. 2003. 16 December.

Fischhoff, B., S. Lichtenstein, P. Slovic, S. L. Derby, and R. Keeney. 1993. *Acceptable Risk: A Critical Guide.* Cambridge: Cambridge University Press.

Fisman, R. 2001. "Estimating the Value of Political Connections." *American Economic Review,* 91(4): 1095-1102.

Forbes, K. J. 2000. "A Reassessment of the Relationship between Inequality and Growth." *American Economic Review,* 90(4): 869-87.

Foreign Policy. 2004. "Measuring Globalization: Globalization Index," April-May: 54-57.

Fukuyama, F. 1995. *Trust: The Social Virtues and the Creation of Prosperity.* New York: Free Press.

Gelos, G., and S. Wei. 2002. "Transparency and International Investor Behavior." Working Paper No. w9260, October, National Bureau of Economic Research, Cambridge, Mass.

Gerschenkron, A. 1962. *Economic Backwardness in Historical Perspective: A Book of Essays.* Cambridge: Harvard University Press.

Glaeser, E., J. Sheinkmen, and A. Shleifer. 2002. *The Injustice of Inequality.* Manuscript, Harvard University.

Glickman, T., and M. Gough (eds.). 1990. *Readings in Risk.* Baltimore: Johns Hopkins Press.

Goodman, P. 2002. "China's Wealthy Facing Income Tax Crackdown." *Washington Post,* 22 October: E7.

Goodnow, H. F. 1964. *The Civil Service of Pakistan: Bureaucracy in a New Nation.* New Haven: Yale University Press.

Gopinath, P. K. 1982. "Corruption in Political and Public Offices: Causes and Cure." *Indian Journal of Public Administration,* 28(4): 897-918.

Graham, C., and M. Naim. 1998. "The Political Economy of Institutional Reform in Latin America" in N. Birdsell et al. (eds.), *Beyond Trade Offs: Market Reform and Equitable Growth in Latin America.* Washington, D.C.: Brookings Institution.

Grant's Asia Observer. 1996. "False Profits." 14: 5-9.

Greenspan, A. 1999. "Do Efficient Financial Markets Mitigate Financial Crises?" Speech given before the 1999 Financial Markets conference of the Federal Reserve Bank of Atlanta, 19 October, Sea Island, Ga. (available at www. federal reserve. gov/boarddocs/speeches/1999/19991019. htm).

Gregory, N., S. Tenev, and D. Wagle. 2000. *China's Emerging Private Enterprises: Prospects for the New Century.* Washington, D.C.: International Finance Corp.

Greif, A. 1993. "Contract Enforceability and Economic Institutions in Early Trade: The Maghribi Trader's Coalition." *American Economic Review,* 83(3): 525-48.

———. 2003. "Institutions and Impersonal Exchange: The European Experience." Department of Economics, Stanford University.

Grossman, H. I., and S. J. Noh. 1990. "A Theory of Kleptocracy with Probabilistic Survival and Reputation." *Economics and Politics,* 2: 157-71.

———. 1994. "Proprietary Public Finance and Economic Welfare." *Journal of public Economics*, 53: 187-204.
Gupta, D. 1990. *The Economics of Political Violence.* New York: Praeger.
Hamrin, C. L. 1990. *China and the Challenge of the Future: Changing Political Patterns.* Boulder, Colo.: Westview.
Haq, M. 1976. *The Poverty Curtain: Choices for the Third World.* New York: Columbia University Press.
———. 1995. *A New Vision of Economic and Social Justice.* Lahore, Pakistan: Progressive Publishers.
Hausmann, R., and M. Gavin. 1995. "Overcoming Volatility," in *Economic and Social Progress in Latin America.* Washington, D.C.: Inter-America Development Bank.
Heilbroner, R., and A. Singer. 1999. *The Economic Transformation of America.* Fort Worth: Harcourt Brace College Publishers.
Hellman, J. S. 1998. "Winners Take All: The Politics of Partial Reform in Post-communist Transitions." *World Politics*, 50(2): 203-34.
Hellman, J. S., G. Jones, and D. Kaufmann. 2000. "Seize the State, Seize the Day: State Capture, Corruption, and Influence in Transition." Working Paper No. 2444, World Bank Institute, Washington, D.C.
Hellman, J. S., and D. Kaufmann. 2004. "Inequality of Influence," in S. Rose-Ackerman and J. Kornai (eds.), *Building a Trustworthy State in Post-Socialist Transition.* New York: Palgrave.
Hibbs, D. 1973. *Mass Political Violence: A Cross-Sectional Analysis.* New York: Wiley.
Hirshleifer, J. 1966. "Investment Decision under Uncertainty: Applications of the State-Preference Approach." *Quarterly Journal of Economics*, 80(2): 252-77.
Hirshleifer, J., and J. G. Riley. 1992. *The Analytics of Uncertainty and Information.* Cambridge: Cambridge University Press.
Holden, P. 1997. "Collateral without Consequence: Some Causes and Effects of Financial Underdevelopment in Latin America." *Financier*, 4(1): 12-21.
Holden, P., and S. Rajapatirana. 1995. "Unshackling the Private Sector: A Latin American Story." Policy Report No. 019, World Bank, Washington, D.C.
Hoshi, T., and A. Kashyap. 2001. *Corporate Finance and Government in Japan.* Cambridge: MIT Press.
Hoshi, T., A. Kashyap, and D. Scharfstein. 1991. "Corporate Structure, Liquidity, and Investment: Evidence from Japanese Industrial Groups." *Quarterly Journal of Economics*, 106(1): 33-60.
Hu, F. 2001. "Das Kapital: Capital Markets Are Transforming China." Paper, May, Goldman Sachs Group, Hong Kong.
Husain, I. 1990. *Pakistan: The Economy of an Elitist State.* Karachi: Oxford University Press.
India, Ministry of Finance. 1997. *Economic Survey.* New Delhi.
India, Ministry of Home Affairs. 1964a. *Report of the Committee on Prevention of Corruption.* New

Delhi.

———. 1964b. *The Santhanam Report*. New Delhi.

———. 1993. *Vohra Committee Report*. New Delhi.

India, Ministry of Home Affairs, Administrative Vigilance Division. 1964. *Tenth Annual Report*. New Delhi.

India, Ministry of Information Technology. 2003. *Annual Report, 2002-2003*. New Delhi.

India Today. 1996a. "Striking Murky Deals." 30 November: 97-104.

———. 1996. 30 November: 105.

———. 2001. 17 August.

International Finance Corporation. 2000. *China's Emerging Private Enterprises: Prospects for the New Century*. Washington, D.C.: IFC.

International Monetary Fund. 2004. *International Financial Statistics 2004*. CD-ROM.

Jain, A. K. (ed.). 1998. *The Economics of Corruption*. Boston: Kluwer Academic.

Jarvis, D. (ed.). 2003. *International Business Risk: A Handbook for the Asia-Pacific Region*. Cambridge: Cambridge University Press.

Jefferson, G. H., and T. G. Rawski. 1999. "China's Industrial Innovation Ladder: A Model for Endogenous Reform," in G. H. Jefferson and I. Singh (eds.), *Enterprise Reform in China: Ownership, Transition, and Performance*. Oxford: Oxford University Press.

Jenkins, R. 1999, *Democratic Politics and Economic Reform in India*. Cambridge: Cambridge University Press.

Jensen, E. G. 1997. "An Agenda for Effective Governance." Manuscript, October, Asian Development Bank, Washington, D.C.

Jensen, M. C. 1983. "The Market for Corporate Control: The Scientific Evidence." *Journal of Financial Economics*, 11(1-4): 5-50.

———. 1991. "Corporate Control and the Politics of Finance." *Journal of Applied Corporate Finance*, 4 Summer: 13-33.

———. (ed.). 1998. *Foundations of Organizational Behavior*. Cambridge: Harvard University Press.

———. 2002. "Value Maximization, Stakeholder Theory, and the Corporate Objective Function," in J. Andriof, S. Waddock, S. Rahman, and B. Husted (eds.), *Unfolding Stakeholder Thinking: Theory Responsibility and Engagement*. Sheffield: Greenleaf.

Jensen, M. C., and W. H. Meckling. 1976. "Theory of the Firm: Managerial Behavior, Agency Costs, and Ownership Structure." *Journal of International Economics* (3): 305-60.

Joh, S. W. 2000a. "Control, Ownership, and Firm Performance: The Case of Korea." Research Paper No., 1264, presented at the Econometric Society World Congress, Korea Development Institute, Seoul.

———. 2000b. "Microdynamics of Industrial Competition." Working paper, Korea Development Institute, Seoul.

Keefer, P., and S. Knack. 1993. "Why Don't Poor Countries Catch Up? A Cross National Test of an Institutional Explanation." Working Paper No. 60, Institutional Reform and the Informal Sector, University of Maryland, College Park.

Kennedy, C. H. 1987. *Bureaucracy in Pakistan*. Karachi: Oxford University Press.

Khan, A. R. and C. Riskin. 2000. *China: Income Distribution and Poverty in the Age of Globalization*. New York: Oxford University Press.

Khan, M. M. 1980. *Bureaucratic Self-Preservation: Failure of Major Administrative Reform Efforts in the Civil Service of Pakistan*. Bangladesh: University of Dhaka Press.

King, R. G., and R. Levine. 1993a. "Finance and Growth: Schumpeter Might Be Right." *Quarterly Journal of Economics* 108(3): 717-38.

―――. 1993b. "Finance, Entrepreneurship, and Growth: Theory and Evidence." *Journal of Monetary Economics*, 32(3): 513-42.

Klitgaard, R. 1991. *Adjusting to Reality: Beyond "State versus Market" in Economic Development*. San Francisco: ICS Press.

Knight, F. H. 1971. *Risk, Uncertainty, and Profit*. Chicago: University of Chicago Press.

Knott, J. H., and G. J. Miller. 1987. *Reforming Bureaucracy: The Politics of Institutional Choice*. Englewood Cliffs, N.J.: Prentice-Hall.

Kobb, D. 2003. "Corruption in Tanzania: Counting and Franchise Bidding," in J. McClaren (ed.), *Institutional Elements of Tax Design and Reform*. Washington D.C.: World Bank.

Kobrin, S. J. 1984. "Expropriation as an Attempt to Control Foreign Firms in LDCS: Trends from 1960 to 1979." *International Studies Quarterly*, 28(3): 329-48.

Kochanek, S. A. 1974. *Business and Politics in India*. Berkeley and Los Angeles: University of California Press.

―――. 1983. *Interest Groups and Development: Business and Politics in Pakistan*. Oxford: Oxford University Press.

Kochanek, S. A. 1987. "Briefcase Politics in India: The Congress Party and the Business Elite." *Asian Survey* 27(12) Dec.: 1278-1301.

Kohli, A. 1990. *Democracy and Discontent: India's Growing Crisis of Governability*. Cambridge: Cambridge University Press.

Kothari, R. 1970. *Caste in Indian Politics*. London: Routledge.

Kray, A. 2002. "Growth without Governance." Policy Research Working Paper No. 2928, Washington, D.C.: World Bank.

Kremer, M., and S. Jayachandran. 2002. "Odius Debt." Working Paper No. w8953, May, National Bureau of Economic Research, Cambridge, Mass.

Kunio, Y. 1988. *The Rise of Ersatz Capitalism in South East Asia*. New York: Oxford University Press.

Kuznets, S. 1942. "National Income and Taxable Capacity." *American Economic Review*. 32(1): 37-75.

―――. 1966. *Modern Economic Growth*. New Haven: Yale University Press.

Laban, R., and F. Sturzenegger. 1992. "La Economia Politica de los Programmas de Estabilization," *Collección Estudios* CIEPLAN, 36 (Dec.): 441-66.

―――. 1994. "Fiscal Conservatism as a Response to the Debt Crisis." *Journal of Development Economics*, 45 (Nov.): 305-24.

Lampton, D. M. 1987. *Policy Implementation in Post-Mao China.* Berkeley: University of California Press.

Landa, J. T. 1994. *Trust, Ethnicity, and Identity: Beyond the New Institutional Economics of Ethnic Trading Networks, Contract Law, and Gift-Exchange.* Ann Arbor: University of Michigan Press.

LaPorte, R. Jr. 1975. *Power and Privilege: Influence and Decision Making in Pakistan.* Berkeley: University of California Press.

Lardy, N. R. 1998. *China's Unfinished Economic Revolution.* Washington, D.C.: Brookings Institution.

―――. 2002. *Integrating China into the Global Economy.* Washington, D.C.: Brookings Institution.

Lee, J. 1996. "Culture and Management: A Study of Small Chinese Family Business in Singapore." *Journal of Small Business Management*, 34: 63-67.

Leff, N. 1978. "Industrial Organization and Entrepreneurship in the Developing Countries." *Economic Development and Cultural Change*, 26(4): 661-75.

Lempert, R. J., S. W. Popper, and S. C. Bankes. 2003. *Shaping the Next One Hundred Years: New Methods for Quantitative, Long-term Policy Analysis.* Santa Monica: Rand Corp.

Leung, F.F.L. 1995. "Overseas Chinese Management: Myths and Realities." *East Asian Executive Reports*, 17: 6-13.

Levi, M. 1997. *Consent, Dissent and Patriotism.* Cambridge: Cambridge University Press.

Levine, R. 1997. "Financial Development and Economic Growth: Views and Agenda." *Journal of Economic Literature*, 35(2): 688-726.

Levine, R., N. Loayza, and T. Beck. 2000. "Financial Intermediation and Growth: Causality and Causes." *Journal of Monetary Economics*, 46(1): 31-77.

Levine, R., and S. Zervos. 1998. "Stock Markets, Banks, and Economic Growth." *American Economic Review* 88(3): 537-58.

Levy, D. C., and K. Bruhn. 2001. *Mexico: The Struggle for Democratic Development.* Los Angeles: University of California Press.

Li, D. D., and F. T. Liu. 2001. "Why Do Governments Dump State Enterprises? Evidence from China." Manuscript prepared for the 12th Annual East Asian Seminar on Economics, Hong Kong University of Science and Technology, Kowloon, Hong Kong.

Lieberthal, K., and M. Oksenberg. 1988. *Policymaking in China: Leaders, Structures and Processes.* Princeton: Princeton University Press.

Litan, R. E., M. Pomerleano, and V. Sundararajan. 2003. *The Future of Domestic Capital Markets in Developing Countries.* Washington, D.C.: Brookings Institution.

Loayza, N., K. Schmidt-Hebbel, and L. Servén. 2000. "What Drives Private Saving across the World?" *Review of Economics and Statistics*, 82(2): 161-81.

Looney, R. E. 2001. "Pakistan's Economy: Achievements, Progress, Constraints, and Prospects," in H. Malik (ed.), *Pakistan: Founders' Aspirations and Today's Realities*. Oxford: Oxford University Press.

Lora, E., and J. L. Londono. 1998. "Structural Reforms and Equity," in N. Bird-sell et al. (eds.), *Beyond Trade Offs: Market Reform and Equitable Growth in Latin America*. Washington, D.C.: Brookings Institution.

Lu, Xiaobo. 2000. "Booty Socialism, Bureau-preneurs, and the State in Transition: Organizational Corruption in China." *Comparative Politics*, 32(3): 273-94.

Luce, R. D., and H. Raffia. 1957. *Games and Decisions: Introduction and Critical Survey*. New York: Wiley.

Macdonald, J. 2003. *A Free Nation Deep in Debt: The Financial Roots of Democracy*. New York: Farrar, Straus and Giroux.

Mackie, J.A.C. 1992. "Overseas Chinese Entrepreneurship." *Asia-Pacific Economic Literature* 6(1): 41-64.

Mahathir, M. 1970. *The Malay Dilemma*. Singapore: Times Books International.

Mahmood, S. 1990. *Bureaucracy in Pakistan: An Historical Analysis*. Lahore: Progressive.

Manion, M. 1994. "Corruption by Design: Bribery in Chinese Enterprise Licensing." Manuscript, Faculty of Social Sciences, Lingnan College, Hong Kong.

Marathe, S. 1986. *Regulation and Development: The Indian Policy Experience of Controls over Industry*. London: Sage.

Marx, K., and F. Engels. 1998. *The Communist Manifesto*. London: Verso.

Mauro, P. 1995. "Corruption and Growth." *Quarterly Journal of Economics* 110(3): 681-712.

McCargo, D., (ed.). 2002. *Reforming Thai Politics*. Copenhagen: Nordic Institute of Asian Studies.

McDonald, H. 1995. "Demolitions Zealot: K. J. Alphons." *Far Eastern Economic Review*, 4 May: 78.

McGregor, R. 2003a. "Newbridge Capital China Deal Near Collapse." *Financial Times*, 12 May.

―――. 2003b. "Stock Exchanges: Seriously Out of Step with the Economy." *Financial Times*, 16 Dec. 4.

McGuire, J. 1997. "Rethinking Development in East Asia and Latin America." Working paper, Pacific Council on International Policy/Center for International Studies, University of Southern California, Los Angeles.

McGuire, M. C., and M. Olson. 1996. "The Economics of Autocracy and Majority Rule: The Invisible Hand and the Use of Force." *Journal of Economic Literature*, 34(1): 72-96.

Mckinnon, R. 1973. *Money and Capital in Economic Development*. Washington, D.C.: Brookings Institution.

McMillan, J., and B. Naughton. 1992. "How to Reform a Planned Economy: Lessons from China." *Oxford Review of Economic Policy*, 8 (Spring): 130-43.

Mead, W. R., and S. Schwenninger (eds.). 2003. *The Bridge to a Global Middle Class: Development, Trade and International Finance*. Boston: Kluwer Academic.

Merton, R. 1995. "A Functional Perspective of Financial Intermediation." *Financial Management*, 24: 23-41.

Metzger, G. 2006 (forthcoming). "International Financial Institutions, Corporate Governance and the Asian Financial Crisis," in T. Heller (ed.). *The Ecology of Corporate Governance: The East Asian Experience*. Available at http://ssrn.com/abstract=382840.

Meyer, R. C. 1989. "How Do Indians Vote?" *Asian Survey*, 29(12): 1111-22.

Mill, J. S. 1871. *Principles of Political Economy*. London: Longmans, Green, Reader and Dyer.

Miller, G. J. 1992. *Managerial Dilemmas: The Political Economy of Hierarchy*. Cambridge: Cambridge University Press.

Montagu-Pollock, M. 1991. "All the Right Connections: Chinese Management Has Amazing Advantages over 'Modern' Methods." *Asian Business*, 27(1): 20-24.

Moss, D. 2002. *When All Else Fails: Government as the Ultimate Risk Manager*. Cambridge: Harvard University Press.

Mungaray, M. and C. Van Den Handel. 2004. "Economic Growth and Democracy in Latin America." Unpublished manuscript, School of Politics and Economics, Claremont Graduate University, Claremont, Calif.

Murphy, K. M., A. Shleifer, and R. W. Vishny. 1993. "Why Is Rent-Seeking So Costly to Growth?" *American Economic Review*, 83(2): 409-14.

Murphy, R. L. 1994. "Commentary," in Fundacion de Investigaciones Economicas Latino Americanas, "La Experencia del Asia Oriental." Documento de Trabajo No. 40: 12-17. Buenos Aires, Argentina.

Murphy, R. L., O. Libonatti, and M. Salinardi. 1995. "Overview and Comparison of Fiscal Decentralization Experiences," in R. L. Murphy (ed.), *Fiscal Decentralization in Latin America*. Washington, D.C.: Inter-American Development Bank.

Murphy, R. L., and C. Moskovits. 1997. "Decentralization, Inter-Governmental Fiscal Relations and Macroeconomic Governance: The Case of Argentina." Working paper, August, Foundation for Latin American Economic Research, Buenos Aires, Argentina.

Nathan, A. J. 1973. "A Factionalism Model for CCP Politics." *China Quarterly*, 53(January-March): 34-66.

Nelson, J. M. 1989. "Overview: The Politics of Long Haul Economic Reform," in J. M. Nelson et al. (eds.), *Fragile Coalitions: The Politics of Economic Adjustment*. New Brunswick, N.J.: Transaction.

Nelson, M. 2002. "Thailand's House Elections of 6 January 2001: Thaksin's Landslide Victory and Subsequent Narrow Escape," in M. Nelson (ed.), *Thailand's New Politics: KPI Yearbook, 2001*. Bangkok: White Lotus.

Neusser, K., and M. Kugler. 1998. "Manufacturing Growth and Financial Development: Evidence

from OECD Countries." *Review of Economics and Statistics* 80(4): 636-46.
Noble, D. F. 1977. *America by Design: Science, Technology and the Rise of Corporate Capitalism.* New York: Knopf.
North, D. C. 1990. *Institutions, Institutional Change, and Economic Performance.* Cambridge: Cambridge University Press.
―――. 1991. "Institutions." *Journal of Economic Perspectives*, 5(1): 97-112.
North, D. C., and B. R. Weingast. 1989. "Constitutions and Commitment: The Evolution of Institutions Governing Public Choice in Seventeenth-Century England." *Journal of Economic History* 49(4): 803-32.
O' Driscoll, G. P., Jr., K. R. Holmes, and M. A. O' Grady. 2002. "Index of Economic Freedom." Washington, D.C.: Heritage Foundation.
Oi, J. 1989. *State and Peasant in Contemporary China: The Political Economy of Village Government.* Berkeley: University of California Press.
Olson, M. 1965. *The Logic of Collective Action.* Cambridge: Harvard University Press.
―――. 1982. *The Rise and Decline of Nations: Economic Growth, Stagflation, and Social Rigidities.* New Haven: Yale University Press.
―――. 1993. "Dictatorship, Democracy, and Development." *American Political Science Review*, 87(3): 567-76.
Olson, R. D. 1965. "Mayan Affinities with Chipaya of Bolivia II: Cognates." *International Journal of American Linguistics* 31: 29-38.
Otani, I., and D. Villanueva. 1990. "Long Term Growth in Developing Countries and Its Determinants: An Empirical Analysis." *World Development*, 18(6): 769-83.
Overholt, W. H. 1994. *The Rise of China: How Economic Reform Is Creating a New Superpower.* New York: Norton.
Pakistan People' s Party. 1970. *Election Manifesto.* Lahore: Classic.
Paz, O. 1997. *In Light of India.* New York: Harcourt, Brace.
Pei, M. 2002a. "China' s Governance Crisis." *Foreign Affairs*, 81(5):1-18.
―――. 2002b. "Beijing Drama: China' s Governance Crisis and Bush' s New Challenge." Policy Brief No. 21, Carnegie Endowment for International Peace, Washington, D.C.
Perotti, E. C., and S. Gelfer. 1998. "Investment Financing in Russian Financial-Industrial Groups." William Davidson Institute Working Papers Series 242, University of Michigan Business School, Ann Arbor.
Perotti, R. 1996. "Growth, Income Distribution and Democracy: What the Data Say." *Journal of Economic Growth*, 1: 149-87.
Persson, T., and G. Tabellini. 1994. "Is Inequality Harmful for Growth?" *American Economic Review*, 84(3): 600-621.
Phongpaichit, P., and C. Baker. 2002. "Plulto-Populism: Thaksin, Business and Popular Politics in Post-Crisis Thailand," in E. Hedman and J. Sidel (eds.), *Populism in Southeast Asia: The*

Threat and Promise of New Politics. New Haven: Yale University Press.
―――. 2004. *Thaksin: The Business of Politics in Thailand.* Thailand: Silkwood. Pinto-Duschinsky, M. 2002. "Financing Politics: A Global View." *Journal of Democracy,* 13(4): 69-86.
Pomfret, J. 2002a. "One Corrupt City Reflects Scourge Plaguing China." *The Washington Post,* 6 March.
―――. 2002b. "Chinese Capitalists Gain New Legitimacy." *Washington Post,* 29 September.
Potter, D. C. 1986. *India's Political Administrators, 1919-1983.* Oxford: Clarendon.
Prabhash J. 2003. "Gram Sabha as an Instrument of State Civil Society Synergy: The Kerala Experience," in R. Balasubramaniyan and R. Shanmugaswamy (eds.), *Governability and Governance in South Indian States.* Chennai: University of Madras.
Prasad, E., K. Rogoff, S. Wei, and M. A. Kose. 2003. "Effects of Financial Globalization on Developing Countries: Some Empirical Evidence." Occasional Paper No. 220, International Monetary Fund, Washington, D.C.
PricewaterhouseCoopers. 2001. "Investigating the Costs of Opacity: Deterred Foreign Direct Investment." http://www.opacity-index.com.
Pritchett, L. 2003. "A Toy Collection, a Socialist Star, and a Democratic Dud? Growth Theory, Vietnam, and the Philippines," in D. Rodrik (ed.), *In Search of Prosperity: Analytic Narratives on Economic Growth.* Princeton: Princeton University Press.
Prowse, S. D. 1992. "The Structure of Corporate Ownership in Japan." *Journal of Finance,* 47(3): 1121-40.
Przeworski, A., M. E. Alvarez, J. A. Cheibub, and F. Limongi. 2000. *Democracy and Development: Political Institutions and Well-Being in the World, 1950-1990.* Cambridge: Cambridge University Press.
Putnam, R. 1993. *Making Democracy Work.* Princeton: Princeton University Press.
Pye, L. 1982. *The Dynamics of Chinese Politics.* Cambridge: Oelgeschlager Gunn and Hain.
Qian, Y. 2003. "How Reform Worked in China" in D. Rodrik (ed.), *In Search of Prosperity: Analytic Narratives on Economic Growth.* Princeton: Princeton University Press.
Qian, Y., and B. R. Weingast. 1995. *China's Transition to Markets: Market-Preserving Federalism, Chinese Style.* Stanford: Hoover Institution Press.
Qian, Y., and J. Wu. 2003. "China's Transition to a Market Economy: How Far Across the River?" in N. C. Hope, D. T. Yang, and M. Y. Li (eds.), *How Far Across the River: Chinese Policy Reform at the Millennium.* Stanford: Stanford University Press.
Rahman, M. Z. 2000. "Accounting Standards in the East Asia Region." Paper presented to the 2nd Asian Roundtable on Corporate Governance, OECD and World Bank, Hong Kong.
Rajan, R. 2002. "The Great Reversals: The Politics Financial Development in the 20th Century." Unpublished working paper, University of Chicago.
Rajan, R., H. Servaes, and L. Zingales. 2000. "The Cost of Diversity: The Diversification Discount and Inefficient Investment." *Journal of Finance,* 55: 35-79.

Rajan, R., and L. Zingales. 1998a. "Financial Dependence and Growth." *American Economic Review*, 88(3): 559-87.

———. 1998b. "Which Capitalism? Lessons from the East Asia Crisis." *Journal of Applied Corporate Finance*, 11(3): 40-48.

———. 2003a. "The Great Reversal: The Politics of Financial Development in the Twentieth Century," *Journal of Financial Economics* 69: 5-50.

———. 2003b. *Saving Capitalism from the Capitalists: Unleashing the Power of Financial Markets to Create Wealth and Spread Opportunity*. New York: Random House.

Ramey, G., and V. A. Ramey. 1995. "Cross-country Evidence on the Link between Volatility and Growth." *American Economic Review*, 85(5): 1138-51.

Ratliff, W., and E. Buscaglia. 1997. "Judicial Reform: The Neglected Priority in Latin America." *Annals of the American Academy of Political and Social Science, 550* (March): 59-71.

Ratliff, W., and R. Fontaine. 1990. *Changing Course: The Capitalist Revolution in Argentina*. Stanford: Hoover Institution Press.

———. 1993. *Argentina's Capitalist Revolution Revisited: Confronting the Social Costs of Statist Mistakes*. Stanford: Hoover Institution Press.

Redding, G. and G. Y. Y. Wong, 1986. "The Psychology of Chinese Organizational Behaviour," in M. H. Bond (ed.), *The Psychology of the Chinese People*. Hong Kong: Oxford University Press.

Redding, S. G. 1990. *The Spirit of Chinese Capitalism*. Berlin: De Gruyter.

Rhee, Y. W., B. Ross-Larson, and G. Pursell. 1984. *Korea's Competitive Edge: Managing the Entry into World Markets*. Baltimore: Johns Hopkins University Press.

Rodrik, D. 1989. "Promises, Promises: Credible Policy Reform via Signaling." *Economic Journal*, 99(127): 756-72.

———. 1991. "Policy Uncertainty and Private Investment in Developing Countries," *Journal of Development Economics* 36(2): 229-42.

———. 1997. "The 'Paradoxes' of the Successful State." *European Economic Review*, 41(3-5): 411-42.

Roe, M. J. 2003. *Political Determinants of Corporate Governance: Political Context, Corporate Impact*. New York: Oxford University Press.

Romer, P. 1994. "The Origins of Endogenous Growth." *Journal of Economic Perspective* 8(1): 3-22.

Root, H. L. 1987. *Peasants and King in Burgundy: Agrarian Foundations of French Absolutism*. Berkeley: University of California Press.

———. 1989. "Tying the King's Hands: Credible Commitments and Royal Finance during the Old Regime." *Rationality and Society* 1(4): 386-90.

———. 1994. *The Fountain of Privilege: Political Foundations of Markets in Old Regime France and England*. Berkeley: University of California Press.

———. 1995. "Has China Lost Its Way? Getting Stuck in Transition." Essays in Public Policy Series, Hoover Institution, Stanford University.

Root, H. L. 1996a. "Corruption in China: Has It Become Systemic?" *Asian Survey* 36(8): 741-57.
―――. 1996b. *Small Countries, Big Lessons: Governance and the Rise of East Asia*. London: Oxford University Press.
―――. 1997. "Transparency and China's Aspirations." *Asian Wall Street Journal*, January 13.
―――. 1999a. "Rethinking Global Economic Incentives: How Mismanagement Keeps World Leaders in Office." Policy brief, 29 October, Milken Institute, Santa Monica, Calif.
―――. 1999b. "Self-Inflicted Wounds." *National Interest*. Winter: 105-8.
―――. 2000a. "Improving the Effectiveness of Donor-Assisted Development," in B. Bueno de Mesquita and H. L. Root (eds.), *Governing for Prosperity*. New Haven: Yale University Press.
―――. 2000b. "Korea's Recovery: Don't Count on the Government." Policy brief, 30 May, Milken Institute, Santa Monica, Calif.
―――. 2000c. "Removing Estrada Will Not Save the Philippines." *International Herald Tribune*, November 21: 8.
―――. 2000d. "Suharto's Tax on Indonesia's Future," in F. J. Richter (ed.), *The East Asian Development Model: Economic Growth, Institutional Failure and the Aftermath of the Crisis*. London: Macmillan.
―――. 2000e. "Transparency and China's Aspirations," in B. Chen, J. K. Dietrich, and Y. Feng, *Financial Market Reform in China: Progress, Problems and Prospects*. New York: Westview.
―――. 2000f. "When Bad Economics Is Good Politics," in B. Bueno de Mesquita and H. L. Root (eds.), *Governing for Prosperity*. New Haven: Yale University Press.
―――. 2001a. "Do Strong Governments Produce Strong Economies?" *Independent Review*. 5(4): 565-73.
―――. 2001b. "East Asia's Bad Old Ways: Reforming Business by Reforming the Environment." *Foreign Affairs*, 8(2): 1-5.
―――. 2001c. "How to Get Ahead Again." The 5th Column. *Far Eastern Economic Review*, 26 April: 31.
―――. 2001d. "Invisible Hand: A Thirst for Funds Drives Change." *Asian Wall Street Journal*, 26 April.
―――. 2001e. "Pubic Administration Reform in Sri Lanka." *International Journal of Public Administration*, 24(12): 1357-79.
―――. 2001f. "Thailand Moving Forward into the Past." *Asian Wall Street Journal*, 8 February.
―――. 2001g. "What a Way to Reform: Indonesia Is Inching towards Political and Economic Change." *International Economy*, March-April: 32-35.
―――. 2002. "What Can Democracy Do for East Asia?" *Journal of Democracy*, 13(1): 113-26.
Root, H. L., M. A. Abdollahian, and J. Kugler. 1999. "Economic Crisis and the Future of Oligarchy," in L. Diamond and D. C. Shin (eds.), *Institutional Reform and Democratic Consolidation in Korea*. Stanford: Hoover Institution Press.

Root, H. L., G. Hodgson, and G. Vanghan-Jones. 2001. "Public Administration Reform in Sri Lanka." *International Journal of Public Administration*, 24(12): 1357-78.

Root, H. L., and N. Nellis. 2000. "The Compulsion of Patronage: Political Sources of Information Asymmetry and Risk in Developing Country Economies," in B. Bueno de Mesquita and H. L. Root (eds.), *Governing for Prosperity*. New Haven: Yale University Press.

Rose-Ackerman, S. 1999. *Corruption and Government: Causes, Consequences and Reform*. Cambridge: Cambridge University Press.

Rosenberg, E. S. 1982. *Spreading the American Dream: American Economic and Cultural Expansions, 1890-1945*. New York: Hill and Wang.

Rousseau, P. L., and P. Wachtel. 1998. "Financial Intermediation and Economic Performance: Historical Evidence from Five Industrial Countries." *Journal of Money, Credit, and Banking*, 30(4): 657-78.

Rudolph, L., and S. Rudolph. 1987. *In Pursuit of Lakshmi: The Political Economy of the Indian State*. Chicago: University of Chicago Press.

Salik, S. 1997. *State and Politics: A Case Study of Pakistan*. Lahore: al-Faisal Nashran.

Salter, F. K. (ed.). 2002. *Risky Transactions: Trust, Kinship and Ethnicity*. Oxford: Berghahn.

Samad, A. 1993. *Governance, Economic Policy and Reform in Pakistan: Essays in Political Economy*. Lahore: Vanguard.

Scharfstein, D. S. 1998. "The Dark Side of Internal Capital Markets II: Evidence from Diversified Conglomerates." Working paper, National Bureau of Economic Research, Cambridge, Mass.

Schenk, H. 1986. "Corruption······What Corruption? Notes on Bribery and Dependency in Urban India," in P. M. Ward (ed.), *Corruption, Development and Inequality*. London: Routledge.

Schlevogt, K. A. 1998. *Powers and Control in Chinese Private Enterprises: Organizational Design in the Taiwanese Media Industry*. Boca Raton, Fla.: Universal.

―――. 2002. *The Art of Chinese Management: Theory, Evidence, and Applications*. New York: Oxford University Press.

Sen, A., and J. Dreze. 1999. *The Amartya Sen and Jean Dreze Omnibus: Comprising Poverty and Famines, Hunger and Public Action, India: Economic Development and Social Opportunity*. New York: Oxford University Press.

Shah, A. 2002. "Democracy on Hold in Pakistan." *Journal of Democracy*, 13(1): 67-75.

Sheahan, J., and E. Iglesias. 1998. "Kinds and Causes of Inequity in Latin America," in N. Birdsell et al. (eds.), *Beyond Trade Offs: Market Reform and Equitable Growth in Latin America*. Washington, D.C.: Brookings Institution.

Shiller, R. J. 1993. *Macro Markets: Creating Institutions for Managing Society's Largest Economic Risks*. New York: Oxford University Press.

―――. 2003. *The New Financial Order: Risk in the 21st Century*. Princeton: Princeton University Press.

Shin, H., and Y. S. Park. 1999. "Financing Constraints and Internal Capital Markets: Evidence from Korean Chaebols." *Journal of Corporate Finance*, 5:169-91.

Shinn, J., and P. Gourevitch. 2002. "Reputations at Risk: Corporate Governance and American Foreign Policy." Mimeo, Council on Foreign Relations, Washington, D.C.

Shirk, S. L. 1993. *The Political Logic of Economic Reform in China*. Berkeley: University of California Press.

——. 1994. *How China Opened Its Door: The Political Success of the PRC's Foreign Trade and Investment Reforms*. Washington, D.C.: Brookings Institution.

Sicular, T. 1992. "Public Finance and China's Economic Reforms." Discussion Paper No. 1618, Harvard Institute of Economic Research, Cambridge, Mass.

Skowronek, S. 1982. *Building a New American State: The Expansion of National Administrative Capacities, 1877-1920*. New York: Cambridge University Press.

Srinivasan, T. N. 1996. "Indian Economic Reforms: Background, Rationale, Achievements, and Future Prospects," in G. Rosen (ed.), *India's New Economic Policy: Liberalization and Regionalization*. Stamford, Conn.: JAI Press.

Stiglitz, J. E. 1973. "Recurrences of Techniques in a Dynamic Economy," in J. Mirrlees, (ed.), *Models of Economic Growth*. New York: Macmillan.

——. 1994. *Whither Socialism?* Cambridge: MIT Press.

——. 1999. "Knowledge as a Global Public Good," in I. Kaul, I. Grunberg, and M. A. Stern (eds.), *Global Public Goods: International Cooperation in the 21st Century*. New York: Oxford University Press.

Strassman, W. P. 1981. *Risk and Technological Innovation*. London: Methuen.

Studwell, J. 2002. *The China Deram: The Quest for the Last Great Untapped Market on Earth*. New York: Grove.

Stulz, R. 2001. "Does Financial Structure Matter for Economic Growth? A Corporate Finance Perspective," in A. Demirguc-Kunt and R. Levine (eds.), *Financial Structure and Economic Growth*. Cambridge: MIT Press.

Tedlos, R. 1991. *The Rise of the American Business Corporation*. Poststrasse: Harwood Academic.

Temin, P. 1964. *Iron and Steel in the Nineteenth Century*. Cambridge: MIT Press.

Tenev, S., C. Zhang, and L. Brefort. 2002. *Corporate Governance and Enterprise Reform in China: Building the Institutions of Modern Markets*. Washington, D.C.: World Bank and International Finance Corp.

Terrill, R. 2003. *The New Chinese Empire: And What It Means for the United States*. New York: Basic.

Tobar, H. 2003. "The Good Life Is No More for Argentina." *Los Angeles Times*, 18 February A1.

Tocqueville, A. de. 1960. *Democracy in America*, vols. 1-2. P. Bradley (ed.), New York: Vintage.

Todd, E. 2002. *Apres l'empire: Essai sur la décomposition du système americain*. Paris: Gallimard.

Transparency International. 2002. *Corruption Perception Index*, http://www.transparency.org/cpi/2002/cpi2002.en.html.

Turpin, D. V. 1998. "Challenge of the Overseas Chinese." Mastering Global Business Series, part 2, *Financial Times*, 2 June: 8.

United Nations Development Programme. 2004. *Democracy in Latin America: Towards a Citizens' Democracy*. New York: UNDP.

United Press International, 2003. "Bureaucratic Corruption Worries India." October 9, 2003, http://quickstart.clari.net/qs_se/webnews/wed/ct/Uindia-corruption.Rbe3_DO9.html.

Venieris, Y., and D. Gupta. 1983. "Socio-Political Instability and Economic Dimensions of Development: A Cross-Sectional Model." *Economic Development and Cultural Change*, 31(4): 727-56.

———. 1986. "Income Distribution and Socio-Political Instability as Determinants of Savings: A Cross-Sectional Model." *Journal of Political Economy*, 94(4): 873-83.

Vittal, N. 2000. "Some Unexplained Sums," *Bulletin of Lok Sevak Sangh* (India), February 28, 2000.

Vose, D. 2000. *Risk Analysis: A Quantitative Guide*. New York: Wiley.

Voth, H. J. 2003. "Stock Price Volatility and Political Uncertainty: Evidence From the Interwar Period." Manuscript, Massachusetts Institute of Technology.

Wade, R. 1982. "The System of Administrative and Political Corruption: Canal Irrigation in South India." *Journal of Development Studies*, 18(3): 287-328.

———. 1985. "The Market for Public Office: Why the Indian State Is Not Better at Development." *World Development* 13(4): 467-97.

———. 1998. "The Management of Irrigation Systems: How to Evoke Trust and Avoid Prisoner's Dilemma." *World Development*, 16(4): 489-500.

Waisman, C. H. 1987. *Reversal of Development in Argentina*. Princeton: Princeton University Press.

Walder, A. 1986. *Communist Neo-traditionalism: Work and Authority in Chinese Industry*. BerKeley: University of California Press.

Waller, C. J., T. Verdier, and R. Gardner. 2002. "Corruption: Top Down or Bottom Up?" *Economic Inquiry*, 40(4): 688-703.

Waseem, M. 1994. *Politics and the State in Pakistan*. Islamabad: National Institute of Historical and Cultural Research.

Waterbury, J. 1993. *Exposed to Innumerable Delusions: Public Enterprise and State Power in Egypt, India, Mexico, and Turkey*. Cambridge: Cambridge University Press.

Weber, M. 1961. "Bureaucracy," in H. H. Gerth and C. W. Mills (eds.), *From Max Weber: Essays in Sociology*. New York: Oxford University Press.

Wei, S. J. 1997. "Why is Corruption So Much More Taxing than Taxes? Arbitrariness Kills." Working Paper No. 6255, National Bureau of Economic Research, Cambridge, Mass.

Weidenbaum, M. 1996. "The Chinese Family Business Enterprise." *California Management Review*, 38: 141-56.

Weidenbaum, M., and S. Hughes. 1996. *The Bamboo Network: How Expatriate Chinese Entrepreneurs Are Creating a New Superpower in Asia*. New York: Free Press.

Weiner, M. 1957. *Party Politics in India: The Development of a multi-Party System*. Princeton: Princeton University Press.
──────. 1967. *Party Building in a New Nation: The Indian National Congress*. Chicago: University of Chicago Press.
Weingast, B. R. 1997. "The Political Foundations of Democracy and the Rule of Law." *American Political Science Review* 91(2): 245-63.
Westphal, L. E. 1990. "Industrial Policy in an Export-Propelled Economy: Lessons from South Korea's Experience." *Journal of Economic Perspectives* 4(3): 41-59.
Whitney, D. C. 1982. *The American Presidents*. Garden City, N. Y.: Doubleday.
Williamson, O.E. 1985. *The Economic Institutions of Capitalism*. New York: Free Press.
Wintrobe, R. 1997. *The Political Economy of Dictatorship*. Cambridge: Cambridge University Press.
Wolpert, S. A., 1993. *Zulfi Bhutto of Pakistan*. New York: Oxford University Press.
World Bank. 1989. *World Development Report of 1989: Finance and Development*. Washington, D.C.: World Bank.
──────. 1993. *The East Asian Miracle: Economic Growth and Public Policy*. New York: Oxford University Press.
──────. 1997. *World Development Report: The State in a Changing World*. New York: Oxford University Press.
──────. 1998. *Assessing Aid: What Works, What Doesn't and Why*. New York: Oxford University Press.
──────. 2000. *Reforming Public Institutions and Strengthening Governance*. Washington, D.C.: World Bank.
──────. 2002a. *Civil Serivce Reform: Strengthening World Bank and IMF Collaboration*. Washington, D.C.: World Bank.
──────. 2002b. *Public Policy for the Private Sector*. Washington, D.C.: World Bank.
──────. 2002c. *Transition: The First Ten Years: Analysis and Lessons for Eastern Europe and the Former Soviet Union*. Washington, D.C.: World Bank.
──────. 2002d. *World Development Report 2002: Building Institutions for Market*. Washington, D.C.: World Bank.
──────. 2003. *World Development Report 2003: Sustainable Development in a Dynamic World: Transforming Institutions, Growth, and Quality of Life*. Washington, D.C.: World Bank.
──────. 2004a. *Inequality in Latin America and the Caribbean: Breaking with History?* Washington, D.C.: World Bank.
──────. 2004b. *Making Infrastructure Work for the Poor*. DevNews Media Center, http://web.worldbank.org/WBSITE/EXTERNAL/NEWS/0,,contentMDK:2003505~menuP.
Yáñez, J. H., and L. S. Letelier. 1995. "Chile," in R. L. Murphy (ed.), *Fiscal Decentralization in Latin America*. Washington, D.C.: Inter-American Development Bank.
Yasin, M. and T. Banuri. 2003. *Dispensation of Justice in Pakistan*. Oxford: Oxford University Press.

Yusuf, S., and S. Evenett. 2002. *Can East Asia Compete? Innovation for Global Markets.* New York: Oxford University Press.

Zhou, Tianyong. 2002. "Build Up Credible Government." *China Daily.*

Zwart, F. de. 1994. *The Bureaucratic Merry-go-round: Manipulating the Transfer of Indian Civil Servant.* Amsterdam: Amsterdam University Press.

● 심화 경제 용어

거래 비용 transaction cost
거래 전 협상비, 정보 수집 및 처리비, 계약 또는 재계약 시 드는 모든 비용 등을 말한다. 시장이 발달할수록 경제 활동에서 거래 비용이 차지하는 비율은 높아진다. 1937년 영국의 경제학자 로널드 코스Ronald H. Coase는 개인들이 시장에서 1:1 거래 시 수반되는 비용(생산, 유통 등)보다 기업을 조직하고 유지하는 데 부가되는 비용이 오히려 저렴하기 때문에 기업이 조직된다고 발표하며 처음으로 이 용어를 사용했다.

거시경제학 macroeconomics
미시경제학과 더불어 경제학을 이루는 분야 가운데 하나이다. 미시경제학이 가계와 기업 등의 개별경제 주체들 간의 행위와 상호영향 등에 의한 재화와 서비스의 가격, 거래량의 결정을 설명하는 데 비해, 거시경제학에서는 모든 개별경제 주체들의 상호작용으로 나타나는 한 나라의 경제 전체 현상에 대한 분석을 기초로 설명한다. 즉 국민소득, 물가, 실업, 환율, 국제수지 등 경제 전반에 영향을 미치는 변수들의 결정 요인과 이러한 변수들 간의 상호관련성을 연구하는 분야이다. 또한 장기적으로는 국민소득의 변화를 설명하는 경제 성장 이론과 단기적으로는 실업과 밀접한 연관을 가지고 있는 경기 변동 이론 등이 거시경제학에서의 주요 연구 대상이 된다.

경제 잉여 economic surplus
생산량과 소비량 간의 차액을 말한다. 바란P.A. Baran은 후진국의 경우 투자 재원이 많은 데도 불구하고 잘못 사용되고 있기 때문에 후진성을 벗어나지 못하는 것이라 진단하면서 이것을 설명하고자 현실적 경제 잉여와 잠재적 경제 잉여로 개념을 구분했다.
현실적 경제 잉여란 사회의 실제적 산출량과 소비량 간의 차액이고, 잠재적 경제 잉여란 주어진 자연적·기술적 환경 아래에서 가용생산자원의 이용으로 생산될 수 있는 산출량과 필수적 소비량 간의 차액이다. 그 사회의 사회구조를 합리적으로 개편하게 되면 현실적 경제 잉여를 잠재적 경제 잉여 수준으로 끌어올릴 수 있다고 주장했다.
후진성의 숙명론에 빠진 넉시Ragnar Nurkse의 '빈곤의 악순환'에 대한 비판으로 제기된 이론으로 기존의 식민지 경제 체제의 비합리성을 폭로하여 그것을 극복하려는 실천 운동에 이론적 근거를 제공했다.

국제연합개발계획 UNDP, United Nations Development Programme

개발도상국의 경제·사회적 개발을 촉진하기 위한 기술 원조를 제공하기 위해 설립되었다. 1949년 설립된 국제연합기술원조확대계획과 1958년 설립된 국제연합특별기금, 국제연합의 자체 등 정규 예산에 의해 행하는 개별적 원조의 세 가지가 통합되어 1965년 1월 발족되었다. 각 기구들의 독립성은 없어졌으나, 종래의 특징과 사업은 계속되어, 사업자금이나 각국의 분담금도 별도로 계상·운영할 수 있게 하였으며 각 계획의 특수성을 살리면서 조직의 단일화와 업무의 능률화를 꾀했다.

여기서 제공되는 특별기금은 최장 5년의 장기 대규모 사업을 통해 사전조사·연구기관 설립·훈련소 설치·개발계획 작성 등을 행하고, 확대기술원조계획은 수혜국의 요청에 따라 전문가 파견·연수생 훈련·기재 공여 등을 행하며, 일정 지역을 대상으로 공동사업도 진행한다. 5년마다 사업계획 지표를 세우는데 1992~1996년의 자금공여 액은 42억 달러이다. 1997년 개발도상국가에 대한 자금공여 총액은 약 175억 달러에 이른다.

국제통화기금 IMF, International Monetary Fund

세계 무역 안정을 목적으로 1945년 설립한 국제금융기구이다. 1944년 체결된 브레턴우즈협정 Bretton Woods Agreements에 따라 설립되어, 1947년 3월부터 세계은행과 함께 업무를 개시했다. 이 두 기구를 총칭하여 브레턴우즈기구라고도 하며, 약칭은 IMF이다. 2007년 기준으로 가맹국은 185개국이며, 본부는 미국 워싱턴에 있다.

기업 공개 initial public offerings

외부 투자자를 대상으로 하는 첫 기업 주식 공매, 기업의 주식 및 경영 내용의 공개이다.
넓은 의미로는 기업의 전반적 경영 내용의 공개를 뜻하지만, 좁은 의미로는 주식공개를 말한다. 기업의 원활한 자금조달과 재무구조 개선을 도모하고 국민의 기업 참여를 장려하여, 국민경제의 건전한 발전에 기여함을 주목적으로 한다.
기업 공개는 주주의 분산투자 촉진 및 소유분산, 자금조달 능력의 증가, 주식 가치의 공정한 결정, 세제상의 혜택 등을 제공한다.

라이센싱 Licensing

상표 등록된 재산권을 가지고 있는 개인 또는 단체가 타인에게 대가를 받고 그 재산권을 사용할 수 있도록 상업적 권리를 부여하는 계약이다. 라이센서Licensor는 상표 등록된 재산권을 가지고 있는 자를 말하며, 라이센시Licensee는 이 권리를 대여 받는 자를 지칭한다. 따라서 라이센싱이란 라이센서가 보유하고 있는 특허 · 기업 비결 · 노하우 · 등록상표 · 지식 · 기술 공정 등 가치 있는 상업적 자산권의 일정한 영역을 라이센시에게 계약 기간 동안 양도하는 것이다. 즉, 사용권 계약이라고 할 수 있으며 독점성 · 배타성이 보장되는 법적 권리이다.

레몬 시장 Market for Lemons

1970년 애컬로프George A. Akerlof가 처음 쓴 용어로, 여기서 쓰인 '레몬'이란 '빛 좋은 개살구'처럼 겉만 멀쩡한 물건을 가리킨다. 우리나라에서는 레몬 시장을 '개살구 시장'이라 부른다. 즉 시장 가격이 판매자가 팔려고 하는 물품가보다 낮을 경우 판매자는 물건을 시장에 내놓지 않으려 하는데 이는 결국 시장에 질 나쁜 상품만이 쌓이는 결과를 낳게 되고 구매자가 품질이 나쁜 물품을 구매할 수밖에 없는 상황을 만든다. 이것이 바로 역선택 이론인 '개살구 시장'이다.

리스크 risk

모든 투자 시 따르는, 손실을 초래할 위험을 말한다. 이때의 위험은 불확실성과는 반대의 것으로, 의사결정자 자신이 무엇이 일어날지 확정적으로는 알 수 없으나 일어날 수 있는 상태를 알고 있고 또 그 확률분포(確率分布)도 알고 있는 경우를 말한다.

투자가 관계된 다양한 분야는 여러 종류의 리스크를 안고 있다. 예를 들어 신용리스크는, 갑작스레 기업이 부도가 났을 경우 채권을 회수하지 못하는 상황 등을 뜻하며 시장리스크는, 은행이 투자를 위해 보유하고 있는 주식 · 채권 · 외환 및 파생상품 등의 손실 위험을 뜻한다.

매몰 비용 sunk costs

무엇을 선택하는가에 상관없이 지불할 수밖에 없는 비용이다. 매몰 비용은 이미 지불한 비용으로 돌려받을 수 없다. 그러므로 매몰 비용을 위해 포기해야 할 것은 아무것도 없으며 기회비용은 영(0)이다. 따라서 합리적인 선택을 할 때 이미 지출된 매몰 비용은 무시되어진다. 이미 지출했고 어떻게 하든 다시 회수할 수 없는 비용이므로 앞으로의 선택에 영향을 주어서는 안 되기 때문이다.

예를 들어, 고액의 비용을 지불하고 무언가 혜택을 받았을 경우 그것을 도중에 중지하고 싶다 하더라도 이미 지불한 비용은 돌려받을 수 없다. 이때 돌려받지 못하는 비용이 바로 매몰 비용이다. 혜택을 계속 유지하나 포기하나 매몰 비용은 돌려받지 못하기 때문에 다음에 할 행동에 매몰 비용은 아무런 영향을 미치지 않는다. 따라서 기회비용은 0인 것이다.

명목국내총생산 nominal GDP
한 해 시장 가격으로 계산된 국내총생산을 명목국내총생산이라 하고, 이 명목국내총생산을 특정 연도의 물가를 기준으로 환산한 것을 실질국내총생산real GDP이라고 한다. 명목국내총생산은 국내에서 생산된 최종 생산물의 수량에 그 때의 가격을 곱하여 산출한 것으로, 경제 규모 등의 파악에 이용된다.

미국국제개발처 USAID, United States Agency for International Development
종래의 미국 대외원조기관인 국제협력국과 개발차관기금을 통합하여 국무성에 설치한 비군사적인 원조 프로그램 수행 기관이다. 1961년 대통령 존 F. 케네디의 제안으로 대외 경제 협력과 기술 지원, 개발차관기금의 대출 업무, 수출입은행의 지역 대출 기능을 일원화할 목적으로 설립되었다. 1979년 이래 독립적인 미국국제개발협력처의 소속기관으로서 세계 각지에서 활동하고 있다. 1999년 기준으로 75개국 이상의 개발도상국이 원조를 받았다. 상당 부분은 전문 활동에 대한 용역과 미국산 생산품들이 차지한다. 특수한 사회·경제 계획 개발 프로그램이나 경제 성장과 기술 지원을 위한 도입 프로그램 개발 및 정치적인 위기를 당한 국가에 대해서는 이를 돕기 위한 기금을 제공한다. 본부는 미국 워싱턴에 있다.

벤처캐피털 venture capital
자기 자본과 다른 사람의 자본을 투자하는 투자자를 칭한다. 이들이 가지고 있는 고리스크 고수익 포트폴리오는 일반적으로 기관투자가인 다른 사람들이 가지고 있는 보다 큰 규모의 포트폴리오의 작은 한 부분이다.
고도의 기술력과 장래성은 있으나 경영 기반이 약해 일반 금융 기관으로부터 융자받기 어려운 벤처 기업에 무담보 주식 투자 형태로 투자하는 기업이나 그러한 기업의 자본을 말한다. 다른 금융 기관의 소극적 태도와는 달리 벤처 기업의 장래성과 수익성에 주목하여 이에 투융자하는 것으로, 장차 중소기업의 지식집약화의 첨병인 벤처 기업이 주식을 상장할 경우 자본이익을 얻어내는 것이 목적이다.

불확실성 uncertainty
장래 일어날 수 있는 사상(事象)에 관해 인간이 가진 정보의 정확성에 대한 하나의 구분을 뜻한다. 의사결정권자에게는 무엇 때문에 결정을 하는가의 목적이 반드시 있다. 이때 가장 좋은 결정이란, 그 목적을 달성하거나 목적의 가치를 최대로 하는 결정이다. 여기서 의사결정권자가 생각할 수 있는 변수는 크게 제어 가능한 변수와 제어 불가능한 변수로 구분될 수 있다. 이 제어 불가능한 변수 가운데 하나가 불확실성이다. 불확실성은 어떠한 일이 일어날 수 있는 상태는 알고 있으나, 그 확률분포를 알지 못하는 경우를 말한다. 흔히 리스크의 반대 개념으로 쓰인다.

세계은행 IBRD, International Bank for Reconstruction and Development

국제부흥개발은행의 약칭으로 세계은행World Bank이라고도 한다. 1944년 브레턴우즈협정에 따라 국제 연합의 전문 기관으로서 제2차 세계 대전 뒤 각국의 전쟁 피해 복구와 개발을 위해 1946년에 설립되었다. 주목적은 가맹국의 정부 또는 기업에 융자하여 경제·사회 발전에 기여하고, 국제 무역의 확대와 국제수지의 균형을 도모하며, 저개발국(개발도상국)에 대한 기술 원조를 제공하는 것이다. 자금은 가맹국에의 주식할당에 의한 자기자본, 특별준비금, 차입금(세계은행채의 발행으로 조달), 투자이윤 등으로 이루어지며 예금은 없다. 주로 개발도상국의 공업화를 위해 융자를 해주고 있으며 5~6퍼센트의 이율로 융자 조건이 엄격해 융자 대상은 선진국과 중진국이 많다. 회원국은 2004년 현재 184개국(IMF 회원국은 자동 가입)이며, 한국은 1955년에 가입하여 1970년 대표이사국으로 선임되었다. 제40차 총회는 IMF 총회와 합동으로 1985년 10월 서울에서 개최되었다. 본부는 미국 워싱턴에 있다.

스핀오프 spin off

주식회사 조직의 재편성 방법으로 모기업에서 분리 독립한 자기업의 주식을 모기업의 주주에게 배분하는 것을 말한다. 정부출연연구기관의 연구원이 자신이 참여한 연구 결과를 가지고 별도의 창업을 할 경우 정부 보유의 기술을 사용한 데 따른 사용료를 면제하고 성공 후 신기술연구기금 출연을 의무화하는 제도이다. 기업체 연구원이 내부 기술을 바탕으로 사내 창업을 할 경우 해당 모기업에 대해 출자를 완화해주고 세제 혜택을 부여하는 것도 있다.

신용 할당 credit allocation

금리가 자금의 수요와 공급을 일치시키는 균형 수준보다 낮게 결정되어 자금의 공급이 수요에 미치지 못하는 경우 금융 기관 또한 정책 당국이 마치 식량을 배급하듯 자금 수요자들에게 한정된 자금을 나누어주는 것을 말한다.

아시아 본드 Asia bond

펀드의 일종으로 각국의 중앙은행들이 공동으로 출자해 아시아 각국이 발행한 채권에 투자하는 기금을 만들자는 것이다. 아시아 국가들이 수출로 벌어들인 외화를 다시 외국에 투자하지 않고 아시아 국가에 투자할 수 있다.

양궤제 Dual track system

계획 경제 체제하의 중국 국내 기업과 시장 경제 체제하의 외국 자본이 공존하는 체제를 말한다. 기업 관련 국내 법제가 미비한 가운데 외자 관련법은 외국인 투자자들의 법적인 보장 장치로 작용했다. 이것은 외자 유치의 건전한 발전을 도모하면서도 계획 경제 체제라는 큰 테두리를 지키고자 한 것이다.

자본 도피 capital flight

자국의 통화 가치가 하락할 염려가 있는 경우 또는 자국 통화의 외화 환전이 제한 또는 금지될 염려가 있는 경우에 행하는 외화로의 전환을 말한다. 1982년 멕시코의 채무 위기 당시 미국으로의 대규모 자본 도피가 문제되었는데, 그 후로도 중남미 제국의 자본 도피는 계속되고 있다. 특히 1985년 이후 원유가의 하락으로 채무 위기가 염려되는 상황이 되자 자본 도피가 격증하였다. 최대의 자본 도피는 멕시코로 1983년~1985년에는 162억 달러에 달했으며 브라질도 162억 달러, 베네수엘라 55억 달러, 페루 12억 달러로 나타났는데, 특히 멕시코의 경우는 순차입액 90억 달러의 2배에 가까운 자본 도피였다. 같은 기간 중 중남미 10개국의 신규 순차입액은 442억 달러인데 자본 도피는 308억 달러에 달한다고 미국의 모건 개런티 트러스트 은행 조사는 밝히고 있다.

자본 비용 cost of capital

조달 자금에 대하여 투자자가 요구하는 최소한의 수익률을 말한다. 기업이 조달 운용하고 있는 자본과 관련해 부담하게 되는 비용으로 조달 원천에서 보면 자기자본 비용과 타인자본 비용으로 분류된다. 타인자본 비용은 차입금에 대한 이자, 사채 이자 등이며 자기자본 비용은 주주에 대한 배당에서 나타난다. 자본 비용은 기업이 외부 투자가나 채권자에게 지급하는 비용 외에 자본을 보다 유리하게 운영했을 경우에 기대되는 이익, 즉 기회비용으로 측정되는 경우도 있다.

정크본드 junk bonds

정크junk란 '쓰레기'를 뜻하는 말로 직역하면 '쓰레기 같은 채권'이다. 일반적으로 기업의 신용 등급이 아주 낮아 회사채 발행이 불가능한 기업이 발행하는 회사채로 '고수익채권' 또는 '열등채'라고도 부른다. 신용도가 낮은 회사가 발행한 채권으로 원리금 상환에 대한 불이행 위험이 큰 만큼 이자가 높기 때문에 중요 투자 대상이 된다. 1970년대 미국 정크본드 시장의 대부로 불렸던 마이클 밀켄이 하위등급 채권을 정크라고 부른 데서 유래되었으며, 당시에는 신용도가 높은 우량 기업이 발행한 채권 가운데 발행 기업의 경영이 악화되어 가치가 떨어진 채권을 가리

컸으나, 최근에는 성장성은 있으나 신용등급이 낮은 중소기업이 발행한 채권이나 M&A(merger and acquisition: 기업인수 · 합병)에 필요한 자금을 조달하기 위해 발행한 채권 등을 포함하는 넓은 개념으로 사용되고 있다.

지대추구 rent-seeking

이익 집단이 구성원의 경제적 이익을 위해 정부의 개입이나 중재를 얻어 다른 사회구성원으로부터 부의 이전을 꾀하는, 사회적으로 비생산적이고 낭비적인 활동을 지대추구 행위라고 정의한다. 부의 이전을 꾀하는 집단은 이미 여러 가지 특혜를 받고 있거나 혹은 부유한 집단인 경우 사회적으로 지탄받을 소지가 충분하다. 그러므로 이들은 공공연하게 부의 이전을 꾀하기보다 공익을 내세워 자신들의 활동을 정당화하려 한다. 정부의 제한 규제 등을 이용한다.

차입 매수 leveraged buyouts

기존의 자산이나 현금 흐름을 담보로 어떤 기업의 경영권 일부 혹은 전체를 사는 것을 말한다. 기업 매수 자금의 대부분을 매수 대상 기업의 자산을 담보로 한 차입금으로 충당하여 매수하는 것이다. 다른 사람의 돈을 빌려 기업을 매수하는 수단으로 적은 자본으로도 기업 매수가 가능하지만 거액의 차입을 수반하기 때문에 기업 매수 뒤에는 자기자본 비율이 크게 저하되어 신용위험이 높아진다.

타임래그 time lag

경제 활동에 어떤 자극이 주어졌을 때 이에 대한 반응이 나타나기까지의 시간적 지체를 말한다. 한 경제량의 변화가 다른 경제량의 변화에 영향을 끼치는 데는 시간적 경과가 필요하다. 경제의 정태적(靜態的) 분석에서는 경제 재량의 동시적 관계를 대상으로 변화의 시간적 경과를 그다지 문제 삼지 않는다. 그러나 동태적(動態的) 분석에서는 변화의 시간적 경과 그 자체가 문제가 되며, 서로 다른 시점 간의 관계가 중시된다.

태환법 convertibility laws

자국 화폐와 달러와의 비율을 일정하게 고정시키는 법이다. 통화위원회 제도와 비슷한 개념이지만 변동이 아닌 고정환율제라는 점이 다르다. 아르헨티나는 인플레를 잡기 위해 태환법을 도입했고 결국 원하던 결과를 얻었지만, 태환법의 빠르게 변동하는 국제 변화에 대응하지 못한다는 단점으로 인해 아르헨티나에는 경제 침체 · 실업 · 외채 증가 등의 끔찍한 결과가 나타났다.

통화 스왑 CRS, Cross Currency Swap

두 나라가 자국 통화를 상대국 통화와 맞교환하는 것으로써, 외환 위기가 발생하면 자국 통화를 상대국에 맡기고 외국 통화를 단기 차입하는 중앙은행 간의 신용 계약이다. 두 차입자가 상이한 통화로 차입한 자금의 원리금 상환을 상호 교환하여 이를 이행하기로 한 약정거래이다. 즉, 통화 스왑은 일정 통화로 차입한 자금을 타통화 차입으로 대체하는 거래로서, 주로 환리스크의 헤징과 자금플로우 관리를 위하여 널리 이용되고 있다. 간략히 말하면, 원화가 필요한 기업 A와 달러가 필요한 기업 B가 있을 때 A와 B가 합심하여 서로 필요한 통화를 맞교환하는 방식이다.

통화위원회 제도 currency boards

달러화가 국내에 유입되면 그만큼 자국 통화를 시장에 방출하고 달러화가 국외로 유출되면 그만큼 자국 통화를 시장에서 거둬들여 달러화에 대한 자국 통화의 가치를 일정하게 유지하는 제도이다. 통화량은 달러화의 유출입에 맞춰 변화하기 때문에 독자적인 통화량 조절책을 사용할 수 없다는 단점이 있다.

트리클 다운 Trickle Down

제41대 미국 대통령 부시가 1989년부터 1992년까지 채택한 경제 정책이다. 정부의 투자 증대로 대기업과 부유층의 부(富)가 늘어나면 그만큼 중소기업과 소비자에게도 혜택이 돌아가고 이는 결국 총체적인 국가의 경기를 자극해 경제 발전과 국민 복지 향상에 도움을 준다는 경제 이론이다.

파레토 개선 Pareto Improvement

이탈리아 경제학자 파레토가 제안한 개념이다. 어떠한 변화가 발생해 누군가 이득을 얻었다고 해서 다른 누군가가 손해를 보는 것은 아니라는 개념이다. 즉 누구도 손해를 입지 않는 것이다. 이런 사례는 현실에서 쉽게 찾아볼 수 없다. 이론상으로나 가능한 이상론에 가깝다.

항생 중국기업지수 HSCEI

홍콩 주식시장에 투자된 중국 우량기업들의 주식인 H-주식 가운데 32개 우량종목으로 구성된 H-주식지수를 말한다. 투명성이 높고, 에너지·신소재·산업재 등의 업종이 대부분을 차지해 외국 투자자들이 관심을 갖는 대표적인 중국 주식이다.

항생 중국투자기업지수 HSCCI

레드 칩 27개 종목으로 이루어진 지수를 말한다. 레드 칩은 H-주식과 더불어 외국인들의 주요 투자 대상이다. H-주식과 다른 점은 중국 국내는 물론 그 밖의 홍콩 또는 해외에서도 등록이 가능하다는 점이다.

헤지 hedge

가격 변동이나 환위험을 피하고자 행하는 거래이다. 위험 회피 또는 위험 분산이라고도 한다. 즉, 수출 대금을 후지급 결제 방식으로 계약한 경우 환율의 변동에 따라 수출 대금이 달라질 수 있는 위험에 대비해 미리 환율을 고정시키는 것이다. 선물환거래가 대표적이다.

선물거래에서의 포지션position이 매입인지 매도인지에 따라 롱헤지long hedge와 숏헤지short hedge로 나뉘고, 위험이 완전히 제거되느냐의 여부에 따라 완전헤지perfect hedge와 불완전헤지로 나뉜다. 또한 선물시장과 현물시장의 상품이 서로 다른 경우를 교차헤지cross hedge라고 한다.